D1732177

RICETTE DI OSTERIE D'ITALIA

LA PASTA

600 piatti
della tradizione
regionale

Slow Food Editore

Curatrici
Bianca Minerdo, Grazia Novellini

Redazione
Elisa Azzimondi, Angelo Surrusca

Schede di approfondimento
Paola Gho
Copyright © 2010 Paola Gho
Tutti i diritti riservati dalla legge
sui diritti d'autore

Si ringraziano
Paolo Olivero, Francesca Piccioli,
Silvia Tropea Montagnosi, Luisella Verderi,
Elisa Villella

Art director
Dante Albieri

In copertina
Image Zoo/Corbis

Impaginazione
Maurizio Burdese

Finito di stampare nel mese di ottobre 2010
da Stargrafica, San Mauro Torinese (To)

FSC

Misto
Gruppo di prodotti provenienti da
foreste correttamente gestite e da
altre origini controllate

Cert no. SW-COC-004210
www.fsc.org
© 1996 Forest Stewardship Council

**Slow Food ringrazia le cuoche e i cuochi delle osterie
che hanno fornito le ricette**

Slow Food® Editore srl
Via della Mendicità Istruita, 14
12042 Bra (Cn)
Tel. 0172 419611
Fax ███ 218
www.███
editorin███

Direttore editoriale
Marco Bolasco

Coordinamento editoriale
Olivia Reviglio

Per inserzioni pubblicitarie
Slow Food Promozione srl
Enrico Bonardo, Gabriele Cena,
Erika Margiaria, Ivan Piasentin
Tel. 0172 419611-419606
Fax 0172 413640
promozione@slowfood.it

ISBN 978-88-8499-216-1

Sommario

Globalizzazione all'italiana

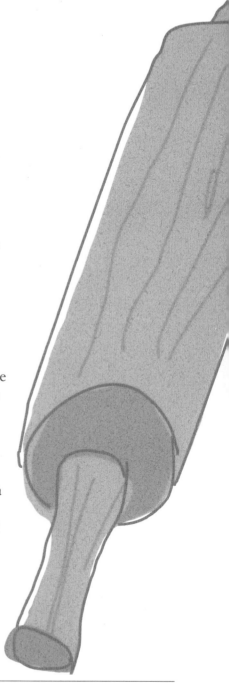

Al dente! Bastano due parole per esprimere l'arte di gustare la pasta all'italiana. Praticamente intraducibile nelle altre lingue, questa espressione è familiare alla maggior parte degli amanti della pasta di tutto il mondo. Da Parigi a Tokyo, da Londra a Sidney, da Berlino a New York, Chicago, Los Angeles, e ancora più lontano, in tutte le metropoli del mondo, fino a Pechino, Shangai o Hong Kong, risuona gioiosamente con le intonazioni più esotiche in tutti i luoghi che hanno la vocazione a servire la gastronomia italiana. Che sono numerosi, sempre più numerosi. Qualcuno sostiene che ci sono più ristoranti di cucina italiana fuori dall'Italia che sul suolo nazionale. L'idea non mi pare stravagante. Ma una cosa è certa: poche cucine conoscono una tale diffusione planetaria e suscitano una tale infatuazione presso un pubblico larghissimo, anche in società che sono agli antipodi della cultura italiana.

Ho potuto constatarlo a Tokyo, dove ho vissuto qualche anno. Nel mio quartiere, tra pizzerie e trattorie, erano più di una decina i locali di specialità italiane. Invece, non ho potuto scovare che tre o quattro ristoranti francesi, e non erano più numerosi quelli cinesi o coreani, così come McDonald's e altri locali di ristorazione veloce. Credo che la stessa situazione si ripeta in tutta la città. Si tratta per la maggior parte di ristoranti di livello modesto, gestiti da cuochi giapponesi che in un modo o nell'altro hanno avuto una formazione alla scuola italiana (spesso in seguito a una iniziativa personale che li ha condotti in Italia, dove hanno sbarcato il lunario lavorando duramente per poter imparare la cucina locale). Propongono preparazioni semplici ma molto curate, puntando soprattutto su pasta e pizza, piatti feticcio che a Tokyo come un po' ovunque nel mondo garantiscono buona parte del successo della cucina italiana.

Questo vale per l'Europa come per i Paesi d'oltre Atlantico, dove la diffusione della cucina italiana è molto più remota, anche se per riconoscerla come tale ci sono voluti tempo e fatica. Gli americani, in particolare, hanno a lungo rifiutato un'alimentazione che consideravano cibo da poveri, prima di scoprirne le virtù nutrizionali e gastronomiche e di diventarne infine i principali propagandisti. Arrivata nella sua forma più elementare con gli emigranti italiani negli ultimi decenni del XIX secolo, essa non presentava oggettivamente particolari attrattive per una società americana tanto più sicura del suo modo di vita con l'arrivo dai quattro angoli del mondo di milioni di persone, che speravano di avere accesso all'abbondanza e al benessere che ne costituivano l'essenza. Alle madri italiane è stata necessaria molta perseveranza, quando non ostinazione, per resistere alla benevola sollecitudine degli istituti di carità che le invitavano ad abbandonare una forma di alimentazione arcaica a base di pasta e verdura, ritenuta carente di proteine animali.

Le campagne "di informazione" sono periodicamente continuate per buona parte della prima metà del XX secolo, senza grandi risultati bisogna dire, soprattutto presso le donne della prima generazione. Tuttavia, con la seconda guerra mondiale e l'impegno degli Stati Uniti, nasce un discorso completamente diverso. Questa volta le campagne informative si rivolgevano alle famiglie americane, che erano pregate di rinunciare agli sprechi e di abbassare il loro livello di vita per sostenere lo sforzo bellico. In particolare, si invitavano gli americani a cambiare le loro abitudini alimentari, riducendo il consumo di carne. E, ironia della sorte, si consigliava loro di prendere a modello le famiglie italiane che, nella loro modestia, sapevano preparare piatti gustosi e molto nutrienti a base di cereali e verdura. Si dice che fu l'inizio della fortuna editoriale dei libri di ricette italiane.

Poi ci fu la vicenda detta "di Roseto" che ebbe un'eco notevole negli Stati Uniti e che rese popolare il concetto di "cucina mediterranea". Uno studio sulle malattie cardiovascolari condotto da due ricercatori in Pennsylvania mise in evidenza enormi differenze fra gli abitanti di paesi che si erano raggruppati in funzione della loro origine. I ricercatori constatarono che gli abitanti di Roseto, originari di Roseto Valfortore in Puglia, non erano praticamente stati toccati dalle malattie cardiovascolari fino agli anni Sessanta, mentre le stesse malattie decimavano i paesi vicini, popolati da irlandesi, polacchi e altri. Dopo numerose ipotesi, gli studiosi non trovarono altra spiegazione coerente che nel modo di alimentarsi degli uni e degli altri. Tra queste popolazioni di origini diverse, solo i pugliesi avevano conservato le loro tradizioni: si nutrivano essenzialmente di pasta e verdura, cucinavano con olio di oliva e accompagnavano i pasti con qualche bicchiere di vino rosso. I due ricercatori ebbero conferma delle loro teorie quando constatarono che gli abitanti di Roseto cominciarono a essere affetti da malattie coronariche dopo gli anni Sessanta, quando le giovani generazioni abbandonarono gli usi alimentari di genitori e nonni per adottare lo stile di vita americano.

Ottenuta così la prova delle qualità preventive della cosiddetta dieta mediterranea, la cucina italiana acquisì oltre Atlantico l'aura di cucina sana che ne fece presto una delle preferite dagli americani. Di conseguenza, il consumo di pasta si incrementò fortemente, arrivando a collocare gli Stati Uniti nel trio di testa, con l'Italia e il Venezuela. Scoprendo le virtù energetiche della pasta, i dietologi elaborarono regimi speciali per gli sportivi di alto livello, ciò che naturalmente accrebbe ulteriormente il prestigio della pasta e contribuì a rendere ancora più popolare la cucina italiana, ormai considerata quella che meglio sapeva esaltare le qualità gustative di questo alimento di base da quattro soldi.

Da parte loro, gli italiani vivono con la pasta una lunghissima storia d'amore che risale al Medioevo e che non ha fatto che rinforzarsi nel corso del tempo. Già nel XIII secolo il monaco francescano Salimbene di Adam si burlava del suo correligionario Giovanni di Ravenna, incorreggibile goloso, perché non esisteva persona al mondo «che più avidamente di lui mangiasse le lasagne condite col formaggio…». E sono proprio le lasagne e i ravioli che Giovanni Boccaccio sceglie per rappresentare le delizie del Bengodi, collocandole così nel pantheon gastronomico dei suoi contemporanei.

Si trova del resto conferma del gusto degli italiani per questo genere di preparazioni sfogliando i primi testi culinari che circolavano allora nella penisola e che proponevano un ricco ventaglio di ricette di pasta. Infatti, contrariamente a quanto accadeva nei Paesi vicini, gli italiani trattavano già la pasta come un ingrediente nobile e cominciarono a inventare ricette per apprezzarla al meglio, inaugurando un ambito alimentare originale, se non unico, che sarebbe diventato il marchio di fabbrica della cucina italiana. Soprattutto in questo campo si è esercitata e ancora oggi si esprime quotidianamente la creatività culinaria degli italiani, sia nel quadro di una cultura alimentare nazionale largamente condivisa dal nord al sud del Paese, sia nella proteiforme ricchezza regionale. Questo libro ne è un eccellente esempio. Proponendo di gustare a casa le creazioni dei migliori interpreti della gastronomia del Paese, offre un quadro saporito e stimolante di ciò che ha fatto la fortuna della cucina italiana.

Silvano Serventi
Parigi, agosto 2010

(*Traduzione dal francese di Giovanni Ruffa*)

Silvano Serventi è autore con Françoise Sabban
di *La pasta. Storia e cultura di un cibo universale*,
Laterza, Roma-Bari 2000

LE RICETTE

Agnolotti al sugo di arrosto

Osteria Ai Binari, Mombarone di Asti

Fate arrostire in forno in tre teglie diverse per un'ora circa il coniglio, il tenerone e il capocollo con olio extravergine, carota, cipolla, sedano, tagliati a pezzettoni ed equamente suddivisi, e sale. Ogni tanto muovete i tegami perché la carne non si attacchi e a metà cottura bagnate con un po' di vino bianco.

Intanto dedicatevi alla pasta. Versate la semola sul piano di lavoro, fate la fontana nel centro e ponete le uova e solo un pizzico di sale, perché è già molto saporito il ripieno; mescolate il tutto, aggiungendo via via acqua tiepida, fino a ottenere un impasto sodo ed elastico, che lascerete riposare per mezz'ora.

Mentre le carni si raffreddano, sbollentare gli spinaci, che poi strizzerete.

Passate carne e verdura nel tritatutto, salate, pepate e aggiungete il parmigiano grattugiato e le uova, mescolando per amalgamare bene i diversi ingredienti. Il ripieno è pronto.

Stendete, quindi, la pasta con il matterello e ricavate una sfoglia sottile, su cui deporrete mucchietti di ripieno distanziati un centimetro uno dall'altro e dal bordo. Ripiegate la sfoglia e chiudete tra una nocciola di ripieno e l'altra con una leggera pressione delle dita. Con la rotella dentata staccate la fila di agnolotti e poi separateli uno dall'altro. Procedete così fino a esaurire impasto e ripieno e lasciate riposare per almeno un'ora.

Per il condimento fate rosolare in una teglia, sistemata in forno, per un'ora circa l'osso e i ritagli di carne con olio, cipolla, sedano e carota tagliati a pezzettoni, il rosmarino e l'alloro. A fine cottura, filtrate il tutto con un colino, aggiustando di sale.

Tuffate gli agnolotti in abbondante acqua salata, scolate dopo qualche minuto e condite con il sugo di arrosto.

Per 8-10 persone

Per la pasta:
7 etti e mezzo di semola rimacinata di grano duro
5 uova
un pizzico di sale
Per il ripieno:
un coniglio di un chilo, mezzo chilo di tenerone di vitello, mezzo chilo di capocollo di maiale
mezzo chilo di spinaci, una cipolla, una carota, una costa di sedano
6 uova
vino bianco secco
parmigiano reggiano
olio extravergine di oliva
sale, pepe
Per il condimento:
un osso spugnoso di vitello, ritagli di carne per bollito o arrosto di vitello e di maiale
un quarto di cipolla, mezza carota, mezza costa di sedano, un rametto di rosmarino, 2 foglie di alloro
olio extravergine di oliva, sale

Tempo di preparazione e cottura: 3 ore

Agnolotti dal plin

Trattoria Madonna della Neve, Cessole (Asti)

Per 4 persone

Per la pasta:
2 etti e mezzo di farina di
frumento tipo 00
2 uova intere e un tuorlo
Per il ripieno:
un etto di sottopaletta di
vitello, un etto di coscia di
maiale, un etto di polpa di
coniglio
2 etti di scarola
una cipolla, un gambo di
sedano, una carota, uno
spicchio di aglio
un rametto di rosmarino,
alcune foglie di alloro
un uovo
brodo (facoltativo)
mezz'etto di parmigiano
reggiano
olio extravergine di oliva
sale, pepe

*Tempo di preparazione e
cottura:* 3 ore e mezza, più il
raffreddamento

Iniziate con la preparazione del ripieno. Lessate la scarola in acqua bollente, scolatela, fatela raffreddare e tritatela finemente. Tritate cipolla, carota, sedano e soffriggeteli in olio extravergine con l'aglio, il rosmarino e l'alloro; unite le carni e fatele rosolare tutte insieme; salate e pepate. Abbassate la fiamma e cuocete per un paio d'ore, aggiungendo, se serve, un po' d'acqua o di brodo. Lasciate raffreddare e passate nel tritacarne, poi amalgamate il composto con l'uovo e il parmigiano reggiano grattugiato.

Dedicatevi a questo punto alla pasta, disponendo la farina a fontana e unendo le uova e il tuorlo battuti e mezzo bicchiere d'acqua. Lavorate l'impasto con cura e tirate la sfoglia il più sottile possibile, passando più volte il matterello sulla pasta. Sistemate, quindi, sulla sfoglia – immediatamente per evitare che asciughi – piccole nocciole di ripieno, posizionandole a circa un centimetro sia dal bordo della pasta, sia l'una dall'altra. Ripiegate sulla fila di mucchietti il bordo della sfoglia e chiudete, imprimendo un pizzicotto – *plin* – all'altezza di ogni ripieno; poi separate gli agnolotti uno a uno con l'apposita rotella dentata e fateli riposare al fresco per un paio d'ore.

Cuoceteli in abbondante acqua salata per tre o quattro minuti e scolateli con la schiumarola. Serviteli su un tovagliolo di canapa senza condimento – potrete così gustarne a fondo il ripieno – oppure con il sugo dei tre arrosti passato al setaccio.

Ristorante Battaglino, Bra (Cuneo)

Disponete sul piano di lavoro la farina a fontana e mettete al centro le uova, il sale e un po' d'acqua. Lavorate energicamente l'impasto per alcuni minuti e fatelo riposare il tempo necessario per preparare il ripieno.

Lessate in abbondante acqua salata il riso e a metà cottura unite il cavolo e metà del porro. Lessate a parte gli spinaci lavati e scolati. Preparate, nel frattempo, un soffritto con olio, cipolla e rosmarino e fate rosolare la carne, che avrete macinato. Bagnate con il vino, lasciate che asciughi e portate a cottura molto lentamente.

In un'altra padella soffriggete in extravergine il restante porro, unendo poi tutti gli ingredienti cotti in precedenza. Lasciate intiepidire e fate passare nel tritatutto.

Ricavate dalla pasta una sfoglia sottile e stendetela sull'asse di legno.

Poco prima di confezionare gli agnolotti unite al ripieno il parmigiano grattugiato e l'uovo, amalgamando bene il tutto. Posizionate il ripieno con un cucchiaino a mucchietti un po' distanziati tra loro sulla parte alta della sfoglia, chiudete a fagotto con la restante pasta e fate un pizzicotto con le dita – *plin* – tra un mucchietto e l'altro.

Tagliate gli agnolotti, uno a uno, con la rotella e cuocete in abbondante acqua salata per quattro o cinque minuti. Potete servirli senza condimento, al tovagliolo, oppure con il ragù o, ancora, con burro e salvia.

Per 4 persone

Per la pasta:
mezzo chilo di farina di frumento
un uovo intero e 3 tuorli
un pizzico di sale

Per il ripieno:
un pugno di riso
3 etti di carne magra di vitello
un etto di spinaci, una foglia di cavolo verza, un porro, una piccola cipolla, un rametto di rosmarino
un uovo
vino rosso
2 cucchiai di parmigiano reggiano
olio extravergine di oliva, sale

Tempo di preparazione e cottura: 2 ore e mezza

Agnolotti di barbabietole

Nereo Pederzolli, Stravino di Cavedine (Trento)

Per 6 persone

Per la pasta:
mezzo chilo di farina di
frumento
3 uova intere e 2 tuorli
un pizzico di sale
Per il ripieno:
6 etti di barbabietole, 2 spicchi
di aglio
2 uova
un etto di ricotta, 2 etti di
trentingrana
burro, olio extravergine di
oliva, sale
Per il condimento:
alcune foglie di salvia
burro, sale

*Tempo di preparazione e
cottura:* un'ora e mezza

Soffriggete in burro e olio extravergine gli spicchi di aglio, che eliminerete a doratura, prima di unire le barbabietole cotte al forno. Fate rosolare per alcuni minuti e poi lasciate raffreddare. Mescolatele, quindi, con le uova battute, la ricotta, il trentingrana grattugiato e un pizzico di sale, amalgamando bene il tutto.

Preparate la pasta mescolando la farina, le uova e i tuorli, il sale ed eventualmente un po' d'acqua. Tirate la sfoglia il più sottile possibile e tagliatela in strisce larghe quattro o cinque centimetri. Formate con il ripieno delle palline e adagiatele a intervalli regolari sulla pasta; richiudetela su se stessa e premete bene intorno al ripieno per fare uscire l'aria, quindi ritagliate con la rotella dentata.

Cuocete per pochi minuti gli agnolotti in abbondante acqua salata, scolateli e fateli saltare in un tegame con burro e salvia.

Le barbabietole del ripieno possono essere sostituite con spinaci, borragine ed erbette, che saranno ugualmente ripassate in padella con aglio, burro, olio e, quindi, unite a uova, ricotta, trentingrana e a un pizzico di noce moscata.

Agnolotti di carne al sugo

Regina Massi, Monteprandone (Ascoli Piceno)

Su una spianatoia impastate la farina con le uova, lavorate energicamente per ottenere una massa omogenea e soda, avvolgetela in un foglio di pellicola e fatela riposare in frigorifero per un'ora.

Nel frattempo rifilate le carni senza togliere completamente il grasso, ma privandole dei nervetti e delle eventuali cartilagini; se ne gradite l'aroma, sbollentate gli spinaci in acqua leggermente salata, strizzateli bene e tritateli finemente. Tagliate la carne a tocchetti e rosolatela in padella con la cipolla e la carota, ridotte a dadi non troppo piccoli, e il rametto del rosmarino privato degli aghetti; regolate di sale. Quando sarà bella colorita fate intiepidire, eliminate le verdure e gli aromi, e passate il resto al tritacarne, macinando due volte, in modo da ottenere un composto molto fine. Se utilizzate anche gli spinaci aggiungeteli alla farcia prima della seconda passata al tritatutto.

Riprendete la pasta, tirate una sfoglia di un paio di millimetri di spessore e ritagliate con la rotella dentata dei quadrati di due o tre centimetri di lato. Farcitene una metà con una piccola pallina di ripieno, ricoprite con gli altri pezzetti di pasta e sigillate bene i margini con i rebbi di una forchetta; allargate gli *agnollotti* – così si chiamano da queste parti, precisa la signora Regina – sul piano di lavoro e fateli asciugare per qualche tempo.

Dedicatevi a questo punto al sugo: tagliate a pezzetti la carota e il sedano e affettate finemente la cipolla. Spellate i pomodori e privateli dei semi, quindi spezzettateli e lasciateli gocciolare in uno scolapasta.

In una casseruola fate imbiondire le verdure aromatiche, aggiungete la dadolata di pomodori, regolate di sale e fate andare a fuoco dolce per una ventina di minuti.

Quando tutto è pronto, lessate la pasta in abbondante acqua salata, scolandola dopo pochi minuti, versatela in padella, amalgamatela al condimento e ultimate con una spolverata di pecorino grattugiato.

Per 10 persone

Per la pasta:
un chilo di farina di frumento tipo 00
9 uova

Per il ripieno:
mezzo chilo di polpa di manzo di tagli diversi, un etto e mezzo di polpa magra di maiale, un etto e mezzo di polpa di tacchino
2-3 etti di spinaci (facoltativo), 2 carote, una cipolla, un rametto di rosmarino
olio extravergine di oliva, sale

Per il condimento:
un chilo di pomodori, una cipolla, una carota, una costa di sedano
pecorino stagionato
olio extravergine di oliva, sale

Tempo di preparazione e cottura: un'ora e mezza

19

Agnolotti di cavallo

Trattoria del Ciclista, Borgomanero (Novara)

Per 6 persone

Per la pasta:
mezzo chilo di farina di
frumento
2 uova intere e 2 tuorli
(facoltativo)
olio extravergine di oliva, sale
Per il ripieno:
2 etti e mezzo di polpa di
cavallo, 2 etti e mezzo di polpa
di manzo
un cespo di indivia scarola
(o mezzo cavolo verza), una
cipolla piccola, una costa di
sedano, una carota
2 uova
un etto di grana padano
2 bicchieri di Barbera
burro, olio extravergine di
oliva
sale, pepe
Inoltre:
salvia
burro, sale

*Tempo di preparazione e
cottura:* 4 ore

Incominciate dal ripieno. Fate imbiondire cipolla, carota e sedano, affettati finemente o tritati, in olio extravergine. Unite la polpa di cavallo e di manzo tagliata a pezzi e rosolate bene. Bagnate con il vino e due mestoli d'acqua, coprite e cuocete a fuoco basso per almeno due o, meglio ancora, tre ore.

Intanto mettete a lessare in acqua salata le foglie di scarola (o di cavolo verza) e dedicatevi alla preparazione della pasta. Lavorate a lungo sulla spianatoia la farina con le uova intere – volendo ottenere una consistenza maggiore, anche con due tuorli –, un goccio di olio, un pizzico di sale e un po' d'acqua, ricavando un impasto omogeneo, che farete riposare.

Quando le foglie di verdura saranno tenere, scolate e lasciate raffreddare, quindi strizzate bene. Tritatele molto finemente con le carni, raccogliete il tutto in una ciotola e impastate con il grana grattugiato, le uova battute, un pizzico di sale e pepe.

Riprendete in mano l'impasto, tirate una sfoglia sottile e suddividete la farcia in mucchietti, che disporrete a un paio di centimetri di distanza uno dall'altro; ripiegate la pasta in modo da coprirli, saldate i bordi con una leggera pressione delle dita e ritagliate gli agnolotti con la rotella dentata. Per cuocerli è sufficiente gettarli in acqua bollente salata: quando risalgono alla superficie sono pronti per essere scolati.

Fateli saltare in un tegame con burro e salvia e portateli in tavola. In alternativa potrete condirli con il sugo della carne stufata utilizzata per il ripieno, allungandolo con un po' di brodo.

Agnolotti di sanguinacci e patate

Ristorante Vecchio Ristoro, Aosta

Per il ripieno, lavate le patate e lessatele con la buccia per non più di 20-25 minuti. Lasciatele raffreddare e pelatele. Passate nel tritacarne il sanguinaccio spellato, le patate e il parmigiano, aggiungendo un pizzico di noce moscata, sale e pepe.

Stendete in due sfoglie sottili la pasta all'uovo. Dividete il composto in palline e ponetele a intervalli regolari su una delle sfoglie. Ricoprite con l'altra, premete con le dita intorno ai mucchietti di ripieno e, con la rotella dentata, ritagliate i fagottini quadrati ottenuti.

Lessate gli agnolotti per pochi minuti in abbondante acqua salata. Scolate e condite con una salsa ottenuta emulsionando nel frullatore, con un po' d'acqua, burro e parmigiano. Impiattate, decorate con foglioline di prezzemolo e servite.

I primi asciutti sono, in Valle d'Aosta, un'eccezione, e le paste ripiene conosciute solo per la vicinanza al Piemonte: in casa si facevano, tutt'al più, le tagliatelle. Il piatto proposto da Alfio Fascendini (lombardo trapiantato da vent'anni nella Vallée, già chef al mitico Cavallo Bianco) è quindi una ricetta di fantasia legata a elementi di tradizione che, in questo caso, stanno scomparendo per cause giuridiche e di evoluzione del gusto. I boudin o boudeun, insaccati fatti un tempo con sangue di maiale, patate bollite, lardo, sale e spezie, molto raramente oggi contengono sangue, sostituito in genere con frattaglie suine e barbabietole (presenti peraltro in alcune varianti del salume antico). Il risultato è una via di mezzo tra il classico sanguinaccio e il salame di patate, modo biellese ma anche valdostano di recuperare quei ritagli di carne suina che da soli non avrebbero retto l'insaccatura.

Per 4 persone

mezzo chilo di pasta all'uovo
Per il ripieno:
un *boudin* (sanguinaccio) di 2 etti
2 patate medie
un etto di parmigiano reggiano
sale, pepe, noce moscata
Per il condimento e la decorazione:
un ciuffetto di prezzemolo
mezz'etto di parmigiano reggiano
mezz'etto di burro, sale

Tempo di preparazione e cottura: un'ora e un quarto

Agnolotti di stufato

Locanda dell'Olmo, Bosco Marengo (Alessandria)

Per 6-8 persone

Per la pasta:
un chilo di farina di frumento tipo 00
6 uova intere e 6 tuorli
un bicchiere di vino bianco secco
un cucchiaio di olio extravergine di oliva
un pizzico di sale
Per il ripieno e il condimento:
un chilo di matamà (sottospalla)
uno spicchio di aglio, una cipolla, una costa di sedano, una carota, alcune foglie di salvia, un rametto di rosmarino, un rametto di timo
5-6 uova
una manciata di pangrattato
2 manciate di parmigiano reggiano grattugiato
mezza bottiglia di Barbera o Dolcetto
burro, olio extravergine di oliva
sale, pepe, noce moscata, chiodi di garofano, cannella

Tempo di preparazione e cottura: 3 ore e mezza

Incominciate con il preparare lo stufato. Tagliate a pezzi regolari la carne, fatela rosolare nel soffritto di aglio, carota, cipolla, sedano in extravergine e, quindi, aggiungete sale, vino, erbe aromatiche, cannella, pepe e chiodi di garofano. Cuocete per circa due ore con il coperchio. Volendo, potrete ottenere un ottimo risultato mettendo in infusione il giorno precedente la carne con le verdure e le spezie; al momento opportuno scolerete la carne, triterete le verdure e procederete come suggerito.
Per la sfoglia, disponete a fontana la farina setacciata, rompete al centro le uova intere e i tuorli, unite il vino, il sale e l'olio, quindi incominciate a mescolare il tutto, partendo dal centro, e incorporate via via tutti gli ingredienti, aggiungendo, se necessario, ancora un po' di farina. Lasciate riposare l'impasto, dopo averlo avvolto in un canovaccio.
Quando la carne è stufata al punto giusto, tritatela e filtrate il sugo. Mettete da parte quest'ultimo e una manciata di polpa tritata, e dedicatevi alla preparazione del ripieno. Aggiungete un mestolo di sugo alla carne – questo è un consiglio della nonna di Gianni Bondi, lo chef, che suggeriva anche di riservare una manciata di carne per il sugo, in modo da dare unione alle due preparazioni – e mescolatevi le uova battute, il formaggio e la noce moscata grattugiati e il pangrattato, amalgamando bene il tutto e aggiustando di sale.
Tirate la sfoglia sottile e ricavate strisce larghe cinque o sei centimetri. Al centro di ognuna formate una fila di mucchietti di ripieno, grossi come una nocciola. Chiudete la sfoglia a metà e con le dita fate aderire bene la pasta tra un mucchietto e l'altro. Prendete la rotella dentata e tagliate su tre lati gli agnolotti uno a uno.
Lessate gli agnolotti in abbondante acqua salata e condite con il sugo di stufato, a cui avrete unito, come suggerito prima, una manciata di carne tritata. In alternativa passateli in padella con burro e salvia oppure annegateli nel vino.

Trattoria Razmataz, Alessandria

Tagliate la carne a pezzi regolari e rosolatela in una casseruola con olio e burro. Aggiungete le verdure aromatiche tritate, l'alloro e continuate la cottura a fuoco vivace per un quarto d'ora, quindi salate e pepate. Bagnate con il vino, abbassate la fiamma, mettete il coperchio e portate lentamente a cottura. Qualora il grasso si separi dal sugo, eliminatene una buona parte; nel caso in cui, invece, la carne risulti troppo asciutta, allungate il sugo con un po' di brodo. Mentre la carne cuoce, preparate la pasta lavorando tutti gli ingredienti fino a ottenere un composto liscio, che lascerete riposare fino a quando non sarà pronto il ripieno. Arrivata a cottura la carne, frullatene qualche pezzo e aggiungetelo al sugo: servirà da condimento.

Preparate il ripieno tritando grossolanamente la carne rimasta, la verdura – cavolo verza o spinaci o scarola, a seconda della stagione –, che avrete cotto al vapore e fatto saltare in padella con poco burro, le salamelle e il prosciutto. Aggiungete le uova intere e i tuorli, parte del parmigiano grattugiato e amalgamate il tutto, regolando di sale. Riprendete la pasta e stendete una sfoglia sottile larga una ventina di centimetri e lunga cinquanta circa, su cui sistemerete mucchietti di ripieno delle dimensioni di una ciliegia in fila, a un centimetro l'uno dall'altro. Ripiegate la sfoglia longitudinalmente per ricoprire il ripieno e fate aderire bene la pasta intorno a ogni pallina, avendo cura di eliminare l'aria all'interno. Rifilate ogni agnolotto con una rotella dentata.

Lessate la pasta in abbondante acqua salata per sette o otto minuti, scolate e trasferite in una padella, dove avrete allungato leggermente il sugo con una noce di burro. Completate con una generosa spolverata di parmigiano grattugiato. In alternativa potrete servire gli agnolotti in bianco in scodella, coperti da un buon Barbera.

Per 6-8 persone

Per la pasta:
mezzo chilo di farina di frumento
6 uova
un cucchiaio di olio extravergine di oliva
un pizzico di sale
Per il ripieno e il condimento:
mezzo chilo di polpa di manzo
2 salamelle di vacca, un etto di prosciutto cotto
un etto di cavolo verza (o spinaci o scarola), 2 etti di cipolle, una carota, una costa di sedano, una foglia di alloro
3 uova intere e 3 tuorli
un etto e mezzo di parmigiano reggiano
mezza bottiglia di Barbera invecchiato
burro, olio extravergine di oliva
sale, pepe

Tempo di preparazione e cottura: 3 ore e mezza

Agnolottini di faraona

Taverna di Campagna dal 1997, Camagna Monferrato (Alessandria)

Per 4 persone

Per la pasta:
2 etti di farina di frumento
tipo 00
un uovo, sale
Per il ripieno e il condimento:
mezza faraona
una carota, una costa di
sedano, mezza cipolla, uno
spicchio di aglio, una foglia di
alloro
un uovo
2 bicchieri di brodo
un bicchiere scarso di vino
bianco secco
parmigiano reggiano
olio extravergine di oliva
sale, pepe, noce moscata

*Tempo di preparazione e
cottura:* 3 ore

Tagliate a pezzi la faraona e rosolate in un tegame con un cucchiaio di olio, la cipolla, la carota, il sedano e l'aglio tagliati a piccoli pezzi. Lasciate appassire dolcemente le verdure rigirando con un mestolo, aggiungete l'alloro, salate, pepate e bagnate con il vino, facendolo evaporare. Continuate la cottura a fiamma bassa, aggiungendo via via il brodo, per una mezz'oretta.

Cotta la faraona, lasciatela intiepidire e poi disossatela, aggiungendo le verdure e lasciando da parte il sugo, che servirà per condire.

Preparate ora la pasta disponendo la farina a fontana e lavorandola con due pizzichi di sale, mezzo bicchiere d'acqua e l'uovo leggermente battuto. Impastate energicamente per una decina di minuti, poi avvolgete la palla di pasta in un canovaccio e fate riposare per mezz'ora.

Nel frattempo, macinate finemente la faraona e le verdure con il tritacarne o con la mezzaluna. Riunite il trito in una ciotola aggiungendo un cucchiaio di parmigiano grattugiato, l'uovo, una grattugiata di noce moscata e, se occorre, un pizzico di sale, amalgamando bene.

Stendete la pasta il più sottile possibile. Su una sfoglia fate con il ripieno tanti mucchietti grandi poco meno di una nocciola, distanziati sulla fila di un centimetro e di due centimetri rispetto alla fila successiva. Ricoprite con un'altra sfoglia e delicatamente, con le dita infarinate, schiacciate la pasta tra le file e intorno al ripieno.

Con la rotella dentata rifilate e tagliate gli agnolotti, poi gettateli in abbondante acqua salata bollente, cuocendoli per due o tre minuti. Scolateli e amalgamateli nel tegame con il fondo di cottura della faraona.

Agnolotti verdi con ripieno di verdure

Ristorante del Mercato da Maurizio, Cravanzana (Cuneo)

Cuocete al dente il riso in acqua bollente salata, scolate e mantecate con burro e parmigiano grattugiato.
Lessate tutte le verdure in acqua salata e levatele ancora croccanti, scolatele e sgocciolatele bene. Mettete da parte le erbette per la sfoglia; il resto tritatelo molto finemente. Amalgamate questo trito con il riso: il ripieno è pronto.
Procedete adesso alla preparazione della sfoglia. Tritate finemente le erbette rimaste e impastatele con la farina, le uova, un cucchiaio di olio e un pizzico di sale. Tirate una sfoglia sottile col matterello, distendetela e procedete alla preparazione degli agnolotti.
A un centimetro circa dal bordo della sfoglia sistemate i mucchietti del ripieno uno dopo l'altro a una distanza di un centimetro circa: ripiegate su di essi la sfoglia, facendola aderire longitudinalmente con la pressione delle dita, poi passatevi sopra la rondella. Adesso imprimete un pizzicotto alla pasta tra una gobba e l'altra e poi, con un colpo di rondella, separate gli agnolotti l'uno dall'altro.
Dopo un riposo di un paio d'ore, cuoceteli in abbondante acqua bollente e salata per pochi minuti. Prelevateli con la schiumarola e conditeli, preferibilmente, con burro fuso, salvia e parmigiano grattugiato.

A Cravanzana, paese dell'alta Langa albese, tira già un po' aria di Liguria (non solo metaforicamente: su queste colline soffia il marin, *il vento della riviera). Anche in cucina, come confermano i piccoli agnolotti di Maurizio Robaldo, che – verdi per la presenza di bietole anche nell'impasto della sfoglia – hanno un ripieno solo vegetale, di riso, ortaggi e borragine, erba di cui si fa un grande uso in Liguria.*

Per 6 persone

Per la pasta:
mezzo chilo di farina di frumento tipo 00
3 uova
2 etti di erbette (biete)
olio extravergine di oliva, sale
Per il ripieno:
2 porri, un quarto di cavolo verza, un cespo di scarola, 3 etti di erbette (biete), una manciata di borragine
2 etti di riso
mezz'etto di parmigiano reggiano
mezz'etto di burro, sale
Per il condimento:
un ciuffetto di salvia
parmigiano reggiano
burro, sale

Tempo di preparazione e cottura: 2 ore e 45 minuti

Alizanzas allo scorfano

Ristorante Sa Pischedda, Bosa (Oristano)

Per 10 persone

Per la pasta:
mezzo chilo di farina di
frumento, mezzo chilo di
semola di grano duro
5 uova e 10 tuorli
20 g di sale
Per il condimento:
4 chili di scorfano
7 etti di pomodorini, 2 spicchi
di aglio, una piccola cipolla,
un ciuffo di basilico, un
mazzetto aromatico (basilico,
prezzemolo, alloro, timo)
un bicchiere di olio
extravergine di oliva
sale, pepe in grani

*Tempo di preparazione e
cottura:* un'ora e mezza, più il
riposo

Su una spianatoia versate la semola e la farina, mescolatele e disponetele a fontana. Mettete al centro le uova e i tuorli, il sale e lavorate fino a ottenere un impasto liscio ed elastico; coprite con un tovagliolo e lasciate riposare.
Dedicatevi alla preparazione del sugo. Pulite il pesce e sfilettatelo, privandolo delle spine e della pelle, tagliatelo a cubetti di circa un centimetro e mettetelo da parte. Con la testa e gli scarti (escluse le interiora) preparate un fumetto. Tritate finemente la cipolla e rosolatela in una pentola con un po' di extravergine (sceglietelo di sapore fruttato), aggiungete il mazzetto aromatico, qualche grano di pepe, i ritagli di pesce e proseguite la cottura. Quando cominciano ad attaccare al fondo, coprite con un litro di acqua fredda, salate e fate sobbollire per una mezz'ora, schiumando la superficie; togliete dal fuoco e filtrate.
In una padella capiente imbiondite gli spicchi di aglio nell'olio rimanente; aggiungete lo scorfano e due mestoli di fumetto, abbassate la fiamma, unite i pomodorini tagliati a pezzetti, regolate di sale e pepe e cuocete ancora per cinque o sei minuti.
Riprendete la pasta, stendetela in una sfoglia sottile (circa un millimetro e mezzo) e, con una rotella dentata, ritagliatela in strisce di un paio di centimetri di larghezza. Lessate le *alizanzas* in abbondante acqua salata, scolatele al dente e ripassatele nella padella del sugo, aggiungendo le foglie del basilico.

Alizanzas o alisanzas (in origine forse alisagna, da sagna, lasagna) è uno dei nomi attribuiti in Sardegna alle tagliatelle, diffuso in varie aree della regione ma non nel Campidano, nel Sulcis e nella fasce confinanti del Cagliaritano e dell'Oristanese, dove si preferisce chiamarle tallarinus (ricetta a pag. 477). In origine si facevano – come si fanno tuttora i fiuritti galluresi, più corti e larghi – con sola semola rimacinata, acqua, sale e poco olio di oliva, trafilandole con un torchio in bronzo. L'aggiunta delle uova a un impasto di sfarinati misti e il taglio con coltello o rotella dentata sono innovazioni generalmente ritenute conseguenti al contatto con il Piemonte sabaudo, quindi non anteriori al 1720.

Amatriciana

Ristorante Lo Scoiattolo, Amatrice (Rieti)

Tagliate il guanciale (il migliore è quello amatriciano, conciato al peperoncino e affumicato) a fette piuttosto spesse, riducetelo a listarelle e fatelo rosolare in olio extravergine. Spruzzate con poco vino, lasciate evaporare e aggiungete i pelati a pezzi, il peperoncino (non se utilizzate guanciale amatriciano, già piccante), il sale e cuocete per circa 10 minuti; calcolate qualche minuto in più se avrete utilizzato pomodori sanmarzano passati a crudo.

Cuocete la pasta in abbondante acqua salata, scolatela al dente e fatela amalgamare in padella con parte della salsa e una generosa spolverata di pecorino grattugiato.

Impiattate completando con il resto della salsa e altro formaggio.

L'amatriciana è un piatto di origine pastorale che può essere ricollegato alla gricia (si vedano i tonnarelli di pag. 494), conosciuta, infatti, anche con il nome di amatriciana bianca. L'utilizzo di ingredienti di lunga conservazione semplificava il trasporto e la facile preparazione del piatto non richiedeva particolari accorgimenti, rendendolo fruibile anche in mancanza di spazi attrezzati. In questa ricetta del Reatino non compaiono né cipolla né pepe, presenti in alcune versioni romane del condimento. Il peperoncino invece marca l'abruzzesità della ricetta e si giustifica con il fatto che fino al 1927 Amatrice, come altri comuni del circondario (e prima storico distretto borbonico) di Cittaducale, faceva parte della provincia dell'Aquila.

Per 4 persone

mezzo chilo di spaghetti (o altra pasta lunga)
125 g di guanciale
4 etti di pomodori pelati (o 6-7 pomodori sanmarzano), mezzo peperoncino (facoltativo)
vino bianco secco
pecorino romano
olio extravergine di oliva, sale

Tempo di preparazione e cottura: mezz'ora

Amatriciana de prescia

Osteria Molenda, Città di Castello (Perugia)

Per 4 persone

4 etti di spaghetti
2 etti di barbozzo (o di guanciale) stagionato
mezzo chilo di pomodori, uno scalogno, un ciuffetto di basilico
un bicchiere di vino bianco secco
formaggio di fossa
olio extravergine di oliva
sale, peperoncino in polvere

Tempo di preparazione e cottura: mezz'ora

Il condimento si prepara durante la cottura della pasta: perciò, come prima cosa, mettete sul fuoco una pentola di acqua che a ebollizione salerete, calandovi poi gli spaghetti. Nel frattempo mondate e tritate lo scalogno, fatelo dorare in una larga padella con olio extravergine e sfumate con abbondante vino bianco per attenuarne l'aroma. Tagliate il barbozzo in fette di circa due millimetri di spessore e ricavate delle listarelle che soffriggerete per qualche minuto in padella finché non prendano colore. Tagliate quindi i pomodori a spicchi, privateli dei semi e versateli nel sugo alzando la fiamma al massimo per un paio di minuti, saltando velocemente gli ingredienti affinché si amalgamino bene. Aggiungete il peperoncino nella quantità desiderata, regolate di sale e terminate la cottura badando che il pomodoro non si disfi, ma resti piuttosto sodo.
Scolate la pasta al dente e passatela in padella ultimando con un giro di olio a crudo, una spolverata di formaggio di fossa grattugiato e qualche fogliolina di basilico.

Si tratta di un piatto saporito ma di veloce preparazione, come suggerisce il nome. Il barbozzo – o barbozza – è un salume umbro ricavato dalla guancia dei suini pesanti locali. Il taglio, rifilato e cosparso di aglio fresco tritato, sale e pepe, è stagionato per due o tre mesi in ambienti freschi e umidi fino al raggiungimento della giusta maturazione. Ottimo a fette servito come antipasto, è spesso utilizzato per insaporire primi e secondi piatti. Importante in questa ricetta è la qualità della pasta, che deve essere confezionata con semole di grano duro pregiato: l'Osteria Molenda suggerisce la varietà senator Cappelli, che negli ultimi anni ha avuto una giusta riscoperta.

Andarinos con purpuzza e fiore sardo

Trattoria Il Rifugio, Nuoro

Sminuzzate la carne battendola con un coltello fino a ottenere pezzetti molto piccoli e mettetela in una ciotola condendola con due pizzichi di sale, uno di pepe macinato, il finocchietto e l'aglio tritati finemente. Impastate gli ingredienti e aggiungete il vino e l'aceto; lavorate con le mani il composto, in modo che i sapori si fondano, e lasciate riposare il preparato coperto in frigorifero per un paio di giorni, mescolando di tanto in tanto.

Mescolate su una spianatoia la semola con acqua e sale, impastando fino a ottenere un panetto liscio ed elastico. Prelevatene piccole porzioni, assottigliatele con le mani, formando dei cordoncini, e tagliate ognuno di questi a tocchetti. Passate ogni pezzetto su un pettine – tradizionalmente si utilizza il *ciuliri*, un setaccio di giunchi intrecciati, ma si può usare anche un semplice cestino di vimini sottili – con un movimento a spirale, ottenendo una sorta di fusillo elicoidale; allargate gli *andarinos* ottenuti e fateli asciugare.

Affettate sottilmente il cipollotto e lasciatelo appassire in padella con olio; aggiungete la carne (dopo averla scolata dalla marinata), sfumate con il vino e portate a cottura. Nel frattempo lavate con cura le erbe aromatiche e spezzettatele.

Lessate la pasta in abbondante acqua salata, scolatela al dente e versatela nel tegame; mescolate a fuoco vivo e aggiungete le erbe mantecando con il formaggio grattugiato per alcuni minuti.

Gli andarinos *sono una pasta elicoidale tipica della zona di Usini (Sassari), dove è prodotta artigianalmente e le si dedica ogni anno una sagra. La* purpuzza *è una specialità sarda ottenuta dalla macinazione grossolana della carne di maiale normalmente impiegata per la produzione della salsiccia, lasciata macerare in una marinata a base di aceto, vino, sale, pepe nero, aglio e finocchietto. Il signor Silverio Nanu, patron del Rifugio, aggiunge qualche foglia di alloro, ma numerose sono le varianti possibili. Localmente si può acquistare già pronta dal macellaio.*

Per 4 persone

Per la pasta:
3 etti di semola di grano duro
un pizzico di sale
Per la purpuzza:
220 g di polpa di maiale
una manciata di finocchietto selvatico, uno spicchio di aglio
mezzo bicchiere di vino bianco secco
mezzo bicchiere di aceto di vino
sale, pepe nero
Per il condimento:
un cipollotto, una manciata di erbe aromatiche (timo serpillo, rosmarino, alloro)
un bicchiere di vino bianco secco
un etto e mezzo di fiore sardo
olio extravergine, sale

Tempo di preparazione e cottura: 2 ore, più la marinatura

Anzelottos alla dorgalese

Ristorante Ispinigoli, Ispinigoli di Dorgali (Nuoro)

Per 7 persone

Per la pasta:
mezzo chilo di semola di
grano duro
un uovo
un pizzico di sale
Per il ripieno:
2 etti e mezzo di pecorino
fresco acidulo, 2 etti e mezzo
di formaggio vaccino acidulo
una manciata di mentuccia
un tuorlo d'uovo
un pizzico di sale
Per il condimento:
mezz'etto di polpa di manzo,
mezz'etto di polpa di maiale
mezza cipolla, una piccola
carota, uno spicchio di aglio, 2
foglie di alloro
mezzo chilo di polpa di
pomodoro, un cucchiaino di
concentrato di pomodoro
mezzo bicchiere di Cannonau
un etto di pecorino sardo
olio extravergine di oliva
sale, un cucchiaino di
zucchero

*Tempo di preparazione e
cottura:* un'ora e mezza

Su una spianatoia o in una larga ciotola impastate la semola con l'uovo, un pizzico di sale e un po' di acqua fino a ottenere un composto liscio ed elastico; avvolgetelo in un tovagliolo e dedicatevi alla preparazione del ripieno.
In una terrina amalgamate i due formaggi freschi lasciati inacidire per tre giorni nel loro siero. Tritate finemente la mentuccia e incorporatela al resto con l'aggiunta di un pizzico di sale e del tuorlo d'uovo, mescolando con cura.
Riprendete l'impasto, dividetelo a metà e stendete due sfoglie non troppo sottili (circa tre millimetri). Con il ripieno formate delle palline della grandezza di una noce e adagiatele su una sfoglia distanziandole tre o quattro centimetri l'una dell'altra. Con un pennellino intinto in acqua tiepida inumidite la pasta intorno al ripieno, ricoprite quindi con la seconda sfoglia premendo bene tutt'intorno; ritagliate con una rotella dei ravioli di forma quadrata e fate attenzione a fare uscire bene l'aria, forando la pasta con i rebbi di una forchetta nel colmo del ripieno.
Preparate il sugo: in un tegame soffriggete in olio un battuto di cipolla, carota e aglio e, non appena avrà preso colore, aggiungete il concentrato e la polpa di pomodoro, l'alloro, lo zucchero; lasciate restringere regolando di sale. A parte rosolate con un filo di extravergine le carni – dopo averle rifilate e tagliate a pezzetti –, sfumate con il vino e fate evaporare a fuoco moderato. Unite le carni al sugo di pomodoro e continuate la cottura finché non raggiungerete la densità desiderata.
Lessate gli *anzelottos* in abbondante acqua salata, scolandoli con la schiumarola non appena risalgano a galla; sistemateli a strati nel piatto di portata condendoli con il sugo, il pecorino grattugiato e un giro di olio extravergine a crudo.

Bakalla me tumac

Ristorante Kamastra, Civita (Cosenza)

Preparate un battuto con il sedano, la carota, la cipolla e uno spicchio di aglio e soffriggetelo in due cucchiai di olio, poi unite i pelati, salate, pepate e cuocete per un quarto d'ora.

Dedicatevi, quindi, alla mollicata: in un tegame, con poco olio, soffriggete i due spicchi di aglio restanti, unendo poi il pane raffermo, dopo averlo sbriciolato con lo sfregamento delle mani, e insaporite con pepe rosso macinato fino a ottenere un composto granuloso morbido e rossastro. Tagliate il baccalà a tocchetti, che passerete nella farina di frumento e poi friggerete in abbondante olio, fino a doratura. Prelevate con una schiumarola, asciugate su carta assorbente e unite il pesce al sugo di pomodoro, terminando la cottura in una decina di minuti.

Lessate i filatelli in abbondante acqua salata e, dopo averli scolati, mantecateli con la salsa di pomodoro, spolverizzando poi con la mollicata.

Servite non appena spento il fuoco.

Il bakalla me tumac *(pasta al sugo di baccalà) rientra nel folto gruppo delle ricette della cucina degli Arbëreshë o Arbereschi (si vedano anche le ricette di pag. 172 e 388), una popolazione di lingua albanese che, in seguito a plurime migrazioni, si è stanziata e vive nell'Italia meridionale. Nel corso dei secoli le comunità – più numerose in Calabria e Sicilia – sono riuscite a mantenere una propria identità, anche in campo gastronomico, pur non conservando sempre la lingua madre. I filatelli utilizzati da Giuseppe Zuccaro, chef del ristorante Kamastra, sono un formato di pasta lunga di semola di grano duro, a sezione circolare maggiore di due millimetri di diametro, originario dell'Italia centromeridionale.*

Per 4 persone

2 etti di filatelli
2 etti e mezzo di baccalà già ammollato
una costa di sedano, una carota, una piccola cipolla, 3 spicchi di aglio
8 pomodori pelati
farina di frumento
4 fette di pane casereccio raffermo
olio extravergine di oliva
sale, pepe rosso

Tempo di preparazione e cottura: un'ora e un quarto

Barchette di melanzane

Grand Hotel delle Terme, Acquappesa (Cosenza)

Per 4 persone

2 etti di fettuccine
2 melanzane, 2 etti di piselli
un etto di prosciutto cotto
un etto di mozzarella, un etto
di parmigiano reggiano
un bicchiere di besciamella
salsa di pomodoro
olio extravergine di oliva
sale, peperoncino (facoltativo)

*Tempo di preparazione e
cottura:* un'ora e un quarto

Tagliate a metà le melanzane, svuotatele della polpa, che farete soffriggere a parte in extravergine, e friggetele in padella fino a doratura.

Mescolate le fettuccine, cotte in acqua bollente salata, scolate e fatte raffreddare, con il prosciutto e la mozzarella tagliati a dadini, i piselli – lessati o cotti in umido –, la polpa delle melanzane, la besciamella, parte del parmigiano grattugiato, un pizzico di peperoncino, se è di vostro gradimento, fino a ottenere un composto omogeneo, che utilizzerete per riempire le melanzane.

Cospargete le barchette con un po' di salsa di pomodoro (in alternativa, ragù di carne), spolverate con il parmigiano grattugiato e fate gratinare in forno, alla temperatura di 180°C, per una decina di minuti.

Bardelle con ortiche e gamberi d'acqua dolce

Hostaria La Trisa, Valmaggiore di Endine Gaiano (Bergamo)

Per 4 persone

Per la pasta:
mezzo chilo di farina di
frumento tipo 00
3 uova intere e 4 tuorli
2 cucchiai di olio extravergine
di oliva
Per il condimento:
16 gamberi d'acqua dolce
3 etti di ciuffi di ortica, un
ciuffo di prezzemolo
3 cucchiai di olio extravergine
di oliva
sale, pepe bianco

*Tempo di preparazione e
cottura:* un'ora e un quarto

Unite la farina, le uova, i tuorli, l'olio extravergine e lavorate a lungo e con energia fino a ricavare un impasto omogeneo, aggiungendo eventualmente un po' d'acqua. Fate riposare per una mezz'ora e poi tirate la sfoglia, ricavando dei rettangoli di cinque centimetri per tre, da pizzicare al centro per ottenere le farfalle.

Pulite i gamberi e sciacquateli. Lavate e scottate in acqua bollente poco salata i ciuffi di ortica. Fate saltare i gamberi in poco olio e aggiungete le ortiche scolate e strizzate; salate e pepate. Unite le bardelle cotte al dente in abbondante acqua salata e completate con prezzemolo tritato.

Le bardelle erano un tempo farfalle confezionate con la pasta avanzata dalla preparazione dei casoncelli. In alcuni paesi bergamaschi però bardella significava tagliatella corta e larga. Famose erano nella Bergamasca le bardèle coi marài, *farfalle o fettuccine ricavate da un impasto di colore verde di farina di frumento, uova e borragine, condite con burro e parmigiano. Quanto ai gamberi d'acqua dolce, sono diventati una rarità ma è ancora possibile pescarli, anche se in minima quantità, nel lago d'Iseo, che si trova dietro a quello di Endine, a pochissimi chilometri dalla trattoria.*

Ieri, domani.

GRANAIO *Chianti Classico*

FATTORIE MELINI

TOSCANA

FATTORIE MELINI

Tradizioni e avanguardie si incontrano in una terra a forte
vocazione. Qui, nasce Fattorie Melini. Dove la passione per
il lavoro è la spinta ad essere nuovi. Da più di trecento anni

Quando vuoi preparare una buonissima pasta fatta in casa,
"fatti aiutare dallo specialista italiano delle farine".
In ogni confezione del Molino Spadoni,
non trovi solo la farina della migliore qualità,
pensata per rendere le tue preparazioni più facili,
più gustose e più sicure: trovi anche tutte le certezze
dell'azienda prima in Italia
nelle farine speciali.
Così ogni ricetta diventerà davvero speciale.

Il segreto della bontà

La pasta fatta in casa:

ci sono tanti modi di gustarla,

uno solo di farla.

A mano. Con pazienza.

Con cura. Con arte.

Con le farine del Molino Spadoni,

lo specialista italiano

della bontà fatta in casa!

Via Ravegnana, 746 - Coccolia (RAVENNA) - Italia
www.molinospadoni.it

Basotti

Ristorante Al Gambero Rosso, Bagno di Romagna (Forlì-Cesena)

Come prima cosa preparate un buon brodo di carne; un tempo la ricetta prevedeva l'uso dei tagli più umili e grassi del maiale, come zampetto e coda, oggi la carne di suino è stata sostituita con quella di gallina e di bovino. Fatela sobbollire lentamente, per almeno un paio di ore, in una pentola d'acqua salata e aromatizzata con sedano, carota e basilico, schiumando di tanto in tanto la superficie. Su un piano di lavoro impastate la farina con le uova e un pizzico di sale, lavorando per ottenere un composto elastico e sodo, che lascerete riposare brevemente coperto da un tovagliolo.

Tirate una sfoglia sottile, arrotolatela senza stringere troppo e tagliatela in strisce sottili (circa tre millimetri), allargandole sul tagliere.

Quando tutto sarà pronto, filtrate il brodo e lessate per un minuto i tagliolini scolandoli molto al dente. Nel frattempo preparate una teglia capiente e dai bordi alti, ungendola con strutto (o burro) e spolverandola con pangrattato. Con il ramaiolo prelevate la pasta, adagiatene un primo strato nel recipiente, condite con fiocchetti di strutto e una manciata di parmigiano grattugiato, e proseguite allo stesso modo fino a esaurimento degli ingredienti, ultimando con il formaggio e una spolverata di pangrattato. Versate il brodo necessario fin quasi a ricoprire il tutto e infornate a 180-200°C finché il liquido non sia completamente assorbito dalla pasta e si formi in superficie una crosticina dorata. Servite in piatti individuali tagliando i basotti a scacchi.

Se volete un piatto ancora più ricco, potete ultimare aggiungendo uova battute e un mestolo di brodo, prolungando la cottura per qualche minuto.

Questo sostanzioso piatto è tipico della Romagna pedemontana e particolarmente diffuso nelle zone di Civitella e di Bagno di Romagna, dove si prepara tradizionalmente nel giorno della festa del Perdono, il secondo venerdì di marzo.

Per 4 persone

Per la pasta:
4 etti di farina di frumento
4 uova
un pizzico di sale
Per il brodo:
2 etti di manzo magro con osso, 2 etti di gallina
una carota, una costa di sedano, una foglia di basilico
una presa di sale
Per il condimento:
mezz'etto di pangrattato,
mezz'etto di parmigiano reggiano (o pecorino)
2 uova (facoltativo)
60 g di strutto (o burro)
Inoltre:
pangrattato
una noce di strutto (o burro)

Tempo di preparazione e cottura: 2 ore e mezza

Bavette ai ricci di mare

Ristorante Su Talleri, Villaputzu di Muravera (Cagliari)

Per 4 persone

4 etti di bavette (o altra pasta lunga)
4 dozzine di ricci di mare
uno spicchio di aglio, un ciuffetto di prezzemolo, 5 foglie di basilico
5 cucchiai di olio extravergine di oliva
sale, peperoncino (facoltativo)

Tempo di preparazione e cottura: mezz'ora

Pulite i ricci, incidendoli con un paio di forbici e ricavandone la polpa assieme alla loro acqua. Dividete a metà la polpa ricavata, che in parte servirà per il sugo e in parte sarà usata a crudo.

Mettete in una casseruola l'olio (consigliamo l'uso di uno molto delicato), l'aglio e il prezzemolo tritati, le foglie di basilico e metà della polpa dei ricci. Fate rosolare il tutto per tre minuti circa.

Lessate le bavette in abbondante acqua salata, scolate e versate nel tegame del sugo. Aggiungete la polpa cruda dei ricci, un pizzico di peperoncino, se lo gradite, e portate in tavola.

Frutti di mare tra i più apprezzati, i ricci hanno esoscheletro sferoidale ricoperto di aculei. Si catturano soprattutto tra la fine dell'inverno e l'inizio della primavera, quando le parti eduli – le gonadi, disposte a raggiera nell'interno del guscio – sono gonfie e saporite.

Bavette al pesto di pistacchio con gamberetti

Ristorante La Perla, Naso (Messina)

Per 4 persone

4 etti di bavette
un etto di gamberetti
un etto di pistacchi di Bronte sgusciati, 10 g di capperi, 10 g di uva passa
mezz'etto di parmigiano reggiano
olio extravergine di oliva, sale

Tempo di preparazione e cottura: 45 minuti più l'ammollo dell'uva passa

Tenete in ammollo per un'ora l'uva passa. Dissalate i capperi e sgusciate i gamberetti.

Mettete a bollire l'acqua per la pasta. Versate i pistacchi, l'uva passa strizzata, i capperi e il parmigiano in un frullatore. Miscelate con olio e frullate fino a ottenere un composto omogeneo e cremoso, assaggiate e regolate di sale. Versatelo in una padella a fuoco spento. Bagnate con un mestolo di acqua bollente ed emulsionate roteando la padella.

Lessate le bavette e, dopo un paio di minuti, trasferite nella medesima pentola anche i gamberetti. Quando la pasta è ancora al dente, scolate il tutto e amalgamatelo nella padella con il pesto a fuoco moderato, quindi impiattate e portate in tavola.

Quasi d'obbligo l'uso dei pistacchi di una varietà che cresce solo sui terreni lavici di Bronte (Catania), sul versante occidentale dell'Etna. Li tutela un Presidio Slow Food.

Bavette con catalogna e paté di olive

Nunzia Rutigliano, Bitetto (Bari)

Pulite e lavate la cicoria, bollitela in acqua salata per cinque minuti, toglietela con la schiumarola e scolatela.
Lasciate sul fuoco la pentola di acqua salata per la cottura della pasta e, nel frattempo, fate imbiondire l'aglio in due cucchiai di olio, in una padella larga e bassa. Aggiungete la cicoria e portate il tutto a ebollizione; unite, a questo punto, il paté di olive e le bavette lessate e scolate.
Mantecate per qualche istante e spolverizzate con abbondante pecorino grattugiato.

Il paté di olive è l'equivalente, in genere semplificato, della tapenade*, un condimento provenzale a base di olive nere (mature), olio, aglio e altri aromi.*

Per 4 persone

2 etti di bavette (o altra pasta lunga)
3 etti e mezzo di cicoria catalogna, 2 spicchi di aglio
80 g di paté di olive nere
una manciata di pecorino semistagionato
olio extravergine di oliva, sale

Tempo di preparazione e cottura: 40 minuti

Bavette con ragù di lago e bottarga d'acqua dolce

Ristorante Collina, Almenno San Bartolomeo (Bergamo)

Sfilettate i pesci e preparate un fumetto con gli scarti, mezza cipolla, la carota e un pezzetto di sedano, immergendo il tutto in acqua fredda salata – deve coprire gli ingredienti di quattro dita – e facendo sobbollire per una ventina di minuti.
Tagliate a cubetti i lavarelli e dividete in due, nel senso della larghezza, ogni filetto di persico. In una padella antiaderente, soffriggete la cipolla tritata in olio extravergine, poi unite il pomodoro spezzettato, le erbe aromatiche, un pizzico di sale e, subito dopo, il pesce, che cuocerà in pochi minuti. Toglietelo dal tegame, tenetelo in caldo in un piatto coperto e unite alla salsa un mestolo di fumetto filtrato. Lessate le bavette, scolatele al dente e finite la cottura nella salsa, allungata eventualmente ancora con il fumetto, aggiungendo in ultimo il pesce. Mescolate delicatamente e sistemate nei piatti, aggiungendo in ognuno un cucchiaino di bottarga.

Per bottarga d'acqua dolce si intende in questo caso quella preparata con le uova di lavarello del lago di Como, che si trova in commercio in polvere o pressata. Le sacche ovariche del pesce sono salate e quindi stagionate per alcuni mesi, durante i quali vengono rivoltate quotidianamente.

Per 4 persone

3 etti e mezzo di bavette
4 pesci persico, 2 lavarelli
4 cucchiai di bottarga d'acqua dolce
una cipolla e mezza, una carota, una costa di sedano, un pomodoro, un rametto di timo, un ciuffetto di maggiorana
olio extravergine di oliva, sale

Tempo di preparazione e cottura: un'ora e un quarto

Bigoi co' l'arna

Ristorante Ai Monti da Zamboni, Arcugnano (Vicenza)

Per 4 persone

Per la pasta:
3 etti di farina di frumento
sale
Per il condimento:
160 g di polpa di anatra muta
brodo di anatra
mezz'etto di scalogno,
mezz'etto di sedano verde, uno
spicchio di aglio, 2 foglie di
salvia, una foglia di alloro, un
rametto di timo
formaggio vezzena da
grattugia
olio extravergine di oliva
sale, pepe

*Tempo di preparazione e
cottura:* 2 ore

Pestate lo scalogno e il sedano e fateli appassire in olio extravergine con gli aromi e l'aglio. Aggiungete la carne e cuocetela lentamente per un'ora e mezza, versando di tanto in tanto del brodo di anatra e regolando di sale e pepe. Intanto preparate la pasta lavorando la farina con una presa di sale e tanta acqua tiepida quanta ne serva per ottenere una massa piuttosto soda. Staccatene dei pezzi, inseriteli nel cilindro centrale dell'apposito attrezzo (bigolaro) e torchiateli: otterrete una sorta di grossi spaghetti dalla superficie ruvida, che allargherete, perché asciughino, su un canovaccio.

Quando il condimento sarà cotto, eliminate le erbe e l'aglio. Lessate i bigoli al dente in acqua salata, scolateli e fateli saltare in padella con il ragù e il vezzena grattugiato.

In questa e nelle successive ricette, alcuni caratteristici modi di condire i bigoi o – italianizzando – bigoli, pasta lunga della tradizione veneta trafilata con un apposito torchio. Se non avete né il bigolaro né una moderna macchina per la pasta "a gramola", che in una certa misura può sostituirlo, e se il vostro fornitore artigianale non produce bigoli freschi (difficilmente reperibili fuori dalla zona d'origine), invece di ripiegare su comuni spaghetti preparate delle tagliatelle. Da Zamboni, sui Colli Berici, Severino Trentin condisce la pasta con un ragù di anatra, della specie più diffusa tra quelle domestiche, la muta o muschiata.

Bigoli con il tastasale

Enoteca La Corte, Cornedo Vicentino (Vicenza)

Il *tastasal* in Veneto è l'impasto di carne suina (magra e grassa, lardo compreso) macinata, salata e pepata, con cui si preparano i salami: il nome deriva dal fatto che prima di insaccarlo lo si cucinava, soprattutto come ingrediente di un risotto, per valutarne il grado di salatura. Se non trovate il salame vicentino, sostituitelo con uno – sempre freschissimo – dalle caratteristiche analoghe, senza spezie molto aromatiche quali cannella o macis.

Sulla spianatoia impastate la semola con le uova e il sale. Lavorate energicamente e a lungo la massa e, con l'apposito attrezzo (un tempo manuale, oggi anche elettrico), ricavatene bigoli di diametro un po' più largo del normale.

Con una forchetta schiacciate la pasta di salame e rosolatela in una padella appena unta di extravergine con poca cipolla tritata e un rametto di rosmarino. Abbassate il fuoco e cuocete per 30-40 minuti.

Lessate i bigoli, scolateli e fateli saltare nel tegame del sugo, aggiungendo un pizzico di rosmarino tritato fine. Chi lo desidera rifinirà il piatto con una spolverata di formaggio.

In questa ricetta il tastasal *condisce bigoli di grano duro, più saporiti e consistenti di quelli di frumento, ma alla Corte di Cornedo si accompagna anche a un'altra specialità della casa, i machegnocchi, sorta di maccheroncini non bucati di pane grattugiato, semola e uova. A Bergantino (Rovigo), nel Polesine confinante con il Veronese e il Mantovano, Francesco Martini del ristorante Da Luciano prepara i bigoli con farina di frumento e uova (dieci intere e tre tuorli per chilo di farina). Per il condimento usa l'impasto del salame mantovano, salvia e pomodori pelati.*

Per 6 persone

Per la pasta:
mezzo chilo di semola rimacinata di grano duro
4 uova
un pizzico di sale
Per il condimento:
6 etti di pasta di salame vicentino
mezza cipolla, 2 rametti di rosmarino
formaggio da grattugia (facoltativo)
olio extravergine di oliva, sale

Tempo di preparazione e cottura: un'ora

Bigoli con le aole

Trattoria Agli Angeli, Gardone Riviera (Brescia)

Per 4 persone

Per la pasta:
3 etti di farina di frumento tipo 00
3 uova
un pizzico di sale
Per il condimento:
240 g di *àole* (alborelle in salamoia)
mezz'etto di cipolle bianche, 80 g di pomodoro, 30 g di erba cipollina, 30 g di prezzemolo
mezzo litro di fumetto di pesce
2 cucchiai di aceto di vino bianco
olio extravergine di oliva, sale

Tempo di preparazione e cottura: 50 minuti, più la marinatura

Pulite e sfilettate le alborelle salate, infarinatele e friggetele in olio extravergine.
Stufate le cipolle, aggiungete il fumetto di pesce e l'aceto e fate sobbollire per qualche minuto. Immergete nel liquido le *àole* fritte e lasciatele in infusione per tutta la notte.
Per i bigoli, impastate la farina con le uova, un pizzico di sale e l'acqua necessaria a ottenere una massa molto consistente. Con l'apposito torchio in rame, ricavatene dei grossi spaghetti.
Cuocete la pasta in abbondante acqua con poco sale (è già piuttosto salata la salsa) e scolatela al dente. Passatela in padella aggiungendo le alborelle scolate, qualche cucchiaio di fumetto, l'erba cipollina, il prezzemolo, il pomodoro e un filo di extravergine. Mantecate e servite.

Sulle rive del Garda le àole salè, *o semplicemente* àole, *sono esemplari di alborella (un piccolo ciprinide di acqua dolce, comune soprattutto nelle aree dei grandi laghi prealpini) essiccati al sole e conservati in vasi di vetro con abbondante sale grosso, aglio, rosmarino e alloro. Sminuzzate e soffritte, o – come in questa ricetta della sponda lombarda, artefice Enrico Pellegrini della trattoria di Gardone – fritte e inacetite, le alborelle in salamoia condiscono soprattutto i bigoli, pasta fresca casalinga trafilata con uno speciale torchio, il bigolaro. Nel settore trentino del lago si cucinano i bigoli alla torbolana: Ivo Miorelli del ristorante La Terrazza di Nago-Torbole prepara la salsa asciugando in padella, con olio e aglio, le* àole *tritate con un rametto di rosmarino.*

Bigoli con le sarde

Trattoria dell'Alba, Vho di Piadena (Cremona)

Preparate l'impasto, che deve essere piuttosto sodo (se è il caso aumentate un po' la dose della farina) e con il bigolaro ricavatene dei grossi spaghetti.
Mettete in una casseruola, con l'olio, le cipolle tagliate finissime e fate cuocere lentamente. Pulite bene dal sale le sarde, tagliatele a pezzi e unitele alle cipolle, mescolando continuamente affinché si sciolgano.
Cuocete i bigoli al dente in acqua salata, scolateli e uniteli al sugo delle sarde.
In estate il piatto può essere completato con una dadolata di verdure di stagione, per esempio zucchine e pomodori.

I pesci salati di questa ricetta sono davvero sarde – oggetto di millenari scambi commerciali con l'alto Adriatico –, non acciughe come sarebbero in area veneta, dove per sarda si intende quasi sempre l'alice.

Per 6 persone

Per la pasta:
mezzo chilo di farina di frumento
5 uova
Per il condimento:
6-7 sarde sotto sale
3 etti di cipolle
olio extravergine di oliva, sale

Tempo di preparazione e cottura: un'ora e un quarto

Bigoli con salsa di agoni

Osteria del Crotto, Morbegno (Sondrio)

Lavorate la farina con acqua e sale fino a ottenere un impasto piuttosto sodo, che passerete nel torchio da bigoli.
Diliscate e spellate gli agoni. Tritate la cipolla e fatela ammorbidire in extravergine con l'aglio intero. Sfumate con il vino e aggiungete la polpa dei pesci tagliata a dadini. Rosolatela nel soffritto, spruzzate l'aceto e cuocete per pochi minuti.
Lessate i bigoli in abbondante acqua salata, scolateli al dente e saltateli in padella insieme alla salsa, insaporendo con le erbe tritate e un pizzico di pepe.

Il piatto compare nel menù dell'osteria di Morbegno come bigoli con salsa di missoltino: abbiamo preferito definirlo agone perché qui il pesce (un clupeide d'acqua dolce) è fresco e non essiccato come, a rigore, dovrebbe essere per chiamarsi missoltino. Gli spaghetti al torchio si possono comunque condire anche con agoni asciugati al sole, salati e poi messi sott'olio: in questo caso la ricetta, tipica del Garda veronese, viene a rappresentare la versione lacustre dei bigoli in salsa veneti (pag. 41).

Per 4 persone

Per la pasta:
3 etti di farina di frumento
una presa di sale
Per il condimento:
4 agoni
una cipolla, uno spicchio di aglio, erbe aromatiche (rosmarino, timo, maggiorana)
mezzo bicchiere di vino bianco secco, un cucchiaio di aceto di vino bianco
olio extravergine di oliva
sale, pepe

Tempo di preparazione e cottura: 40 minuti

Bigoli in pocio d'oca alle erbe aromatiche

Ristorante Alpone, Montecchia di Crosara (Verona)

Per 6 persone

Per la pasta:
mezzo chilo di farina di
frumento
4 uova
una presa di sale
Per il condimento:
un'oca pronta per la cottura
2 cipollotti, un ciuffetto
di salvia, un rametto di
rosmarino, un rametto di timo,
un ciuffetto di santoreggia,
una foglia di alloro
un mestolino di brodo
un bicchiere di Soave
olio extravergine di oliva
sale, pepe nero

*Tempo di preparazione e
cottura:* un'ora e mezza

Mondate i cipollotti, tritateli e rosolateli con qualche cucchiaio di extravergine in un'ampia casseruola. Adagiatevi l'oca, salate, pepate e profumate con le erbette tritate. Sfumate con il vino e proseguite la cottura a fuoco lento.

Nel frattempo preparate la pasta. Versate la farina sulla spianatoia, fate la conca e mettete al centro le uova e il sale. Impastate incorporando, poca alla volta, l'acqua necessaria a ottenere una massa liscia ed elastica. Passatela nell'apposito torchio (bigolaro) ricavandone grossi spaghetti. Allargateli su una tovaglia e lasciateli asciugare.

Quando l'oca sarà quasi cotta, toglietela dal tegame e disossatela, riducendo la carne in piccoli pezzi.

Filtrate il fondo di cottura e rimettetelo sul fuoco assieme all'oca disossata. Bagnate con un po' di brodo e portate a termine la cottura.

Lessate i bigoli in abbondante acqua salata, scolateli e conditeli facendoli saltare per due minuti in padella con il sugo d'oca.

Pocio è termine che nel dialetto veneto vale sugo, intingolo. Quello con cui lo chef Simone Tessari condisce i bigoli ha come ingrediente principale l'oca, animale da cortile che nelle case contadine era come il maiale: non se ne buttava niente. Nelle feste primaverili (Pasqua e San Marco, il 25 aprile) era tradizione condire le paste al torchio – bigoli e gargati –, ma anche paparele *e gnocchi, con i* bisi *(piselli) soffritti nel grasso d'oca.*

Bigoli mori in salsa

Ristorante La Ragnatela, Scaltenigo di Mirano (Venezia)

Affettate finemente la cipolla e appassitela nell'olio senza farle prendere colore (eventualmente aiutatevi con un po' di acqua o brodo). Aggiungete le sarde pulite, spinate e ben tritate, e lasciate cuocere a fuoco basso per almeno mezz'ora, finché la cipolla non si confonderà con le sardine spappolate. Aggiustate di sale e pepe.

Lessate i bigoli in acqua bollente poco salata e saltateli con la salsa di acciughe.

Nella stessa salsa è consuetudine mettere in marinata la carne bollita, i fagiolini e gli agretti.

In varie combinazioni tra acciughe sotto sale e cipolle, la salsa per antonomasia è uno dei condimenti più classici dei bigoli, qui in una versione (tipica di Bassano del Grappa) "mora", scura, per la presenza di farina integrale: uno sfarinato non setacciato (con il buratto – un tamburo rotante con le pareti in tela – o con le moderne macchine dell'industria molitoria) ma solo liberato dalle sostanze estranee e dalle impurità, senza separare la crusca. Analoga a quella della Ragnatela di Scatenigo, una ricetta in auge nel Mantovano prevede che alle cipolle si aggiunga, prima delle sarde (acciughe) o delle sardelle (agoni) dissalate, un sorso di aceto. Oggi il pesce sotto sale è spesso sostituito da pesce sott'olio: nel ristorante Da Luciano di Bergantino (Rovigo), dopo averlo appena scaldato con uno spicchio di aglio schiacciato, lo versano sulla pasta aggiungendo un cucchiaio di prezzemolo tritato e un filo di extravergine crudo.

Per 6 persone

mezzo chilo di bigoli di farina integrale di frumento
3 etti di sarde (acciughe) salate
3 cipolle
3 cucchiai di brodo
(facoltativo)
un bicchiere di olio
extravergine di oliva
sale, pepe

Tempo di preparazione e cottura: 45 minuti

Biscioloni con sugo finto

Osteria Perbacco, Cannara (Perugia)

Per 4 persone

Per la pasta:
mezzo chilo di farina di
frumento
12 g di lievito di birra
olio extravergine di oliva, sale
Per il condimento:
una fetta di guanciale
una cipolla bianca di medie
dimensioni, una piccola
carota, una costa di sedano
mezzo chilo di pomodori
pelati
parmigiano reggiano
3 cucchiai di olio extravergine,
una noce di burro
sale, peperoncino

*Tempo di preparazione e
cottura:* un'ora e mezza, più il
riposo

Versate la farina a fontana, aggiungete il lievito sciolto in poca acqua tiepida, un cucchiaio di extravergine, un pizzico di sale e lavorate il tutto. L'impasto deve risultàre poco più duro di quello del pane. Raccoglietelo a palla e lasciate riposare per una mezz'ora.

Dedicatevi quindi al sugo, versando in un tegame i pelati, la cipolla affettata sottilmente, la carota a rondelle, il sedano a tocchetti, la fetta di guanciale a cubetti, olio, burro, poco peperoncino e portate a cottura.

Riprendete la pasta, prelevate piccole porzioni e assottigliatele con le mani su un piano infarinato, formando spaghettoni lunghi e sottili, i biscioloni appunto. Lasciate riposare per un quarto d'ora – in modo che l'impasto lieviti ancora un poco – e cuocete in abbondante acqua salata scolando la pasta non appena torni a galla.

Dal tegame del condimento togliete le verdure, frullatele e rimettetele in padella, saltando velocemente la pasta e ultimando con una generosa spolverata di parmigiano grattugiato.

L'impasto proposto è, di fatto, del tutto simile a quello per la preparazione del pane; Ernesto Parziani – patron dell'Osteria Perbacco – racconta come, un tempo, la panificazione fosse l'occasione per la preparazione di una serie di pietanze che trovavano nel composto un comune denominatore. I biscioloni ne sono un esempio, ma lo sono anche gli arvoltelli, frittelle di pasta di pane cosparse di zucchero, ideali per la prima colazione.

Blecs con broccoli e acciughe

Trattoria Borgo Poscolle, Cavazzo Carnico (Udine)

Mescolate le due farine e impastatele con le uova e, se necessario, poca acqua. Lasciate riposare la pasta, avvolta in pellicola da cucina, per mezz'ora.

Nel frattempo predisponete il condimento. Lessate, a pentola scoperta, i broccoli e fateli a pezzetti. Tagliate anche i pomodorini. Dissalate le acciughe e frullatele con poco olio.

Riprendete la pasta, stendetela sottile (due millimetri) e tagliatela a triangoli o a losanghe irregolari piuttosto grandi (cinque o sei centimetri), che lesserete per tre minuti in acqua bollente salata.

In un tegame scaldate un po' di extravergine e rosolate lo spicchio di aglio. Toglietelo e versate la crema di acciughe, i broccoli e, dopo qualche minuto, i pomodorini. Fate saltare aggiungendo poca acqua di cottura della pasta e aggiustate di sale e pepe.

Scolate i *blecs* e trasferiteli con una pinza nella padella. Amalgamate con il condimento e servite con formaggio montasio stagionato o parmigiano grattugiato.

Se si preferisce una pasta meno scura – avverte Rita Lenisa di Borgo Poscolle – si diminuisce la farina di saraceno aumentando in proporzione quella bianca. I blecs si possono conservare in frigorifero per qualche giorno, ben infarinati e chiusi in un contenitore. Si condiscono anche con salsiccia e porri, sugo di agnello o burro e ricotta affumicata.

Per 4 persone

Per la pasta:
un etto e mezzo di farina di frumento tipo 00, un etto e mezzo di farina di grano saraceno
3 uova
Per il condimento:
80 g di acciughe sotto sale
2 etti e mezzo di broccoli, 10-12 pomodorini, uno spicchio di aglio
formaggio da grattugia
olio extravergine di oliva
sale, pepe

Tempo di preparazione e cottura: un'ora

Blecs cul gjal

Trattoria Blanch, Mossa (Gorizia)

Per 8-10 persone

Per la pasta:
8 etti di farina di frumento
tipo 00
3 uova intere e 4 tuorli
olio extravergine di oliva, sale
Per il condimento:
un gallo ruspante di circa 3
chili pronto per la cottura
una fetta di lardo
una carota, una cipolla,
2 spicchi d'aglio, erbe
aromatiche (rosmarino, timo,
maggiorana, salvia)
3 cucchiai di farina di
frumento
2 cucchiai di passata di
pomodoro
brodo di carne
un bicchiere di vino bianco
secco
un bicchiere di olio
extravergine di oliva
sale, pepe

*Tempo di preparazione e
cottura:* 2 ore

In una teglia fate soffriggere in olio la cipolla, l'aglio, la carota, le erbe aromatiche e la fetta di lardo intera.
Tagliate il gallo a pezzi, infarinateli leggermente e fateli rosolare bene nel soffritto. Aggiungete la passata di pomodoro e il vino. Quando questo sarà evaporato, coprite i pezzi di gallo con brodo bollente. Cuocete lentamente a teglia scoperta aggiungendo, se necessario, altro brodo e regolando di sale e pepe.
Nel frattempo impastate la farina con le uova e i tuorli, un bicchiere d'acqua tiepida, un cucchiaio di extravergine e un pizzico di sale, fino a ottenere un impasto omogeneo.
Stendete la pasta a larghe strisce dello spessore di un paio di millimetri. Lasciate asciugare leggermente, quindi ricavate con la rotellina pezze quadrate di circa sei centimetri per sei. Dividetele una a una e fate asciugare.
Quando il gallo è cotto, passate al passaverdura il fondo di cottura (se troppo liquido, stemperate nel sugo un po' di farina), riunitelo alla carne e tenete in caldo.
Lessate la pasta per qualche minuto in una pentola con molta acqua salata. Scolate e condite con il sugo e un pezzo di gallo a persona.

Come avrete intuito dal contesto, i blecs *sono "toppe" di pasta all'uovo casalinga – somigliano a lasagne o a grossi maltagliati con orli a festone, incisi dalla rotella – mentre il* gial *è, in dialetto giuliano, il gallo. Cavallo di battaglia della signora Valentina, la pasta così condita suscita da decenni giustificati entusiasmi tra gli avventori dello storico posto di ristoro dei Blanch, a pochi chilometri dal confine sloveno. Paradossalmente la difficoltà di questa ricetta sta non nel tirare la sfoglia ma nel procurarsi il gallo, volatile in via di estinzione persino nelle cascine* d'antan. *Potreste sostituirlo con un pollo – ovviamente ruspante –, ma non sarebbe la stessa cosa.*

Bleki al ragù di capriolo

Ristorante Al Vescovo-Skof, Pulfero (Udine)

Per il condimento, preparate un soffritto con olio e le verdure aromatiche tagliate a dadini. Aggiungete la carne tritata di capriolo e fate rosolare bene. Bagnate con il vino e lasciate evaporare a fuoco vivo. Aggiungete acqua, le erbe, le bacche di ginepro leggermente schiacciate, sale e pepe; abbassate la fiamma e proseguite la cottura per circa due ore.

Nel frattempo preparate i *bleki*. Amalgamate alla farina l'uovo battuto, aggiungete un cucchiaio di extravergine e una presa di sale e impastate il composto fino a ottenere una massa compatta, liscia e omogenea. Stendete l'impasto con il matterello e tiratelo nello spessore di circa mezzo centimetro. Con la rotella dentata tagliate la sfoglia a quadretti o a losanghe anche irregolari.

Cuocete la pasta in abbondante acqua bollente salata e condite con il sugo di capriolo. I *bleki* possono essere serviti anche con un ragù di cinghiale o di anatra.

I bleki – stracci in sloveno: il corrispettivo "friulianizzato" sono i blecs *delle pagine precedenti – sono maltagliati con orli frastagliati caratteristici dell'alto bacino dell'Isonzo, abitato da genti slavofone. Il piatto è tipico, in particolare, delle valli del Natisone, che conservano lingua, costumi e cucina di schietta impronta mitteleuropea. Nella ricetta elaborata da Bruna Vogrig, patronne dello storico ristorante con alloggio che appartiene da quattro generazioni alla famiglia Domenis, la pasta è condita con un ragù di selvaggina dalla lunga cottura. Teresa Covaceuszach del ristorante Sale e Pepe di Stregna, in un'altra delle valli del Natisone, prepara i* bleki *mescolando a un maggior numero di uova tre tipi di sfarinato: frumento, grano saraceno, grano duro. Le dosi, per 10-12 persone, sono due etti e mezzo di farina di frumento tipo 00, 75 grammi di farina di grano saraceno, altrettanti di semola di grano duro, cinque uova, una presa di sale. I bleki – che in questa versione sconsigliamo ai principianti, perché alquanto difficili da impastare – sono poi conditi con un sugo rustico: verze e pancetta o broccoli.*

Per 6 persone

Per la pasta:
2 etti di farina di frumento tipo 00
un uovo
olio extravergine di oliva, sale
Per il condimento:
mezzo chilo di polpa di capriolo
mezza cipolla, una carota, un gambo di sedano, 2 foglie di salvia, un rametto di timo, un rametto di rosmarino
un bicchiere di vino rosso di corpo
olio extravergine di oliva
sale, pepe nero, 2 bacche di ginepro

Tempo di preparazione e cottura: 2 ore e mezza

Bucatini con broccoli arriminati

Trattoria Don Ciccio, Bagheria (Palermo)

Per 4 persone

mezzo chilo di bucatini
un chilo di broccoli
(cavolfiori), una piccola
cipolla, mezzo peperoncino
mezz'etto di acciughe sotto
sale
25 g di uva sultanina, 25 g di
pinoli
125 g di doppio concentrato di
pomodoro
una manciata di pangrattato
olio extravergine di oliva, sale

*Tempo di preparazione e
cottura:* 50 minuti

Soffriggete la cipolla in olio extravergine. Aggiungete, facendole sciogliere, le acciughe dissalate e diliscate, l'uva sultanina ammollata e strizzata, i pinoli, il concentrato di pomodoro e il peperoncino.

Lessate le cimette di cavolfiore in acqua salata. Ultimata la cottura, lasciate un po' d'acqua e aggiungete il condimento preparato, lasciando bollire per tre minuti.

Lessate la pasta in acqua bollente salata per circa otto minuti. Scolatela e mettetela in un tegame con un paio di mestoli di condimento. Fatela saltare per un paio di minuti, versatela in una pirofila e aggiungete il resto del condimento e il pangrattato abbrustolito.

I bucatini, noti anche come perciatellini, sono un formato di pasta secca industriale di semola di grano duro di origine napoletana, che si presenta di forma allungata a sezione rotonda e forata, con un diametro di circa due millimetri e mezzo. Adatti a sughi ricchi e sostanziosi, sposano condimenti a base di burro, uova, pancetta, verdure e formaggi: uno su tutti, la nota amatriciana (ricetta a pag. 27). Gli ortaggi arriminati (cioè rimestati) utilizzati da Francesco e Salvatore Castronovo non sono né cavoli broccoli né broccoli ramosi, ma cavolfiori. Non è escluso però che il piatto "riesca" egualmente con altri esponenti della famiglia broccolesca, legati più da affinità d'aspetto che da parentele botaniche.

Bucatini con guanciale e pecorino

Clarissa Monnati, Roma

Tagliate il guanciale a listarelle e trasferitelo in una capace padella, in cui avrete fatto rosolare nel burro la cipolla affettata il più finemente possibile. Quando avrà preso colore, bagnate con il vino e lasciate evaporare a fuoco moderato.

Nel frattempo lessate i bucatini in abbondante acqua salata, scolateli al dente e fateli saltare in padella con il condimento, bagnando con po' dell'acqua di cottura per amalgamare bene il tutto.

Spolverizzate la superficie con il pecorino grattugiato, completando con una macinata di pepe e, volendo, con prezzemolo tritato.

Si tratta della versione in bianco del condimento all'amatriciana (ricetta a pag. 27), che originariamente non prevedeva l'uso del pomodoro, poi diventato abituale. Nota anche come gricia (pag. 494), è diffusa a Roma e in altre località laziali, e ammette la sostituzione del guanciale con la salsiccia sbriciolata e del pepe con il peperoncino.

Per 4 persone

4 etti di bucatini
2 etti di guanciale
una cipolla, un ciuffetto di prezzemolo (facoltativo)
vino bianco secco
un etto di pecorino romano
burro, sale, pepe

Tempo di preparazione e cottura: 40 minuti

Bucatini con i ceci

Antonio Rizzo, Napoli

Mettete i ceci in ammollo in acqua la sera precedente e, al mattino, scolateli, risciacquateli più volte e lessateli in una casseruola con l'aglio e l'alloro.

Fate imbiondire in una padella capiente la cipolla affettata finemente in olio extravergine, unendo poi il peperoncino e i pomodori spezzettati grossolanamente; portate a cottura a fiamma bassa in circa mezz'ora, regolando di sale.

Cuocete i bucatini in abbondante acqua salata, scolateli al dente e conditeli con i ceci e la salsa di pomodoro.

L'abbinamento della pasta ai legumi, frequente nella cucina popolare specie al Sud, è un esempio di razionalità dietetica perché consente di assumere insieme carboidrati e proteine.

Per 4 persone

4 etti di bucatini
3 etti di ceci, 3 etti di pomodori, uno spicchio di aglio, una cipolla, un pezzetto di peperoncino, una foglia di alloro
olio extravergine di oliva, sale

Tempo di preparazione e cottura: un'ora e un quarto, più l'ammollo dei ceci

Budelletti

Agriturismo La Cittadella dei Sibillini, Montemonaco (Ascoli Piceno)

Per 4 persone

Per la pasta:
7 etti di farina di frumento
25 g di lievito
un pizzico di sale
Per il condimento:
2 etti e mezzo di guanciale
un ciuffetto di prezzemolo
30 g di formaggio pecorino
stagionato
pepe nero
oppure:
2 etti e mezzo di tonno
conservato
7-8 filetti di acciuga
uno spicchio di aglio, un
ciuffetto di prezzemolo
un etto di olive nere
olio extravergine di oliva

*Tempo di preparazione e
cottura:* un'ora e 45 minuti

Impastate la farina con acqua tiepida, il lievito sciolto in un po' d'acqua e il sale, fino a ottenere – lavorando a lungo la massa con le mani – un impasto consistente ed elastico. Dategli la forma di una palla e lasciatelo riposare per circa un'ora, coperto da un canovaccio umido per evitare la formazione in superficie di una pellicina, che ne renderebbe difficile la lavorazione. Trascorso il tempo di lievitazione, tirate con il matterello una sfoglia spessa tre o quattro millimetri, da cui ricaverete strisce larghe dagli otto ai dieci centimetri. Queste andranno ritagliate, nel senso della larghezza, in tanti bastoncini di sezione quadrata, che verranno messi da parte su un piano con farina o semola per evitare che si attacchino tra loro. Metteteli a bollire in abbondante acqua bollente salata finché non tornino a galla; scolateli e conditeli.

Due sono i condimenti "canonici" per i budelletti: uno di grasso con il guanciale e uno di magro con il tonno.

Per la prima soluzione, soffriggete il guanciale tagliato a cubetti in una larga padella; quand'è colorito aggiungete i budelletti appena cotti e fateli saltare velocemente a fuoco vivace. Serviteli in un piatto di portata con una spruzzata di pepe nero, pecorino grattugiato e prezzemolo tritato. Volendo invece condirli con il tonno, soffriggete l'aglio in una padella con mezzo bicchiere di extravergine. Togliete l'aglio, aggiungete – sbriciolato – il tonno (sgocciolato dall'olio di conserva o, se è al naturale, dall'acqua), le olive snocciolate a pezzetti, i filetti di acciuga, il prezzemolo tritato. Alzate il fuoco e fate amalgamare il tutto mescolando velocemente. Aggiungete dopo un paio di minuti i budelletti, fateli saltare in padella e serviteli caldi.

I budelletti appartengono alla grande famiglia delle paste fatte con sola acqua e farina (in questo caso la pasta è alleggerita dalla lievitazione), nella tradizione gastronomica italiana contende il primato alla famiglia delle paste fatte con farina e uova. Nel Piceno, le paste "povere" assumono svariate denominazioni: taccù, sagne, tajulì pilusi, tacchitti... I due condimenti consigliati, di grasso e di magro, affondano la loro origine nelle disposizioni della Chiesa cattolica riguardo alle abitudini alimentari dei fedeli, per cui la cottura avveniva in brodo (in tempo di grasso) o nell'acqua (in Quaresima).

Busiate al ragù bianco di salsiccia e melanzane

Ristorante Mates, Caltabellotta (Agrigento)

Imbiondite in olio la cipolla tagliata sottile; aggiungete il trito di maiale, che avrete macinato una seconda volta, sale, pepe e qualche granello di finocchietto. Sfumate con il vino, unite due mestoli di brodo e proseguite la cottura a fuoco basso.
Tagliate le melanzane in grossi dadi e friggetele a parte. Una volta cotte, versatele in pentola, facendo seguire il concentrato di pomodoro diluito in acqua; proseguite la cottura per una ventina di minuti aggiungendo, se necessario, altro brodo.
Lessate le busiate, scolatele al dente e fatele saltare con il condimento, ultimando con il basilico spezzettato.

In Sicilia si chiamano busiate o busiati i tozzi spaghetti bucati, di varia lunghezza, che si ottengono avvolgendo attorno a un bastoncino (canna vegetale o cilindro metallico) una striscia di sfoglia di semola di grano duro. Il procedimento è quello dei macarruni 'i casa *(pag. 210) e i termini dialettali sono di derivazione araba, da* bus, *la graminacea –* Arundo aegyptiaca, *canna di San Giovanni – i cui fusti, poi sostituiti da stecche di ombrello o ferri da calza, servivano per la lavorazione della pasta.*

Per 4 persone

3 etti e mezzo di busiate
(bucatini di pasta fresca)
2 etti e mezzo di carne tritata
di maiale
2 melanzane di media
grandezza, una cipolla rossa,
un ciuffetto di basilico
2 cucchiai di concentrato di
pomodoro
brodo vegetale
mezzo bicchiere di vino rosso
olio extravergine di oliva
sale, pepe, granelli di
finocchio selvatico

*Tempo di preparazione e
cottura:* mezz'ora

Busiate con stufato di castrato

Agriturismo Vultaggio, Trapani

Tagliate la carne in cubetti di circa due centimetri per lato. Tritate finemente la cipolla e fatela rosolare con un filo di olio extravergine di oliva; aggiungete la carne, salate e pepate. Cuocete a fuoco moderato fino a evaporazione dell'acqua di cottura. Sfumate con il vino e, una volta evaporato, versate la passata di pomodoro e il concentrato. Verificate la sapidità e, se volete, unite una puntina di zucchero. Lasciate cuocere per circa due ore.
Lessate la pasta in abbondante acqua salata, scolatela e conditela con lo stufato.
Si può spolverizzare con pecorino grattugiato o accompagnare con un intingolo fatto mescolando pangrattato, aglio rosso di Nùbia (Presidio Slow Food) e basilico pestati, il tutto legato con extravergine.

Per 4 persone

4 etti di busiate, mezzo chilo
di castrato, una cipolla media,
8 etti di passata di pomodoro,
un cucchiaio di concentrato
di pomodoro, mezzo bicchiere
di vino bianco secco,
pecorino semistagionato, olio
extravergine di oliva, sale,
pepe, zucchero (facoltativo)

*Tempo di preparazione e
cottura:* 2 ore e 45 minuti

In principio fu il grano

I frumenti sono annoverati tra i cereali domesticati, ottenuti dalla selezione e dall'incrocio di specie selvatiche. In questo senso si può dire che il *Triticum*, nelle sue diverse specie e varietà coltivate, rappresenti il "cereale della civilizzazione" (Braudel), almeno per l'area grosso modo mediterranea. I primi grani utilizzati – lo spelta minore o piccolo farro (*Triticum monococcum* Linneo), il farro (*Triticum turgidum* L. *dicoccum*) e lo spelta o grande farro (*Triticum aestivum* L. *spelta*) – sono "grani vestiti", ossia costituiti da chicchi, il cui pericarpo è coperto da glume molto aderenti, difficili da trebbiare. Erano consumati, dall'antichità al Medioevo, in due modi essenziali: trasformati in farine grossolane, davano luogo a impasti cotti a calore secco su piastre calde (gallette e pani grezzi); schiacciati o spezzettati e cotti in un liquido bollente, invece, producevano la celebre *puls*, la polenta dei Latini, considerata per lungo tempo l'alimento base di sussistenza.

A partire dalla fine del V secolo a.C. acquisiscono progressiva importanza i "grani nudi", con chicchi dalle glume poco aderenti e quindi facilmente trasformabili in farina, tanto più che proprio in quest'epoca si diffondono le macine rotative. L'antico farro dei Latini perde terreno a favore del *Triticum aestivum*, il nostro grano comune o tenero, dal quale si estrae una farina perfetta per la panificazione, e del *Triticum durum*, il grano duro odierno, la cui semola sarà la materia prima dell'industria pastaria moderna. I Romani, che dal I secolo d.C. importavano il *durum* dall'Africa del Nord e dalla Sicilia, avevano molto chiare le caratteristiche delle due farine e i loro usi specifici e avevano capito «che i due tipi di grano prosperavano in climi differenti, che al grano duro convenivano asciuttezza di clima e di sole, mentre il grano tenero prediligeva il più umido cielo dell'Italia centrale e settentrionale» (Serventi-Sabban, *La pasta. Storia e cultura di un cibo universale*, Laterza 2000). Quando, per circostanze concomitanti, in Italia saranno maturi i tempi per la diffusione della pasta modernamente intesa (si veda alle pp. 88-91), questa medesima geografia scandirà – e tuttora scandisce – le colture e le basi per la preparazione degli impasti.

Via via che cresce il successo della pasta secca a lunga conservazione, l'impiego della semola tende a imporsi a tutti – produttori, agronomi, commentatori – come la materia prima ideale, ancor prima della conoscenza scientifica di questa farina, conoscenza culminata con la scoperta del glutine, fatta nel 1728 dal medico bolognese Beccari, sicché nei manuali di agricoltura pratica del tempo possiamo leggere: «Da tutte le varietà del robo [grano duro] non si ottiene nella molitura che il tritello [semola], e da quelle che appartengono alla siligine [grano tenero], la farina, poiché le specie dei duri hanno maggior copia di glutine, o sia di sostanza vegeto-animale, e quelle de' gentili hanno più amido, o sia sostanza farinosa, e zuccherina. Da ciò nasce che i grani gentili sono ottimi per la fabricazione del pane, e i duri per la fabricazione delle paste». A dire il vero il glutine non esiste come componente naturale ma è una proteina complessa che si genera dal contatto degli sfarinati con l'acqua. Sono le prolamine (soprattutto gliadina) e le gluteline (soprattutto glutenina) contenute nelle cariossidi dei cereali che, a contatto con l'acqua, acquisiscono una forma collosa e fluida o si aggregano formando una massa elastica e coesa: è questa "maglia glutinica" che rende possibili gli impasti a base di farina di frumento (e di segale, orzo, soia). I diversi tipi di frumento sono simili per quanto riguarda il quantitativo totale di glutine, ma possono presentare differenze nella percentuale delle diverse frazioni proteiche responsabili di un glutine più o meno "tenace". Le proteine della semola, per semplificare, formano una rete a maglie strette imprigionando l'amido che renderebbe collosa la pasta; quelle della farina di grano tenero formano una rete a maglie larghe che più difficilmente trattiene l'amido della pasta, che tenderà a scuocere e a conservare un sapore più spiccato di farina.

Le varietà più ricercate di grano duro (che si produceva anche a Cipro, in Africa settentrionale, in Spagna e in Provenza) provenivano dal territorio italiano, in particolare da Sardegna, Sicilia, Puglia, e tra queste la saragolla, che il mercato dei grani napoletano faceva arrivare proprio dal Tavoliere sia via terra, a dorso di mulo, sia via mare. Interessante il bando del 1713 che ricorda ai preposti all'acquisto dei grani che è vietato macinare i grani teneri locali, quali romanella e carosella, nei mulini del distretto di Napoli in quanto questi sono esclusivamente adibiti alla macinazione dei «grani forti di Puglia e saragolle». La saragolla pugliese sarà considerata la migliore fino all'inizio dell'Ottocento, quando verrà detronizzata dai grani ucraini e della valle del Volga (Russia meridionale), importati da Taganrog, sul mare d'Azov, e conosciuti sotto questo nome.

Oggi nel nostro Paese il frumento occupa circa il 35% dei seminativi, circa un terzo dell'intera superficie in rotazione agraria, e il 70% della superficie coltivata a cereali. Nella produzione di grano duro l'Italia occupa il primo posto all'interno dell'Unione Europea, seguita dalla Francia, dalla Spagna e dalla Grecia. Ciò nonostante il grano duro nazionale non sembra sufficiente per il fabbisogno interno e per l'esportazione della pasta alimentare, tanto che se ne importano significative quantità dagli Stati Uniti e dal Canada, dalla Turchia e dal Messico (dati della Borsa Merci Bologna). Le associazioni delle industrie pastarie confermano che la pasta italiana è confezionata con miscele di grano duro internazionale e sostengono che non è riferendosi all'origine del grano duro che si valorizza il prodotto nazionale quanto promuovendo la ricetta italiana della pasta che, com'è noto, è la risultante di un insieme di fattori (dal sito dell'Unione Industriale Pastai italiani). Sta di fatto che sulle confezioni normalmente non viene precisata l'origine del grano duro, informazione che sarebbe corretto dare al consumatore.

Da parte loro, le associazioni dei coltivatori mostrano preoccupazione per la notevole riduzione delle semine di grano duro sul suolo italiano. Nonostante l'aumento del prezzo di vendita della pasta, nel corso del 2009 si è verificato, a causa delle distorsioni e delle speculazioni di filiera, il crollo delle quotazioni dei cereali e dei prezzi pagati agli agricoltori. «Nei nostri porti – sottolinea la Cia, Confederazione italiana agricoltori, gennaio 2010 – arriva grano duro da tutto il mondo. A Savona si scarica grano duro proveniente dalla Turchia, dal Messico, dal Canada, dagli Usa, dalla Grecia, dalla Spagna; ad Ancona si scarica grano turco, canadese e statunitense; a Ravenna è arrivato il prodotto greco; a Bari abbiamo merce proveniente soprattutto dall'Ucraina, dal Kazakhistan, dall'Australia, dal Canada e dal Messico; a Livorno arriva grano francese mentre a Foggia si scarica grano proveniente dalla Turchia. Ormai per la pasta prodotta in Italia sono impiegati grani duri per il 50-60 per cento di origine estera, con seri problemi di qualità e sanità del prodotto, come emerge da alcuni processi in corso contro alcuni importatori».

I produttori di grano duro italiano, comunque, si danno da fare. Stanno nascendo tavoli di filiera, patti e consociazioni, si svolgono ricerche per identificare i genotipi dotati di alta resistenza alla siccità e alle malattie fungine più diffuse, si fanno semine fruttuose anche in regioni "meno meridionali", come la Toscana e l'Emilia Romagna. Gli enti locali segnalano al ministero delle Politiche agricole alimentari e forestali le varietà tradizionali che è bene salvaguardare: tutto il *Triticum durum* della Sicilia, innanzitutto; per le altre regioni, l'antica varietà senatore Cappelli, coltivata in Campania e in Sardegna, e la saragolla, caratteristica in particolare dell'alta Irpinia, dove invece risulta scomparsa la marzellina. Originariamente vasta ma in parte perduta (carlentina, marzocca) o a rischio (carosella, maiorca) anche la gamma dei frumenti teneri campani: si stanno recuperando pappola e risciola, così come la solina per l'Abruzzo, mentre sulla montagna pistoiese (Toscana) si continua a coltivare il marzolo, con cui in località Melo di Cutigliano si preparano particolari tortelli.

Caicc

Vecchia Trattoria Ca' Bianca, Breno (Brescia)

Per 4-6 persone

Per la pasta:
4 etti e mezzo di farina di
frumento, un pugno di farina
di grano saraceno
4 uova
latte
un pizzico di sale
Per il ripieno e il condimento:
un etto e mezzo di bollito
magro di vitello, un etto e
mezzo di arrosto di maiale
un etto e mezzo di salame
cotto (o crudo), un etto di
mortadella
3 etti di biete, alcune foglie di
salvia, uno spicchio di aglio,
un ciuffetto di prezzemolo
un etto e mezzo di gherigli
di noce, 20 acini di uvetta
sultanina (facoltativo)
30 g di amaretti
2-3 cucchiai di pane
grattugiato
3 uova
latte
mezz'etto di parmigiano
reggiano (o formaggio
nostrano)
burro, olio extravergine di
oliva
sale, pepe, noce moscata
(facoltativo)

*Tempo di preparazione e
cottura:* 2 ore e mezza

Preparate la pasta mescolando gli sfarinati e sistemandoli a fontana sulla spianatoia; mettete al centro tre uova con una presa di sale e cominciate a lavorate fino al completo assorbimento della farina, aggiungendo la quantità d'acqua necessaria per ottenere un panetto omogeneo, che lascerete asciugare.

Per il ripieno, passate nel tritacarne due volte i salumi, il bollito e l'arrosto, le biete cotte al vapore, l'aglio, il prezzemolo, le noci, gli amaretti e, volendo, l'uvetta, ammollata per una mezz'ora in acqua tiepida e ben strizzata, e un pizzico di noce moscata; incorporate le uova e amalgamate bene, asciugando con il pane grattugiato.

Riprendete la pasta e tiratela con il matterello fino a ottenere una sfoglia di spessore non troppo sottile; con uno stampo di 12-14 centimetri di diametro ricavate tanti tondi. In una ciotola rompete l'uovo rimasto e lavoratelo con un cucchiaino di farina di frumento e un po' di latte; battete bene con una forchetta e utilizzate il composto ottenuto per spennellare i tondi di pasta: questo procedimento serve per fare aderire perfettamente i lembi dei *càicc*, in modo che cuocendo non si stacchino, mettendo a nudo il ripieno. Ponete al centro di ogni tondo abbondante ripieno, chiudete e sigillate bene.

Lessate la pasta in abbondante acqua salata, scolatela al dente e condite con burro cotto con la salvia fino a diventare di colore marrone, abbondante parmigiano grattugiato e una macinata di pepe.

I càicc *sono ravioli grandi tipici di Breno, in Valcamonica, che in passato costituivano spesso un piatto unico, cucinato nei giorni di grande festa; tradizionali a Pasqua, erano spesso accompagnati da polenta condita con formaggio di malga e burro fuso.*

Cajoncie di spinaci

Ristorante Tyrol, Moena (Trento)

Tritate la mezza cipolla molto finemente e versatela in una casseruola dove sta per friggere il burro: fatela appassire e lievemente imbiondire a fuoco moderato. Aggiungete gli spinaci selvatici, lavati e asciugati bene, e stufate il tutto per qualche minuto. Togliete dal fuoco, tritateli il più finemente possibile e lasciate riposare.

Quando gli spinaci si saranno raffreddati, impastateli con il formaggio, salate, pepate, insaporite con la noce moscata e ponete in frigorifero.

Intanto preparate la pasta: mescolate le due farine e disponetele a fontana su una spianatoia, impastando con le uova, i tuorli e, volendo, un paio di cucchiai di olio extravergine. Tirate una sfoglia sottilissima, fate riposare, quindi spruzzatevi sopra un velo di farina e ritagliatela con una rotella, ottenendo quadrati di sei centimetri per lato.

Togliete il ripieno dal frigorifero, impastatelo ancora per qualche secondo e iniziate a confezionare i *cajoncìe*: con la punta di un cucchiaio mettete un po' di ripieno nel centro dei quadratini di sfoglia e chiudete a triangolo, facendo attenzione che non si formi aria all'interno.

Cuocete in acqua bollente e salata per pochissimi minuti. Separate i *cajoncìe* dal liquido di cottura con la schiumarola e condite con ricotta affumicata grattugiata, semi di papavero e burro fumante.

Cajoncìe, cajuncìe, ciaroncìe: *secondo la zona cambia il nome di questi ravioli di magro tipici della tradizione ladina, legati cioè alla cultura delle popolazioni dolomitiche, che parlano una lingua neolatina del ceppo retoromanzo. La versione qui descritta è tipica della val di Fassa e ricorda gli* schlutzer *o* schlutzkrapfen *altoatesini (pag. 378). Un'altra ricetta tradizionale prevede un impasto a base di patate lesse, tuorli d'uovo e formaggio puzzone di Moena (in ladino* spretz tzaorì, *Presidio Slow Food). Oltre che lessati, infine, i* cajoncìe *possono essere fritti* (casjincì arstìs).

Per 6 persone

Per la pasta:
3 etti e mezzo di farina di segale, 2 etti e mezzo di farina di frumento
4 uova intere e 4 tuorli
olio extravergine di oliva (facoltativo)

Per il ripieno:
mezzo chilo di spinaci selvatici, mezza cipolla
un etto e mezzo di formaggio fresco tipo mascarpone
burro
sale, pepe, noce moscata

Per il condimento:
ricotta affumicata
burro
sale, semi di papavero

Tempo di preparazione e cottura: un'ora e un quarto, più il riposo

Calamarata con cime di rapa e tartufi di mare

Ristorante 'A Paranza, Atrani (Salerno)

Per 4-5 persone

mezzo chilo di calamarata
(pasta ad anelli)
mezzo chilo di tartufi di mare
mezzo chilo di cime di rapa,
2 etti di pomodorini del
piénnolo, 4 scalogni
olio extravergine di oliva, sale

*Tempo di preparazione e
cottura:* mezz'ora, più lo spurgo
dei molluschi

Lavate ripetutamente i molluschi in acqua fredda, privateli del bisso (quella sorta di barbetta che fuoriesce dalle valve) e teneteli in acqua salata per un'oretta per spurgarli dalla sabbia.

Al momento dell'esecuzione della ricetta, sbucciate gli scalogni, affettateli finemente e soffriggeteli in olio per pochi minuti a fuoco lento, utilizzando una padella capiente. Aggiungete i tartufi e, una volta aperti, i pomodorini, le cime di rapa pulite e spezzettate e un mestolo d'acqua; coprite e cuocete per una decina di minuti, regolando, eventualmente, di sale.

Lessate la pasta in acqua salata, scolatela molto al dente e terminate la sua cottura nella padella del sugo.

*La calamarata è un formato di pasta secca industriale o artigianale di semola di grano duro di solito trafilata al bronzo. Si presenta in forma di grossi anelli piuttosto consistenti, simili a calamari affettati per la frittura, da cui il formato prende il nome. Diffusa soprattutto al Sud e originaria di Gragnano (Napoli, Campania), sposa sughi di vario tipo, in particolare quelli a base di pesce (si vedano anche la ricetta della pagina seguente). Il tartufo di mare (*Venus verrucosa*), qui utilizzato con le cime di rapa, appartiene alla famiglia delle vongole, da cui si differenzia per le maggiori dimensioni e per la superficie esterna, più spessa e solcata da evidenti striature in rilievo. Abbastanza comune nelle nostre acque, vive su fondali sabbiosi o fangosi in cui si infossa, motivo per cui è bene dedicargli un'accurata pulizia. Roberto Proto del ristorante 'A Paranza condisce la calamarata anche con un misto di frutti di mare (vongole veraci, telline, tartufi, cannolicchi), gamberi bianchi e rossi, piccoli scampi, che soffrigge con olio e aglio, unendovi una manciata di pomodorini e un cucchiaio di colatura di alici.*

Calamarata con totani e zucchine

Hostaria Il Brigante, Salerno

Pulite i totani svuotandone il sacco e privandoli degli occhi. Sciacquateli abbondantemente e asciugateli. Servendovi di un paio di forbici da cucina tagliateli a rotelline. Con le teste, avendo l'accortezza di tagliare a striscioline quelle più grosse, preparate un brodo facendole bollire con un po' di acqua leggermente salata.

In una casseruola a bordo alto con due manici adagiate i totani e scaldateli a fuoco vivace perché perdano la loro acqua. Aggiungete due cucchiai di olio extravergine e gli spicchi di aglio interi, che vanno tolti non appena prendano colore. Fate rosolare il tutto e irrorate con un bicchiere di vino bianco secco. Non appena evaporato, aggiungete i pomodorini schiacciati. Incoperchiate e cuocete a fuoco moderato.

Nel frattempo lavate le zucchine e tagliatele a rondelle, privandole di un po' della polpa centrale. Mettetele in una casseruola con la cipolla affettata finemente. Quando avranno perso la loro acqua, versate un po' di olio extravergine e rosolate.

Unite le verdure ai totani e, nel caso la preparazione asciughi troppo, bagnate con un po' del brodo di pesce. Una volta rappreso il brodetto, aggiungete al sugo le teste dei totani, aggiustate di sale e pepe, e spolverate con una parte del prezzemolo finemente tritato.

Lessate la pasta in abbondante acqua salata, scolatela e unitela al sughetto, guarnendola con altro prezzemolo tritato.

Per 6 persone

mezzo chilo di calamarata (pasta ad anelli)
un chilo di totani
7 etti di zucchine
4 pomodorini, 2 spicchi di aglio, mezza cipolla, un ciuffetto di prezzemolo
un bicchiere di vino bianco secco
olio extravergine di oliva
sale, pepe

Tempo di preparazione e cottura: un'ora

Calzù di carni, salumi e patate

Ristorante Cavallino, Canè di Vione (Brescia)

Per 8 persone

Per la pasta:
un chilo di farina di frumento
4 uova
olio extravergine di oliva
Per il ripieno:
8 etti di carne (polpa grassa di
maiale, petto di pollo, fesa di
manzo)
una salamella, un etto di
mortadella
8 patate, una cipolla
la scorza di mezzo limone
un uovo
mezz'etto di parmigiano
reggiano
olio extravergine di oliva
sale, pepe, noce moscata
Per il condimento:
alcune foglie di salvia, 1-2
spicchi di aglio (facoltativo)
parmigiano reggiano
mezz'etto di burro, sale

*Tempo di preparazione e
cottura:* 3 ore

Per il ripieno, cuocete le carni come per un brasato: fate rosolare nell'olio, salate e pepate, incoperchiate e lasciate cuocere lentamente, girandole di tanto in tanto. Solo a fine cottura aggiungete la salamella e la mortadella, in modo che si amalgamino bene i gusti. Lasciate intiepidire, macinate il tutto e aggiungete le patate lessate e schiacciate calde, l'uovo battuto, il parmigiano grattugiato, la noce moscata, la scorza di limone grattugiata. Preparate, a questo punto, un soffritto con la cipolla e versatelo sul composto, scartando, però le fettine dell'ortaggio.

Per l'involucro dei *calzù*, mentre le carni del ripieno si raffreddano, impastate la farina con le uova, l'olio e acqua tiepida, lasciando poi riposare l'impasto per una mezz'ora. Stendete, quindi, una sfoglia sottile e ritagliatela in tanti dischi. Preparate, con il ripieno, delle palline grosse come noci, mettetele al centro di ogni disco e sigillate poi ogni "calzoncino" con i rebbi di una forchettina, avendo cura di fare uscire l'aria.

Buttate i *calzù* in acqua bollente e lessateli per cinque o sei minuti. Scolateli delicatamente e condite con il burro dorato assieme alla salvia e, volendo, all'aglio, spolverando con abbondante parmigiano grattugiato.

I calzù o calsù sono casoncelli (si vedano le ricette alle pp. 85-87) dalla curiosa forma a calzoncino, che si ottiene modellando sul bordo della pasta delle piccole pinces; il ripieno, che varia secondo le località, può essere di patate, carne trita di vitello, manzo e maiale, grana padano grattugiato oppure di erbe e cotechino o ancora di salame, verza e patate. Per la versione detta alla canetese, la signora Ernesta, cuoca del Cavallino, prepara un ripieno molto ricco, in cui accosta alle patate sia le carni sia i salumi, e lo profuma con cipolla, noce moscata e scorza di limone.

Campofiloni con scampi e canocchie

Ristorante Chalet Galileo, Civitanova Marche (Macerata)

Scegliete delle canocchie di pezzatura piuttosto piccola, lavatele e tagliate le antenne e le chele, incidete il carapace longitudinalmente e mettetele da parte; pulite gli scampi e lasciateli gocciolare in uno scolapasta. Se utilizzate canocchie di grandi dimensioni consigliamo di tagliarle a pezzi scartando la testa.

In una capace padella riscaldate del buon extravergine con uno spicchio di aglio, che toglierete non appena imbiondito, versatevi gli scampi e, dopo un minuto, le canocchie; fate rosolare, sfumate con il vino e, quando sarà evaporato, regolate di sale e unite la scorza grattugiata del limone. Mescolate, lasciate sulla fiamma ancora per qualche minuto e spegnete.

Lessate i maccheroncini in abbondante acqua salata, scolandoli al dente, e ripassateli in padella amalgamandoli con il condimento e cospargendo con prezzemolo tritato.

I campofiloni sono tagliolini molto sottili, non molto più spessi dei capelli d'angelo, di pasta all'uovo. Sono conosciuti anche come maccheroncini di Campofilone, in quanto prendono nome dalla località di cui sono tipici, ovvero il comune di Campofilone, in provincia di Ascoli Piceno.

Per 4 persone

3 etti e mezzo di maccheroncini di Campofilone
4 etti e mezzo di canocchie (cicale di mare), 4 etti e mezzo di scampi
un ciuffo di prezzemolo, uno spicchio di aglio
un limone
un bicchiere di vino bianco secco
olio extravergine di oliva, sale

Tempo di preparazione e cottura: 40 minuti

Cancì

Trattoria Garsun, Mantena-Marebbe-Enneberg (Bolzano)

Per 4 persone

Per la pasta:
2 etti di farina di frumento
2 uova
olio extravergine di oliva, sale
Per il ripieno:
mezzo chilo di spinaci, mezza
cipolla
2 etti di ricotta
pangrattato (facoltativo)
una noce di burro
sale, pepe, noce moscata
Per il condimento:
grana padano
mezz'etto di burro, sale

*Tempo di preparazione e
cottura:* un'ora

Impastate la farina, le uova, un cucchiaio di extravergine e una presa di sale fino a ottenere una massa elastica e non troppo soda. Coprite con un tovagliolo e lasciate riposare per almeno un quarto d'ora.

Nel frattempo dedicatevi alla preparazione del ripieno. Scottate in acqua bollente leggermente salata gli spinaci, scolateli e strizzateli bene, quindi tirateli in padella con una noce di burro e un trito di cipolla, in modo che perdano tutta l'acqua, e passateli al mixer.

In una ciotola, mescolate la ricotta alla verdura tritata e insaporite con sale, noce moscata e pepe. Se il composto risultasse troppo umido, correggetelo con un pizzico di pangrattato.

Riprendete l'impasto, stendetelo in una sfoglia sottile (un millimetro e mezzo) e con uno stampo o un bicchiere ritagliate dischetti di circa sei centimetri di diametro. Adagiate su ognuno un cucchiaino di composto, ripiegate a metà la pasta sovrapponendo i bordi e sigillate bene i margini: otterrete delle mezzelune.

Calate i *cancì* in acqua bollente salata e scolateli non appena risalgano a galla. Nel frattempo avrete sciolto il burro a fuoco dolce in padella: versatevi la pasta e ultimate con una generosa spolverata di grana grattugiato.

Se vi piace il sapore dolce-salato, potete sostituire il formaggio con semi di papavero macinati mescolati a un po' di zucchero.

Questi grossi tortelli, detti cancì *blanc in contrapposizione ai* cancì checi *(cotti cioè fritti, come i* tultres *di pag. 545), sono un piatto caratteristico della cucina praticata nelle cinque vallate – a cavallo tra Alto Adige, Trentino e Veneto – abitate dalla minoranza etnolinguistica ladina. Possono anche essere farciti con ricotta e patate e, come suggerisce la signora Luisa della bella trattoria di Marebbe, assumere un sapore semidolce con l'abbinamento tra semi di papavero (tipicissimi in Sudtirolo) e zucchero. Nella versione salata, i* cancì *oggi si condiscono con burro e grana o parmigiano, ma in origine si accompagnavano allo* zigher *o* zigerkäse, *un formaggio vaccino – anticamente forse caprino – aromatizzato con pepe ed erba cipollina, la cui produzione è ormai limitata a poche malghe della Pusteria, della bassa valle dell'Isarco e delle Dolomiti bellunesi.*

Candele con la genovese

Trattoria da Rispoli, Amalfi (Salerno)

Affettate finemente le cipolle, sbucciate e mondate (in alternativa alle bionde potrete utilizzare le bianche "vecchie"), e tagliate la carne – preferibilmente il muscolo esterno della gamba detto piccione, pesce o gallinella – a pezzetti. Mettete tutto insieme, a freddo, nell'olio e, dopo una leggera rosolatura, fate cuocere per un'ora e mezza, aggiustando di sale e aggiungendo via via qualche mestolino d'acqua e di vino bianco. Quando l'intingolo scurisce e si presenta sfatto quasi come una crema, la genovese è pronta.

Spezzate le candele in due o tre parti, incidendole prima con la lama del coltello perché non si scheggino; cuocetele in abbondante acqua salata, scolatele e ripassatele nel sugo. Servite ben caldo, con parmigiano reggiano offerto a parte.

La signora Enza, cuoca e titolare insieme alla sorella Marina di questa storica trattoria di famiglia, prepara la sua genovese con la carne a pezzetti e la serve nel sugo: così, dice, si ha un piatto completo e si mangia la carne, che altrimenti sarebbe difficile utilizzare. In verità la genovese tradizionale prevede che un bel pezzo intero di manzo cuocia insieme alle cipolle, sotto le quali viene letteralmente seppellito, cedendo tutti i suoi umori. La cottura prolungata (fino a tre ore) lo rende quasi esausto, ma in compenso avrà reso unica la salsa: succulenta, ambrata, densa. Tolta la carne, che per non sprecare può essere servita come secondo piatto, si ripassa nella genovese una pasta forata, come le candele (meglio note come zite o ziti) o i mezzani (perciatelli), spezzati. Il nome di questa specialità veracemente napoletana di certo incuriosisce e le ipotesi si sprecano: ne fu inventore un monzù *di Ginevra (Genève, da cui genovese)? Fu la presenza di portuali genovesi di stanza al molo Beverello a suggerire una cottura che ricorda il loro* tuccu? *Di fatto la menzionano i testi ottocenteschi di cucina napoletana (Corrado e poi Cavalcanti) che consigliano, come ancora molti fanno oggi, di aromatizzare con sedano, carota, spezie e odori.*

Per 6-7 persone

6 etti di candele (ziti) di Gragnano
un chilo di cipolle bionde
3 etti di carne di manzo
un bicchiere di vino bianco secco
parmigiano reggiano
2 etti di olio extravergine di oliva, sale

Tempo di preparazione e cottura: un'ora e 45 minuti

Candele con ragù di anatra

Ristorante Peppe Zullo, Orsara di Puglia (Foggia)

Per 4 persone

3 etti di candele (ziti)
4 etti di anatra, una cipolla
3 etti di passata di pomodoro
mezzo bicchiere di vino rosso
di corpo
olio extravergine di oliva, sale

*Tempo di preparazione e
cottura:* un'ora e un quarto, più
la marinatura

Tagliate a pezzi la carne di anatra e fatela marinare per qualche ora in una teglia con olio extravergine di oliva e vino rosso, quindi infornate alla temperatura di 180°C per una ventina di minuti.

In una pentola fate soffriggere in olio extravergine la cipolla tritata. Versate la passata di pomodoro e cuocete a fiamma moderata per qualche minuto. Aggiungete i pezzi di anatra e lasciate sul fuoco ancora per una mezz'ora regolando di sale.

Prendete le candele e a metà di ciascuna pratica un'incisione con la lama di un coltello, spezzatele a mano e lessatele in acqua bollente salata. Scolatele al dente e condite con il ragù.

Cannelloni al tartufo

Agriturismo Aion, Montacuto di Ancona

Per 4 persone

Per la pastella:
2 etti di farina di frumento
4 uova, mezzo litro di latte
una noce di burro, sale, pepe
Per il ripieno:
2 etti di ricotta vaccina,
mezz'etto di pecorino
stagionato
tartufo nero del Conero, un
albume d'uovo, sale, pepe
Per il condimento:
mezzo litro di besciamella
tartufo nero del Conero
parmigiano reggiano
una noce di burro

*Tempo di preparazione e
cottura:* un'ora e mezza

In una ciotola battete le uova con il latte. Aggiungete la farina a pioggia, continuando a rimestare per evitare la formazione di grumi; aggiustate di sale e pepe e mettete il composto a riposare in frigorifero.

Mescolate in una terrina la ricotta all'albume d'uovo; aggiungete il tartufo a sottili lamelle e il pecorino grattugiato, regolando di sale e pepe.

In un padellino dai bordi bassi imburrato versate un mestolino di pastella e, allargandolo nel tegame, cuocete per pochi minuti; rivoltate la frittatina con delicatezza e cuocetela dal lato opposto. Prelevatela con il mestolo forato, mettetela da parte e procedete allo stesso modo fino a esaurimento della pastella.

Preparate i cannelloni arrotolando le crespelle farcite con un po' di ripieno, quindi sistematele in una teglia imburrata, in cui avrete versato metà della besciamella. Ultimate con la besciamella avanzata, insaporita con un po' di tartufo, e spolverate con una generosa manciata di parmigiano grattugiato.

Cuocete in forno per 20-25 minuti a 180°C e servite.

Cannelloni con pescato del Trasimeno

Ristorante Lillo Tatini, Panicale (Perugia)

Versate la farina a fontana sulla spianatoia. Mettete al centro le uova battute in una terrina con un po' d'acqua tiepida e un pizzico di sale. Impastate fino a ottenere un composto omogeneo, avvolgetelo in un panno umido e lasciate riposare per una mezz'ora.

Pulite, lavate e sfilettate il pesce. Con le teste e le lische preparate un brodo che servirà per la cottura dei filetti. Soffriggete in olio l'alloro, parte dello scalogno affettato e il peperoncino a pezzetti. Unite i filetti di pesce e portate a cottura con aggiunte successive di brodo, aggiustando di sale e pepe.

Tirate la sfoglia sottile e tagliatela in quadrati di una dozzina di centimetri di lato. Cuoceteli leggermente in acqua salata, scolateli e stendeteli sulla spianatoia. Ponete su ogni quadrato di pasta un po' di polpa di pesce e arrotolate a cannellone. Cuocete in forno, senza aggiungere condimenti, per cinque o sei minuti.

Nel frattempo lavate e asciugate le zucchine, tagliatele a dadini e rosolatele in olio e scalogno, continuando poi la cottura con il brodo di pesce (a cottura, devono risultare morbide). Qualche minuto prima di toglierle dal fuoco, aggiungete metà della bottarga di muggine grattugiata.

Togliete i cannelloni dal forno, copriteli con le zucchine e, prima di servire, spolverate con la rimanente bottarga.

La bottarga utilizzata nella ricetta è preparata con uova di cefalo (muggine) – pesce di mare a suo agio anche in acque salmastre e dolci – messe sotto sale, pressate e stagionate per quattro o cinque mesi. Si presenta come un bastone di colore rosa-ambrato più o meno scuro, a seconda della stagionatura, e si consuma tagliata a fettine sottili, da condire o marinare con olio e limone, oppure grattugiata sulla pasta. Conserva di probabile origine araba, la bottarga (soprattutto di cefalo e di tonno, ma anche di altri pesci) è prodotta artigianalmente in Sardegna (stagni dell'Oristanese, tonnare di Carloforte, costa tra Alghero e Stintino), Toscana (laguna di Orbetello, dove è protetta da un Presidio Slow Food), Calabria (Pizzo e altri comuni rivieraschi della provincia di Vibo Valentia), Sicilia (Trapanese, in particolare l'isola di Favignana). La più pregiata è quella di Mugil cephalus, pesce di notevole mole – anche oltre i sei chili per 70 centimetri di lunghezza – che vive in banchi nelle insenature costiere, specie ai confini con lagune e fiumi, risalendoli talvolta per un certo tratto.

Per 4 persone

Per la pasta:
3 etti di farina di frumento tipo 00
3 uova
un pizzico di sale
Per il ripieno e il condimento:
un chilo di pesce di lago (persico reale, boccalone, tinca o carpa, luccio), mezz'etto di bottarga di muggine
4 etti di zucchine, uno scalogno, mezzo peperoncino, 2 foglie di alloro
olio extravergine di oliva
sale, pepe

Tempo di preparazione e cottura: un'ora e un quarto

Nel Trasimeno è presente a seguito di vecchie immissioni e vi si è ambientato molto bene a causa della relativa salinità delle acque. I laboratori di produzione di bottarga in genere non trattano pesci d'acqua dolce, ma con un po' di pazienza potrete prepararla in casa, magari usando il luccio che è più facilmente reperibile del cefalo di lago. Dovete procurarvi un luccio femmina nel mese di dicembre, periodo in cui un 30% del peso del pesce è dato dalle uova. Dopo avere estratto con delicatezza le due sacche ovipare, facendo molta attenzione a non romperle, mettetele in salamoia in un recipiente che permetta la piena distensione delle sacche (che sono sviluppate in lunghezza) e la scolatura (con una griglia o mantenendo inclinato il contenitore per accumulare a parte il liquido che si forma per effetto del sale e dello zucchero). Preparate una miscela composta per l'80% di sale grosso e per il 20% di zucchero semolato, mescolatela a bacche di ginepro, pepe nero e coriandolo pestati grossolanamente, e con questa ricoprite le sacche ovipare. Pressatele quindi con un peso di circa due chili e lasciatele riposare per un periodo variabile dai quattro ai sette giorni, secondo la dimensione delle sacche. Ogni giorno dovrete rivoltarle, ricoprirle con la miscela aromatica e pressarle nuovamente. Quando vedrete che le sacche hanno raggiunto una compattezza piuttosto sostenuta, essiccatele sistemandole su una griglia in un forno statico per 24 ore. Fatele quindi affumicare leggermente e, qualora non le usiate subito, mettetele sotto vuoto.

FONTANA CANDIDA

LA NUOVA FORMA DEL PIACERE.

Simbolo di un grande successo passato e presente, il Frascati Superiore "Terre dei Grifi" di Fontana Candida
si prepara ad affrontare il futuro. Lo fa con la sua freschezza senza tempo e con la voglia di sorprendere
ancora, senza perdere il legame con la tradizione. Le linee della nuova bottiglia s'ispirano al passato, per attualizzarlo
in un design moderno ed originale. Uno scrigno perfetto per un vino bianco dalla grande e nobile tradizione.

Disegnati dal Sole.

Dove il bianco incontra i colori della gente.

CASTELLO MONACI

www.castellomonaci.it

Cannelloni con sugo di carne

Regina Massi, Monteprandone (Ascoli Piceno)

Preparate il sugo facendo rosolare in padella il trito di carote e la cipolla steccata con il chiodo di garofano, aggiungete l'osso – meglio se di ginocchio – e la carne, regolate di sale e, dopo pochi minuti, versate la passata di pomodoro; abbassate la fiamma al minimo, coprite il tegame e cuocete per un paio di ore, finché il sugo non si sarà ristretto. In una ciotola capiente battete con una frusta le uova e gran parte del burro ammorbidito, aggiungete la farina poca alla volta, lavorate in modo che l'amalgama sia privo di grumi, quindi versate il latte (o acqua) a filo, in modo da ottenere un composto liscio di media densità, simile a quello per le crespelle. Ungete un padellino antiaderente di 14 centimetri di diametro con il burro rimasto e cuocete un mestolino di composto alla volta, allargandolo e facendo roteare velocemente il recipiente; lasciate sul fuoco finché la pastella non sia dorata e procedete fino a esaurimento.

Per il ripieno, tagliate a pezzi le carni e rosolatele in padella con olio, aglio e rosmarino, regolando di sale e pepe. Quando saranno dorate, togliete dal fuoco e fate intiepidire eliminando gli aromi.

Sbollentate gli spinaci in acqua leggermente salata, strizzateli molto bene e macinateli insieme alle carni, aggiungete la mozzarella – già tagliata a pezzi e ben strizzata per eliminare completamente il siero – e macinate una seconda volta: dovrete ottenere un composto piuttosto asciutto che possiate facilmente lavorare con le mani.

Grattugiate il formaggio e spolverate con un piccolo quantitativo un lato delle frittatine, quindi formate dei salamini con il ripieno e sistematene uno al centro di ogni crespella, arrotolatela strettamente e schiacciate leggermente le estremità senza sigillarle.

Con gli ingredienti elencati preparate una besciamella che dovrà essere piuttosto fluida.

Unite alla salsa il sugo, eliminando la carne e la cipolla, amalgamate bene e tuffate nel condimento i cannelloni uno alla volta; rigirateli con cura in modo che ne siano avvolti e sistemateli man mano in una teglia imburrata, allineandoli senza lasciare spazi e formando un solo strato. Ultimate con una bella spolverata di formaggio grattugiato e infornate per 40 minuti a 180°C, fino a ottenere una doratura uniforme e la formazione in superficie di una crosticina croccante.

Per 6 persone

Per la pasta:
2 etti di farina di frumento
4 uova
mezzo litro di latte (facoltativo)
20-25 g di burro

Per il ripieno:
mezzo chilo di polpa di manzo, un etto e mezzo di polpa di maiale, un etto e mezzo di polpa di tacchino
2 etti di spinaci, uno spicchio di aglio, un rametto di rosmarino
2 etti di parmigiano reggiano (o un etto e mezzo di pecorino), 125 g di mozzarella
olio extravergine di oliva
sale, pepe

Per la besciamella:
un cucchiaio di farina di frumento
2 bicchieri di latte
30 g di burro
sale, noce moscata

Per il sugo:
2 etti di nervetti e cartilagini di manzo, un osso bovino
2 carote, una cipolla
un chilo di passata di pomodoro
olio extravergine di oliva
pecorino (o parmigiano reggiano)
sale, un chiodo di garofano

Tempo di preparazione e cottura: 2 ore e 40 minuti

Cannelloni di cardi

Livia Borgata, Montegrosso d'Asti (Asti)

Per 4 persone

Per la pasta:
3 etti di farina di frumento
3 uova
un pizzico di sale
Per il ripieno:
un chilo di cardi
mezzo limone
2 etti di ricotta, un etto di
parmigiano reggiano
30 g di burro
sale, pepe, noce moscata
Inoltre:
bagna caoda
mezz'etto di ricotta, mezz'etto
di parmigiano reggiano
una presa di sale

*Tempo di preparazione e
cottura:* un'ora e mezza

Preparate la pasta lavorando la farina con le uova, il sale ed eventualmente un po' d'acqua. Ricavatene una sfoglia piuttosto sottile, tagliatela a rettangoli di 12 centimetri per 10 circa, in modo che una volta arrotolati possano contenere bene il ripieno. Lessateli per cinque minuti in acqua bollente salata, utilizzando un recipiente largo e basso – devono poter rimanere distesi –, scolateli, trasferiteli in un contenitore con acqua fredda e metteteli ad asciugare su un canovaccio di tela.

Per il ripieno, lavate i cardi in acqua acidulata, lessateli, scolateli e fateli asciugare; tritateli e passateli poi in padella con il burro e il parmigiano grattugiato. Una volta raffreddati, amalgamateli con la ricotta, sale, pepe e noce moscata.

Riempite i cannelloni con la farcia, arrotolateli e sistemateli in una pirofila, cospargendoli con la *bagna caoda*, che avrete stemperato con la ricotta e il parmigiano grattugiato. Infornate a 180°C e fate gratinare.

Schiettamente piemontesi questi cannelloni farciti con cardi – ortaggi tra i più popolari in area subalpina, dove il gobbo di Nizza Monferrato è un Presidio Slow Food – e conditi con un composto a base di bagna caoda, *salsa calda di aglio, acciughe salate e olio extravergine di oliva, in cui è tradizione intingere una grande varietà di verdure, tra cui appunto il cardo.*

Cannelloni di farina di mais con cavolo nero

Antica Osteria dei Mosto, Conscenti di Ne (Genova)

Impastate gli sfarinati con le uova (sceglietele di categoria large oppure aggiungete un cucchiaio di vino bianco) e il sale. Fate riposare la palla di pasta per mezz'ora, quindi tirate la sfoglia e tagliatela in otto quadrati di una dozzina di centimetri di lato, che stenderete su un canovaccio ad asciugare.

Nel frattempo, pulite le foglie di cavolo nero sfilando la costa centrale e tagliatele a julienne; stufatele leggermente in due cucchiai di extravergine con il porro tagliato a rondelle fini e la salsiccia spellata e sbriciolata; quando il tutto si è ammorbidito, spegnete il fuoco e lasciate intiepidire. Unite il formaggio a dadini, il parmigiano grattugiato, un cucchiaino di maggiorana ed erba cipollina tritate, mescolando il tutto.

Fondete a fuoco dolcissimo tutto il burro. Lessate brevemente le sfoglie di pasta in acqua salata, scolatele e allargatele su un canovaccio umido; farcite ciascuna con il ripieno preparato e arrotolatele. Adagiate i cannelloni in una teglia foderata di carta da forno, spennellate con metà del burro fuso e spolverate con un pizzico di maggiorana ed erba cipollina tritate. Ponete in forno a 200°C per otto minuti circa.

Grattugiate grossolanamente il pane e tritate finemente i pinoli; amalgamate la panna e il restante burro fuso e completate con un cucchiaino di erbe tritate. Regolate di sale e pepe e ponete per qualche minuto su fuoco dolce.

Per il servizio, mettete la crema a specchio in ogni piatto e adagiatevi due cannelloni. Una ulteriore spolverata di pinoli tritati non ci sta male.

Ideata da Catia Saletti, chef dell'Osteria dei Mosto, questa ricetta armonizza il sapore deciso del ripieno (per questo è consigliabile non aggiungere sale) con il gusto delicato ma aromatico della salsa. Il cavolo nero, che contraddistingue molti piatti toscani, è tradizionalmente impiegato anche nel Levante ligure e nell'entroterra genovese. Quanto al formaggio, Catia utilizza la formaggetta della Val Graveglia (prodotta nella valle omonima, a Bonassola, in alta Valle Scrivia, alta Valle Stura e in Val di Vara), di latte vaccino crudo. Se non la trovate, potete sostituirla con un formaggio di media stagionatura ma piuttosto morbido, come l'asiago, il montasio, il bra o una toma di pascolo.

Per 4 persone

Per la pasta:
un etto di farina di mais fioretto, 125 g di farina di frumento tipo 00
2 uova
un pizzico di sale
Per il ripieno:
2 etti di cavolo nero, mezzo porro
un etto di salsiccia
un etto di formaggio tenero, mezz'etto di parmigiano reggiano
un ciuffetto di maggiorana, un ciuffetto di erba cipollina
olio extravergine di oliva
Per la crema e la finitura:
40 g di pinoli
un ciuffo di maggiorana, un ciuffo di erba cipollina
mezzo panino bianco raffermo
2 dl di panna fresca
mezz'etto di burro
sale, pepe

Tempo di preparazione e cottura: un'ora e mezza, più il riposo

Cannelloni di pasta di salame e formaggella

Hostaria La Trisa, Valmaggiore di Endine Gaiano (Bergamo)

Per 4 persone

Per la pasta:
2 etti e mezzo di farina di
frumento tipo 00
4 uova intere e 4 tuorli
un cucchiaio di olio
extravergine di oliva
Per il ripieno e il condimento:
2 etti e mezzo di pasta di
salame
2 etti di formaggella della Val
Cavallina, mezz'etto di ricotta
mezz'etto di patate lesse
15 g di farina di frumento
2 bicchieri di latte
30 g di burro
Inoltre:
burro, sale

*Tempo di preparazione e
cottura:* un'ora e un quarto, più
il riposo

Preparate la pasta con tutti gli ingredienti e la quantità necessaria di acqua e fatela riposare.

Scottate in un tegame con una noce di burro la pasta di salame e, una volta raffreddata, passatela al mixer unendo le patate e la ricotta, senza salare. L'impasto dovrà risultare omogeneo e morbido.

Tirate la pasta e dividetela in rettangoli di otto centimetri per sei, che farete scottare in acqua bollente salata. Lasciateli asciugare su un telo e poi stendete il ripieno su ognuno. Arrotolateli a cannellone e sistemateli in una pirofila imburrata.

Con il latte, il burro rimanente e la farina preparate una besciamella. Aggiungete fuori dal fuoco la formaggella e mescolate, ottenendo una crema delicata. Utilizzate una parte di questa per nappare i cannelloni, che trasferirete per la gratinatura finale in forno riscaldato a 180°C per circa un quarto d'ora.

Porzionate i cannelloni nei singoli piatti versando sopra la crema di formaggio restante, che avrete riscaldato.

L'abbinamento pasta di salame-formaggella, tipico del Bergamasco, è ripetuto in numerose preparazioni sia come condimento di paste sia nei ripieni di carne o verdura. Antonio Zanni, contitolare con Natale Viscardi della Trisa – ristorante a breve distanza dal lago di Endine, di cui è emissario il fiume Cherio, affluente dell'Oglio –, usa per questi cannelloni un prodotto caseario locale, la formaggella della Val Cavallina. Preparata con latte munto da vacche di razza bruno alpina e caglio liquido di vitello, ha forma cilindrica, pasta bianca occhiata, crosta grigia leggermente rugosa; pesa un paio di chili e stagiona almeno 45 giorni.

Cannelloni di scrippelle

Minuccia De Berardinis, Roseto degli Abruzzi (Teramo)

Cominciate preparando la pastella per le *scrippelle* (crespelle). Rompete le uova in una terrina, salatele e battetele. Aggiungete a pioggia la farina, mescolando per evitare la formazione di grumi. Versate a filo un po' d'acqua e continuate a battere con una frusta fino a un perfetto amalgama degli ingredienti.

Ungete con il lardo un padellino antiaderente, ponetelo sul fuoco e, quando sarà caldo, versate un mezzo mestolo di pastella, avendo cura di coprire in modo omogeneo il fondo del recipiente. Cuocete un minuto per lato, poi con la schiumarola prelevate delicatamente la frittatina e adagiatela su carta oleata. Ripetete l'operazione fino a esaurimento dell'impasto.

Per il ripieno, cuocete le carni in padella con poco olio extravergine. Tritatele, aggiungete due cucchiai di ragù, quasi tutto il parmigiano grattugiato e un pizzico di noce moscata. Impastate con i rossi d'uovo e una noce di burro ammorbidito a temperatura ambiente, regolando di sale.

Sistemate un cucchiaio del composto e qualche pezzetto di mozzarella su ognuna delle frittatine, arrotolandole ben strette.

Preparate una teglia unta di burro e disponetevi i cannelloni. Versate il brodo di carne e sopra i cannelloni il rimanente ragù. Cuocete a fuoco medio e quando il brodo si sarà ritirato servite con una spolverata di parmigiano.

Non meno dei fiorentini, i teramani rivendicano – contendendolo ai francesi in nome dei legami con la corte di Parigi dei loro sovrani borbonici – un diritto di primogenitura sulle crespelle, anzi scrippelle. *Quale che sia l'attendibilità storica dell'ipotesi, le sottilissime frittatine dalla superficie grinzosa sono uno dei capisaldi della cucina abruzzese:* scrippell 'mbusse *(in brodo), questi cannelloni, timballi e millefoglie (si vedano le ricette delle pp. 387, 485, 488 e 490).*

Per 4 persone

Per le crespelle:
4 cucchiai di farina di frumento tipo 00
4 uova
un pezzetto di lardo (o di grasso di prosciutto)
una presa di sale
Per il ripieno e la cottura:
un etto e mezzo di polpa di vitello, un etto di carne magra di maiale, un etto di petto di pollo
4 cucchiai di ragù di carne
2 tuorli d'uovo
2 etti di mozzarella, un etto di parmigiano reggiano
2 tazze di brodo di carne
olio extravergine di oliva, burro
sale, noce moscata

Tempo di preparazione e cottura: un'ora e mezza

Cannerozzi allo zafarano

Federico Valicenti, Terranova di Pollino (Potenza)

Per 4 persone

Per la pasta:
3 etti e mezzo di semola
rimacinata di grano duro
3 uova
un pizzico di sale
Per il condimento:
3 etti di ricotta
olio extravergine di oliva
sale, pepe, zafarano (peperone
essiccato in polvere)

*Tempo di preparazione e
cottura:* un'ora e mezza

Con la semola, le uova e un pizzico di sale preparate l'impasto. Tirate la sfoglia ricavandone tanti piccoli quadrati, che avvolgerete uno a uno intorno a un ferro da calza o a un bastoncino, nel caso non disponiate del classico ferretto. Mettete ad asciugare questa sorta di maccheroncini su un telo di cotone cosparso di semola.

Cuocete i cannerozzi in abbondante acqua leggermente salata – volendo potete aggiungere un cucchiaio di extravergine per evitare che si attacchino tra loro – e scolateli al dente.

In un tegame scaldate un po' di olio; unite un cucchiaio di zafarano, mescolando perché si sciolga bene, quindi aggiungete la ricotta e con una spatola di legno fatela ammorbidire, bagnando eventualmente con qualche cucchiaio dell'acqua di cottura della pasta.

Trasferite i cannerozzi nel tegame con la salsa, insaporite con un pizzico di pepe, amalgamate il tutto e servite.

I cannerozzi, formato di pasta all'uovo analogo ai cannaruozzoli o canneroni calabresi, sono uno dei quattro prodotti scelti dalla Camera di Commercio materana per la Festa della pasta dell'autunno 2009. In questa semplice ricetta si sposano con la ricotta e lo zafarano, prodotto tipico ricavato dal peperone di Senise, fatto essiccare al sole, secondo la tradizionale metodica di conservazione (si veda a pag. 177), e poi ulteriormente in forno, così da poter essere macinato, assumendo l'aspetto dello zafferano in polvere. Molti altri i condimenti adatti ai cannerozzi: la crudaiola, una semplicissima salsa di pomodoro, aromatizzata con aglio, basilico, peperoncino e completata da ricotta salata grattugiata; fagioli lessati con aglio e finocchietto, scolati e insaporiti in padella con olio, guanciale, pepe e peperoncino; cozze in salsa di pomodoro, con una spolverata finale di prezzemolo tritato; polpetti rosolati in olio e aglio, innaffiati con vino bianco secco e portati a cottura con pomodorini e fumetto di pesce: si aggiungono poi i cannerozzi, mescolando con un cucchiaio di legno e bagnando via via con altro fumetto, come si trattasse di un risotto, fino alla cottura della pasta.

Cappellacci al ragù

Stefania Ricci, Ferrara

Cominciate con la preparazione del ragù. Macinate non troppo finemente la carne e i salumi e trasferiteli nel tegame con le verdure aromatiche fatte appassire in olio. Quando il tutto risulterà asciutto unite il vino e fate evaporare. Abbassate il fuoco e versate la passata di pomodoro. Salate, pepate e portate a cottura a fuoco molto lento.

Per il ripieno, procuratevi una zucca – preferibilmente di varietà violina – di buona consistenza, polposa, soda e di sapore spiccatamente dolce. Cuocetela in forno, sbucciatela, passatela al setaccio e, in una terrina, amalgamatevi l'uovo e una quantità di parmigiano grattugiato sufficiente a rendere il composto piuttosto sodo, unendo eventualmente poco pangrattato; regolate di sale, profumate con noce moscata e se è il caso – qualora cioè il dolce dell'ortaggio non prevalga a sufficienza sugli altri ingredienti – aggiungete un pizzico di zucchero.

Con la farina e le uova preparate una sfoglia un po' più spessa del consueto e tagliatela a quadrati di almeno sei centimetri di lato. Ponete un cucchiaio di ripieno al centro di ogni quadrato e ripiegatelo in diagonale premendo i bordi per farli aderire bene.

Mettete sul fuoco una pentola con abbondante acqua per la cottura della pasta. A ebollizione salatela e aggiungete un filo di olio extravergine, che eviterà ai tortelli di rompersi al calore e permetterà di staccarli più facilmente se ammassati. Versate nella pentola i cappellacci e scolateli delicatamente con la schiumarola non appena risalgano in superficie. Disponeteli in un piatto di portata a strati alternati al ragù di carne e completate con una manciata di parmigiano.

Gli eventuali tortelli avanzati possono diventare un appetitoso piatto di recupero: basta scaldarli in padella con un po' di burro, facendoli saltare a fuoco vivace sino a tostarli.

Mantova e Ferrara si contendono fin dalla metà del Quattrocento il primato dei tortelli di zucca, che i ferraresi – per via della forma, delle dimensioni piuttosto grandi e della sfoglia non sottilissima – chiamano caplàz, cappellacci. *Anche se documentata solo per gli Estensi, la caratterizzazione in senso dolce-salato della cucina potrebbe essere stata una prerogativa delle corti rinascimentali di entrambe le città. Pur essendo piatto festivo, da offrire agli ospiti di riguardo, la ricetta ferrarese – qui nella versione relativamente più ricca, alternativa*

Per 4 persone

Per la pasta:
mezzo chilo di farina di frumento tipo 00
5 uova
Per il ripieno:
un chilo di zucca
un uovo
pangrattato (facoltativo)
parmigiano reggiano
sale, noce moscata, zucchero (facoltativo)
Per il condimento:
un chilo di carne di maiale (spalla e gola)
2 etti di impasto per salsiccia, un etto di pancetta tesa
una cipolla, 2 carote, un gambo di sedano
4 etti di passata di pomodoro
una bottiglia di vino bianco secco
parmigiano reggiano
olio extravergine di oliva
sale, pepe

Tempo di preparazione e cottura: 3 ore e mezza

ai condimenti con burro e formaggio o con salsa di pomodoro concentrata, la conserva preparata e rinchiusa nei barattoli in estate – è molto più semplice di quella mantovana (pag. 519). Entrambe le preparazioni di base hanno dato luogo nei secoli a una infinita serie di varianti, diffuse in tutta la media e bassa valle padana, dalla pianura lombarda al Delta. Per restare in Emilia, a Modena e dintorni i cappellacci sposano un ragù di salsiccia fresca, mentre per Bologna è documentato l'uso, oggi desueto, di incorporare nel ripieno un trito finissimo di mortadella, con un rapporto di circa il 30% rispetto alla zucca. Nelle zone di confine con la Lombardia è frequente l'aggiunta nella farcia di amaretti e, talvolta, di mostarda di frutta, ingredienti caratteristici delle interpretazioni "gonzaghesche" del tortello, che ne accentuano il contrasto dolce-salato (effetto raggiunto talvolta con la saba, il mosto concentrato: si veda a pag. 363). Cambia anche la forma dei caplàz, che a Reggio Emilia e a Parma, ma anche in alcuni paesi del Modenese, assumono l'aspetto di ravioli rettangolari. Vetrina di questa stimolante varietà è, dal 1994, l'annuale Disfida nazionale del tortello di zucca, organizzata da Slow Food e da Coquina, rassegna di cultura materiale.

Cappellacci di cinghiale al sugo

Ristorante Il Cantacucco, Missano di Zocca (Modena)

In una terrina capiente preparate una marinata spezzettando sedano, carota, cipolla, rosmarino e salvia; adagiate la carne e versate il vino. Lasciate macerare per circa 12 ore. Trascorso questo tempo, scolate la carne, tagliatela a fette e cuocetela in padella con un po' di burro, insaporendo con sale e pepe. Quando è pronta fatela raffreddare, macinatela finemente e versatela in una ciotola, incorporando la ricotta e il parmigiano grattugiato. Amalgamate il tutto con cura.

Su una spianatoia impastate la farina con le uova fino a ottenere una massa soda ed elastica, coprite e fate riposare per una ventina di minuti.

Nel frattempo spellate i pomodori, privateli dei semi e dell'acqua di vegetazione e schiacciateli con un passaverdura. Fate addensare la passata in padella con un po' di extravergine, una presa di sale e qualche foglia di salvia spezzettata, cuocendo fino a raggiungere la densità desiderata (occorrerà all'incirca una mezz'ora).

Tirate la pasta in una sfoglia sottile (un millimetro e mezzo di spessore) e, aiutandovi con un bicchiere, ricavate dei dischi piuttosto grandi. Su metà di essi disponete a palline il ripieno e ricoprite ogni dischetto con un altro, saldando bene i margini.

Lessate i cappellacci in abbondante acqua salata per due o tre minuti, scolateli e passateli in padella con il sugo, ultimando con un giro di olio a crudo.

Per 8 persone

Per la pasta:
8 etti di farina di frumento
8 uova
Per il ripieno:
mezzo chilo di polpa di cinghiale
2 etti di ricotta vaccina, un etto di parmigiano reggiano
una noce di burro
sale, pepe
Per la marinata:
2-3 foglie di salvia, una carota, una cipolla, una costa di sedano, un rametto di rosmarino
un bicchiere di vino rosso
Per il condimento:
7-8 etti di pomodori maturi, qualche foglia di salvia
olio extravergine di oliva, sale

Tempo di preparazione e cottura: un'ora e mezza, più la marinatura

Cappelletti con ripieno di ortica

Ristorante Al Gambero Rosso, Bagno di Romagna (Forlì-Cesena)

Per 4 persone

Per la pasta:
4 etti di farina di frumento
4 uova
Per il ripieno:
4 etti di foglie di ortica, uno
spicchio di aglio
olio extravergine di oliva
sale, un cucchiaino di
bicarbonato
Per il condimento:
una manciata di ortiche
un mestolo di brodo vegetale
pecorino da grattugia
(facoltativo)
mezz'etto di burro, sale

*Tempo di preparazione e
cottura:* un'ora e 45 minuti, più
il riposo

Lavate bene le foglie di ortica, scegliendo solo le cimette più giovani e tenere, e immergetele per mezz'ora in una soluzione di acqua e bicarbonato. Sciacquatele con cura e sbollentatele per qualche minuto in acqua salata; quindi scolatele e fatele raffreddare in una ciotola con acqua e ghiaccio per mantenere vivo il colore.

Su una spianatoia lavorate la farina con le uova fino a ottenere una massa soda e omogenea; coprite e fate riposare per un quarto d'ora.

Nel frattempo strizzate delicatamente le ortiche, tagliatele finemente e, tenendone da parte una piccola quantità, fatele saltare in padella per qualche minuto con olio e aglio, insaporendo con una presa di sale.

Tirate la pasta in una sfoglia non troppo sottile (due millimetri) e ritagliate quadrati di quattro centimetri per lato. Aiutandovi con una forchetta, sistemate su ognuno un ciuffetto di ripieno, ripiegate la pasta a triangolo e, girandola su un dito, sigillate i due vertici opposti facendoli combaciare, in modo di conferire la classica forma a cappello.

Lessate la pasta per pochi minuti in acqua salata, scolatela e versatela in una padella dove avrete fatto saltare le ortiche tenute da parte con il burro e un mestolino di brodo, regolando di sale. Mescolate per amalgamare bene gli ingredienti e servite, passando a parte un pezzo di pecorino da grattugia per chi desiderasse un gusto più deciso.

Cappelletti di mare

Ristorante Le Favole, Bagnacavallo (Ravenna)

Mettete le vongole a spurgare in un bacile con due litri di acqua e 60 grammi di sale.
Su una spianatoia impastate la farina con le uova, lavorate con cura e fate riposare la massa coperta da un tovagliolo. Nel frattempo dedicatevi al ripieno. Tritate finemente la parte bianca dei due cipollotti e pulite il pesce togliendo pelle e spine. Soffriggete il trito in padella con due cucchiai di extravergine, aggiungete la polpa del rombo e cuocete per qualche minuto, regolando di sale e pepe. Fate intiepidire, passate al mixer e, in una ciotola, mescolate a questa crema la ricotta, il parmigiano grattugiato e il basilico sminuzzato; amalgamate bene e mettete da parte.
Dalla pasta tirate una sfoglia di un millimetro di spessore e ritagliate quadrati di circa sei centimetri. Con l'aiuto di un cucchiaino farcite ogni pezzetto, richiudetelo a triangolo e saldate i due lembi opposti avvolgendoli attorno a un dito nella caratteristica forma a cappello: procedete velocemente per evitare che la sfoglia si secchi e non si saldi. Sistemate i cappelletti ben allargati su un vassoio e dedicatevi al sugo.
Sciacquate le vongole sotto un getto di acqua e fatele schiudere a fiamma viva per un paio di minuti in un tegame coperto, quindi prelevatele e filtrate l'acqua che avranno rilasciato.
Tritate finemente scalogno e aglio soffriggendoli in olio fino a doratura; aggiungete, senza sgusciarle, le vongole e l'acqua che avrete conservato e filtrato. Cuocete per qualche minuto e cospargete con prezzemolo tritato.
Lessate i cappelletti in acqua salata scolandoli al dente, versateli nella padella del sugo, mescolate e servite.

Per l'esecuzione si raccomanda l'uso di vongole nostrane (Chamelea gallina), dette localmente poveracce. Potrete eventualmente sostituirle con le veraci (Tapes decussatus) o con le telline (Donax trunculus), evitando l'uso di vongole asiatiche (Tapes Philippinarum), che hanno invaso i nostri fondali ma presentano un profilo organolettico decisamente inferiore. Anziché il rombo si possono usare pesci quali scorfano o baccalà, con l'avvertenza di non mescolare le specie.

Per 4 persone

Per la pasta:
2 etti di farina di frumento tipo 00
2 uova
Per il ripieno:
2 etti e mezzo di polpa di rombo
2 cipollotti, qualche foglia di basilico
80 g di ricotta vaccina, mezz'etto di parmigiano reggiano
2 cucchiai di olio extravergine di oliva
sale, pepe
Per il sugo:
8 etti di vongole
2 spicchi di aglio, uno scalogno, un ciuffo di prezzemolo
olio extravergine di oliva, sale

Tempo di preparazione e cottura: 2 ore

Cappellotti di pasta verde con le noci

Trattoria Campanini, Busseto (Parma)

Per 4 persone

Per la pasta:
4 etti di farina di frumento
tipo 00
2 uova intere e 3 tuorli
mezz'etto di spinaci
Per il ripieno:
mezz'etto di spinaci
un uovo
2 etti di ricotta vaccina, un
etto e mezzo di parmigiano
reggiano stagionato 24 mesi
un pizzico di sale
Per il condimento:
una piccola cipolla
un etto di gherigli di noce
una tazza di crema di latte
parmigiano reggiano
mezz'etto di burro
sale, pepe

*Tempo di preparazione e
cottura:* un'ora e mezza, più il
riposo

Pulite e lavate gli spinaci, lessateli in poca acqua salata, strizzateli, tritateli e utilizzatene una metà per l'impasto, il resto per il ripieno.

Su un piano di lavoro lavorate la farina con le uova, i tuorli e gli spinaci. Impastate in modo che il composto sia uniforme e liscio, coprite e lasciate riposare per almeno un'ora.

In una terrina mescolate la ricotta agli spinaci; unite il parmigiano reggiano grattugiato, l'uovo e regolate di sale.

Tirate la pasta in una sfoglia molto sottile, tagliatela in rettangoli di cinque o sei centimetri per quattro e farciteli con un po' di ripieno; quindi ripiegate la pasta facendo uscire l'aria e formate un piccolo cilindro, schiacciando i bordi per saldare bene i margini.

Tritate finemente le noci e sminuzzate la cipolla. In una padella fate imbiondire il battuto nel burro, unite le noci, la crema di latte e cuocete per cinque minuti, regolando di sale e pepe.

Lessate la pasta in abbondante acqua salata, scolandola al dente. Versatela nella padella del condimento e fatela saltare per pochi minuti, ultimando con una generosa spolverata di parmigiano grattugiato.

L'aggiunta di spinaci è il modo più consueto per colorare di verde la pasta, modo che si riscontra frequentemente in Emilia Romagna, a cominciare dalla classica ricetta delle lasagne alla bolognese (pag. 184). In Liguria, invece, la colorazione verde è data quasi sempre dalla borragine, pianta erbacea spontanea e coltivata, con foglie ricoperte da una peluria che scompare con la cottura. Gli impasti così addizionati sono classificabili come paste aromatizzate, categoria cui appartiene anche quella – di un giallo intenso – allo zafferano, tipica della Sardegna.

Capunti con sugo di baccalà

Ristorante Luna Rossa, Terranova di Pollino (Potenza)

Impastate lo sfarinato con acqua tiepida leggermente sala-ta fino a ottenere una consistenza un po' più soda di quel-la della pasta da pane. Avvolgete la massa a palla e lascia-tela riposare, coperta, mentre preparate il sugo.
In una padella capiente versate 20 grammi di extravergi-ne, mondate e tagliate a fette la cipolla (preferibilmente la rossa con la coda), fatela appassire a fiamma moderata, ag-giungere i pomodorini a pezzetti e, dopo cinque minuti, il baccalà e un bicchiere d'acqua, continuando la cottura per una decina di minuti prima di unire l'uvetta sultanina, fat-ta rinvenire per una mezz'ora in acqua tiepida e poi striz-zata; lasciate sul fuoco per altri cinque minuti, regolate di sale e spegnete.
Dalla pasta ricavate – uno alla volta e tenendo il panet-to coperto per evitare che asciughi troppo – cilindretti del diametro di una matita. Staccatene pezzetti lunghi cir-ca un centimetro e con un dito o con la punta del coltello strisciateli sulla spianatoia, in modo da formare tante con-chigliette cave, che cuocerete in abbondante acqua salata.
In una padella antiaderente versate 10 grammi di olio e to-state la mollica di pane a fuoco alto, quindi aggiungete un cucchiaino di zafarano (si veda a pag. 70).
Scolate la pasta e mescolatela con il sugo di baccalà. Tra-sferite in un piatto di portata e condite con la mollica di pane fritta.

Capunti è il nome lucano dei cavatelli (ricette da pag. 92 a pag. 98), appartenenti alla grande famiglia delle paste "stra-scinate". Si possono fare con sola semola di grano duro, co-me in questo caso, oppure con due terzi di semola e un terzo di farina di frumento o, ancora, con farina di farro. Il bacca-là, cioè il merluzzo sotto sale, «pesce che arriva dove il mare non c'è», ha largo spazio come base per il condimento della pasta nelle aree interne del Meridione. Il tocco di dolce dato dall'uvetta apparenta vagamente il piatto del ristorante Luna Rossa, nel Parco del Pollino, a ricette storiche di altre regioni d'Italia, come l'arabeggiante baccalà in agrodolce del Terna-no (Umbria) o il baccalà (stoccafisso) alla cappuccina di area veneto-giuliana.

Per 4 persone

Per la pasta:
3 etti di semola rimacinata di grano duro
un pizzico di sale
Per il condimento:
2 etti di baccalà già ammollato
2 etti di pomodorini, una cipolla piccola
10 g di uvetta sultanina
mezz'etto di mollica di pane raffermo
30 g di olio extravergine di oliva
sale, zafarano (peperone essiccato in polvere)

Tempo di preparazione e cottura: 2 ore

Caramelle di luccio ai semi di papavero

Trattoria Al Ponte, Acquanegra sul Chiese (Mantova)

Per 8 persone

Per la pasta:
4 etti di farina di frumento
tipo 00
4 uova
un ciuffo di prezzemolo
Per il ripieno:
un luccio di circa un chilo
2 cipolle, uno scalogno, uno
spicchio di aglio, un gambo
di sedano, un ciuffo di
prezzemolo, alcune foglie di
alloro
3 acciughe sotto sale, un
pugno di capperi
un uovo
pangrattato (facoltativo)
2 bicchieri di vino bianco
secco
un bicchiere di aceto di vino
bianco
2 etti di parmigiano reggiano
olio extravergine di oliva
sale, pepe, chiodi di garofano
Per il condimento:
parmigiano reggiano
burro
sale, semi di papavero

*Tempo di preparazione e
cottura:* 2 ore

Lessate il luccio in abbondante acqua salata, aromatizzata con il vino, l'aceto, il sedano, le cipolle, i chiodi di garofano e le foglie di alloro. A cottura ultimata, scolate il pesce e lasciate raffreddare. Poi diliscatelo, eliminando minuziosamente ogni lisca dalla polpa e, dopo averlo fatto passare in padella con olio extravergine e scalogno, aglio, prezzemolo, acciughe, capperi, tutto tritato finemente, fatene una poltiglia con la mezzaluna. Trasferitelo, quindi, in una terrina, unite una macinata di pepe, il parmigiano grattugiato, l'uovo e, se necessario, un po' di pangrattato.

Per la pasta, disponete sul piano di lavoro la farina a fontana e mettete al centro le uova frullate con una manciata di prezzemolo tritato. Lavorate energicamente fino a ottenere un impasto morbido e liscio; sistematelo su una superficie infarinata e lasciate riposare per 15-20 minuti.

Stendete la pasta con il matterello e ricavate una sfoglia sottile, che taglierete in rettangoli di circa sei centimetri per quattro. Distribuite al centro di ognuno una piccola dose di ripieno, aiutandovi con un cucchiaino, quindi richiudete i tortelli, girando le estremità a mo' di caramella. Tuffate la pasta in acqua bollente salata e, dopo circa tre minuti, scolatela e conditela con burro fuso; spolverate con parmigiano reggiano grattugiato e semi di papavero e portate in tavola.

La caramella è un modo di chiudere una pasta fresca ripiena pizzicando – e operando al contempo una leggera torsione – i lembi esterni che racchiudono la farcia. Rispecchiano sommariamente questa fattura i tortelli piacentini con la coda (ricetta a pag. 503).

Caramelle di taleggio con culatello e toma

Trattoria Campanini, Busseto (Parma)

Su una spianatoia impastate la farina con le uova e i tuorli. Lavorate fino a ottenere un impasto sodo e omogeneo ma non troppo duro; coprite e lasciate riposare per un'oretta. Ammorbidite a bagnomaria il taleggio tagliato a pezzetti e insaporite con un'abbondante grattugiata di noce moscata. Stendete la pasta in una sfoglia di un millimetro circa di spessore e ritagliate con una rotella a lama liscia dei rettangoli di sei o sette centimetri per quattro. Distribuite al centro di ognuno piccole quantità di ripieno e richiudete il pezzo di pasta a farfalla, così da dargli la forma di una caramella con due lembi attorcigliati; sigillate bene i margini per evitare che la farcia fuoriesca in cottura.
Lessate la pasta in abbondante acqua salata per cinque minuti, scolatela e ripassatela in una casseruola dove avrete fatto legare a fuoco lento quattro cucchiai di extravergine, la crema di latte, la toma e il culatello tagliato a cubetti, regolando di sale. Mantecate, in modo che gli ingredienti si amalgamino fra loro e il sugo raggiunga la giusta densità, e servite.

La territorialità della ricetta è data soprattutto dalla presenza nel condimento del culatello, prosciutto crudo prodotto nella Bassa parmense partendo dalla noce della coscia suina. Il culatello di Zibello è un salume Dop, mentre un Presidio Slow Food riunisce i norcini storici che hanno adottato regole più restrittive: lavorazione solo manuale e invernale, materia prima proveniente da allevamenti dell'Emilia Romagna e della Lombardia, stagionatura naturale.

Per 4 persone

Per la pasta:
4 etti di farina di frumento tipo 00
3 uova intere e 3 tuorli
Per il ripieno:
2 etti e mezzo di taleggio dolce
noce moscata
Per il condimento:
mezz'etto di culatello di Zibello
mezz'etto di toma di vacca bruna
una tazza di crema di latte
olio extravergine di oliva, sale

Tempo di preparazione e cottura: un'ora e mezza, più il riposo

Carbonara

Ristorante L'Arcangelo, Roma

Per 4 persone:

4 etti di mezzemaniche (o spaghetti)
90 g di guanciale semistagionato
4 tuorli d'uovo
80 g di pecorino romano
sale, qualche grano di pepe

Tempo di preparazione e cottura: mezz'ora

In un tegame di ferro fate tostare il pepe in grani a fuoco moderato, muovendo spesso il recipiente. Fate raffreddare e pestate accuratamente il pepe in un mortaio.

Tagliate il guanciale a listarelle e cuocetelo nella stessa padella per pochi minuti, togliendolo dal fuoco non appena inizi a imbiondire; lasciate riposare.

In una capiente terrina battete le uova con metà del pecorino grattugiato, parte del grasso rilasciato in cottura dal guanciale e il pepe pestato, aggiustando di sale.

Lessate la pasta e scolatela al dente, conservando un mestolo dell'acqua di cottura. Versatela subito nella ciotola con il condimento e bagnate con un po' dell'acqua messa da parte (di norma un cucchiaio basta, ma dovrete regolarvi al momento per ottenere la giusta consistenza). Mescolate, unite il guanciale e il resto del pecorino, allungate se necessario con altra acqua e servite.

La pasta alla carbonara è una delle preparazioni più note della cucina italiana all'estero. Ne esistono molte varianti: con l'aggiunta di panna, con la pancetta in luogo del guanciale e così via. Quella proposta da Arcangelo Dandini cerca di attenersi il più scrupolosamente possibile alla versione più semplice e "romana". Vanno fatte alcune precisazioni: il segreto è anzitutto la cottura, anzi, l'assenza di cottura del condimento, che non tocca il fuoco fatta esclusione per la tostatura del pepe e la rosolatura del guanciale. Di questo salume stagionato e speziato, molto presente nella norcineria di varie regioni, si trovano in commercio diverse tipologie: il più adatto all'uso è quello umbro, la cui forte componente grassa insaporisce notevolmente la salsa e non richiede l'uso di olio. Un'ultima nota per il formato di pasta: la più usata è lunga, tipo spaghetti, che rischiano però di appiccicarsi fra loro se l'esecuzione non è a regola d'arte. Per questo, almeno per le prime prove – la ricetta, apparentemente fin troppo semplice, richiede una certa manualità e deve essere ripetuta alcune volte per ottenere un risultato perfetto –, può aiutare un formato corto come quello suggerito.

Carbonara di lago

Battista Marini, Sarnico (Bergamo)

Rosolate nel burro lo scalogno. Unite la trota, il lavarello e l'anguilla tagliati a listarelle e, dopo pochi secondi, sfumate con il vino bianco. Spegnete il fuoco.
Mettete sul fuoco una pentola con almeno quattro litri di acqua. Nell'attesa che bolla, in una ciotola amalgamate i tuorli d'uovo con la crema di latte.
A ebollizione, salate l'acqua e lessatevi al dente la pasta. Una volta scolata, fatela saltare nel tegame con il pesce. Togliete dal fuoco e aggiungete il composto di tuorli e crema di latte. Amalgamate e spolverate con il grana grattugiato e con pepe macinato al momento.

Il condimento suggerito dal signor Battista prevede materie prime del territorio: il pesce d'acqua dolce del lago d'Iseo, affumicato per una migliore conservazione, il burro e la crema di latte, condimenti tipici della tradizione bergamasca.

Per 4 persone

4 etti di garganelli (o spaghetti), 60 g di trota affumicata, 60 g di lavarello affumicato, 60 g di anguilla affumicata, uno scalogno
3 tuorli d'uovo, 3 bicchieri di crema di latte (o di panna) mezzo bicchiere di Valcalepio bianco, 60 g di grana padano 20 g di burro
sale, pepe in grani

Tempo di preparazione e cottura: 45 minuti

Carbonara di mare

Osteria Pacianca, Follonica (Grosseto)

Fate spurgare le vongole per un paio di ore in acqua salata. Portate a bollore una pentola di acqua poco salata dove lesserete al dente gli spaghetti.
Tritate la cipolla e due spicchi di aglio e soffriggeteli in olio in una padella ampia, aggiungendo un pizzico di peperoncino e di origano, i dadini di pancetta affumicata e la zucchina tagliata a fette sottili. Sfumate con il vino e contemporaneamente unite i mitili ben puliti. Coprite e attendete che le cozze e le vongole si aprano.
Scolate gli spaghetti e saltateli nella padella, con i rimanenti spicchi di aglio schiacciati, per un minuto circa. Unite le uova battute con il parmigiano grattugiato, poco sale e pepe, amalgamando a media fiamma e cercando di non fare asciugare troppo il tutto. Togliete gli spicchi di aglio e porzionate in piatti caldi, distribuendo equamente i frutti di mare. Rifinite con il prezzemolo tritato e servite.

Si deve a Massimo Bucci e Carla Cecchetti dell'osteria di Follonica questa riuscita reinterpretazione in chiave marinara della carbonara.

Per 4 persone

320 g di spaghetti
24 cozze, 2 etti di vongole veraci, un etto di pancetta affumicata
una zucchina, una piccola cipolla bianca, 4 spicchi di aglio, un ciuffo di prezzemolo
4 uova, mezzo bicchiere di vino bianco secco
mezz'etto di parmigiano reggiano
olio extravergine di oliva
sale, pepe, peperoncino, origano

Tempo di preparazione e cottura: mezz'ora, più lo spurgo delle vongole

Carrati al ragù di pecora

Trattoria Masella, Cerreto Sannita (Benevento)

Per 4 persone

Per la pasta (dose per un chilo):
8 etti di semola di grano duro
un uovo
olio extravergine di oliva, sale
Per il condimento:
2 etti di fettine di coscio di
pecora
una piccola cipolla, 2
spicchi di aglio, un ciuffo di
prezzemolo, un peperoncino
una dozzina di noci
un litro di salsa di pomodoro
un etto di pecorino da
grattugia
4 cucchiai di olio extravergine
di oliva
sale, pepe

*Tempo di preparazione e
cottura:* 3 ore e mezza

Anche se questa ricetta è calibrata per quattro persone – utilizzerete, infatti, solo quattro etti di carrati una volta pronti –, conviene prepararne una dose maggiore per rispettare l'equilibrio tra farina e uovo. Fate dunque, con il consueto sistema, un impasto con la semola, l'uovo, un filo di olio extravergine e un pizzico di sale; lavoratelo bene con la quantità di acqua necessaria, tagliatelo a pezzi e passate ciascuno alla sfogliatrice, ripetendo l'operazione fino a ottenere sfoglie rettangolari spesse due millimetri. Tagliatele in rettangoli di due centimetri per cinque; avvolgendoli a uno a uno intorno a un ferro da calza e sfilando il ferro con un colpetto deciso, ottenete dei maccheroncini a forma di zito. Allargate i carrati sulla spianatoia spolverata di farina e lasciateli asciugare.

Dedicatevi al ragù cominciando con il preparare le braciolette (involtini) di pecora. Allargate le fettine di coscio sul piano di lavoro e farcitele con un trito fine di aglio, prezzemolo e peperoncino; conditele con sale e pepe, arrotolatele e legatele con spago da cucina. Sistemate le braciolette in un tegame di coccio (o in una casseruola antiaderente) e rosolatele nell'extravergine. Una volta colorite da ogni parte, salate e unite la salsa di pomodoro con la cipolla sbucciata ma lasciata intera. Cuocete il ragù per circa due ore a fuoco lento, lasciandolo sobbollire piano e mescolando di tanto in tanto. Terminata la cottura, togliete lo spago alle braciolette e tenete in caldo.

Sgusciate le noci e pestate i gherigli in un mortaio; grattugiate il pecorino.

Portate a ebollizione abbondante acqua salata e calate quattro etti di carrati, dando cinque minuti di cottura. Versate due mestoli di ragù in una padella larga, mettetela sul fuoco e ripassatevi i carrati scolati, aggiungendo metà del pecorino grattugiato e un cucchiaio di pesto di noci. Trasferite la pasta condita in piatti singoli ben caldi e completate con altro ragù e con le noci e il pecorino rimasti.

Cattati p'trian è il nome dialettale che designa questa specialità del Sannio, che il cuoco Dino Masella consiglia di servire come piatto unico, data la sua ricchezza. Mentre in Abruzzo i carrati sono ora gnocchi di acqua e farina ora gli stessi maccheroni alla chitarra a sezione quadrata, nel Beneventano sono maccheroncini al ferretto. Tipici di Pietraroja, il paese famoso per il raro prosciutto crudo e per gli allevamenti ovini, erano preparati soprattutto durante la semina del grano come simbolo augurale di prosperità. La lunghezza del carrato rappresentava la lunghezza della spiga: più lungo era il carrato – e più difficile da arrotolare – e più abbondante sarebbe stato il raccolto.

Caserecce con cozze e funghi
Ristorante Il Gatto & la Volpe, Formia (Latina)

Le caserecce sono un formato facilmente reperibile in commercio – per la ricetta ne occorreranno circa quattro etti: tuttavia, se disponete di una macchina per trafilare la pasta, potrete prepararle in casa impastando gli ingredienti fino a ottenere una massa soda e priva di grumi, che farete riposare brevemente prima di passarla nella trafila.

Per il condimento procedete in questo modo. Spazzolate le cozze per privare le valve delle impurità, poi versatele in una capace casseruola con un filo di extravergine, incoperchiate e fate andare a fuoco moderato finché non si schiudano. Togliete dal fuoco, sgusciatele e filtrate il liquido di cottura conservandolo.

Pulite i funghi eliminando la parte legnosa del gambo, spellateli e tagliateli a fettine regolari; tritate parte del prezzemolo e cuocete il tutto per cinque o sei minuti in una padella con un po' di olio, finché l'acqua di vegetazione non sia del tutto evaporata.

Riprendete la casseruola e versatevi i molluschi, un battuto di aglio e prezzemolo e il peperoncino. Aggiungete l'olio e il liquido che avete filtrato, cuocendo a fiamma dolce per un paio di minuti, quindi sfumate con il vino, unite i pomodorini tagliati a pezzi e, in ultimo, i funghi. Regolate di sale e proseguite la cottura per una decina di minuti.

Nel frattempo lessate la pasta in acqua salata, scolatela al dente (occorreranno dagli otto ai dieci minuti) lasciandola leggermente umida, e fatela saltare in padella, terminando con una spolverata di prezzemolo.

Per 4 persone

Per la pasta:
4 etti di semola di grano duro
2 uova
un pizzico di sale
Per il condimento:
mezzo chilo di cozze
3 etti di pomodorini, 2 etti e mezzo di funghi champignon, uno spicchio di aglio, un ciuffo di prezzemolo, un peperoncino
un bicchiere di vino bianco secco
olio extravergine di oliva, sale

Tempo di preparazione e cottura: un'ora

Caserecce con salsiccia

Grand Hotel delle Terme, Acquappesa (Cosenza)

Per 4 persone

4 etti di caserecce
2 etti di salsiccia di Calabria
2-3 spicchi di aglio, un
ciuffetto di prezzemolo
salsa di pomodoro
pecorino stagionato
(facoltativo)
olio extravergine di oliva
sale, pepe nero

*Tempo di preparazione e
cottura:* mezz'ora

Fate rosolare in olio extravergine gli spicchi di aglio schiacciati, il prezzemolo tagliuzzato finemente e la salsiccia tagliata a fettine non troppo spesse; aggiungete la salsa di pomodoro e portate a cottura in una ventina di minuti.
Lessate le caserecce in abbondante acqua bollente salata, scolatele al dente e fatele saltare nel tegame con il sugo, spolverandole con una macinata di pepe e, volendo, con pecorino grattugiato.

Le caserecce sono una pasta secca industriale di semola di grano duro di corto formato. Si presentano come un nastro attorcigliato longitudinalmente fino a formare una S, creando, in alcune tipologie, un piccolo occhiello. Antonio Mosa, chef del ristorante del Grand Hotel delle Terme, le valorizza con questo semplicissimo sugo a base di salsiccia calabrese, prodotta con carne di maiali nati e/o allevati in loco e tutelata dalla Dop. Spalla, sottocostola e lardo, conciati con spezie e aromi, sono insaccati in budello suino, quindi la salsiccia è intrecciata nella classica forma a catenella, messa a riposare per alcune ore, in modo da favorire lo sgocciolamento dei liquidi, e poi avviata alla stagionatura, che deve durare almeno una trentina di giorni.

Casonsei camuni

Fulvia Calvi, Edolo (Brescia)

Lessate le patate con la buccia in abbondante acqua salata, scolatele, pelatele e passatele nello schiacciapatate, trasferendo il purè in una terrina.

Mondate e lavate le bietole, lessatele in pochissima acqua e, dopo averle sgocciolate e strizzate bene, tritatele. Affettate finemente il porro e rosolatelo nel burro, aggiungendo gli spinaci e il prezzemolo tritato. Quando il burro risulterà completamente assorbito, unite il composto nella terrina delle patate, il pane e il formaggio grattugiati, la salsiccia privata del budello e ben slegata con una forchetta, eventualmente la mortadella tritata, l'uovo, pepe e, se necessario, sale. Mescolate e riponete al fresco per una notte affinché i sapori si leghino e il ripieno prenda consistenza.

Preparate l'involucro per i *casonsei* impastando la farina con le uova, un pizzico di sale e acqua tiepida. Dopo mezz'ora di riposo staccate dalla pasta delle quantità grandi come un uovo. Arrotolate con le mani formando un lungo cilindretto della grossezza del dito mignolo, come fareste per preparare gli gnocchi. Tagliate il cilindretto con un coltello, ricavando gnocchetti lunghi un centimetro. Stendeteli con il matterello a formare dischi di pasta sottilissimi, di cinque o sei centimetri di diametro. Ponete un mucchietto di ripieno su ognuno e, tenendolo sul palmo della mano sinistra, con il pollice piegata la pasta in modo da ricoprire parzialmente la farcia; con il pollice e l'indice della mano destra ripiegate i due orli laterali su di loro e in centro, alternando le pieghe a cerniera come quando si vuole chiudere a cartoccio. Se ripiegando la pasta ne avanzasse, strappate l'ultimo lembo eliminandolo. Non è un'operazione facile per chi si accinga a confezionarli la prima volta.

Lessate i *casonsei* in abbondante acqua salata e, prelevandoli delicatamente con una schiumarola, disponeteli in una pirofila, condendoli con burro fuso e parmigiano grattugiato. L'alternativa potrebbe essere una salsa di funghi porcini trifolati o di salsiccia e funghi secchi, un abbinamento non tradizionale ma azzeccato.

Per 6 persone

Per la pasta:
3 etti di farina di frumento
3 uova
un pizzico di sale
Per il ripieno:
mezzo chilo di patate, mezzo chilo di bietole (o di spinaci), un porro di medie dimensioni (o mezza cipolla e uno spicchio di aglio), un ciuffo di prezzemolo
un etto e mezzo di salsiccia
mezz'etto di mortadella (facoltativo)
un uovo
80 g di pane grattugiato
un etto di parmigiano reggiano
mezz'etto di burro (o lardo)
sale, pepe
Inoltre:
parmigiano reggiano
burro, sale

Tempo di preparazione e cottura: 3 ore, più il riposo del ripieno

Casonsei della Bergamasca

Trattoria Visconti, Ambivere (Bergamo)

Per 6 persone

Per la pasta:
4 etti di farina di frumento
tipo 00, un etto di semola di
grano duro
2 uova
2 cucchiai di olio extravergine
di oliva
un pizzico di sale
Per il ripieno:
2 etti di polpa di vitello
un etto di macinato per salame
mezzo spicchio di aglio, un
ciuffetto di prezzemolo
5 g di amaretti, 10 g di uvetta
sultanina
un uovo
125 g di pane grattugiato
70 g di grana padano
mezz'etto di burro
sale, pepe, noce moscata,
cannella
Per il condimento:
un etto di pancetta
alcune foglie di salvia
un etto di grana padano
80 g di burro
sale, noce moscata

*Tempo di preparazione e
cottura:* 3 ore

Preparate la pasta, amalgamando sulla spianatoia la farina, la semola, le uova, l'extravergine e il sale; aggiungete acqua sufficiente a ottenere un composto omogeneo, quindi lasciate riposare per almeno mezz'ora.

Nel frattempo preparate il ripieno. Cuocete la polpa di vitello e tritatela; fatela rosolare, quindi, in una noce di burro, con il macinato per salame, un cucchiaino di prezzemolo tritato e l'aglio. Lasciate raffreddare e trasferite in una terrina, unendo il pangrattato, il grana grattugiato, l'uovo, l'uvetta ammollata, strizzata e tritata, gli amaretti sbriciolati, pepe, sale, noce moscata e cannella.

Stendete la sfoglia, ritagliate dischi di sei centimetri di diametro e distribuite al centro di ognuno un cucchiaio di ripieno; ripiegate il disco, chiudete i bordi in modo da evitare la fuoriuscita del ripieno e, infine, pressate la parte più alta della mezzaluna, affinché assuma la caratteristica piega al centro.

Lessate i casoncelli in acqua bollente salata, scolateli e disponeteli su un piatto di portata, cospargendoli con il grana grattugiato e condendoli con burro cotto – deve assumere un bel colore nocciola – assieme alla salvia, alla pancetta tagliata a dadini e a un pizzico di noce moscata.

La Camera di Commercio di Bergamo ha creato un disciplinare di produzione dei casonsèi de la Bergamasca, *che prevede l'impiego di determinati ingredienti per la sfoglia e per il ripieno: farina di frumento tipo 00, semola di grano duro, uova, macinato di salame, carne di vitello arrosto, pane grattugiato, grana padano, aglio, prezzemolo, amaretto, uvetta, scorza di limone, pera e spezie (pepe nero o bianco, cannella, noce moscata). Quelli confezionati secondo la ricetta di Fiorella Visconti, patronne della trattoria di Ambivere, compaiono in menù come casoncelli di nonna Ida.*

Trattoria del Teatro, Bergamo

Il giorno prima preparate il ripieno. Sistemate in una piccola teglia tutta la carne, compresa la salamella, con la cipolla tagliata a metà, la carota, l'aglio e poco olio. Sfumate con il vino bianco, meglio se di due anni, e poi, dopo avere incoperchiato, trasferite in forno alla temperatura di 180°C, aggiungendo brodo caldo quando necessario. Dopo una mezz'ora, togliete la carne dalla teglia, sgrassate il fondo e staccatelo bene con l'aggiunta di poca acqua. Lasciate raffreddare e macinate le carni, unendo il fondo di cottura. Aggiungete, in base al peso ottenuto, il 20% di grana padano e il 2% di pane grattugiato, gli amaretti e, volendo, un pizzico di noce moscata. Aggiustate di sale, passate nuovamente il tutto al tritacarne e fate riposare per una notte.

Con gli sfarinati, i tuorli e poca acqua preparate l'impasto. Tirate una sfoglia abbastanza sottile e ricavatene dischi di 5,5 centimetri di diametro. Mettete al centro di ognuno una pallina di ripieno, chiudete a mezzaluna ed esercitate una leggera pressione lungo il bordo superiore, per fare fuoriuscire tutta l'aria; imprimete, infine, con il dito indice una leggera conca nella parte più alta del casoncello, in modo che raccolga meglio il sugo.

Lessate la pasta in abbondante acqua salata, scolatela al dente e conditela, dopo una bella spolverata di grana, con spumeggiante burro di malga soffritto con salvia e pancetta tagliata a cubetti.

Per 4 persone

Per la pasta:
3 etti di farina di frumento tipo 00, 70 g di semola di grano duro
3 tuorli d'uovo

Per il ripieno:
un etto di polpa di vitello, un etto di polpa di manzo, un etto di polpa di gallina
mezza salamella
una cipolla piatta, mezza carota, uno spicchio di aglio rosso
2 amaretti
pane grattugiato, grana padano
brodo di carne
un bicchiere di Valcalepio bianco
olio extravergine di oliva
sale, noce moscata (facoltativo)

Per il condimento:
pancetta
alcune foglie di salvia
grana padano
burro, sale

Tempo di preparazione e cottura: 3 ore, più il riposo del ripieno

Lagana e tria: le origini della pasta

L'origine della pasta alimentare è tuttora una questione discussa. Di essa, a differenza del pane, non si sono rinvenute tracce nella storia antica. Greci e Romani – che si garantivano la sussistenza quotidiana con pani, pappe e polente – non la conoscevano, almeno nel senso odierno dell'alimento, e per trovare espliciti e codificati riferimenti si devono attendere i primi testi di cucina italiana del tardo Medioevo. Per spiegarne l'origine e la diffusione in Italia si pensò alla Cina e al tramite di Marco Polo (ma si tratta di un mito privo di fondamento visto che, molto prima del ritorno a Venezia del grande viaggiatore, nel 1295, i documenti attestano che nel Mediterraneo esisteva un fruttuoso commercio di *obra de pasta*, com'era chiamata a Cagliari la pasta alimentare) o, meno fantasiosamente, agli Arabi, popolo nomade che, bisognoso di alimenti conservati, avrebbe inventato la pasta secca a base di semola di grano duro e l'avrebbe introdotta nell'Italia meridionale, permettendone così l'ulteriore diffusione.

Diversi studiosi hanno lavorato sulla terminologia, come Emilio Sereni (*Note di storia dell'alimentazione nel Mezzogiorno*, in *Terra nuova e buoi rossi*, 1981) che, prendendo spunto da due parole che compaiono nei testi medievali, lasagne e *tri* (o *tria*), e che stanno chiaramente a indicare tipi di pasta alimentare, formula la seguente ipotesi: la pasta fresca in forma di sfoglia chiamata "lasagna" deriva in linea diretta dai *làgana* greco-romani, mentre la pasta secca filiforme, lunga o corta, giungerebbe dal mondo arabo (*itriyya*, corrotto in *tri* e *tria*). Studi più recenti (Serventi-Sabban, *La pasta. Storia e cultura di un cibo universale*, 2000) hanno in parte sostenuto questa teoria, corroborandola o correggendola con una nutrita documentazione.

Anche se non manca una interpretazione che mette in evidenza la parola greca *lásanon* (latino *làsanum*) che indicava genericamente un recipiente, dal vaso da notte alla marmitta per cuocere, da cui *lasàneum*, ossia tutto ciò che si può cuocere nella pentola, pare oggi piuttosto agevole individuare una linea di discendenza tra il greco *láganon* e l'italiano lasagna, passando attraverso il latino *làganum*, termine frequente nei testi latini per designare una sottile sfoglia di pasta destinata perlopiù a essere fritta in olio. Ne parlano anche, poco dopo, i Padri della Chiesa alludendo a sottili cialde di pane azzimo cotte a calore secco; ma è solo tra il VI e il VII secolo – e la citazione è del teologo Isidoro di Siviglia nelle sue *Etymologiae* – che si descrive il *làganum* come «un pane largo e sottile, cotto prima nell'acqua e poi fritto nell'olio». Con il passaggio alla "cottura umida", osservano Serventi e Sabban, la via è aperta alle lasagne come oggi ci piace gustarle, anche se dobbiamo aspettare le fonti della seconda metà del Duecento per trovare dettagli e ricette. A dire il vero per un certo tempo il termine "lasagna" fa riferimento a casi culinari molto diversificati, comprese preparazioni dolci, ma sempre più si precisa la forma di un pezzo di pasta tirato sottile e diviso in quadrati o losanghe e, a partire dal XV secolo, se ne trova precisa menzione nei trattati di cucina come una pasta alimentare cotta in acqua e poi condita. La lasagna-*làganum*, in definitiva, è sicuramente la forma-matrice da cui ricavare altre forme, se è vero che Maestro Martino da Como (*Libro de arte coquinaria*, 1456-1467?) propone sistemi adottati ancora oggi per fare in casa la pasta: arrotolando su se stesse una o più sfoglie, basterà tagliare il rotolo per ottenere dei nastri regolari, più o meno fini: «pasta larga un dito piccolo» o «veramente i tagliarini». Ed è ancora da lui, il più famoso cuoco del Quattrocento, che apprendiamo che era ormai fiorita anche la raffinata arte della pasta ripiena, in cui la lasagna diventa involucro, prima per torte di grandi dimensioni cotte a calore secco, poi di piccoli bocconi da friggere o da cuocere con calore umido: torte miniaturizzate, i tortelli appunto. Del resto, per concludere questa epopea della lasagna-*làganon*, basti ricordare che in più di una regione del Meridione italiano si continuano a chiamare làgane nastri di pasta – più o meno lunghi e più o meno larghi – del tutto simili a pappardelle o tagliatelle e, in alcuni casi, a maltagliati. Nelle stesse regioni il laganaro o laganaturo altro non è che il matterello e, in qualche caso, la stessa spianatoia. Più complessa e controversa è la questione della nascita e della paternità della pasta filiforme a sezione non piatta – comparsa più tardivamente – per la molteplicità di termini che sono stati individuati nell'area mediterranea e mediorientale, non solo araba. È pur vero che ci è pervenuto il testo del geografo arabo Al-Idrisi che nel 1154 racconta che «A ponente di Termini [Imerese] vi è un abitato detto Trabia, ossia la quadrata: incantevole soggiorno, lieto di acque perenni che danno moto a parecchi mulini. La Trabia ha una pianura e dei vasti poderi nei quali si fabbrica tanta copia di paste [*itriyya* nel testo originale] da esportare in tutte le parti, specialmente nella Calabria, e in altri paesi di Musulmani e di Cristiani: che ne spediscono moltissimi carichi di navi». Questo citatissimo testo documenta con chiarezza l'attiva *obra de pasta* e il suo florido commercio in Sicilia e nel Mediterraneo, ma non necessariamente l'invenzione della pasta secca da parte degli Arabi. I sopracitati Serventi e Sabban argomentano, tra l'altro: che i termini *tri* o *tria* (peraltro documentati molto tardivamente in seno alla cristianità occidentale e a lungo confinati nel lessico specialistico dei medici come impasti di difficile digestione) potrebbero essere la trascrizione fonetica dell'arabo *itriyya* ma risentire al tempo stesso del greco *itrion* e del latino *itrium*, plurale *itria*, che, presenti in Galeno, identificano un impasto a base di farina e acqua; che nel Talmud di Gerusalemme si trova traccia di una pasta chiamata *itrium*, conosciuta in Palestina tra il III e il V secolo e che un analogo termine è presente in un testo siriaco del IX secolo per indicare paste filiformi a base di semola che si fanno seccare prima di cuocerle. «Soltanto alla fine del XII secolo, grazie alla traduzione di Gerardo da Cremona del Canone di Avicenna [...] e alla definizione di *tri* fornita dal medico cristiano Simone da Genova, tra la fine del XIII secolo e l'inizio del XIV, come "una pasta non lievitata e in forma di lunghi fili", il mondo delle lettere finì con l'identificare in modo chiaro che cosa si intendesse per *tri* o *tria* nei testi tradotti dall'arabo. Ma questo è anche il momento in cui i trattati di cucina occidentale riportano le prime ricette di pasta, proposte con un nome italiano che sta a indicare la pasta filiforme: "vermicelli"». Così Serventi e Sabban, presso i quali riscontriamo anche una interessante indagine sull'origine e sui nomi della pasta filiforme: *fidaws* compare nei testi arabi, da cui l'iberico *fideos*, mentre nelle glosse del Talmud di Babilonia sono stati rintracciati i termini *trijes* e *vermishelsh* o *vrimzlish* in un'epoca che precede, per quanto concerne il secondo termine, di circa due secoli la sua attestazione nel mondo mediterraneo. Altri documenti consultati, che riguardano le comunità di ebrei immigrati, sembrano farci supporre che la pasta appartenente alla categoria dei vermicelli fosse una specialità ebraica di lunga data, visto che le autorità religiose se ne occupano per questioni legate ai cibi rituali.

Da tutto ciò sembra di poter trarre la conclusione che la pasta secca è il frutto della cooperazione di diverse etnie: la tecnica di sfregare pezzetti di pasta tra le dita fino a ottenere chicchi oblunghi o di strofinarla su un piano duro per ricavare dei fili si incontra con la tradizione della *làgana*, dando vita, in Italia, alla grande manifattura, e poi industria, della pasta. E intanto, chi avrà l'occasione di visitare la Puglia, in particolare il Salento, potrà assaggiare una specialità tradizionale molto interessante, a metà strada tra una minestra e una pastasciutta, *cìceri* e *trìa*: segno che le parole, presso la cultura popolare, hanno vita lunga.

Cavatelli a mischiglio

Ristorante Luna Rossa, Terranova di Pollino (Potenza)

Per 6 persone

Per la pasta:
un etto di semola di grano
duro, un etto di farina di orzo,
un etto di farina di ceci
un etto di farina di fave
una presa di sale
*Per il condimento
e la decorazione:*
6 etti di pomodori a grappolo
(o pomodorini) maturi
8 foglie di alloro
olio extravergine di oliva, sale

*Tempo di preparazione e
cottura:* un'ora e mezza

Mescolate semola e farine e disponetele a fontana sulla spianatoia. Versate al centro acqua tiepida e una presa di sale e impastate fino a ottenere una massa morbida ma asciutta, che dovrà riposare almeno mezz'ora.

Nel frattempo, dopo averli ben lavati e mondati, tagliuzzate i pomodori, versateli in una padella con un cucchiaio di extravergine e fateli soffriggere un poco. Regolate di sale, aggiungete un bicchiere d'acqua e cuocete per 15 minuti.

Riprendete la pasta, suddividetela in panetti e, affusolandoli, ricavatene bastoncini larghi un dito e lunghi tre centimetri. Incavateli con due dita e lessateli per pochi minuti (da cinque a sette) in acqua salata.

Scaldate poco olio in un padellino con due foglie di alloro. Versatelo nel sughetto di pomodoro, fate insaporire per un minuto e condite i cavatelli, decorando ogni piatto con una foglia di alloro.

Cavatelli a mischiglio della Contea di Chiaromonte è il nome con cui questa pasta fatta mescolando quattro diversi sfarinati compare nel menù "La storia a tavola" del ristorante di Federico Valicenti. Il richiamo è al panoramico borgo medievale di Chiaromonte, feudo dei Sanseverino a una cinquantina di chilometri da Terranova. Di innovativo nella composizione dei cavatelli della Luna Rossa, modellati a mano come quelli classici, c'è la mescolanza di cereali (grano duro, orzo) e legumi (fave, ceci), prodotti peraltro tutti di casa in Basilicata. Per i cavatelli tradizionali si impastano invece sfarinati di frumento, misti o – con maggiore difficoltà ma in modo più consono alla storia plurimillenaria della cerealicoltura meridionale – di solo grano duro.

Cavatelli con acciughe e broccoletti

Trattoria La Collinetta, Martone (Reggio Calabria)

Private i broccoletti delle parti dure, lavateli e lessateli in acqua bollente salata. Scolateli al dente, lasciateli raffreddare e tritateli grossolanamente.

Rosolate in olio la cipolla finemente affettata. Non appena imbiondisce aggiungete i pomodorini lavati e tagliati a metà. Regolate di sale e cuocete per cinque minuti.

Pulite le acciughe, lavatele accuratamente e tritatele assieme all'aglio e al peperoncino. Rosolate il composto in una padella con un filo di extravergine. Quando le acciughe saranno sciolte versate la salsa di pomodoro.

Cuocete la pasta in abbondante acqua salata, scolatela e saltatela in padella, spolverando con il formaggio grattugiato.

Pasta fresca tradizionale di semola di grano duro di confezione casalinga, in Calabria i cavatelli possono prevedere nell'impasto anche l'impiego di patate lesse. La tecnica è comune a tutta la grande famiglia delle paste strascinate: da una massa soda, che deve riposare, si ricavano cilindretti che variano da uno a più centimetri; con il dito o con la punta arrotondata di un coltello si trascinano sulla spianatoia esercitando una pressione con i polpastrelli, e in tal modo si "cavano". Numerose le varianti anche nell'aspetto: i tranci di pasta si possono, infatti, lasciare più o meno aperti e cavare con più dita; avranno così più incavi e saranno lunghi e stretti, prendendo il nome di strascinati. L'area di diffusione riguarda Calabria, Campania, Basilicata, Puglia, Molise e, in misura minore, la Sicilia. Nel caso non si abbia il tempo o la voglia di preparare i cavatelli in casa, si posso acquistare: sono facilmente reperibili in commercio.

Per 4 persone

4 etti di cavatelli
60 g di acciughe sotto sale
4 etti di broccoletti (cime di rapa), 3 etti di pomodori ciliegini, mezza cipolla, uno spicchio di aglio, un peperoncino
pecorino stagionato
(o parmigiano reggiano)
olio extravergine di oliva, sale

Tempo di preparazione e cottura: mezz'ora

Cavatelli con carciofi e uova

Paola Cutinelli, Pozzuoli (Napoli)

Per 6 persone

mezzo chilo di cavatelli
12 carciofi, mezza cipolla, un
ciuffo di prezzemolo
4 tuorli d'uovo
pecorino da grattugia
4 cucchiai di olio extravergine
di oliva
sale, pepe

*Tempo di preparazione e
cottura:* 45 minuti

Pulite i carciofi eliminando le foglie esterne più dure, lessateli al dente e tagliateli a pezzetti.
Prima di proseguire nella preparazione del condimento, mettete sul fuoco una pentola con abbondante acqua, che salerete a ebollizione, per la cottura della pasta.
Rosolate nell'olio la mezza cipolla tritata. Unite i carciofi sminuzzati, regolate di sale e pepe e cuocete brevemente. Aggiungete i rossi d'uovo e il prezzemolo finemente tritato. Mescolate per fare legare il tutto e bagnate con un mestolino di acqua calda.
Lessate al dente i cavatelli e versateli nel tegame della salsa. Amalgamate bene, spolverate con pecorino grattugiato, mescolate e servite.

Cavatelli con funghi e ricotta

Ristorante Luna Rossa, Terranova di Pollino (Potenza)

Per 4 persone

4 etti di cavatelli
un etto di funghi porcini
essiccati
3 spicchi di aglio
un etto e mezzo di ricotta
olio extravergine di oliva
sale, zafarano (peperone secco
in polvere)

*Tempo di preparazione e
cottura:* 20 minuti, più
l'ammollo dei funghi

In una ciotola con acqua tiepida fate rinvenire i funghi. Mettete sul fuoco una pentola con abbondante acqua per la cottura della pasta.
Scolate i funghi, conservando l'acqua, e strizzateli delicatamente con una leggera pressione delle mani. Tagliateli a pezzetti e rosolateli in una padella antiaderente con olio caldo e l'aglio intero, che poi eliminerete. Aggiungete la ricotta e il peperone in polvere (sullo zafarano si veda a pag. 70), bagnate con un mestolo dell'acqua di ammollo e mescolate con cura. Aggiustate di sale.
Tuffate i cavatelli nell'acqua giunta a ebollizione e salata; quando saranno cotti al dente, scolateli e versateli nella padella del condimento. Fateli saltare a fiamma alta per pochi secondi e servite subito.

Cavatelli con melanzane farcite e fritte

Trattoria U' Parlatorio, Vallo della Lucania (Salerno)

Lavorate a lungo e con energia quasi tutta la semola e la quantità di acqua tiepida salata necessaria a ottenere un panetto morbido ma non umido. Staccate da questo un pezzo di pasta e fatene un salamino, che taglierete a tronchetti lunghi un paio di centimetri, strisciandoli poi sulla spianatoia con un dito o con la punta di un coltello, in modo da "cavarli". Proseguite in questo modo fino all'esaurimento di tutto l'impasto, spolverando via via i cavatelli con un po' di semola per evitare che si attacchino fra loro e sul piano di lavoro. Lasciateli asciugare per alcune ore, meglio se tutta una notte.

Lavate le melanzane, spuntatele, tagliatele a metà in senso longitudinale, scavatele un poco asportando la polpa e mettetele a sgrondare su un tagliere, spruzzate di sale, per una mezz'ora.

Tritate le erbe aromatiche e, impastandole con le uova e con 70 grammi di pecorino e altrettanti di parmigiano grattugiati, ricavate un composto con cui farcirete le melanzane, una volta sgrondate, lavate e asciugate. Friggetele in olio, scolatele e tenetele in caldo.

In una larga padella imbiondite l'aglio sbucciato (che poi toglierete) in due cucchiai di olio extravergine. Versate il sugo di pomodoro e aggiustate di sale. Unite la mozzarella tagliata a fettine sottili e qualche foglia di basilico e fate scaldare per bene.

In questo intingolo ripassate i cavatelli, lessati al dente e scolati. Mantecate con il resto dei formaggi grattugiati e, infine, sovrapponete le melanzane fritte. Una volta che il tutto sia ben insaporito e caldo, servite.

Per 4 persone

Per la pasta:
3 etti e mezzo di semola rimacinata di grano duro
un pizzico di sale
Per il condimento:
4 piccole melanzane violette, uno spicchio di aglio, un ciuffetto di prezzemolo, un ciuffetto di basilico, 4 rametti di origano fresco (o un pizzico di secco)
un uovo intero e un tuorlo
7 dl di sugo di pomodoro
una mozzarella vaccina di circa 2 etti, un etto di pecorino da grattugia, un etto di parmigiano reggiano
olio extravergine di oliva, sale

Tempo di preparazione e cottura: un'ora e mezza, più lo sgrondo delle melanzane e il riposo

Cavatelli con ragù di polpettine

Trattoria L'Aquila d'Oro, Cirò (Crotone)

Per 6 persone

Per la pasta:
un chilo di semola di grano
duro
2 uova, sale
Per il condimento:
2 etti di carne di cinghiale (o
di maiale), 2 etti di carne di
vitello
2 etti di pomodori maturi (o
di passata di pomodoro), un
gambo di sedano, una carota,
una cipolla, uno spicchio
di aglio, un ciuffetto di
prezzemolo
2 uova
una manciata di pangrattato
ricotta dura (o pecorino
stagionato)
olio extravergine di oliva
sale, pepe

*Tempo di preparazione e
cottura:* 3 ore, più il riposo

Impastate a lungo ed energicamente quasi tutta la semola con le uova, un po' d'acqua e un pizzico di sale. Dal panetto tagliate un pezzo di pasta; arrotolatela formando un salamino e tagliatela in tronchetti sottili lunghi un paio di centimetri, che striscerete sulla spianatoia e attorciglierete sul pollice come per fare le orecchiette. Man mano che modellate i cavatelli cospargeteli di farina perché non si attacchino tra loro; poi metteteli ad asciugare su un vassoio per tutto il giorno o la notte.

Intanto, rosolando in un soffritto di odori la carne di cinghiale macinata e aggiungendo i pomodori spellati e tritati, preparate la base del sugo, che dovrà cuocere un'ora e mezza o due ore.

In una terrina riunite la polpa di vitello tritata, le due uova, il pangrattato, l'aglio e il prezzemolo tritati, sale e pepe. Amalgamate bene il tutto e fatene delle polpettine che aggiungerete al sugo in cottura.

Lessate i cavatelli in acqua bollente salata, scolateli quando affiorano e versateli nel tegame del ragù. Potete aggiungere una grattugiata di ricotta o di pecorino.

La ricetta proposta da Elisabetta Cariati e Salvatore Vizza dell'Aquila d'Oro di Cirò ha due particolarità in apparente contrasto: l'inserimento non tradizionale di uova nell'impasto dei cavatelli e l'uso della sola semola di grano duro, corrispondente invece agli antichi costumi alimentari di luoghi in cui il clima secco e assolato ha sancito la supremazia di questo tipo di frumento. Le uova sono probabilmente un modo per agevolare la lavorazione della semola, che – per le caratteristiche dei chicchi di Triticum durum, *a frattura vitrea – è molto faticoso impastare a mano: anche per questo alla semola si aggiunge quasi sempre una quantità variabile di farina di* Triticum aestivum *o* vulgare, *il frumento comune.*

Cavatelli con salsiccia, pomodoro e menta

Ristorante da Andrea, Palazzolo Acreide (Siracusa)

Su una spianatoia sistemate la semola a fontana e mettete al centro l'uovo e un pizzico di sale. Lavorate, versando poco a poco quattro bicchieri d'acqua circa, fino a ottenere un impasto morbido ma piuttosto consistente. Ricavate dei lunghi cilindri dello spessore di un dito, che taglierete a tocchetti di circa un centimetro. Passate ogni pezzetto di pasta sull'apposita tavoletta di legno rigata (in mancanza potete usare una forchetta) premendo col dito per creare l'incavo da cui la pasta prende nome. Lasciate riposare i cavatelli per un paio d'ore su un piano leggermente infarinato.

In un capace tegame fate rosolare in poco olio l'aglio schiacciato. Aggiungete la salsiccia sbriciolata e, dopo qualche minuto, a fuoco vivace sfumate con il vino. Quando sarà evaporato, versate i pomodori ridotti a cubetti e cuocete per altri cinque minuti. In ultimo unite le foglioline di menta e aggiustate di sale.

Lessate e scolate la pasta, versatela nel tegame con il sugo e fate insaporire per qualche minuto, aggiungendo eventualmente qualche cucchiaio dell'acqua di cottura. Facoltativa una spolverata finale con cacio ragusano.

Questo tipo di pasta fatta in casa è tradizionale, in Sicilia, nell'area iblea del Siracusano e del Ragusano, nelle province di Enna e Caltanissetta e nell'Agrigentino. Cavatelli è il nome italianizzato: in dialetto si chiamano cavateddi *o* cavatieddi *e, a Ragusa, anche* cavasuneddi. *Nel suo locale di Palazzolo Acreide, Andrea Alì li propone sia col classico sugo di maiale, sia nel modo descritto nella ricetta: pomodoro fresco, menta e una particolare salsiccia di suino locale, aromatizzata con finocchietto selvatico e peperoncino. Si usa condire i* cavateddi *anche con un ragù di carne, oppure con pomodoro, melanzane e ricotta salata.*

Per 6 persone

Per la pasta:
8 etti di semola di grano duro
un uovo
un pizzico di sale
Per il condimento:
4 etti di salsiccia aromatizzata con finocchietto e peperoncino
4 etti di pomodori da sugo, 2 spicchi di aglio, un ciuffetto di menta
un bicchiere di vino bianco secco
formaggio ragusano da grattugia (facoltativo)
olio extravergine di oliva, sale

Tempo di preparazione e cottura: un'ora, più il riposo

Cavatelli con zucchine 'mbuttunate

Trattoria La Collinetta, Martone (Reggio Calabria)

Per 6 persone

mezzo chilo di cavatelli
mezzo chilo di zucchine, 2
spicchi di aglio, un ciuffetto di
prezzemolo
un etto di salsiccia (facoltativo)
2-3 uova
mollica di pane
mezz'etto di pecorino,
mezz'etto di parmigiano
reggiano, mezz'etto di
caciocavallo silano
olio extravergine di oliva, sale

*Tempo di preparazione e
cottura:* 45 minuti

Pulite le zucchine, lavatele, asciugatele e lessatele a vapore per cinque minuti o poco più. Lasciatele raffreddare, tagliatele a metà nel senso della lunghezza, scavatele e schiacciate accuratamente la polpa ricavata, tenendo da parte i gusci.
Mescolate la polpa con la mollica di pane – grattugiata se ferma, imbevuta d'acqua e poi strizzata se fresca –, le uova battute, l'aglio e il prezzemolo tritati, il parmigiano e il pecorino grattugiati, volendo la salsiccia sbriciolata. Amalgamate fino a ottenere una massa omogenea e soda. Farcite con il composto le zucchine e friggetele in extravergine, dalla parte prima della polpa e poi della buccia. Sgocciolate dall'olio e asciugate su carta assorbente.
Condite con le zucchine i cavatelli che avrete lessato in abbondante acqua salata e scolato, completando con una generosa spolverata di caciocavallo grattugiato.

Per la stessa preparazione si possono usare anche le melanzane, che saranno divise a metà e poi, a seconda delle dimensioni, in due o quattro parti.

Cavatellini con fagioli e cozze

Osteria L'Antica Locanda, Noci (Bari)

Per 4 persone

3 etti di piccoli cavatelli
un chilo di cozze
3 etti di fagioli, 2 etti di
pomodori da salsa, 2 spicchi
di aglio, un ciuffetto di
prezzemolo, un ciuffetto di
basilico
olio extravergine di oliva
sale, pepe

*Tempo di preparazione e
cottura:* 2 ore, più l'ammollo
dei fagioli

Dopo avere tenuto in ammollo i fagioli per 12 ore, scolateli e lessateli in acqua salata.
Lavate e spazzolate energicamente le cozze. Versatele in un tegame, incoperchiate, mettete sul fuoco o in forno e, quando le valve si schiudono, prelevatele e sgusciate i molluschi.
Sbollentate i pomodori, spellateli e tagliateli a tocchetti, eliminando i semi. Soffriggeteli in extravergine con l'aglio tritato e, dopo una decina di minuti, aggiungete le cozze. Salate e pepate. Quando il sugo comincia a bollire spegnete il fuoco.
A cottura scolate i fagioli. Lessate i cavatellini in abbondante acqua salata, scolateli al dente e fateli saltare con le cozze e i fagioli. Servite con una spolverata di basilico e prezzemolo tritati.

Cencioni al ragù
Lucia Savelli, Pergola (Pesaro e Urbino)

Mescolate le due farine sulla spianatoia. Fate la fontana, rompete al centro le uova e impastate fino a ottenere una massa omogenea. Stendetela con il matterello nello spessore di mezzo centimetro e lasciate riposare mentre preparate il sugo.

Macinate grossolanamente la carne e tritate cipolla, sedano e carota. Soffriggete in extravergine il trito di verdure, aggiungete la carne e la salsiccia sbriciolata e, quando saranno ben rosolate, versate la passata di pomodoro. Sobbollite per circa un'ora, regolando di sale e pepe.

Mentre il ragù cuoce, riprendete la sfoglia, arrotolatela e tagliatela a striscioline lunghe un palmo e larghe circa quattro millimetri, che allargherete su un canovaccio perché non si attacchino tra loro.

Cuocete i cencioni in acqua bollente salata, scolateli e conditeli con il sugo.

Chiamati talvolta tacconi, i cencioni sono una delle poche paste nella cui composizione entra la farina di fave. Nonostante entrambi i nomi facciano pensare a maltagliati, l'aspetto è piuttosto di tagliatelle corte ricavate da una sfoglia spessa o – essendo la sezione quasi quadrata – di maccheroni alla chitarra. Il ragù, anche di sola salsiccia, può essere arricchito con funghi.

Per 4 persone

Per la pasta:
un etto e mezzo di farina di frumento, un etto e mezzo di farina di fave
4 uova
Per il condimento:
2 etti di polpa di vitello, 2 etti di salsiccia di maiale
una cipolla, una carota, mezza costa di sedano
2 etti di passata di pomodoro
olio extravergine di oliva
sale, pepe

Tempo di preparazione e cottura: un'ora e mezza

Chifferi al pesto di rucola
Antonella Iadevaia, Cuneo

Riempite d'acqua una pentola e, raggiunto il bollore, salate e tuffate i chifferi.

Mentre cuociono – dai 10 ai 12 minuti – preparate il condimento. Pulite la rucola e il prezzemolo, eliminando i gambi e conservando alcune foglie della prima per la decorazione del piatto. Passate al mixer le due erbe aromatiche con i pinoli, la ricotta, l'olio e un pizzico di sale: dovrete ottenere una crema omogenea.

Scolate i chifferi al dente, conservando un po' dell'acqua di cottura, e fateli saltare in padella con il pesto, ultimando con una macinata di pepe e le foglioline di rucola.

Per 4 persone

3 etti e mezzo di chifferi
2 mazzetti di rucola, un ciuffetto di prezzemolo
mezz'etto di pinoli
un etto di ricotta
olio extravergine di oliva
sale, pepe

Tempo di preparazione e cottura: mezz'ora

Chitarra al ragù di castrato

Ristorante Villa Maiella, Guardiagrele (Chieti)

Per 4 persone

Per la pasta:
2 etti e mezzo di farina di
frumento tipo 00, un etto e
mezzo di semola di grano duro
4 uova
un pizzico di sale
Per il condimento:
6 etti di coscia disossata di
castrato, 2 etti di ossicini del
collo dell'animale
8 etti di pomodori, mezz'etto
di sedano, 30 g di cipolla,
20 g di carota, uno spicchio
di aglio, un ciuffetto di
prezzemolo, una foglia di
alloro
2 dl di vino bianco secco
40 g di pecorino
olio extravergine di oliva
sale, pepe

*Tempo di preparazione e
cottura:* 2 ore

Tagliate la coscia di castrato (qui si utilizza quello di Castel del Monte) in modo da ricavare due fette larghe 15 centimetri, lunghe 10 e spesse un centimetro circa. Tagliate a dadini di un centimetro la parte restante.
Appoggiate sulle fette 30 grammi di sedano a listarelle, qualche foglia di prezzemolo, l'aglio a fettine e condite con sale e pepe. Arrotolate ogni fetta e legate con spago da cucina.
Rosolate a fuoco dolce in extravergine gli involtini insieme agli ossi. Aggiungete le verdure aromatiche tritate, compreso il sedano rimasto, e l'alloro, continuando a rosolare. Unite i dadini di castrato e portate anche questi a doratura. Versate il vino e, quando sarà evaporato, i pomodori, privati di pelle e semi e tagliati a filetti. Cuocete il tutto a fiamma bassa per un'ora e mezza, regolando di sale e bagnando, se necessario, con acqua in modo che il sugo non asciughi troppo. A fine cottura eliminate gli ossicini.
Per la pasta, formate una fontana con gli sfarinati mescolati, unite le uova e un pizzico di sale e impastate. Ottenuto un composto omogeneo, fatelo riposare al fresco per mezz'ora avvolto in pellicola per alimenti. Tirate quindi la sfoglia con il matterello e ricavatene strisce lunghe 25 centimetri, larghe 12-13 e spesse 3 millimetri. Passate le sfoglie alla chitarra spolverizzando con un po' di farina.
Cuocete la pasta al dente in acqua salata bollente, scolatela e mantecatela nella casseruola con una parte della salsa (un po' più della metà), dalla quale avrete tolto gli involtini; slegate e affettate questi ultimi a rondelle. Distribuite nei piatti e guarnite con le rondelle di involtino, la salsa rimasta e scaglie di pecorino.

I maccheroni o spaghetti alla chitarra, chiamati anche semplicemente chitarra, sono una pasta abruzzese di semola di grano duro e uova, modellata con uno strumento – carrature in dialetto, chitarra in italiano – costituito da un telaio rettangolare in legno di faggio sul quale sono tesi sottilissimi fili di acciaio o rame. Appoggiando su queste corde la sfoglia, non troppo sottile, e premendola in modo uniforme con il matterello, si ottengono spaghetti a sezione quadrata, più o meno fini, lunghi una trentina di centimetri. Si condiscono tradizionalmente con ricchi ragù di carne.

Chitarra al sugo di pannocchie

Trattoria Il Sestante, Villa Rosa di Martinsicuro (Teramo)

Procuratevi quelle che, prive del corallo giallo, in Abruzzo si chiamano pannocchie maschie, e mettetele in frigorifero per due ore, in una ciotola con cubetti di ghiaccio. In tal modo sarete facilitati al momento di recuperarne la polpa, che va tagliata a pezzetti.
Fate soffriggere in un tegame la cipolla finemente affettata e aggiungete la zucchina a dadini. Regolate di sale e lasciate cuocere per qualche minuto, mescolando affinché le verdure non attacchino al fondo. A questo punto unite la polpa dei crostacei, la cui cottura richiede una decina di minuti. Nel frattempo avrete cotto la pasta in abbondante acqua salata: scolate e condite con il sugo di pannocchie.

Per 4 persone

4 etti di spaghetti alla chitarra
mezzo chilo di pannocchie (canocchie, cicale di mare)
una zucchina, mezza cipolla
olio extravergine di oliva, sale

Tempo di preparazione e cottura: 20 minuti, più il riposo in frigorifero

Chitarra con le cicoriette

Ristorante Font'Artana, Picciano (Pescara)

Mescolate gli sfarinati sulla spianatoia, incorporate uova e sale e impastate. Raccolto l'impasto a palla, fatelo riposare per mezz'ora.
Nel frattempo pulite le cicoriette, sbollentatele in acqua salata, scolatele e tagliuzzatele. Soffriggetele nell'olio con gli spicchi di aglio (che poi toglierete) e la polvere di peperone. Tagliate a striscioline la pancetta e saltatela in un padellino antiaderente; regolate di sale e pepe e unite alla verdura.
Con il matterello tirate una sfoglia che passerete alla chitarra spolverando con un po' di semola. Portate a ebollizione abbondante acqua salata e cuocetevi al dente la pasta. Una volta scolata, amalgamate in padella con il condimento e completate con il pecorino grattugiato.

In Lazio si chiama misticanza, in Puglia fogghie *o cicorielle, in Abruzzo – confinante con la Puglia –* foje *o cicoriette: è il miscuglio di erbe spontanee primaverili che, comunissime nell'alimentazione di un tempo, sono oggi riscoperte dalla ristorazione. La cucina abruzzese tributa loro grande onore, con una predilezione per i cacigni (il genere è il* Sonchus, *i nomi più comuni sono grespigno e cicerbita) e per gli orapi* (Chenopodium bonus-Henricus, *conosciuto come spinacio selvatico o di montagna).*

Per 4 persone

Per la pasta:
2 etti e mezzo di farina di frumento 00, un etto e mezzo di semola di grano duro
4 uova
un pizzico di sale
Per il condimento:
3 etti di cicoriette (grespigno, spinacio selvatico, grattalingua, radicchiella, cicoria selvatica...), 2 spicchi di aglio
2 fette spesse di pancetta
40 g di pecorino
4 cucchiai di olio extravergine di oliva, sale, pepe, mezzo cucchiaino di peperone dolce secco macinato

Tempo di preparazione e cottura: un'ora, più il riposo

Chitarra con le pallottine

Ristorante Il Duomo, Teramo

Per 6-8 persone

Per la pasta:
7 etti di farina di frumento
tipo 00
6 uova
Per le polpette:
2 etti di carne di vitello
un uovo
20 g di pangrattato
20 g di parmigiano reggiano
olio extravergine di oliva
sale, un pizzico di noce
moscata
Per il condimento:
2 etti e mezzo di carne di
manzo, 2 etti e mezzo di carne
di maiale, 2 etti e mezzo di
carne di castrato, 2 etti e
mezzo di carne di agnello
una cipolla piccola, una carota
3 chili di pomodori pelati
olio extravergine di oliva, sale

*Tempo di preparazione e
cottura:* 3 ore e mezza

Per tirare la pasta è necessaria la chitarra, un telaio di legno rettangolare in cui sono tesi sottili fili d'acciaio distanti un millimetro l'uno dall'altro. È uno strumento non difficilmente reperibile in qualunque mercato abruzzese.
Cominciate con la preparazione del ragù. Appena rosolate cipolla e carota, soffriggete i vari tipi di carne, versate il pomodoro e fate cuocere per circa tre ore, regolando di sale.
Intanto disponete la farina a fontana, aggiungete le uova e lavorate per circa mezz'ora, arrivando a un punto che la pasta non sia durissima. Fate riposare mezz'ora.
Con il matterello tirate una sfoglia di un paio di millimetri e tagliatela in rettangoli di circa 60 per 20 centimetri. Ponete ogni rettangolo, nel senso della lunghezza, sulle corde della chitarra e premete con il matterello, così da ottenere dei maccheroni (spaghetti).
Macinate due volte la carne di vitello, grattugiate il formaggio e impastate con gli altri ingredienti in una ciotola capiente; quindi formate delle polpettine di circa otto millimetri di diametro, che friggerete in olio.
In una grande pentola scaldate, salate e fate bollire a fuoco forte molta acqua. Versate i maccheroni, attendete che tornino a galleggiare e muoveteli in modo che non si attacchino insieme. Fermate la cottura, scolate, versate nei piatti e condite con il ragù. Con un mestolo abbondante dello stesso condirete anche le polpettine, che aggiungerete ai maccheroni servendo il tutto bollente.

Per una delle più note ricette della gastronomia abruzzese, la versione "filologicamente corretta" fornita da uno dei più classici ristoranti teramani, Il Duomo. Con il medesimo sugo si possono condire i maccheroni a lu rentròcele, una pasta lunga a sezione ovale che prende nome anch'essa da un attrezzo, lo speciale matterello dentato (rentròcele, rintròcilo, ritròcilo) con cui si taglia la sfoglia di pasta. Secondo alcuni studiosi, la chitarra non sarebbe che una derivazione meccanica dal rentròcele. In area frentana, a Lanciano e nell'alto Sangro (Chieti), per estensione si chiama lu rintròcilo il piatto fatto e finito, con un ragù di castrato e maiale, abbondante peperoncino e formaggio pecorino stagionato.

Chitarrina allo zafferano

Ristorante Santa Chiara, Guardiagrele (Chieti)

Formate una fontana con la farina, aggiungete le uova e impastate energicamente per 10 minuti. La massa dovrà essere liscia, omogenea ed elastica e andrà lasciata riposare per mezz'ora avvolta in pellicola per alimenti.

Dividete l'impasto a metà e con il matterello ricavatene due sfoglie sottili, da fare asciugare brevemente su un canovaccio o su un tavolo di legno. Tagliate le sfoglie nelle dimensioni della vostra chitarra, ponetele una alla volta sopra i fili e, con una leggera pressione del matterello, otterrete degli spaghetti a sezione quadrata. In mancanza dello strumento, potete trafilare le sfoglie con una macchinetta per la pasta.

Preparate un brodo vegetale con gli ingredienti indicati, sale e un litro e mezzo di acqua; bollite facendo ridurre della metà. In un mestolo di brodo bollente mettete in infusione lo zafferano in stimmi e in polvere.

Pelate e affettate le patate. Mettete in una padella il burro e fatevi appassire lo scalogno tagliato fine; aggiungete le patate a fettine, copritele con il brodo, e, dopo averle cotte a puntino, frullatele con il loro fondo di cottura e con la panna, aggiustando di sale.

Versate in una padella ampia la salsa ottenuta e il brodo con lo zafferano e fate insaporire per tre o quattro minuti. In questo condimento ripasserete la pasta, cotta al dente e scolata, mantecando con una manciata di formaggio grattugiato.

Lo zafferano dell'Aquila Dop è coltivato nel territorio di una decina di comuni, per il quale ha rappresentato nei secoli una fonte di occupazione e di reddito paragonabile all'allevamento ovino. L'area comprende terreni tra i 350 e i 1000 metri di altitudine, coincidenti a grandi linee con l'altopiano di Navelli. Nella gastronomia abruzzese l'impiego dello zafferano è cresciuto negli ultimi anni, con accostamenti anche inusuali che spaziano, a tutto campo, dai risotti e dalle minestre asciutte ai formaggi e al pesce.

Per 4 persone

Per la pasta:
3 etti di farina di frumento
3 uova
Per il brodo:
una carota, una cipolla, una costa di sedano, un pomodoro
una presa di sale
Per il condimento:
3 etti di patate, uno scalogno
3 cucchiai di panna
80 g di formaggio vaccino
mezz'etto di burro
sale, qualche stimma e 20 g di zafferano di Navelli in polvere

Tempo di preparazione e cottura: un'ora, più il riposo

Chitarrina con cozze arrabbiate

Trattoria Fondaloro, Senigallia (Ancona)

Per 2 persone

2-3 etti di spaghetti alla chitarra
3-4 etti di cozze
uno spicchio di aglio, un ciuffo di prezzemolo
2 pomodori pelati
un bicchiere di Verdicchio
un mestolo di fumetto di pesce
olio extravergine di oliva
sale, 1-2 peperoncini

Tempo di preparazione e cottura: 40 minuti

Preparate una salsa di pomodoro cuocendo in tegame per una decina di minuti i pelati spezzettati con olio, un pizzico di sale e un mestolino di acqua tiepida.

Nel frattempo spazzolate e lavate e cozze, tritate l'aglio e frantumate il peperoncino: la quantità suggerita da Lorenzo Esposto è pari a un cucchiaino da caffè, ma potrete aumentare o diminuire la dose secondo i vostri gusti. Soffriggete il tutto per un paio di minuti a fiamma viva, in modo che le cozze si schiudano, quindi sgusciatele – tranne un paio che metterete da parte – e rimettetele nella padella. Bagnate con il vino, fatelo evaporare e aggiungete il fumetto di pesce e la salsa di pomodoro, proseguendo la cottura per due o tre minuti (la consistenza dovrà essere piuttosto liquida).

Lessate la pasta in abbondante acqua salata per un minuto. Scolatela, versatela nella padella del condimento e terminate la cottura mescolando per amalgamare gli ingredienti e addensare il sugo.

Suddividete nei piatti guarnendo con prezzemolo tritato, una fogliolina intera e i molluschi con guscio che avete riservato. Ultimate con un giro di olio a crudo e portate in tavola.

All'arrabbiata è locuzione generica che indica preparazioni – trasversali alle cucine regionali, di cui dagli anni Sessanta del Novecento hanno rappresentato un elemento unificante – con un condimento piccante, quasi sempre a base di peperoncino. Sono note le penne all'arrabbiata, il cui sugo è fatto con pomodoro, aglio o cipolla, peperoncino. In questa ricetta il piccante caratterizza un condimento marinaro per gli spaghetti alla chitarra, pasta della tradizione abruzzese ormai diffusa in tutta Italia e anche all'estero.

Chitarrina con orapi e prugnoli

Ristorante Villa Maiella, Guardiagrele (Chieti)

Impastate la farina con le uova e il sale. Ricavatene una palla e fatela riposare in frigorifero per circa mezz'ora, avvolta in pellicola per alimenti.

Tirate la sfoglia con il matterello e tagliatela in strisce lunghe 25 centimetri, larghe 12-13 e spesse 3 millimetri. Passate le sfoglie alla chitarra spolverizzando con un po' di farina. Stendete le chitarrine su un canovaccio e mettete a bollire l'acqua salata per cuocerle.

Nel frattempo tagliate a fettine i funghi e a pezzetti gli orapi, lasciando intere le foglioline più piccole. In una padella fate dorare in un decilitro di olio l'aglio sbucciato e schiacciato. Eliminatelo, versate i prugnoli e saltateli per un minuto; unite gli orapi e fateli appassire per un istante. Aggiungete il brodo vegetale, fatelo restringere un poco, aggiustate di sale e togliete dal fuoco.

Lessate le chitarrine, scolatele, versatele nel sugo e mantecate con il pecorino grattugiato. Servite irrorando con un filo di extravergine.

La ricetta, proposta da Angela e Peppino Tinari, esalta due prodotti spontanei dell'area della Maiella. Gli orapi sono spinaci selvatici (Chenopodium bonus-Henricus, buonenrico) che vegetano in zone montane, in prossimità di malghe, recinti, stazzi. Se ne consumano le foglie e le sommità prima della fioritura, al pari dello spinacio coltivato: lesse e ripassate in padella, dentro a frittate, ripieni e focacce. Gli orapi sono molto valorizzati nella cucina dell'Abruzzo che dedica a questa pianta erbacea sagre e vari piatti. La Calocybe gambosa (sinonimi Lyophillum georgii, Tricholoma georgii) è un fungo apprezzato per le carni sode e delicate dallo spiccato odore di farina. Trova il suo habitat nei prati erbosi soleggiati e presenta un cappello carnoso color bianco crema con gambo massiccio. Pur avendo un ciclo vitale brevissimo (è soprannominato fungo saetta), il prugnolo è ricercato in cucina perché adatto alla preparazione di salse, sughi, zuppe e trifolature.

Per 4 persone

Per la pasta:
4 etti di farina di frumento tipo 00
4 uova
un pizzico di sale
Per la salsa:
mezzo chilo di orapi (spinaci selvatici)
4 etti di funghi prugnoli
uno spicchio di aglio
un bicchiere di brodo vegetale
30 g di pecorino da grattugia
olio extravergine di oliva, sale

Tempo di preparazione e cottura: un'ora, più il riposo

Ciabattoni allo scoglio

Ristorante da Marcello, Portonovo di Ancona

Per 4 persone

4 etti di ciabattoni (grossi paccheri)
4 etti di granchi, 3 etti e mezzo di moscioli selvatici (cozze) di Portonovo, 2 etti di pannocchie (canocchie, cicale di mare), 2 etti di scampetti, 2 etti di vongole, una seppia
10 pomodori pachino, 4 foglie di basilico, 2 spicchi di aglio, un ciuffo di prezzemolo, un pezzo di peperoncino
olio extravergine di oliva, sale

Tempo di preparazione e cottura: 45 minuti, più lo spurgo delle vongole

Fate spurgare le vongole in acqua fredda salata per almeno un paio d'ore.

Trascorso il tempo necessario, scolatele, lavatele in acqua corrente e fatele schiudere in padella, unitamente ai moscioli, con un filo di extravergine e uno spicchio di aglio; incoperchiate il tegame e fate andare a fiamma viva per un paio di minuti. Togliete dal fuoco, lasciate raffreddare e filtrate il liquido di cottura, mettendolo da parte.

Sbollentate per pochi secondi i granchi e spezzateli a metà. Pulite le pannocchie, eliminando antenne e chele, e segmentatele in rocchetti senza privarle della corazza. Lavate la seppia, eliminate le interiora, il becco e l'osso, e tagliatela a pezzetti.

In una casseruola fate imbiondire in olio l'altro spicchio di aglio e il peperoncino. Aggiungete i granchi, le canocchie, gli scampi e, dopo un paio di minuti a fuoco vivo, la seppia, facendola rosolare per tre o quattro minuti. Unite i pomodorini, privati dei semi e tagliati a cubetti, e il basilico spezzettato. Versate infine nella padella i mitili, allungando con il loro liquido; abbassate la fiamma, regolate di sale e proseguite la cottura per altri tre o quattro minuti.

Lessate i ciabattoni in abbondante acqua salata, scolateli molto al dente (dopo circa sette minuti), lasciandoli un po' umidi, e trasferiteli nel tegame del condimento. Terminate la cottura a fuoco vivace (occorreranno all'incirca tre minuti), impiattate e rifinite con prezzemolo tritato e un filo di extravergine.

I ciabattoni o ciavattoni sono maccheroni rigati giganti adatti ad accogliere sughi generosi come, nelle Marche, quelli a base di stoccafisso o di agnello. Questa ricetta li condisce con una ricca preparazione marinara nella quale spiccano i moscioli selvatici di Portonovo, cozze della specie Mytilus galloprovincialis, *che si riproducono naturalmente e vivono attaccati agli scogli sommersi della costa del Conero, alle pendici del monte omonimo (Parco Regionale esteso sui territori dei comuni di Ancona, Camerano, Numana e Sirolo). Un Presidio Slow Food promuove e valorizza la pesca tradizionale ed ecosostenibile di questi eccellenti molluschi.*

Ciabattoni con guanciale, ceci e timo

Osteria del Teatro, Senigallia (Ancona)

La sera precedente mettete in ammollo i ceci.
Scolate i legumi e lessateli in acqua leggermente salata per due ore e mezza, insaporendo con un filo di extravergine, un rametto di timo e una macinata di pepe.
Nel frattempo tagliate a listarelle il guanciale e soffriggetelo in padella con un po' di olio e la mezza cipolla tritata. Quando il tutto sarà ben rosolato, aggiungete la passata di pomodoro e qualche ciuffetto di timo. Regolate di sale e cuocete per 15-20 minuti, finché la salsa non si sarà addensata.
Quando i ceci saranno teneri, prelevatene circa un terzo e passateli al mixer. Versate la crema nel tegame della salsa, mescolate e aggiungete i ceci lasciati interi: il colore finale del sugo dovrà tendere al rosato.
Cuocete la pasta in acqua salata per 12 o 13 minuti, scolatela e ripassatela in padella con il condimento. Servite in piatti individuali guarnendo con timo, una macinata di pepe, un giro di extravergine a crudo e, se volete, qualche fettina di guanciale saltato in padella per renderlo croccante.

Legumi ad alto contenuto proteico di popolarità inferiore solo ai fagioli, i ceci entrano nella composizione di molte zuppe ma anche di alcune minestre asciutte delle tradizioni regionali, specie del Sud: ricordiamo i ciceri e tria *pugliesi, le lagane e ceci campane e lucane, i ceci con la pasta (corta e bucata, di grano duro) siciliani.*

Per 4 persone

4 etti di ciabattoni (grossi paccheri)
2 etti di ceci, mezza cipolla, qualche rametto di timo
mezz'etto di guanciale
mezz'etto di passata di pomodoro
olio extravergine di oliva
sale, pepe
Inoltre:
4 fettine di guanciale (facoltativo)

Tempo di preparazione e cottura: 3 ore, più l'ammollo dei ceci

Cicatelli con cicerchie

Osteria 'U Vulesce, Cerignola (Foggia)

Per 4 persone

Per la pasta:
3 etti di farina di frumento
Per il condimento:
2 etti di cicerchie
6 pomodorini pachino, 2
spicchi di aglio, una costa
di sedano, un ciuffetto di
prezzemolo, una foglia di
alloro, un peperoncino
olio extravergine di oliva, sale

*Tempo di preparazione e
cottura:* 3 ore, più l'ammollo
delle cicerchie

Lasciate le cicerchie in ammollo per una notte in una bacinella d'acqua salata, che ammorbidirà la loro pellicina dura. Scolate e sciacquate. Cuocetele in un litro di acqua fredda lievemente salata assieme al sedano, ai pomodorini, a uno spicchio di aglio e alla foglia di alloro. Di tanto in tanto controllate il livello del liquido di cottura e, se necessario, allungatelo con altra acqua bollente. Le cicerchie saranno pronte dopo due ore circa, quando risulteranno gonfie e cominceranno a sfaldarsi. Scolate e condite con olio extravergine di oliva crudo.

Preparate i cicatelli lavorando la farina con l'acqua necessaria a formare un composto sodo ed elastico. Stendetelo in un cordone di pasta fine e tagliatelo a tocchetti. Passateli a uno a uno, "cavandoli" col dito (si tratta di una delle tante versioni dei cavatelli: se non avete voglia di prepararli in casa, potete acquistarli confezionati). Portate a bollore abbondante acqua, salate e cuocete la pasta per circa otto minuti.

In un tegame fate dorare il rimanente aglio e il peperoncino a pezzetti; incorporate le cicerchie e la pasta scolata al dente e lasciate insaporire per qualche minuto. Impiattate e rifinite con prezzemolo tritato e poco olio extravergine di oliva crudo.

Leguminosa originaria del Vicino Oriente, di antichissima coltivazione in tutto il bacino del Mediterraneo, come cibo per l'uomo la cicerchia ha attraversato, dalla fine dell'Ottocento, un lungo periodo di oblio: oggi, sull'onda della riscoperta della tipicità e della tradizione, conosce un certo rilancio, soprattutto nel Centrosud. L'elenco ministeriale dei prodotti tradizionali pugliesi la identifica anche con i suoi pittoreschi nomi regionali: fasul a gheng, cicercola, cece nero, ingrassamanzo, dente di vecchia, pisello quadrato.

Cicatielli col pulieio

Antica Trattoria Di Pietro, Melito Irpino (Avellino)

Disponete sulla spianatoia la farina a fontana, unite un pizzico di sale e versate poco alla volta un bicchiere d'acqua tiepida. Lavorate fino a ottenere un impasto consistente, elastico e non appiccicoso. Staccando via via dei pezzi di pasta, formate lunghi filoncini (un centimetro abbondante di diametro), che taglierete con il coltello in bastoncini di un paio di centimetri; usando l'indice e il medio "cavateli" esercitando una pressione e facendoli scivolare verso di voi in modo che i bordi si arriccino. Adagiateli su un canovaccio infarinato.

Preparate il sugo. In un mortaio pestate gli spicchi di aglio e un etto di foglioline di pulegio. Versate il pesto in una casseruola con quattro cucchiai di extravergine e fate soffriggere dolcemente. Sbucciate i pomodori, ricavatene dei filetti e aggiungeteli al soffritto così come i pomodorini interi; cuocete per circa un quarto d'ora. A metà cottura unite il peperoncino, il resto delle foglie di pulegio e regolate di sale.

Lessate i *cicatielli* in abbondante acqua salata, scolateli al dente e condite con il sugo.

Ricetta tradizionale dell'Irpinia, talora preparata con passata di pomodoro anziché con i pomodori appena colti, che assicurano maggiore freschezza, si caratterizza per l'impiego di un'erba aromatica spontanea, la Mentha pulegium, *varietà dai fusti striscianti non più alta di una trentina di centimetri, con piccole foglie ovali e vellutate. Conosciuta anche come mentuccia (termine che in alcune regioni, come la Toscana, indica invece la nepetella), conferisce un aroma gradevole, meno accentuato rispetto a quello delle mente romana o piperita. Quanto ai* cicatielli, *sono la versione campana dei* cavatelli *(pp. 92-98) praticati in tutta la cucina dell'Italia meridionale.*

Per 4 persone

Per la pasta:
4 etti di semola di grano duro
un pizzico di sale
Per il condimento:
un etto e mezzo di *pulieio*
(menta poleggio)
4 etti di pomodorini, 2 grossi
pomodori da salsa, 4 spicchi di
aglio, un peperoncino
olio extravergine di oliva, sale

*Tempo di preparazione e
cottura*: un'ora e mezza

Ciriole al sugo di pomodoro

Ristorante Scoglio dell'Aquilone, Amelia (Terni)

Per 4 persone

Per la pasta:
mezzo chilo di farina di
frumento
2 albumi d'uovo
un pizzico di sale
Per il condimento:
4 etti di passata di pomodoro
2 spicchi di aglio
2 peperoncini
alcune foglie di basilico
un etto di pecorino
olio extravergine di oliva, sale

*Tempo di preparazione e
cottura:* un'ora e mezza, più il
riposo

Disponete la farina a fontana su una spianatoia e versate al centro gli albumi, poca acqua e un pizzico di sale. Impastate con cura aggiungendo, se necessario, altra acqua fino a ottenere una massa morbida, liscia e omogenea; coprite con un canovaccio e fate riposare per mezz'ora.

Nel frattempo, riscaldate in una larga padella due o tre cucchiai di olio extravergine; unite l'aglio sbucciato e i peperoncini e fate prendere colore a fiamma viva, quindi abbassate il fuoco e aggiungete la passata di pomodoro. Aggiustate di sale e cuocete per una decina di minuti. Spegnete e aromatizzate con le foglie di basilico.

Con il matterello stendete la pasta in una sfoglia spessa circa mezzo centimetro, arrotolatela senza stringere troppo e ritagliate delle stringhe larghe un centimetro. Svolgete ogni striscia e soffregatela tra le mani formando degli spaghettoni; allargateli e lasciateli asciugare per qualche minuto.

Portate a ebollizione abbondante acqua, salate e calate le ciriole. Scolatele al dente (il tempo di cottura, variabile secondo lo spessore e la tipologia di farina, di norma è tra gli otto e i dieci minuti) e versatele nel tegame del condimento. Mantecate la pasta, amalgamandola al sugo, e ultimate con il formaggio grattugiato.

Il formato di pasta utilizzato, tipicamente umbro, si adatta a molti condimenti: oltre al sugo di pomodoro della ricetta all'amerina (del territorio di Amelia), resta classico quello a base di olio extravergine, aglio e peperoncino – o prezzemolo nella versione ternana –, ma sono molto frequentate anche le varianti arricchite con funghi (generalmente pioppini), pepe e prezzemolo o tartufo nero di Norcia.

Cjarsons di erbe e ricotta

Ristorante Riglarhaus, Lateis di Sauris (Udine)

Per la pasta, dopo averli mondati e lavati senza scolarli del tutto, lessate brevemente gli spinaci, strizzateli bene e tritateli. Lavorate la farina con le uova e un pizzico di sale, unendo gli spinaci. Amalgamate con cura, avvolgete l'impasto a palla e mettetelo a riposare, coperto da un panno. Intanto pulite, scottate appena, strizzate e tagliate finemente le erbe del ripieno. In una padella rosolate nel burro la cipolla. A doratura versate il trito di erbe e lasciate stufare per una decina di minuti, poi unite la ricotta grattugiata e cuocete ancora a fuoco lento, mescolando di tanto in tanto. In ultimo aggiungete la mela grattugiata e l'uva passa – fatta rinvenire in acqua tiepida e scolata –, regolando di sale.

Dalla pasta tirate una sfoglia sottile e ritagliate dischetti di cinque o sei centimetri di diametro. Posate una pallina di ripieno al centro di ognuno, accostate i lembi in modo che una metà sporga di qualche millimetro, piegate un bordo sull'altro e saldate bene la pasta premendola tra le dita.

Mettete sul fuoco una pentola con abbondante acqua salata. A parte sciogliete il burro e, a fiamma vivace, stemperatevi la farina di granturco. Tuffate i *cjarsòns* nell'acqua in ebollizione e cuoceteli, indicativamente, per cinque minuti. Scolate e impiattate; spolverate con il carnia stravecchio grattugiato e irrorate con il composto di burro e farina, che nel frattempo sarà arrivato al colore nocciola. Servite subito.

Per 6 persone

Per la pasta:
3 etti di farina di frumento tipo 00
un etto di spinaci
2 uova
un pizzico di sale
Per il ripieno:
mezzo chilo tra spinaci selvatici, ortiche e *sclopìt* (erba silene), 2 foglie di cipolla
una mela verde, 30 g di uva passa
60 g di ricotta affumicata
una noce di burro, sale
Per il condimento:
un cucchiaino di farina di mais
formaggio carnia stravecchio
60 g di burro, sale

Tempo di preparazione e cottura: un'ora e un quarto

Cjarsons di patate

Trattoria Stella d'Oro, Villa di Verzegnis (Udine)

Per 4 persone

Per la pasta:
un etto e mezzo di farina di frumento tipo 0, un etto e mezzo di farina di frumento tipo 00
un pizzico di sale
Per il ripieno:
3-4 patate, un mazzetto di erbe aromatiche (prezzemolo, menta, melissa, maggiorana, dragoncello...)
un cucchiaio di uva sultanina, 20 g di confettura di ciliegie
un cucchiaio di pane grattugiato
una noce di burro
sale, un cucchiaino di cannella in polvere
Per il condimento:
2 foglie di salvia
formaggio latteria stagionato, ricotta affumicata
burro chiarificato, sale

Tempo di preparazione e cottura: un'ora

Preparate la pasta mescolando le farine e una presa di sale con acqua molto calda fino a ottenere una massa omogenea. Coprite con un canovaccio e lasciate riposare mentre preparate il ripieno.

Lessate le patate, sbucciatele, schiacciatele e setacciatele. Passate per cinque minuti in padella, con il burro, le erbe tritate finemente. Aggiungete alle patate le erbe, il pane grattugiato, l'uva sultanina (ammollata in acqua tiepida e strizzata), la confettura di ciliegie e la cannella. Mescolate fino a ottenere un composto omogeneo e regolate di sale.

Su una spianatoia tirate la pasta con il matterello e dalla sfoglia, aiutandovi con un bicchiere di diametro preferibilmente compreso tra i sette e i nove centimetri, ricavate dei dischi. Su ognuno di essi ponete un cucchiaino di ripieno e richiudete piegandoli a metà e premendo bene sui bordi. Cuocete i *cjarsòns* in acqua bollente salata finché verranno a galla (occorreranno cinque o sei minuti). Scolateli bene e fateli saltare in padella con burro chiarificato aromatizzato con la salvia e un pizzico di formaggio grattugiato. Disponeteli nei piatti a raggiera, spolverate con la ricotta affumicata grattugiata e serviteli caldissimi.

Cjalsòns, cjalzòns, cjarsòns: *grafie diverse per indicare la pasta ripiena tipica della Carnia, di cui esistono tante versioni quanti sono non solo i paesi, ma le borgate o addirittura le famiglie dell'alto bacino del Tagliamento. Caratteristiche comuni, oltre alla forma a mezzaluna con bordo ripiegato a cordoncino o arricciato, sono l'assenza di carni dal ripieno e, soprattutto, il sapore dolce-salato, al quale in alcuni casi concorrono ingredienti insoliti quali cacao o cioccolato, canditi, frutta e confettura (si veda anche la ricetta della pagina precedente).*

Codette verdi con piselli

Ristorante Plistia, Pescasseroli (L'Aquila)

Disponete la farina a fontana sulla spianatoia, versando al centro le uova e gli spinaci precedentemente nettati, lessati e passati al mulinello. Aggiungete un cucchiaio di extravergine e un pizzico di sale e lavorate il composto per un quarto d'ora. Lasciate riposare l'impasto per altri 15 minuti, quindi tiratelo con il matterello ricavando una sfoglia sottile, che taglierete in spaghettoni lunghi una ventina di centimetri.

Per il sugo, rosolate il guanciale spezzettato in una padella antiaderente. Quando si scioglie aggiungete la salsiccia (meglio se poco speziata) privata della pelle e sbriciolata. Una volta che questa avrà preso colore, sfumate con il vino. Versate i piselli e la passata di pomodoro, regolate di sale e pepe e lasciate insaporire a fuoco vivace per due o tre minuti. Abbassate la fiamma, incoperchiate il tegame e portate a cottura.

Lessate le codette in abbondante acqua salata, scolate e condite con la salsa. Completate con una grattugiata di pecorino leggero o di parmigiano reggiano.

In alternativa alla salsa di piselli si possono condire le codette con peperoni e ricotta salata.

Per 6 persone

Per la pasta:
4 etti di farina di frumento
4 etti di spinaci
2 uova
olio extravergine di oliva, sale

Per il condimento:
2 etti di piselli sgranati
un etto di guanciale fresco, un etto di salsiccia
2 cucchiai di passata di pomodoro
un bicchiere di vino bianco secco
formaggio pecorino semistagionato (o parmigiano reggiano)
sale, pepe

Tempo di preparazione e cottura: un'ora

Conchiglie con funghi e lucanica

Mimma Tancredi, Potenza

Per 4 persone

3 etti e mezzo di conchiglie
rigate (o altra pasta corta)
3 etti e mezzo di lucanica o
altra salsiccia di maiale
una cipolla
20 g di funghi porcini secchi
pecorino da grattugia
2 cucchiai di olio extravergine
di oliva
sale, pepe

*Tempo di preparazione
e cottura:* mezz'ora, più
l'ammollo dei funghi

Immergete i funghi, per ammorbidirli, in acqua calda. Poi scolateli, strizzateli e tritateli, conservando l'acqua dell'ammollo.
Mettete sul fuoco l'acqua salata per la cottura della pasta. Scaldate l'olio in una padella e fatevi appassire la cipolla affettata per una decina di minuti. Unite la salsiccia spellata e rosolatela. Aggiungete i funghi e un po' della loro acqua. Salate e pepate.
Mentre il composto si addensa, lessate le conchiglie. A cottura scolate e condite con il sugo e pecorino grattugiato.

La lucanica – il nome deriverebbe dal fatto che, come documentato da antiche testimonianze, si imparò a farla dai Lucani, gli abitanti dell'attuale Basilicata e della Campania meridionale – è una salsiccia prodotta in varie versioni secondo la zona di provenienza. La più pregiata è preparata con carni suine di prima scelta conciate con sale, pepe, semi di finocchio e poco peperoncino rosso in polvere. Insaccata in budello di maiale, è appesa a essiccare per 15-20 giorni e poi sottoposta a una breve affumicatura. La forma tradizionale è quella a doppia U. Una versione leggermente più grassa è adatta, invece, alla conservazione sotto strutto.

Corsetti al polpo

Trattoria Barisone, Genova

In una pentola soffriggete in olio l'aglio tritato, i pinoli, l'alloro e le olive. Bagnate con il vino e lasciate evaporare. Tagliate il polpo in piccoli pezzi e il pomodoro a cubetti e aggiungeteli al soffritto con mezzo litro d'acqua. Incoperchiate e cuocete per circa un'ora a fuoco bassissimo. Salate, zuccherate e insaporite con il prezzemolo tritato e il burro. Nel caso in cui il polpo non sia ancora abbastanza tenero, proseguite la cottura aggiungendo, se necessario, un altro po' d'acqua.
Lessate i corsetti, scolateli al dente e fateli saltare in padella con il sugo di polpo. Lasciate assorbire bene il condimento, impiattate, quindi completate con un filo di extravergine e una spolverata di pepe.

In Liguria si chiamano corsetti – o corzetti, crosetti, croxetti – tre diversi tipi di pasta fresca, ora inseriti nell'elenco ministeriale dei prodotti tradizionali come corzetti avvantaggiati (ricetta a pag. 117), corzetti del Levante (pag. 128) e corzetti della Val Polcevera. Quelli in versione marinara della trattoria Barisone sono del terzo tipo: si ricavano da palline oblunghe di pasta, tirate e schiacciate alle estremità a dare la forma di un otto. Pur non essendo più grandi di un'unghia, si mangiano esclusivamente asciutti, conditi di norma con sugo di carne e piselli oppure con funghi.

Per 6 persone

mezzo chilo di corsetti
un polpo
mezzo chilo di pomodori,
2 spicchi di aglio, 3 foglie
di alloro, un ciuffetto di
prezzemolo
mezz'etto di olive taggiasche,
mezz'etto di pinoli
un bicchiere di vino bianco
secco
mezz'etto di burro, olio
extravergine di oliva
sale, pepe, 2 cucchiaini di
zucchero

Tempo di preparazione e cottura: un'ora e mezza

Corsetti con pesto di maggiorana

Locanda dell'Olmo, Bosco Marengo (Alessandria)

Per 6 persone

Per la pasta:
mezzo chilo di farina di
frumento tipo 00
3 uova intere e 3 tuorli
mezzo bicchiere di vino
bianco secco
olio extravergine di oliva, sale
Per il condimento:
un etto e mezzo di pinoli
un ciuffetto di maggiorana
olio extravergine di oliva, sale

*Tempo di preparazione e
cottura:* un'ora e mezza

Impastate la farina con le uova e i tuorli, il vino, una presa di sale e un cucchiaio di extravergine; iniziate a lavorare l'impasto, che deve risultare liscio e non appiccicoso. Tirate una sfoglia più larga possibile, sottile ma non troppo. Prendete, quindi, lo stampino apposito o un bicchierino da liquore e iniziate a ricavare i medaglioni, facendo attenzione a utilizzare al meglio lo spazio a vostra disposizione, perché più volte ripassate la pasta più grande sarà la differenza nella sua consistenza.

Disponete i corsetti a riposare, mantenendoli staccati l'uno dall'altro, in modo che non si appicchino.

Fate dorare i pinoli in un tegamino antiaderente e poi trasferiteli in un tegame con extravergine, unendo le foglioline di maggiorana.

Cuocete i corsetti in acqua bollente salata – il tempo di cottura, che dipende dallo spessore, varia dai sette ai nove minuti –, scolateli e uniteli al condimento, mescolando delicatamente per amalgamare bene il tutto.

Questi corsetti – o corzetti o crosetti –, diffusi nel Levante ligure ma anche nelle terre piemontesi confinanti (su tutti i corseti di Novi), sono dischetti di pasta fresca, su cui si imprimeva lo stemma della famiglia o del pastaio. Anna Ricci, chef e patronne della Trattoria dei Tacconotti di Frascaro (Alessandria), in estate aggiunge un trito di maggiorana all'impasto dei corsetti e li condisce con un pesto leggero, che prepara frullando nel mixer aglio, maggiorana, pinoli, noci, parmigiano reggiano grattugiato, olio extravergine di oliva e un pizzico di sale, fino a ottenere una crema omogenea. In alternativa per i corsetti si può cucinare un sugo di carne o di funghi e salsiccia.

Corzetti avvantaggiati

Ristorante Terme, Pigna (Imperia)

Impastate le due farine con le uova e acqua tiepida salata, lavorando fino a ottenere una massa omogenea e consistente. Tiratene una sfoglia sottile e tagliatela a pezzi di circa sei centimetri per tre. Pizzicate ogni rettangolo al centro facendogli assumere l'aspetto di una farfalla.

In una pentola capace fate prendere il bollore all'acqua salata nella quale butterete i fagiolini. Dopo circa sei minuti aggiungete la pasta, cuocete per altri quattro o cinque minuti, spegnete il fuoco e scolate.

Mettete la pasta e i fagiolini in una terrina condendo con i pomodori a dadini e un po' di olio extravergine; salate, se necessario, e mescolate bene. Unite una buona spolverata di parmigiano grattugiato, mescolate ancora e servite.

Nelle abitudini alimentari dei liguri era – ed è – diffusa la pasta associata alle verdure: questo perché il frumento, con la sua consistente carica nutritiva, ha sostituito per molto tempo la carne, mentre la verdura aggiunge un tocco vitaminico. Questo tipo di pasta, tipico della Val Nervia, prende anche il nome di parpagliui *(farfalloni), mentre il termine "avvantaggiati" forse indicava il vantaggio per la tasca, il risparmio cioè che si aveva utilizzando nell'impasto la farina integrale, meno cara dell'altra.*

Per 6 persone

Per la pasta:
2 etti e mezzo di farina di frumento tipo 0, 2 etti e mezzo di farina integrale di frumento
3 uova
un pizzico di sale
Per il condimento:
2 etti di fagiolini, 3 pomodori maturi
mezz'etto di parmigiano reggiano
olio extravergine di oliva, sale

Tempo di preparazione e cottura: 45 minuti

Cresc' tajat ai carciofi

Ristorante La Baita, Costa di Arcevia (Ancona)

Per 4 persone

Per la pasta:
4 etti di farina di mais, 3 etti
di farina di frumento
un uovo
mezz'etto di pecorino da
grattugia
sale, pepe
Per il condimento:
4 pomodori maturi, 3
carciofi, mezza cipolla, un
peperoncino, un ciuffo di
prezzemolo
mezzo limone
una fetta di speck del peso di
circa un etto
Verdicchio dei Castelli di Jesi
olio extravergine di oliva, sale

*Tempo di preparazione e
cottura:* un'ora e 40 minuti

Preparate una sorta di polenta versando a pioggia la farina di mais in acqua bollente leggermente salata e rimestando continuamente fino a ottenere una massa consistente (occorreranno all'incirca 40 minuti).

Togliete dal fuoco, lasciate raffreddare e versate in una terrina incorporando l'uovo, la farina di frumento e il pecorino grattugiato. Lavorate per amalgamare gli ingredienti e insaporite con sale e pepe. Stendete il composto nello spessore di circa tre millimetri e ritagliate con una rotella a lama liscia rombi di medie dimensioni.

Per il sugo, pulite i carciofi scartando i gambi e le brattee esterne più dure, tagliateli a julienne e immergeteli in acqua acidulata con il succo di limone per evitare che anneriscano. Sbollentate per pochi secondi i pomodori, spellateli, eliminate i semi e tagliateli a dadini.

Tritate finemente la cipolla. In un tegame capace imbiondite il trito e il peperoncino in olio, aggiungete lo speck a cubetti e sfumate con il vino, facendolo evaporare a fuoco moderato. Unite i carciofi e, dopo cinque o sei minuti, i pomodori; portate a cottura aggiustando di sale.

Lessate le *cresc' tajat* in una pentola con abbondante acqua salata per due o tre minuti. Scolate e ripassate in padella con il condimento, ultimando con un giro di extravergine e una spolverata di prezzemolo tritato.

Le cresc' tajat (cresce tagliate) sono una ingegnosa trovata della cucina contadina marchigiana per recuperare gli avanzi di polenta. Nelle vecchie ricette si trovano spesso abbinate a un sugo di fagioli cannellini lessati, pomodori ed erbe aromatiche, insaporito in un soffritto di guanciale.

Crespelle alla valdostana

Trattoria degli Amici, Saint-Vincent (Valle d'Aosta)

In una terrina stemperate la farina nel latte. Unite le uova battute, il sale e metà del burro ammorbidito a temperatura ambiente. Amalgamate bene e lasciate riposare il composto per almeno un'ora.

Trascorso questo tempo friggete la pastella a cucchiaiate nel restante burro, formando otto sottili crespelle. Scolatele dall'olio e mettetele ad asciugare su carta assorbente. Disponete su ogni crespella una fetta di prosciutto e una di fontina. Insaporite con pepe e noce moscata, piegate in due le crespelle e sistematele in una teglia da forno. Ricoprite con uno strato di fonduta (ricetta a pag. 337), completate con fiocchetti di burro e infornate per 10-15 minuti a 180°C.

È nata prima la crêpe *(francese) o la crespella (italiana)? Nonostante una tradizione leggendaria che la vuole "inventata" nella Roma paleocristiana, e con buona pace dei fiorentini, i quali fanno discendere la* crêpe suzette *dai loro medievali ritortelli d'ova, la paternità d'oltralpe sembra assodata, quanto meno per le versioni dolci di questa leggerissima frittatina dalla superficie arricciata. Le crespelle – salate – fanno parte del repertorio della ristorazione di tutta Italia da non più di mezzo secolo: quelle in uso nella francesizzante Valle d'Aosta furono tenute a battesimo negli anni Sessanta per documentare ai turisti la versatilità del formaggio principe della regione, la fontina, introducendola sia nel ripieno sia nel condimento, sotto forma di fonduta. Non sono quindi un piatto tradizionale ma un gradevole falso storico... storicizzato dalla sua popolarità.*

Per 4 persone

Per la pastella:
120 g di farina di frumento tipo 00
2 uova
un quarto di litro di latte
mezz'etto di burro
una presa di sale
Per il ripieno:
8 fette di prosciutto cotto
8 fette di fontina di media stagionatura
pepe, noce moscata
Per il condimento:
2 etti di fonduta
una noce di burro

Tempo di preparazione e cottura: un'ora, più il riposo

Crespelle di asparagi

Circolo La Torre, Gragnano Trebbiense (Piacenza)

Per 4 persone

Per la pastella:
4 cucchiai di farina di
frumento tipo 00
2 uova, 2 bicchieri di latte
una noce di burro, sale
Per il ripieno e la rifinitura:
2 mazzetti di asparagi, un
porro, brodo vegetale
un etto e mezzo di robiola
40 g di grana padano
burro, olio extravergine di
oliva, sale, pepe

*Tempo di preparazione e
cottura:* un'ora e mezza,
più il riposo

In una ciotola, battete le uova con il latte; aggiungete il burro sciolto a bassa temperatura e la farina a pioggia, regolando di sale. Mettete il composto a riposare in frigorifero. Mondate gli asparagi, scartando la parte legnosa, e tagliateli a tocchetti; affettate anche il porro. Rosolate il tutto in padella con poco olio, salate, pepate e cuocete per mezz'ora, bagnando con un mestolo di brodo.

Fate raffreddare il sugo e unitelo alla robiola a pezzetti e al grana grattugiato, amalgamando bene gli ingredienti.

In un padellino antiaderente cuocete fino a doratura delle sottili crespelle. Spalmatele con un po' di ripieno, arrotolatele e sistematele in una teglia condendo con fiocchetti di burro. Infornate a 180°C per 15-20 minuti, finché non cominceranno a gonfiare. Fate riposare brevemente e servite.

Patrizia Autero, Udine

Per 4 persone

7 etti e mezzo di asparagi
bianchi, un porro
mezz'etto di parmigiano
reggiano, burro, olio
extravergine di oliva, sale
Per la pastella:
un etto di farina di frumento
tipo 00, un uovo
un bicchiere di latte
burro, sale
Per la besciamella:
un etto di farina di frumento
mezzo litro di latte
mezz'etto di burro
sale, pepe, noce moscata

*Tempo di preparazione e
cottura:* un'ora e mezza,
più il riposo

Amalgamate la farina con due noci di burro ammorbidito a temperatura ambiente, l'uovo battuto, il latte e un pizzico di sale. Lasciate riposare per un'ora.

Cuocete gli asparagi in acqua salata, scolateli, tagliateli a tronchetti e saltateli in padella con burro, olio e una parte del parmigiano grattugiato.

Recuperate la pastella e ricavatene, cuocendola a cucchiaiate in una padella antiaderente appena unta e ben calda, una dozzina di crespelle.

Preparate una besciamella consistente con la farina, il burro, il latte caldo, sale, pepe e noce moscata. Unite gli asparagi a metà besciamella e con il composto farcite le crespelle. Arrotolatele, chiudetele con una strisciolina di porro scottata in acqua bollente e sistematele in una pirofila. Coprite con la restante besciamella e con il parmigiano grattugiato e infornate a 180°C per una ventina di minuti.

Crespelle di carciofi

Trattoria Blanch, Mossa (Gorizia)

Frullate le uova con un pizzico di sale e un cucchiaio di extravergine. Aggiungete, poco alla volta, la farina e il latte. Lasciate riposare la pastella per qualche ora in frigorifero. Pulite i carciofi togliendo tutte le foglie dure – ma tenendole da parte –, conservate i cuori interi, sbucciate e tagliate a pezzi i gambi. Mettete tutto insieme in un bacile, coprite con acqua e succo di limone e lasciate a bagno per mezz'ora.

In una teglia larga soffriggete in burro e olio uno spicchio di aglio e il pangrattato. Versate le foglie esterne e i gambi dei carciofi, scolati, nel soffritto; aggiungete sale, pepe e parte del prezzemolo, riempite fino a metà con acqua e cuocete per 15-20 minuti. Passate, quindi, il composto al mixer e setacciatelo, in modo da ottenere una crema.

In un tegame fate saltare velocemente, con l'olio e il secondo spicchio d'aglio, i cuori di carciofo tagliati a fettine sottili; salate, pepate e unite il prezzemolo tritato avanzato. Aggiungete la crema preparata in precedenza e, a fuoco spento, legate con qualche cucchiaio di besciamella e il parmigiano grattugiato.

Riprendete la pastella e, cuocendola a mestolini in una padella antiaderente, ricavatene crespelle molto sottili. Farcitele con il ripieno e arrotolatele chiudendo leggermente i bordi. Adagiatele in una pirofila imburrata, copritele con la restante besciamella e infornate a 180°C per una ventina di minuti.

Le crespelle si possono farcire anche con gli asparagi, che vanno lessati piuttosto al dente e tagliati a pezzetti. Li si passa nel burro, si aggiunge la besciamella e si procede come con i carciofi, oppure si può seguire una delle due ricette della pagina precedente.

Per 4 persone

Per la pastella:
170 g di farina di frumento tipo 00
3 uova
4 bicchieri di latte
olio extravergine di oliva, sale
Per il ripieno:
3-4 carciofi
2 spicchi di aglio, un ciuffo di prezzemolo
2 limoni
una manciata di pangrattato
2 cucchiai di parmigiano reggiano grattugiato
burro, olio extravergine di oliva
sale, pepe
Inoltre:
una tazza e mezza di besciamella

Tempo di preparazione e cottura: un'ora e mezza, più il riposo

Crespelle di erbe dell'orto e formaggi camuni

Hostaria Vecchia Fontana, Bienno (Brescia)

Per 4 persone

Per la pastella:
un etto di farina di grano
saraceno
un uovo
un bicchiere di latte
2 noci di burro, sale
Per il condimento:
2 etti di spinaci (o di
buonenrico), 4 biete da coste,
2 foglie di menta, una cipolla
piccola
mezz'etto di silter, mezz'etto
di rosa camuna, mezz'etto
di formaggella montana,
mezz'etto di parmigiano
reggiano (o di silter)
2 etti e mezzo di crema di latte
(o panna)
un etto di burro, sale

*Tempo di preparazione e
cottura:* un'ora e mezza, più il
riposo

Amalgamate la farina (in questo caso di grano saraceno) con il burro, l'uovo battuto, il latte e un pizzico di sale. Lasciate riposare la pastella per un'ora e, quindi, confezionate quattro crespelle.

Soffriggete la cipolla affettata finemente in mezz'etto di burro, aggiungete biete, menta e spinaci, ben lavati e strizzati, e dopo una leggera rosolatura bagnate con un po' d'acqua e cuocete per una decina di minuti. Non appena l'acqua sarà del tutto riassorbita, unite il resto del burro, terminate la cottura e lasciate raffreddare.

Tagliate a listarelle i formaggi e coprite ogni crespella prima con le erbe, poi con i formaggi, lasciando da parte il parmigiano.

Arrotolate le frittatine e ponetele in una pirofila, che avrete imburrato sui lati e cosparso di parmigiano (o silter) grattugiato. Tagliate a metà ogni crespella e aprite leggermente il taglio della stessa; irrorate, quindi, con la crema di latte, coprite con il formaggio grattugiato, meglio se silter, e infornate a 220°C dai sei agli otto minuti, fino alla gratinatura della superficie.

La rosa camuna è un formaggio della Valcamonica prodotto con latte vaccino parzialmente scremato, dalla forma caratteristica, che ricorda una delle più famose incisioni rupestri della valle, risalente all'età del Ferro. Di colore bianco avorio, ha pasta morbida e compatta, con piccolissima occhiatura. Più noto, tra i formaggi camuni, il silter, prodotto in estate nelle malghe, in inverno nei piccoli caseifici di fondovalle. Si prepara con latte vaccino di più mungiture, coagulato a crudo intorno ai 30-32°C in 40 minuti; si rompe la cagliata e la si cuoce a 46°C circa per mezz'ora. Dopo un breve riposo, la massa resta per qualche ora nelle fascere ed è poi salata a secco o in salamoia. Il silter stagiona almeno 100 giorni; dopo un anno si può usare da grattugia. La pasta è compatta, di colore giallo paglierino, con rada e piccola occhiatura; la crosta, piuttosto consistente, tende al bruno con il procedere della stagionatura.

Crespelle di scarola e pere

Trattoria Dentella, Bracca (Bergamo)

Preparate le crespelle mescolando farina, latte, uova e sale. Cuocete la pastella in un padellino antiaderente, ricavando dischi dal diametro di 15 centimetri.

Tagliate la scarola a listarelle e scottatela in padella con lo scalogno fatto appassire nell'olio; salate, pepate e lasciate raffreddare.

Mettete in una ciotola la ricotta, aggiungete la scarola e le pere tagliate a cubetti e fate saltare delicatamente in padella con una noce di burro; salate, pepate e mescolate per amalgamare bene il tutto.

Con il composto riempite le crespelle e sistematele, quindi, in una pirofila imburrata. Spennellatele con burro fuso e infornatele a 160°C per un quarto d'ora.

Nel frattempo preparate la salsa. Amalgamate in un padellino sul fuoco farina, burro e latte, mescolando continuamente fino a raggiungere l'ebollizione; aggiungete la crema di latte (o la panna) e il formai de mut a pezzetti, cuocendo per una decina di minuti a fuoco leggero. Salate, passate la salsa al colino e conservatela calda a bagnomaria. Versatela, quindi, nei piatti individuali, accompagnandola con due crespelle per ogni commensale.

La scarola di Bergamo è uno dei prodotti tipici del Parco dei Colli. Si tratta di un'indivia della stessa famiglia della cicoria (Cichorium indivia), che si distingue da tutte le altre varietà per il particolare processo di imbianchimento, grazie al quale si ottengono foglie interne perfettamente bianche e croccanti. È usata anche come farcia di torte salate e di paste ripiene e nei condimenti di svariati primi. In questa ricetta si accompagna alle pere, ingrediente insolito in una preparazione salata. Un tocco supplementare di territorialità è dato dal formai de mut dell'alta Valle Brembana, formaggio Dop prodotto con latte vaccino negli alpeggi bergamaschi.

Per 10 persone

Per la pastella:
3 etti farina di frumento
3 uova
mezzo litro di latte
una presa di sale
Per il ripieno:
mezzo chilo di ricotta
2 cespi di indivia scarola
uno scalogno
2 pere non troppo mature
olio extravergine di oliva,
burro
sale, pepe
Per il condimento:
2 etti e mezzo di formai de mut
90 g di farina di frumento
8 dl di latte, 2 etti e mezzo di crema di latte (o panna)
80 g di burro, sale

Tempo di preparazione e cottura: un'ora e mezza

Le città della pasta

I cataloghi dei primi decenni del Novecento presentano, tra le principali, le «paste all'uso di Sicilia», le «paste fini all'uso di Genova», le «paste all'uso di Napoli», le «paste all'uso di Puglia». L'industria della pasta, infatti, si afferma inizialmente intorno a due poli, il Meridione e la costa ligure. Ma perché proprio Genova? Intanto questa repubblica marinara, vera potenza marittima e finanziaria, fin dal Duecento fu la piazza del commercio della pasta che comprava nel Sud d'Italia ed esportava in tutto il Mediterraneo. Vi erano certamente, già da quell'epoca, lasagnari che tenevano laboratorio in città, ma è dal Cinquecento che sono attestati i fabbricanti di pasta secca genovesi, così come sono ben documentate "fabbriche" in tutta la costa della Liguria, dalla capitale verso il Ponente. Se al Sud si prediligevano le paste lunghe di diametro consistente, quelle bucate e quelle tagliate grosse (ziti, vermicelloni, bucatini, rigatoni, tubetti), nella zona di Genova le preferenze andavano a fidelini, capelli d'angelo, fettuccine ricce, spaghettini – in genere confezionati in matasse – oppure a pastine adatte al brodo. Per questo per lungo tempo a Napoli si associarono i maccheroni (termine dunque polisemico, indicativo di una nutrita famiglia di formati) e a Genova i fidelini, e maccaronari e fidelari furono i rispettivi produttori.

L'arte bianca nel Napoletano trovò terreno fertile soprattutto nelle città, non lontane dalla costa, di Torre Annunziata e di Gragnano dove, fin dal Medioevo, si era insediata un'importante attività molitoria che, ben presto, si collegò alla fabbricazione di pasta alimentare. Negli ultimi anni del Seicento a Torre Annunziata i vermicellari erano abbastanza numerosi da potersi costituire in un'Arte e, nel corso di due secoli, acquisire risonanza europea. Gragnano, che iniziò più in sordina, raggiunse un ritmo produttivo sostenuto nel corso dell'Ottocento, tanto che nel 1859 vi si contavano 81 torchi per fabbricare maccheroni. Ma l'età d'oro di queste manifatture, che si basavano sul clima favorevole per l'essiccazione, sulla grande quantità di manodopera disponibile e sulla consumata esperienza delle maestranze, oltre che sull'impiego di semole di ottima qualità, non resse ai profondi cambiamenti tecnologici in corso. Anche se i pastifici campani conobbero vari tentativi di meccanizzazione, la resistenza ai progressi tecnici fu forte, visto che la fabbricazione della pasta non era solo origine di ricchezza ma anche la principale fonte di impiego, che le macchine avrebbero dimezzato. Così, all'apice dello sviluppo – il culmine si ebbe tra il 1890 e il 1914, con 102 pastifici a Torre Annunziata e 66 a Gragnano – queste manifatture restarono di fatto di natura artigianale. Lo sviluppo dell'industria, dislocata altrove (si veda alle pp. 522-524), sconvolgerà l'universo napoletano della pasta e sarà la crisi degli anni Settanta del Novecento, insieme ad altri fattori sociali e culturali (pp. 154-158), a spingere i produttori ad accettare la sfida della modernità e a risorgere come alfieri della pasta secca di qualità.

Altre regioni del Sud furono centri produttivi di antica tradizione, ma la crescente fama della pasta napoletana finì per pesare molto sulle fortune commerciali degli altri produttori. Per fare qualche esempio, la Sicilia nel Settecento passò dal ruolo di fornitore del regno a quello di importatore; le «paste fini all'uso di Cagliari» scomparvero dal paesaggio commerciale italiano. I pastifici pugliesi riuscirono, invece, a conservare una buona posizione, anche grazie alla distribuzione effettuata da Venezia. Tale commercio sarà efficace fino all'Ottocento, quando dovrà ripiegare su una rete quasi esclusivamente regionale.

Intanto il resto d'Italia non sta a guardare. Prendiamo l'Abruzzo dove, negli ultimi decenni dell'Ottocento, si iniziò a sfruttare la grande ricchezza dei fiumi che scendono dalla Maiella sia per azionare le macine dei mulini sia come materia prima per creare eccellenti impasti. Le prime centrali idroelettriche permisero di servire un vasto territorio delle province di Chieti e Pescara, area dove sono tuttora in piena attività pastifici grandi e piccoli, con Fara San Martino a costituire la piccola capitale della pasta. E poi Pianella, Pratola Peligna, Guardiagrele, Roseto degli Abruzzi e, salendo nelle Marche, diversi comuni in provincia di Ascoli Piceno e di Ancona, dove in storiche aziende agricole vocate alla coltura di grani duri e teneri si è presto connessa l'attività pastaria, senza dimenticare un'altra piccola capitale: Campofilone, specialista in fini paste all'uovo. Bologna si fa una reputazione tutta sua con la pasta all'uovo che, nel periodo delle manifatture, entrerà nei cataloghi dei commercianti dell'Italia centrale e settentrionale accanto alla

125

pasta di semola di grano duro. Nel corso dell'Ottocento, pastifici artigianali si insediano anche altrove: in Toscana, ad esempio, dove nel 1827 a Sansepolcro nasce, per diventare un marchio internazionale, il piccolo pastificio Buitoni. Diversi laboratori di Parma, che producono paste «all'uso di Genova», sono premiati all'Esposizione industriale del 1863 mentre, in quelle successive, i fabbricanti della zona si presentano già come veri professionisti, a capo di piccole imprese che ben presto si apriranno all'industrializzazione. Tra questi ci sono i Barilla, ed è nota la loro travolgente storia.

Parliamo altrove (pp. 154-158) del trend positivo che investe la pasta italiana tra la fine del Novecento e il nuovo millennio e della rinascita dell'attività produttiva nelle aree storiche dei pastifici. Quali sono oggi, dunque, le "città della pasta"? Intanto "Città della pasta" è il nome del consorzio costituitosi qualche anno fa proprio a Gragnano: raggruppa nove pastifici e si adopera, insieme ad altri produttori della città, per garantire la tracciabilità e la qualità del prodotto, tanto che nel 2010 è giunta a conclusione la procedura di riconoscimento "Pasta di Gragnano Igp", il marchio di indicazione geografica protetta. Ancora, al Sud, belle realtà produttive punteggiano la Campania (ancora Torre Annunziata e Castellammare di Stabia, ma anche Salerno e Benevento), la Puglia (con le eccellenti aziende del Leccese), la Sicilia (interessata è soprattutto la provincia di Palermo); in Sardegna resiste la coltivazione del grano duro senatore Cappelli mentre, per la pasta secca, si è focalizzata l'attenzione sulle specialità tradizionali, *fregula* su tutte. Piccole perle di qualità anche in Toscana, nei dintorni di Firenze e di Pisa.

Intanto l'interesse e l'amore per la pasta dilagano. Basta scorrere i calendari delle manifestazioni, nazionali e internazionali, per verificarlo: il World Pasta Day a New York City, giunto alla dodicesima edizione, raduna per parlare di pasta delegati di produttori e consumatori, studiosi di alimentazione e di economia, chef e giornalisti specializzati; poi la Festa europea della pasta napoletana e, sul territorio italiano, Pastatrend a Bologna, I Primi d'Italia a Foligno, il Festival della pasta a Gragnano e mille altri appuntamenti dove si abbinano informazione e cucina.

Creste di gallina con burro e formaggio

Agriturismo La Cittadella dei Sibillini, Montemonaco (Ascoli Piceno)

Lessate la gallina per circa due ore in acqua salata, con il sedano, la carota e la scorza di limone. Una volta lessata, spolpatela e macinatela finemente. Il brodo di cottura va passato al colino, sgrassato e fatto restringere di un terzo. Con parte del brodo bagnate la crosta di pane sistemata a pezzi in una scodella in modo che ammorbidisca. Togliete la crosta dalla scodella, scolatela dall'eventuale eccesso di brodo, passatela e mescolatela al macinato di gallina, aggiungendo il parmigiano grattugiato e un pizzico di cannella.

Incorporate, una alla volta, le otto uova alla farina, fino a ottenere un impasto elastico e consistente; fatelo riposare una ventina di minuti e poi tiratelo in una sfoglia dalla quale ritagliare strisce larghe quattro dita. Disponete la farcia di gallina e pane, in mucchietti distanziati regolarmente, al centro delle strisce, che andranno poi piegate in due e tagliate a forma di mezzaluna (le "creste", appunto) con la rotellina.

Lessate le creste in abbondante acqua salata. Scolatele e conditele con burro fuso, parmigiano grattugiato, pepe nero e cannella.

Se il brodo in cui è stata cotta la gallina fosse particolarmente abbondante, può servire in parte per ammorbidire la crosta di pane, il rimanente per lessare le creste, che così assumeranno un sapore più ricco.

Un altro condimento per le creste di gallina (chiamate griù *in altre zone del Piceno, dove talvolta si aromatizza il ripieno con un bicchierino di mistrà, tipico liquore all'anice marchigiano) è la sapa, che si ottiene facendo bollire lentamente il mosto di vino, fino a ridurlo a consistenza sciropposa: con la sapa si condiva, un tempo, anche la polenta. Le creste di gallina, piatto dei giorni di festa, sono consigliabili – sia nella versione salata con burro, parmigiano, cannella e pepe nero, sia in quella dolce con la sapa – a chi ami la cucina dei sapori decisi, dai contrasti aromatici: una cucina sostanzialmente fuori dalle regole della consuetudine marchigiana, picena in particolare, imposte dalla povertà degli ingredienti.*

Per 8 persone

Per la pasta:
8 etti di farina di frumento
8 uova
Per il ripieno:
una gallina di circa un chilo e mezzo, pronta per la cottura
una costa di sedano
una carota
la scorza di un limone
mezzo chilo di crosta di pane
un etto di parmigiano reggiano
sale, un pizzico di cannella
Per il condimento:
un etto di parmigiano reggiano
un etto di burro
pepe nero, un pizzico di cannella

Tempo di preparazione e cottura: 3 ore e mezza

Croxetti al battuto di pinoli

Ristorante Gli Amici, Varese Ligure (La Spezia)

Per 6 persone

Per la pasta:
mezzo chilo di farina di
frumento tipo 00
2 tuorli d'uovo
una presa di sale
Per il condimento:
70 g di pinoli
un ciuffetto di maggiorana
mezz'etto di parmigiano
reggiano
olio extravergine di oliva, sale

*Tempo di preparazione e
cottura:* un'ora

Impastate la farina con i tuorli, il sale e l'acqua necessaria a ottenere una pasta elastica. Stendete quindi sfoglie di circa tre millimetri di spessore e incidetele con gli appositi stampi per crosetti.

Mettete nel mortaio i pinoli e pestateli con le foglie di maggiorana e il sale, aggiungendo lentamente l'olio fino a ottenere una crema fluida, che faccia "il filo" quando si alza il pestello. Versatela in una terrina, unite il parmigiano grattugiato, mescolate ed eventualmente aggiungete ancora un po' di extravergine, nel caso in cui il battuto risulti troppo denso.

Cuocete i crosetti in abbondante acqua salata per circa otto minuti, scolateli e conditeli con il battuto e un filo di extravergine.

I crosetti liguri (croxetti, corsetti o corzetti: si veda a pag. 115) secondo alcuni prenderebbero nome dalla piccola croce originariamente incisa sulla superficie allo scopo di trattenere il condimento e poi sostituita da stemmi o immagini più complesse. Ma dell'etimo c'è una spiegazione più intrigante, di cui dava conto lo studioso Giovanni Rebora, che li apparenterebbe con le orecchiette pugliesi: «... Tra le curiosità segnaliamo i corzeti, *confezionati a mano in forma tonda oppure allungata, attraversati da un incavo (*croisés *o* creusés*) ottenuto con la pressione del pollice... Si tratta di una forma di origine provenzale,* crozets, *diffusa in Liguria nel Medioevo e in Puglia in età angioina, forse quando Carlo II indusse i suoi provenzali a popolare tre paesi di Puglia... A Genova i* crozets *presero il nome di corzetti, furono prodotti in grande quantità e commercializzati: si dovette quindi studiare uno stampo allo scopo di confezionarli in serie. Assunsero le due forme attuali, tonda oppure "a scarpetta", e si differenziarono dagli originali che persistono soltanto nelle valli rurali (Mornese, Bosio... e anche nell'alta valle del Polcevera: corzetti di valle)».*

Cruset con porri e patate

Ristorante Pace, Sambuco (Cuneo)

Disponete la farina sulla spianatoia e rompete al centro l'uovo: battetelo leggermente e unite poco alla volta la quantità d'acqua necessaria a ottenere un impasto morbido ma consistente. Tirate dei bastoncini grandi come un dito, tagliateli a tocchetti e trascinateli con il pollice delicatamente in modo da incavarli. Capovolgete i *crusèt* e lasciateli riposare mentre vi dedicate al condimento.

Tagliate le patate a tocchetti e i porri a rondelle, e sistemateli in un tegame con un po' di extravergine; coprite con il brodo e fate stufare dolcemente per circa un quarto d'ora, fino a che non sarà completamente assorbito. Regolate di sale.

Tuffate i *crusèt* in acqua bollente salata, scolateli dopo appena un minuto e trasferiteli nella padella con il condimento. Volendo, potete profumarli con una spolverata di timo.

Crusèt, croset o crouzet: *cambia la grafia del nome (piemontese o occitana) ma non la sostanza di questi gnocchetti tipici dell'alta Valle Stura cuneese, preparati con farina e poche uova, e abilmente modellati sulla spianatoia con il pollice, in modo che i bordi si arriccino formando quasi un merletto. Si condiscono per tradizione, oltre che con il sugo a base di porri descritto da Bartolo Bruna, patron del ristorante di Sambuco, con la* bagna grisa, *una salsa di cipolla e aglio soffritti, latte, panna e formaggio stagionato sminuzzato.*

Per 8 persone

Per la pasta:
un chilo di farina di frumento
un uovo
Per il condimento:
2-3 patate, 3 porri di Cervere
brodo leggero di carne
olio extravergine di oliva
sale, timo (facoltativo)

Tempo di preparazione e cottura: un'ora e mezza

Culurgiones di patate e menta

Ristorante Craf, Oristano

Per 6 persone

Per la pasta:
mezzo chilo di semola
rimacinata di grano duro
un pizzico di sale
Per il ripieno:
6 etti di patate, 30 foglie di
menta
3 etti di pecorino fresco
Per il condimento:
6 pomodori da salsa (o una
tazza di salsa di pomodoro)
un ciuffetto di basilico, un
pezzetto di peperoncino
pecorino stagionato
olio extravergine di oliva
sale, pepe

*Tempo di preparazione e
cottura:* un'ora e mezza

Con la semola, acqua e un pizzico di sale fate la pasta, lavoratela a lungo e lasciatela riposare.

Intanto preparate il ripieno. Lessate le patate, sbucciatele e schiacciatele in una terrina; aggiungete il pecorino grattugiato, la menta tritata e amalgamate bene.

Dalla pasta tirate una sfoglia sottile e ricavatene dischetti di circa sette centimetri di diametro; farciteli con un po' di ripieno e chiudeteli cercando di dare una forma a goccia pizzicottandoli con le mani.

Per il sugo, sbollentate e spellate i pomodori (o scaldate la salsa) e fate restringere brevemente sul fuoco, unendo l'olio, il peperoncino e in ultimo il basilico spezzettato; regolate di sale e pepe.

Lessate i *culurgiones* in abbondante acqua salata, scolateli, conditeli con il sugo e serviteli passando a parte il pecorino da grattugiare.

I culurgiones *di patate, pecorino e menta sono la variante ogliastrina di una tipica pasta ripiena sarda, fatta intridendo con acqua – e talvolta con un cucchiaio di strutto – la semola di grano duro macinata fine. Altri* culurgiones *sono farciti con formaggio e verdure (bietole) oppure con solo formaggio (pecorino o ricotta); più raramente compare nel ripieno la pezza cioè la carne, quasi sempre di maiale o di agnello.*

Curzul olio e pangrattato

Antica Trattoria del Teatro, Lugo (Ravenna)

Su una spianatoia impastate la farina con le uova, lavorando energicamente fino a ottenere una massa soda e liscia. Coprite con un tovagliolo e lasciate riposare per un quarto d'ora.

Stendete il composto in una sfoglia non troppo sottile (circa tre millimetri di spessore), fatela asciugare per qualche minuto e arrotolatela senza stringere troppo. Con un coltello affilato, tagliate delle strisce di tre millimetri di larghezza e allargatele su un vassoio.

Lessate i *curzul* in abbondante acqua salata, scolandoli non appena risalgano a galla, e versateli in una padella dove avrete fatto riscaldare del buon extravergine.

Saltate la pasta cospargendo con pangrattato, lasciate sul fuoco ancora per un momento, mescolando affinché il pane si tosti attaccandosi alla pasta, e servite.

I curzul *sono una pasta artigianale all'uovo, tipica della Romagna rurale, che deve il nome curioso ai lacci di cuoio usati un tempo per le calzature, lacci di cui ricordano la forma. Adatto a condimenti semplici e rustici, questo formato di pasta sposa bene anche sughi a base di salsiccia e di pomodoro, magari insaporiti con una punta di peperoncino.*

Per 6 persone

Per la pasta:
4 etti di farina di frumento
4 uova
Per la cottura e il condimento:
pangrattato
olio extravergine di oliva, sale

Tempo di preparazione e cottura: 45 minuti

131

Ditali con fave, piselli e mazzareddi

Ristorante Vicolo Duomo, Caltanissetta

Per 6 persone

4 etti di ditali rigati
2 chili di fave piccole e tenere,
un chilo e mezzo di piselli,
8 mazzetti di *mazzareddi*
(amarelli, erbe amare)
4 cipollette, uno spicchio di
aglio
ricotta salata
olio extravergine di oliva
sale, pepe nero

*Tempo di preparazione e
cottura:* un'ora e un quarto

Mondate i *mazzareddi* avendo cura di non eliminare i fiorellini (che sono la loro parte più buona) e lessateli in acqua bollente. Scolateli tenendo da parte un po' dell'acqua di cottura e saltateli in padella con lo spicchio di aglio intero. Sgusciate le fave e cuocetele, coperte, con olio extravergine, due cipollette tritate, sale e pepe nero; se è necessario, unite un po' dell'acqua di cottura dei *mazzareddi*. A parte, procedete allo stesso modo per i piselli.

In attesa che la pasta cuocia, unite in un unico tegame fave, piselli e *mazzareddi*, aggiungete un po' dell'acqua di cottura della verdura, un filo di olio e amalgamate bene.

Scolate i ditali al dente, uniteli al condimento e spolverizzateli con ricotta salata grattugiata.

È una tipica ricetta nissena del periodo pasquale, che associa alla dolcezza delle favette e dei piselli freschi l'amarognolo dei mazzareddi: *verdure spontanee primaverili della famiglia delle Brassicacee (Brassica nigra, B. fruticulosa), globalmente definite senapi selvatiche o cavoli selvatici. Le loro cime, in questa zona della Sicilia, sono molto usate, sia ripassate in padella sia in frittate.*

Eliche di primavera

Livia Borgata, Montegrosso d'Asti (Asti)

Per 4 persone

3 etti e mezzo di eliche (o altra
pasta secca corta tipo fusilli)
3 etti di punte di asparagi, 3
etti di piselli sgranati, 2 etti di
fave sgranate, 12 fiori di zucca,
2 zucchine, 2 cipollotti, un
ciuffetto di prezzemolo
olio extravergine di oliva
sale, pepe

*Tempo di preparazione e
cottura:* 45 minuti

Pulite i fiori di zucca e divideteli in quattro parti nel senso della lunghezza. Lavate le zucchine e tagliatele a listarelle. Mondate il prezzemolo, di cui utilizzerete solo le foglie. Affettate finemente i cipollotti e soffriggeteli per cinque o sei minuti in olio; aggiungete i piselli e le fave, dopo una decina di minuti le zucchine e, in ultimo, i fiori di zucca e le punte di asparagi. Bagnate con un po' d'acqua, incoperchiate e portate a cottura, regolando di sale e pepe.

Lessate la pasta in acqua bollente salata, scolatela al dente e trasferitela nel tegame con il condimento.

Cospargete con le foglioline di prezzemolo e servite.

Popolari soprattutto nel Nord, le eliche sono una pasta industriale il cui aspetto ricorda due eliche accoppiate.

Fagottini di carciofi e fior di latte

Ristorante La Torre, Massa Lubrense (Napoli)

Per le crespelle, versate la farina in una terrina e, con la frusta, mescolatela con il latte; unite le uova, due cucchiai di olio e un pizzico di sale. Sempre battendo con la frusta, otterrete un composto filante con il quale, in un padellino antiaderente di una quindicina di centimetri di diametro, cuocerete le crespelle, girandole da entrambi i lati.

Passate al ripieno. Pulite i carciofi dalle foglie esterne più dure e dal fieno interno, immergendoli via via in acqua acidulata con succo di limone perché non anneriscano. Tagliateli a listarelle sottili e cuoceteli in olio (tre cucchiai) con la cipolla tritata. Bagnate con un mestolino di acqua, aggiungete una spolverata di sale e fateli stufare incoperchiati.

Tagliate la mozzarella a dadini e, in una terrina, mescolatela con la ricotta, l'uovo, una manciata di parmigiano, le foglie di basilico spezzettate con le mani, sale e pepe. Incorporate i carciofi, quando, una volta cotti, si saranno raffreddati. Mescolate il composto con le mani.

Confezionate i fagottini, disponendo sul tavolo di lavoro le crespelle allargate; con l'aiuto di un cucchiaio distribuitevi sopra una idonea quantità di composto e chiudetele a fazzoletto ripiegandole su se stesse.

In una teglia da forno allargate metà del sugo di pomodoro, adagiate i fagottini, coprite con il restante sugo e spolverate con il parmigiano. Infornate a 200°C per 20 minuti. Estraete, lasciate riposare un attimo e servite.

Per 4 persone

Per le crespelle:
un etto di farina di frumento
2 etti e mezzo di latte, 2 uova
olio extravergine di oliva, sale

Per il ripieno e il condimento:
3 carciofi, mezza cipolla, una manciata di foglie di basilico
un uovo
mezzo limone
6 dl di sugo di pomodoro
2 etti di ricotta vaccina, 2 etti di fior di latte, 2 manciate di parmigiano reggiano grattugiato
olio extravergine di oliva
sale, pepe

Tempo di preparazione e cottura: un'ora e mezza

Fagottini di tuma alla crema di ricotta

Ristorante Il Giardino di Bacco, San Giovanni La Punta (Catania)

Per 4 persone

Per la pasta:
2 etti e mezzo di farina di
frumento
2 uova
un pizzico di sale
Per il ripieno:
4 etti di tuma, mezz'etto di
ricotta di pecora
un'acciuga sotto sale
pepe nero
Per il condimento:
un etto e mezzo di ricotta di
pecora
vino cotto
sale, pepe nero

*Tempo di preparazione e
cottura:* un'ora e mezza, più il
riposo

Disponete la farina a fontana, incorporatevi le uova e, poca per volta, acqua tiepida salata. Impastate sino a formare una palla da ricoprire con un panno umido, lasciando riposare per circa un'ora.

Nel frattempo pulite l'acciuga, diliscatela e tagliatela a pezzetti piccolissimi. Grattugiate la tuma e impastatela con la ricotta, l'acciuga e poco pepe, facendo riposare l'impasto per 10 minuti.

Stendete la pasta con il matterello. Ritagliatela in tanti quadratini e mettete al centro una pallina dell'impasto di formaggio. Formate poi i fagottini in questo modo: di ognuno dei quadratini sollevate i vertici, uniteli alla sommità della pallina di formaggio e, con una leggera pressione delle dita, fate aderire tra loro i bordi della pasta. Attenzione a chiuderli bene per non fare fuoriuscire il ripieno durante la cottura, che va effettuata in abbondante acqua salata. Dopo averli scolati, condite i fagottini con la ricotta setacciata, aggiungendo su ogni piatto qualche goccia di vino cotto e un pizzico di pepe nero.

Questo piatto trae spunto da una delle tipiche focacce del Catanese, la scacciata di tuma, con cui ha in comune gli ingredienti principali e cioè la tuma, l'acciuga e il pepe nero. Per stabilire un parallelismo è stata scelta una pasta ripiena, come appunto è ripiena la scacciata, disco di semola di grano duro che può racchiudere gli ingredienti più vari (oltre al formaggio, prosciutto, salsiccia, acciughe conservate, olive, cipolle, pomodori, cavolfiori...). Anche il condimento esterno richiama un gusto della tradizione del territorio, quando in talune sere d'inverno si cenava con ricotta insaporita col vino cotto. Equivalente meridionale della sapa di altre regioni (si veda il commento alla ricetta di pag. 127), il vino cotto o vincotto è mosto di uva appena pigiata che, sottoposto a una lenta e lunga cottura, si concentra fino ad assumere consistenza sciropposa e sapore molto dolce.

Farfalle all'ortolana

Livia Borgata, Montegrosso d'Asti (Asti)

Tagliate la mozzarella a dadini che lascerete sgrondare in uno scolapasta per almeno mezz'ora.
Tritate la cipolla e fatela dorare in extravergine per alcuni minuti. Unite le carote a rondelle, i piselli e il peperoncino, salate e lasciate insaporire il tutto per cinque o sei minuti a fiamma bassa. Bagnate con un po' d'acqua e aggiungete i fagiolini tagliati a metà nel senso della lunghezza. Incoperchiate e portate a cottura in un quarto d'ora, completando, al momento di spegnere il fuoco, con il prezzemolo tritato. Ungete una teglia di olio e distribuite sul fondo una parte delle farfalle, lessate in acqua bollente salata e scolate al dente, coprendo la superficie con la mozzarella a pezzetti e una parte della salsa; fate un altro strato di farfalle e terminate con la salsa rimasta. Spolverate di pangrattato e infornate a 180°C per una mezz'ora.

Pasta secca industriale di semola di grano duro, le farfalle presentano una sezione rettangolare pinzata al centro a mo' di fiocchetto. Diffuse soprattutto nell'Italia settentrionale, hanno margini merlati solo sui lati corti oppure su tutti: in questo caso sono note come farfalle genovesi. Nei formati più grandi (le minuscole farfalline sono adatte a un consumo in brodo) si sposano con sughi leggeri, salsa di pomodoro o intingoli a base di burro o panna.

Per 4 persone

4 etti di farfalle
2 etti di piselli sgranati, 2 etti di fagiolini
2 carote, una cipolla, un ciuffetto di prezzemolo
una mozzarella di 2 etti e mezzo
pangrattato
olio extravergine di oliva
sale, un pizzico di peperoncino

Tempo di preparazione e cottura: un'ora

Farfalle con pesto e pelandroni

Agriturismo La Molinella, Isolabona (Imperia)

Per 6 persone

Per la pasta:
mezzo chilo di farina di
frumento tipo 00
3 uova
una manciata di spinaci
(facoltativo)
olio extravergine di oliva, sale
Per il condimento:
un etto e mezzo di fagiolini
pelandroni
5 mazzetti di basilico
(preferibilmente a foglia
piccola), uno spicchio di aglio
2 manciate di pinoli
parmigiano reggiano
(facoltativo)
olio extravergine di oliva, sale

*Tempo di preparazione e
cottura:* un'ora e mezza

Impastate la farina con le uova, un filo di olio extravergine, sale e poca acqua, fino a ottenere un impasto elastico ma sodo (volendo, lo si può colorare aggiungendo un pugno di spinaci crudi frullati con un uovo). Lasciate riposare circa mezz'ora.

Preparate il pesto tritando, o meglio pestando nel mortaio, basilico (possibilmente ligure, dalle foglie piccole), aglio, una manciata di pinoli, e amalgamandoli con tre cucchiai di olio extravergine e poco sale: il risultato dovrà essere un po' ruvido e non troppo cremoso.

Pulite i fagiolini e fateli bollire in abbondante acqua salata; scolateli quando sono ancora leggermente al dente.

Dalla pasta tirate una sfoglia sottile ma non troppo, quindi con la rotella ricavatene strisce di un paio di centimetri di larghezza. Tagliatele quindi a distanza regolare ottenendo tanti piccoli rettangoli che, pizzicati al centro con l'indice e il pollice, assumeranno la classica forma a farfalla.

Lessate la pasta per cinque o sei minuti in abbondante acqua salata bollente, quindi scolatela e ripassatela in padella con il pesto, i pelandroni e i rimanenti pinoli, aggiungendo a piacere parmigiano grattugiato e un po' dell'acqua di cottura.

Noti a Genova come pellandroin *– pelandroni – e venduti al mercato dai* bisagnini, *ortolani provenienti dalla vicina Val Bisagno, i fagiolini utilizzati da Nicola Moro in questa ricetta erano un tempo molto popolari. Originari, sembra, dell'alta Val Neva, crescono bene nel circondario di Albenga e sono particolarmente indicati per l'abbinamento con il pesto, che l'agriturismo di Isolabona propone nella versione con pinoli caratteristica di Genova e del Levante più che del Ponente ligure.*

Fattisù di verza

Hostaria da Ivan, Fontanelle di Roccabianca (Parma)

Lavorate la farina con le uova e lasciate riposare l'impasto. Lessate la verza e strizzatela bene per privarla dell'acqua. Fate rosolare la pasta di salame nel burro e quando sarà imbiondita aggiungete la verza tritata. Cuocete fino a ottenere una crema, lasciate raffreddare e amalgamate con gli altri ingredienti, regolando di sale e pepe.
Il ripieno andrà racchiuso in dischi di pasta (un cucchiaino per ogni disco) che intreccerete ai lati formando una specie di caramella.
Cuocete in abbondante acqua salata e condite con burro fuso e parmigiano grattugiato.

In questo piatto invernale, tipico dell'area padana compresa grosso modo fra il Trebbia e il Parma, i fattisù – simili nella forma ai tortelli con la coda (pag. 503) – esaltano la duttilità della verza.

Per 4 persone

Per la pasta:
mezzo chilo di farina di frumento, 3 uova
Per il ripieno:
2 chili di cavolo verza
un etto di pasta di salame, un uovo, un etto e mezzo di parmigiano reggiano
mezz'etto di burro, sale, pepe
Per la cottura e il condimento:
parmigiano reggiano
burro, sale

Tempo di preparazione e cottura: un'ora e mezza

Favò

Bar à Fromage, Cogne (Valle d'Aosta)

Sgusciate le fave, tuffatele in poca acqua bollente non salata e lessatele fin quando saranno tenere, ma non mollicce. Tagliate il pane a pezzetti e fateli insaporire nel burro portato al colore nocciola.
Cuocete la pasta in acqua bollente salata, scolatela e versatela nella pentola delle fave (che devono essere quasi asciutte). Aggiungete il sugo (fatto con passata di pomodoro fresco e un soffritto di cipolla, carota, sedano, aglio, salvia) e la fontina a fettine o a dadini. Mescolate e cuocete per un minuto. Unite il pane nero fritto nel burro e servite.

Si tratta di una delle rarissime ricette valdostane di pasta. Quasi sconosciuto nel resto della regione, è un piatto tipico della valle di Cogne, in particolare di Ozein, frazione ad alta quota di Aymavilles. Lo scostamento dagli standard regionali della gastronomia delle valli del Gran Paradiso si spiega con la costante intensità di scambi tra gli opposti versanti di queste montagne, collegati da facili valichi e sentieri che agevolavano le comunicazioni tra Piemonte e Valle d'Aosta.

Per 4 persone

2 etti di pasta corta tipo ditali
6 etti di fave
4 cucchiai di sugo di pomodoro
mezz'etto di pane integrale
un etto di fontina
40 g di burro, sale

Tempo di preparazione e cottura: 45 minuti

Ferrazzuoli con calamaretti

Ristorante Luna Rossa, Terranova di Pollino (Potenza)

Per 4 persone

4 etti di ferrazzuoli (fusilli di
pasta fresca, maccheroni al
ferretto)
4 etti di calamaretti
10 pomodorini, uno spicchio
di aglio, un ciuffetto di
prezzemolo, un ciuffetto di
menta, mezz'etto di olive nere
appassite
un bicchiere di vino bianco
secco
olio extravergine di oliva
sale, un peperoncino

*Tempo di preparazione e
cottura:* 40 minuti

Lavate e tagliate a fettine i calamaretti. Tritate il prezzemolo e la menta, affettate sottile l'aglio e sbriciolate il peperoncino.

In una pentola capiente scaldate tre cucchiai di olio extravergine con l'aglio e il peperoncino. Rosolatevi i calamaretti, quindi versate il vino e fatelo sfumare, poi calate i pomodorini e la metà del trito di prezzemolo e menta. Regolate di sale e, dopo una decina di minuti, aggiungete le olive denocciolate; allungate con un po' di acqua, se necessario, e cuocete per 10 minuti ancora.

Lessate la pasta e, una volta scolata, saltatela nella padella del sugo. Spegnete il fuoco e cospargete col restante trito di menta e prezzemolo prima di servire.

I ferrazzuoli o ferricelli – nei dialetti del Mezzogiorno peninsulare anche ferricieddi, fricelli, fusidde, fileja, filateddhi, filatieddi... *– sono maccheroni al ferretto, cioè pasta fresca casalinga più o meno lunga e più o meno torta ma sempre bucata, perché ottenuta avvolgendola a pezzi su un arnese a forma di stanghetta o di bastoncino. Nei menù dei ristoranti dove ancora li si prepara, i vari termini regionali sono spesso tradotti con fusilli, da intendersi non nel senso di pasta secca industriale ma, appunto, di maccheroncini freschi (perlopiù di sola farina e acqua) forati e attorcigliati a spirale. Nel triangolo Campania-Basilicata-Calabria questo formato è prodotto anche da aziende artigiane, quasi sempre con l'aggiunta di uova nell'impasto. Tra le ricette classiche vanno citati i ferrazzuoli alla ricca, conditi con un ragù al pomodoro di carni di agnello, maiale, vitello e tacchino, rosolate in burro e cipolla.*

Ferretti con barbozza e maggiorana

Agriturismo Fontana delle Pere, Massa Martana (Perugia)

Impastate la semola con l'acqua necessaria a ottenere una massa omogenea e di buona consistenza. Prelevate delle piccole porzioni e assottigliatele con le mani fino a ottenere degli spaghetti grossolani, che taglierete in pezzetti lunghi tre o quattro centimetri e, con l'aiuto di un ferretto, arrotolerete a spirale ottenendo una forma a fusillo. Procedete rapidamente, allargando i maccheroncini su un ripiano via via che sono pronti, e alla fine lasciateli riposare coperti con un canovaccio.

Mettete sul fuoco l'acqua per la cottura della pasta, che salerete a ebollizione, e passate alla preparazione del condimento. Tagliate la barbozza a listarelle e fatela rosolare in padella con un filo di olio. Mondate e tritate la maggiorana e l'aglio, unite un cucchiaio di olio, mescolate, versate il tutto sul guanciale rosolato e spegnete la fiamma.

Intanto avrete lessato brevemente la pasta: scolatela e unitevi il contenuto della padella, terminando con una generosa spolverata di parmigiano grattugiato.

Per una fresca variante estiva, potete condire i ferretti con zucchine e fiori di zucca.

Come spieghiamo nel commento alla ricetta dell'amatriciana de prescia (pag. 28), il barbozzo o barbozza è un salume umbro ricavato dalla guancia dei suini pesanti locali, aromatizzato con aglio oltre che con sale e pepe. Potete sostituirlo con un altro tipo di guanciale, purché decisamente saporito.

Per 4 persone

Per la pasta:
3 etti di semola rimacinata di grano duro
Per il condimento:
2 etti di barbozza (guanciale)
mezzo spicchio di aglio, un ciuffetto di maggiorana
parmigiano reggiano
olio extravergine di oliva, sale

Tempo di preparazione e cottura: un'ora e mezza

Fettuccine alla papalina

Trattoria L'Oste della Bon'Ora, Grottaferrata (Roma)

Per 6 persone

Per la pasta:
mezzo chilo di farina di
frumento
5 uova
olio extravergine di oliva, sale
Per il condimento:
un etto e mezzo di prosciutto
crudo
un quarto di cipolla
4 uova
2 cucchiai di crema di latte (o
panna)
parmigiano reggiano
un etto e mezzo di burro
sale, pepe

*Tempo di preparazione e
cottura:* un'ora e mezza

Lavorate la farina con le uova, un cucchiaio di olio extra-vergine e una presa di sale, in modo da ottenere un impasto leggero e non troppo compatto. Fatelo riposare per una mezz'ora prima di stenderlo in sfoglie leggermente spesse e ritagliare le fettuccine, che dovranno essere larghe un centimetro circa.

Mentre la pasta riposa, preparate il condimento. In una piccola casseruola rosolate con una noce di burro la cipolla tritata il più finemente possibile e il prosciutto tagliato a pezzetti. Fate sciogliere il burro rimasto in un tegame abbastanza grande; non appena cominci a soffriggere unite le uova frullate con quattro cucchiai di parmigiano grattugiato e la crema di latte.

Lessate le fettuccine in acqua leggermente salata tenendo presente che dovranno essere pronte quando le uova inizieranno a rapprendersi. Scolatele e versatele in padella, unite il prosciutto e togliete immediatamente il tegame dal fuoco.

Condite con abbondante pepe, mescolate e servite, spolverando con altro parmigiano grattugiato.

Perché alla papalina? Una diffusa aneddotica vuole che queste fettuccine, variante della notissima carbonara (pag. 80), fossero preparate dal proprietario di un famoso ristorante di Trastevere per il cardinale Eugenio Pacelli, negli anni Trenta segretario di Stato in Vaticano e futuro Pio XII. Quando fu eletto papa, il piatto fu ribattezzato in questo modo.

Fettuccine alla vignarola

Osteria Fontana Candida, Monte Porzio Catone (Roma)

Su una spianatoia disponete a fontana la farina, aggiunge-te un pizzico di sale, le uova e iniziate a batterle con una forchetta amalgamando gli ingredienti. Quando avrete ot-tenuto un composto omogeneo incorporate un filo di olio e lavorate l'impasto fino a ottenere una massa soda ed ela-stica; lasciatela riposare, coperta con un tovagliolo, per un quarto d'ora.

Mondate i carciofi, tagliateli a spicchi sottili e immergeteli in acqua acidulata per non farli scurire. Sgranate i piselli e le fave (privandole anche della pelle, che ha un gusto ama-rognolo). Lavate le foglie di lattuga e tagliatele a listarelle. Riprendete la pasta e con l'aiuto di un matterello – o dell'apposita macchina – stendetela in una sfoglia sottile, lasciatela asciugare per qualche minuto e arrotolatela sen-za stringere troppo. Con un coltello ritagliate strisce dello spessore di mezzo centimetro, allargatele sulla spianatoia e dedicatevi al sugo.

In una padella soffriggete in olio il cipollotto e il prezze-molo tritati finemente. Non appena saranno dorati allun-gate con un mestolo di brodo (o di acqua) e cuocete per tre o quattro minuti. Tagliate la pancetta a dadini e unite-la alla preparazione proseguendo la cottura finché il gras-so non sia diventato traslucido; quindi versate le verdure a cominciare dai carciofi, seguiti dai piselli e, infine, dalle fa-ve. Mescolate e cuocete per una decina di minuti, badan-do che il fondo non asciughi troppo e aggiungendo, se ne-cessario, piccoli quantitativi di acqua. Unite poi la lattuga, regolate di sale e lasciate sul fuoco per altri cinque minuti, ultimando con le foglie di mentuccia spezzettate e una ma-cinata di pepe: alla fine le verdure dovranno risultare tene-re ma non spappolate.

Lessate le fettuccine in abbondante acqua salata scolando-le al dente non appena risalgano a galla. Versatele nel tega-me del condimento e mantecate a fuoco moderato aggiun-gendo scaglie di pecorino romano.

Per 4 persone

Per la pasta:
4 etti di farina di frumento
4 uova
olio extravergine di oliva, sale
Per il condimento:
4 etti e mezzo di fave, 2 etti di piselli, 2 carciofi romaneschi, un cespo di lattuga, un cipollotto, un ciuffo di prezzemolo, qualche foglia di mentuccia
un limone
un etto di pancetta tesa
un mestolo di brodo vegetale (facoltativo)
pecorino romano
olio extravergine di oliva
sale, pepe

Tempo di preparazione e cottura: un'ora e mezza

Fettuccine con anguilla affumicata

Trattoria Agli Angeli, Gardone Riviera (Brescia)

Per 4 persone

Per la pasta:
3 etti di farina di frumento tipo 00, 90 g di semola di grano duro
3 uova
Per il condimento:
2 etti di anguilla affumicata
uno scalogno, un pomodoro
olio extravergine di oliva
sale, zucchero di canna, spezie

Tempo di preparazione e cottura: 4 ore

Lavate il pomodoro, spellatelo, privatelo dei semi e infornatelo a 120°C per tre o quattro ore, con le spezie e poco zucchero di canna.
Lavorate la semola, la farina e le uova, aggiungendo un po' d'acqua. Stendete l'impasto e tagliatelo in modo da formare strisce di circa un centimetro di larghezza, che allargherete sulla spianatoia e lascerete asciugare.
Mentre lessate le fettuccine in abbondante acqua salata, soffriggete in olio extravergine lo scalogno affettato finemente, poi aggiungete l'anguilla e il pomodoro confit tagliati a pezzetti, regolando di sale.
Scolate la pasta al dente e trasferitela nel tegame con il condimento assieme a qualche cucchiaio dell'acqua di cottura, mantecando con un filo di extravergine crudo.

Fettuccine con cicoria e pecorino

Osteria Iotto, Campagnano di Roma (Roma)

Per 4 persone

Per la pasta:
4 etti di farina di frumento
4 uova
un pizzico di sale
Per il condimento:
un chilo di cicoria di campo, 2 spicchi di aglio, un peperoncino
60 g di pecorino romano
olio extravergine di oliva
sale, pepe

Tempo di preparazione e cottura: un'ora

Impastate energicamente la farina con le uova e una presa di sale fino a ottenere una massa liscia e omogenea; coprite e lasciate riposare una ventina di minuti.
Nel frattempo mondate la cicoria, lavatela e lessatela in poca acqua per un quarto d'ora. Scolatela, strizzatela e tagliatela a listarelle.
In una padella, dove avrete fatto imbiondire in olio l'aglio tritato e il peperoncino, versate la verdura e insaporite con sale e pepe.
Tirate la pasta in una sfoglia sottile, fatela asciugare brevemente e arrotolatela senza stringere troppo. Con un coltello ritagliate strisce di circa cinque millimetri di larghezza; svolgetele e allargatele sul piano di lavoro.
Portate a ebollizione una pentola di acqua salata, calate le fettuccine e cuocetele per pochi minuti. Scolatele e versatele nel tegame del condimento, eliminando il peperoncino.
Spolverate con pecorino grattugiato, mescolate e servite.

Fettuccine con guanciale e rosmarino

Ristorante La Scuderia, Genzano di Roma (Roma)

Impastate i due sfarinati con le uova e i tuorli, un pizzico di sale e un cucchiaino di olio. Manipolate fino a ottenere una massa elastica e uniforme che avvolgerete a palla e farete riposare, coperta con pellicola, per una mezz'oretta. Trascorso questo tempo, tirate una sfoglia di un paio di millimetri di spessore, arrotolatela e tagliatela in strisce di un centimetro di larghezza. Svolgetele e allargatele su un vassoio lasciandole asciugare.

Nel frattempo tagliate a julienne il guanciale e rosolatelo in padella a fiamma viva con il rosmarino, finché il grasso non divenga traslucido.

Cuocete la pasta in acqua poco salata, scolandola non appena risalga a galla e lasciandola leggermente umida.

Versate le fettuccine nel tegame amalgamandole al condimento. Fuori dal fuoco, unite il pecorino grattugiato e una bella spolverata di pepe macinato all'istante – meglio se pestato nel mortaio –, mescolate e servite.

Per 6-8 persone

Per la pasta:
mezzo chilo di farina di frumento tipo 00, mezzo chilo di semola di grano duro
5 uova intere e 2 tuorli
olio extravergine di oliva, sale
Per il condimento:
una fetta di guanciale stagionato del peso di circa 2 etti, un rametto di rosmarino
un etto di pecorino romano da grattugia, sale, pepe nero

Tempo di preparazione e cottura: un'ora, più il riposo

Fettuccine con regaje di pollo

Taverna Mari, Marino (Roma)

Pulite, sbollentate e tagliate a dadini le interiora di pollo. In una casseruola con qualche cucchiaio di olio extravergine portate a doratura il cipollotto finemente affettato. Aggiungere le *regaje* e fatele rosolare. Versate il vino e, quando sarà evaporato, unite i pelati, sale e poco pepe. Cuocete per circa un'ora a fuoco lento.

Lessate le fettuccine in acqua bollente salata, scolatele e conditele con il sugo. Servite con parmigiano e pecorino grattugiati.

Frattaglie (dei mammiferi) e rigaglie (dei volatili da cortile) erano fonte di gran parte delle proteine animali che nei tempi grami dell'Italia anteguerra entravano nella dieta dei contadini poveri e del proletariato urbano. Oggi, per chi le ama, sono cibo ricercato, da intenditori. Con un sugo di regaje *di pollo Iole Paolucci della Taverna Mari condisce il "piatto nazionale" romano, le fettuccine.*

Per 4 persone

4 etti di fettuccine
3 etti di fegatini, cuori e ventrigli di pollo
un cipollotto
6 pomodori pelati
un bicchiere di vino bianco dei Castelli Romani
un etto di pecorino, un etto di parmigiano reggiano
olio extravergine di oliva
sale, pepe

Tempo di preparazione e cottura: un'ora e 20 minuti

Fileja al ragù di maiale

Ristorante Il Vecchio Castagno, Serrastretta (Catanzaro)

Per 4 persone

Per la pasta:
un etto e mezzo di semola di
grano duro, un etto e mezzo di
farina di frumento tipo 00
un uovo
un pizzico di sale
Per il condimento:
3 etti di carne di maiale
(spuntature di costine, cotenne
e punta di guanciale)
una cipolla di Tropea
un litro di salsa di pomodoro
olio extravergine di oliva
sale, noce moscata

*Tempo di preparazione e
cottura:* un'ora e mezza

Mescolate gli sfarinati e lavorateli con l'uovo, un pizzico di sale e l'acqua sufficiente a ottenere un impasto di media durezza. Tirate la sfoglia nello spessore di due o tre millimetri e tagliatela a striscioline lunghe tre o quattro centimetri. Con l'aiuto di uno stecco di legno, avvolgete le strisce a spirale, esercitando una leggera pressione con il palmo delle mani.

Mentre la pasta riposa, dedicatevi al sugo. Dopo avere rosolato in olio extravergine la cipolla affettata finemente, aggiungete la carne tagliata a tocchetti, facendola soffriggere a lungo. Versate la salsa di pomodoro e cuocete fino a ottenere una buona consistenza, regolando di sale e insaporendo con una grattugiata di noce moscata.

Lessate la pasta in abbondante acqua salata, scolatela e conditela con il ragù.

La fileja *è una pasta fresca calabrese, dalla forma lunga e attorcigliata, che si ottiene "filando" lunghe striscioline di impasto, poi spezzate e avvolte intorno a un bastoncino di legno. Si condisce in estate con pomodoro fresco, basilico in abbondanza e pecorino grattugiato oppure con il classico ragù calabrese di carni miste insaporite con vino rosso e svariati aromi. Un'alternativa può essere questo semplice ragù di maiale, che Delfino e Annarita offrono ai loro ospiti al Vecchio Castagno di Serrastretta, comune montano del Catanzarese, alle pendici sudoccidentali della Sila Piccola.*

Filelli con ragù bianco di abbacchio

Osteria Iotto, Campagnano di Roma (Roma)

Su una spianatoia impastate la farina con l'acqua necessaria a ottenere un impasto elastico e sodo; coprite e lasciate riposare.

Fate a listarelle il prosciutto, affettate finemente le cipolle e tagliate a rondelle le carote. Mettete il tutto in una capiente casseruola con un filo di olio, unite il cosciotto di abbacchio e insaporite con il vino e il sale, versando la quantità di acqua che serve a coprire gli ingredienti. Incoperchiate il tegame e cuocete a fuoco bassissimo per un paio di ore, finché la carne non si distacchi dall'osso; durante la cottura controllate che il fondo non asciughi troppo e allungatelo, eventualmente, con altra acqua.

Nel frattempo riprendete la pasta e tiratela in una sfoglia sottile. Arrotolatela e tagliatela in strisce larghe tre o quattro millimetri, allargatele sul piano di lavoro e fatele asciugare brevemente.

Quando la carne sarà cotta, fatela intiepidire, disossatela, spezzettatela e rimettetela nel tegame.

Lessate la pasta in acqua salata, scolandola molto al dente, e versatela nella padella del condimento, terminando la cottura insieme al sugo. Ultimate con una spolverata di pecorino romano grattugiato e una macinata di pepe.

Per 4 persone

Per la pasta:
4 etti di farina di frumento
Per il condimento:
un cosciotto di abbacchio
un etto di prosciutto cotto
4 carote, 2 cipolle
un bicchiere di vino bianco
secco
pecorino romano
olio extravergine di oliva
sale, pepe rosso

Tempo di preparazione e cottura: 2 ore e un quarto

Filini di farro con gamberi e calamaretti

Ristorante Chalet Galileo, Civitanova Marche (Macerata)

Per 4 persone

3 etti e mezzo di filini di farro
3 etti di gamberi, 3 etti di
calamaretti
uno spicchio di aglio, un
ciuffo di prezzemolo
olio extravergine di oliva, sale

*Tempo di preparazione e
cottura:* 40 minuti

Sgusciate le code dei gamberi e tenete da parte le teste. Pulite i calamari – scegliete, se possibile, esemplari non troppo grandi –, privateli delle interiora e tagliateli a pezzetti, lasciando i ciuffetti interi.

Con le teste dei crostacei preparate un brodo leggero aggiungendo acqua, una presa di sale, il prezzemolo tritato e facendo sobbollire per una ventina di minuti.

In una larga padella imbiondite in un po' di olio l'aglio in camicia, togliendolo non appena comincia a cambiare colore. Versate un bicchiere di brodo e fatelo restringere per qualche minuto; unite i calamari e dopo una decina di minuti i gamberi. Portate a cottura, assaggiate ed eventualmente regolate di sale.

Lessate la pasta in acqua salata, scolatela al dente, lasciandola un po' umida, e passatela in padella amalgamandola al sugo.

Fini fini con ragù di agnello e cicorietta

Ristorante Lo Schiaffo, Anagni (Frosinone)

Per 4 persone

Per la pasta:
3 etti di farina di frumento
2-3 uova
un pizzico di sale
Per il condimento:
2 etti e mezzo di spalla di
agnello
un etto di cicoria, uno
spicchio di aglio, un rametto
di rosmarino, un peperoncino
2 etti di passata di pomodoro
un litro di brodo vegetale
80 g di pecorino romano
olio extravergine di oliva, sale

*Tempo di preparazione e
cottura:* 2 ore

Tagliate la carne, senza disossarla, in pezzi piuttosto grandi e rosolateli con un po' di olio, l'aglio in camicia, il rosmarino e il peperoncino. Aggiungete la passata di pomodoro e metà del brodo, abbassate la fiamma al minimo, coprite la casseruola e cuocete per circa un'ora e mezza.

Impastate la farina con le uova e una presa di sale, lavorate per ottenere una massa soda ed elastica e lasciatela riposare, coperta, per una ventina di minuti.

Tirate la pasta sottile, arrotolate la sfoglia senza stringere e tagliate strisce larghe un paio di millimetri; allargatele su un vassoio e fatele asciugare.

A cottura prelevate la carne, fatela intiepidire, disossatela e sfilacciatela rimettendola nel tegame a fuoco spento.

Mondate la cicoria, lessatela nel brodo avanzato, strizzatela e tritatela finemente al coltello. Versatela nella casseruola e amalgamatela al resto per qualche minuto, allungando eventualmente con piccoli quantitativi di acqua. Assaggiate e regolate di sale.

Lessate i fini fini in acqua salata per pochi minuti e ripassateli in padella mantecando con pecorino grattugiato.

Foai cucie

Pippo Scaglia, Storo (Trento)

Lessate i fagioli e passateli. Amalgamateli alla farina mescolando il tutto con sale, uova e quattro cucchiai di olio. Impastate con forza e pazienza per una decina di minuti, quindi fate riposare un paio d'ore, in un ambiente caldo al riparo dal sole.

Con il matterello tirate una sfoglia non troppo sottile che arrotolerete senza comprimere. Tagliate il rotolo a fette in modo da ottenere strisce di pasta simili a tagliatelle o pappardelle. Fatele riposare sulla spianatoia e cuocetele rapidamente in una grande pentola con acqua salata bollente. Rosolate nel frattempo un trito di cipolla nel burro che, insieme a una spolverata di formaggio grattugiato, sarà il condimento ideale per la pasta.

Originariamente, le foai *erano cotte in un brodo di patate e fagioli; la minestra era poi insaporita con pepe e formaggio. Se si dispone di una macchina per la pasta, si può sostituire la farina con semola di grano duro, e due terzi del passato di legumi con farina di fagioli secchi, per ricavare classiche tagliatelle da condire con burro e salvia o ragù di verdure. Usando una trafila più sottile, le* foai *si trasformano in* bigoi *o* bigoli *(ricette da pag. 36 a pag. 41), spaghetti da condire con sughi dai sapori decisi: per questa variante è meglio sostituire la semola di grano duro con farina integrale di frumento.*

Per 6 persone

Per la pasta:
un chilo di farina di frumento tipo 00
4 etti di fagioli freschi sgranati
8 uova
olio extravergine di oliva, sale
Per il condimento:
una cipolla bianca
formaggio da grattugia
burro, sale

Tempo di preparazione e cottura: un'ora e mezza, più il riposo

Foiade con fonduta di stracchino e asparagi

Trattoria Dentella, Bracca (Bergamo)

Per 6 persone

Per la pasta:
4 etti di farina di frumento tipo 00, un etto di semola di grano duro
2 uova
olio extravergine di oliva, sale
Per il condimento:
2 etti di stracchino
mezzo chilo di asparagi, uno spicchio di aglio
pancetta (facoltativo)
un tuorlo d'uovo
latte, burro, sale

Tempo di preparazione e cottura: 2 ore

Tagliate lo stracchino a dadini, sistematelo in una casseruola, ricoprendolo con il latte, e fatelo ammorbidire per un'ora circa.

Con la farina, le uova, due cucchiai di extravergine, il sale e un po' d'acqua preparate un impasto omogeneo e piuttosto asciutto, che lascerete riposare, avvolto in un canovaccio di tela. Dopo una mezz'ora tirate con il matterello una sfoglia dello spessore di due o tre millimetri, che taglierete in forme irregolari, quadrate o rettangolari.

Riprendete la casseruola con lo stracchino e il latte, sistematela all'interno di un'altra più grande, contenente acqua bollente, unite il tuorlo d'uovo e, a fuoco minimo, lavorate il composto con un cucchiaio di legno o una frusta. Volendo, per eliminare tutti i grumi, potete frullarlo. Una volta pronta, conservate la fonduta al caldo a bagnomaria.

Pulite gli asparagi, eliminando la parte legnosa del gambo e raschiando con un coltellino quello che rimane fino a metà della parte verde. Lavateli e lessateli in acqua salata, dopo averli legati a mazzo e sistemati con le punte in su, in una pentola alta e stretta. Tagliateli a rondelle non troppo grosse, mettendo da parte le punte, e fateli dorare nel burro con l'aglio, regolando di sale.

Cuocete le *foiade* in abbondante acqua salata e condite con la fonduta, aggiungendo un po' dell'acqua di cottura della pasta, per ammorbidirle, e gli asparagi. Decorate ogni piatto con le punte di asparagi e, se è di vostro gusto, coprite la pasta con un po' di pancetta tagliata a fettine sottili o a dadini e fatta rosolare nel burro.

Le foiade *sono tagliatelle larghe poco più di un centimetro, tipiche del Bergamasco e del Mantovano, che si ricavano da un impasto di farina di frumento, uova, sale; spesso sono ritagli di pasta avanzati dalla preparazione dei* casonsei *(pp.86-87). Confezionate in forme diverse a seconda delle famiglie, possono essere di forma romboidale o assomigliare alle pappardelle. La farina di frumento tipo 00 può essere sostituita con un quinto di farina di mais oppure con una percentuale, che può arrivare al 50%, di semola di grano duro o di farina di castagne. In val di Scalve si preparano, per esempio, con la farina di mais, nelle valli Brembana e Seriana con la farina di grano saraceno. Il condimento è a base di funghi porcini, con o senza salsiccia, di pasta di salame fatta disfare in poco olio e sfumata con un goccio di vino rosso, di pasta di salame e ama-*

retti, di strachitund, noci e pere, di formai de mut e guanciale affumicato o scarola dei colli di Bergamo, di selvaggina. Elena Montagnosi, di Bergamo, prepara l'impasto per le foiade *con più uova rispetto al signor Dentella e le condisce con le costine di maiale, che fa rosolare, dopo avere scolato il grasso liquefatto, con cipolla, carota e sedano tritati. Unisce, quindi, carne trita di manzo, sfuma con vino rosso, insaporisce con alloro e passata di pomodoro, e porta a cottura in un'ora, dopo avere incoperchiato, mescolando e aggiungendo brodo poco salato o acqua e regolando di sale e pepe.*

Frascarelli agli asparagi

Osteria Perbacco, Cannara (Perugia)

In una ciotola, battete le uova con il formaggio grattugiato e il sale.
Allargate la farina sulla superficie di lavoro e, aiutandovi con una forchetta o con le dita – un tempo si usava una frasca, da cui il nome –, fate gocciolare il composto sulla spianatoia intridendo la farina e impastandola con un movimento ondulatorio in avanti e indietro, sino a formare piccoli grumi. Una volta pronti, passate i frascarelli al setaccio per eliminare la farina in eccesso, allargateli e fateli asciugare per qualche minuto.
Mettete sul fuoco una pentola di acqua e, a bollore, salate e calate la pasta rimestando con una forchetta perché non si attacchi. Scolatela quando riaffiora, versatela in una terrina e condite con un giro di olio continuando a muovere i frascarelli in modo che, ungendosi, rimangano ben separati.
Mondate gli asparagi dividendo le parti più tenere dai gambi. Sbucciate l'aglio e soffriggetene uno spicchio senza farlo colorire; aggiungete le cimette, mescolate e, dopo qualche minuto, sfumate con metà del vino e portate a cottura. In un secondo tegame rosolate l'altro spicchio di aglio e unite i gambi degli asparagi; cuoceteli sfumando con il vino restante e un po' di acqua, in modo che il fondo resti morbido. A cottura ultimata, frullate allungando la purea con parte dell'acqua di cottura e regolando di sale.
Versate la crema e i frascarelli nel tegame con le cime, amalgamate e insaporite con una macinata di pepe.

Per 4 persone

Per la pasta:
3 etti di farina di frumento tipo 00
4-6 uova
mezz'etto di pecorino (o parmigiano reggiano)
un pizzico di sale
Per il condimento:
5-6 etti di asparagi selvatici
2 spicchi di aglio
un bicchiere di vino bianco secco
olio extravergine di oliva
sale, pepe

Tempo di preparazione e cottura: 40 minuti

Frascarelli con fagioli e salvia

Ristorante Villa Maiella, Guardiagrele (Chieti)

Per 6 persone

Per la pasta:
4 etti e mezzo di farina di
frumento
Per il condimento:
3 etti di fagioli borlotti secchi
una costa di sedano bianco,
mezza cipolla piccola, 2
spicchi di aglio, un ciuffo
di prezzemolo, 3 foglioline
di salvia, un rametto di
rosmarino
un etto di lardo
olio extravergine di oliva, sale
Per la decorazione:
una manciata di foglie di salvia
da friggere

*Tempo di preparazione e
cottura*: un'ora e mezza, più
l'ammollo dei fagioli

La sera prima lavate i fagioli e metteteli a bagno in acqua fredda.

Al momento dell'esecuzione del piatto, preparate un fondo per la cottura dei fagioli: tritate finemente il sedano, la cipolla, il lardo, il prezzemolo, le fogliette di salvia, uno spicchio di aglio e, uniti due decilitri di olio, fate appassire il battuto possibilmente in un tegame di coccio o di rame. Trasferite nel tegame i fagioli ammollati, dopo averli scolati dal loro bagno, e copriteli a filo con acqua. Salate e portate a cottura in un'ora, controllando che almeno una parte dei legumi rimanga integra e che il liquido non asciughi troppo.

Prelevate ora un terzo dei fagioli, passateli e riuniteli al resto dei legumi interi con il loro fondo di cottura, ottenendo così una salsa legata ma abbastanza fluida.

Avrete nel frattempo preparato i frascarelli nel seguente modo: allargate la farina sulla spianatoia e, prelevando dell'acqua tiepida da una ciotola, schizzatela con le dita sopra di essa, rimuovete con le mani i grumi che si formano e ripetete l'operazione per quattro o cinque volte finché la farina si sia pressoché tutta raggrumata; setacciate i grumetti di pasta eliminando l'eccesso di farina. Avete ottenuto i frascarelli.

Gettateli in acqua bollente salata e scolateli quando vengono a galla. Ripassateli in un'ampia padella con il rametto di rosmarino e lo spicchio d'aglio rimanente, aggiungete la salsa di fagioli, aggiustate eventualmente di sale e, prima di servire, condite con olio extravergine a filo. Per insaporire ulteriormente il piatto e per decorare, adagiate sui frascarelli delle foglie di salvia fritte.

Frascatelli con ragù di agnello

Ristorante Belsito, Serrone (Frosinone)

Su una spianatoia, impastate gli sfarinati con il latte, un bicchiere di acqua e le chiare d'uovo. Lavorate con energia per ottenere un impasto omogeneo di media consistenza, poi copritelo con un tovagliolo e lasciatelo riposare. Disossate il cosciotto e macinatelo nel tritacarne. A parte preparate un battuto con le verdure aromatiche e rosolatelo in padella con un po' di olio e un pezzetto di peperoncino. Non appena sarà imbiondito, aggiungete l'agnello, il timo e la maggiorana, fate colorire a fuoco moderato, quindi sfumate con il vino e portate a cottura regolando di sale. Riprendete la pasta, tiratela in una sfoglia piuttosto grossa (tre o cinque millimetri di spessore) e con un coltello ritagliatela a pezzetti irregolari; allargateli e fateli asciugare brevemente. Riscaldate una pentola di acqua salata e, quando avrà preso il bollore, calate i frascatelli lessandoli per pochi minuti; ancora umidi, ripassateli in padella con il sugo, ultimando con scaglie di pecorino stagionato.

Per 8-10 persone

Per la pasta:
8 etti e mezzo di farina di frumento tipo 00, 3 etti e mezzo di semola di grano duro, 2 albumi d'uovo, 330 g di latte
Per il condimento:
un cosciotto di agnello
2 coste di sedano, 2 carote, una grossa cipolla, un pezzo di peperoncino, un ciuffetto di timo, un ciuffetto di maggiorana, un bicchiere e mezzo di vino bianco secco
pecorino romano
olio extravergine di oliva, sale

Tempo di preparazione e cottura: 2 ore

Fregnacce con funghi

Dina Pucci, Monte Argentario (Grosseto)

Disponete la farina a fontana e lavoratene poca alla volta con le uova battute, un bicchiere di acqua tiepida, il sale e l'olio. Lasciate riposare l'impasto, che dovrà risultare morbido e omogeneo, per una mezz'ora.
Fate rosolare in olio extravergine gli spicchi d'aglio; a doratura eliminateli e unite i funghi puliti e tagliati a fettine; cuocete a fuoco moderato per una decina di minuti e, subito prima di spegnere il fuoco, unite il prezzemolo tagliuzzato finemente e regolate di sale. Lasciate raffreddare e amalgamate i porcini alla besciamella.
Tirate la sfoglia e ricavatene dei quadrati, scottateli per pochi minuti in acqua bollente salata e farciteli con il composto di funghi e besciamella, ripiegandoli quindi in tre parti a mo' di crêpe. Adagiate le fregnacce sul fondo di una teglia e fatele dorare in forno, senza aggiungere alcun condimento: potrete apprezzarne meglio il sapore.

Per 6-8 persone

Per la pasta:
4 etti di farina di frumento tipo 0, 8 uova, 2 cucchiai di olio extravergine di oliva
un pizzico di sale
Per il ripieno:
mezzo chilo di funghi porcini
2 spicchi di aglio, un ciuffetto di prezzemolo
besciamella
olio extravergine di oliva, sale

Tempo di preparazione e cottura: un'ora e mezza

Fregnacce con intingolo di carne

Ristorante Taverna 58, Pescara

Per 4 persone

20 quadrati di sfoglia all'uovo
2 etti di pollo, 2 etti di papera,
2-3 costatine di maiale
mezza cipolla, qualche foglia
di basilico, 2 peperoncini,
mezzo chilo di pomodori
pelati, pecorino stagionato
olio extravergine di oliva, sale

*Tempo di preparazione e
cottura:* un'ora e mezza

Rosolate in una capiente casseruola i peperoncini e la cipolla a pezzetti, quindi aggiungete pollo, papera e costatine tagliati a pezzetti. Quando la carne comincia a imbiondire, versate i pelati, sale e basilico. Incoperchiate e cuocete a fuoco molto dolce per tre quarti d'ora.
Quando la salsa è quasi pronta, lessate i pezzi di sfoglia. Scolateli e distendeteli uno a uno in una teglia capiente, condendo ognuno con salsa e pecorino grattugiato e piegandolo in tre parti.
Disponete le fregnacce a strati alternati a qualche cucchiaiata di sugo. Servite, dopo un breve riposo, con l'intingolo di carne rimasto.

Come nella ricetta precedente, le fragnacce della Taverna 58 somigliano a crespelle, piegate e farcite con un ricco ripieno.

Fregnacce con verdure

Ristorante Enoteca Il Bistrot, Rieti

Per 4 persone

3 etti di farina di frumento,
mezz'etto di semola di grano
duro, mezz'etto di farina di
grano saraceno
3 etti tra punte di asparago,
carciofi, funghi chiodini
(o altri secondo stagione),
piselli, fave, puntarelle
(foglie di cicoria catalogna),
uno spicchio di aglio, erbe
aromatiche
mezzo bicchiere di brodo
vegetale
ricotta salata stagionata
olio extravergine di oliva
sale, pepe

*Tempo di preparazione e
cottura:* un'ora

Mescolate gli sfarinati e impastateli con acqua, un pizzico di sale e un filo di olio extravergine. Tirate la sfoglia e tagliatela in maniera irregolare, come per i maltagliati.
In una padella versate un paio di cucchiai di extravergine, al quale aggiungerete un trito di erbe aromatiche di stagione (rosmarino, prezzemolo, maggiorana, basilico, erba cipollina, origano...) e l'aglio, che poi eliminerete. Scaldate a fuoco dolce e aggiustate di sale e pepe. Aggiungete le punte di asparago, i carciofi tagliati molto sottili, le puntarelle, le fave, i piselli, i funghi. Cuocete per una decina di minuti bagnando con un po' di brodo e amalgamate il tutto con una grattugiata di ricotta secca.
Cuocete al dente la pasta e conditela con le verdure.

Le lasagnette irregolari dette fregnacce sono una specialità sabina e viterbese, diffusa anche in Abruzzo, nelle Marche meridionali e in Toscana. Al Bistrot di Rieti si sposano a un sugo vegetale in cui hanno una parte importante le puntarelle, che si ottengono da una varietà di cicoria invernale, la catalogna, tagliando le foglie interne in striscioline e ammollandole in acqua fredda fino a far loro assumere una forma arricciata.

Fregoloz alle erbe

Borgo Poscolle, Cavazzo Carnico (Udine)

Mondate le erbe e sbollentatele in acqua salata con l'aggiunta di un pizzico di bicarbonato, quindi scolatele e tuffatele in un bacile di acqua fredda per fermarne la cottura e mantenere brillante il colore. Tritatele grossolanamente e rosolatele in padella con una noce di burro e un battuto di scalogno. Togliete dal fuoco e passate al mixer aggiungendo il latte necessario a ottenere una crema morbida. Trasferite il composto in una ciotola, incorporate la farina, l'uovo, sale, pepe, noce moscata e mescolate con cura: dovrete ottenere un amalgama denso e omogeneo che cada pesantemente dal mestolo; se vi sembra troppo compatto aggiungete altro latte.

Portate a ebollizione abbondante acqua salata, abbassate la fiamma perché l'acqua sobbolla non troppo violentemente e fate gocciolare l'impasto in modo da ottenere degli gnocchetti irregolari. Raccoglieteli con un colino man mano che risalgono a galla e versateli in un recipiente di acqua fredda per fermarne la cottura.

Sciogliete il burro in padella e ripassatevi i *fregoloz* per un minuto mescolando delicatamente; serviteli cospargendo con una generosa grattugiata di formaggio e qualche fogliolina delle erbe usate per l'impasto.

Nel Nordest, ma anche in altre aree linguistiche della penisola, i termini fregola e affini significano briciola, minuzzolo: hanno quindi un etimo comune alla fregolotta trevigiana e alla torta de fregoloti trentina – dolci secchi molto friabili, di consistenza grumosa, che tendono a sbriciolarsi – questi fregoloz, gnocchetti friulani a base di erbe selvatiche.

Per 4 persone

Per la pasta:
2 etti e mezzo di farina tipo 00
3 etti e mezzo di erbe spontanee (ortica, silene, tarassaco, farinaccio...), uno scalogno
un uovo
latte, una noce di burro
sale, pepe, noce moscata, bicarbonato di sodio
Per il condimento:
qualche foglia di erbe spontanee
un etto di ricotta affumicata
un etto di burro, sale

Tempo di preparazione e cottura: un'ora

153

La pasta secca ieri e oggi:
i processi produttivi

Quando, a partire dal XVI secolo, l'attività del pastaio si modernizzò con l'introduzione di macchine che eseguivano le fasi più onerose e più lunghe del lavoro (la gramolatura e la creazione dei formati), il consumo della pasta si allargò notevolmente e diventò popolare, tanto che i napoletani – per citare un'espressione molto usata dagli studiosi – da "mangiafoglia" diventarono "mangiamaccheroni".

Con la gramola (a stanga fino a metà Ottocento) si meccanizzò l'operazione di impastatura e di raffinazione dell'impasto a base di grano duro che, voluminoso e consistente, necessita di essere battuto e lavorato a lungo, da due a tre ore. Mentre prima erano gli operai a pestare l'impasto a piedi nudi, ora uno di loro si siede all'estremità mobile di una lunga stanga, la fa scendere a schiacciare l'impasto pigiandovi sopra, la fa risalire e così via. Il lavoro si esegue in squadra: un operaio sta alla manovra, mentre un altro risistema la pasta sotto la barra, ripiegandola dopo ogni passata.

Per creare i formati, i vari ferri per tagliare, bucare e avvolgere la pasta furono sostituiti dal torchio, strumento già nell'aria fin dal Cinquecento ma diventato comune nel secolo successivo. Inserito un pezzo di pasta nella campana, sul fondo della quale è collocata la trafila del formato prescelto, si aziona il pistone tramite una vite fatta girare a forza di braccia o con un argano. Alla «pasta da ferro», quindi, si sostituisce la «pasta d'ingegno», ossia modellata dalla trafila del torchio, di cui possiamo studiare l'evoluzione attraverso le belle tavole contenute nell'opera di Malouin *Art du vermicelier*, pubblicata a Parigi nel 1767.

Alla fine del Seicento, dunque, si affermò un modello di pastificio proto industriale, nel quale si univano potenza meccanica e destrezza manuale e si praticava una divisione del lavoro che rispecchiava quella dei sessi. Fu alimentato, per lo meno per quanto riguarda l'Italia meridionale, da una forte sinergia che si creò tra l'attività molitoria e la produzione di pasta, sinergia che è stata all'origine dell'età d'oro dei pastifici di Torre Annunziata e di Gragnano con la sua valle dei Mulini.

Il processo produttivo si concludeva – e si conclude – con un'operazione molto delicata, l'essiccazione: i formati corti e le matasse erano posti sopra telai, i maccheroni e gli altri formati lunghi venivano sospesi su canne. Nel laboratorio manifatturiero si faceva ricorso all'essiccazione naturale grazie alla quale i fabbricanti del golfo di Napoli, favoriti dal clima, hanno potuto conservare a lungo la loro supremazia (non a caso i promotori delle ricerche su un sistema di essiccazione artificiale sono stati i produttori delle regioni settentrionali). Il processo, detto «classico naturale napoletano», comprendeva tre fasi: l'incartamento, ossia una prima essiccazione superficiale tramite l'esposizione al sole; il rinvenimento, che consisteva nel mettere la pasta in un luogo fresco in modo da rammollire la crosta superficiale formatasi nella fase precedente; l'essiccazione definitiva, con cui si ultimava il processo in modo lento e progressivo, al riparo dal sole e a temperature via via variate. Era importante, come lo è adesso, che la pasta conservasse un certo grado di umidità (oggi stabilita al 12% per la pasta secca) e solo una consumata maestria, un controllo assoluto delle condizioni meteorologiche (giocare sull'umidità dello scirocco e sulla siccità della tramontana) e un tempismo perfetto potevano garantire risultati soddisfacenti. Certo, lo spettacolo della pasta stesa sui terrazzi, nei cortili e persino nelle strade delle città produttrici poteva nuocere all'immagine del marchio napoletano e suscitare preoccupazioni igieniche, come fu denunciato, nella seconda metà dell'Ottocento, da un esponente della Camera di Commercio di Napoli.

Efficacissima, per descrivere i cambiamenti successivi, la sintesi di Serventi-Sabban in *La pasta. Storia e cultura di un cibo universale*: «Con l'era industriale si apre un nuovo capitolo della storia della pasta. L'avvento delle macchine a vapore, e poi quello dell'energia elettrica, danno il via alla meccanizzazione delle manifatture rivoluzionando i metodi di lavorazione. Il laboratorio classico, quello in cui gli operai dondolano in silenzio manovrando la gramola a stanga, si trasforma in un pandemonio di macchinari in ghisa e acciaio, dove il rumore dei pistoni e dei volani fa a gara con il sibilo delle cinghie di trasmissione. Sfruttando le possibilità offerte dalle nuove fonti di energia, gli ingegneri mettono a punto una generazione di macchine capaci di riprodurre, con una forza decuplicata, i gesti precisi degli operai, che vengono così esclusi – sia come forza lavoro, sia come depositari di un saper fare sperimentato – dalle diverse fasi del ciclo di produzione, da quelle più pesanti così come da quelle più specialistiche». Mentre i motori investono il settore della macinazione dei grani, consentendo di ottenere a costo minimo semole eccellenti, nuovi marchingegni perfezionano e via via automatizzano l'operazione dell'impastare: gramole a coltelli e poi a rulli conici sostituiscono la vecchia gramola a stanga e, intanto, si mettono a punto i prototipi della pressa continua, che consente di ottenere pasta a ciclo ininterrotto.

Tra il 1834 e gli inizi del Novecento celebri aziende metalmeccaniche, già famose in altri settori, danno il loro contributo: dalla Guppy-Pattison alla Ceschina-Busi, dalla Breda alla Braibanti. Si arriva così nel 1933 alla «macchina universale» costruita dalle officine milanesi dei fratelli Braibanti, capace di compiere le tre operazioni dell'impastare, del gramolare e del trafilare in maniera continua. Nell'arco di pochi anni la medesima società costruirà il primo impianto interamente automatico per la produzione della pasta e presenterà, alla Fiera di Milano del 1937, una catena di macchine capaci di assicurare tutte le fasi di produzione in modo sincronizzato, dal dosaggio della semola al confezionamento del prodotto finito. Dopo il conflitto mondiale si avvia una seconda rivoluzione industriale che permetterà di produrre sempre di più e sempre più in fretta, con un intervento minimo di manodopera: un solo tecnico seduto davanti al computer sarà in grado di controllare il funzionamento di macchine-robot informatizzate.

Anche il processo di essiccazione subisce profonde rivoluzioni che consentono di avere un prodotto finito soddisfacente in qualunque clima e in qualsiasi condizione meteorologica. L'essiccatoio termomeccanico completo si impose verso la fine dell'Ottocento, attraverso una serie di brevetti che combinavano il riscaldamento con la circolazione dell'aria: cassoni rotanti con impianti di immissione di aria calda, ventilatori aspiranti, camere e celle dove via via passa la pasta per l'incartamento, il rinvenimento e l'essiccazione finale. La produzione intensiva e completamente automatizzata, nata in

Italia, viene perfezionata e sfruttata fuori dall'Europa (negli Usa, in particolare), mentre progressivamente, per la legge della libera concorrenza, anche nel mondo della pasta si impongono concentrazioni produttive e cartelli che danno luogo a potenti multinazionali. In particolare, per l'Italia meridionale dimenticata dal boom economico, moltissime imprese familiari e artigianali spariscono o si avviano al declino, vittime del rullo compressore delle grandi società.

Ma le cose, da qualche decennio, stanno cambiando e il modello produttivistico, che fornisce in massa prodotti standardizzati ancorché di un livello rispettabile, negli anni Ottanta del Novecento non sembra più l'unico possibile. Si è aperto, infatti, un nuovo mercato per paste di qualità nate da una produzione semiartigianale, e una cerchia sempre più estesa di amatori, o semplicemente di consumatori avveduti, si volge verso le specialità di qualità superiore a produzione limitata, chiede materie prime provenienti da colture biologiche e accresce la sua vigilanza per le questioni di sicurezza alimentare anche se, per quanto se ne sa, nessun produttore si è compromesso con manipolazioni fraudolente e nocive come, invece, è successo in altri settori dell'agroalimentare. Gli stessi colossi della pasta hanno recepito la nuova domanda e si sono infilati nella "nicchia" del tradizional-artigianale, che attualmente è l'unico settore in crescita del mercato della pasta italiano. Alcuni hanno investito in impianti con trafilatura in bronzo, altri hanno promosso ricerche sui grani duri, altri ancora hanno puntato su materie prime provenienti da coltivazioni biologiche certificate. È una stagione fortunata, questa, per i pastifici storici, più o meno grandi, spesso a conduzione familiare, molti dei quali hanno perseverato nel tempo nel loro stile produttivo e oggi si riconfermano vincenti con la scelta di selezionare i grani duri, di trafilare al bronzo, di puntare sui formati tipici regionali, di abbracciare il biologico, di costituire piccole cooperative: di presentarsi, insomma, come artigiani della pasta.

Ma in che cosa consiste, oggi, una "lavorazione artigianale"? Ecco la chiara ed esauriente spiegazione fornita da Serventi-Sabban: «In primo luogo le quantità prodotte sono molto meno consistenti di quelle delle fabbriche industriali: le prime contano per dozzine di quintali al giorno, mentre le seconde spesso contano per migliaia di quintali. Il ciclo di lavorazione passa attraverso le stesse operazioni meccanizzate, con alcune variazioni quando si tratta di trasferire manualmente le paste finite nelle cellule d'essiccazione. La successione classica che concatena dosaggio – ossia l'amalgama delle materie prime e dell'acqua –, impasto, gramolatura, estrusione, essiccazione, raffreddamento, è rispettata quale che sia la dimensione del pastificio e lo stato delle sue attrezzature. Ma a differenza della grande industria, che utilizza le trafile in teflon, la lavorazione artigianale impiega le trafile di bronzo, che hanno la particolarità di lasciare una superficie ruvida e porosa, indicata per trattenere meglio la salsa. La pasta artigianale si distingue anche, e forse soprattutto, per il sistema di essiccazione, che procede a bassa temperatura (inferiore a 45 gradi), quindi naturalmente più lungo. Si tratta di un metodo dolce e lento, atto a preservare le proprietà organolettiche della pasta».

Fusi con spezzatino di gallina
Trattoria Suban, Trieste

Tagliate la gallina a grossi tocchi. In un tegame rosolate la cipolla in olio con gli spicchi di aglio e le erbe. Aggiungete i pezzettoni di gallina e cuoceteli a fuoco lento per circa due ore, regolando di sale.

Nel frattempo preparate la pasta. Setacciate la farina sul tagliere e impastatela con le uova, un pizzico di sale e l'acqua tiepida necessaria a ottenere una massa elastica. Tirate una sfoglia sottile e tagliatela a quadrati di quattro centimetri. Piegate i due angoli opposti verso il centro, premendoli perché si uniscano, e avrete i fusi, che cuocerete in acqua bollente salata per una decina di minuti.

A cottura ultimata disossate la gallina e tagliatela a piccoli pezzi.

In una padella sciogliete una noce di burro, unite la carne e saltate i fusi cospargendo con un po' di formaggio grattugiato.

Pasta all'uovo della tradizione istriana, i fusi si chiamano così perché in origine i pezzi di sfoglia si arrotolavano intorno all'arnese per filare, saldandoli con una leggera pressione della mano. Se volete conservare qualcosa di quel procedimento, che ricorda i maccheroni al ferretto dell'Italia meridionale, potete usare il manico di un cucchiaio di legno. Conditi come in questo caso con lo spezzatino di gallina, con ragù di carni o di selvaggina, i fusi erano un piatto da grandi festività.

Per 4 persone

Per la pasta:
4 etti di farina di frumento
2 uova
un pizzico di sale
Per il condimento:
una gallina pronta per la cottura
una cipolla, 2 spicchi di aglio, un rametto di rosmarino, un ciuffetto di salvia
formaggio da grattugia
olio extravergine di oliva, burro, sale

Tempo di preparazione e cottura: 2 ore e mezza

Fusilli a ciambottella

Antica Trattoria Di Pietro, Melito Irpino (Avellino)

Per 4 persone

Per la pasta:
mezzo chilo di semola di
grano duro
4 uova
un pizzico di sale
Per il condimento:
un chilo di pomodorini
2 peperoni rossi, 2 peperoni
gialli, 4 spicchi di aglio,
2 foglie di basilico, un
peperoncino
olio extravergine di oliva, sale

*Tempo di preparazione e
cottura*: un'ora e mezza

Per preparare i fusilli, setacciate a fontana la semola sulla spianatoia, rompetevi le uova, aggiungete un pizzico di sale e, poca alla volta, acqua quanto basta per ottenere un composto sodo ma facile da lavorare. Impastate energicamente per conferire omogeneità, quindi staccate dalla massa dei pezzetti trasformandoli in bastoncini che taglierete a cilindretti lunghi circa tre centimetri; attorcigliateli intorno a un ferro da calza rullando con una leggera pressione sulla spianatoia: otterrete la forma elicoidale dei fusilli. Stendeteli, via via che sono pronti, su un canovaccio.

Per il condimento, rosolate in una padella in tre cucchiai di olio l'aglio sbucciato e i peperoni tagliati a listarelle, unite il peperoncino e i pomodorini spezzati grossolanamente. Cuocete per una ventina di minuti, regolate di sale e profumate con il basilico.

In questa ciambottella andrà ripassata la pasta, una volta cotta al dente e scolata.

Ciambotta, ciammotta, cianfotta, ciambrotta: *diversi i nomi locali di una pietanza in umido tipica delle regioni meridionali. Perlopiù è a base di verdure estive (peperoni, melanzane, patate, aglio o cipolle, zucchine, a volte arricchita di sedano, olive e capperi) legate da abbondante intingolo di pomodoro. Teresa Riccio Di Pietro con la sua ciambottella condisce i fusilli fatti in casa.*

Fusilli all'Aglianico

Ristorante Luna Rossa, Terranova di Pollino (Potenza)

Versate la semola a fontana sulla spianatoia, unite l'uovo e un pizzico di sale e iniziate ad amalgamare il tutto aggiungendo man mano un po' d'acqua per avere un impasto consistente e non appiccicoso. Lavoratelo energicamente. Dividete l'impasto in pezzetti, allungateli con le mani fino a ricavare dei sottili cilindretti lunghi circa 10 centimetri, quindi con l'apposito ferretto (o con un ferro da calza) incavate la pasta rigirandola su se stessa: otterrete così dei maccheroni bucati. Sistemateli su un vassoio infarinato. In una capiente padella con olio imbiondite lo spicchio d'aglio, eliminatelo e versate il vino facendo attenzione al ritorno di fiamma; riducete per almeno cinque minuti. Unite il finocchietto macinato finemente, fate cuocere per un altro minuto, quindi versate la salsa di pomodoro, aggiustate di sale, mescolate e portate a cottura in circa 10 minuti. Alla fine insaporite con lo zafarano, lasciando sul fuoco ancora per un paio di minuti.
Cuocete la pasta in abbondante acqua salata per circa sette minuti, scolatela e, con un paio di cucchiai dell'acqua di cottura, ripassatela in padella prima di servirla.

Per 4 persone

Per la pasta:
4 etti di semola di grano duro
un uovo
un pizzico di sale
Per il condimento:
2 bicchieri e mezzo di salsa di pomodoro
uno spicchio di aglio, un ciuffetto di finocchio selvatico
2 bicchieri di Aglianico del Vulture
2 cucchiai di olio extravergine di oliva
sale, un cucchiaio di zafarano (peperone essiccato macinato)

Tempo di preparazione e cottura: un'ora e mezza

L'Aglianico del Vulture, prodotto in 16 comuni della provincia di Potenza, è uno dei vini a denominazione di origine – altri due, l'Aglianico del Taburno e il Taurasi, sono campani, mentre nella toscana isola d'Elba ne esiste una versione passita – derivati dall'aglianico, vitigno a bacca rossa coltivato nel Sud della penisola forse fin dai tempi della colonizzazione greca. Se vinificate in purezza, le uve danno vini di colore rubino dai riflessi violacei, molto aromatici e fini, di sapore intenso, morbido e persistente, che negli ultimi anni sono stati oggetto di una notevole riscoperta.

Fusilli al ragù di capra

Trattoria 'O Romano, Sarno (Salerno)

Per 6 persone

mezzo chilo di fusilli
napoletani, 3 etti di polpa
di vitello, 6 fettine di coscia
di capra, una grossa cipolla,
un ciuffo di prezzemolo, un
chilo di passata di pomodoro,
un bicchiere di vino bianco
secco, pecorino da grattugia,
olio extravergine di oliva, sale,
pepe

*Tempo di preparazione e
cottura*: 2 ore e mezza

Stendete le fette di carne di capra su un tagliere, conditele con sale, pepe e una spolverata di prezzemolo tritato;
avvolgetele per formare degli involtini che fermerete con
uno stecchino.
In una casseruola soffriggete dolcemente in olio la cipolla tritata. Unite gli involtini e la polpa di vitello macinata; non appena abbiano preso colore, sfumate con il vino
e, dopo pochi minuti, aggiungete la passata di pomodoro,
sale e pepe. Coprite la casseruola e cuocete per due ore a
fuoco molto basso.
Portate a ebollizione quattro litri di acqua salata in cui
cuocere i fusilli, scolateli al dente e conditeli con il sugo e
con una spolverata di pecorino grattugiato. Curate che nel
piatto di ogni commensale vi sia un involtino.

Fusilli al sugo di galluccio ripieno

Trattoria La Nostrana, Montelongo (Campobasso)

Per 6 persone

Per la pasta:
mezzo chilo di semola di
grano duro, 3 uova
Per il condimento:
un galletto ruspante, un etto
di fegatini, 1-2 spicchi di aglio,
un ciuffetto di prezzemolo, un
grappolino di uva senza semi
(facoltativo), un uovo
2 etti di mollica di pane
2 litri di passata di pomodoro
mezz'etto di formaggio
da grattugia, mezz'etto di
pecorino
olio extravergine di oliva
sale, pepe

*Tempo di preparazione e
cottura*: 3 ore e mezza

Pulite i fegatini, tritateli e amalgamateli con la mollica, il
formaggio grattugiato, l'uovo, l'aglio e il prezzemolo tritati, sale, pepe e, a piacere, qualche acino di uva schiacciato.
Riempite con il composto il galluccio sventrato, pulito e lavato, e richiudetelo, cucendolo con ago e filo. Fatelo rosolare in olio extravergine a fuoco dolce, aggiungete la passata di pomodoro; salate e portate a cottura in due o tre ore.
Nel frattempo lavorate la semola con le uova e un po' d'acqua, se occorre, fino a ottenere una massa consistente e liscia, da cui staccherete pezzetti di pasta, allungandoli fino
allo spessore di un ferro da maglia numero 4. Tagliateli in
bastoncini lunghi tre o quattro centimetri, appoggiateci il
classico fuso di ferro quadrato e con un movimento deciso
della mano fate rotolare attorno la pasta, estraendolo subito dopo (dovrete ottenere dei cilindri tipo ziti).
Lessate la pasta al dente e conditela con il sugo ricavato
dalla cottura del galletto e una spolverata di pecorino. Servite il volatile come secondo.

*Questo piatto si cucinava un tempo la domenica e nelle feste
comandate: una di queste era il Ferragosto.*

Fusilli al sugo di scampi

Ristorante Pantagruele, Brindisi

Lavate gli scampi e incidete i gusci per tutta la loro lunghezza. Pelate i pomodori, privateli dei semi e tagliateli a dadini.
Scaldate l'olio in un tegame capiente e appassitevi leggermente gli scalogni tritati. Unite gli scampi e fateli saltare a fuoco vivace per qualche minuto. Bagnate con il vino e unite l'aglio e il prezzemolo tritati, una grattugiata di zenzero e un pizzico di sale. Quando il vino è sfumato, aggiungete i pomodori e proseguite la cottura a fuoco vivace per quattro minuti.
Lessate i fusilli in abbondante acqua salata. Scolateli al dente, saltateli nel sugo e distribuiteli in quattro terrine da forno, avendo cura di suddividere equamente gli scampi. Cospargete con un velo sottile di pangrattato e passate le terrine nel forno ben caldo per sei minuti.

Crostaceo decapode simile all'astice, ma con forme più snelle e chele più allungate, lo scampo ha vita breve fuori dall'acqua e quindi va consumato appena pescato. Al momento dell'acquisto ricordate che lo scampo ha uno scarto talvolta superiore al 70%: nel capotorace e nelle zampe non c'è praticamente polpa, ma in compenso la carne dell'addome (coda) è morbida e di gusto delicatissimo, più dell'astice e di molti gamberi.

Per 4 persone

4 etti di fusilli
12 scampi
4 grossi pomodori sanmarzano, 2 scalogni, 2 spicchi di aglio, un ciuffetto di prezzemolo, un pezzo di radice di zenzero
mezzo bicchiere di vino bianco secco
una manciata di pangrattato
olio extravergine di oliva, sale

Tempo di preparazione e cottura: 45 minuti

Fusilli con fonduta di provolone dolce

Caffè La Crepa, Isola Dovarese (Cremona)

Scaldate il latte con i chiodi di garofano, una macinata di pepe e un pizzico di sale. Fate fondere il burro in una piccola casseruola e incorporate la farina setacciata, mescolando finché il tutto non sarà ben amalgamato. Aggiungete il latte caldo, filtrato, e sbattete energicamente con la frusta, unendo via via il provolone grattugiato. Proseguite la cottura a fuoco dolce, sempre mescolando, fino a ottenere una crema vellutata.
Cuocete la pasta in abbondante acqua salata, scolatela al dente e conditela con la fonduta, spolverando con una macinata di pepe; decorate a piacere con scaglie di provolone e servite.

Per 4 persone

4 etti di fusilli
mezz'etto di farina di frumento
2 etti di provolone valpadana stagionato, un litro di latte, mezz'etto di burro
sale, pepe, 2-3 chiodi di garofano

Tempo di preparazione e cottura: mezz'ora

Fusilli con melanzane rosse e caciocavallo

Ristorante da Peppe, Rotonda (Potenza)

Per 4 persone

3 etti e mezzo di fusilli
3 melanzane rosse di Rotonda,
2 pomodorini, una cipolla
mezz'etto di caciocavallo
podolico
olio extravergine di oliva, sale

*Tempo di preparazione e
cottura:* mezz'ora

Come prima cosa, private le melanzane della buccia e tagliatele a striscioline non troppo sottili, quindi preparate un battuto di cipolla e soffriggetelo in padella con un
po' di olio. Quando avrà preso colore, unite le melanzane e proseguite la cottura per una decina di minuti a fiamma dolce, finché le striscioline si saranno intenerite senza disfarsi.
Nel frattempo lessate i fusilli in abbondante acqua salata, scolateli al dente e versateli nel tegame con il condimento; saltate il tutto velocemente perché gli ingredienti
si amalgamino.
Spegnete la fiamma, aggiungete il caciocavallo in scaglie e
i pomodorini tagliati a spicchi e privati dei semi e dell'acqua di vegetazione, mescolate e servite.

*Due prodotti che rappresentano bene il patrimonio gastrono-
mico della Basilicata: la melanzana rossa di Rotonda e il caciocavallo podolico, entrambi tutelati da Presìdi Slow Food.
La prima (Solanum aethiopicum) si presenta come un frutto piuttosto piccolo e rossastro, simile, nell'aspetto, a un grosso pomodoro, così come localmente è chiamata. Dalla polpa
carnosa e intensamente aromatica, questa varietà di melanzana si può conservare a lungo legata in grappoli posti a essiccare in luogo asciutto e ventilato. Il caciocavallo, invece, è un
saporito formaggio a pasta filata realizzato con latte di vacche di razza podolica e può raggiungere anche pezzature di peso piuttosto elevato (dai cinque agli otto chilogrammi), particolarmente indicate per stagionature prolungate. La grande
complessità organolettica, con sentori che richiamano la nocciola e il muschio, lo rende un prezioso ingrediente in molte
preparazioni, ma è ottimo anche consumato da solo.*

Fusilli con salsiccia e funghi

Grand Hotel delle Terme, Acquappesa (Cosenza)

Soffriggete nell'olio la cipolla affettata finemente e gli spicchi d'aglio schiacciati, quindi unite il prezzemolo tritato grossolanamente, i funghi tagliati a fettine e la salsiccia sbriciolata; rosolate bene il tutto, bagnate con il vino e aggiungete i pelati, portando a cottura in una mezz'ora.
Lessate i fusilli in acqua bollente salata, scolateli al dente e fateli saltare nel tegame con il condimento, dopo avere regolato di sale e insaporito con un pizzico di peperoncino.

I fusilli sono una pasta secca industriale e artigianale di formato lungo o corto, piena o bucata. Di origine meridionale, presentano sezione circolare con diametro di 3-8 millimetri e andamento a spirale. Sono adatti a un consumo asciutto, con ragù napoletano, salsa di pomodoro o con ricotta, soprattutto per il tipo corto. Il formato nasce come pasta casalinga: un maccheroncino bucato e attorcigliato ricavato con il ferretto.

Per 4 persone

4 etti di fusilli
2 etti di salsiccia calabrese dolce
2 etti di funghi porcini, una cipolla rossa di Tropea, 2-3 spicchi di aglio, un ciuffetto di prezzemolo
3 etti di pomodori pelati
vino rosso
olio extravergine di oliva
sale, peperoncino

Tempo di preparazione e cottura: 50 minuti

Gallani con asparagi e mandorle

Trattoria Antichi Sapori, Gaione di Parma

Impastate la farina con le uova intere e i tuorli fino a ottenere una massa omogenea ed elastica; avvolgetela in un tovagliolo e lasciatela riposare per 15-20 minuti.
Nel frattempo sbucciate gli asparagi con un pelapatate, scartando la parte legnosa del gambo, e lessateli in acqua salata per una decina di minuti; scolateli e tagliateli a pezzetti di circa sei centimetri. Prelevatene 60 grammi e passateli al mixer, conservando al caldo la crema ottenuta. Tostate in padella le mandorle e mettetele da parte.
Riprendete la pasta e tiratela in una sfoglia di circa un millimetro e mezzo di spessore. Con un coltello o una rotella a lama liscia, ritagliate quadrati di cinque centimetri, pizzicottateli al centro formando dei fiocchetti, allargateli e fateli asciugare brevemente.
Cuocete la pasta in acqua salata, scolatela e mantecatela in padella con il burro e il parmigiano grattugiato.
Disponete nei piatti la crema e, di seguito, i gallani, gli asparagi a tocchetti e le mandorle spezzettate sommariamente. Spolverate con pecorino grattugiato e servite.

Per 6 persone

Per la pasta:
mezzo chilo di farina di frumento tipo 00
3 uova intere e 3 tuorli
Per il condimento:
10 asparagi
20 g di mandorle sgusciate
un etto di parmigiano reggiano, 30 g di pecorino da grattugia
mezz'etto di burro, sale

Tempo di preparazione e cottura: un'ora e mezza, più il riposo

Gallani con carciofi e mela arrostita

Trattoria Antichi Sapori, Gaione di Parma

Per 6 persone

Per la pasta:
mezzo chilo di farina di
frumento tipo 00
3 uova intere e 3 tuorli
Per il condimento:
4 carciofi
una mela
un etto di parmigiano
reggiano
mezz'etto di burro, 20 g di olio
extravergine di oliva
sale, zucchero

*Tempo di preparazione e
cottura:* un'ora e mezza, più il
riposo

Su una spianatoia lavorate la pasta come descritto nella ricetta precedente, fatela asciugare e nel frattempo dedicatevi al sugo.

Pulite i carciofi scartando le brattee esterne più dure, tagliando i gambi e spaccando in quattro parti i capolini, dopo avere eliminato la peluria interna. Cuocete in padella gli spicchi di carciofo con un po' di olio a fuoco moderato, aggiungendo, se necessario, piccoli quantitativi di acqua; serbate in caldo.

A parte sbucciate i gambi, eliminando la parte legnosa, lessateli in acqua salata per una ventina di minuti, finché non si possano infilzare con una forchetta, quindi scolateli e frullateli nel mixer, riducendoli a una crema. Sbucciate la mela, privandola del torsolo, tagliatela a cubetti e cuocetela in padella con una noce di burro, una spolverata di zucchero e un pizzico di sale.

Lessate la pasta in acqua salata scolandola al dente e, nel frattempo, passate al setaccio la crema di carciofi serbandola in caldo. Mantecate la pasta in un tegame in cui avrete fatto sciogliere una noce di burro, unite il parmigiano grattugiato e mescolate con cura.

Componete i piatti mettendo sul fondo qualche cucchiaio di crema e la pasta; ultimate con spicchi di carciofi e pezzetti di mela.

Garganelli alla rustica

Osteria di Piazza Nuova, Bagnacavallo (Ravenna)

Il giorno precedente mettete in ammollo i fagioli.
Lavate e tritate gli odori e fateli soffriggere in padella con olio finché non comincino a dorare; sfumate con un mestolino di acqua tiepida e aggiungete la salsiccia spellata e sbriciolata, rosolandola per qualche minuto. Unite il concentrato di pomodoro, abbassate la fiamma al minimo, coprite il tegame e cuocete per una o due ore badando che gli ingredienti non attacchino al tegame e aggiungendo, se necessario, piccoli sorsi di acqua; togliete dal fuoco e serbate in caldo.
Nel frattempo tritate grossolanamente l'aglio e gli aghetti di rosmarino e soffriggeteli in un tegame con un po' di olio; quindi prelevate, con una schiumarola, metà dei fagioli e versateli in padella allungando con un paio di mestoli dell'acqua di ammollo. Abbassate la fiamma, incoperchiate e fate cuocere per un'ora e mezza, mantenendo morbido il fondo di cottura con parte della stessa acqua.
Trascorso il tempo necessario versate nella casseruola l'altra metà dei legumi e seguendo lo stesso metodo cuocete per un'altra ora e mezza: alla fine parte dei legumi si sarà disfatta formando una crema.
Su una spianatoia impastate la farina e la semola con le uova e un pizzico di sale, lavorando fino a ottenere una massa soda e liscia; coprite con un tovagliolo e lasciate riposare per un quarto d'ora.
Stendete con il matterello una sfoglia di un paio di millimetri di spessore e ritagliatene quadrati di circa quattro centimetri; avvolgeteli per sbieco su un bastoncino e passateli sull'apposito pettine per rigare la superficie dei maccheroncelli.
Unite a questo punto i fagioli al ragù, sfumate, se lo gradite, con una spruzzata di vino, mescolate con cura, regolate di sale e lasciate cuocere per una mezz'oretta a fuoco dolce, in modo che i sapori si amalgamino bene fra loro.
Nel frattempo lessate la pasta in acqua salata scolandola al dente, ripassatela nel tegame del condimento per due o tre minuti mantecando con una noce di burro e servite guarnendo con ciuffetti di rosmarino fresco.

Per 4 persone

Per la pasta:
270 g di farina di frumento tipo 0, 70 g di semola di grano duro
3 uova
un pizzico di sale
Per il condimento:
3 salsicce di mora romagnola
120 g di fagioli borlotti secchi
4 spicchi di aglio, 3 rametti di rosmarino, una cipolla, una carota, una costa di sedano
un cucchiaio di concentrato di pomodoro
mezzo bicchiere di Sangiovese (facoltativo)
una noce di burro, olio extravergine di oliva, sale
Per la decorazione:
ciuffetti di rosmarino

Tempo di preparazione e cottura: 3 ore e mezza, più l'ammollo dei fagioli

Garganelli con peperoni, pancetta e funghi

Osteria del Vicolo Nuovo da Ambra e Rosa, Imola (Bologna)

Per 4 persone

Per la pasta:
3 etti di farina di frumento
3 uova
un pizzico di sale
Per il condimento:
un etto e mezzo di pancetta
affumicata
3 pomodori maturi, un
peperone rosso, un peperone
giallo, un etto di funghi
champignon, 2 spicchi di
aglio, qualche foglia di salvia,
un rametto di rosmarino,
un ciuffo di prezzemolo, un
peperoncino
brodo vegetale (facoltativo)
olio extravergine di oliva
sale, pepe

*Tempo di preparazione e
cottura:* 2 ore

Preparate i garganelli impastando gli ingredienti e, procedendo come descritto nella ricetta con prosciutto e piselli della pagina seguente, allargateli e fateli asciugare.

Lavate i peperoni, con un coltellino togliete il torsolo interno e i semi senza spaccarli, adagiateli in una teglia con un po' di acqua e cuoceteli in forno caldo per un quarto d'ora girandoli di tanto in tanto. Facendo attenzione a non bruciarvi, spellateli e tagliateli a quadretti.

Pulite e affettate i funghi. Tagliate la pancetta a dadini e rosolatela in padella con un filo di olio e l'aglio leggermente schiacciato. Gettatelo non appena cominci a cambiare di colore e aggiungete la salvia e il rosmarino spezzettati; unite i funghi e cuocete a fiamma moderata finché non abbiano perso l'acqua di vegetazione.

Nel frattempo spellate i pomodori, privateli dei semi e strizzateli; riduceteli a pezzetti e versateli in padella con i peperoni e il peperoncino, regolando di sale e pepe. Cuocete il tutto per una decina di minuti, allungando, se necessario, con un po' di brodo.

Lessate la pasta, scolandola al dente, trasferitela nel tegame del sugo, mescolate, cospargete con una manciata di prezzemolo tritato e servite.

I garganelli sono un formato di pasta all'uovo tipica della Romagna che conosce una certa notorietà, tanto da poterne reperire in commercio buoni esempi già pronti. Si presentano come rombetti arrotolati con superficie rigata: se di fattura casalinga, si ottengono avvolgendo riquadri di pasta all'uovo su un bastoncino e passandoli su un attrezzo apposito, il pettine. Nati come pasta da brodo, da tempo si preparano asciutti e sono largamente diffusi, oltre che in terra romagnola, nella pianura emiliana. Un condimento classico è il ragù di prosciutto (o salsiccia) e piselli, arricchito nella ricetta della pagina seguente con una salsa al parmigiano. Sono spesso proposti anche in una versione in bianco a base di scalogno e pancetta.

Garganelli con piccione

Ristorante Lancellotti, Soliera (Modena)

Tagliate i piccioni a piccoli pezzi e il prosciutto e la pancetta a dadini.
In un tegame rosolate in poco olio la cipolla fino a doratura, poi aggiungete la pancetta, il prosciutto, i pezzi di piccione e il vino. Quando la parte alcolica sarà evaporata versate la passata di pomodoro, aggiustate di sale e pepe, abbassate la fiamma e lasciate cuocere per circa 50 minuti.
Tagliate la pasta all'uovo in quadrettini larghi tre centimetri, che lavorerete con l'apposito strumento chiamato pettine.
Cuocete i garganelli al dente in abbondante acqua salata, scolateli bene e tirateli in padella con il sugo, aggiungendo in ultimo, fuori dal fuoco, il parmigiano grattugiato.

Per 6 persone

6 etti di pasta all'uovo, 2 piccioni pronti per la cottura, un etto di pancetta, un etto di prosciutto crudo di Parma in una sola fetta, una cipolla media, 2 etti di passata di pomodoro, un bicchiere di vino bianco secco, parmigiano reggiano, olio extravergine di oliva, sale, pepe

Tempo di preparazione e cottura: un'ora e mezza

Garganelli con prosciutto e piselli

Osteria del Vicolo Nuovo da Ambra e Rosa, Imola (Bologna)

Su una spianatoia impastate la farina con le uova e il sale, lavorando a lungo per ottenere una massa omogenea ed elastica; coprite e lasciate riposare.
Lessate i piselli per una decina di minuti in acqua salata, aggiungendo un pizzico di bicarbonato per mantenere il colore brillante; scolateli e metteteli da parte.
Tagliate il prosciutto a listarelle, o a dadini, e cuocetelo per pochi secondi in padella con un po' di olio, badando che non si secchi. Versate i piselli e un bicchiere di brodo, fate restringere a fuoco dolce e spegnete la fiamma.
Riprendete l'impasto e tiratelo in una sfoglia di un paio di millimetri di spessore, che ritaglierete in quadrati di circa quattro centimetri di lato; con l'aiuto di un bastoncino arrotolateli e trascinateli sull'apposito pettine, ottenendo dei maccheroncelli rigati.
In un pentolino versate un cucchiaino di olio, una tazza di latte e una di brodo, il parmigiano grattugiato, facendo addensare la salsa a fiamma bassa per qualche minuto. Fuori dal fuoco, versate la salsa nel sugo, mescolando.
Lessate la pasta in abbondante acqua salata, scolatela al dente e ripassatela per pochi minuti, a fuoco moderato, nella padella del condimento.

Per 4 persone

Per la pasta:
3 etti di farina di frumento
3 uova
un pizzico di sale
Per il condimento:
2 etti di piselli sgranati
un etto e mezzo di prosciutto cotto
brodo vegetale, latte
mezz'etto di parmigiano reggiano
olio extravergine di oliva
sale, un pizzico di bicarbonato di sodio

Tempo di preparazione e cottura: 2 ore

Gargati coi durei

Trattoria Isetta, Pederiva di Grancona (Vicenza)

Per 4 persone

4 etti di gargati
2 etti di durelli
2 scalogni, salvia, rosmarino,
alloro, 2 cucchiaini di
concentrato di pomodoro,
brodo vegetale, mezzo
bicchiere di vino rosso, burro,
olio extravergine di oliva
sale, pepe

*Tempo di preparazione e
cottura: 3-4 ore*

Tagliate i durelli a listarelle sottili e lavateli accuratamente. In una casseruola con un po' di olio fate appassire lo scalogno tagliato a fettine; unite i durelli, rosolateli bene, versate il vino e lasciatelo evaporare; aggiungete gli aromi. Coprite e cuocete a lungo, molto lentamente, bagnando di tanto in tanto con brodo vegetale. A metà cottura versate il concentrato di pomodoro, salate e pepate.
Lessate i gargati in acqua salata. Fate sciogliere il burro in un tegame largo abbastanza da contenere tutta la pasta e aggiungete il sugo dei durelli con qualche cucchiaio dell'acqua di cottura. Versate i gargati scolati al dente, fateli saltare a fuoco vivo e servite.

Gargati col consiero

Rifugio Piccole Dolomiti, La Guardia di Recoaro Terme (Vicenza)

Per 4 persone

Per la pasta:
4 etti di semola rimacinata di
grano duro, 3 uova
un pizzico di sale
Per il condimento:
mezzo chilo di carni miste di
manzo, maiale (spalla, lardo o
coppa), pollo o tacchino
2 etti di radicchio rosso di
Treviso, 2 carote, una cipolla,
una costa di sedano, un
rametto di rosmarino, un
ciuffetto di salvia, un ciuffo
di prezzemolo, un bicchiere di
vino bianco secco, formaggio
stravecchio di malga, olio
extravergine di oliva, burro
sale, pepe

*Tempo di preparazione e
cottura: 2 ore e mezza*

Tritate finemente cipolla, carote e costa di sedano e soffriggetele con una noce di burro e due cucchiai di olio. Unite le carni tritate a mano grossolanamente (usando la coppa di maiale avrete un sugo di colore più intenso) e rosolatele a fuoco vivo. Bagnate con il vino e fatelo evaporare. Aggiungete acqua, sale, pepe, il rosmarino e la salvia legati. Cuocete lentamente per circa due ore.
Nel frattempo impastate la semola con le uova e il sale e con l'apposito torchio ricavatene tronchetti bucati larghi sette o otto millimetri e lunghi due o tre centimetri.
Scottate il radicchio in acqua bollente, passatelo in padella con poco olio e aggiungetelo al sugo.
Lessate i gargati, scolateli e versateli con un po' dell'acqua di cottura nel tegame del condimento. Completate con prezzemolo tritato e una grattugiata di stravecchio di malga.

I gargati sono maccheroncini rigati tipici del Vicentino, preparati con farina di frumento, semola di grano duro, uova, e trafilati in un piccolo torchio. Oltre che con il ragù bianco detto consiero, si condiscono con i durei – *stomaci di pollo o altri gallinacei –, come nella ricetta precedente, e con sugo di piccione.*

Gemelli alla crudaiola

Giustina Di Iorio, Termoli (Campobasso)

Lavate i pomodori, privateli della buccia e dei semi, spezzettateli grossolanamente e trasferiteli in una terrina con l'aglio tagliato a fettine e le foglie di basilico, lavate, asciugate e spezzettate con le mani. Unite il peperoncino a pezzetti, la ricotta salata ridotta in scaglie, sale e olio. Lasciate riposare per un paio di ore.
Lessate i gemelli in abbondante acqua salata, scolateli al dente e condite con la salsa crudaiola, spolverando con una generosa grattugiata di parmigiano.

I gemelli sono una pasta secca corta di semola di grano duro, che si presenta come una striscia ripiegata su se stessa e avvitata a spirale o come due spirali bucate accoppiate. Di diametro variabile dai tre agli otto millimetri e lunghezza che può arrivare a quattro centimetri, i gemelli si adattano a paste asciutte condite con sughi di varia natura, dal ragù alla salsa di pomodoro, anche con l'aggiunta di ricotta.

Per 4 persone

3 etti e mezzo di gemelli
4 etti di pomodori, 2 spicchi di aglio, un ciuffetto di basilico, un peperoncino
mezz'etto di ricotta salata, mezz'etto di parmigiano reggiano
olio extravergine di oliva, sale

Tempo di preparazione e cottura: mezz'ora, più il riposo della salsa

Gigli di farro al blu maremmano

Trattoria La Tana del Brillo Parlante, Massa Marittima (Grosseto)

Lessate la pasta in abbondante acqua salata.
Tagliate a cubetti il formaggio e fatelo sciogliere a fuoco lento in una padella capiente, mantecando con la besciamella. Versate i gigli con due cucchiai della loro acqua di cottura, amalgamate bene e servite.

Per questa ricetta facile e veloce Raffaella Cecchelli usa l'erborinato di un'azienda di Orbetello e gigli (una pasta la cui forma a calice raccoglie molto bene il sugo) di farro biologico coltivato a Suvereto. Volendo dare al piatto un tocco di eleganza, servitelo in una cialda di parmigiano reggiano. Mettete sul fuoco una padella leggermente imburrata e versatevi un cucchiaio di formaggio grattugiato, stendendolo bene. Quando imbiondisce, trasferitelo in uno stampino e fatelo raffreddare in frigorifero. Adagiate la cialda sul piatto e completate con una spolverata di pecorino toscano e di pepe nero.

Per 4 persone

4 etti di gigli (o altra pasta corta) di farro
2 cucchiai di besciamella
2 etti di pecorino erborinato
sale

Tempo di preparazione e cottura: 20 minuti

Gliacruar

Elena Scutari, San Costantino Albanese (Potenza)

Per 8-10 persone

Per la pasta:
6 etti di semola di grano duro
5 uova, olio extravergine di
oliva, zucchero, sale, cannella
Per il ripieno:
8 etti di carne suddivisa
tra pollo, coniglio, agnello,
maiale, vitello, un etto di
salsiccia secca di maiale, 3-4
uova, 2-3 etti di caciocavallo
semistagionato
zucchero, sale, cannella
Inoltre:
burro (o strutto)

*Tempo di preparazione e
cottura:* un'ora e 45 minuti

Bollite separatamente le diverse carni. A cottura, fatele raffreddare e poi sfilacciatele; mescolatele, quindi, con la salsiccia tagliuzzata e il caciocavallo a dadini, amalgamando il tutto con le uova, due o tre cucchiai di zucchero – la quantità sufficiente a creare contrasto con il salato della carne – e un pizzico di cannella.

Per la pasta, formate una fontana con la semola, aggiungete le uova, l'olio, un pizzico di zucchero, sale e cannella, lavorando fino a ottenere un impasto omogeneo e non troppo compatto, che lascerete riposare per 10-20 minuti, ricoperto da un canovaccio.

Con il matterello o con l'apposita macchinetta, tirate due sfoglie. Con la prima foderate una tortiera imburrata (o unta con lo strutto), coprite con il ripieno e poi richiudete con la seconda sfoglia, sigillando bene con le dita lungo i bordi. Bucherellate con i rebbi di una forchetta la superficie, per permettere la traspirazione durante la cottura.

Infornate alla temperatura di 180°C, cuocendo fino a quando la sfoglia sarà diventata di un bel colore dorato.

Gnaccheragatti con cicerchie

Ristorante La Pianella, Serra San Quirico (Ancona)

Per 4 persone

Per la pasta:
un etto e mezzo di semola di
grano duro, un etto e mezzo di
farina di castagne
Per il condimento:
mezz'etto di cicerchie
una patata, una carota, una
cipolla, un gambo di sedano,
una foglia di alloro
formaggio da grattugia
olio extravergine di oliva, sale

*Tempo di preparazione e
cottura:* 2 ore e mezza, più
l'ammollo delle cicerchie

Lasciate le cicerchie in ammollo per una notte.

L'indomani appassite in olio extravergine la cipolla tagliata sottile, il sedano, la foglia di alloro, la carota e la patata a tocchetti. Aggiungete quindi le cicerchie scolate e lasciate insaporire per tre o quattro minuti. Versate sui legumi acqua bollente fino a coprirli, cuocete a fuoco basso per due ore, o finché essi risultino morbidi, e aggiustate di sale. Nel frattempo preparate la pasta: unite gli sfarinati, aggiungete acqua e lavorate il tutto fino a ottenere un impasto alquanto consistente. Stendetelo con il matterello e lasciatelo un po' spesso. Tagliatelo a strisce di una decina di centimetri di lunghezza e un centimetro di larghezza.

Cuocete la pasta in acqua bollente salata, scolatela al dente e saltatela in padella assieme alle cicerchie, completando il piatto con un filo di extravergine e una grattugiata di formaggio.

Gnocchetti con pomodorini al forno

Ristorante La Taverna dei Gesuiti, Latronico (Potenza)

Impastate la semola con un bicchiere di acqua calda (60°C circa) aromatizzata con un pizzico di zafferano, un cucchiaio di olio e una presa di sale.
Ricavate dall'impasto dei tocchetti da rigare sulla tavoletta scanalata (rigagnocchi).
Scottate in acqua bollente i pomodorini, pelateli, tagliateli a metà e privateli dei semi. Disponeteli in una teglia, conditeli con sale, olio, lamelle di aglio, una spolverata di pulegio (particolare varietà di menta) e lasciateli asciugare nel forno a 90°C per circa un'ora.
Stufate in una padella la cipolla tritata, unite la passata di pomodoro, lasciate restringere, quindi aggiungete i pomodorini al forno, aromatizzando con altro pulegio.
Cuocete gli gnocchetti, saltateli in padella con il condimento e una spolverata di cacioricotta.
Sistemate nei piatti e guarnite con altre scaglie di formaggio.

Per 4 persone

Per la pasta:
4 etti di semola di grano duro
olio extravergine di oliva
sale, zafferano
Per il condimento:
2 etti di pomodori ciliegini, una cipolla, uno spicchio di aglio, un mestolo di passata di pomodoro, cacioricotta (o caprino semistagionato)
olio extravergine di oliva
sale, pulegio essiccato

Tempo di preparazione e cottura: un'ora e mezza

Gnocchi longhi con spuntature

Trattoria Bacco, Pisoniano (Roma)

Impastate la farina con mezzo litro di acqua salata molto fredda, ottenendo una massa di media consistenza, che stenderete con il matterello in una sfoglia di circa mezzo centimetro di spessore. Ritagliate strisce larghe altrettanto e soffregatele fra le mani partendo dal centro, arrotolandole fino a formare spaghettoni di spessore simile a bucatini e lunghi una trentina di centimetri.
Rifilate la carne e rosolatela a fuoco vivace con tre cucchiai di olio. Nel frattempo preparate un trito con gli odori. Quando le spuntature saranno colorite unite l'alloro e il battuto aromatico, mescolando spesso. Sfumate con il vino e aggiungete i pomodori spezzettati e il peperoncino. Regolate di sale e cuocete per cinque o sei minuti. Frullate i pelati e versateli nella padella: mantenete la fiamma viva finché il sugo non prenda il bollore, quindi abbassatela al minimo, proseguendo la cottura per tre quarti d'ora. Prelevate le costolette e gettate le foglie di alloro.
Lessate gli gnocchi in acqua salata, ripassateli in padella con il condimento e servite con pecorino grattugiato e una costoletta per porzione.

Per 6 persone

Per la pasta:
un chilo di farina di frumento tipo 00, un pizzico di sale
Per il condimento:
6 spuntature (estremità delle costine di maiale), 280 g di pomodori maturi, 4 foglie di alloro, uno spicchio di aglio, una carota, una costa di sedano, una piccola cipolla, un peperoncino, 3 etti di pomodori pelati, un etto di pecorino romano, un bicchiere di vino bianco secco
olio extravergine di oliva, sale

Tempo di preparazione e cottura: 2 ore

Gobein al ragù

Luigino Bruni, Alessandria

Per 6 persone

Per la pasta:
4 etti di farina di frumento tipo 00
4 uova
un pizzico di sale
Per il brodo, il ripieno e il condimento:
4 etti di punta di vitello, 4 etti di collo di manzo, 4 etti di coppa di maiale, 3 etti di carne di manzo con osso
2 carote, 2 coste di sedano, 2 cipolle, 2 foglie di alloro
2 uova
farina di frumento
una tazzina di salsa di pomodoro
mezza bottiglia di Barbera
un etto di parmigiano reggiano
30 g di burro, olio extravergine di oliva
sale, pepe, 2 chiodi di garofano, un pezzetto di cannella, noce moscata

Tempo di preparazione e cottura: 4-5 ore

Pulite le verdure e mettete in una casseruola a freddo una costa di sedano e una carota tagliate a pezzi, una cipolla in quarti, una foglia di alloro, un pizzico di sale e la carne di manzo con l'osso; coprite con abbondante acqua, incoperchiate e cuocete il tutto per almeno un paio di ore. Utilizzerete il brodo per lessare i *gobein*.

Tritate finemente carota, cipolla e sedano rimasti e trasferiteli in una casseruola a soffriggere con il burro e l'olio; unite la seconda foglia di alloro e fate rosolare per alcuni minuti. Tagliate la punta di vitello, il collo di manzo e la coppa di maiale a grossi pezzi, infarinateli e rosolateli, rivoltandoli spesso, così da farli colorire in modo uniforme. Bagnate con il vino e unite le spezie – volendo potete pestarle oppure farle bollire nel vino, che sarà poi aggiunto dopo essere stato filtrato. Salate e cuocete a fuoco molto basso per tre o quattro ore sino a quando la carne non sarà quasi disfatta, bagnando, se necessario, durante la cottura, con un mestolino di brodo per non fare attaccare la carne al fondo della casseruola.

Lasciate raffreddare la carne e poi tritatela finemente al coltello, aggiungendo un po' di cipolla e di carota prelevate dal lesso e schiacciate per ammorbidire il ripieno. Rimettete una piccola parte di trito nel fondo di cottura, che servirà come condimento, e amalgamate il resto in una terrina con una parte di parmigiano grattugiato e le uova battute, regolando di sale.

Preparate la pasta disponendo la farina a fontana sulla spianatoia, aggiungete al centro le uova e il sale, e lavorate a lungo sino a ottenere un impasto liscio e compatto, aggiungendo, se necessario, poca acqua. Dividete la sfoglia in due parti e tiratela sottilissima. Sopra alla prima disponete il ripieno a pallottoline, ricoprite con il secondo foglio, premendo bene tutto attorno con le dita e tagliate gli agnolotti con la rotella dentata.

Riprendete il fondo di cottura con il trito di carne e verdura, aggiungete la salsa di pomodoro e un mestolo di brodo, mescolate e cuocete per un'ora circa, ottenendo così una via di mezzo tra un semplice fondo e un ragù.

Lessate i gobbi nel brodo filtrato, scolateli al dente e conditeli con il sugo e parmigiano grattugiato in abbondanza.

I gobein, cioè gobbi, nell'area di Tortona (Alessandria) sono agnolotti di stufato, caratterizzati dalla forma tendenzialmen-

174

te rettangolare e gibbosa, dalla presenza nel ripieno di poche verdure cotte con le carni (di vitello e maiale), dalla lessatura in brodo e dal condimento con ragù di carne bovina. Se lo stufato riflette una preferenza comune a tutta la piana alessandrina, gli altri elementi possono ritenersi condizionati dalla prossimità al confine con l'Emilia Romagna.

Gramigna al ragù di salsiccia

Trattoria da Gianni a la Vécia Bulàgna, Bologna

Preparate un battuto con cipolla, sedano e carota e fatelo dorare in padella con poco olio; nel frattempo spellate la salsiccia, spezzettatela nel tegame, rosolatela per pochi minuti a fuoco moderato, mescolando per amalgamare gli ingredienti, e bagnate con il vino.
Una volta che sarà evaporato, frullate i pelati fino a ottenere una crema, versatela in padella e lasciate sobbollire a fuoco dolce e a tegame coperto per un'ora, verificando che il fondo non asciughi troppo e aggiungendo, se necessario, piccoli sorsi di acqua. Verificate la sapidità del sugo e regolate di sale.
Lessate la gramigna in abbondante acqua salata per cinque o sei minuti, scolandola al dente, cospargetela con il condimento e ultimate con una generosa grattugiata di parmigiano reggiano.

La gramigna è un formato di pasta molto frequentato nel Bolognese, un tempo considerato, nelle zone rurali, la preparazione della domenica per eccellenza. Oggi nelle gastronomie del circondario se ne trovano ottimi esempi già pronti, ma è possibile realizzarla anche in casa. Procedete in questo modo: impastate un uovo per ogni etto di farina di frumento, lasciate riposare la massa coperta per una mezz'ora e trafilatela con l'apposito disco tagliando i maccheroncelli ogni 10-15 centimetri e arricciando leggermente una delle estremità.

Per 6 persone

8 etti di gramigna all'uovo
6 etti di salsiccia di maiale
una piccola carota, mezza cipolla, mezza costa di sedano
mezzo chilo di pomodori pelati
un bicchiere di vino bianco secco
parmigiano reggiano
olio extravergine di oliva, sale

Tempo di preparazione e cottura: un'ora e un quarto

Klotznnudln

Antica Trattoria da Giusi, Malborghetto-Valbruna (Udine)

Per 4 persone

Per la pasta:
130 g di farina di frumento
un uovo
un pizzico di sale
Per il ripieno e il condimento:
mezzo chilo di pere secche
mezza cipolla
2 etti di ricotta
burro, sale

*Tempo di preparazione e
cottura:* un'ora e 45 minuti

Ammorbidite le pere secche bollendole per circa un'ora. Mentre cuociono preparate la pasta. Lavorate la farina con l'uovo e il sale sciolto in acqua tiepida, aggiungendo altra acqua fino a ottenere un composto morbido e omogeneo. Scolate le pere e macinatele. Soffriggete in un po' di burro la mezza cipolla tritata. Mettete in una ciotola la ricotta, la cipolla soffritta, le pere secche macinate e mescolate sino ad amalgamare bene il composto, regolando di sale.
Con il matterello tirate la pasta molto sottile e dalla sfoglia ritagliate dischetti di sette o otto centimetri di diametro. Ponete al centro di ogni dischetto una cucchiaiata di ripieno, ripiegate la pasta a mezzaluna e pigiate sui bordi con le dita per chiudere bene.
Lessate i ravioli in acqua leggermente salata. Quando vengono a galla scolateli, versateli sul piatto di portata e conditeli con burro fuso.

*I klotznnudln – ravioli di pere secche – sono un piatto della tradizione carinziana. Con lo stesso ingrediente (*klotzn*), altra frutta secca (prugne, fichi, datteri, uvetta, noci), farina di segale e di frumento, miele, kirsch e varie spezie, nell'Austria meridionale si prepara anche un pandolce, il* kletzenbrot. *Nel ripieno dei ravioli, avverte Giuseppina Alsido della trattoria di Malborghetto, la ricotta fresca può essere sostituita con polenta.*

Lagane con ceci, baccalà e peperoni cruschi

Ristorante La Taverna dei Gesuiti, Latronico (Potenza)

La sera precedente mettete in ammollo i ceci in acqua fredda con un rametto di rosmarino. Trascorso il tempo necessario scolateli e lessateli per un'ora e mezza, a fuoco dolce, in acqua leggermente salata, insaporendo con rosmarino e saggiando di tanto in tanto la consistenza con una forchetta.

Nel frattempo impastate su un tagliere la semola con acqua e sale fino a ottenere un impasto liscio e omogeneo. Avvolgetelo con la pellicola e lasciatelo riposare per un'oretta.

In un tegame dai bordi bassi soffriggete, in un filo di olio, l'aglio leggermente schiacciato, l'alloro, qualche grano di pepe nero e il trancio di baccalà. Coprite e lasciate cuocere a fiamma bassa per 15-20 minuti. Gettate l'aglio e l'alloro, eliminate la lisca e la pelle del pesce e sfaldatelo in pezzi.

Riprendete l'impasto e tiratelo in una sfoglia sottile. Arrotolatela e ritagliate delle strisce larghe tre centimetri e lunghe una decina; allargatele sul piano di lavoro e lasciatele asciugare brevemente.

Scolate i ceci, lasciandone da parte una cucchiaiata, e frullate il resto con parte dell'acqua di cottura fino a ottenere una crema morbida. Regolate di sale, versate nel tegame del condimento, mescolate e fate insaporire a fuoco moderato per due o tre minuti.

Pulite i peperoni, eliminando picciolo e semi. Tuffateli per pochi istanti in olio bollente, scolateli e asciugateli su un foglio di carta assorbente.

Lessate la pasta in acqua salata, scolatela dopo uno o due minuti e unitela al sugo. Impiattate decorando ogni porzione con i ceci interi, i peperoni frantumati e un pizzico di prezzemolo tritato.

Il peperone di Senise, comune del versante lucano del Parco del Pollino, è un particolare ecotipo – tutelato dal riconoscimento Igp – coltivato nelle valli del Sinni e dell'Agri. È caratterizzato da dimensioni ridotte, forma appuntita, tronca o uncinata, un colore variabile dal verde al rosso porpora, sapore dolce e una polpa piuttosto sottile, adatta all'essiccatura. Questo è, infatti, il metodo più praticato per la sua conservazione e il suo utilizzo: da qui il nome di peperone crusco, *cioè secco.*

Per 4 persone

Per la pasta:
3 etti di semola di grano duro
un pizzico di sale
Per il condimento:
4 etti di baccalà dissalato
un etto e mezzo di ceci, 2
peperoni *cruschi* di Senise,
2 spicchi di aglio, 2 rametti
di rosmarino, una foglia
di alloro, un ciuffetto di
prezzemolo
olio extravergine di oliva
sale, pepe nero in grani

Tempo di preparazione e cottura: 2 ore, più l'ammollo dei ceci

Lagane e cicerchie

Ristorante Minicuccio, Vallesaccarda (Avellino)

Per 4 persone

3 etti di làgane di farina di frumento
2 etti di cicerchie, 2 spicchi di aglio, 2 peperoncini
2 etti di pomodori pelati
olio extravergine di oliva, sale

Tempo di preparazione e cottura: 2 ore e 40 minuti, più l'ammollo delle cicerchie

Mettete a bagno le cicerchie, in acqua senza sale, per una notte. La mattina seguente fatele bollire, sempre in acqua senza sale, per due ore circa. Quindi scolate quasi tutta l'acqua e aggiungete alla preparazione quattro cucchiai di olio extravergine di oliva, l'aglio, i pelati ridotti a tocchetti, i peperoncini. Regolate di sale e cuocete per circa mezz'ora. A parte bollite le làgane, scolatele e versatele nella casseruola col sugo, lasciandole insaporire per cinque minuti.

Le làgane sono un formato di pasta fresca, a base di acqua e semola di grano duro o farina di frumento tipo 0, diffuso nell'Italia centromeridionale. Sono ottenute da un rotolo di pasta (lu lainàre), tagliato in strisce le cui dimensioni variano, in larghezza e in lunghezza, a seconda delle località, ricordando tagliatelle, pappardelle oppure maltagliati. Il termine latino laganum è lo stesso da cui è derivata la voce italiana lasagna. Molte le denominazioni dialettali: lane, làine, laane, lahane, lajanelle, laganedde.

Laganelle con bietole e fagioli

Ristorante 'U Vulesce, Cerignola (Foggia)

Per 6 persone

Per la pasta:
4 etti e mezzo di farina di frumento tipo 00
un pizzico di sale
Per il condimento:
un chilo di bietole, 2 etti e mezzo di fagioli cannellini, un etto e mezzo di pomodorini, un gambo di sedano, 2 spicchi di aglio, peperoncino
olio extravergine di oliva, sale

Tempo di preparazione e cottura: un'ora e mezza, più l'ammollo dei fagioli

Mettete a bagno i fagioli in acqua salata per almeno 12 ore. Scolateli, risciacquateli e lessateli per tre quarti d'ora con i pomodorini, uno spicchio di aglio, il sedano a rondelle, sale. Nel frattempo, lavorate la farina con un pizzico di sale e la quantità di acqua sufficiente a ottenere un impasto omogeneo ma non troppo sodo. Stendetelo con il matterello, quindi tagliate obliquamente la sfoglia, ricavando una sorta di maltagliati larghi un paio di centimetri.
Tagliate a tocchetti le bietole e lessatele in acqua bollente salata per una decina di minuti; aggiungete le laganelle e portate a cottura.
Rosolate in extravergine il secondo spicchio di aglio e il peperoncino, che a doratura eliminerete; unite le bietole e le laganelle scolate al dente e in ultimo i fagioli, raccolti con il mestolo forato, con un po' della loro acqua di lessatura, in modo che il sugo risulti morbido. Regolate di sale, insaporite con olio extravergine crudo e, a piacere, con altro peperoncino tagliato a pezzetti.

Laianedda al Negroamaro con pomodorini

Ristorante Il Castelletto, Carovigno (Brindisi)

Lavorate gli sfarinati con il tuorlo d'uovo, il Negroamaro, sale e pepe, fino a ottenere un impasto omogeneo; avvolgetelo in una pellicola e lasciate riposare per un'ora.
Stendete quindi con un matterello una sfoglia dello spessore di cinque millimetri e tagliatela a strisce lunghe una quarantina di centimetri e larghe uno e mezzo.
Affettate i pomodori e le cipolle, spezzettate il finocchietto, tagliate a dadini la pancetta, quindi mescolate il tutto, unite una foglia di alloro, salate e soffriggete in un'ampia casseruola per una decina di minuti con un filo di olio.
Lessate la pasta in abbondante acqua salata per qualche minuto. Scolatela e saltatela insieme al condimento. Impiattate e cospargete con il caciocavallo grattugiato.

Oltre al Negroamaro (vino da uve del vitigno omonimo, intensamente coltivato nel Salento), è pugliese la cipolla, ortaggio cui è intitolato un Presidio Slow Food.

Per 4 persone

Per la pasta:
2 etti di farina di frumento, 2 etti di semola di grano duro, un tuorlo d'uovo, 2 bicchieri di Negroamaro, sale, pepe
Per il condimento:
un etto e mezzo di pomodorini fiaschetto, una cipolla rossa di Acquaviva, alloro, finocchietto selvatico, un etto di pancetta tesa stagionata
caciocavallo stagionato
olio extravergine di oliva, sale

Tempo di preparazione e cottura: 40 minuti, più il riposo

Lasagna all'ortica

Trattoria Le Panzanelle, Radda in Chianti (Siena)

Staccate dagli steli di ortica le punte e le foglie, lavatele bene e lessatele per circa due ore.
Nel frattempo impastate sulla spianatoia gli ingredienti delle lasagne e, dopo un opportuno riposo, tirate una sfoglia sottile che ritaglierete in rettangoli.
Con il latte, 140 grammi di farina, altrettanto burro, sale, pepe e noce moscata preparate una besciamella.
Frullate l'ortica con un po' dell'acqua di cottura e fatela saltare in olio e burro con gli spicchi di aglio interi. Eliminate l'aglio e sciogliete nel tegame una noce di gorgonzola dolce per schiarire leggermente il colore della salsa.
Precuocete le lasagne per tre o quattro minuti e, in un recipiente da forno a bordi alti, assemblate il piatto. Su un fondo di besciamella adagiate uno strato di pasta, ricoprite con altra besciamella e un quinto della salsa di ortiche, amalgamando con una spatola, e spolverate con parmigiano grattugiato. Ricominciate con le lasagne, ripetendo l'operazione in modo da arrivare a sei strati di pasta. Coprite con besciamella e parmigiano e infornate a 180°C fino a doratura.

Per 4 persone

Per la pasta:
un etto e mezzo di farina di frumento tipo 0, un etto e mezzo di semola di grano duro
3 uova, un pizzico di sale
Per il condimento:
50 steli di ortica, 2 spicchi di aglio, un etto e mezzo di farina di frumento tipo 00, 2 litri di latte, un etto e mezzo di parmigiano reggiano
20 g di gorgonzola dolce, burro, olio extravergine di oliva, sale, pepe, noce moscata

Tempo di preparazione e cottura: 3 ore

Lasagna al ragù d'oca

Ristorante L'UmbriaCo, Acquasparta (Perugia)

Per 4 persone

Per la pasta:
mezzo chilo di semola di
grano duro
3-4 uova
15 g di sale
Per il ripieno e il condimento:
mezzo chilo di oca
2 foglie di alloro, una costa
di sedano, una carota, una
cipolla, un peperoncino
mezzo litro di passata di
pomodoro
mezz'etto di farina di
frumento, pangrattato
grana padano
olio extravergine di oliva, 40 g
di burro
sale, pepe bianco
Per la decorazione:
un etto di piselli, mezza patata
sale

*Tempo di preparazione e
cottura:* 3 ore, più il riposo

Impastate la semola con le uova, il sale e, se necessario, piccoli sorsi di acqua fino a ottenere un composto morbido ed elastico; avvolgetelo in un foglio di pellicola e lasciate riposare per un paio di ore in frigorifero.

Nel frattempo, passate le verdure aromatiche al mixer e soffriggetele in una casseruola dai bordi alti con olio, la passata di pomodoro e l'oca in pezzi, insaporendo con l'alloro, il peperoncino intero e una macinata di pepe. Aggiungete acqua fino a ricoprire il tutto, aggiustate di sale e portate a ebollizione, quindi incoperchiate, abbassate la fiamma al minimo e proseguite la cottura per un paio di ore – la carne dovrà staccarsi dalle ossa – schiumando di tanto in tanto la superficie. Il fondo dovrà restare fluido e abbondante: allo scopo aggiungete, se necessaria, altra acqua.

Riprendete l'impasto e tirate una sfoglia di un paio di millimetri di spessore, lasciatela asciugare brevemente e ritagliate dei quadrati (ne occorreranno 16) di 12 centimetri per lato. Lessateli per alcuni minuti, scolateli e passateli in acqua e ghiaccio per fermare la cottura.

Quando la carne sarà pronta, disossatela con cura, passate al setaccio il fondo e fatelo raffreddare in frigorifero, in modo che il grasso solidifichi e possiate facilmente eliminarlo.

In una pentola sciogliete il burro, aggiungete la farina, rimestando per un paio di minuti, quindi mezzo litro di sugo sgrassato, che avrete scaldato a parte; regolate di sale e pepe e continuate la cottura fino a quando la salsa sarà legata e piuttosto densa (tipo una besciamella).

Prendete quattro coppette di alluminio, ungetele e spolveratele con pangrattato, eliminando quello in eccesso. Adagiate in ognuna un foglio di pasta, ricopritelo con un po' di polpa d'oca, una cucchiaiata di sugo e una di salsa, una manciata di grana grattugiato, un giro di olio e una macinata di pepe; proseguite nello stesso modo fino a comporre quattro strati, terminando con la pasta.

Arricciata la parte in esubero della pasta sollevandola verso il centro, in modo da formare una sorta di fiore, ultimate spolverando le lasagnette con altro grana e pangrattato, condite con un filo di olio e infornate a 200°C per una decina di minuti, finché non assumano un bel colore dorato. Lasciate riposare a forno spento per qualche minuto, impiattate e passate alla decorazione; l'ideale è preparare la pietanza il giorno prima (senza sformarla) e riscaldarla in forno.

Per la decorazione lessate i piselli con la patata, insaporendo con un pizzico di sale. Quando la patata sarà cotta, frullate il tutto e passatelo al colino, ottenendo una crema di media densità: con l'aiuto di un sac-à-poche disegnate sul ogni piatto lo stelo e le foglie di un fiore, mettete alla sommità la lasagnetta e servite.

Lasagna di radicchio e carciofi

Antica Osteria Al Tiglio, Moruzzo (Udine)

Disponete la farina sulla spianatoia, unite le uova, il sale e un po' d'acqua e lavorate il tutto velocemente; formate una palla omogenea e stendete una sfoglia di circa tre millimetri di spessore.

Mondate e lavate il radicchio, separatene tutte le foglie e brasatele in una padella a fuoco vivace con poco olio extravergine e una presa di sale. Scolatele dall'olio, asciugatele su carta da cucina e tenetele da parte.

Togliete le brattee più coriacee dei carciofi, spuntate le rimanenti, eliminate i gambi e tagliate i cuori a fette non troppo sottili. Cuoceteli in acqua bollente salata, in cui avrete stemperato la farina, scolateli al dente e mettete anche questi ad asciugare su carta assorbente.

Ricavate dalla sfoglia dei quadrati, sbollentateli per pochi secondi, raffreddateli e disponeteli su un panno asciutto.

A questo punto potete comporre la lasagna. Imburrate una placca da forno di piccole dimensioni. Confezionate il primo strato con un quadrato di pasta, alcune foglie di radicchio e una fettina di robiola, il secondo con pasta, carciofi e robiola e così via fino a esaurire tutti gli ingredienti. Finite con burro fuso, parmigiano grattugiato, sale, pepe e gratinate in forno a 200°C per un quarto d'ora circa.

Qualora non gradiate la robiola potrete sostituirla con il quartirolo.

Per 4 persone

Per la pasta:
4 etti di farina di frumento
3 uova
un pizzico di sale
Per il condimento:
3 cespi medi di radicchio di Treviso, 3 carciofi
un cucchiaio di farina di frumento
2 etti di robiola stagionata, mezz'etto di parmigiano reggiano
mezz'etto di burro, olio extravergine di oliva
sale, pepe

Tempo di preparazione e cottura: 2 ore

Lasagna napoletana

Trattoria 'O Romano, Sarno (Salerno)

Per 6 persone

3 etti di lasagna riccia
mezzo chilo di macinato di
vitello, un etto di salame, una
carota, un gambo di sedano,
una cipolla
un chilo di passata di
pomodoro, 3 uova, 2 etti
e mezzo di ricotta, 2 etti e
mezzo di fior di latte, un etto e
mezzo di parmigiano reggiano
olio extravergine di oliva
sale, pepe

*Tempo di preparazione e
cottura*: 3 ore

Preparate un soffritto con sedano, carota e cipolla tritati;
aggiungete metà della carne macinata e infine la passata di
pomodoro. Salate, pepate, mescolate e cuocete per due ore.
Nel frattempo, con la restante carne macinata, e unendo
un uovo, sale, pepe e un pugno di parmigiano grattugiato,
formate delle polpette grandi quanto una nocciola, friggetele in olio e mettetele da parte. Tagliate a cubetti il fior
di latte, a striscioline il salame e a pezzetti le uova rimaste,
che avrete fatto rassodare.
Portate a ebollizione l'acqua in cui cuocere le sfoglie di lasagna; a metà cottura scolatele e lasciatele raffreddare.
Prendete quindi una teglia da forno e disponete almeno tre
strati di lasagne condite con il ragù, alternando, strato per
strato, la ricotta, il fior di latte, le polpette, il salame e le uova sode, spolverando con il restante parmigiano.
Infornate a 180°C per 35 minuti. Servite la lasagna dopo
una decina di minuti di riposo.

Osteria-Gastronomia Timpani e Tempura, Napoli

Per 8-10 persone

un chilo di lasagna festonata di
Gragnano
3 etti di polpa di vitello,
2 etti di polpa di maiale
5 cervellatine di maiale (salsicce
fresche), 3 etti di cotica, una
cipolla di Tropea, 4 foglie di
alloro, un ciuffo di basilico,
3 chili e mezzo di passata di
pomodori sanmarzano, 8 uova,
un panino raffermo, mezzo
chilo di ricotta, 2 etti e mezzo di
fior di latte
2 etti di caciocavallo, pecorino
un bicchiere di latte
olio extravergine di oliva
sale, pepe

*Tempo di preparazione e
cottura*: 2 ore e mezza

Ammorbidite la cipolla affettata finemente in un tegame
con l'olio e in questa rosolate la cotica. Versate poi la passata di pomodoro con il basilico e fate cuocere finché non
otterrete un "raguncino" (con questo termine lo chef designa una salsa leggera, in questo caso preferibile, data l'abbondanza di ingredienti e condimenti, al classico ragù napoletano di carne). Verificate di sale, togliete quel che resta della cotica e tenete da parte.
Nel frattempo, fate rassodare cinque uova mentre utilizzerete le rimanenti per preparate delle polpettine: mescolate
le carni di vitello e di maiale macinate con il pane raffermo, che avrete ammorbidito nel latte e strizzato, amalgamate le tre uova e una manciata di pecorino grattugiato; salate e pepate, formate delle palline della grandezza di una
nocciola e friggetele in olio, tenendole croccanti.
Tagliate a rondelle le cervellatine e cuocetele con l'alloro
in una padella antiaderente; tagliate a cubetti il fior di latte e stemperate la ricotta con due o tre mestoli della salsa.
In una pentola larga portate a ebollizione abbondante acqua salata e lessatevi molto al dente le sfoglie di lasagna
che, una volta scolate, stenderete ad asciugare brevemente
su un canovaccio.

Passate ora a montare gli strati della lasagna. Versate un paio di mestoli di salsa in una teglia da forno, adagiatevi uno strato di pasta, in modo da ricoprire il fondo, e cospargetelo di ricotta, polpettine e fior di latte. Ricoprite con altre strisce di pasta e, questa volta, disponete la ricotta, le rondelle di cervellatina, l'uovo sodo tagliato a fettine, il fior di latte e il caciocavallo grattugiato. Continuate gli strati fino a esaurimento degli ingredienti, ponendo sull'ultimo il pecorino grattugiato e il resto del sugo. Infornate, in forno preriscaldato a 180°C, per un quarto d'ora. Estraete e fate intiepidire la preparazione prima di servirla, accompagnandola con il raguncino.

Non è, questa, una pasta al forno qualsiasi: è, per i napoletani, "la" lasagna. Da tempo immemorabile l'hanno associata al Carnevale, storicamente momento di festa e di trasgressione, di scialo e di iperbole, per lo meno presso le società strozzate dalla miseria e dallo spettro della fame. Nella lasagna, in effetti, c'è tutto quello che un uomo poteva desiderare e che, almeno una volta l'anno, era a disposizione nel piatto: carne, salsicce, formaggi, uova... Ve ne forniamo due ricette: la prima per certi versi è più vicina alla tradizione in quanto utilizza per condire un sugo di carne, anche se più spiccio e molto semplificato rispetto al classico ragù napoletano, la seconda è più "fresca" (se l'aggettivo può adattarsi a questo piatto opulento) grazie al "raguncino" di pomodoro e basilico appena insaporito dalla cotica, ma in compenso si richiama alla tipicità con il caciocavallo, il pecorino e le cervellatine, salsicce fresche di carne suina, più sottili della normale salsiccia e prive di legature. In entrambe le ricette si impiegano le lasagne festonate (chiamate anche ricce o napoletane) di semola di grano duro, che reggono a meraviglia la cottura e l'architettura del piatto.

Lasagne alla bolognese

Trattoria Serghei, Bologna

Per 6 persone

Per la pasta:
4 etti di farina di frumento
2 etti di spinaci
3 uova
un pizzico di sale
Per il condimento:
mezzo chilo di polpa di
manzo, un etto e mezzo di
polpa di maiale, il fegato e il
ventriglio di un pollo
mezz'etto di pancetta
2 coste di sedano, una carota,
mezza cipolla
mezzo chilo di polpa di
pomodoro
un bicchiere di latte
olio extravergine di oliva
sale, pepe
Inoltre:
mezzo litro di besciamella
2 etti di parmigiano reggiano
una noce di burro

*Tempo di preparazione e
cottura:* 4 ore

Mondate gli spinaci e lessateli per qualche minuto in acqua leggermente salata, poi scolateli, strizzateli, tritateli finemente e lasciate raffreddare.

Su una spianatoia impastate la farina con le uova, aggiungete gli spinaci e lavorate fino a ottenere un impasto sodo ed elastico; coprite con un tovagliolo e fate riposare.

Nel frattempo preparate il ragù: tritate finemente sedano, carota e cipolla e soffriggeteli in padella con olio per qualche minuto, unite poi la pancetta a dadini e continuate la cottura per due o tre minuti. Tritate finemente la polpa di manzo e quella di maiale mantenendole separate; aggiungete prima quella di maiale, cuocete per circa cinque minuti e versate in padella il fegato e il ventriglio di pollo spezzettati. Incorporate quindi la polpa di manzo e proseguite la cottura per una mezz'ora. Allungate il sugo con il latte, lasciate ritirare e unite la polpa di pomodoro e un bicchiere di acqua tiepida. Regolate di sale e di pepe e cuocete per un'ora e mezza a tegame coperto e a fuoco bassissimo.

Nel frattempo tirate una sfoglia di circa un paio di millimetri e ritagliate grandi rettangoli, che sbollenterete per pochi minuti in acqua leggermente salata; passateli in acqua fredda, per fermare la cottura, e sistemateli ad asciugare su un canovaccio.

Ungete una teglia capace con una noce di burro e componete il piatto disponendo sul fondo uno strato di ragù, uno di pasta, la besciamella e il parmigiano grattugiato, proseguendo allo stesso modo fino a esaurimento degli ingredienti. Infornate le lasagne a 180°C e cuocete per circa un'ora, lasciando riposare la pietanza per qualche minuto prima di servire.

Lasagne con melanzane e tinca affumicata

Osteria Al Pescatore, Castelletto di Brenzone (Verona)

Sbucciate le melanzane, tagliatele a fettine e grigliatele. Spellate i pomodori, affettateli e passateli in padella. Mondate il basilico e frullatelo con olio extravergine di oliva. Lessate al dente le lasagne.

In una pirofila disponete gli ingredienti in questo modo: uno strato di pasta spalmato delicatamente con besciamella, melanzane, pomodoro, filetto di tinca sbriciolato, formaggio grattugiato, basilico frullato. Fate tre strati, salando leggermente ogni volta.

Infornate a 180°C e cuocete per una mezz'ora. Lasciate riposare qualche minuto prima di servire.

Nel menù dell'osteria affacciata sul molo di Castelletto, questo piatto di Rosaria Veronesi è chiamato parmigiana di melanzane al profumo di lago. La tinca, che vi compare affumicata, è un ciprinide ancora relativamente diffuso allo stato spontaneo in area gardesana. Poiché predilige le acque stagnanti o debolmente correnti, le sue carni, se consumate fresche, possono assumere un sapore vagamente fangoso, attenuabile facendo spurgare il pesce per qualche giorno, prima della cattura, in acqua tersa. Sul Garda a questo proposito si usavano fino a pochi decenni or sono particolari attrezzi, le "turbe", vagamente somiglianti a piccole imbarcazioni, che si immergevano nelle fontane: le tinche vi erano rinchiuse, e alcuni fori permettevano il continuo ricircolo dell'acqua.

Per 4 persone

2 etti e mezzo di lasagne quadrate all'uovo
4 piccole melanzane, 4 pomodori, un ciuffo di basilico
un filetto di tinca affumicata
una tazza di besciamella leggera
parmigiano reggiano
olio extravergine di oliva, sale

Tempo di preparazione e cottura: un'ora

Lasagne con ragù di faraona e radicchio

Trattoria Via Vai Fratelli Fagioli, Ripalta Cremasca (Cremona)

Per 6-8 persone

Per la pasta:
4 etti di farina di frumento
tipo 00
4 uova
mezz'etto di parmigiano
reggiano
olio extravergine di oliva
Per il ragù:
una faraona eviscerata e
fiammeggiata, pronta per la
cottura
2 cespi di radicchio trevigiano,
una cipolla, una carota, una
costa di sedano, un rametto di
rosmarino, 2 rametti di timo
2 cucchiai di uvetta sultanina,
2 cucchiai di pinoli
2 etti di besciamella
qualche cucchiaio di brodo di
carne (facoltativo)
un bicchiere di Marsala
burro, 4 cucchiai di olio
extravergine di oliva
sale, pepe
Per la finitura:
60 g di parmigiano reggiano
mezz'etto di burro, sale

*Tempo di preparazione e
cottura:* un'ora e mezza, più il
riposo

Tagliate a pezzi la faraona. In una casseruola scaldate l'olio con un battuto di sedano e carota, il rosmarino e un rametto di timo. Rolosolatevi la carne, salate, sfumate con il Marsala, unite l'uvetta – fatta rinvenire in acqua tiepida e ben strizzata – e i pinoli. Incoperchiate e cuocete per una quarantina di minuti, controllando che il fondo non asciughi (nel caso bagnate con brodo).

Prelevate la carne, fatela intiepidire e spolpatela con le mani, tritando con un coltello i pezzi più grossi. Rimettete il tutto all'interno della casseruola con il fondo di cottura e unite la besciamella. Aromatizzate con il rametto di timo rimasto, regolate di sale e pepe e, se fosse necessario, aggiungete un po' di brodo.

Mentre la faraona cuoce, preparate la pasta lavorando energicamente e a lungo la farina con le uova, il parmigiano grattugiato, un filo di olio extravergine e un goccio d'acqua. Tirate la pasta in una sfoglia di un millimetro di spessore, lasciatela asciugare per mezz'ora, quindi ritagliatela in quadrati di otto centimetri di lato.

Tagliate a listarelle il radicchio, lavato e asciugato, e stufatelo per qualche minuto con la cipolla tritata e una grossa noce di burro. Tenetelo in caldo e, in un tegamino, fondete altro burro.

Passate alla confezione del piatto. Riscaldate il sugo di faraona, quindi lessate per un paio di minuti in acqua bollente salata i quadrati di pasta e scolateli su un canovaccio. Montate le lasagne piatto per piatto facendo degli strati di pasta, ragù e radicchio. Condite con il burro fuso e il parmigiano grattugiato.

Lasagne con sclopit

Osteria da Tarsillo, Porpetto (Udine)

Pulite bene lo *sclopìt* usando solo le foglie e le punte (lo stelo, anche se tenero, è amaro). Lavatelo e tritatelo fine. Affettate sottilmente la cipolla e doratela a fuoco lento in parte del burro. Aggiungete lo *sclopìt*, lasciatelo insaporire e bagnate con il brandy. Quando l'alcol è evaporato versate un po' d'acqua, salate e cuocete per un quarto d'ora: ritirate dal fuoco quando il trito è ancora di un bel colore verde. Cuocete le lasagne in acqua salata e preparate la besciamella mescolando in un pentolino il burro, la farina e un pizzico di sale finché non siano amalgamati; versate quindi il latte a filo continuando a rimestare a fuoco dolce fino a ottenere la giusta consistenza.

Componete il piatto stendendo in una pirofila uno strato di salsa cui farete seguire uno di pasta; quindi, lasciandone indietro una tazza, amalgamate la besciamella al sugo e utilizzate il composto per condire le sfoglie formando tre strati, ultimando con la besciamella che avete riservato. Completate con abbondante formaggio grattugiato e i fiocchetti di burro avanzato, infornate a 180°C e cuocete per circa un'ora.

Sclopìt è il termine usato in Friuli Venezia Giulia per indicare la silene rigonfia (Silene vulgaris), *una pianta erbacea – comune nei campi e nei prati concimati – che ha molti nomi, regionali e dialettali: erba del cucco, schioppetti, s'ciopeti, stridoli, strigoli, sgrizoi, verzulì, carletti, bubbolini... Le giovani cimette, che strofinate producono un leggero sfrigolio, si gustano lessate, ripassate in padella o come ingrediente di frittate; nella cucina friulana aromatizzano soprattutto i risotti.*

Per 6 persone

8 etti di lasagne quadrate all'uovo
mezzo chilo di *sclopìt* (erba silene)
una cipolla
un bicchiere di brandy
2 etti e mezzo di grana padano
2 etti di burro, sale
Per la besciamella:
un etto di farina di frumento tipo 00
un litro di latte
un etto di burro, sale

Tempo di preparazione e cottura: un'ora e mezza

Lasagne della Vigilia

Luigino Bruni, Alessandria

Per 6 persone

Per la pasta:
mezzo chilo di farina di
frumento tipo 00
4 uova intere e un tuorlo
un pizzico di sale
Per il condimento:
4 acciughe sotto sale
4 spicchi di aglio, un ciuffo di
prezzemolo tritato
8 pomodorini secchi sott'olio
mezz'etto di burro, olio
extravergine di oliva, sale

*Tempo di preparazione e
cottura:* 40 minuti, più il riposo

Per preparare la pasta, unite alla farina – setacciata a fontana sulla spianatoia – le uova e il sale; lavorate con le mani fino a ottenere un impasto liscio, consistente ma elastico, fatene una palla e lasciatela riposare al fresco coperta da un tovagliolo.

Intanto approntate il condimento. In un tegame mettete gli spicchi di aglio sbucciati con 20 grammi di burro e quattro cucchiai di olio, aggiungete le acciughe dissalate e diliscate e, a fuoco dolcissimo, fatele sciogliere e insaporire con l'aglio, che toglierete prima che prenda colore e diventi morbido. Tritate grossolanamente i pomodori secchi e uniteli alla *bagna*. Trasferite il tutto in una padella larga in cui condirete la pasta, completate con il burro rimasto e continuate la cottura per una decina di minuti.

Riprendete la pasta, stendetela con il matterello in una sfoglia circolare molto sottile e, dopo averla arrotolata su se stessa senza premere, tagliatela con un grande coltello ben affilato: incrociate i tagli in modo da formare delle losanghe di tre o quattro centimetri di lato. Se preferite usare la macchina per la pasta, ricavate prima delle larghe tagliatelle che poi, con il coltello, taglierete a rombi irregolari.

Cuocete brevemente la pasta in acqua bollente, diminuendo la consueta dose di sale per compensare il salato del condimento. Rimessa la padella della *bagna* sul fuoco, scolate la pasta e fatela saltare, completando con una spolverata di prezzemolo tritato.

Dalla provincia di Alessandria, dove era tradizione imbandire anche le lasagne dell'Avvento, ugualmente di magro, giunge questa pasta asciutta il cui condimento è costituito da una pseudo bagna caoda, in quanto qui l'aglio dà il sapore e poi viene tolto, a differenza della ricetta che troverete a pag. 462. In compenso si aggiungono i ciapùli: così sono chiamati in diverse zone del Piemonte gli spicchi di frutta o ortaggi (come i pomodori) fatti essiccare al sole estivo.

Lasagne di cuturru con le sarde

Ristorante Le Magnolie, Modica (Ragusa)

Cuocete il finocchietto in due litri d'acqua per tre o quattro minuti, scolatelo conservando l'acqua di cottura, frullatelo con due cucchiai di olio e mettete da parte. Per preparare il *cuturru*, riportate a ebollizione tre quarti dell'acqua di cottura, quindi aggiungete il grano che avrete frantumato grossolanamente. Mescolate e cuocete per una decina di minuti, in modo da ottenere una sorta di polenta morbida. Regolate di sale, quindi stendetela su di un piano di marmo con l'aiuto di una spatola, dandole uno spessore di quattro millimetri. Lasciate raffreddare.

Pulite le sarde prelevandone i filetti, avendo cura di non lasciare squame attaccate. In una padella versate due cucchiai di olio, aggiungete il pangrattato, fatelo tostare e mettetelo da parte. Nel medesimo recipiente tostate quindi anche i pinoli.

Imbiondite l'aglio in olio, toglietelo, quindi calate la cipolla tritata e le alici sott'olio; fate rosolare leggermente e aggiungete i filetti di sarde. Dopo un paio di minuti di cottura sfumate con il vino, versate quello che resta del brodo di finocchietto, il pomodoro tagliato a cubetti e l'uvetta precedentemente ammollata. Fate ridurre a fuoco moderato per cinque minuti.

Tagliate il *cuturru* in 12 quadrati di circa 10 centimetri per lato. In una placca imburrata alternate le lasagne a tre strati di condimento, spolverizzando in cima con il pangrattato. Cuocete in forno a 180°C per un quarto d'ora. Servite decorando con i pinoli e la crema di finocchietto.

Per 4 persone

2 etti di grano duro in chicchi
mezzo chilo di sarde
2 etti di alici sott'olio
3 etti di pomodori, 10 g di cipolla, uno spicchio di aglio
30 g di pinoli, 20 g di finocchio selvatico, 10 g di uvetta di Corinto
un etto di pane grattugiato
un bicchiere di vino bianco secco
burro, olio extravergine di oliva, sale, pepe

Tempo di preparazione e cottura: un'ora e mezza

Lasagne di verdura

Osteria Il Lupo, Sarzana (La Spezia)

Per 6 persone

Per la pasta:
mezzo chilo di farina di
frumento
3 uova
Per il ripieno:
un mazzo di bietole, qualche
foglia di borragine
2 uova
3 etti di ricotta di pecora, un
etto e mezzo di parmigiano
reggiano
sale, noce moscata
Per il sugo:
4 etti di pomodori, una
cipolla, una carota, un gambo
di sedano, una foglia di alloro
olio extravergine di oliva
sale, peperoncino
Inoltre:
parmigiano reggiano

*Tempo di preparazione e
cottura:* un'ora e 45 minuti

Versate su una spianatoia la farina e lavoratela a lungo ed energicamente con poca acqua tiepida e le uova battute, fino a ottenere una massa morbida e liscia. Tirate una sfoglia sottile e ricavate quadrati di circa 12 centimetri di lato. Tritate sedano, cipolla e carota in modo grossolano e fateli soffriggere in olio. Aggiungete i pomodori tagliati a pezzetti, il peperoncino e l'alloro, aggiustate di sale e proseguite la cottura per 45 minuti. Lessate, intanto, la verdura in abbondante acqua salata, scolatela e tritatela finemente; mescolatela con il parmigiano, le uova, la ricotta, la noce moscata.

Lessate le lasagne in acqua salata per pochi minuti. Montate quindi il piatto alternando tre o quattro volte uno strato di lasagne, uno di sugo e ripieno e una spolverata di parmigiano grattugiato. Terminate coprendo con uno strato di sugo, ripieno e parmigiano.

Le lasagne di verdure compaiono in menù come lasagne tordellate (si veda la ricetta successiva), pur non contemplando l'uso della carne. La signora Roberta Pelliti propone ai suoi ospiti questa variante per alleggerire l'antica ricetta, accontentando così i sempre più numerosi clienti vegetariani.

Lasagne tordellate

Augusto Manfredi, Massa

Disponete la farina a fontana, rompetevi nel mezzo le uova e amalgamate gli ingredienti aggiungendo man mano un poco d'acqua finché l'impasto avrà raggiunto una consistenza morbida e liscia. Tirate una sfoglia sottile e ricavate dei quadrati di una decina di centimetri per lato.

Soffriggete in padella con l'olio un battuto di carota, cipolla e sedano, insaporite con il timo, il basilico e il prezzemolo, unite le carni di manzo e maiale macinate, e cuocete per una decina di minuti mescolando. Salate, spolverate di pepe e noce moscata e bagnate con il vino. Una volta evaporato, aggiungete i pelati e il concentrato di pomodoro sciolto in un po' di acqua tiepida, continuando la cottura per circa un'ora.

Pulite le bietole, lavatele e lessatele in acqua bollente salata. Strizzatele, tagliuzzatele e ripassatele in padella con il burro. Trasferitele in una terrina capiente e amalgamatele con la ricotta, il parmigiano grattugiato, la mortadella tagliata a cubetti e l'uovo battuto.

In una pentola con abbondante acqua salata bollente versate un cucchiaio d'olio (fa in modo che le sfoglie non si attacchino tra loro), quindi calate la pasta un pezzo per volta. Cuocete per cinque minuti. Scolate le lasagne al dente sempre una per volta, servendovi di una paletta forata. Componete il piatto disponendo uno strato di pasta, uno di ricotta e biete e, infine, qualche cucchiaiata di sugo. Procedete nello stesso modo fino a sovrapporre quattro sfoglie, ultimando con una generosa spolverata di parmigiano grattugiato; servite subito senza gratinare in forno.

Per 6-8 persone

Per la pasta:
mezzo chilo di farina di frumento
3 uova
Per il condimento:
4 etti di carne di manzo, 3 etti di carne di maiale
mezz'etto di mortadella
8 etti di bietole, una piccola cipolla, 2 carote, 2 gambi di sedano, un ciuffo di prezzemolo, un ciuffo di basilico, un rametto di timo
mezzo chilo di pomodori pelati, 2 cucchiai di concentrato di pomodoro
un uovo
4 etti di ricotta, un etto di parmigiano reggiano
mezzo bicchiere di vino bianco secco
olio extravergine di oliva, burro
sale, pepe, noce moscata

Tempo di preparazione e cottura: 2 ore

Lasagnetta con verdure e porcini

Osteria del Gallo e della Volpe, Ospedaletto d'Alpinolo (Avellino)

Per 4-5 persone

Per la pasta:
4 etti di semola rimacinata di grano duro
4 uova
un pizzico di sale
Per la farcia:
3 etti di porcini, un ciuffo di prezzemolo, 2 spicchi di aglio
mezzo litro di besciamella
2 mozzarelle di bufala da 2 etti e mezzo l'una, 2 etti di parmigiano reggiano
olio extravergine di oliva, sale

Tempo di preparazione e cottura: un'ora, più il riposo

Lavorate energicamente sulla spianatoia la semola con le uova e il sale. Ottenuto l'impasto, fatelo riposare per una mezz'ora avvolto in pellicola da cucina. Tirate, quindi, una sfoglia molto sottile con il matterello oppure, divisa la pasta in panetti, passateli più volte nella macchinetta sfogliatrice cercando di ricavare rettangoli sottili e regolari. Poneteli ad asciugare su un piano infarinato.

Nel frattempo trifolate i funghi: dopo averne raschiato il gambo e averli ben puliti con un canovaccio inumidito, tagliateli a fettine e fateli leggermente rosolare in olio con gli spicchi di aglio (che poi andranno tolti) e un cucchiaio di prezzemolo tritato. Verso fine cottura, unite ancora mezzo cucchiaio di prezzemolo tritato e regolate di sale. Tenete da parte e fate raffreddare; intanto, tagliate a fette sottili la mozzarella, dopo averla lasciata sgocciolare in un colino. Sbollentate ora le sfoglie in acqua salata e scolatele. Passate a montare la lasagna. Cospargete il fondo di una teglia rettangolare con un velo di besciamella, allargate un primo strato di sfoglia, poi besciamella, mozzarella, porcini trifolati e parmigiano grattugiato. Dopo quattro strati, terminate con la sfoglia sulla quale stenderete solo besciamella e parmigiano.

Date una ventina di minuti di cottura in forno a 180°C. Servite dopo avere fatto riposare la preparazione per cinque o sei minuti.

Lasagnette di zucchine e quartirolo

Osteria Sali e Tabacchi, Maggiana di Mandello del Lario (Lecco)

Fate la pasta mescolando la farina, le uova, un pizzico di sale e lavorando fino a ottenere un composto omogeneo e di buona consistenza, che lascerete riposare per una mezz'ora coperto da un canovaccio.
Tirare la sfoglia piuttosto sottile e ricavate delle lasagnette di forma rettangolare della dimensione del contenitore in cui saranno cotte. Sbollentatele e, dopo averle raffreddate in acqua, appoggiatele su un panno da cucina ad asciugare.
Per il condimento, tagliate a fiammifero le zucchine ed eventualmente anche i loro fiori, dopo averli privati del pistillo, facendo poi rosolare il tutto in padella per pochi minuti con un filo d'olio e lo scalogno tritato. Salate, pepate, insaporite con il timo e, secondo la consistenza, grattugiate o spezzettate il quartirolo (il signor Gabriele utilizza quello ottimo della vicina Valsassina).
Montate le lasagne alternando quattro fogli di pasta con le zucchine e il quartirolo. Sull'ultimo strato distribuite il parmigiano grattugiato e piccoli fiocchi di burro. Fate gratinare in forno a 180°C per un quarto d'ora e servite.

Per 6 persone

Per la pasta:
3 etti di farina di frumento tipo 00
3 uova
un pizzico di sale
Per il condimento:
mezzo chilo di zucchine piccole
un piccolo scalogno, un ciuffetto di timo
3 etti di quartirolo, mezz'etto di parmigiano reggiano
burro, olio extravergine di oliva, sale, pepe

Tempo di preparazione e cottura: un'ora, più il riposo

Linguine allo scammaro

Osteria-Gastronomia Timpani e Tempura, Napoli

Dissalate le acciughe e i capperi. In una pentola portate l'acqua a bollore, salate moderatamente e calate la pasta.
Mentre le linguine cuociono, in una padella imbiondite l'aglio – che poi toglierete – e sciogliete i filetti di acciuga con le olive verdi snocciolate. Unite quindi i capperi, scottateli brevemente e versate un mestolino di acqua di cottura della pasta. Fate insaporire per un paio di minuti, aggiungete il prezzemolo tritato, le olive di Gaeta e mantecate con il formaggio grattugiato.

Lo scàmmaro, *in vari dialetti meridionali, si riferisce al divieto di mangiare carne nei giorni prescritti dalla liturgia ecclesiastica. Questo tipicissimo condimento di magro napoletano è contrapposto a* càmmaro, *il sugo di grasso, ed è adatto – consiglia Antonio Tubelli che l'ha ripreso, insieme a tanti altri piatti partenopei – a una pasta secca di lungo formato.*

Per 4 persone

mezzo chilo di linguine di Gragnano
2 etti di olive verdi, 2 etti di olive di Gaeta
2 spicchi di aglio, un ciuffo di prezzemolo
un etto di capperi sotto sale, 2 filetti di acciughe sotto sale
un etto e mezzo di pecorino romano
olio extravergine di oliva, sale

Tempo di preparazione e cottura: 20 minuti

Linguine allo sconciglio

Osteria del Noce, Marciana, Isola d'Elba (Livorno)

Per 4 persone

4 etti di linguine
un chilo di sconcigli (murici)
mezzo chilo di pomodori
da sugo, mezza cipolla, uno
spicchio di aglio, un ciuffo di
prezzemolo
olio extravergine di oliva, sale

*Tempo di preparazione e
cottura:* un'ora e mezza

Lavate i murici e sbollentateli con poca acqua in un tegame incoperchiato. Scolateli e con uno spillo ricavate dalle conchiglie i molluschi, che vanno finemente tritati.
In un tegame fate rosolare un trito di aglio, cipolla e prezzemolo. Aggiungete gli sconcigli e i pomodori debitamente puliti e tagliati a tocchetti. Aggiustate di sale e protraete per circa un'ora la cottura, a fuoco molto basso e con tegame dapprima scoperto e successivamente incoperchiato. A cottura, l'olio si separerà dalla salsa di pomodoro.
Lessate le linguine in abbondante acqua salata. Scolatele e saltatele nella padella del sugo.

Molluschi gasteropodi dalla robusta conchiglia a spirale, i murici si gustano perlopiù al naturale, sbollentati in court-bouillon, estratti dal guscio e, una volta raffreddati, conditi con olio extravergine o limone. Prima di immergerli nel brodo è buona norma farli spurgare per qualche ora in acqua salata. In questa ricetta elbana gli sconcigli – è il loro nome toscano ma anche campano – sono la base di un condimento per le linguine, pasta secca di lungo formato nota anche con il nome di bavette e, soprattutto in Liguria, trenette.

Linguine al nero di seppia

Trattoria del Pesce Fresco, Marina di Caulonia (Reggio Calabria)

Per 4 persone

4 etti di linguine (o altra pasta
lunga)
una seppia di circa 6 etti
uno spicchio di aglio, un
ciuffo di prezzemolo
mezzo chilo di passata di
pomodoro
olio extravergine di oliva, sale

*Tempo di preparazione e
cottura:* un'ora

Pulite la seppia, tenendo da parte la sacca del nero, e tagliatela a striscioline.
Soffriggete in olio extravergine il trito di aglio e prezzemolo. Appena l'aglio imbiondisce aggiungete la passata di pomodoro e amalgamatevi immediatamente il nero e la polpa del pesce. Continuate la cottura a fuoco basso per tre quarti d'ora, regolando di sale.
Lessate le linguine in abbondante acqua salata, scolatele e versatele nel tegame del sugo, amalgamando bene.
Potete sostituire le linguine con gli spaghetti e, prima di aggiungere il pomodoro, bagnare le seppie con mezzo bicchiere di vino bianco, insaporendo il condimento, a fine cottura, con una spolverata di peperoncino.

Linguine al pesto di finocchietto e noci

Ristorante Il Vecchio Castagno, Serrastretta (Catanzaro)

Lavate e asciugate con cura le cime di finocchietto – sceglietele tenerissime – e tritatele il più finemente possibile, trasferendole poi in un contenitore con un bicchiere di olio; unite i gherigli di noce pestati in un mortaio fino a ridurli in poltiglia e mantecate il tutto con la ricotta grattugiata.
Lessate le linguine in abbondante acqua salata, scolatele al dente e fatele saltare in una padella capiente con il pesto lievemente intiepidito.

Il finocchio selvatico o finocchietto (Foeniculum vulgare e piperitum) è una pianta erbacea tipicamente mediterranea, che predilige i luoghi soleggiati, secchi e sassosi. Se ne raccolgono, a seconda della stagione, i getti fogliari, i fusti, i fiori e i frutti, impropriamente detti semi, tutti molto aromatici. La parte verde condisce paste e minestre, mentre i frutti insaporiscono carni fresche e insaccate, pani e schiacciate, castagne bollite; nel Sud se ne fanno anche confetture e ripieni per praline. Il finocchietto della Calabria, così come quello della Sardegna, è incluso nell'elenco dei prodotti tradizionali del ministero delle Politiche agricole, alimentari e forestali.

Per 4 persone

4 etti di linguine
3 etti di cime di finocchio selvatico
un etto di gherigli di noci
mezz'etto di ricotta di pecora affumicata da grattugia
olio extravergine di oliva, sale

Tempo di preparazione e cottura: 45 minuti

Linguine al pesto marinaro

Cooperativa Abruzzo Chef, Villa Santa Maria (Chieti)

Diliscate le alici e pestatele in un mortaio con un cucchiaino di sale grosso fino a ridurle a poltiglia.
Tagliate a strisce sottilissime il peperone e soffriggetelo nell'olio insieme agli spicchi di aglio schiacciati. Dopo cinque minuti togliete l'aglio e aggiungete il pesto di alici e il peperoncino a pezzetti. Unite il vino bianco e fate cuocere la salsa per almeno cinque minuti. Spegnete e aggiungete metà dell'origano e del prezzemolo tritati finemente.
In questa salsa mantecate la pasta, cotta in acqua bollente non troppo salata e scolata molto al dente.
Prima di servire cospargete con l'origano e il prezzemolo rimasti, sempre tritati.
Se volete sperimentare un accostamento ardito, completate il piatto con una manciata di pecorino grattugiato.

Per 6 persone

6 etti di linguine
4 etti di alici
un peperone, 3 spicchi di aglio, 2 ciuffi di prezzemolo, 2 ciuffi di origano, un peperoncino
un bicchiere di Trebbiano d'Abruzzo
olio extravergine di oliva, sale grosso

Tempo di preparazione e cottura: 20 minuti

Linguine al ragù del povero

Ristorante Villa Maiella, Guardiagrele (Chieti)

Per 4 persone

3 etti e mezzo di linguine
6 uova, un chilo e 2 etti
di pomodori, una costa di
sedano, una piccola carota,
una piccola cipolla, uno
spicchio di aglio, un rameto
di rosmarino, qualche foglia
di salvia, un pezzetto di
peperoncino, 2 cucchiai di
trito di prezzemolo e aglio
mezz'etto di pecorino
da grattugia, 3 dl di olio
extravergine di oliva
sale, pepe

*Tempo di preparazione e
cottura:* un'ora

Rassodate le uova. Sgusciatele, tagliatele a metà nel senso della lunghezza e conditele con un trito di prezzemolo e aglio, sale, pepe e una spolverata di pecorino grattugiato. Ricomponete le uova e legatele con filo da cucina sottile. In una casseruola scaldate metà dell'olio con lo spicchio d'aglio schiacciato e adagiatevi le uova a rosolare dolcemente. Lasciate cuocere per qualche minuto, togliete l'aglio e aggiungete i pomodori tagliati a filetti; aggiustate di sale e portate a cottura. A questo punto, togliete il filo alle uova e sbriciolatene quattro nel sugo, mentre terrete da parte le altre due.
Tritate sedano, carota e cipolla e, insieme al rosmarino, alla salvia e al peperoncino, rosolateli in una padellina con l'olio rimasto. Filtrate l'olio e versatelo nel sugo, facendo insaporire il tutto per una decina di minuti.
Cuocete la pasta in abbondante acqua salata, scolatela e conditela con il sugo. Mantecate con il rimanente pecorino grattugiato e distribuite nei piatti, decorando con le uova tenute da parte tagliate a spicchi.

Linguine al sugo di anguilla

Ristorante La Costa, San Nicandro Garganico (Foggia)

Per 4 persone

3 etti e mezzo di linguine
6 etti di anguille di Lesina,
uno scalogno, uno spicchio
di aglio, qualche foglia di
sedano selvatico, una ciuffo
di prezzemolo, 2 foglioline
di salvia, 3 etti di passata di
pomodorini, mezzo bicchiere
di vino bianco secco
olio extravergine di oliva
sale, peperoncino (facoltativo)

*Tempo di preparazione e
cottura:* 45 minuti

Spellate le anguille e tagliatele a tocchetti.
In una casseruola versate l'olio, lo scalogno finemente tritato, lo spicchio di aglio in camicia, le foglioline di salvia, prezzemolo e sedano, e fate imbiondire leggermente il tutto. Togliete l'aglio, aggiungete i tocchetti di anguilla, se ne gradite l'aroma, il peperoncino, e fate rosolare a fuoco medio, rigirando il pesce con delicatezza. Sfumate con il vino e regolate di sale. Versate la passata di pomodorini e cuocete ancora per 10 minuti.
A cottura ultimata, mettete da parte i tocchetti di anguilla e trasferite il sugo in una padella.
Cuocete le linguine in acqua bollente salata, scolatele molto al dente e ultimate la cottura in padella con il sugo.
Servite adagiando i tocchetti di anguille sulla pasta e decorate con qualche fogliolina di prezzemolo.

Linguine al tonno sott'olio

Marcella Di Paolo, Martinsicuro (Teramo)

Mettete sul fuoco una pentola con almeno due litri d'acqua. Mentre scalda, in un'ampia padella soffriggete nell'olio l'aglio schiacciato (che poi eliminerete). Lasciatelo imbiondire a fuoco lento, versate il tonno sbriciolato con una forchetta e aggiungete i pomodorini tagliati a pezzetti.
Salate moderatamente l'acqua arrivata a ebollizione e tuffatevi le linguine. Scolatele al dente e versatele nella padella con un po' dell'acqua di cottura. Dopo un paio di minuti distribuite la pasta nei piatti e servitela ben calda, con una presa di prezzemolo tritato fine, una macinata di pepe e un pizzico di peperoncino.

Ricetta rapida e semplicissima, propria della cucina domestica, anche se in Abruzzo faceva parte, un tempo, della cena di magro della vigilia di Natale. Il tonno sott'olio in vasetti o in scatolette è un prodotto perlopiù industriale a base di pesce congelato, ma con un po' di pazienza lo si può preparare in casa. Per cinque chili di tonno fresco, spellato e tagliato a fette alte un paio di centimetri, occorrono mezzo litro di aceto di vino, due cipolle in grossi pezzi, quattro o cinque spicchi di aglio in camicia e tre foglie di alloro. Con questi ingredienti e cinque litri d'acqua si predispone un court-bouillon, riducendolo con l'ebollizione di un terzo. Nel liquido aromatizzato si lessano le fette di tonno, per cinque minuti a fiamma vivace e per mezz'ora a fuoco molto basso. Si scolano e si fanno asciugare molto bene, poi si sistemano in vasi di vetro a tenuta ermetica, con un pizzico di grani di pepe, e si coprono con olio extravergine di oliva, badando che nei contenitori non restino bolle d'aria. I vasi vanno conservati in luogo fresco e perché il tonno si insaporisca occorre attendere quattro o cinque settimane.

Per 4 persone

3 etti di linguine (o altra pasta lunga)
un etto e mezzo di tonno sott'olio
4-5 pomodorini, uno spicchio di aglio, un ciuffetto di prezzemolo
olio extravergine di oliva
sale, pepe, peperoncino

Tempo di preparazione e cottura: 20 minuti

Le molte farine

Le paste della tradizione regionale italiana dimostrano che il **frumento** non è stato l'unico cereale da cui ricavare farina per fare la pasta. Dalle fonti del primo Medioevo, per esempio, si ha notizia della contrazione della coltivazione del frumento nelle regioni del Nord a vantaggio dei cereali inferiori, meno pregiati ma più robusti e resistenti ai climi freddi. E se la quota maggiore di queste farine serviva per la panificazione, è ben documentato il loro uso per confezionare pasta. Si pensi alla **segale**: originaria dell'Asia Minore e diffusamente coltivata nei Paesi dell'Europa centrosettentrionale dove ha stimolato una gastronomia specifica, è una graminacea alta fino a due metri, le cui compatte spighe cilindriche racchiudono numerosi granelli bruni o grigiastri, più lunghi e stretti di quelli del frumento. Con la sua farina, mescolata con quella di frumento e, talora, con uova, si ottengono paste fresche lisce e ripiene tuttora frequentate in Trentino e in Alto Adige, come *blutnudeln*, *cajoncìe* di Moena, *murbe*, ravioli pusteresi, *rofioi*, *tajadele smalzade*, *türteln*.

Cereale adatto agli ambienti pedemontani e montani è il **grano saraceno**, poligonacea classificata commercialmente tra i cereali, dai cui piccoli semi, quasi triangolari e di colore bruno, si ricavano sfarinati scuri, di gusto leggermente acre. Con la farina nera – impiegata soprattutto per pani e polente: ricordiamo la polenta taragna – si sono fatte e si fanno paste alimentari, tra cui i noti pizzocheri valtellinesi. Dopo aver perso gradatamente terreno anche in montagna, negli ultimi tempi per il grano saraceno si è registrata una ripresa della domanda, per ragioni dietetiche (è privo di glutine) ma anche organolettiche, visto che l'aggiunta di una certa quantità di farina nera rende le polente particolarmente saporite.

In molte economie rurali italiane il **castagno** è stato in passato una sorta di "albero del pane" e con la farina delle castagne essiccate si sono sempre preparate polentine, pani (pensiamo alla marocca di Casola in Garfagnana), cialde e focacce da consumare prima come pane, più tardi come dolci rustici: è stato questo il destino della pattona e del castagnaccio originari della Toscana (Lunigiana e Casentino soprattutto), del neccio della Garfagnana e dei tanti dolcetti poveri come le mistocchine, i mietti, i menni, il *tamplum*, il *fritloc*. Preparazioni tuttora in auge nel Levante ligure e in Toscana sono le paste caserecce ricavate da un miscuglio di farine di frumento e di castagne in percentuali variabili: pasta bastarda o pasta matta, la chiamano, e ne ricavano lasagne, tagliatelle, tortelli da farcire di magro. Ancora in Liguria, questa volta nel Ponente, si chiamano invece "avvantaggiate" quelle paste – trofie, trenette, piccagge – il cui impasto prevede un'aggiunta di **farina integrale** di frumento, uno sfarinato non sottoposto ad abburattamento, vale a dire l'operazione di setacciamento che separa la farina dalla crusca.

Orzo e **farro**, cerali a lungo dimenticati, stanno conoscendo negli ultimi decenni una nuova fortuna, non solo consumati in chicchi per minestre e zuppe, ma anche come origine di farine da mescolare con quella di frumento per impastare: piccoli produttori di pasta dell'Italia centrale – ancora Toscana, ma anche Marche e Abruzzo – stanno sperimentando interessanti miscele. Nel Sud, invece, e in particolare in Sicilia, non è andata del tutto persa la tradizione dell'impiego della **farina di carrube** (in percentuale ridotta rispetto alla dose di farina di frumento e con l'aggiunta di uova) per confezionare pasta casalinga. Altrettanto vale per la **farina di ceci**, che alcuni chef stanno impiegando con esiti interessanti. In particolare va segnalata la ricerca del professor Davide Cassi, docente di Fisica della materia all'Università di Parma che, da anni impegnato nello studio delle possibili sinergie tra scienza e cucina, ha trovato il modo di rendere impastabile la farina di ceci denaturandone le proteine a secco in forno tiepido; con la pasta poi ottenuta lo chef Fulvio Pierangelini ha creato dei ravioli di ceci ripieni di gamberi, che – osserva Cassi – sono ispirati alla tradizione, ma innovativi scientificamente, etici (nella ricerca si pensò di rendere un buon servizio ai celiaci), ottimi dal punto di vista nutrizionale, belli da vedere e buoni da mangiare.

Non è invece il nome di una varietà di grano il tanto pubblicizzato **kamut**. Si tratta di un marchio registrato nel 1990 dalla società americana Kamut International che dichiara di avere riesumato un'antica varietà di grano duro, il *khorasan*, coltivata in Egitto. Le analisi chimiche hanno rilevato in questo cereale un alto valore proteico e una buona qualità del glutine, il che rende la sua farina molto adatta alla pastificazione. Poiché dal punto di vista botanico appartiene alla famiglia delle graminacee e alla specie *Triticum turgidum*, il kamut non è tollerato da chi è affetto da **intolleranza al glutine**. Ed è, ovviamente, in buona compagnia. Frumento (grano), segale, orzo, avena (in discussione), farro, spelta, kamut, triticale, monococco sono i cereali vietati ai celiaci in quanto l'introduzione nell'organismo di prolamina – una delle frazioni proteiche che costituiscono il glutine – genera gravi danni alla mucosa intestinale. Sono al contrario tollerati cereali o leguminose quali il mais, il riso, il grano saraceno, l'amaranto, il miglio e altri minori (dati dell'Associazione italiana celiachia). In passato l'avena era considerata tossica per il celiaco, mentre studi recenti avrebbero dimostrato che l'assunzione quotidiana e prolungata di questo cereale non provocherebbe alcuna lesione della mucosa intestinale né la comparsa di sintomi. Bisogna osservare, però, che la gran parte dei prodotti a base di avena attualmente in commercio vengono contaminati dal glutine durante la lavorazione, così come spesso avviene anche per il grano saraceno. È imprescindibile, quindi, che per le farine tollerate si possa garantire una molitura esente da quàlunque contaminazione.

La maggior parte delle farine per celiaci adatte alla pastificazione sono miscugli (farina e amido di mais, amido di riso e fecola di patate con l'aggiunta di addensanti); esistono ovviamente paste secche e fresche di farina di mais o di riso confezionate da ditte specializzate e certificate, reperibili in farmacie e in alcuni validi supermercati. Chi voglia preparare la pasta in casa con farine senza glutine, dovrà prendere confidenza con la materia prima, sperimentare la sua resa (diversa, ovviamente rispetto a ciò che si può ottenere con le farine di frumento quanto a impastabilità) e dosare con ripetute prove la quantità di acqua e di uova.

Linguine con capetroccole e olive

Ristorante Il Gatto & la Volpe, Formia (Latina)

Pulite le *capetroccole* (altrove chiamate teste di chiodo) eliminando gli occhi, sciacquatele sotto un getto di acqua fredda e mettetele in uno scolapasta a sgocciolare.
Tritate il prezzemolo e tagliate in quattro parti i pomodorini, privandoli dell'acqua di vegetazione e dei semi.
In una padella versate le olive e l'aglio (sbucciato e leggermente schiacciato) in un po' di olio lasciando soffriggere per pochi minuti. Unite il peperoncino e i molluschi e rosolate per cinque o sei minuti a fuoco moderato. Quando il pesce avrà preso colore, versate il vino e fatelo evaporare, quindi unite i pomodori e regolate di sale. Proseguite la cottura per 5-10 minuti per dare modo al fondo di cottura di ritirarsi, verificando con una forchetta la consistenza dei polpi; spegnete la fiamma e serbate in caldo.
Lessate le linguine in abbondante acqua salata scolandole al dente (occorreranno dagli otto ai dieci minuti, secondo le tipologie), versatele nel tegame e amalgamatele al condimento ultimando con il prezzemolo.

Per 4 persone

4 etti di linguine
mezzo chilo di *capetroccole*
(piccoli polpi)
3 etti di pomodorini,
uno spicchio di aglio, un
ciuffetto di prezzemolo, un
peperoncino
un etto e mezzo di olive di
Gaeta in salamoia
un bicchiere di vino bianco
secco
olio extravergine di oliva, sale

*Tempo di preparazione e
cottura:* 45 minuti

Linguine con cozze, bottarga e peperoni

Ristorante Il Tirabusciò, Calangianus (Olbia-Tempio)

Lavate le cozze, versatele in un'ampia padella, incoperchiate e fatele andare a fuoco vivo finché le valve non si siano schiuse. Lavate i peperoni e tagliateli a listarelle, sbucciate gli spicchi di aglio schiacciandoli leggermente, tritate il prezzemolo.
In una padella fate rosolare gli spicchi d'aglio nell'olio finché non prendano colore, quindi aggiungete i peperoni e cuocete per una decina di minuti a fuoco moderato. Togliete le cozze dal tegame – prelevate una decina di molluschi gettando i gusci – e aggiungetele alla preparazione cospargendo con il prezzemolo e un pizzico di peperoncino tritato. Alzate la fiamma, regolate di sale, sfumate con il vino e prolungate la cottura fino a completa evaporazione. Bollite in acqua salata le linguine, scolatele al dente e saltatele con il condimento, ultimando con il pangrattato e una generosa grattugiata di bottarga; mescolate a fuoco spento e servite.

Per 4 persone

4 etti di linguine
un chilo di cozze, mezz'et o di
bottarga
mezzo chilo di peperoni,
spicchi di aglio, un ciuffo
di prezzemolo, mezzo
peperoncino
pangrattato
mezzo bicchiere di
Vermentino
olio extravergine di oliva, sale

*Tempo di preparazione e
cottura:* 45 minuti

Linguine con i gransipori

Trattoria Ai Ciodi, Grado (Gorizia)

Per 4 persone

3 etti e mezzo di linguine
mezzo chilo di *gransipori*
(granciporri)
uno spicchio di aglio
mezzo cucchiaino di
concentrato di pomodoro
mezz'etto di pangrattato
un bicchiere di olio
extravergine di oliva
sale grosso, pepe nero

*Tempo di preparazione e
cottura:* 45 minuti

Spazzolate e lavate i *gransipori*. Immergeteli per un minuto in una pentola d'acqua in ebollizione, poi staccate le chele e le pinze.

In un recipiente di ghisa a fondo rotondo (*laveso*) scaldate l'olio e soffriggetevi leggermente l'aglio tritato. Unite il pane grattugiato e fatelo imbiondire. Aggiungete i granchi e, dopo la rosolatura, il concentrato di pomodoro e acqua fino a ricoprirli. Fate restringere il sugo, regolando di sale e pepe.

Lessate le linguine, scolatele al dente e saltatele nella padella con il condimento.

I granciporri sono grossi granchi con chele spinose e pinze molto robuste: vivono prevalentemente in mare aperto, ma si possono trovare nelle lagune dell'alto Adriatico in autunno e inverno. Nella trattoria di Mauro, Cristiano e Piero Tognon, pescatori dell'isola di Anfora, nella laguna di Grado, il piatto arriva in tavola con tavoletta di legno e martello per rompere la corazza dei crostacei.

Linguine con le triglie

Ristorante La Playa, Ospedaletti (Imperia)

Per 4 persone

mezzo chilo di linguine
mezzo chilo di triglie di
scoglio, mezzo chilo di
pomodorini pachino, uno
scalogno, una cipolla, uno
spicchio di aglio, una costa di
sedano, una carota, qualche
foglia di alloro, un ciuffo di
basilico, mezzo bicchiere di
vino bianco secco, 3-4 cucchiai
di olio extravergine di oliva
sale, peperoncino

*Tempo di preparazione e
cottura:* un'ora

Sfilettate le triglie, tenendo da parte la testa e le spine. Fate bollire queste ultime per una ventina di minuti in due litri d'acqua, con alloro, cipolla, aglio, sedano, carota, sale, quindi filtrate il fumetto così ottenuto.

In una padella soffriggete leggermente con l'olio extravergine un pizzico di peperoncino e lo scalogno tritato. Versate i filetti di triglia e rosolate per pochi minuti; sfumate con il vino bianco, aggiungete i pomodorini tagliati a pezzetti e proseguite la cottura per una decina di minuti insaporendo con il basilico.

Lessate le linguine, scolatele piuttosto al dente, quindi trasferitele in padella, allungando il sugo con il fumetto.

A differenza della triglia di fango, quella di scoglio predilige i fondali rocciosi. Come la sua parente, ha carni molto delicate; l'unico inconveniente sono le numerose lische, che rendono consigliabile sfilettare il pesce.

Linguine con olive e capperi

Lidia Angelini, Imperia

Soffriggete in olio gli spicchi di aglio che, a doratura, eliminerete; aggiungete quindi i capperi dissalati, i filetti di acciuga, le olive e, dopo alcuni minuti, i pomodori sbollentati e tagliati a cubetti. Poco prima di spegnere il fuoco, regolate di sale e insaporite con l'origano e, volendo, con il peperoncino.
In una pentola capiente, cuocete le linguine in abbondante acqua salata e, dopo averle scolate, trasferitele nel tegame con il sugo; amalgamate il tutto e servite.

Pasta secca lunga a sezione lenticolare, di riconosciuta origine ligure, le linguine si sposano qui a un condimento di forte impronta mediterranea. Della ricetta esistono, anche nel Sud Italia, varianti in bianco, senza pomodoro.

Per 4 persone

3 etti e mezzo di linguine
4 pomodori maturi, 1-2 spicchi di aglio, un rametto di origano, un pezzetto di peperoncino (facoltativo)
4 filetti di acciughe sott'olio
una manciata di olive denocciolate, una manciata di capperi sotto sale
olio extravergine di oliva, sale

Tempo di preparazione e cottura: mezz'ora

Linguine con porro e salsiccia

Antica Osteria all'Unione, Cormons (Gorizia)

Sgrassate le salsicce cucinandole lentamente, senza budello, con un sorso di vino bianco e il succo di limone.
In un'altra padella soffriggete dolcemente nell'olio il porro e lo scalogno tagliati per il lungo e poi a fettine non troppo sottili. Sfumate con il vino rimanente, salate, pepate e aggiungete le salsicce sgrassate e sgranate. Bagnate con il brodo vegetale e amalgamate a fiamma vivace per qualche minuto.
Versate nella padella la pasta che avrete lessato in acqua salata, aggiungendo un pizzico di cannella. Servite con una grattugiata di ricotta affumicata carnica.

Con lo stesso sugo Giuseppe Pecorella, da molti anni patron con la moglie Giovanna dell'ottocentesca trattoria di Cormons, condisce tagliatelle e altri formati di pasta fresca all'uovo. Il tocco territoriale è dato, oltre che dalla ricotta affumicata, dalla cannella, spezia molto usata nelle cucine del Nordest.

Per 4 persone

320 g di linguine
2 salsicce
un porro, uno scalogno
un cucchiaio di succo di limone
mezzo bicchiere di brodo vegetale
mezzo bicchiere di vino bianco secco
ricotta affumicata della Carnia
2 cucchiai di olio extravergine di oliva
sale, pepe nero, cannella

Tempo di preparazione e cottura: mezz'ora

Linguine con ragù di pesce prete

Ristorante La Paloma, Isola del Giglio (Grosseto)

Per 4 persone

4 etti di linguine (o altra pasta lunga)
un chilo di pesce prete (pesce lucerna)
4 pomodori maturi, uno spicchio di aglio, un ciuffetto di prezzemolo
fumetto di pesce
olio extravergine di oliva
sale, pepe nero

Tempo di preparazione e cottura: 40 minuti

Il pesce prete va maneggiato con cautela perché le sue ghiandole velenifere secernono una sostanza tossica anche per l'uomo: se non siete molto esperti, fatelo pulire dal pescivendolo. Altrimenti, evisceratelo, sfilettatelo prestando attenzione anche alle sottili spine sulla pancia e tagliatelo a piccoli pezzi.
In un tegame basso fate imbiondire in olio lo spicchio di aglio. Aggiungete le scaglie di pesce e, senza girare, i pomodori spezzettati, poco prezzemolo tritato, sale e pepe. Rosolate lasciando che si attacchi delicatamente al tegame, poi bagnate con il fumetto, versandolo poco alla volta. La cottura non deve superare i 15 minuti.
Nel frattempo avrete lessato al dente la pasta: scolatela, trasferitela nel tegame del sugo, amalgamate e servite.

Imparentato con il pesce ragno, il pesce lucerna o còzzolo o mesoro (Uranoscopus scaber) ha occhi in posizione sensibilmente dorsale, caratteristica da cui derivano sia il nome scientifico ("che guarda le stelle") sia denominazioni popolari quali pesce prete e bocca in cielo. Normalmente è usato come pesce da zuppa, ma le sue carni sode, delicate e profumate lo rendono adatto a essere cucinato anche da solo, come in questo condimento proposto da Claudio Bossini del ristorante gigliese La Paloma.

Linguine di farro con cavolo verza

Martina Dotta, Carignano (Torino)

Per 4 persone

3 etti e mezzo di linguine di farro
mezzo chilo di cavolo verza, uno spicchio di aglio, un ciuffetto di maggiorana
2-3 acciughe sotto sale
olio extravergine di oliva, sale

Tempo di preparazione e cottura: mezz'ora

Pulite la verza, lavatela, mettetela ad asciugare su un canovaccio di cotone e poi tagliatela a listarelle sottili. Dissalate, diliscate e tagliate a pezzi molto piccoli le acciughe. In una pentola fate bollire l'acqua, salate e tuffatevi le linguine con la verza.
Intanto fate imbiondire in un tegame con un po' di olio lo spicchio di aglio e, quando è dorato, aggiungete le acciughe e fatele sciogliere a fiamma molto bassa, mescolando con un cucchiaio di legno.
Scolate linguine e verza e fatele saltare in padella con il condimento e poca acqua di cottura della pasta; insaporite con la maggiorana tritata e servite.

Linguine di farro con cicorietta

Ristorante Taverna 58, Pescara

Lavate accuratamente la cicorietta e, senza sgocciolarla, mettetela in una capiente padella con lo spicchio d'aglio, i granelli di finocchietto e tre cucchiai di extravergine. Regolate di sale, incoperchiate e cuocete a fuoco dolce per una decina di minuti.

A cottura ultimata, lasciate riposare qualche minuto, poi togliete l'aglio e, a mano, riducete la verdura a una purea, facendo attenzione a non disperdere il liquido di cottura. Riversate nella padella la salsa così ottenuta.

Lessate e scolate le linguine al dente e versatele nella padella con la salsa, amalgamando bene il tutto.

Il farro, in particolare il T. monococcum *che – discendente del selvatico* T. boeticum, *di cui si sono trovati in Turchia fossili databili al X-IX millennio a.C. – pare essere stato coltivato fin dai primordi dell'agricoltura, è con ogni probabilità il progenitore di tutte le graminacee del genere* Triticum, *quindi anche del frumento. Era a base di chicchi di farro macinato la* puls, *sorta di polenta morbida che nell'antica Roma sfamava soldati e plebei; l'importanza che questo cereale rivestiva nel mondo classico è testimoniato dalla derivazione da* far, farris *della parola farina (e anche di farragine, nel significato originario di miscuglio di grani). Soppiantato man mano dal frumento e, in epoca moderna, dal mais, il farro ha conosciuto una nuova fortuna con l'interesse contemporaneo per i cibi tradizionali, rustici e poveri. In Abruzzo il farro è coltivato un po' ovunque: nel Teramano, nella zona di Torano; in provincia dell'Aquila, a Montereale, Carsoli e Perano; nel Pescarese, sulle colline di Corvara; nel Chietino, a Guardiagrele e dintorni. Le paste a base di farro, come le linguine impiegate in questa ricetta, si prestano a svariati, anche fantasiosi accostamenti, come questo che crea un gradevole contrasto tra il gusto dolce del farro e l'amaro della cicorietta.*

Per 4 persone

mezzo chilo di linguine di farro
2 etti di cicoria selvatica, uno spicchio di aglio
un pizzico di granelli di finocchio selvatico
olio extravergine di oliva, sale

Tempo di preparazione e cottura: mezz'ora

Lisangas con ghisau

Mattea Usai, Seneghe (Oristano)

Per 5-6 persone

Per la pasta:
mezzo chilo di semola di
grano duro
un pizzico di sale
Per il brodo:
2 coste di sedano, 2 carote,
una cipolla, un ciuffetto di
basilico
una presa di sale
Per il condimento:
4 etti di polpa di manzo
2 carote, 2 coste di sedano,
una cipolla, 4 foglie di alloro
un chilo di polpa di pomodoro
un bicchiere di vino rosso
pecorino sardo di media
stagionatura (facoltativo)
olio extravergine di oliva, sale

*Tempo di preparazione e
cottura:* un'ora e mezza, più il
riposo

In una spianatoia disponete la semola, aggiungete un pizzico di sale e impastate unendo via via piccoli quantitativi di acqua tiepida e lavorando a lungo il composto fino a ottenere una massa liscia ed elastica, che lascerete riposare, avvolta nella pellicola, per una mezz'ora.

Preparate il brodo lessando le coste di sedano a pezzi, le carote, la cipolla e il basilico in un litro e mezzo di acqua leggermente salata.

Tagliate la carne a cubetti e tritate le verdure; rosolate il manzo in un tegame con olio extravergine, aggiungete il battuto e le foglie di alloro, lasciate assorbire l'acqua di vegetazione e sfumate con il vino. Unite la polpa di pomodoro, amalgamate gli ingredienti e, dopo un paio di minuti, versate il brodo fino a coprire la carne. Abbassate la fiamma, incoperchiate il tegame, regolate di sale e lasciate sobbollire per tre quarti d'ora, finché la salsa non si sia ristretta.

Nel frattempo prendete la pasta, stendetela con il matterello in una sfoglia sottile (all'incirca un paio di millimetri) e tagliatela a strisce di un centimetro di larghezza. Quando il condimento è pronto, lessate le *lisangas* in abbondante acqua salata – scolandole al dente non appena siano salite a galla – e ripassate in padella con il sugo ultimando, se lo gradite, con una spolverata di pecorino grattugiato.

Simili alle tagliatelle, le lisangas *sono di norma realizzate con sola semola di grano duro, ma l'impasto può essere arricchito con due o tre uova ogni mezzo chilo di sfarinato, diminuendo la quantità di acqua. Il condimento proposto è uno spezzatino – in sardo* ghisau *o* ghisadu *– di manzo di razza sardo modicana, dal caratteristico mantello fulvo, tutelata da un Presidio Slow Food. Oggi allevata quasi esclusivamente nel Montiferru, ha carni saporite e sode che necessitano di cottura prolungata.*

Lorighittas al ragù di gallina

Sa Piola della Vecchia Trattoria, Cagliari

La preparazione delle *lorighittas* è piuttosto complessa e richiede tempi molto lunghi: è oggi possibile trovarne di ottime già pronte, ma se avete tempo e dimestichezza potete cimentarvi in questa difficile operazione.
Su una spianatoia impastate la semola con acqua e sale, lavorando a lungo fino a ottenere una massa soda ed elastica. Prelevatene porzioni non troppo grandi, lasciando il resto coperto da un canovaccio perché il composto non asciughi eccessivamente, e lavorate con le mani infarinate assottigliando l'impasto in sottili cordoncini. Avvolgete per due volte la pasta attorno al pollice e all'indice disposti a C, formando un ovale, saldate i due lembi a un'estremità e arrotolate i due fili facendoli scorrere fra le dita: otterrete così la caratteristica forma a treccia. Lasciate asciugare le *lorighittas* all'aria per qualche ora allargandole su un cesto di vimini; l'ideale sarebbe preparare la pasta il giorno prima. Dedicatevi ora al sugo: spezzate la carne – riservando il petto e i fusi per altre ricette – e tritate finemente le verdure e i pomodori secchi. Fate soffriggere il battuto in un tegame di coccio con olio, aglio e, se vi piace, con una punta di peperoncino. Non appena avrà preso colore, aggiungete la gallina e rosolatela, sfumate con il vino e proseguite la cottura a tegame scoperto per mezz'ora, aggiungendo, se necessario, piccoli quantitativi di acqua.
Trascorso il tempo necessario togliete il volatile, fatelo intiepidire e disossatelo con cura; sfilacciate la polpa e versatela nuovamente in padella. Spezzettate finemente i pelati, privandoli dei semi, e uniteli al sugo; regolate di sale e ultimate la cottura a tegame coperto e a fuoco dolce per altri 30 minuti.
In una pentola capiente scaldate abbondante acqua salata e, quando avrà preso il bollore, calate la pasta lessandola per circa 20 minuti, mescolando di tanto in tanto con delicatezza perché gli anelli non si attacchino fra loro. Quando le *lorighittas* saranno pronte, scolatele e saltatele in padella con il condimento, in modo da amalgamare bene il tutto.

Per 4 persone

Per la pasta:
3 etti di semola di grano duro
un pizzico di sale
Per il condimento:
una gallina pronta per la
cottura
una piccola cipolla, una
carota, una costa di sedano,
uno spicchio di aglio, un
pezzetto di peperoncino
(facoltativo)
2 pomodori secchi
2 etti e mezzo di pomodori
pelati
un bicchiere di vino bianco
secco
olio extravergine di oliva, sale

*Tempo di preparazione e
cottura:* 3 ore, più il riposo

207

Macaron del fret al ragù di salsiccia

Ristorante 'L Bunet, Bergolo (Cuneo)

Per 8-10 persone

Per la pasta:
mezzo chilo di farina di
frumento
3 uova intere e 12 tuorli
un pizzico di sale
Per il condimento:
mezzo chilo di salsiccia di
maiale
mezzo chilo di pomodori, una
cipolla
parmigiano reggiano
(facoltativo)
olio extravergine di oliva, sale

*Tempo di preparazione e
cottura:* 2 ore

Per il ragù, affettate finemente la cipolla, sistematela in un tegame con un paio di cucchiai di extravergine e fatela appassire dolcemente. Togliete dal budello la salsiccia, sbriciolatela e unitela al soffritto, facendola rosolare per qualche minuto. Aggiungete i pomodori pelati, privati dei semi e schiacciati, per eliminare l'acqua di vegetazione; regolate di sale e portate a cottura a fiamma bassa.

Disponete la farina a fontana sulla spianatoia, aggiungete le uova intere e i tuorli, il sale e un po' d'acqua e lavorate il tutto in modo da ottenere un composto sufficientemente elastico ma ancora umido, che stenderete con il matterello o passerete alla sfogliatrice. Tagliate, quindi, i fogli di pasta con la rotella dentata in rettangoli di circa dieci centimetri per tre, che arrotolerete sul ferro da calza (vanno bene anche gli stecchini di legno usati per gli spiedini, ma devono essere un po' più spessi) con un movimento del palmo della mano secco e deciso.

Cuocete in acqua bollente salata i *macarón* per una decina di minuti, scolateli al dente e conditeli con il ragù di salsiccia, ultimando, a piacere, con il parmigiano grattugiato.

I macarón *del fret sono maccheroncini bucati ottenuti da rettangoli di pasta all'uovo arrotolata intorno al ferro da calza. Equivalenti delle numerose paste fresche meridionali lavorate con il ferretto, si sono sempre fatti anche in Piemonte. Emilio Banchero li propone nel suo ristorante conditi con il classico ragù di salsiccia o con altri sughi stagionali, quali quello di* garitole *o* finferli *(fungo cantarello, pag. 461), con poco o addirittura senza pomodoro, o volendo di porcini, con una spolverata leggera di prezzemolo tritato.*

Macarrones furriaos

Ristorante Ispinigoli, Ispinigoli di Dorgali (Nuoro)

Disponete sul tavolo la semola a fontana. Versate al centro le uova, acqua, un pizzico di sale e amalgamate il tutto fino a ottenere una pasta liscia, asciutta e al tempo stesso morbida. Preparate quindi i *macarrones de punzu*, così chiamati in dialetto dorgalese perché ottenuti con l'uso delle mani e dei pugni o per la forma che ricorda una mano stretta a pugno.

Prendete dei pezzi di pasta non molto grandi lavorandoli fino a ridurli in palline delle dimensioni di un fagiolo, posatele una a una su una superficie ruvida (un cesto di vimini andrà benissimo) e con il pollice imprimete a ogni tocchetto un movimento in avanti e nello stesso tempo, premendo, fate quasi avvolgere la pasta su se stessa. Man mano che i *macarrones* sono pronti allargateli su un telo infarinato.

Mettete sul fuoco una pentola di acqua salata e, quando raggiunge il bollore, calate la pasta, cuocendola per tre o quattro minuti, poi scolatela con cura. Rimettete i *macarrones* in pentola a fuoco bassissimo, versateci sopra il pecorino fresco – che avrete lasciato inacidire nel suo siero per un paio di giorni – tagliato a pezzettini, lo zafferano, la salvia finemente tritata, il burro e mescolate per qualche istante con un cucchiaio di legno finché il formaggio non si amalgami con la pasta, che servirete caldissima nel recipiente di cottura.

Questo piatto, molto frequentato nella cucina sarda, può essere preparato utilizzando anche i malloreddus, *gnocchetti di sola semola, acqua e sale molto simili nella forma ai* macarrones de punzu, *ma di dimensioni leggermente inferiori. Lo stesso nome di* macarrones *identifica, secondo le zone, formati di pasta differenti: nella zona di Nuoro sono diffusi quelli* de punzu, *con o senza uova nell'impasto, altrove, con la specifica di* macarrones de busa, *o semplicemente* macarrones, *si intendono quelli preparati arrotolando strisce di pasta attorno a un apposito ferretto – il* ferritus – *o al ferro da calza, formando una sorta di bucatino più o meno lungo, che si condisce con ricotta o pecorino fresco, con sugo di pomodoro o con ragù di carne.*

Per 6 persone

4 etti di semola fine di grano duro
2 uova
5 foglie di salvia
3 etti di formaggio pecorino fresco acidulo
una noce di burro
sale, qualche stimma di zafferano

Tempo di preparazione e cottura: un'ora e mezza

Maccarruni 'i casa al ragù di pecora

Ristorante Nangalarruni, Castelbuono (Palermo)

Per 6 persone

Per la pasta:
mezzo chilo di semola di
grano duro
4 uova
un pizzico di sale
Per il condimento:
un chilo e 2 etti di carne di
pecora (preferibilmente le
puntine della coscia)
2 cipolle, 4 carote, 2 gambe di
sedano, 2 spicchi di aglio, 2
foglie di alloro
un litro di salsa di pomodoro,
2 cucchiai di concentrato di
pomodoro
mezzo litro di brodo vegetale
un bicchiere di vino rosso di
corpo
olio extravergine di oliva
sale, pepe

*Tempo di preparazione e
cottura:* 2 ore e mezza

Con la semola, le uova e il sale preparate la pasta. Tirate la sfoglia con il matterello e ricavatene quadrati, che sistemerete in ordine sulla spianatoia. Premete sopra ognuno con l'apposito ferretto o con un ferro da calza e arrotolate la sfoglia tutto intorno, ottenendo maccheroncini simili a corti bucatini.

Preparate un trito di sedano, carota, cipolla e aglio e fatelo appassire a fuoco dolce in un tegame capiente con extravergine. Unite la carne tagliata a tocchetti e cuocete per una ventina di minuti. Bagnate con il vino, aggiungete il concentrato di pomodoro e il brodo e cuocete per altri 20 minuti sempre a fuoco dolce. Aggiungete la salsa di pomodoro e l'alloro, abbassate la fiamma e portate a cottura in un'ora e mezza circa, regolando di sale e pepe.

Quando il ragù è quasi pronto, lessate i *maccaruni* in abbondante acqua salata, scolate e condite.

I maccaruni 'i casa *sono una pasta fresca casalinga ottenuta con un attrezzo a forma di stanghetta o di bastoncino. Esistono ferretti ad hoc, ma da sempre si utilizzano cannucce vegetali (ricavate da giunchi o dalla canna* Arundo aegyptica, *in arabo* bus, *da cui* busa *e* busiate, *termini che per estensione indicano la pasta prodotta), stecche di ombrello e, ancora oggi, ferri da calza. Con il ferretto si può agire in due modi: lo si preme su un cilindretto di pasta, si rotola sulla spianatoia finché la pasta si sia assottigliata e richiusa, oppure si avvolge intorno al ferro una striscia di pasta, si fa ruotare sul tavolo di lavoro e si sfila con un colpo secco. Si ottengono così maccheronelli bucati più o meno lunghi e più o meno torti, simili ai fusilli, denominati, da Nord a Sud, in una infinità di modi:* busiate, ceppe, ferrazzuoli, ferricieddi, fricelli, fusidde, fileja, filateddhi, fischietti, *maccarones a ferritus, maccarones de busa, macarón del fret, macarón cun l'agugia (maccheroni bobbiesi), minchiareddhi, subioti. Poiché l'area semantica del termine "maccheroni" è molto estesa, le sovrapposizioni sono molteplici e l'identificazione delle paste con il ferretto è problematica, tanto che rientrano in questa categoria i fusilli caserecci, certi tipi di scialatielli e di strangolapreti.*

Maccaruni con i cacocciuli

Osteria da Giglio, Caulonia (Reggio Calabria)

Lavorando a lungo e con emergia la semola, le uova e il sale preparate la pasta. Tirate la sfoglia con il matterello e tagliatela a quadratini che disporrete allargati sulla spianatoia. Con i palmi delle mani aperte premeteci sopra l'apposito ferretto – potete anche usare un ferro da calza – e arrotolateli attorno, ottenendo i *maccaruni*.

Pulite e lavate i *cacocciuli*, apriteli leggermente e sistemateli in un tegame; conditeli con un goccio di olio, un pizzico di sale e copriteli con acqua fredda. Incoperchiate e cuocete lentamente per un quarto d'ora circa, fino a quando tutta l'acqua sarà evaporata. Fateli rosolare, quindi, con olio e aglio, fino a renderli teneri e ben amalgamati, regolando di sale e insaporendo, a piacere, con un pizzico di peperoncino.

Cuocete la pasta in abbondante acqua salata, scolatela al dente e trasferitela nel tegame con il condimento, completando con un filo di extravergine.

I cacocciuli *sono in Calabria le gemme – i carciofini – del cardo selvatico* Cynara cardunculus sylvestris, *pianta erbacea di grandi dimensioni sia spontanea sia naturalizzata. Appartiene alla specie del carciofo ma nell'Italia meridionale e nelle isole, dove il consumo è molto diffuso, è chiamata comunemente cardo. Si cucinano fritti, al forno e, secondo mamma Natalina, cuoca nell'osteria del figlio Giglio, sono un ottimo condimento per i* maccaruni *e le linguine; si conservano, inoltre, sott'olio. In Sicilia, dove sono conosciuti come* cacocciuliddi spinusi, *e cotti in acqua e sale, si piluccano foglia a foglia, un tempo erano un noto cibo da strada.*

Per 6 persone

Per la pasta:
mezzo chilo di semola di grano duro
4 uova
un pizzico di sale
Per il condimento:
4 etti di *cacocciuli*, 2 spicchi di aglio
olio extravergine di oliva
sale, peperoncino (facoltativo)

Tempo di preparazione e cottura: 2 ore e un quarto

Maccaruni con soppressata e melanzane

Rosaria Salvatore, Tropea (Vibo Valentia)

Per 4-6 persone

mezzo chilo di maccheroni di
pasta fresca
un etto di soppressata, 20 g di
pancetta piccante
6-7 etti di pomodori
2 melanzane lunghe, 2 spicchi
di aglio, una piccola cipolla,
mezzo peperoncino, un
ciuffetto di basilico
un bicchiere di vino rosso
un etto di mozzarella, un etto
di ricotta salata
olio extravergine di oliva, sale

*Tempo di preparazione e
cottura:* 40 minuti

Tagliate a cubetti e friggete le melanzane. A doratura,
sgocciolatele dall'olio e asciugatele su carta assorbente perché perdano l'unto in eccesso.
In un tegame soffriggete in un paio di cucchiai di olio la
cipolla, l'aglio e il peperoncino tritati. Aggiungete la soppressata e la pancetta a cubetti; rosolate per qualche minuto e sfumate con il vino. Una volta evaporato, unite i cubetti di melanzana fritti e i pomodori sbollentati per un
minuto, privati dei semi e spezzettati. Regolate di sale aggiungendo abbondante basilico spezzettato.
Lessate i maccheroni in abbondante acqua salata, scolateli
al dente e trasferiteli in padella con la salsa; aggiungete la
mozzarella a pezzetti e amalgamate bene il tutto.
Servite in tegamini di terracotta con una grattugiata di ricotta salata, guarnendo con foglie di basilico.

*I maccheroni fatti in casa con l'apposito ferretto (si vedano
le ricette precedenti) possono essere sostituiti con altra pasta fresca casalinga. Il cuoco Pasquale Pangallo raccomanda
di salare con parsimonia, perché i salumi e la ricotta di questo piatto intenso e gustoso, tipico della cucina meridionale,
sono già molto saporiti. Le melanzane utilizzate, di forma allungata, hanno in genere un gusto più spiccatamente amarognolo e piccante, per cui molti preferiscono sottoporle, prima
dell'utilizzo, a un procedimento preliminare: le affettano e le
cospargono di sale, lasciandole poi sgrondare per alcune ore
in un colapasta. Alcuni buongustai ritengono però superflua
tale procedura, perché volta a eliminare un sapore caratteristico pregiato.*

Maccheroncelli dorati alle acciughe

Ristorante Summertime, Capoliveri (Isola d'Elba, Livorno)

Se non trovate il pesto di pistacchio, potete prepararlo frullando una pari quantità di granella con olio e un pizzico di sale.
Ponete le acciughe, pulite e diliscate, in una padella antiaderente con olio extravergine, il finocchietto e l'uvetta, fatta rinvenire in acqua tiepida e ben strizzata. Soffriggete a fuoco moderato e sfumate con il vino bianco. Aggiungete il pesto di pistacchio, scioglietelo con l'aiuto di qualche cucchiaio di fumetto e regolate di sale.
In un'altra padella antiaderente essiccate a fuoco lento il pangrattato fino a doratura, unendo alla fine lo zucchero.
Nel frattempo avrete lessato la pasta in acqua salata. Scolate e condite con il sugo di acciughe. Impiattate e decorate con il pangrattato e la granella di pistacchio.

Un condimento insolito ma con ingredienti molto mediterranei per questa ricetta spesso in menù nel ristorante elbano di Maurizio Toso. Maccheroncelli è il nome commerciale della pasta usata dal cuoco Beppe Silvio: grossi spaghetti forati, corrispondenti alle classiche mezze zite napoletane, che in genere si spezzano prima della cottura.

Per 4 persone

320 g di maccheroncelli (mezze zite)
3 etti di acciughe
un ciuffetto di finocchio selvatico, 2 cucchiai di pesto di pistacchio, 2 cucchiai di granella di pistacchio, 20 chicchi di uvetta sultanina
30 g di pangrattato
fumetto, mezzo bicchiere di vino bianco secco
olio extravergine di oliva
sale, un cucchiaino di zucchero

Tempo di preparazione e cottura: 40 minuti, più l'ammollo dell'uvetta

Maccheroncini agli asparagi selvatici

Ristorante da Andrea, Palazzolo Acreide (Siracusa)

Tolte le punte, sbollentate la parte più dura degli asparagi in una casseruola piena d'acqua salata per una decina di minuti.
Togliete gli asparagi e, nella medesima acqua, fate cuocere i maccheroncini.
Nel frattempo, rosolate in padella le punte degli asparagi con un filo di extravergine e poca cipolla tritata. Sfumate con un goccio di vino e aggiungete la pasta scolata al dente. Amalgamate aggiungendo uno o due cucchiai di formaggio grattugiato e servite.

Più diffusi e apprezzati in Sicilia dei loro "cugini" d'allevamento, gli asparagi selvatici si distinguono dalle varietà coltivate per il turione più sottile e il gusto spiccatamente amarognolo.

Per 4 persone

4 etti di maccheroncini
2 etti e mezzo di asparagi selvatici, un quarto di cipolla
vino bianco secco
formaggio ragusano o pecorino degli Iblei
olio extravergine di oliva, sale

Tempo di preparazione e cottura: mezz'ora

Maccheroncini al bagoss

Trattoria Agli Angeli, Gardone Riviera (Brescia)

Per 4 persone

Per la pasta:
3 etti di farina di frumento
tipo 00, 90 g di semola di
grano duro
3 uova
Per il condimento:
un etto di pomodori datterini,
una cipolla piccola, un
ciuffetto di basilico, un
ciuffetto di prezzemolo
un etto di olive taggiasche
2 etti di pomodori pelati
2 etti e mezzo di bagòss
olio extravergine di oliva
sale, zucchero di canna, spezie

*Tempo di preparazione e
cottura:* 4-5 ore

Lavate e infornate i pomodori datterini a 120°C per tre o quattro ore con le spezie e poco zucchero di canna.

Impastate la semola, la farina e l'uovo con acqua; stendete la pasta ottenuta e dividetela in salamini, che taglierete in bastoncini lunghi un paio di centimetri e spessi un dito, attorcigliando poi ognuno di essi attorno a un ferretto. Fate asciugare almeno mezz'ora. Diversamente, acquistate i maccheroncini già pronti.

Preparate la salsa di pomodoro, soffriggendo in extravergine la cipolla affettata finemente; unite i pomodori pelati e portate a cottura in una quarantina di minuti, unendo le foglie di basilico spezzettate poco prima di spegnere il fuoco.

Grattugiate due etti di bagòss e riducete il rimanente in scaglie.

Aggiungete nel tegame con la salsa di pomodoro le olive, insaporite per un paio di minuti, quindi unite i pomodori confit, la pasta lessata in abbondante acqua salata e scolata al dente, una spolverata di prezzemolo tritato. Togliete il tegame dal fuoco, mantecate con il bagòss grattugiato e un filo di extravergine, trasferite in un piatto di portata e ultimate con il formaggio a scaglie.

Il bagòss di Bagolino è un formaggio vaccino a latte crudo, prodotto nell'omonimo comune in provincia di Brescia, che si caratterizza per il peso (16-22 chili) e per la frequente aggiunta nella cagliata di un pizzico di zafferano; stagiona almeno 10-12 mesi, ma può arrivare a 24-36. Il Presidio Slow Food tutela quello prodotto in modo artigianale tradizionale: il latte è scaldato al fuoco di legna in grandi pentoloni di rame; d'estate si caseifica in alpeggio e in inverno gli animali sono alimentati soltanto con fieno locale.

Maccheroncini alle canocchie

Trattoria da Vasco e Giulia, Comacchio (Ferrara)

Pulite le canocchie eliminando le parti pungenti, passatele sotto un getto di acqua fresca e tagliatele a pezzi.
Sbucciate l'aglio e tritatelo con parte del prezzemolo, metteteli in una padella capace unendo anche il pesce e rosolate con un po' di olio per pochi minuti. Aggiungete quindi la polpa di pomodoro, aggiustate di sale e, se lo gradite, insaporite con il peperoncino. Lasciate restringere la salsa e sfumate con un mestolo di fumetto, proseguendo la cottura per una decina di minuti.
Lessate la pasta in abbondante acqua salata, scolatela molto al dente, lasciandola un po' umida, e versatela in padella, dove terminerà la cottura amalgamandosi al condimento.
Servite ultimando con una spolverata di prezzemolo tritato e decorando con alcuni ciuffetti.

Per 4 persone

3 etti e mezzo di maccheroncini tipo sedanini
mezzo chilo di canocchie (cicale di mare)
20 g di prezzemolo, 2 spicchi di aglio, un pezzo di peperoncino (facoltativo)
3 etti di polpa di pomodoro
fumetto, olio extravergine di oliva, sale

Tempo di preparazione e cottura: 40 minuti

Maccheroncini al ragù di sgombro

Osteria Pennesi, Pedaso (Fermo)

Lavate e spellate i pomodori, privateli dei semi, strizzateli, tagliateli a pezzetti e versateli in un tegame, nel quale avrete fatto imbiondire nell'olio uno spicchio di aglio vestito; allungate con un bicchiere di acqua, aggiungete un pizzico di sale e cuocete per un quarto d'ora.
Pulite il pesce eviscerandolo e privandolo della pelle e delle spine, tagliatelo a pezzi e mettetelo da parte. Preparate un battuto con il prezzemolo e l'aglio rimasto e fatelo soffriggere in una casseruola con un po' di olio; unite lo sgombro e rosolate per qualche minuto. Sfumate con il vino, lasciate evaporare e versate la salsa di pomodoro; mescolate e fate rapprendere il sugo, regolando di sale.
Lessate la pasta per due o tre minuti in acqua bollente salata, scolatela al dente e trasferitela in padella con il condimento, insaporendo, se ne gradite l'aroma, con un pizzico di peperoncino.

Per 4 persone

4 etti di maccheroncini di Campofilone
3 etti di sgombro
mezzo chilo di pomodori maturi, 2 spicchi di aglio, un ciuffo di prezzemolo
vino bianco secco
olio extravergine di oliva
sale, peperoncino (facoltativo)

Tempo di preparazione e cottura: 40 minuti

Maccheroncini con stracotto di asinina

Osteria La Gargotta, Ospitaletto di Castellucchio (Mantova)

Per 4 persone

Per la pasta:
3 etti di farina di frumento
tipo 00
2 uova intere e 2 tuorli
un pizzico di sale
Per il condimento:
3 etti di polpa di reale di asino
una carota, una costa di
sedano, mezza cipolla, 2 foglie
di alloro, uno spicchio di aglio
brodo di carne
mezzo litro di Lambrusco
parmigiano reggiano
olio extravergine di oliva, una
noce di burro
sale, pepe, 3-4 bacche
di ginepro, 3-4 chiodi di
garofano, un pezzetto di
cannella
*Per ogni cialda di parmigiano
reggiano:*
3 cucchiai da tavola di
parmigiano grattugiato e
setacciato

*Tempo di preparazione e
cottura:* 2 ore e mezza

In una casseruola mettete un filo di extravergine e poi unite le verdure e il Lambrusco, portando a ebollizione. Aggiungete, quindi, la polpa d'asino, gli aromi e le spezie, facendo cuocere per un paio d'ore circa, bagnando via via con il brodo e regolando di sale. A cottura ultimata, separate la carne, che sminuzzerete con le mani, dal sugo di cottura, che andrà frullato e setacciato.

Mentre il sugo cuoce lavorate la farina con le uova intere, i tuorli e il sale, ottenendo un impasto molto duro ma elastico, che permetterà di confezionare i maccheroncini tramite un torchio con trafila in bronzo.

Dedicatevi, a questo punto, alla preparazione delle quattro cialde, prendendo una padella antiaderente del diametro di circa 10-12 centimetri. Trasferitela sul fuoco e, quando è ben calda, per ognuna spolverizzate la superficie con uno strato uniforme di parmigiano grattugiato. Aspettate che si sciolga e con una pinza staccate la sfoglia sottile dal fondo della padella e adagiatela su una scodella capovolta in modo che, una volta che si sia raffreddata, assuma la forma di un cestino.

Tuffate i maccheroncini in abbondante acqua salata e cuoceteli per una decina di minuti.

Scaldate una padella con una noce di burro e aggiungete il sugo e la carne sminuzzata. Scolate la pasta, fatela saltare in padella con una generosa spolverata di parmigiano grattugiato e trasferitela nei cestini individuali, che avrete adagiato su un piatto da portata.

Il reale utilizzato per il condimento, detto anche sottospalla, è la carne che ricopre le prime tre o quattro vertebre toraciche dell'animale adulto, con l'annessa porzione del biancostato, comprendente i muscoli del costato laterale. Molto saporito, richiede lente cotture.

Maccheroncini con zucchine trombetta

Ristorante Romolo Mare, Bordighera (Imperia)

Tritate gli scalogni e lasciateli appassire in olio extravergine, aggiungete metà delle zucchine affettate a rondelle e fatele rosolare; salate, pepate e portate a cottura, spegnendo la fiamma quando siano al dente. Una volta intiepidite, passate al mixer le zucchine con il loro fondo di cottura insieme a un etto di parmigiano grattugiato e alle foglie di mentuccia.

Preparate, per la presentazione del piatto, quattro cialde di parmigiano procedendo in questo modo: scaldate una padellina antiaderente, versate un quarto del parmigiano rimasto, allargatelo a cerchio sul fondo e fate rapprendere per un minuto; staccate delicatamente la cialda con una spatola e fatela raffreddare su una gratella. Procedete allo stesso modo per le altre tre.

Mentre i maccheroncini cuociono in abbondante acqua salata, affettate il resto delle zucchine e friggetele in olio abbondante, scolatele, salatele e asciugatele su carta da cucina. Scolate la pasta e trasferitela in padella con la crema di zucchine già riscaldata, aggiungendo eventualmente un po' dell'acqua di cottura.

Impiattate i maccheroncini, distribuite sulla superficie le zucchine fritte e completate con la cialda di parmigiano.

Nel secolo scorso una pasta con le zucchine diventò la specialità e l'orgoglio – si dice che piacesse molto a Totò e a Eduardo – di un ristorante di Nerano, nella penisola sorrentina. Senza disconoscerne la storica paternità, uno chef del Ponente ligure, Romolo Giordano, ne ha fatto un piatto squisitamente rivierasco, esaltando le autoctone zucchine trombetta di Albenga e arricchendo la ricetta in modo personale.

Per 4 persone

320 g di maccheroncini di pasta fresca
un chilo e mezzo di zucchine trombetta, 2 scalogni, 3-4 foglie di mentuccia
2 etti di parmigiano reggiano
olio extravergine di oliva
sale, pepe nero

Tempo di preparazione e cottura: 40 minuti

Maccheroni con ragù d'oca

Trattoria Dodicivolte, Mazzo di Rho (Milano)

Per 6 persone

mezzo chilo di maccheroni
3 etti di polpa di oca
6 pomodori, 2 cipolle bionde,
2 carote, uno spicchio di aglio
2 bicchieri di vino rosso
corposo
40 g di burro, sale, pepe

*Tempo di preparazione e
cottura:* 3 ore

Sminuzzate finemente carote, cipolle, aglio e fateli appassire in una casseruola a fondo spesso con il burro. Unite la polpa d'oca macinata e alzate la fiamma in modo da fare rosolare bene la carne. Rimestate continuamente spezzettando i grumi con una spatola di legno. Versate il vino e lasciate tirare fino a quando non sia quasi del tutto evaporato. Aggiungete a questo punto i pomodori – devono essere ben maturi – spellati e privati dei semi, e due bicchieri di acqua. Salate, pepate e lasciate cuocere a fuoco bassissimo per almeno due ore e mezza.
Lessate i maccheroni in acqua bollente salata, scolate al dente e condite con il ragù.

Maccheroni con stracotto di somaro

Osteria Al Caret, San Siro di San Benedetto Po (Mantova)

Per 6-8 persone

Per la pasta:
8 etti di farina di frumento
tipo 00
8 uova
un cucchiaio di olio
extravergine di oliva
Per il condimento:
8 etti di polpa di spalla di
somaro (o di bufala)
80 g di triplo concentrato di
pomodoro
vino bianco secco
mezz'etto di burro (o 2-3
cucchiai di olio extravergine
di oliva), sale

*Tempo di preparazione e
cottura:* 4-5 ore

Lavorate la farina con le uova e l'olio, che ha la funzione di rendere la sfoglia molto morbida, lasciando poi riposare l'impasto per quattro o cinque ore. Fatelo quindi passare, poco alla volta, nel torchio, dopo avere inserito la trafila apposita. Una volta ottenuti i maccheroni, che potranno essere più o meno lunghi e più o meno torti, lasciate riposare una mezz'ora.
Preparate il sugo, trasferendo in un capiente tegame la carne macinata finemente – in alternativa alla polpa di spalla potrete utilizzare lo scamone –, il concentrato di pomodoro, il burro (o l'olio), il vino, il sale, tutto a freddo, e portate a cottura lentamente, a fiamma bassa, in tre o quattro ore. Cuocete i maccheroni in acqua bollente salata, scolateli al dente e condite con lo stracotto.

Il signor Pasquale Bellintani, dell'osteria Al Caret, in primavera condisce i maccheroni con gli asparagi, cuocendoli per breve tempo, dopo averli tagliati a tocchetti, con burro e sale. Sostiene però che sono ottimi anche solo conditi semplicemente con burro e salvia oppure con poca salsa di pomodoro.

Maccheroni di farro con melanzane, pinoli e noci

Osteria Molenda, Città di Castello (Perugia)

Sulla spianatoia mescolate gli sfarinati e impastate aggiungendo l'acqua necessaria a ottenere una massa non troppo dura e omogenea; avvolgetela in un foglio di pellicola e lasciatela riposare per un'oretta.

Nel frattempo sbucciate la cipolla e lessatela in acqua finché non sia tenera, lavate le melanzane, forate la buccia con uno stecchino e infornate a 150°C per una mezz'ora. Controllate che la polpa sia diventata tenera, quindi toglietele dal forno e fatele intiepidire. Praticate un taglio longitudinale in modo da poter asportare con un cucchiaio la parte interna che passerete al mixer con la cipolla regolando di sale e pepe.

Riprendete l'impasto e trafilatelo al torchio ottenendo dei maccheroni di circa tre centimetri di lunghezza; disponeteli su una placca e passateli nel forno ventilato a una temperatura di 50-60°C finché non saranno essiccati; fateli raffreddare e lessateli in abbondante acqua salata.

Tostate i gherigli di noce spezzettati e i pinoli finché non siano dorati e metteteli da parte, tritate lo scalogno e fatelo imbiondire in un tegame dai bordi alti con un filo di olio. Versate quindi la besciamella e la crema di melanzana, regolate di sale e portate a leggera ebollizione la salsa perché raggiunga la giusta densità.

Scolate la pasta e unitela al condimento mescolando con delicatezza per amalgamare bene il tutto; togliete dal fuoco e servite ultimando con la frutta secca tostata, scaglie di pecorino di fossa e il prezzemolo tritato.

Per 4 persone

Per la pasta:
2 etti e mezzo di farina di farro, 2 etti e mezzo di semola di grano duro
Per il condimento:
3 melanzane lunghe, una cipolla bianca, uno scalogno, un ciuffetto di prezzemolo
4-5 noci, una manciata di pinoli
una tazza di besciamella
mezz'etto di pecorino di fossa
olio extravergine di oliva
sale, pepe

Tempo di preparazione e cottura: un'ora e mezza, più l'essiccamento

Maccheroni dolci

Osteria Perbacco, Cannara (Perugia)

Per 4 persone

Per la pasta:
3 etti e mezzo di farina di frumento
un albume d'uovo
Per il condimento:
3 etti di gherigli di noce
mezz'etto di cacao amaro
un etto e mezzo di zucchero
la scorza di un limone
un etto di pangrattato
sale, mezzo cucchiaino di cannella

Tempo di preparazione e cottura: un'ora e un quarto, più il raffreddamento

Per cominciare, impastate la farina con acqua e con l'albume fino a ottenere una massa omogenea ed elastica; lasciate riposare brevemente e ricavate una sfoglia non troppo sottile. Dopo averla fatta asciugare per alcuni minuti, arrotolatela senza stringere troppo e tagliate delle strisce di circa mezzo centimetro di larghezza.

In una terrina mescolate il pangrattato con i gherigli di noce tritati a granella, lo zucchero, la cannella, la scorza grattugiata del limone e il cacao in polvere; amalgamate bene e mettete da parte.

Portate a ebollizione una pentola di acqua poco salata, calate i maccheroni e cuoceteli finché non risalgano a galla, scolandoli al dente e lasciandoli un po' umidi.

Componete il piatto sistemando la pasta in una teglia e condendola a strati con il composto preparato. I maccheroni dolci, così preparati, vanno gustati freddi, magari accompagnati da un bicchiere di Vernaccia di Cannara.

Una ricetta antica che sposa sapori oramai inusuali sulle nostre tavole, quantomeno fra le prime portate, ma che un tempo – come precisa il signor Ernesto, patron dell'Osteria Perbacco – erano protagonisti delle imbandigioni più importanti, quasi con un ruolo di unica portata. I maccheroni dolci erano, infatti, preparati in occasione di festività religiose significative (Natale e Ognissanti) e prevedevano l'uso degli strangozzi, una pasta di sola acqua e farina simile alle tagliatelle, inizialmente condita con il miele. Con il diffondersi delle spezie fra le classi meno abbienti gli ingredienti cambiarono: al miele si sostituì lo zucchero, si aggiunse l'alchermes e, dopo le scoperte americane, anche il cacao in polvere. Lo inseriamo come primo piatto, come si faceva un tempo per tradizione alla vigilia di Natale e a Capodanno, mentre oggi si tende sempre più a considerarlo un dolce.

Mafaldine al pistacchio

Antica Osteria all'Unione, Cormons (Gorizia)

In un mortaio pestate finemente i pistacchi, lo spicchio di aglio, la menta, il basilico e due grani di sale grosso. Dopo averlo ben sminuzzato, versate il composto in un tegame, amalgamandolo con due cucchiai di acqua calda, cinque di extravergine e due di pecorino grattugiato.
Lessate la pasta, scolatela e trasferitela nella padella, cercando di condirla in modo omogeneo.
Servite in piatti caldi, aggiungendo a piacere una grattugiata di pecorino o di ricotta di pecora stagionata.

Dette anche frese o tagliatelle nervate, mafalde e mafaldine sono tipi di pasta secca a forma di nastro con i margini arricciati. A cottura ultimata presentano una consistenza irregolare, tenera al centro e sostenuta ai bordi, nei cui incavi è trattenuto il sugo. Giuseppe Pecorella, cuoco di origine siciliana titolare della trattoria di Cormons, propone per le mafaldine un condimento a base di pistacchio, avvertendo che il migliore è quello di Bronte (Catania), dove un Presidio Slow Food protegge la pregiata varietà locale del frutto.

Per 4 persone

320 g di mafaldine (o altra pasta lunga)
un etto di pistacchi sgusciati
5 foglie di menta piperita, 5 foglie di basilico, uno spicchio di aglio
pecorino da grattugia, ricotta salata di pecora (facoltativo)
olio extravergine di oliva, sale

Tempo di preparazione e cottura: mezz'ora

Mafaldine con friggitelli e alici

Ristorante Perbacco, Bari

Private le alici di testa, interiora e lisca, e sciacquatele accuratamente.
Tagliate i pomodorini in quattro spicchi e i friggitelli a rondelle. Fate soffriggere l'aglio nell'olio e, a doratura, eliminatelo, versando i peperoni e, dopo qualche minuto, i pomodorini e i pinoli. Continuate la cottura per una decina di minuti a fuoco medio, quindi aggiungete le alici. Aggiustate di sale e pepe e spegnete la fiamma dopo pochi minuti.
Nel frattempo, lessate le mafaldine in abbondante acqua salata e scolatele al dente. Saltate la pasta con il sugo e completate con una spolverata di prezzemolo tritato.

Dolci, piccoli, verdi e di forma allungata: sono peperoni che si prestano alla frittura, e che perciò nel Sud si chiamano friggitelli o friarelli.

Per 4 persone

320 g di mafaldine
20 alici
4 peperoni friggitelli, 3 etti di pomodorini, uno spicchio di aglio, qualche foglia di prezzemolo
30 g di pinoli
olio extravergine di oliva
sale, pepe nero

Tempo di preparazione e cottura: 40 minuti

Malloreddus alla campidanese

Ristorante Sa Domu Sarda, Cagliari

Per 4 persone

Per la pasta:
3 etti e mezzo di semola di
grano duro
sale, zafferano
Per il condimento:
2 etti e mezzo di salsiccia al
finocchietto
4 etti di pomodori maturi, una
piccola cipolla, uno spicchio
di aglio
un bicchiere di Cannonau (o
di altro vino rosso)
pecorino sardo stagionato
olio extravergine di oliva
sale, zafferano

*Tempo di preparazione e
cottura:* un'ora, più il riposo

Versate a fontana la semola su un tagliere e aggiungete al centro un bicchiere di acqua tiepida, in cui avrete sciolto mezzo cucchiaio di sale, cominciando a impastare. Amalgamate bene il tutto fino a ottenere una massa compatta e omogenea, poi dividete l'impasto in due parti e aggiungete in una lo zafferano sciolto in un po' di acqua lavorando energicamente; date a entrambi le parti una forma sferica e lasciatele riposare per un'ora avvolte in un tovagliolo. Nel frattempo sbollentate i pomodori in acqua, privateli della pelle e dei semi e spezzettate la polpa; a parte tritate la cipolla, tagliate a tocchetti la salsiccia e sbucciate l'aglio. In un ampio tegame soffriggete l'aglio e la cipolla nell'olio e, quando saranno dorati, aggiungete la salsiccia rosolandola a fuoco moderato. Quando la carne avrà preso colore, sfumate con il vino, lasciate evaporare e unite i pomodori; regolate di sale, abbassate la fiamma e cuocete per una ventina di minuti a tegame coperto. A cottura quasi ultimata, aggiungete un pizzico di zafferano e togliete dal fuoco. Riprendete la pasta, ricavate da entrambi gli impasti sottili cordoni di circa mezzo centimetro di diametro e tagliateli a tocchetti lunghi un paio di centimetri. Trascinate gli gnocchetti su un pettine (o su una superficie rigata), premendoli al centro con il pollice con un rapido movimento rotatorio, in modo che si arriccino avvolgendosi su se stessi, e procedete velocemente allargando man mano gli gnocchi su un vassoio o su un canovaccio.
Fate bollire l'acqua in una pentola, salate e calate i *malloreddus* scolandoli al dente; versate la pasta in una terrina – in sardo *scivedda* – condite con il sugo e ultimate con una generosa grattugiata di pecorino.

Lo strumento tradizionale per la preparazione dei malloreddus *è il* ciuliri, *una sorta di setaccio fatto di giunchi sottili intrecciati a mano. Gli gnocchetti, schiacciati su questa superficie, tendono ad arricciarsi riportando impressa la caratteristica superficie rigata che trattiene meglio la salsa. In mancanza del* ciuliri *potete utilizzare un cestino di vimini sottili.*

Malloreddus con ghisadu de carbuniscu

Roberta Murgia, Dolianova (Cagliari)

Impastate la semola con l'acqua e un pizzico di sale fino a ottenere una massa liscia ed elastica; ricavatene dei cordoncini di circa mezzo centimetro di diametro e tagliateli a tocchetti lunghi un paio di centimetri. Premendo al centro di ogni pezzetto con il pollice, trascinate la pasta su una superficie ruvida (un pettine o un cesto di vimini), conferendo la classica forma arricciata; allargateli e fateli asciugare. Disossate il pollo e rifilate la carne togliendo la pelle e il grasso; tagliatela a tocchetti e fatela dorare in padella con lo strutto a fuoco moderato; non appena è ben rosolata, toglietela e mettetela da parte.

Tritate la cipolla e fatela appassire nella stessa padella, aggiungete quindi i pomodori spellati e passati, il concentrato di pomodoro e lo zafferano; regolate di sale e sfumate con il vino. Quando sarà evaporato, abbassate la fiamma, unite il pollo e il basilico a pezzetti e cuocete per una mezz'ora a tegame coperto.

Lessate i *malloreddus* in acqua salata per qualche minuto, scolateli e ripassateli nel sugo, ultimando con una generosa grattugiata di pecorino; lasciate riposare qualche istante e servite.

Per 4 persone

4 etti di semola fine di grano duro
un pollo ruspante (*carbuniscu*) di circa un chilo
un chilo di pomodori maturi, una cipolla, qualche foglia di basilico
un cucchiaio di concentrato di pomodoro
un bicchiere di Vernaccia
pecorino sardo stagionato
un cucchiaio di strutto
sale, qualche stimma di zafferano

Tempo di preparazione e cottura: 2 ore, più il riposo

Maltagliati al ragù bianco

Trattoria La Bottegaia, Pistoia

Per 8 persone

un chilo di pasta all'uovo di
formato irregolare
un'anatra pulita e
fiammeggiata
3 cipolle dorate, 4 coste di
sedano, una carota, uno
spicchio di aglio, un mazzetto
di aromi (alloro, rosmarino,
salvia)
olio extravergine di oliva, sale

*Tempo di preparazione e
cottura:* 3 ore e mezza

Disossate l'anatra e macinate la carne. Con le ossa più piccole, una cipolla, una costa di sedano e la carota preparate un brodo che servirà per la cottura del ragù.
Tritate finemente le altre cipolle, le coste di sedano e lo spicchio di aglio. In una casseruola capiente rosolate in olio extravergine il battuto di verdure con le ossa del petto e delle cosce. Unite la polpa dell'anatra e portate a cottura (occorreranno dalle due ore alle due ore e mezza) versando sorsi di brodo, regolando di sale e aggiungendo verso la fine il mazzetto di aromi.
Dopo avere eliminato le ossa e il mazzetto, condite i maltagliati lessati in abbondante acqua salata e scolati al dente.

Maltagliati al ragù imbriago

Ristorante Il Tirante, Monastier di Treviso (Treviso)

Per 4 persone

Per la pasta:
mezzo chilo di farina di
frumento tipo 00
5 uova
un etto di burro, sale
Per il condimento:
2 etti di polpa di manzo
5 uova
mezza cipolla, uno spicchio di
aglio, un ciuffo di prezzemolo
3 pomodori pelati
2-3 bicchieri di Raboso Piave
olio extravergine di oliva
sale, pepe, noce moscata

*Tempo di preparazione e
cottura:* un'ora e mezza

Fate appassire in olio la mezza cipolla tritata e lo spicchio di aglio sbucciato. Aggiungete la carne macinata e rosolate. Sfumate con una spruzzata di vino, quindi unite i pomodori spezzettati e privati dei semi, un cucchiaio di prezzemolo tritato, altro Raboso, una grattugiata di noce moscata, sale e pepe. Coprite e cuocete a fuoco medio per almeno un'ora, aggiungendo ancora vino se necessario.
Nel frattempo preparate la pasta. Disponete la farina a fontana sulla spianatoia e incorporatevi gli altri ingredienti, lavorando il composto sino a formare una massa liscia e omogenea. Stendete una sfoglia sottile e con la rotella tagliapasta ricavate tanti rombi allungati di misure diverse. Cuocete in abbondante acqua salata, scolate al dente e condite con il ragù *imbriago*.

Dal nome del loro ristorante, Caterina Zugno e Luigi Dall'Antonia chiamano tirantine questi maltagliati che "ubriacano" con un ragù al Raboso, corposo vino rosso trevigiano.

Maltagliati con baccalà e crema di ceci

Trattoria Bacco, Pisoniano (Roma)

Il giorno precedente ammollate i ceci in acqua.
Trascorse 24 ore, scolate i legumi e cuoceteli per un paio di ore in acqua leggermente salata e aromatizzata con alloro e rosmarino. Quando saranno teneri, eliminate gli odori e frullate i ceci nel mixer, aggiungendo un po' di acqua di cottura per ottenere una crema omogenea e non troppo fluida.
Su una spianatoia lavorate la farina con un pizzico di sale e mezzo litro di acqua molto fredda, lavorando con energia per ottenere un impasto di media consistenza. Con l'aiuto di un matterello stendete una sfoglia di due o tre millimetri di spessore, lasciatela asciugare per qualche tempo e tagliatela a rombi.
Versate nel mixer il prezzemolo privato dei gambi, l'aglio sbucciato, i pinoli, olio extravergine, un pizzico di sale e un cucchiaio di ghiaccio tritato per mantenere vivo il colore della verdura; azionate quindi la macchina fino ad avere un pesto omogeneo.
In una casseruola rosolate il baccalà già ammollato e tagliato a cubetti, fatelo colorire per cinque o sei minuti e sfumate con il vino; lasciate evaporare e togliete dal fuoco.
Lessate la pasta in abbondante acqua salata, scolatela al dente dopo qualche minuto, conservando un mestolino di acqua di cottura, e versatela nel tegame con il baccalà; unite la crema di ceci, il pesto e due o tre cucchiai di olio, mantecate per amalgamare bene gli ingredienti e servite.

Per 6-8 persone

Per la pasta:
un chilo di farina di frumento tipo 00
un pizzico di sale
Per la crema di ceci:
70 g di ceci, 2 foglie di alloro, un rametto di rosmarino
un pizzico di sale
Per il pesto:
30 g di prezzemolo in foglie, mezzo spicchio di aglio
10 g di pinoli
un cucchiaio di ghiaccio tritato
olio extravergine di oliva, sale grosso
Inoltre:
un etto e mezzo di baccalà già ammollato
un bicchiere di vino bianco secco
olio extravergine di oliva, sale

Tempo di preparazione e cottura: 2 ore e 40 minuti, più l'ammollo dei ceci

Maltagliati con ceci e sgombro

Ristorante L'Anfora, Scauri di Minturno (Latina)

Per 4 persone

Per la pasta:
4 etti di semola di grano duro
4 uova
un pizzico di sale
Per il condimento:
mezzo chilo di sgombro
2 etti e mezzo di ceci, 2
spicchi di aglio, un ciuffo di
prezzemolo
olio extravergine di oliva, sale

*Tempo di preparazione e
cottura:* 2 ore e mezza, più
l'ammollo dei ceci

La sera precedente mettete i ceci ad ammollare in acqua fredda.

Su una spianatoia impastate la semola con le uova e un pizzico di sale fino a ottenere una massa soda ed elastica; avvolgetela con un tovagliolo o un foglio di pellicola e lasciatela riposare per 15-20 minuti.

Nel frattempo scolate i ceci e lessateli per un paio di ore in una pentola con acqua salata, saggiando con una forchetta che abbiano raggiunto la giusta consistenza. Prelevateli utilizzando una schiumarola, metteteli da parte e conservate l'acqua di cottura.

Riprendete la pasta e stendetela con il matterello – o con l'apposita macchina – in una sfoglia di un paio di millimetri di spessore; quindi, con l'aiuto di un coltello o di una rotella a lama liscia, ritagliate dei pezzetti romboidali, allargateli e fateli asciugare.

Sfilettate il pesce, privandolo anche della pelle, tagliatelo a pezzi regolari e rosolatelo in padella con olio, aglio e prezzemolo tritato. Una volta dorato, aggiungete piccoli sorsi d'acqua, regolate di sale e cuocete per un quarto d'ora a fiamma moderata. Unite i ceci lessati, mescolate con cura per amalgamare gli ingredienti e lasciate sul fuoco per una decina di minuti.

Lessate i maltagliati nell'acqua che avete conservato scolandoli al dente, versateli in padella con il condimento, amalgamate a fiamma viva per qualche minuto e servite ultimando con una spolverata di prezzemolo tritato e un giro di extravergine crudo.

Maltagliati con funghi cardoncelli

Trattoria Pantagruele, Brindisi

Mescolate la farina con l'uovo, mezzo bicchiere d'acqua e un pizzico di sale. Quando l'impasto avrà raggiunto la giusta consistenza, stendete una sfoglia sottile e tagliatela in quadrati o rombi della grandezza di qualche centimetro di lato. Lasciate riposare per mezz'ora.
Nel frattempo, pulite i funghi e tagliateli a dadini. In una pentola riscaldate l'olio con lo spicchio di aglio, aggiungete i funghi e fate asciugare. Sfumate con il vino e aggiustate di sale.
In un'altra pentola rosolate il guanciale tagliato a striscioline. Quando diventa croccante, unite i cardoncelli, i pomodori spezzettati, la maggiorana, un pizzico di peperoncino e portate a cottura.
Lessate brevemente la pasta in abbondante acqua salata. Scolate e saltate con il condimento appena preparato, aggiungendo altra maggiorana e il caprino tagliato a dadini.

Nel Mezzogiorno peninsulare sono molto apprezzati i cardoncelli, funghi noti fin dall'antichità per il loro valore gastronomico. Il cardoncellop di Puglia è inserito nell'elenco ministeriale dei prodotti tradizionali.

Per 4 persone

Per la pasta:
4 etti di farina di frumento tipo 00, un uovo
un pizzico di sale
Per il condimento:
mezzo chilo di funghi cardoncelli, 2 etti di pomodori, uno spicchio di aglio, un ciuffetto di maggiorana, un etto di guanciale, un etto di formaggio caprino, un bicchiere di vino bianco secco
olio extravergine di oliva
sale, peperoncino

Tempo di preparazione e cottura: un'ora e 10 minuti

Maltagliati con genovese di tonno

Ristorante 'A Paranza, Atrani (Salerno)

Affettate le cipolle e tagliate a pezzi le altre verdure; soffriggete per pochi minuti il tutto nell'olio, aggiungete il tonno a grossi pezzi, il vino, mezzo litro di acqua e lasciate cuocere a fuoco lento per quattro ore, sorvegliando l'umidità dell'intingolo.
Terminata la cottura, fate raffreddare, togliete il tonno e frullate il fondo di cottura.
Una volta scolata la pasta, mantecate con il sugo e aggiungete il tonno per completare il piatto.

Ecco una procedura per fare il ragù "alla genovese" (ricetta a pag. 61) trasferito dalla carne al pesce, in questo caso il tonno (scegliete il pinna gialla o l'alalunga), che ben si sposa con il sapore non troppo invadente della dolce cipolla di Tropea.

Per 4-5 persone

mezzo chilo di maltagliati all'uovo
un chilo di cipolle rosse di Tropea, una carota, una costa di sedano
7 etti di tonno
mezzo litro di vino bianco secco
olio extravergine di oliva, sale

Tempo di preparazione e cottura: 4 ore e mezza

Maltagliati con guanciale e broccolo romanesco

Ristorante Taverna Mari, Marino (Roma)

Per 4-6 persone

6 etti di maltagliati
un broccolo romanesco
2 etti di guanciale
un etto di pecorino romano
olio extravergine di oliva, sale

*Tempo di preparazione e
cottura:* 40 minuti

Mondate il broccolo, tagliatelo a pezzi e lessatelo in acqua salata per una decina di minuti, finché non riuscirete a infilzarlo con una forchetta, quindi scolatelo e mettetelo da parte.

Tagliate il guanciale e pezzetti, versatelo in una padella con un filo di olio e fatelo rosolare a fiamma viva finché non avrà preso colore – occorreranno cinque o sei minuti –, poi aggiungete la verdura spezzettata. Mescolate perché gli ingredienti si amalgamino bene e il sugo raggiunga la giusta consistenza, regolate di sale e spegnete la fiamma.

Lessate i maltagliati in acqua salata per qualche minuto, scolateli al dente e versateli nel tegame del condimento, mantecando con una bella manciata di pecorino grattugiato.

Servite in piatti individuali ultimando con un'altra spolverata di formaggio.

Con il termine broccolo, appartenente alla specie Brassica oleracea, *si identificano di norma due varietà: il cavolo broccolo* (B. oleracea italica *forma* caput) *e il cavolo broccolo ramoso* (B. oleracea italica *forma* cimosa). *La prima ha un fusto cilindrico poco sviluppato, foglie di colore verde acceso e infiorescenze molto simili a quelle del cavolfiore, ma più piccole, di colore chiaro con sfumature verdi o gialle. La seconda presenta un colore verde cupo nei peduncoli fiorali e molte ramificazioni laterali a causa dell'asportazione dell'infiorescenza principale; le infiorescenze laterali di quest'ultima sono commercializzate anche separatamente con il nome di broccoletti. Il broccolo romanesco utilizzato in questa ricetta appartiene alla prima varietà ed è a maturazione tardiva.*

Maltagliati con il gulash

Trattoria Vecia Gorizia, Gorizia

Sbucciate e affettate sottilmente le cipolle. Cuocetele con l'olio, a fuoco basso e a pentola coperta, per circa un'ora, bagnandole di tanto in tanto con acqua, in modo che alla fine risultino disfatte, e salando dopo un quarto d'ora dall'inizio della cottura.

Nel frattempo preparate i maltagliati: mescolate le farine con il sale e disponetele a fontana sulla spianatoia. Unite le uova e impastate per una decina di minuti, unendo se necessario un po' di acqua tiepida. Stendete una sfoglia di circa due milimetri. Fatela asciugare per un quarto d'ora, poi dividetela in tre parti. Arrotolate ogni sfoglia e affettatela, in modo da ottenere tanti rotolini. Tagliateli obliquamente e fateli cadere sul piano di lavoro in modo che si separino.

Riducete la carne a tocchetti, uniteli alle cipolle e fateli insaporire a fuoco vivace per cinque minuti. Aggiungete il rosmarino, la maggiorana, la foglia di alloro, la paprica e il concentrato di pomodoro diluito in due bicchieri di acqua tiepida. Cuocete a fuoco basso e a recipiente coperto per due ore, bagnando se necessario di tanto in tanto con acqua tiepida e aggiustando di sale e pepe.

Portate a ebollizione una pentola di acqua salata. Tuffate i maltagliati, lessateli scolandoli al dente e conditeli con il gulash.

Per 4 persone

Per la pasta:
320 g di farina di frumento tipo 00, 80 g di farina integrale di frumento
4 uova
un pizzico di sale
Per il condimento:
8 etti di guancia di manzo
8 etti di cipolle, un rametto di rosmarino, un ciuffetto di maggiorana, una foglia di alloro
un cucchiaio di concentrato di pomodoro
3 cucchiai di olio extravergine di oliva
sale, pepe, un cucchiaio di paprica dolce

Tempo di preparazione e cottura: 3 ore e un quarto

Maltagliati di mais con salsiccia e stridoli

Ristorante Don Abbondio, Forlì

Per 4-6 persone

Per la pasta:
2 etti di farina di frumento
tipo 00, 2 etti di farina di mais
fioretto
4 uova
Per il condimento:
un etto di salsiccia di mora
romagnola
2 etti di pomodorini, un
mazzetto di stridoli (erba
silene), uno scalogno di
Romagna
olio extravergine di oliva, sale

*Tempo di preparazione e
cottura:* un'ora, più il riposo

Su una spianatoia mescolate gli sfarinati e impastate con
le uova fino a ottenere una massa elastica; coprite e lasciate riposare.
Mondate gli stridoli e sbollentateli in acqua leggermente salata, poi scolateli, strizzateli e spezzettateli grossolanamente.
Tirate la pasta in una sfoglia non troppo sottile (circa due
millimetri e mezzo) e tagliatela a pezzetti irregolari; allargateli e fateli asciugare.
Spellate la salsiccia e sbriciolatela, tritate lo scalogno, spaccate i pomodorini a metà e privateli dell'acqua di vegetazione e dei semi. Fate saltare il tutto in padella con un po'
di olio finché non sia ben rosolato, aggiustate di sale e unite gli stridoli allungando eventualmente con un mestolino
di acqua; proseguite la cottura per pochi minuti e spegnete la fiamma.
Lessate la pasta in abbondante acqua bollente salata, scolatela al dente, ripassatela in padella con il condimento e
servite.

Maniche di frate con salsiccia e cavolfiori

Ristorante La Briciola di Adriana, Grottaferrata (Roma)

Per 4 persone

3 etti di maniche di frate
(paccheri)
2 salsicce di maiale
mezzo chilo di cavolfiore, uno
spicchio di aglio
un bicchiere di vino bianco
secco
parmigiano reggiano, pecorino
da grattugia
4 cucchiai di olio extravergine
di oliva
sale, peperoncino

*Tempo di preparazione e
cottura:* 45 minuti

Pulite il cavolfiore conservando solo le cimette e fatele rosolare in una larga padella con aglio, olio e un pizzico di
peperoncino.
Spellate le salsicce, spezzettatele sommariamente e soffriggetele in un tegame con poco olio; quando saranno dorate unitele ai cavolfiori, regolate di sale, sfumate con il vino
e proseguite la cottura a fiamma dolce e a tegame coperto
per una ventina di minuti, badando che gli ingredienti non
attacchino al tegame.
Trascorso il tempo necessario, passate il tutto al mixer in
modo da ottenere una crema omogenea; se risultasse troppo densa allungate con piccoli quantitativi di acqua e tenete il condimento in caldo.
Lessate in abbondante acqua bollente salata la pasta, scolandola al dente, versatela in padella con la crema e mantecate per qualche minuto unendo tre cucchiai di formaggi misti grattugiati.

Marcannali al sugo

Trattoria Grillo d'Oro, Melito Irpino (Avellino)

Impostate il ragù che, alla maniera napoletana, deriva dalla cottura di pezzi interi di carne. Preparate innanzitutto degli involtini condendo ogni fettina di vitello con sale, pepe, una fettina di aglio sbucciato, un pizzico di prezzemolo tagliuzzato e una bella spolverata di pecorino grattugiato. Avvolgete la carne su se stessa e fermatela con stuzzicadenti o con filo da cucina.

In un tegame sufficientemente largo, affettate fine la cipolla e rosolatela dolcemente in mezzo bicchiere di olio. Aggiungete gli involtini e i tagli interi di carne, rosolate il tutto, salate e unite le foglie di basilico e alcuni rametti di prezzemolo che, a fine cottura, andranno tolti. Versate ora i pelati passati e il concentrato e, controllando di frequente, fate cuocere un'ora e mezza a fuoco lento, bagnando con poca acqua calda se serve.

Preparate i marcannali impastando vigorosamente la semola di grano duro con l'uovo, il sale e acqua tiepida sufficiente a ottenere un impasto consistente ma lavorabile. Tirate una sfoglia spessa circa tre millimetri, poi, passando sopra il matterello scanalato, ricavate spaghetti a sezione quadrata simili a grandi maccheroni alla chitarra. Allungateli con le mani per assottigliarli: questi sono i marcannali, la cui sezione, dopo il lavoro di filatura, si sarà modificata diventando irregolare o vagamente triangolare.

Cuocete la pasta in abbondante acqua salata e condite con il sugo da cui avrete tolto le carni: tenute in caldo – compresi gli involtini – potranno essere servite come secondo piatto. Servite a parte il parmigiano grattugiato.

Piatto simbolo di questa storica trattoria dell'Irpinia, i marcannali prendono il nome dal particolare attrezzo utilizzato, un matterello d'ottone – un tempo di legno – fittamente scanalato, che taglia la sfoglia in strette strisce regolari che le mani poi allungano e affusolano con un'azione che prende il nome di "filare". Formati e attrezzi analoghi si ritrovano pure nella tradizione abruzzese dove, accanto alla chitarra, è sempre stato in uso il rentrocèle, *e in Puglia dove un matterello scanalato chiamato* tròccolo *dà vita a una pasta lunga che ne porta il nome. Per quando riguarda il condimento, in gran parte dell'Italia meridionale si preparano ragù di carni miste, con o senza involtino (la braciola o* brasciola) *e si rifinisce il piatto con pecorino grattugiato oppure, come sempre più richiesto dai clienti di oggi, con parmigiano reggiano.*

Per 8 persone

Per la pasta:
un chilo di semola di grano duro
un uovo
una presa di sale
Per il condimento:
3 etti e mezzo di muscolo di vitello, 3 etti e mezzo di ventresca (pancetta) di maiale fresca, 3 etti di spalla di agnello con l'osso
8 fettine di coscia di vitello
un chilo di pomodori pelati, 2 cucchiai di concentrato di pomodoro
una cipolla media, 2 spicchi di aglio, un mazzetto di prezzemolo, qualche foglia di basilico
pecorino, parmigiano reggiano
olio extravergine di oliva
sale, pepe

Tempo di preparazione e cottura: 2 ore

Marubini ai profumi dell'orto

Ristorante Italia, Torre de' Picenardi (Cremona)

Per 6 persone

Per la pasta:
3 etti di farina di frumento
3 uova
olio extravergine di oliva, sale
Per il ripieno:
un etto di carne di maiale, un
etto di carne di vitello, un etto
di brasato di manzo con il suo
sugo, mezz'etto di pesto di
salame fresco
una cipolla
un uovo
un etto di grana padano
un bicchiere di vino bianco
secco
burro, sale, pepe, noce
moscata
Per il condimento:
mezz'etto di pancetta
una carota, una costa di
sedano, una zucchina,
mezzo peperone rosso, erbe
aromatiche (rosmarino, salvia,
timo, maggiorana)
brodo di carne
grana padano
un etto di burro, olio
extravergine di oliva

*Tempo di preparazione e
cottura:* 3 ore e un quarto

Pelate e affettate sottilmente la cipolla, facendola dorare in
un tegame con poco burro. Aggiungete le carni di vitello
e di maiale tagliate a cubetti. Lasciate rosolare, poi bagnate con il vino bianco, unite il brasato con il suo sugo e fate cuocere per un'ora e mezza. Passate il tutto al tritacarne
fine, aggiungete il grana grattugiato, l'uovo, il pesto di salame, un pizzico di noce moscata e impastate per ottenere
un composto ben asciutto.

Con gli ingredienti elencati confezionate la pasta e tirate
un foglio molto sottile. Ritagliate quadrati di tre centimetri per lato, mettete al centro un pizzico di ripieno, ripiegate la pasta su se stessa e avvolgetela attorno al dito in modo da ottenere marubini molto piccoli.

Per il sugo tagliate le verdure a piccoli cubetti, scottatele in
acqua per un minuto, quindi versatele in una padella, dove avrete sciolto un cucchiaio di olio e una noce di burro.
Unite gli aromi tritati, la pancetta a dadini e cuocete per
pochi minuti.

Lessate i marubini nel brodo di carni miste – ottimo quello di gallina, manzo e maiale –, scolate e condite con il sugo. Servite con grana grattugiato.

*Ravioli tipici del Cremonese, i marubini sono un piatto di
frontiera, in cui convergono e si mescolano l'influenza piemontese e l'influenza emiliana. Il ripieno è sempre composto
da vari tipi di carne (manzo, vitello, maiale, salamella fresca
o pasta di salame, talvolta anche cervello), così come il brodo di cottura, ed è racchiuso in un sottilissimo involucro ricco di uova (la proporzione standard è di un uovo ogni etto di
farina). In genere i marubini sono quadrati come gli agnolotti piemontesi, ma possono avere anche forma rotonda, a tortello o a mezzaluna. Si servono tradizionalmente in brodo o,
se asciutti, conditi con il sugo degli arrosti o dei brasati del
ripieno. Quelli dell'Italia di Torre de' Picenardi si avvalgono
di un condimento a base vegetale, che riequilibra l'opulenza
carnea della farcia.*

Mezzanelli alla pescatora

Davide Acerra, Francavilla al Mare (Chieti)

Procuratevi un misto di crostacei e molluschi, che potranno variare secondo la stagione. Sgusciate gli scampi, pulite le canocchie, incidendo il dorso e rifilando con le forbici i lati aculeati; pulite i molluschi e tagliateli a pezzettoni. Lavate e mondate i peperoni e la cipolla e tritateli grossolanamente; sbucciate l'aglio (che andrà poi eliminato) e spezzettate il peperoncino. Rosolate il tutto in abbondante olio extravergine. Aggiungete i pesci e lasciateli insaporire a fuoco medio per cinque minuti. A questo punto incorporate i pelati schiacciati, regolate di sale e versate un po' d'acqua. Fate ritirare il sugo, cuocendo a fuoco medio per circa mezz'ora.
Nel frattempo lessate la pasta in acqua bollente salata. Scolatela al dente e fatela saltare nel sugo, spolverandola in ultimo con il prezzemolo tritato. Servite in fondine individuali con un paio di canocchie intere a persona a mo' di decorazione.

Per 4 persone

4 etti di mezzanelli (perciatelli)
mezzo chilo di molluschi e crostacei (scampetti, canocchie, granchi, totani, moscardini...), mezzo peperone rosso, mezzo peperone verde, 2 spicchi di aglio, una cipolla, un pezzetto di peperoncino, un ciuffo di prezzemolo, 2 etti e mezzo di pomodori pelati olio extravergine di oliva, sale

Tempo di preparazione e cottura: un'ora

Mezzanielli al pesto cilentano

Ristorante La Pergola, Capaccio (Salerno)

Tagliate i pomodorini a dadini e conditeli con sale, olio, peperoncino, origano e aglio tritati.
Frullate il basilico con un bicchiere di olio, il sale e la ricotta secca grattugiata. Versate il composto sui pomodorini, amalgamate e rimettete il tutto nel frullatore.
Trasferite la salsa in una padella larga e riscaldate per un paio di minuti. Spegnete il fuoco, aggiungete e stemperate la ricotta fresca.
Nel frattempo avrete cotto al dente e scolato la pasta. Versatela nella padella e mantecate a fuoco spento. Servite.

La ricetta del pesto cilentano, precisa Alfonso Longo della Pergola, nasce per farcire una sfoglia di mozzarella detta péttola: *qui diventa il condimento di una delle tante "creature" della fiorente produzione campana – artigiana o industriale – di pasta alimentare.*

Per 4 persone

4 etti di mezzanielli (perciatelli)
3 etti di pomodorini, uno spicchio di aglio, 3 ciuffetti di basilico a foglie larghe, un rametto di origano, un pezzetto di peperoncino 2 etti di ricotta fresca di bufala, 30 g di ricotta secca di bufala affumicata olio extravergine di oliva, sale

Tempo di preparazione e cottura: mezz'ora

Mezzelune verdi di saras del fen

Ristorante 'L Bunet, Bergolo (Cuneo)

Per 8-10 persone

Per la pasta:
4 etti di farina di frumento
tipo 00
una decina di steli di ortica,
una manciata di foglie di
spinaci (o di biete)
un cucchiaino di olio
extravergine di oliva
un pizzico di sale
Per il ripieno:
2 etti e mezzo di saras del fen
un uovo
Per il condimento:
burro di malga, olio
extravergine di oliva
pepe nero

*Tempo di preparazione e
cottura:* 2 ore

Raccogliete le ortiche, selezionate le foglie più tenere, lavatele accuratamente e poi lessatele per un quarto d'ora con le foglie di spinaci o di biete. Lasciate raffreddare, strizzate e tritate il tutto, amalgamandolo con la farina, l'olio e il sale. Dovrete ottenere una pasta morbida e uniforme di colore verde scuro.

A questo punto sbriciolate il saras del fen in un contenitore, lavorandolo con l'uovo fino a ottenere una massa non troppo solida ma neppure cremosa.

Riprendete in mano la pasta e procedete a sfogliarla, ottenendo strisce, sulle quali con la sac-à-poche sistemerete palline di ripieno. Ripiegate sulla fila di mucchietti il bordo della sfoglia e fatelo aderire con una leggera pressione della dita; con la rotella dentata tagliate tutto intorno alle nocciole di ripieno, ottenendo piccoli panzerotti a forma di mezzaluna.

Lessate la pasta in abbondante acqua bollente senza sale – il saras è già di solito piuttosto salato – per circa sette minuti e condite con un filo di extravergine e un velo di burro d'alpeggio, spolverando il piatto con un pizzico di pepe nero.

Il saras del fen è una ricotta ottenuta da siero di latte di pecora e stagionata nel fieno per non più di quattro mesi. Alcuni chef sposano le mezzelune verdi con un sugo di noci ma Emilio Banchero, patron del Bunet, constatando come in questa preparazione ci siano già tanti protagonisti – il fieno, l'ortica, il saras –, suggerisce di non aggiungerne altri, neppure la canonica spolverata di parmigiano reggiano grattugiato.

Mezze maniche con carciofi e rigatino

Taverna Pane e Vino, Cortona (Arezzo)

Soffriggete in olio la cipolla tritata, l'aglio e il peperoncino. Sfumate con il vino e, quando è evaporato, aggiungete i carciofi tagliati a fettine, un cucchiaio di prezzemolo tritato, sale e pepe. Amalgamate, versate un po' d'acqua e cuocete a fuoco lento.
In un'altra padella soffriggete leggermente le fette di rigatino, che poi trasferirete nel tegame dei carciofi lasciandole per circa tre minuti.
Lessate in abbondante acqua salata le mezze maniche, scolate e amalgamate con il condimento. Servite con una piccola guarnizione di prezzemolo.

In stagione di zucchine, il menù dell'enoteca di Arnaldo Rossi prevede anche una ricetta di mezzemaniche interamente vegetariana. In questo caso la pasta è condita con zucchine fritte (ben scolate dall'olio e asciugate su carta assorbente), finocchio selvatico e ricotta di pecora.

Per 4 persone

4 etti di mezze maniche (o altra pasta secca tubolare corta)
2 carciofi, un ciuffo di prezzemolo, una cipolla, uno spicchio di aglio, un pezzetto di peperoncino
4 fette di rigatino (pancetta tesa), mezzo bicchiere di vino bianco secco
olio extravergine di oliva
sale, pepe nero

Tempo di preparazione e cottura: 40 minuti

Mezze maniche con salsiccia e patate

Osteria del Teatro, Senigallia (Ancona)

Lavate e sbucciate le patate, quindi tagliatele in cubetti di circa un centimetro per lato e lessatele in acqua bollente salata insieme alla pasta.
Nel frattempo rosolate in padella la salsiccia tagliata a pezzetti con un filo di olio, insaporendo con il rosmarino. Quando la carne sarà ben colorita, eliminate il rosmarino, assaggiate e regolate eventualmente di sale.
Scolate la pasta e le patate e saltate il tutto in padella, insaporite con una bella macinata di pepe, ultimate con un giro di extravergine crudo e servite.

Per 4 persone

4 etti di mezze maniche
2 etti di salsiccia
3 patate di media dimensione, un rametto di rosmarino
olio extravergine di oliva
sale, pepe

Tempo di preparazione e cottura: 20 minuti

Mezze penne con zucchine trifolate

Nora Torrini, Fiesole (Firenze)

Per 4 persone

3 etti e mezzo di mezze penne
12 zucchine piccole, uno
spicchio di aglio, un ciuffo di
prezzemolo, alcune foglie di
basilico
parmigiano reggiano
2 cucchiai di olio extravergine
di oliva
sale, un pizzico di
peperoncino

*Tempo di preparazione e
cottura:* 40 minuti

Pulite le zucchine e tagliatele a rondelle sottili.

In una padella soffriggete in olio extravergine lo spicchio di aglio schiacciato che, a doratura, eliminerete; aggiungete le zucchine e cuocetele a fuoco vivo, mescolando spesso affinché·assumano un colore uniforme. Quando saranno colorite, aggiungete il prezzemolo tritato, aggiustate di sale e terminate la cottura a fiamma media, col tegame incoperchiato.

Lessate le mezze penne in abbondante acqua salata, scolatele al dente e trasferitele nel tegame con le zucchine; mescolate, spolverate con parmigiano grattugiato e foglie di basilico spezzettate, insaporite con il peperoncino e portate in tavola.

Pasta secca industriale di semola di grano duro, le mezze penne hanno aspetto tubolare, taglio obliquo e corto formato. Lisce o rigate, si prestano a svariate preparazioni asciutte, abbinate a sughi freschi a base di verdure o a condimenti speziati e sostanziosi. Le zucchine trifolate o "al funghetto", per analogia con il sistema usato per rosolare i funghi, sono anche un ottimo contorno.

Millefoglie al ragù bianco di lago

Ristorante La Sosta, Cisano Bergamasco (Bergamo)

Pulite i lavarelli e la trota, ricavandone i filetti. Con le teste e le lische preparate un fumetto, ponendole in una pentola d'acqua fredda con cipolla, carota, sedano; portate a ebollizione e cuocete per una ventina di minuti.

Rosolare in una casseruola con l'extravergine scalogni, carota e sedano tritati; unite il porro e la zucchina, sempre tritati, e insaporite con zucchero, sale e pepe. Bagnate con un po' di fumetto, aggiungete i filetti dei pesci tagliati a listarelle e cuocete per alcuni minuti mescolando. Sfumate con il vino bianco e lasciate evaporare lentamente: saranno necessari cinque minuti circa perché pesce e verdure sono subito cotti. Affinché il ragù assuma la densità giusta, aggiungete infine un po' di fecola stemperata con acqua. Assaggiate ed eventualmente insaporite con zucchero, sale e pepe.

Cuocete la pasta all'uovo in abbondante acqua bollente salata, scolatela piuttosto al dente e fatela asciugare su un telo.

Ungete una teglia da forno e predisponete le lasagne in modo da avere sei porzioni. Per ognuna, sistemate una sfoglia, condite con un cucchiaio di ragù e coprite con una fettina di formai de mut; un'altra sfoglia e così via, per quattro volte. Terminate con ragù, grana padano grattugiato o passato al mixer e un fiocchetto di burro.

Infornate a 200°C per una ventina di minuti e servite nei piatti individuali con una foglia di basilico e un filo di extravergine.

Per 6 persone

420 grammi di pasta all'uovo per lasagne
2 lavarelli, una trota salmonata
2 carote, 2 piccole coste di sedano, un porro, una cipolla, 2 scalogni, una zucchina, un ciuffo di basilico
fecola di patate (o maizena)
un bicchiere di vino bianco secco
formai de mut, grana padano
burro, olio extravergine di oliva
un pizzico di zucchero, sale, pepe bianco

Tempo di preparazione e cottura: un'ora e un quarto

La legislazione

La legge italiana disciplina, con il Decreto del Presidente della Repubblica del 9 febbraio 2001, le caratteristiche e le denominazioni delle paste alimentari, classificandole in base alle farine e agli ingredienti che le compongono. Oltre a stabilire, per la pasta in commercio, il range consentito rispetto a umidità, ceneri, proteine e acidità, prescrive che siano denominati "pasta di semola di grano duro" e "pasta di semolato di grano duro" i prodotti ottenuti dalla trafilazione, laminazione e conseguente essiccamento di impasti preparati rispettivamente ed esclusivamente: a) con semola di grano duro e acqua; b) con semolato di grano duro e acqua. È altresì prevista la "pasta di semola integrale di grano duro", ottenuta dalla trafilazione, laminazione e conseguente essiccamento di un impasto preparato solo con semola integrale di grano duro e acqua.

Salvo deroghe previste da specifici articoli (che riguardano, per esempio, la produzione di sfarinati e paste alimentari, diretti alla successiva spedizione verso altri Paesi dell'Unione europea o verso gli altri Paesi contraenti l'accordo sullo spazio economico europeo), è vietata la fabbricazione di pasta secca con sfarinati di grano tenero, consentiti invece per le paste all'uovo, le paste speciali e, ovviamente, le paste fresche.

Anche per queste categorie si stabiliscono norme precise. La "pasta all'uovo" deve essere prodotta esclusivamente con semola e almeno quattro uova intere di gallina, prive di guscio, per un peso complessivo non inferiore a 200 grammi di uovo per ogni chilogrammo di semola. Le uova possono essere sostituite da una corrispondente quantità di ovoprodotto liquido fabbricato con uova intere di gallina. Per "paste speciali" si intendono quelle che contengono, oltre allo sfarinato, ulteriori ingredienti consentiti, come verdure (spinaci, pomodoro), malto, glutine... Devono essere poste in commercio con la denominazione "pasta di semola di grano duro", seguita dalla specificazione degli ingredienti aggiunti.

Capitolo – e articolo – a parte per le "paste fresche", di cui si stabiliscono, oltre all'umidità e all'acidità, le modalità di conservazione e di vendita, sia allo stato sfuso sia in imballaggi preconfezionati. Poste in vendita allo stato sfuso, devono essere conservate, dalla produzione alla vendita, in imballaggi preconfezionati non destinati al consumo finale, a temperature non superiori a 4°C. Stessa temperatura dalla produzione alla vendita, con una tolleranza di 2°C, per le paste fresche preconfezionate, che devono essere state sottoposte a un trattamento termico equivalente almeno alla pastorizzazione. Per le paste alimentari fresche, in base a una direttiva comunitaria, la scadenza è di cinque giorni per le paste sfuse di tipo artigianale, e una scadenza più lunga, fissata dal produttore, per le paste fresche pastorizzate a carattere prevalentemente industriale. La legge prevede, infine, le "paste fresche stabilizzate", ossia quelle che sono state sottoposte a trattamenti termici e a tecnologie di produzione che ne consentono il trasporto e la conservazione a temperatura ambiente.

Al consumatore finale, nonostante le prescrizioni della legge lo tutelino, spetterà il controllo accurato dell'integrità della confezione, dell'aspetto del prodotto contenuto, della scadenza (a maggior ragione per gli imballaggi di pasta fresca) e, infine, la lettura attenta dell'etichetta che, oggi come oggi, contiene molte informazioni anche se non esaustive, come richiederebbero i parametri di qualità (pp. 272-273).

Minestrone

Serafina Magro, Monterosso Calabro (Vibo Valentia)

Per 4-6 persone

Per i filatieddi:
4 etti di semola fine di grano
duro
Per il condimento:
un chilo di bietole da
coste, 3 etti di fagiolini,
5-6 pomodorini, 3 patate, 2
zucchine, 2 etti di piselli, una
cipolla
olio extravergine di oliva, sale
Inoltre:
pecorino (o parmigiano
reggiano)

*Tempo di preparazione e
cottura:* 2 ore, più il riposo

Preparate i *filatieddi* mescolando sulla spianatoia la semola con un paio di bicchieri d'acqua, che aggiungerete poco
alla volta. Lavorate l'impasto per almeno un quarto d'ora –
dovrà risultare omogeneo e consistente – e, quindi, filate-
lo in striscioline dello spessore del dito mignolo, spezzan-
dole a una decina di centimetri di lunghezza e avvolgendole intorno alla "virgola" (anima della canna di bambù) o
al classico ferretto sottile.
Lavate e tagliate a tocchetti coste, zucchine, patate, fagiolini e lessateli al dente in acqua bollente salata, scolandoli bene.
In una padella larga soffriggete in extravergine la cipolla affettata finemente e i piselli, fino a farli appassire. Aggiungete i pomodorini a pezzetti e cuocete con il coperchio
per una decina di minuti; unite le verdure bollite e portate a cottura.
Lessate la pasta, scolatela al dente e fatela saltare in padella con le verdure. Spegnete il fuoco e fate riposare il "minestrone" prima di servirlo. Spolverate a piacere con pecorino o parmigiano grattugiato.

Cummara Fina, *l'artefice di questo singolare "minestrone"
primaverile-estivo, condimento ideale per i* filatieddii *calabresi, suggerisce, nel caso non abbiate il tempo o la pazienza
di confezionare a mano questa sorta di maccheroni al ferretto, di comprarli in un laboratorio artigianale oppure di sosti-
tuirli con mezzo chilo di penne. I filatieddi sono ottimi anche con una salsa di pomodoro fresco, basilico in abbondanza
e pecorino grattugiato, oppure con il classico ragù calabrese.*

Minuich con cime di cola

Mimma Tancredi, Potenza

Impastate a lungo e con energia la semola con l'acqua tiepida e un pizzico di sale: dovrete ottenere una pasta morbida, che dividerete in salamini. Tagliateli in bastoncini lunghi un paio di centimetri e dello spessore di un dito; appoggiate su ognuno il ferro apposito, schiacciate con il palmo delle mani la pasta, arrotolatela e poi fate scivolare fuori il ferretto; cospargete questa sorta di maccheroni con la semola rimasta perché non si attacchino tra loro e sul piano di lavoro. Fateli asciugare per almeno mezz'ora (potete lasciarli anche una notte intera).
Pulite e dividete in cimette il cavolfiore, lessatelo in abbondante acqua bollente salata per una decina di minuti, toglietelo con la schiumarola e tenetelo in caldo.
Utilizzate l'acqua di cottura per lessare la pasta. Scolatela al dente e conditela con il sugo di pomodoro e le cime di *cola*, spolverizzando con il pecorino grattugiato. In alternativa al condimento con le cime di cola, potete fare soffriggere in olio l'aglio tagliato a pezzetti, aggiungendo il peperoncino tritato; versate quindi l'intingolo sulla pasta, mescolate e servite dopo avere condito con abbondante pecorino grattugiato.

I minuich – noti anche come minnicchi o macarun chi fir – sono un tipo di pasta lucana di semola di grano duro e acqua, assimilabili ai maccheroni al ferretto. Dall'impasto si ricavano cilindretti lunghi un paio di centimetri sui quali si appoggia un ferro a sezione quadrata, si preme e si fa scorrere sulla spianatoia fino a chiudere la pasta a maccheroncino. Il colore verde del cavolfiore utilizzato, appartenente alla stessa famiglia di quello bianco, deriva da una maggiore produzione di clorofilla, dovuta al fatto che i capolini non sono racchiusi all'interno delle foglie. I minuich si trovano perlopiù conditi con le cime di cola, che si possono anche lessare insieme alla pasta, con sugo di pomodoro o con un soffritto di aglio, olio e peperoncino.

Per 4-6 persone

Per la pasta:
6 etti di semola di grano duro
un pizzico di sale
Per il condimento:
6-7 etti di cavolfiore verde (cola)
sugo di pomodoro
mezz'etto di pecorino
sale

Tempo di preparazione e cottura: un'ora e un quarto, più il riposo

Mlinci con la supeta

Gostilna Devetak, Savogna d'Isonzo (Gorizia)

Per 6 persone

Per la pasta:
mezzo chilo di farina di
frumento tipo 00
5 uova
un mazzetto di erbe
aromatiche
5 cucchiai di olio extravergine
di oliva
una presa di sale
Per il condimento:
una gallina pronta per la
cottura
3 grosse cipolle, un ciuffetto
di maggiorana
2 cucchiai di conserva di
pomodoro
una manciata di pangrattato
un litro di brodo di carne
un bicchiere di vino bianco
secco
mezzo bicchiere di olio
extravergine di oliva, mezz'etto
di burro
sale, pepe

*Tempo di preparazione e
cottura:* 3 ore e mezza

Tagliate in quarti la gallina e rosolatela in olio. Bagnate con il vino e aggiungete la cipolla tritata e soffritta, sale, pepe e maggiorana. Coprite con il brodo e cuocete per circa tre ore.

Nel frattempo lavorate sulla spianatoia gli ingredienti della pasta, unendo anche le erbe aromatiche finemente tritate, fino a ottenere un impasto piuttosto consistente. Tirate una sfoglia sottile, adagiatela su una lastra da forno cosparsa di farina e cuocete a 200°C per 10 minuti.

Togliete la gallina dal tegame, disossatela e riducetela a pezzettini. Rimettete il tutto nel sugo e terminate la cottura aggiungendo la conserva e il pangrattato.

Rompete la sfoglia abbrustolita in pezzi irregolari e lessateli in acqua salata per cinque minuti.

Sciogliete il burro in una padella, amalgamatevi la *supeta* e i *mlinci* scolati e servite.

I mlinci o mlinzi sono pezzi di pasta abbrustolita al forno tipici dei due versanti, goriziano e sloveno, del Carso. Il condimento più tradizionale è lo spezzatino di gallina (supeta nella ricetta di Gabriella e Ustili Devetak), che accompagna spesso anche i fusi istriani (pag. 159). L'abbinamento al pollame di questi "stracci" di pasta – talvolta fritti in grasso d'oca – è tradizionale delle cucine slovena e croata. Con anatra arrosto, mlinci e cavolo rosso si celebra, l'11 novembre, la festa di San Martino, importante momento dell'annata agraria.

Nidi con prosciutto e mozzarella

Ristorante La Chioccia d'Oro, Bivio di Novi Velia (Salerno)

Impastate la farina con le uova intere e un pizzico di sale, formate un panetto e, dopo averlo fatto riposare una mezz'oretta, tirate con il matterello delle soglie sottili lunghe circa mezzo metro.
In una pentola alta portate a ebollizione abbondante acqua salata, immergetevi le sfoglie e cuocetele da cinque a sette minuti, a seconda dello spessore; scolatele, disponetele sul piano di lavoro una accanto all'altra, in modo da ottenere un grande rettangolo sul quale andrà cosparsa la besciamella e, infine, adagiato il prosciutto a fette sottili. Una volta che le sfoglie si sono raffreddate, avvolgetele su se stesse in modo da formare un unico rotolo, che farete riposare in frigorifero per circa due ore.
Nel frattempo, preparate il ragù. Tritate cipolla, carota e sedano e soffriggeteli in quattro cucchiai di olio insieme alla carne macinata; versate la passata di pomodoro, regolate di sale e cuocete a fuoco lento per circa un'ora.
Estraete dal frigorifero il rotolo e tagliatelo a fette circolari alte circa due dita, che disporrete affiancate in una teglia imburrata; coprite ogni rondella con una fettina sottile di mozzarella e infornate a 180°C per circa 15 minuti.
Tolti i nidi dal forno, conditeli con il ragù ben caldo e abbondante parmigiano grattugiato.

Per 4-6 persone

Per la pasta:
mezzo chilo di farina di frumento tipo 00
5 uova
un pizzico di sale
Per il ripieno:
2 etti di prosciutto cotto
un litro di besciamella
Per il condimento:
un etto e mezzo di carne di maiale o di vitello
mezza cipolla, una carota, una costa di sedano
un etto di mozzarella vaccina
6 etti di passata di pomodoro
parmigiano reggiano
olio extravergine di oliva, una noce di burro, sale

Tempo di preparazione e cottura: un'ora e 45 minuti, più il riposo

Occhi di lupo alla pastorella

Grand Hotel delle Terme, Acquappesa (Cosenza)

Per 4 persone

4 etti di occhi di lupo
una cipolla rossa di Tropea,
2-3 spicchi di aglio, un
ciuffetto di basilico
2 etti di pomodori pelati
2 etti di ricotta
olio extravergine di oliva
sale, peperoncino

*Tempo di preparazione e
cottura:* mezz'ora

Dopo avere soffritto in olio extravergine la cipolla affetta-ta finemente e gli spicchi di aglio tritati, unite le foglioline di basilico spezzettate grossolanamente con le mani e i po-modori pelati, cuocendo per un quarto d'ora. In ultimo ag-giungete la ricotta, lasciando sul fuoco ancora qualche mi-nuto per legare il tutto; regolate di sale e insaporite con un pizzico di peperoncino in polvere oppure essiccato e spez-zettato, nel caso preferiate un gusto più deciso.
Lessate gli occhi di lupo in abbondante acqua bollente sa-lata, scolateli al dente e trasferiteli nel tegame con il condi-mento. Mescolate, in modo da amalgamare bene i diversi sapori, e portate in tavola.

Gli occhi di lupo o canolicchi sono una pasta secca industria-le di semola di grano duro liscia, di formato corto con taglio diritto, che si adatta bene a ragù di carne e a sughi di verdu-re e legumi. Diffusa in Meridione, è spesso utilizzata per pa-sticci o timballi, incassati o meno in uno strato di pasta frolla o brisée e conditi a strati con i diversi intingoli.

Orecchiette ai lampascioni

Ristorante Antichi Sapori, Montegrosso di Andria

Dopo averli puliti, sbollentate per qualche minuto i lampascioni, quindi raffreddateli in acqua corrente.

In una pentola con olio soffriggete l'aglio, quindi aggiungete la salsiccia sminuzzata con una forchetta. Unite il vino bianco e i lampascioni. A fine cottura salate, pepate e aromatizzate con barbe di finocchio selvatico.

Cuocete le orecchiette al dente, scolatele e saltatele con il condimento. Prima di servire, sfilacciate e aggiungete la burrata e guarnite con altro finocchietto.

Pasta fresca tradizionale di fattura casalinga, le orecchiette si preparano con semola di grano duro o farina di frumento tipo 0, in molti casi con entrambe, e in Puglia anche con una percentuale di farina di grano arso (ricetta a pag. 250). Le classiche si ottengono da cilindretti di impasto intorno al centimetro e mezzo, che si trascinano sulla spianatoia con la punta arrotondata di un coltello o con un attrezzo chiamato, nel Barese, sferre*; la conchiglia ottenuta, capovolta sulla punta di un dito, si presenta come un piccolo orecchio con la superficie esterna rugosa. In Puglia, la regione in cui sono più diffuse tanto da meritare nomi diversi da provincia a provincia* (strascenate, chiancarelle, stagghiodde, recchietedde, recchie de prevete, fenescecchie, *per citare la nomenclatura più diffusa), si confezionano anche orecchiette più grandi* (pestazzuole, pociacche: *ricette a pag. 312 e 327).*

Per 4 persone

3 etti di orecchiette
2 etti di lampascioni, uno spicchio di aglio, un ciuffetto di finocchio selvatico
mezz'etto di salsiccia
un etto di burrata
mezzo bicchiere di vino bianco secco
olio extravergine di oliva
sale, pepe

Tempo di preparazione e cottura: mezz'ora

Orecchiette al tegamino

Ristorante Le Botteghe, Matera

Per 4 persone

4 etti di orecchiette
8 etti di pomodori, 2 spicchi
di aglio
2 etti di salame
2 etti di scamorza, un etto di
parmigiano reggiano
olio extravergine di oliva, sale

*Tempo di preparazione e
cottura:* un'ora

Lavate i pomodori, spellateli e tagliateli a pezzi privandoli dei semi e dell'acqua di vegetazione; sbucciate l'aglio e schiacciatelo leggermente.

In una padella versate del buon extravergine e fate soffriggere l'aglio finché non sia ben rosolato, quindi eliminatelo e versate i pomodori; abbassate la fiamma e cuocete per una ventina di minuti, regolando di sale.

Tagliate il salame a piccoli cubetti, tritate finemente la scamorza e grattugiate il parmigiano.

Portate a ebollizione una pentola di acqua salata, calate le orecchiette e scolatele dopo pochi minuti: devono restare piuttosto al dente.

Versate la pasta nel tegame del sugo, tenendone da parte qualche cucchiaiata, e unite i due terzi della scamorza, il salame, il parmigiano grattugiato, mescolando per amalgamare bene gli ingredienti.

Distribuite le orecchiette in quattro ciotole di terracotta, ricoprendo con il sugo avanzato e la scamorza, quindi infornate a 180°C per una ventina di minuti, in modo che si formi in superficie una crosticina croccante. Lasciate riposare qualche minuto a forno spento e servite.

Orecchiette con cime di rapa

Ristorante L'Antica Locanda, Noci (Bari)

Pulite e lavate le cime di rapa, lavate e sfilettate le acciughe, tritate finemente l'aglio.

In una pentola d'acqua bollente salata lessate le orecchiette e, dopo circa 10 minuti, aggiungete le cime di rapa.

Rosolate l'aglio e le acciughe in un tegame con abbondante olio extravergine di oliva, quindi aggiungete le orecchiette scolate al dente insieme alle cime di rapa. Saltate il tutto, mescolando in modo che la pasta si insaporisca bene. Se vi piace, aggiungete una nota piccante con un pizzico di peperoncino.

La Brassica campestris cymosa *è una pianta di origine mediterranea che si differenzia dalla rapa comune per il ciclo annuale e la radice fittonante che non si ingrossa. Le infiorescenze e le foglie più tenere sono utilizzate in diverse ricette tipiche delle regioni centromeridionali: quella qui presentata è forse la più nota.*

Per 4 persone

2 etti e mezzo di orecchiette
3 etti di cime di rapa, 2 spicchi di aglio
2 acciughe sotto sale
olio extravergine di oliva
sale, peperoncino (facoltativo)

Tempo di preparazione e cottura: mezz'ora

Orecchiette con fave, pecorino e carne

Osteria La Cantina, Alberobello (Bari)

Cuocete in una pentola le fave novelle e il capocollo di maiale tagliato a cubetti con un po' di olio extravergine; verso la fine della cottura sfumate con il vino bianco e regolate di sale.

Lessate le orecchiette, scolatele al dente e versatele nella pentola con le fave e il maiale. Amalgamate aggiungendo il pecorino grattugiato e un po' di acqua di cottura delle orecchiette, in modo da fare diventare il fondo cremoso.

Per 4 persone

320 g di orecchiette
un etto di capocollo di maiale
un etto e mezzo di fave novelle
vino bianco secco
pecorino semistagionato
olio extravergine di oliva, sale

Tempo di preparazione e cottura: 40 minuti

Orecchiette con le brasciole

Ristorante Peppe Zullo, Orsara di Puglia (Foggia)

Per 4 persone

3 etti e mezzo di orecchiette
4 etti di filetto di vitello
una ventina di foglie di menta,
uno spicchio di aglio
3 etti di passata di pomodoro
mezzo bicchiere di vino rosso
un etto e mezzo di pecorino
pugliese
olio extravergine di oliva, sale

*Tempo di preparazione e
cottura:* un'ora

Affettate il filetto di vitello ricavandone otto involtini che riempirete con foglie di menta, una parte del pecorino grattugiato e un goccio di olio. Chiudeteli con alcuni stuzzicadenti.

In una padella soffriggete l'olio con l'aglio tritato. Aggiungete gli involtini, fateli dorare e sfumate con il mezzo bicchiere di vino. Versate la passata di pomodoro e fate cuocere per mezz'ora, regolando sale.

A parte lessate la pasta in acqua bollente salata e scolatela al dente. Versate le brasciole sulla pasta, spolverate con il restante pecorino e servite caldo.

Tipiche della tradizione pugliese, le orecchiette erano un tempo confezionate esclusivamente a mano, con farina di frumento, semola di grano duro, acqua e sale. Se volete provarci, per quattro persone vi occorreranno due etti di farina e uno di semola, che impasterete con acqua tiepida salata, avendo cura di ricavarne una massa piuttosto consistente. Staccando pezzi dell'impasto, formerete quindi dei cilindri spessi circa due centimetri che dovranno poi essere tagliati a pezzetti e strisciati sulla spianatoia (non a caso si chiamano anche strascinati o strascinate). Le orecchiette vanno cucinate dopo un riposo di un paio d'ore: ma oggi è facile trovarle già pronte, preparate da laboratori artigianali e anche dall'industria.

Orecchiette con pomodorini e ricotta di capra

Ristorante Il Castelletto, Carovigno (Brindisi)

Mescolate gli sfarinati con il sale e una quantità di acqua sufficiente a ottenere un impasto omogeneo. Stendete la pasta ricavando bastoncini dello spessore di circa un centimetro. Tagliateli in pezzettini lunghi anch'essi più o meno un centimetro. Con la punta arrotondata di un coltello, schiacciateli fino a formare dischetti di forma concava. Affettate le verdure. Soffriggete cipolla, rucola e basilico, quindi aggiungete i pomodorini e cuocete per una decina di minuti.

Lessate brevemente la pasta in abbondante acqua salata, scolatela al dente e trasferitela nel tegame con la salsa; amalgamate, impiattate e guarnite con la ricotta e un ciuffo di basilico.

Per 4 persone

Per la pasta:
3 etti di farina di frumento, 2 etti di semola di grano duro
una presa di sale
Per il condimento:
un etto e mezzo di pomodori fiaschetto, una cipolla, un ciuffo di basilico, un mazzetto di rucola selvatica
2 etti di ricotta di capra
olio extravergine di oliva, sale

Tempo di preparazione e cottura: un'ora

Orecchiette con salsiccia e radicchio

Ristorante Liviù, Tessano di Dipignano (Cosenza)

Mettete a bollire in una pentola l'acqua per la pasta, salate e tuffatevi le orecchiette.

Dedicatevi quindi al condimento. Tritate lo spicchio di aglio e soffriggetelo in padella, unite il radicchio spezzettato grossolanamente, la salsiccia sbriciolata, un mestolo dell'acqua di lessatura della pasta e cuocete per pochi minuti. Aggiungete la ricotta, rimestate bene e trasferite in padella la pasta scolata, facendola saltare per alcuni minuti.

Insaporite con il parmigiano grattugiato, il prezzemolo tritato e un pizzico di pepe nero.

Le orecchiette si possono condire anche con un sugo di sola salsiccia. Il signor Filippo Leone, di Allise (Lecce), prepara la pasta aggiungendo un uovo a quattro etti di farina. Soffrigge in olio un trito di cipolla, unisce tre etti di salsiccia sminuzzata, a rosolatura sfuma con vino bianco, regola di sale e pepe e fa sobbollire l'intingolo che versa poi sulle orecchiette scolate.

Per 4 persone

4 etti di orecchiette
un etto di salsiccia di maiale
un etto di radicchio, uno spicchio di aglio, un ciuffo di prezzemolo
un etto di ricotta di pecora, parmigiano reggiano
olio extravergine di oliva
sale, pepe nero

Tempo di preparazione e cottura: 45 minuti

Orecchiette di grano arso con purè di fave

Ristorante Antichi Sapori, Montegrosso di Andria

Per 4 persone

3 etti di orecchiette di grano arso
mezzo chilo di fave secche, una carota, una patata, una costa di sedano, qualche pomodorino appeso, un ciuffo di prezzemolo
3 etti di olive nere
mezz'etto di ricotta di pecora stagionata
olio extravergine di oliva
sale, pepe bianco

Tempo di preparazione e cottura: 2 ore e mezza, più l'ammollo delle fave

La sera prima mettete a bagno in abbondante acqua le fave secche senza buccia (le più indicate sono quelle bianche pugliesi).

Preparate quindi il purè. Scolate le fave dall'ammollo, mettetele in una casseruola a bordo alto, copritele d'acqua (il livello deve superare di un dito le fave) e cuocetele con la patata, la carota, i pomodorini e il sedano tagliati a pezzetti, il prezzemolo, un cucchiaio di olio, sale, una leggera macinata di pepe. Scuotete di tanto in tanto la casseruola per non fare attaccare. Dopo un paio d'ore le fave saranno cotte e l'acqua quasi consumata. Fate intiepidire, setacciate la purea e tenetela da parte.

Mentre le fave cuociono, arrostite in forno le olive e successivamente togliete loro il nocciolo e schiacciatele con una forchetta.

Portate a ebollizione circa tre litri di acqua, salate e cuocete le orecchiette. Versatele in una padella dove avrete riscaldato il purè di fave, tenuto piuttosto fluido, e fate saltare la pasta.

Servite aggiungendo in ogni piatto le olive arrostite, una buona grattugiata di ricotta dura e olio extravergine di oliva.

Questo piatto, creato dallo chef Pietro Zito, sposa alcuni prodotti di punta del territorio pugliese: le fave di Carpino, nel Gargano, le olive da olio della varietà coratina, che bilanciano con il sapore amaro il dolce delle fave, l'olio extravergine di qualità, come quello di Andria. A ricevere questi condimenti sono le orecchiette di grano arso, vale a dire frumento bruciato con le stoppie dopo la mietitura. Presso le popolazioni rurali del Meridione d'Italia, in tempi di povertà estrema, si andavano a cercare le ultime spighe rimaste nei campi di grano: la mietitura era già avvenuta e, passate le spigolatrici, si era dato fuoco alle stoppie. Da questo grano bruciato si ricavava una farina scura che, mescolata ad altre, dava una pasta dal sapore leggermente affumicato. La pasta di semola di grano arso, che rappresenta tuttora un prodotto tradizionale della Puglia, si può trovare confezionata nei negozi specializzati o si può preparare in casa tagliando questo tipo di farina con un 30% di semola rimacinata.

Orecchiette mollicate

Ristorante Le Lucanerie, Matera

Su una spianatoia impastate la semola con la farina unendo, se volete, un pizzico di sale e l'acqua necessaria a ottenere una massa liscia ed elastica; coprite e lasciate riposare per qualche tempo.

Pulite i peperoni, eliminando il picciolo e i semi, e tuffateli per qualche istante in olio bollente; scolateli su un foglio di carta assorbente e fateli freddare in frigorifero.

Ricavate dall'impasto delle piccole porzioni che assottiglierete con le mani fino a formare biscioline dello spessore di un paio di centimetri; tagliatele a bastoncini di circa tre centimetri di lunghezza e, con il pollice, imprimete un movimento in avanti strisciando la pasta sul piano di lavoro in modo che i margini si arriccino formando la classica forma a coppetta; allargate le orecchiette e lasciatele asciugare.

Sbriciolate la mollica di pane e rosolatela in padella con un buon extravergine finché non assuma un bel colore dorato; unite i peperoni – dopo averli frantumati con le mani – e cuocete ancora per un minuto regolando di sale.

Lessate le orecchiette in abbondante acqua salata, scolatele al dente e versatele in padella.

Saltate il tutto per pochi minuti mantecando con il formaggio grattugiato e ultimando con i pomodorini privati dei semi e tagliati a pezzetti.

Per 4 persone

Per la pasta:
2 etti di semola di grano duro,
un etto di farina di frumento
un pizzico di sale (facoltativo)
Per il sugo:
un etto di pomodorini, 4
peperoni *cruschi* di Senise
un etto e mezzo di mollica
un etto di cacioricotta
olio extravergine di oliva, sale

*Tempo di preparazione e
cottura:* un'ora

Orecchiette verdi con sugo di agnello

Ristorante La Mangiatoia, Rotondella (Matera)

Per 6-8 persone

Per la pasta:
4 etti di semola di grano duro
2 etti di spinaci
un uovo
una presa di sale
Per il sugo:
mezzo chilo di polpa di
agnello
una carota, una costa di
sedano, una cipolla
mezzo chilo di polpa di
pomodoro
pecorino da grattugia
olio extravergine di oliva, sale

*Tempo di preparazione e
cottura:* 2 ore e mezza

Lessate gli spinaci in acqua leggermente salata, poi scolateli e passateli al passaverdure tenendo da parte l'acqua che rilasceranno.

Su un tagliere impastate la semola con l'uovo, l'acqua conservata e gli spinaci; insaporite con un pizzico di sale e lavorate fino a ottenere una massa elastica e omogenea (aggiungete, se necessaria, altra acqua, ma fate attenzione a non rendere troppo morbido il composto); coprite e lasciate riposare brevemente.

Preparate un battuto con cipolla, sedano e carota e fatelo soffriggere in una casseruola con un buon extravergine; aggiungete quindi l'agnello a pezzi e rosolatelo a fiamma viva finché non sia dorato su tutti i lati. Versate nel tegame la polpa di pomodoro, abbassate la fiamma al minimo, aggiustate di sale e cuocete con il coperchio per un paio di ore, allungando, se necessario, con piccoli sorsi di acqua per mantenere il fondo morbido.

Riprendete l'impasto e ricavate delle biscioline dello spessore di un centimetro e mezzo che taglierete in bastoncini della stessa lunghezza. Con la punta di un coltello, o con il pollice, premete al centro di ognuno trascinando il pezzetto di pasta sul piano di lavoro e ottenendo la classica forma a coppetta; allargate le orecchiette e fatele asciugare.

Quando il sugo è pronto, lessate la pasta in abbondante acqua salata, scolandola non appena risalga a galla, e versatela nel tegame con il condimento. Amalgamate e ultimate con una generosa grattugiata di pecorino.

'O sicchio d'a munnezza

Osteria 'E Curti, Sant'Anastasia (Napoli)

Fate rinvenire in un poco di acqua tiepida l'uva passa, spezzettate i gherigli di noce e le nocciole, snocciolate le olive e tritate il prezzemolo.

Mettete sul fuoco l'acqua per la pasta e, intanto, preparate il sugo., In un tegame scaldate l'olio e fatevi dorare adagio lo spicchio di aglio scamiciato e schiacciato leggermente con il palmo della mano. Unite la frutta secca, i capperi e rosolate per un paio di minuti. Togliete i semi ai pomodorini, tagliateli a pezzetti e versateli nel tegame, salate moderatamente e cuocete per quattro o cinque minuti. In ultimo aggiungete le olive snocciolate, la presa di origano e il prezzemolo; dopo avere fatto insaporire il tutto, spegnete il fuoco e incoperchiate.

Quando la pasta è cotta, scolatela al dente, trasferitela in una padella capiente, versate il condimento e amalgamate per bene. Servite nei piatti individuali avendo cura di raccogliere il sugo con un cucchiaio e di distribuirlo equamente.

Il nome del piatto, magari poco accattivante (la signora Angela, che ha dettato la ricetta, oggi preferisce presentarlo come "spaghetti di Natale"), è tuttavia significativo: si tratta di un condimento "al risparmio", ottenuto con la frutta secca avanzata dal pranzo di Natale, con erbe aromatiche e con pomodorini, del piénnolo *del Vesuvio, serbati per l'inverno e, quindi, ancora più gustosi. Le noci saranno quelle di Sorrento, le nocciole di Giffoni, gli spaghetti di Gragnano; un tempo anche gli altri ingredienti erano di casa: i pinoli si estraevano dalle pigne raccolte sul litorale, l'uva proveniva dai poderi di famiglia e, stesa su graticci ad appassire, si conservava fino all'inverno.*

Per 8 persone

8 etti di spaghetti
70 g di noci, 70 g di nocciole,
16 pinoli, 10 chicchi di uva passa
18 capperi dissalati, 8 olive nere
2 etti e mezzo di pomodorini del *piénnolo*, uno spicchio di aglio, una manciata di prezzemolo
olio extravergine di oliva
sale, una presa di origano

Tempo di preparazione e cottura: mezz'ora

Paccheri alla norcina

Osteria La Vecchia Posta, Trevi (Perugia)

Per 4 persone

4 etti e mezzo di paccheri
4 etti e mezzo di salsiccia
4 pomodorini, 2-3 funghi
champignon, mezza cipolla,
mezzo spicchio di aglio,
tartufo nero pregiato
(facoltativo)
40 g di polpa di pomodoro
un bicchiere di crema di latte
mezz'etto di parmigiano
reggiano
olio extravergine di oliva, sale

*Tempo di preparazione e
cottura:* 45 minuti

Pulite con attenzione i funghi e tritateli finemente, preparate un battuto di cipolla, aglio e spellate la salsiccia.

In una larga padella soffriggete in un buon olio extravergine il battuto finché non cominci ad appassire, unite i funghi e cuocete a fiamma moderata per mezzo minuto, quindi aggiungete la salsiccia schiacciandola bene con i rebbi di una forchetta e muovendo il tegame continuamente perché la rosolatura sia uniforme. Versate a questo punto la polpa di pomodoro e cuocete a fuoco lento per un quarto d'ora. Nel frattempo tagliate a spicchi i pomodorini, privandoli dei semi e dell'acqua di vegetazione, uniteli alla preparazione e proseguite la cottura per cinque minuti; versate la crema di latte, mescolate bene e lasciate sulla fiamma per altri cinque minuti regolando di sale. Togliete dal fuoco, spolverate con il parmigiano grattugiato e amalgamate.

Lessate i paccheri in abbondante acqua salata, scolateli al dente e versateli con uno o due cucchiai di acqua di cottura nel tegame del condimento.

Saltate la pasta a fiamma viva per pochi minuti e servite ultimando, se ne disponete, con una grattugiata di tartufo.

Paccheri con baccalà e pesto di prezzemolo

Trattoria Via Vai Fratelli Fagioli, Ripalta Cremasca (Cremona)

Cominciate con il preparare il pesto: mondate il prezzemolo, dissalate e spinate le acciughe, sbucciate l'aglio e grattugiate il pecorino. Versate tutti gli ingredienti nel bicchiere del frullatore, unite l'olio e sminuzzate il tutto fino a ottenere una salsa liscia e fluida.

Mettete il baccalà in una casseruola, versate il brodo vegetale freddo, aromatizzate con la foglia di alloro e portate a bollore. Dopo due minuti spegnete la fiamma e lasciate intiepidire. Spellate e spinate il pesce dividendolo in grossi bocconi e tenetelo da parte.

Sbucciate le patate, tagliatele a bastoncini, mettetele in un pentolino coperto di acqua fredda e portatele a cottura. Tuffate i paccheri in abbondante acqua salata e lessateli mantenendoli al dente.

Nel frattempo, in una padella larga, scaldate due cucchiai di olio, aggiungete il baccalà, versate il latte e dopo una decina di minuti unite le patate cotte e scolate. Regolate di sale, se necessario e con parsimonia.

Scolate la pasta direttamente nel condimento e mantecate con un filo di extravergine crudo. Adagiate sul fondo di ogni piatto (previamente riscaldato) una cucchiaiata di pesto, allargatela su tutta la superficie e versatevi una mestolata di pasta. Servite immediatamente.

Per 4 persone

3 etti di paccheri di Gragnano
2 etti di baccalà già ammollato
2 etti di patate a pasta bianca,
una foglia di alloro
un bicchiere di latte
un litro di brodo vegetale
olio extravergine di oliva, sale

Per il pesto:

2 manciate di prezzemolo, uno
spicchio di aglio
2 acciughe sotto sale
30 g di pecorino
un bicchiere di olio
extravergine di oliva

Tempo di preparazione e cottura: un'ora

Paccheri con pancetta e pistacchi

Ristorante Il Vecchio Castagno, Serrastretta (Catanzaro)

Per 4 persone

mezzo chilo di paccheri
un etto di pancetta tesa
80 g di pistacchi di Bronte
mezz'etto di farina di riso
mezz'etto di pecorino da
grattugia
olio extravergine di oliva, sale

*Tempo di preparazione e
cottura:* 40 minuti

Mettete in una padella l'extravergine, i pistacchi macinati finemente e la farina di riso e fate tostare il tutto a fiamma bassa per cinque o sei minuti, mescolando continuamente con un cucchiaio di legno. Verso fine cottura unite la pancetta tagliata a fette sottili.
Cuocete i paccheri in abbondante acqua salata, scolateli, lasciando un goccio d'acqua di cottura da aggiungere al condimento caldo, e conditeli, completando con una spolverata di pecorino grattugiato.

I paccheri sono una pasta secca di tipo industriale di semola di grano duro di corto formato, di taglio diritto, la cui superficie rigata o trafilata al bronzo si adatta a sughi succulenti e alla preparazione di pasticci al forno. Molto diffusi al Sud, si accompagnano anche a condimenti estivi con pomodorini e basilico. La ricetta suggerita dal signor Delfino compare nel menù del Vecchio Castagno come paccheri delle Due Sicilie.

Paccheri con patate e cozze

Ristorante La Torre, Massa Lubrense (Napoli)

Per 4 persone

4 etti di paccheri
mezzo chilo di cozze
2 etti di patate, 2 spicchi di
aglio, un grosso ciuffo di
prezzemolo
olio extravergine di oliva
sale, pepe

*Tempo di preparazione e
cottura:* 40 minuti

Pelate e lavate le patate e lessatele al dente in abbondante acqua salata.
Pulite le cozze con cura, raschiandole e sciacquandole ripetutamente; fatele aprire sul fuoco in una casseruola con poco acqua, quindi sgusciatele.
Mentre si scalda l'acqua per i paccheri, preparate il sugo. in una padella che possa contenere anche la pasta, imbiondite in olio gli spicchi di aglio sbucciati. Versate quindi le cozze sgusciate e le patate tagliate a dadini, unite quattro o cinque cucchiai di acqua delle cozze, aggiustate di pepe e sale (se necessario: l'acqua di apertura delle cozze è di solito abbastanza salata) e spolverate con prezzemolo tritato. Fate insaporire il tutto per pochi minuti.
Scolate i paccheri al dente e amalgamateli al condimento a fuoco vivo, badando che il sugo non asciughi troppo. Servite con abbondante prezzemolo tritato.

Paccheri ripieni di scorfano

Ristorante Il Pollo d'Oro, Torretta di Crucoli (Crotone)

Lavorate a lungo la semola con un cucchiaio di olio extravergine e il sale, ricavando un impasto omogeneo e di una certa consistenza. Infarinate la spianatoia e tirate una sfoglia non troppo sottile; tagliatela a quadretti, che trasformerete in paccheri con l'apposito attrezzo o il manico – deve essere molto spesso – di un cucchiaio di legno, ben infarinato per evitare che la pasta si appiccichi: arrotolate ogni quadratino di pasta sul bastoncino e rotolatelo sul piano per rigarlo, se volete che assorba meglio il sugo. Tenete presente che si tratta di un formato di pasta piuttosto pesante: una decina di paccheri pesa in media due etti. Pulite il pesce, squamandolo, eviscerandolo e privandolo delle pinne e della testa. Tagliatelo a trance e fatele dorare in olio bollente; unite i pomodori spellati, privati dei semi e tagliati a tocchetti, salate, pepate e, dopo avere incoperchiato il tegame, portate a cottura in una mezz'ora.

Tuffate i paccheri in acqua bollente salata e scolateli immediatamente; riempiteli con il pesce e adagiateli su una teglia che passerete in forno, a temperatura media, dopo averli irrorati con un infuso di olio e basilico. Trasferiteli in piatti individuali, coperti con la salsa di pomodorini e basilico dorati nel burro, e portate in tavola.

Per 6-8 persone

Per la pasta:
un chilo di semola di grano duro, una manciata di farina di frumento
olio extravergine di oliva, sale
Per il ripieno:
uno scorfano da un chilo
3-4 pomodori
olio extravergine di oliva
sale, pepe in grani
Per il condimento:
una decina di pomodorini, un ciuffo di basilico
burro, olio extravergine di oliva, sale

Tempo di preparazione e cottura: 2 ore e mezza

Paglia e fieno allo scalogno di Romagna

Osteria La Campanara, Galeata (Forlì-Cesena)

Per 4 persone

Per la pasta:
3 etti di farina di frumento
2 etti di spinaci
3 uova
una presa di sale
Per il condimento:
4 etti di scalogno di Romagna,
6 pomodori maturi
40 g di lardo (o 5 cucchiai di
olio extravergine di oliva)
sale, pepe

*Tempo di preparazione e
cottura:* un'ora e mezza, più il
riposo

Sbollentate gli spinaci in acqua leggermente salata, scolateli e strizzateli molto bene, poi sminuzzateli al coltello.

Disponete la farina a fontana, mettete al centro le uova e un pizzico di sale e, con l'aiuto di una forchetta, lavorate gli ingredienti fino a ottenere una massa liscia e omogenea; dividetela a metà e aggiungete a una parte la verdura, amalgamandola con cura. Coprite entrambi gli impasti e fateli riposare per un'oretta.

Nel frattempo dedicatevi al sugo: sbucciate gli scalogni e affettateli finemente, macinate il lardo ottenendo una crema densa. Rosolate il grasso in padella e, quando sarà sciolto, unite gli scalogni, abbassate la fiamma al minimo e stufate a tegame coperto per mezz'ora, aggiungendo piccoli mestoli di acqua per mantenere il fondo morbido.

Sbollentate i pomodori, privateli della pelle, dei semi e dell'acqua di vegetazione, tagliateli a pezzetti e aggiungeteli al sugo, proseguendo la cottura a tegame scoperto per un quarto d'ora; regolate di sale e pepe.

Ottenete dagli impasti due sfoglie sottili, sovrapponetele e, senza stringere troppo, arrotolatele ritagliando delle strisce di tre o quattro millimetri di larghezza, con cui formerete nidi di circa 80 grammi ciascuno.

Lessate la pasta in acqua salata, scolandola non appena risalga a galla, trasferite nella padella con il condimento, amalgamate e servite.

Lo scalogno di Romagna è una pianta erbacea bulbosa (Allium ascalonicum) coltivato nelle attaulio province di Ravenna, Forlì-Cesena e Bologna dai primi del Novecento e tutelato dal riconoscimento Igp. Il consumo e la vendita riguardano il prodotto fresco ed essiccato, raccolto in trecce. Il gusto delicato, più simile alla cipolla che all'aglio, ne permette l'uso in varie ricette; conservato sott'olio, è inoltre servito come antipasto. Tradizionalmente i bulbi, dalla caratteristica forma a fiaschetto, erano raccolti nella notte di San Giovanni (tra il 23 e il 24 giugno) e lasciati nei campi a essiccare.

Palacinke alla mandriera

Trattoria Suban, Trieste

Setacciate la farina e mescolatela poca per volta al latte, all'uovo e ai tuorli battuti e salati, ricavandone un composto fluido e senza grumi. Lasciate riposare per almeno mezz'ora.

Nel frattempo mondate il basilico, sbucciate l'aglio e frullateli con un pizzico di sale e l'olio sufficiente a ottenere una salsa liscia e omogenea.

Ungete di burro una padella antiaderente, scaldatela e versate uno strato sottile di pastella, cuocendolo a fuoco moderato da entrambe le parti. Ripetete l'operazione con tutta la pastella.

Spalmate le crespelle con la salsa di basilico, piegatele a metà e rosolatele nel burro, aggiungendo il sugo d'arrosto, la panna, il formaggio grattugiato e una macinata di pepe. Passate in forno a gratinare per 8-10 minuti.

Le palacinke sono la versione slovena delle palatschinken, un tipo di crêpe diffuso in tutta l'area dell'ex impero austroungarico. Possono essere dolci (farcite con confetture di frutta, miele o cioccolato) o salate (prosciutto, formaggio, funghi, verdure...). Quelle di Suban sono intitolate ai mandrieri, ortolani del rione triestino di San Giovanni, dove si trova la trattoria, che coltivavano soprattutto basilico.

Per 4 persone

Per la pastella:
125 g di farina di frumento tipo 00
un uovo intero e 2 tuorli
un quarto di litro di latte
burro, sale
Per il ripieno e la guarnizione:
un grosso ciuffo di basilico, 2 spicchi di aglio
un piccolo mestolo di fondo bruno o di sugo di arrosto
4 cucchiai di panna da cucina
formaggio da grattugia
olio extravergine di oliva
sale, pepe

Tempo di preparazione e cottura: 40 minuti, più il riposo

Panigazi

Trattoria Armanda, Castelnuovo Magra (La Spezia)

Per 4 persone

mezzo chilo di farina di
frumento
una patata piccola
grana padano (o pecorino)
olio extravergine di oliva, sale

*Tempo di preparazione e
cottura:* mezz'ora

Fate una pastella che deve rimanere fluida lavorando in
una capace terrina mezzo litro d'acqua tiepida, la farina e
il sale. Mescolate con cura facendo attenzione che non rimangano grumi.

Munitevi di un testo (meglio se di ghisa) di circa 25 centimetri, senza bordo ma con il manico, qualcosa di simile a quello usato per le crêpes. Mettetelo sul fuoco e quando sarà rovente inforchettate la patata sbucciata, intinge-
tela nell'olio e passatela velocemente su tutta la superficie
del testo, ungendolo con un leggero strato di grasso. Prendete un mestolo scarso di pastella, versatelo al centro del
testo e, aiutandovi con la concavità dell'attrezzo, distribuite il composto con movimento rotatorio, in modo che si al-
larghi su tutta la superficie. Lo spessore del panigaccio dovrebbe essere di un paio di millimetri. Basteranno un paio di minuti di cottura, poi dovrete, prendendolo con una
spatola, capovolgere il disco di pasta e cuocere l'altro lato. Man mano che cucinerete gli altri (avendo l'accortezza
di ungere ogni volta il testo con la patata) tenete al caldo
quelli pronti: non devono raffreddarsi.

Servite i *panigazi* condendoli uno alla volta con formaggio
grattugiato e olio extravergine, oppure con il pesto. Si potrebbero usare anche sughi di carne o di funghi, oggi in
disuso.

*Simili ai testaroli pontremolesi, tipici dell'alta Lunigiana, che
sono però tagliati in piccole losanghe, i panigacci devono il
loro nome al panìco, sorta di miglio che si utilizzava per la
preparazione di un pane di poco pregio. Di questo singolare
e caratteristico primo piatto esistono due varianti: i* panigazi *della Valle Magra e della Lunigiana ligure sono molto sottili, vengono cotti in testi metallici ed essiccati totalmente. I
panigacci di Podenzana sono più spessi (raggiungono il centimetro) e vengono cucinati in un recipiente di terracotta arro-
ventato con brace sopra e sotto; una volta pronti si scottano
in acqua calda, si scolano e si condiscono.*

Pansotti con salsa di noci

Osteria Panzallegra, Sarzana (La Spezia)

Mescolate la farina disposta a fontana con le uova, un po' d'acqua e un pizzico di sale. Lavorate fino a ottenere un impasto della giusta consistenza, quindi stendete una sfoglia sottile e tagliatela in triangoli di circa 10 centimetri per lato.

Per preparare il ripieno grattugiate i formaggi, versate tutti gli ingredienti in una grande ciotola e mescolate con cura, regolando di sale e pepe. Mettete al centro di ciascun triangolo una noce di composto e ripiegateli su se stessi premendo lungo i margini per sigillare bene.

Per il condimento, tritate le noci e (se volete) i pinoli. In una padella dorate lo spicchio di aglio tritato con il burro, quindi aggiungete la frutta secca. Quando si sta asciugando, unite un bicchierino di latte in modo da rendere la salsa più cremosa e regolate eventualmente di sale.

Lessate i pansotti per pochi minuti in acqua bollente, quindi fateli saltare brevemente con il condimento.

I pansotti *(o* pansoti*) sono una pasta ripiena ligure tradizionale, la cui farcia – di magro – è composta di ricotta (ma la ricetta originale vorrebbe la* prescinsoea, cagliata acidula*),* preboggion *(miscuglio di erbe prevalentemente spontanee), parmigiano reggiano grattugiato, poco aglio tritato. In mancanza di erbe selvatiche, oggi si tende a usare borragine e bietole. A forma di triangolo rettangolo (ottenuto ripiegando un pezzo di pasta triangolare) e panciuti, hanno un condimento tradizionale nella salsa di noci.*

Per 4 persone

Per la pasta:
4 etti di farina di frumento
4 uova
un pizzico di sale
Per il ripieno:
3 etti di pecorino fresco, 3 etti di ricotta, un etto e mezzo di parmigiano reggiano
2 tuorli
sale, pepe nero
Per il condimento:
4 etti di noci sgusciate, 20 g di pinoli (facoltativo)
uno spicchio di aglio
un bicchierino di latte
40 g di burro, sale

Tempo di preparazione e cottura: un'ora e mezza

Pansotti di erbe selvatiche

Ristorante U.p.e.p.i.d.d.e., Ruvo di Puglia (Bari)

Per 4 persone

Per la pasta:
4 etti di farina di frumento
4 uova
una presa di sale
Per il ripieno:
7 etti di verdure miste (bietole,
senape, borragine e altre erbe
selvatiche), mezzo spicchio di
aglio
un etto e mezzo di ricotta,
mezz'etto di parmigiano
2 uova
un pizzico di sale
Per il condimento:
5 pomodorini, uno spicchio
di aglio
pecorino canestrato
(facoltativo)
olio extravergine di oliva
sale, pepe

*Tempo di preparazione e
cottura:* un'ora e 40 minuti

Disponete a fontana la farina e il sale su una base di marmo, rompete le uova al centro e mescolate. Quando l'impasto sarà omogeneo, stendetelo con il matterello fino a ottenere una sfoglia piuttosto sottile.

Pulite e lavate le erbe spontanee, quindi lessatele in poca acqua salata. Una volta cotte, scolatele, tritatele e versatele in una terrina con la ricotta, le uova e il mezzo spicchio di aglio tritato. Lavorate con cura il composto con un cucchiaio, incorporando a poco a poco il parmigiano grattugiato. Tagliate la sfoglia in triangoli di circa sette centimetri per lato. Ponete al centro una pallina di ripieno, ripiegate la pasta premendo bene sui lati e sistemate i pansotti così ottenuti su una salvietta asciutta.

In una padella rosolate l'aglio in camicia con l'olio, quindi aggiungete i pomodorini tagliati a spicchi, aggiustate di sale e pepe, quindi portate a cottura.

Nel frattempo, in una pentola portate a ebollizione abbondante acqua salata e tuffatevi brevemente i pansotti. Appena saranno cotti saltateli con il condimento, serviteli con un filo di olio extravergine a crudo e, se gradite, con una spolverata di pecorino canestrato murgiano.

Panzerotti alla piacentina

Trattoria San Giovanni, Piacenza

Preparate il ripieno mescolando in una terrina le due ricotte con il mascarpone, aggiungete quindi l'uovo e il grana grattugiato. Mondate le erbette e sbollentatele per qualche minuto in acqua salata, scolatele, strizzatele e passatele in padella con un filo di olio e uno spicchio di aglio schiacciato. Cuocete per qualche minuto in modo che si insaporiscano e perdano tutta l'acqua in eccesso, poi spegnete la fiamma e fatele freddare. Tritatele finemente al coltello – eliminando l'aglio – e unitele alla farcia, amalgamate con cura, regolate di sale, pepe e noce moscata e mettete a riposare in frigorifero.

In una ciotola capace battete le uova con il latte, incorporate la farina setacciata versata a pioggia e per ultimi tre cucchiai di burro fuso tiepido e il sale; continuate a mescolare fino a ottenere un composto fluido e privo di grumi e lasciate riposare per almeno un'ora in frigorifero.

Nel frattempo preparate il sugo: ammollate per qualche tempo i funghi in acqua tiepida e tritate finemente la cipolla. In un tegame di coccio riscaldate un filo di olio e una noce di burro, versatevi il battuto e l'aglio e fateli appassire dolcemente. Scolate i funghi conservando l'acqua, spezzettateli grossolanamente e aggiungeteli alla preparazione; regolate di sale e pepe, mescolate, incorporate il concentrato di pomodoro, un pizzico di zucchero e cuocete per un'oretta, allungando il fondo con l'acqua dell'ammollo aggiunta poca per volta. Togliete dal fuoco, mantecate con una noce di burro e mettete da parte.

Ungete un padellino con una noce di burro, riscaldatelo e versate un piccolo mestolino alla volta del composto di farina e latte, ottenendo sottili crêpes che farete asciugare brevemente su un foglio di carta assorbente. Spalmate ognuna di esse con un po' della farcia, arrotolate formando dei cannelloni, che allineerete in una teglia unta, infornando per un quarto d'ora a 200°C. Cospargete con fiocchetti di burro, il sugo distribuito a cucchiaiate, una spolverata di formaggio grattugiato e fate gratinare per cinque minuti.

Per 4-6 persone

Per la pastella:
125 g di farina di frumento
5 uova
3 tazzine di latte
4 cucchiai di burro, sale
Per il ripieno:
3 etti di biete (o spinaci), uno spicchio di aglio
2 etti di ricotta vaccina, 2 etti di ricotta ovina, un etto di mascarpone, un etto di grana padano
un uovo
olio extravergine di oliva
sale, pepe, noce moscata
Per il condimento:
un etto di funghi essiccati
una cipolla dorata, uno spicchio di aglio
un cucchiaio di concentrato di pomodoro
grana padano
burro, olio extravergine di oliva
sale, pepe, zucchero

Tempo di preparazione e cottura: 2 ore, più il riposo

Panzerotti di melanzane

Trattoria La Collinetta, Martone (Reggio Calabria)

Per 6 persone

Per la pasta:
2 etti e mezzo di farina di
frumento tipo 00, 2 etti e
mezzo di semola di grano duro
un uovo
una presa di sale
Per il ripieno:
2 etti di speck
una melanzana, un ciuffetto di
prezzemolo, alcune foglie di
basilico
mollica di pane
parmigiano reggiano,
caciocavallo silano
olio extravergine di oliva
Per il condimento:
mezz'etto di speck, mezz'etto
di pancetta
2 etti di pomodorini, una
melanzana, una cipolla, un
pezzetto di peperoncino, un
ciuffetto di prezzemolo, alcune
foglie di basilico
pane grattugiato, farina di
frumento
parmigiano reggiano,
caciocavallo silano
olio extravergine di oliva, sale

*Tempo di preparazione e
cottura:* 2 ore

Versate gli sfarinati sulla spianatoia e lavorateli con l'uovo, poca acqua e un pizzico di sale, in modo da ottenere un impasto sodo e abbastanza compatto, che lascerete riposare per mezz'ora.

Nel frattempo preparate il ripieno. Lavate la melanzana e tagliatela prima a fette e poi a tocchetti, che friggerete in olio bollente. Una volta raffreddati mescolateli con lo speck macinato, il parmigiano e il caciocavallo grattugiati, il prezzemolo tritato, le foglioline di basilico spezzettate finemente e, in ultimo, la mollica di pane ad amalgamare il tutto.

Riprendete la pasta, stendetela con il matterello in una sfoglia sottile e con l'apposita formina o un bicchierino ritagliate dei dischi; mettete al centro di ognuno un cucchiaio di ripieno e chiudete a mezzaluna, pizzicando bene i bordi per evitare la fuoriuscita della farcia in cottura.

Preparate il condimento, facendo rosolare in olio extravergine la cipolla tritata e il peperoncino spezzettato in modo grossolano; unite la pancetta e lo speck a cubetti, i pomodorini e cuocete per circa cinque minuti; appena prima di spegnere il fuoco, aggiungete il prezzemolo tritato e le foglie di basilico spezzettate finemente.

Mettete sul fuoco una pentola d'acqua salata e, quando bolle, tuffatevi i panzerotti, mescolando perché non si attacchino l'uno all'altro.

Nel frattempo lavate e tagliate la melanzana a fette, infarinatele, friggetele in olio e passatele ancora calde prima nel parmigiano e poi nel pane, entrambi grattugiati.

Scolate i panzerotti dopo quattro o cinque minuti e trasferiteli nel tegame con il condimento, amalgamando bene il tutto. Serviteli coperti dalle fette di melanzane fritte, ultimando con il caciocavallo tagliato a julienne.

Giuseppe Trimboli, che con Lucia e mamma Rosa gestisce la trattoria, ci racconta che esiste anche una variante invernale dei panzerotti, per la quale si sostituiscono le melanzane del ripieno con la zucca gialla.

Paparele coi bisi
Valeria Righetti, Verona

Con quasi tutta la farina, l'uovo e poca acqua preparate un impasto consistente e stendetelo con il matterello in una sfoglia di circa due millimetri. Infarinatela, arrotolatela e, con un coltello affilato, tagliatela in fettuccine sottili che lascerete asciugare sulla spianatoia.
Intanto preparate il sugo. Sgranate i piselli. Tritate la pancetta, la cipolla e il prezzemolo. Ponete il trito in una casseruola e fate colorire a fuoco basso. Unite i piselli e il brodo, salate e cuocete, mescolando di tanto in tanto.
Mettete sul fuoco una pentola con abbondante acqua; quando leva il bollore salate e, a ebollizione piena, calate le *paparele*, lessandole per pochi minuti. Scolatele e trasferitele in una zuppiera, dove avrete versato il burro ammorbidito a temperatura ambiente. Condite con il sugo di piselli e con grana grattugiato. Mescolate e servite subito.

Questo piatto primaverile si prepara tradizionalmente a Verona in onore del patrono san Zeno, vescovo del IV secolo, la cui festa è fissata dal calendario liturgico cattolico al 12 aprile ma che nella città scaligera si celebra il 21 maggio, giorno della traslazione del corpo dalla cattedrale al sito dell'attuale basilica.

Per 4 persone

Per la pasta:
3 etti e mezzo di farina di frumento tipo 00
un uovo
Per il condimento:
7 etti di piselli
una cipolla, un ciuffo di prezzemolo
mezz'etto di pancetta tesa
un mestolino di brodo di carne o vegetale
grana padano
2 noci di burro, sale

Tempo di preparazione e cottura: un'ora

Paparele coi fegadini
Trattoria Al Parigin, Trezzolano di Verona

Pulite bene i fegatini dalle parti amare (fiele e grumoli di sangue), sciacquateli, asciugateli e tagliateli a pezzetti.
In un tegame soffriggete in olio e burro la cipolla tritata. Aggiungete i fegatini, alzate la fiamma e sfumate con il vino. Cuocete a fuoco moderato per mezz'ora, bagnando con brodo (o acqua) e regolando di sale.
Lessate le *paparele* in abbondante acqua salata, scolatele e conditele con i fegatini. Volendo, potrete aggiungere una noce di burro e una manciata di formaggio grattugiato.

Le paparele coi fegadini *sono una minestra brodosa della tradizione veronese, di cui esiste anche questa versione asciutta. Per preparare la pasta in casa, seguite le istruzioni della ricetta precedente.*

Per 4 persone

4 etti di tagliolini all'uovo
2 etti di fegatini di pollo
una cipolla, brodo di carne (facoltativo), mezzo bicchiere di vino bianco secco
formaggio da grattugia (facoltativo)
burro, olio extravergine di oliva, sale

Tempo di preparazione e cottura: 45 minuti

Pappardelle al ragù di caccia

Ristorante La Scuderia, Genzano di Roma (Roma)

Per 6-8 persone

Per la pasta:
2 etti e mezzo di farina di
frumento tipo 00, 2 etti e
mezzo di semola rimacinata di
grano duro
5 uova e 2 tuorli
un cucchiaino di olio
extravergine di oliva
un pizzico di sale
Per il ragù:
mezzo chilo di polpa di cervo
(o di daino), una salsiccia di
maiale
una costa di sedano, una
carota, una cipolla, un rametto
di rosmarino
un chilo e 2 etti di passata di
pomodoro
brodo vegetale
vino bianco secco
un etto di pecorino romano da
grattugia
olio extravergine di oliva
sale, un peperoncino
Per la marinata:
2-3 carote, 2 coste di sedano,
una cipolla di grosse
dimensioni, 2 spicchi di aglio,
un rametto di rosmarino
un litro di vino bianco secco
qualche bacca di ginepro,
pepe nero in grani

*Tempo di preparazione e
cottura:* 2 ore e un quarto, più
la marinatura

La sera precedente immergete la carne in una marinata preparata con gli odori spezzettati grossolanamente, il vino e le bacche di ginepro e il pepe in grani.

Preparate la pasta mescolando la semola alla farina, aggiungete le uova e i tuorli, il sale e l'olio, lavorando fino a ottenere un impasto omogeneo; avvolgetelo in un foglio di pellicola e lasciate riposare per una mezz'ora.

Nel frattempo scolate la polpa, asciugatela con un panno, tagliatela a dadini e sbriciolate la salsiccia. In una casseruola riscaldate l'olio e rosolate le carni finché non siano ben dorate, sfumate con il vino, unite il battuto di carota, cipolla e sedano, mescolate e cuocete a tegame coperto e a fuoco dolce per un'ora, allungando con brodo caldo nella quantità necessaria a non fare attaccare gli ingredienti al tegame. Saggiate con la forchetta che la consistenza sia diventata tenera, poi unite la passata di pomodoro; aggiustate di sale, aggiungete il peperoncino e proseguite la cottura per altri 60 minuti.

Nell'attesa tirate l'impasto in una sfoglia di un paio di millimetri di spessore, fatela asciugare per un quarto d'ora e avvolgetela su se stessa. Con un coltello tagliate delle strisce di circa due centimetri di larghezza e allargatele su un vassoio.

Quando il sugo è pronto, lessate le pappardelle in acqua salata, scolandole non appena risalgano a galla – lasciandole leggermente umide –, versatele in padella mantecando con una generosa manciata di pecorino e ultimate decorando i piatti con un ciuffo di rosmarino fresco.

Dalla natia Toscana le pappardelle (termine derivato dal verbo pappare) si sono diffuse in tutta la penisola, diventando sinonimo di pasta a larghe striscie: all'uovo nelle versioni casalinghe, con o senza uova nelle ricette industriali. I condimenti più classici sono i sughi di selvaggina di pelo: toscanissime le preparazioni "sulla lepre" e "sul cinghiale" (pag 270).

Pappardelle al sugo di ocio

Osteria Il Canto del Maggio, Terranuova Bracciolini (Arezzo)

Pulite l'oca, conservando il fegato; lavatela e tagliatela in ottavi. Adagiatela in una casseruola, possibilmente di alluminio, e rosolate a fuoco moderato, rimestando di tanto in tanto.

Nel frattempo con le verdure preparate un trito, unendo il fegato e i fegatini di pollo, puliti e tagliati in pezzi grossolani.

Quando i pezzi d'oca saranno color nocciola, aggiungete il mazzetto aromatico tritato finemente e continuate la cottura a fuoco lento, girando di frequente con una spatola di legno o di acciaio.

A questo punto unite il trito di verdure e fegatini preparati in precedenza, il succo e la scorza di arancia grattugiata e fate rosolare bene (è qui che il sugo prenderà un bel colore finale marrone scuro). Aggiungete abbondante olio, bagnate con il vino e lasciate evaporare la parte alcolica facendo sobbollire piano il sugo. Versate, infine, la passata di pomodoro e, se necessario, un po' di brodo, insaporendo con sale e pepe.

Dopo circa due ore e mezza togliete dal fuoco la casseruola e fate raffreddare.

Scolate i pezzi d'oca dal sugo e disossateli accuratamente facendo attenzione a non lasciare ossicini nel sugo. Tritate al coltello la carne così ottenuta e rimettetela nel sugo.

Al momento di condire le pappardelle, che avrete cotto in abbondante acqua bollente salata, fate scaldare il sugo e saltate la pasta a fuoco vivo con un po' dell'acqua di cottura.

Con questo ricco e "impegnativo" sugo, ricordano Rosy e Mauro Quirini del Canto del Maggio, si condiva il piatto forte della battitura del grano: «L'ocio era sacrificato per onorare la fatica dei contadini e per accedere alla mensa conviviale in una sorta di grande banchetto allestito per l'occasione. Era un modo festoso di ritrovarsi tra persone che sudavano il poco che riuscivano a guadagnare con il lavoro nei campi. Dell'ocio non si sciupava nulla: con le budelline si preparava il condimento dei crostini da arrostire e bagnare nel Vin Santo; il collo lo si riempiva di carne e lo si serviva, cotto, con verdure fragranti e fiori fritti; la carne era la base di questo sugo ricco e saporoso. In quel che avanzava dopo aver condito le pappardelle si intingevano i "cortecci" di pane raffermo per fare la zuppa di pane in brodo».

Per 10 persone

un chilo di pappardelle
un'oca di circa 4 chili e mezzo con il suo fegato, 6-7 fegatini di pollo
4 coste di sedano di media grandezza, 4 carote, 3 cipolle, un porro, uno spicchio di aglio, un mazzetto aromatico (salvia, rosmarino, alloro, timo)
succo e scorza di mezza arancia
2 etti di passata di pomodoro
brodo (facoltativo)
un litro di Chianti invecchiato
olio extravergine di oliva
sale, pepe

Tempo di preparazione e cottura: 3 ore e mezza

Pappardelle al sugo di papera muta

Ristorante Zenobi, Rio Moro di Colonnella (Teramo)

Per 6 persone

Per la pasta:
2 etti e mezzo di farina di frumento 00, un etto e mezzo di semola di grano duro
4 uova
olio extravergine di oliva, sale
Per il condimento:
un'anatra muta di circa 2 chili, già pulita
una carota, una cipolla, 2 coste di sedano, un peperoncino
2 chili di passata di pomodoro
un bicchiere di brandy stravecchio
una manciata di pecorino grattugiato (facoltativo)
olio extravergine di oliva
sale, pepe

Tempo di preparazione e cottura: 2 ore e mezza

Lavate accuratamente l'anatra e tagliatela a pezzi. Fate appassire nell'olio carota, sedano e cipolla tritati; rosolatevi i pezzi di papera e, non appena siano dorati, sfumate con lo stravecchio. Aggiungete a questo punto il pomodoro passato e portate a bollore. Proseguite la cottura a fuoco moderato per circa due ore, regolando di sale e pepe. Trascorso il tempo, togliete la carne e passate il sugo al setaccio.

Mentre l'anatra cuoce, preparate la pasta. Battete in una ciotola le uova con il sale e un cucchiaio di olio e incorporate gradatamente gli sfarinati mescolati. Trasferite l'impasto su una spianatoia e lavoratelo per bene fino a farlo diventare liscio e omogeneo. Avvolgetelo nella pellicola per alimenti e lasciatelo riposare in frigorifero per mezz'ora.

Stendete quindi una sfoglia non troppo sottile, spolveratela leggermente di farina, arrotolatela su se stessa e con un coltello affilato tagliate delle strisce larghe un centimetro e mezzo-due centimetri. Allargatele su un telo per farle asciugare.

Cuocete le pappardelle in abbondante acqua salata, scolatele e saltatele in una padella con il sugo. Se lo gradite, mantecate con pecorino stagionato grattugiato e, prima di servire, adagiate su ogni piatto qualche pezzo di papera disossato e riscaldato.

Molto amata dalla cucina abruzzese, toscana e marchigiana, la papera muta altro non è che l'anatra muschiata o anatra di Barberia (Chairina moschata), originaria dell'America meridionale, importata in Europa nel Cinquecento già nella sua forma domestica. È un volatile afono dal corpo tozzo, con zampe robuste e piumaggio pezzato bianco e nero con riflessi verde metallico.

Pappardelle con pancetta e gamberetti
Hosteria del Malconsiglio, Matera

Su una spianatoia impastate la farina con le uova e un pizzico di sale, lavorate con energia fino a ottenere una massa liscia ed elastica, avvolgetela in un foglio di pellicola e lasciate riposare per una mezz'oretta.

Nel frattempo tritate finemente lo scalogno, tagliate la pancetta a cubetti, i pomodorini a spicchi, privandoli dei semi e dell'acqua di vegetazione, e sgusciate i gamberi.

Riprendete l'impasto e tirate una sfoglia di un paio di millimetri di spessore, lasciatela asciugare brevemente e arrotolatela senza stringere troppo; ricavate delle strisce di due centimetri di larghezza e allargatele sul piano di lavoro.

Soffriggete in una capiente padella lo scalogno finché non assuma un bel colore dorato, aggiungete la foglia di alloro, il rosmarino, il peperoncino e la pancetta, facendo andare a fuoco moderato per qualche minuto. Sfumate quindi con il vino e, una volta evaporato, unite i gamberi. Cuocete per un paio di minuti e versate i pomodorini, lasciando sulla fiamma a fuoco moderato per 8-10 minuti, regolando di sale e pepe.

Lessate la pasta in acqua salata, scolandola non appena risalga a galla, e versatela ancora umida nel sugo. Saltate velocemente in padella e servite.

Per 4 persone

Per la pasta:
3 etti di farina di frumento
3 uova
un pizzico di sale
Per il condimento:
2 etti di gamberi
un etto di pancetta
un etto di pomodorini, uno scalogno, una foglia di alloro, un rametto di rosmarino, un peperoncino
un bicchiere di vino bianco secco
olio extravergine di oliva
sale, pepe

Tempo di preparazione e cottura: un'ora e mezza, più il riposo

Pappardelle sul cinghiale

Trattoria San Lorenzo da Ghigo, Suvereto (Livorno)

Per 10 persone

un chilo e 2 etti di pappardelle
un chilo di polpa di cinghiale
3 etti di pomodori
(facoltativo), una cipolla rossa
grande, 2 coste di sedano,
una carota, 2 spicchi di aglio,
4 foglie di salvia, 2 foglie
di alloro, un ciuffetto di
prezzemolo, un rametto di
rosmarino
mezzo litro di vino rosso
olio extravergine di oliva
sale, pepe

*Tempo di preparazione e
cottura:* un'ora

Mettete in un tegame tutti gli odori tritati, l'olio e la polpa di cinghiale tagliata a dadi di circa un centimetro, tutto a freddo. Lasciate cuocere e, prima che si riduca il sangue emesso dalla carne, bagnate con il vino, lasciate evaporare e regolate di sale e pepe. Aggiungete, se volete, i pomodori a pezzi e portate a cottura.
Lessate le pappardelle al dente in acqua bollente salata e condite con il sugo.

L'impiego forse più comune del cinghiale è costituito dal condimento per le pappardelle. Ovviamente, «tot capita, tot sententiae». Cerchiamo quindi di proporre il classico e di segnalare alcune varianti, raccolte qua e là. Qualche precisazione è però doverosa. La carne di cinghiale viene spesso messa in infusione. C'è chi aggiunge un paio di bicchieri di vino rosso. Non è male, anche in considerazione che, nel Medioevo, il cinghiale veniva letteralmente coperto di vino. In quanto al pomodoro, trattandosi di una carne particolarmente rossa, cui il vino accresce ulteriormente rossore e cupezza, c'è chi lo evita, e non fa male, e chi usa solo conserva, perché la prolungata cottura richiesta dal cinghiale finirebbe col trasformare il profumo del pomodoro, più delicato, in quello più aspro del concentrato.

Pappicci con fave e guanciale

Ristorante Borgo Spoltino, Mosciano Sant'Angelo (Teramo)

Per la pasta, formate una fontana con gli sfarinati mescolati, unite un po' d'acqua, un pizzico di sale e impastate. Ottenuto un composto omogeneo, fatelo riposare al fresco per mezz'ora avvolto nella pellicola per alimenti. Tirate quindi la sfoglia con il matterello e tagliatela prima a strisce larghe tre centimetri e poi in piccoli triangoli. Conservate i pappicci ben allargati e lasciateli asciugare.

Riscaldate una casseruola, aggiungete un cucchiaio di olio e rosolate il guanciale, dopo averlo tagliato a listarelle. Sfumate con il vino bianco e quando questo sia evaporato aggiungete il cipollotto tagliato a fettine. Rosolate ancora un minuto e unite le fave sgusciate; coprite a filo con il brodo vegetale e portate a cottura a fuoco basso in circa 15 minuti. Aggiustate di sale, facendo attenzione alla sapidità del guanciale.

Cuocete la pasta molto al dente in acqua salata bollente, scolatela e versatela nella casseruola con il condimento: la consistenza deve essere di una pasta semiasciutta. Fuori dal fuoco, mantecate con il pecorino grattugiato, aggiungete pepe nero di mulinello, le foglioline di maggiorana e un filo di olio extravergine. Lasciare riposare cinque minuti prima di servire.

Pettole, tacconelle, sagne a pezze e, se di più piccolo formato, pappicci: tanti i nomi, a seconda della zona, con cui la cucina abruzzese denomina quei formati irregolari – altrove detti maltagliati – ricavati dal taglio obliquo di larghe tagliatelle. I pappicci, tipici della provincia di Teramo, nascono probabilmente come formato per minestre, non per nulla la tradizione li consigliava (cotti nel brodo di carne) alle puerpere perché facilitavano la montata lattea, magari con l'aggiunta di riso bollito. Si possono cucinare anche asciutti, con sugo di pomodoro e pecorino o, come in questa ricetta di Gabriele Marrangoni del Borgo Spoltino, con un condimento "lento" a base di legumi freschi. L'aggiunta di un po' di brodo vegetale prima di mantecare il tutto renderà questo primo piatto più simile a una minestra densa.

Per 4 persone

Per la pasta:
2 etti e mezzo di farina di frumento 00, un etto e mezzo di semola di grano duro
una presa di sale
Per il condimento:
2 fette di guanciale stagionato
2 etti di fave, mezz'etto di cipollotti, 2-3 rametti di maggiorana
2 bicchieri di brodo vegetale
un bicchiere di vino bianco secco
mezz'etto di pecorino da grattugia
olio extravergine di oliva
sale, pepe nero

Tempo di preparazione e cottura: 40 minuti, più il riposo della pasta

Riconoscere la qualità della pasta secca

Alcuni dati degli ultimi anni possono dare un'idea del volume di affari connesso alla pasta alimentare italiana: 153 stabilimenti industriali, di cui 135 specializzati nella produzione di pasta secca; 3 050 000 tonnellate di prodotto immesso ogni anno sul mercato, di cui circa l'88% di pasta di semola di grano duro; un valore di mercato annuo per la sola pasta secca di 2236 milioni di euro. Sui banchi dei negozi e dei supermercati, tuttavia, il consumatore trova una sensibile variabilità di prezzo che lo lascia disorientato e che forse non è sempre giustificata dalle caratteristiche qualitative del prodotto richiamate sulle confezioni, dove sempre più rilevanti sono espressioni che parlano di grani selezionati, di lavorazioni a mano o artigianali, di prodotto di alta qualità, di veracità e storicità dello stabilimento eccetera.

Oltre a controllare le indicazioni che costituiscono obbligo di legge (si veda alle pp. 238-239), chi acquista e consuma pasta non solo per sfamarsi ma per gustare un buon prodotto, si affida a marchi verso i quali nutre fiducia e sulla cui produzione ha maturato esperienza. Non è superfluo, tuttavia, richiamare alcuni parametri che, ci si augura, saranno indicati con sempre maggior precisione sulle confezioni. Stando alla Total Quality Food (società italiana del settore alimentare specializzata nelle verifiche di conformità di prodotto ed etichettatura), si possono declinare dieci indicatori che consentono di riconoscere una buona pasta. Tra l'altro, i risultati della ricerca sono stati comunicati nel corso di un seminario tenutosi durante il Salone del Gusto di Slow Food dell'ottobre 2004. Vediamoli:

1. tenore proteico elevato, superiore al 13,5%, da cui deriva il valore nutritivo
2. alto indice di glutine, superiore a 70 in una scala di valori da 0 a 100, che conferisce nerbo e tenuta in cottura
3. bassa resa in semola, inferiore al 70%, che indica una macinazione che ha interessato solo il cuore del grano
4. dimensioni della "grana" di semola, comprese tra i 400 e i

500 micron di diametro, fondamentale per evitare la collosità della pasta

5. impasto con acqua a temperature basse, inferiori ai 25°C, per conservare le qualità della materia prima

6. uso di trafilatura al bronzo, perché la pasta leghi meglio ai sughi

7. essiccazione lenta e a bassa temperatura, per non alterare il glutine

8. presenza di etichette complete di tutte le indicazioni di legge

9. indicazione dell'indice di glutine e presenza della tabella nutrizionale

10. diciture in confezione con testi trasparenti e non ingannevoli.

Semplificando in un linguaggio meno tecnico, una buona pasta, una volta cotta correttamente, deve presentarsi elastica e soda e, se premuta, deve tendere a riacquistare la forma iniziale; in bocca deve offrire una buona resistenza alla masticazione e, sotto i denti, offrire una sensazione di omogeneità: se risulta poco cotta all'interno e tende a scuocere all'esterno, probabilmente è stata fatta con semole di qualità scadente. La collosità e l'appiccicarsi dei pezzi possono essere indice o di una mediocre lavorazione o di un contenuto di grano tenero e dei suoi amidi. Se ben lavorata ed essiccata a lente e basse temperature, la buona pasta "tiene" anche se scolata e consumata dopo diversi minuti e la sua acqua di cottura conterrà pochissimi residui. C'è da ricordare che la cottura al dente, consegnata dalla tradizione, ha un fondamento scientifico: rende la pasta molto più digeribile perché la maglia glutinica (si veda alle pp. 50-53) avrà trattenuto al proprio interno l'amido, rendendolo assimilabile gradualmente ed evitando picchi glicemici nel processo di digestione. Infine, aprendo una confezione di pasta, è bene osservarne l'aspetto e il colore: assenza di punti bianchi, di screpolature e di bolle d'aria; colore omogeneo, superficie liscia gialla o ambrata se derivata da fori in teflon, colore biancastro e ruvidezza se uscita dalla trafila di bronzo.

Passatelli al ragù di coniglio

Osteria Al Numero Sette, Rastignano di Pianoro (Bologna)

Per 6 persone

Per la pasta:
2 etti di pangrattato, un etto
di semola di grano duro
5 uova intere e 2 tuorli
2 etti di parmigiano reggiano
stagionato 24 mesi
la scorza di mezzo limone
sale, noce moscata
Per il condimento:
2 etti di polpa di coniglio
mezz'etto di scalogno, un
rameto di rosmarino
20 g di pinoli, 10 g di uvetta
olio extravergine di oliva
sale, pepe
Per la crema di parmigiano:
mezzo litro di panna
2 etti di parmigiano reggiano
stagionato 24 mesi
Inoltre:
un litro e mezzo di brodo di
carne

*Tempo di preparazione e
cottura:* un'ora e mezza, più il
riposo

In una ciotola mescolate il pangrattato, il parmigiano grattugiato e la semola; aggiungete le uova e i tuorli, il sale, un pizzico di noce moscata e la scorza grattugiata di limone. Lavorate per ottenere un composto piuttosto sodo, ma non duro, e formate delle pallette di circa 110 grammi ciascuna; adagiatele in un contenitore ermetico, distanziandole fra loro, e lasciatele riposare in frigorifero per qualche ora.

Dedicatevi nel frattempo al sugo: ammollate l'uvetta in acqua fredda e preparate un trito con lo scalogno e il rosmarino. Tritate grossolanamente la polpa al coltello e rosolate il battuto in una padella; a parte tostate i pinoli in una casseruola con un filo di olio. Quando gli odori saranno dorati, unite il coniglio, mescolate con cura e proseguite la cottura a fiamma moderata per qualche minuto, finché non avrà preso colore. Versate quindi l'uvetta scolata e strizzata e i pinoli, regolate di sale e di pepe e terminate la cottura aggiungendo, se necessario, piccoli sorsi di acqua.

Riprendete l'impasto e schiacciatelo con l'apposito strumento, o con uno schiacciapatate a fori larghi, ottenendo dei cilindretti di pasta di circa cinque o sei millimetri di diametro e lunghi sei o sette centimetri.

In un pentolino portate a ebollizione la panna, ritirate dal fuoco, attendete una decina di minuti, e aggiungete il parmigiano grattugiato mescolando; quindi passate il tutto al mixer fino a ottenere una crema piuttosto fluida e priva di grumi, disponendone una piccola quantità sul fondo di ogni piatto.

Lessate i passatelli nel brodo di carne facendoli sobbollire dolcemente e scolandoli non appena saranno risaliti a galla, versateli nella padella con il ragù, unite la crema di parmigiano avanzata e saltate il tutto per pochi minuti a fuoco moderato, amalgamando con delicatezza per evitare che la pasta si rompa. Impiattate e servite.

Passatelli al ragù di vitello

Osteria Bottega, Bologna

Tagliate i pomodorini in quattro parti, privateli dei semi e dell'acqua di vegetazione, versateli in una ciotola e conditeli con olio e un battuto preparato con uno spicchio di aglio e cerfoglio; mescolate e fate riposare il tutto per tre ore in frigorifero.

In una terrina impastate il pangrattato con il parmigiano grattugiato aggiungendo le uova, un pizzico di sale e la scorza grattugiata del limone; lavorate per ottenere un impasto piuttosto sodo e fatelo riposare al fresco.

Rifilate la carne, tagliatela a cubetti e preparate un battuto con sedano, salvia e carota. Versate un po' di olio in un tegame, aggiungete uno spicchio di aglio e il trito aromatico, fateli imbiondire e unite la carne; rosolate, regolate di sale, e portate a cottura a fuoco dolce, sfumando con una spruzzata di vino bianco. Tagliate a dadini le zucchine, unitele ai pomodorini precedentemente preparati e tagliati a piccoli pezzetti, versate il tutto in padella, mescolate e mettete da parte.

Schiacciate l'impasto con uno schiacciapatate a fori grandi – o con l'apposito strumento – e lessate i passatelli per pochi minuti nel brodo, scolandoli non appena risalgano a galla; versateli nella padella del condimento, amalgamate e servite.

Per 4 persone

Per la pasta:
120 g di pangrattato
2-3 uova
un etto di parmigiano reggiano
la scorza di mezzo limone
una presa di sale
Per il condimento:
2 etti e mezzo di polpa di vitello
5-6 pomodorini, 2 carote, 2 piccole zucchine, 2 spicchi di aglio, 2 foglie di salvia, una costa di sedano, un mazzetto di cerfoglio
vino bianco secco
olio extravergine di oliva, sale
Inoltre:
un litro e mezzo di brodo

Tempo di preparazione e cottura: un'ora, più il riposo

Passatelli con crema di parmigiano e piselli

Osteria al Numero Sette, Rastignano di Pianoro (Bologna)

Per 6 persone

Per la pasta:
2 etti di pangrattato, un etto
di semola di grano duro
5 uova intere e 2 tuorli
2 etti di parmigiano reggiano
stagionato 24 mesi
la scorza di mezzo limone
sale, noce moscata
Per la crema di parmigiano:
mezzo litro di panna
2 etti di parmigiano reggiano
stagionato 24 mesi
Per la crema di piselli:
2 etti di piselli sgranati, una
patata di medie dimensioni
mezzo litro di brodo vegetale
(facoltativo)
sale, pepe
Inoltre:
un litro e mezzo di brodo di
carne
pepe (facoltativo)

*Tempo di preparazione e
cottura:* un'ora, più il riposo

In una terrina mescolate la semola, il pangrattato e il parmigiano grattugiato; unite le uova, i tuorli e insaporite con il sale, la noce moscata e la scorza di limone grattugiata: il risultato finale dovrà essere un impasto piuttosto consistente e compatto, senza essere troppo duro. Formate con le mani delle pallette di 110 grammi e fatele riposare in frigorifero chiuse in un contenitore ermetico per qualche ora. Nel frattempo lessate i piselli in acqua salata (o nel brodo vegetale) per un quarto d'ora, scolateli – conservando il liquido di cottura – e passateli in acqua e ghiaccio per mantenere il colore brillante. A parte lessate la patata in acqua leggermente salata; sbucciatela, tagliatela a pezzi e versatela nel mixer unitamente ai piselli e a parte del liquido, nella quantità necessaria a ottenere una crema di media consistenza. Frullate il tutto, assaggiate e regolate di sale e pepe. Schiacciate la pasta utilizzando l'apposito strumento o uno schiacciapatate dai fori larghi, realizzando tanti cilindretti di cinque o sei millimetri di diametro, lunghi sei o sette centimetri; allargateli e portate a bollore il brodo di carne. In un pentolino riscaldate la panna, togliendola dal fuoco non appena prenda il bollore, fate intiepidire per una decina di minuti, unite il parmigiano grattugiato a pioggia, mescolate e ripassate il composto al frullatore fino a ottenere una crema priva di grumi.

Calate i passatelli, abbassando la fiamma in modo che il brodo sobbolla delicatamente, scolateli non appena risalgano a galla, e trasferiteli in padella con la crema di parmigiano, mescolando con delicatezza.

Componete il piatto disponendo sul fondo la crema di piselli e adagiando sopra la pasta e ultimando, se lo gradite, con una macinata di pepe.

Pasta a la paulota

Vincenzo Gebbia, Palermo

Sbollentate in acqua i pomodori per pochi minuti, quindi schiacciateli e aggiungete gli spicchi di aglio tritati, il basilico e gran parte dell'olio. Salate, pepate e cuocete lentamente fino a ottenere un composto cremoso.

A parte dissalate, diliscate e fate sciogliere nel rimanente olio le acciughe; quindi mescolatele con il pomodoro, aromatizzando con la cannella e i chiodi di garofano ridotti in polvere.

Proseguite la cottura per pochi minuti, quindi condite con la salsa la pasta lessata al dente.

Sembra essere nata dall'idea di un frate, cuoco nel monastero di San Francesco da Paola, questa tipica ricetta conosciuta anche come pasta alla paolina. Caratteristica la presenza costante della cannella e dei chiodi di garofano nelle diverse varianti: con le sarde (fresche o salate) e i cavolfiori, con le sarde fresche e le cipolle, con o senza il finocchio selvatico.

Per 4 persone

4 etti di pasta secca corta
8 etti di pomodori da salsa
2 spicchi di aglio
qualche foglia di basilico
8 acciughe sotto sale
mezzo bicchiere di olio
extravergine di oliva
sale, pepe, un pizzico di
cannella, 2 chiodi di garofano

*Tempo di preparazione e
cottura: mezz'ora*

Pasta alla carrettiera

Gabriella Lunardo, Piazza Armerina (Enna)

Versate i pomodori interi in una pentola con acqua calda. Quando si saranno ammorbiditi, spellateli e tagliateli a pezzetti eliminando la parte acquosa e i semi. Se preferite, mantenete la pelle schiacciando semplicemente i pomodori con la forchetta.

Tritate finemente l'aglio e mescolatelo con i pomodori e il basilico in una zuppiera capiente. Condite con sale, olio e un pizzico di peperoncino, quindi coprite il tutto con un tovagliolo.

Lessate gli spaghetti in acqua salata bollente. Scolateli al dente e mescolateli a crudo alla salsa. Servite spolverizzando con pecorino o ricotta salata.

Il nome si deve alla popolarità della preparazione presso i carrettieri i quali, dovendo farsi da mangiare durante i lunghi spostamenti, prediligevano piatti semplici e basati su ingredienti facilmente reperibili. Una variante più ricca, diffusa con lo stesso nome anche in Lazio, prevede l'aggiunta al condimento di tonno sott'olio e funghi secchi.

Per 4 persone

4 etti di spaghetti
3 etti di pomodori, 4 spicchi
di aglio, una manciata di foglie
di basilico
pecorino o ricotta salata da
grattugia
3 cucchiai di olio extravergine
di oliva
sale, peperoncino

*Tempo di preparazione e
cottura: mezz'ora*

Pasta alla deficeira

Trattoria degli Amici, Isolabona (Imperia)

Per 4 persone

4 etti di maccheroni (o di penne)
2 foglie di alloro
prosciutto cotto (facoltativo)
2 litri di vino bianco secco
pecorino o parmigiano reggiano da grattugia
olio extravergine di oliva novello, sale

Tempo di preparazione e cottura: mezz'ora

Versate il vino, un quarto di litro d'acqua e l'alloro in una grande pentola a bordo alto. Portate a ebollizione, salate e aggiungete la pasta lasciandola cadere sul fondo senza mescolare. Abbassate la fiamma e fate sobbollire fino all'esaurimento quasi totale del vino (la densità giusta è quella del risotto).
Nella stessa pentola usata per la cottura condite i maccheroni con l'olio novello, il formaggio grattugiato e, volendo, una dadolata di prosciutto cotto.

U deficeu, in dialetto ligure, è il frantoio. Questa antica ricetta del Ponente ligure, che la signora Rosanna Boero proponeva in autunno agli avventori della Trattoria degli Amici, si consumava tradizionalmente nel periodo della spremitura delle olive ed era considerata benaugurante. L'extravergine non è soltanto una delle basi della gastronomia ligure, è anche elemento principe del patrimonio agroalimentare della regione: qui, dalla cultivar taggiasca si ottiene un prodotto di pregio, dal gusto morbido e delicatamente fruttato.

Pasta alla molinara

Ristorante La Bilancia, Loreto Aprutino (Pescara)

Mescolate i tre tipi di farina, fate la fontana sulla spianatoia e incorporate il sale, le uova e, progressivamente, l'acqua necessaria a ottenere un impasto omogeneo. Lavorate a lungo con energia e, formata una pagnotta, fatela riposare avvolta da pellicola trasparente per un'ora: non di meno, altrimenti la pasta non si lascia lavorare.

Dividetela, quindi, in tre panetti. Praticate in ognuno un foro centrale, infilatevi entrambe le mani e, operando circolarmente, allungate e assottigliate in modo progressivo l'anello fino a ottenere un lunghissimo maccherone dello spessore di una matita, che taglierete alla lunghezza voluta, di solito il doppio di un normale spaghetto. Raccogliete i fili a matassa e poneteli distesi ad asciugare.

Mentre la pasta cuoce (occorrono 15 minuti), preparate il condimento. Sbucciate gli spicchi di aglio, togliendo l'anima se non si tratta di aglio novello, sminuzzateli e friggeteli nell'olio, utilizzando una padella capiente che dovrà contenere i maccheroni; una volta dorato l'aglio, aggiungete i peperoni secchi sbriciolati e regolate di sale. Versate il condimento, mentre ancora frigge, sulla pasta scolata, unendo due cucchiai di acqua di cottura. È vietato aggiungere formaggio.

Per 6 persone

Per la pasta:
40 g di farina di frumento tipo 0, 40 g di farina integrale di frumento, 20 g di semola di grano tenero (granito)
2 uova
un pizzico di sale
Per il condimento:
5 spicchi di aglio rosso di Sulmona
15 g di peperoni dolci essiccati
olio extravergine di oliva, sale

Tempo di preparazione e cottura: 40 minuti, più il riposo

Il sottotitolo della ricetta inviata dalla Bilancia recita: «la vera pasta alla mugnaia o molinara», una particolarità dei comuni della parte orientale della provincia di Pescara e del basso Teramano, legata – pare – alla nascita dei mulini a palmenti fatti costruire nel tardo Medioevo sul fiume Fino dai duchi di Acquaviva. Il formato utilizza il sistema delle "manate" e trova ancora buone realizzazioni artigianali. L'abilità consiste nel ricavare maccheroni lunghissimi (anche una cinquantina di metri) di diametro omogeneo senza rompere "il filo" e senza farli appiccicare. Il condimento è quello originario, a base di aglio, olio e peperone dolce essiccato al sole, chiamato in loco bastardone o saracone. Una precisazione sulle farine, tutte di grano tenero, fra cui il granito, uno sfarinato ottenuto da una macinazione grossolana delle cariossidi di grano tenero, morfologicamente simile alla semola di grano duro, pur non presentando gli spigoli vivi di quest'ultima.

Pasta alla Norma

Ristorante Metrò, Catania

Per 5 persone

mezzo chilo di spaghetti (o penne)
un chilo e mezzo di pomodori da salsa
2 melanzane
2 spicchi di aglio, qualche foglia di basilico
2 etti di ricotta salata
olio extravergine di oliva, sale

Tempo di preparazione e cottura: un'ora e un quarto, più lo sgrondo delle melanzane

Pelate le melanzane, affettatele e ponetele per almeno un'ora in un recipiente con acqua salata, per farle spurgare del loro liquido amarognolo.

Sbucciate i pomodori, dopo averli scottati per qualche minuto in acqua calda, quindi spezzettateli e metteteli in un tegame di terracotta, aggiungendo l'aglio e facendo cuocere a fuoco bassissimo. La cottura va ultimata unendo, dopo avere spento il fuoco, olio e foglie di basilico.

Intanto friggete le melanzane in olio e asciugatele con carta da cucina.

Lessate la pasta al dente, scolatela in una zuppiera, unite la salsa di pomodoro e mescolate. Dopo avere sistemato la pasta nei piatti individuali, aggiungete le fette di melanzane, un'abbondante spolverata di ricotta salata grattugiata e qualche altra fogliolina di basilico.

Il compositore catanese Vincenzo Bellini, uno dei massimi esponenti del melodramma italiano, scrisse la sua opera più famosa, Norma, *nel 1831, quattro anni prima di morire appena trentaquattrenne in terra di Francia. Nel suo* Il libro d'oro della cucina e dei vini di Sicilia, *Pino Correnti racconta come fosse diffusa a Catania l'espressione* pari 'na Norma, *cioè «sembra una Norma», per complimentarsi dinanzi a una cosa così magnifica da poter essere paragonata all'arte di Bellini. Ma da quando questo paragone è stato dedicato alla popolare pasta catanese? La circostanza ricostruita da Correnti è divertente e verosimile: un giorno dell'autunno del 1920, in casa di parenti dell'attore comico Angelo Musco si svolse un pranzo al quale parteciparono giornalisti e gente di spettacolo catanesi. Tra le pietanze c'era anche la pasta con la salsa di pomodoro, melanzane fritte e ricotta salata, preparata dalla signora Saridda D'Urso, moglie di Janu Pandolfini, uno dei nipoti di Angelo Musco. «Signura Saridda, chista è 'na vera Norma», fu il complimento rivolto all'artefice del piatto da uno degli ospiti, il poeta e commediografo Nino Martoglio. A lui, quindi, andrebbe il merito di avere ufficialmente battezzato "alla Norma" l'appetitosa pasta.*

Pasta alla sangiovannara

Hostaria Il Brigante dal 1985, Salerno

Per questa pasta dovete preparare, anche il giorno prima, due salse: un ragù napoletano (che andrà utilizzato, com'è d'uso, senza la carne che ha ceduto il suo sapore durante la lunga cottura) e un sugo di pomodoro ben tirato.

Tagliate a listarelle le melanzane e, spruzzate di sale, ponetele in uno scolapasta a perdere il liquido amarognolo. Dopo mezz'ora, lavatele, asciugatele e friggetele in olio ben caldo. Friggete pure, separatamente, i peperoni tagliati a striscioline. Tenete il tutto da parte dopo averlo salato leggermente.

Mentre la pasta è in cottura, versate le due salse in una larga casseruola antiaderente, unite gli ortaggi che avete fritto e il fior di latte tagliato a dadini; scaldate su fuoco dolce amalgamando il tutto con un cucchiaio di legno e facendo sciogliere il formaggio.

Scolate la pasta al dente e versatela nel tegame del condimento, cospargetela con i due formaggi grattugiati, con il basilico e una macinate di pepe; mantecate e portate in tavola.

Sono quasi vent'anni che Sandro Donnabella e la moglie Antonia eseguono con successo questa ricetta che hanno dedicato alla sangiovannara, al secolo Marianna De Crescenzo, la taverniera napoletana che sostenne i garibaldini nelle ultime rivolte antiborboniche. Si tratta di una pasta succulenta con triplo condimento: ortaggi fritti e fior di latte, salsa di pomodoro e ragù napoletano, che potrete preparare in anticipo seguendo la ricetta pubblicata a pag. 555 o, se preferite una versione più semplice, cuocendo per almeno tre ore in olio e passata di pomodoro tre etti di vitello e altrettanti di maiale, e scartando, alla fine, i pezzi di carne.

Per 6 persone

6 etti di penne
6 etti di melanzane, 3 etti di peperoni dolci, una manciata di foglie di basilico
mezzo chilo di fior di latte
4 mestoli di ragù napoletano,
4 mestoli di salsa di pomodoro
3 cucchiai di pecorino grattugiato, 3 cucchiai di parmigiano reggiano grattugiato
olio extravergine di oliva
sale, pepe

Tempo di preparazione e cottura: 40 minuti, più lo sgrondo delle melanzane

Pasta allo scarpariello

Ristorante Arcara, Cava de' Tirreni (Salerno)

Per 4 persone

4 etti di pasta corta di
Gragnano
6 etti di pomodorini (*spunsilli*),
2 spicchi di aglio, un ciuffo
di basilico, un pezzo di
peperoncino
mezz'etto di pecorino, 80 g di
parmigiano reggiano
olio extravergine di oliva, sale

*Tempo di preparazione e
cottura*: mezz'ora

Tagliuzzate i pomodorini dopo averli privati dei semi. In quattro cucchiai di extravergine soffriggete dolcemente l'aglio, il peperoncino e quattro foglie di basilico: utilizzate un tegame largo e basso in cui poi salterete la pasta. Aggiungete i pomodorini, regolate di sale e date 12-15 minuti di cottura.
Cuocete la pasta in acqua bollente salata, scolatela al dente e versatela nel sugo, mantecando con i formaggi grattugiati. Aggiungete qualche foglia di basilico e servite.

Popolarissimo in tutta la Campania, lo scarpariello *è un piatto rapido a farsi, tanto che – dice la tradizione – gli scarpari (calzolai) dei quartieri spagnoli di Napoli lo preparavano, o se lo facevano preparare, nell'intervallo di mezzogiorno. Si racconta che fosse, come tanti, un piatto di recupero, fatto con gli ingredienti che si avevano in casa, e con prodotti, come il pecorino, regalati allo scarparo dai clienti che non avevano denari con cui pagare. Scarparo, scarpa, scarpetta, tutto sembra legarsi: il sugo è tanto appetitoso che non si può sfuggire alla tentazione di raccoglierlo con il pane.*

Pasta arrostita

Ristorante Liviù, Tessano di Dipignano (Cosenza)

Per 4 persone

4 etti di sfoglia all'uovo
una cipolla
un etto di pancetta (o di
boccolaio)
parmigiano reggiano
olio extravergine di oliva, sale

*Tempo di preparazione e
cottura*: un'ora e un quarto

Tagliate la sfoglia in triangoli di circa quattro centimetri di lato, che farete arrostire in una bistecchiera a due piastre, una liscia, l'altra ondulata, in modo da farli leggermente bruciacchiare.
Mettete l'acqua a bollire in una pentola, salate e cuocete la pasta per quattro o cinque minuti.
Nel frattempo affettate finemente la cipolla e soffriggetela in extravergine, unendo poi la pancetta tagliata a tocchetti; rosolate fino a doratura.
Scolate la pasta, fatela saltare nella padella con la pancetta e spolverate con il parmigiano grattugiato.

Il boccolaio, utilizzato da Livio Massaro in alternativa alla pancetta, è un salume di maiale tipico del Cosentino; affine al guanciale, è insaporito con pepe rosso.

Pasta c'anciova e muddica atturrata

Trattoria Ai Cascinari, Palermo

Sciogliete lo *strattu* e il concentrato di pomodoro in due o tre bicchieri d'acqua e bollite per 20-25 minuti.
In una padella capiente soffriggete in olio l'aglio tritato. Aggiungete la pasta d'acciughe e le acciughe dissalate e diliscate e cuocete a fuoco basso finché non si saranno sciolte. Versate la salsa di pomodoro, l'uva passa e i pinoli. Aggiustate di sale (poco) e pepe, unendo un pizzico di zucchero.
A parte, abbrustolite il pangrattato con un cucchiaio di olio e le foglie di alloro, mescolandolo in modo che prenda il colore del cuoio ma non si bruci.
Lessate la pasta in abbondante acqua salata, scolatela al dente, versateci sopra il pangrattato tostato e saltate il tutto in padella con la salsa.

Pietanza diffusa in tutta la Sicilia, con le immancabili attribuzioni a questa o a quell'altra città, è proposta in diverse versioni anche più semplici di quella qui illustrata: i fratelli Riccobono dei Cascinari di Palermo, infatti, ne arricchiscono il sapore con il concentrato di pomodoro e lo strattu *(l'estratto), una classica conserva siciliana ottenuta facendo essiccare al sole pomodori cotti con il sale e passati al setaccio.*

Per 4 persone

360 g di tripolini
4 acciughe sotto sale, 10 g di pasta di acciughe
2 spicchi di aglio, una foglia di alloro
20 g di pinoli, 30 g di uva passa
un cucchiaio di *strattu*,
mezz'etto di doppio concentrato di pomodoro
5 cucchiai di pangrattato
6 cucchiai di olio extravergine di oliva
sale, pepe, zucchero

Tempo di preparazione e cottura: 40 minuti

Pasta ca' nnocca

Alfonso La Rosa, Catania

Sgusciate i piselli e diliscate le sardelle. Affettate finemente la cipolla e rosolatela con l'olio in un tegame. Aggiungete i piselli, il prezzemolo tritato e qualche cucchiaio d'acqua; incoperchiate e lasciate cuocere per circa un quarto d'ora. Unite le sardelle pulite e aggiustate di sale e pepe. La cottura sarà completata quando otterrete un umido ristretto.
Lessate la pasta in acqua bollente salata, scolatela al dente e fatela saltare in padella con il condimento.

Il connubio sarde-piselli caratterizza la "pasta con i fiocchi", tipica ricetta di Catania. Tra le varianti più comuni, l'aggiunta al condimento di polpa di pomodoro, l'uso delle masculina *(alici) al posto delle sardelle e degli spaghetti al posto della pasta corta.*

Per 4 persone

4 etti di pasta secca corta
4 etti di sardelle
3 etti di piselli, una cipolla, un ciuffetto di prezzemolo
olio extravergine di oliva
sale, pepe

Tempo di preparazione e cottura: un'ora e mezza

Pasta china

Da Pepè La Vecchia Osteria, Catanzaro

Per 6 persone

mezzo chilo di mezze zite
4 uova
2 etti di soppressata
2 etti di provola (o di
mozzarella)
passata di pomodoro
pecorino stagionato
olio extravergine di oliva, sale
Per le polpettine:
2 etti e mezzo di carne di
manzo
uno spicchio di aglio, un
ciuffetto di prezzemolo
un uovo
olio extravergine di oliva, sale

*Tempo di preparazione e
cottura:* un'ora e un quarto

Preparate con la passata di pomodoro una salsa leggera e non troppo ristretta e rassodate le uova, che poi taglierete a fettine o a tocchetti come la provola – o la mozzarella – e la soppressata.

Fate bollire in una pentola abbondante acqua salata, tuffatevi le mezze zite e dedicatevi alle polpettine. Macinate finemente la carne di manzo e impastatela con l'uovo battuto, un trito di aglio e prezzemolo e un pizzico di sale, ricavandone delle palline di piccole dimensioni, che friggerete in olio bollente e farete asciugare su carta assorbente.

Scolate la pasta al dente e condite con una parte della salsa di pomodoro; utilizzate la rimanente per coprire il fondo di una teglia e sistemate un primo strato di mezze zite, quindi le polpettine, le uova sode, la provola e la soppressata. Alternate altre zite, continuando fino a esaurimento degli ingredienti e terminando con uno strato di pasta bagnata di sugo e spolverata di pecorino grattugiato.

Inserite la teglia nel forno riscaldato alla temperatura di 180°C e fate gratinare.

Si tratta di un primo piatto molto ricco, una sorta di timballo, che prevede molti ingredienti: il nome pasta china *significa, infatti, pasta piena. Quanto al formato da utilizzare, la tradizione locale suggerisce, secondo Pepè, le mezze zite di semola di grano duro, che si ricavano spezzando le zite, una pasta secca di lungo formato a sezione circolare forata, che presenta un diametro di 7,5-9 millimetri e si adatta a condimenti speziati e di grande sostanza oppure alla preparazione di pasticci ricchi di formaggi dal sapore deciso, quali provola, caciocavallo, pecorino.*

Pasta col marò

Gianluigi Pistone, Noli (Savona)

Mettete nel mortaio lo spicchio di aglio sbucciato, il sale grosso e le foglie di menta: iniziate a pestare facendo pressione e insieme ruotando il pestello, quindi unite le fave – il peso suggerito si riferisce ai legumi sgusciati e privati della pellicina – e proseguite fino a quando avrete ottenuto una poltiglia piuttosto fine.

Travasate il composto in una ciotola e amalgamate poco alla volta il pecorino grattugiato e l'olio realizzando una salsa cremosa e sufficientemente fluida.

Una volta cotta e scolata la pasta, trattenendo un po' di acqua di cottura, conditela in una zuppiera con il marò, diluendo, se necessario, con un paio di cucchiai dell'acqua ancora calda della pasta.

Per 4 persone

3 etti e mezzo di pasta corta
2 etti di fave novelle sgranate
uno spicchio di aglio novello,
6 foglie di menta
40 g di pecorino
mezzo bicchiere di olio
extravergine di oliva
un pizzico di sale grosso

Tempo di preparazione e cottura: 20 minuti

Chiamato anche pestun de fave, *il marò è una salsa antica, originaria del Ponente ligure. C'è chi la vuole introdotta dai Saraceni, chi la vede come ispiratrice di quello che poi sarà il pesto genovese, chi, ancora, la ritiene imparentata con le salse all'aglio provenzali. Caduto nell'oblio, questo condimento squisitamente primaverile – gli ingredienti di base devono essere novelli, teneri e freschi, dalle fave all'aglio alla menta – sembra oggi rispuntare anche nella cucine degli chef, che si sbizzarriscono a sposare il suo colore verde chiaro brillante con il bianco del baccalà o con il nero di una pasta all'inchiostro di seppia. Pasta che suggeriamo corta: trofiette ma anche pennette o fusilli. Il mortaio, infine, è d'obbligo, come per il pesto.*

Pasta con i talli

Sabina Zuccaro, Siracusa

Per 4 persone

3 etti e mezzo di pasta corta
(meglio se orecchiette o
caserecce)
un chilo di talli (tenerumi
ovvero gambi teneri e foglie di
piante di zucchina), 2 spicchi
di aglio, un peperoncino
un etto di pomodori secchi
un etto di caciocavallo o di
pecorino (facoltativo)
olio extravergine di oliva, sale

*Tempo di preparazione e
cottura:* 45 minuti

Pulite accuratamente la verdura eliminando le foglie esterne più dure e cuocete in abbondante acqua salata per circa
20 minuti. Scolate, conservando l'acqua di cottura per lessare la pasta.
In una capace padella fate soffriggere nell'olio l'aglio e il
peperoncino spezzettati. Aggiungete, tritati grossolanamente, i pomodori secchi – ammollati in acqua tiepida e
strizzati – e la verdura. Fate insaporire per una decina di
minuti.
Nel frattempo cuocete la pasta al dente. Scolatela e versatela nella padella rigirando per un paio di minuti. Se dovesse risultare troppo asciutta, aggiungete qualche cucchiaio
dell'acqua di cottura.
Se gradite, cospargete con il formaggio grattugiato. Mescolate e servite.

*Per rendere il condimento più morbido, si possono sostituire
i pomodori secchi con qualche cucchiaio di pomodoro fresco a
pezzetti. La preparazione è ancora più appetitosa se all'olio si
sostituisce il lardo.*

Pasta con la frittedda

Trattoria da Salvatore, Petralia Sottana (Palermo)

Per 6 persone

4 etti di conchiglioni
un chilo di fave, un chilo di
piselli, 6 carciofi, 2 spicchi di
aglio, un mazzetto di finocchio
selvatico
olio extravergine di oliva
sale, pepe

*Tempo di preparazione e
cottura:* 45 minuti

Sgranate le fave e i piselli, mondate i carciofi avendo cura
di eliminare le punte e le foglie più dure, tagliate a pezzetti il finocchio selvatico (finocchietto). Lavate tutto, quindi fate scolare bene.
In un tegame, rosolate leggermente l'aglio in olio extravergine. Versate le verdure e, dopo poco, aggiungete un bicchiere d'acqua. Aggiustate di sale e pepe, incoperchiate e
cuocete a fuoco lento per una decina di minuti, rimestando
di tanto in tanto e aggiungendo, se il fondo asciuga troppo,
ancora un po' d'acqua.
Lessate in acqua bollente i conchiglioni, scolateli al dente,
quindi fateli saltare insieme al condimento.

Pasta con la mollica e ragù di baccalà

Trattoria La Nostrana, Montelongo (Campobasso)

Lavorate la semola, l'acqua e il sale fino a ottenere un impasto consistente, tiratelo in una sfoglia non sottile e tagliatela a mano in modo da formare una sorta di "lacci di scarpe".
Fate rosolare la mollica con due cucchiai d'olio, finché non diventi croccante, spegnete il fuoco e insaporite con due spicchi di aglio e prezzemolo tritati, sale e pepe.
Soffriggete l'aglio rimasto e il peperoncino nell'olio, aggiungete la passata di pomodoro e dopo circa 20 minuti il baccalà. Continuate la cottura per un'altra mezz'ora.
Lessate la pasta al dente e conditela con il sugo di baccalà e la mollica, che sostituisce il formaggio.

La mollica di pane rosolata o tostata è un ingradiente di uso comune nelle cucine regionali, soprattuttto del Meridione. Si veda al proposito la pasta c'anciova e muddica *di pagina 283, una specialità siciliana alla quale questa ricetta del Molise può considerarsi ispirata anche per l'uso di pesce conservato: là acciughe, qui merluzzo sotto sale.*

Per 4 persone

Per la pasta:
3 etti di semola di grano duro
un pizzico di sale
Per il condimento:
3 etti di baccalà
3 spicchi di aglio, un ciuffo
di prezzemolo, un pezzo di
peperoncino
3 etti di mollica di pane tipo
pugliese
un litro di passata di
pomodoro
olio extravergine di oliva
sale, pepe

*Tempo di preparazione e
cottura:* un'ora

Pasta con le castagne

Ristorante Il Brigante, Giffoni Sei Casali (Salerno)

Per questa ricetta occorrono castagne fresche lessate, in acqua leggermente salata, con la buccia e poi accuratamente spellate, anche della seconda pellicina.
Utilizzando una padella capace di contenere anche la pasta, in tre cucchiai di olio soffriggete dolcemente la cipolla tritata fine, unite la salsiccia privata della pelle e sbriciolata, infine le castagne a grossi pezzi. Sfumate con il vino, aggiustate di sale e, infine, aggiungete i pomodorini. Portate a cottura in 10-15 minuti.
Lessate la pasta al dente, scolatela e ripassatela nella padella del sugo con un paio di cucchiai dell'acqua di cottura. Prima di servire, spolverate con prezzemolo tritato.

Per 4 persone

4 etti di tubetti rigati
un etto di castagne lesse
5 pomodorini, mezza
cipolla bianca, un ciuffo di
prezzemolo
un etto di salsiccia
mezzo bicchiere di vino rosso
olio extravergine di oliva, sale

*Tempo di preparazione e
cottura:* mezz'ora

Pasta con le fave novelle

Osteria U Locale, Buccheri (Siracusa)

Per 4 persone

3 etti e mezzo di pasta fresca
tipo tagliolini
6 etti di fave novelle, uno
spicchio di aglio, una piccola
cipolla, un ciuffetto di
maggiorana
80 g di pancetta
olio extravergine di oliva
sale, peperoncino

*Tempo di preparazione e
cottura:* mezz'ora

Sgusciate le fave e sbollentatele in acqua calda salata per cinque minuti. Nel frattempo fate soffriggere in tre cucchiai di olio la cipolla e l'aglio affettati. Scolate le fave e unitele al soffritto, aggiungendo sale e maggiorana. Mettete il tutto nel passaverdure per ottenere una crema.
Tagliate la pancetta a dadini e fatela rosolare in olio in una padella capiente, aggiungendo quindi la crema di fave.
Lessate la pasta, scolatela e unitela al condimento in padella. Servite nei piatti con un pizzico di peperoncino.

Ricetta tipicamente primaverile, utilizza le fave fresche, raccolte appena raggiungono la maturazione. Già nota nel Neolitico, la fava divenne un alimento di primaria importanza ai tempi dell'antica Roma: da essa prese nome la gens *dei Fabi, e la* puls fabata *era una delle più comuni polente che in epoca imperiale sfamavano i ceti più popolari e i soldati. Le fave novelle, in alcune regioni quali Liguria, Lazio, Marche, si consumano anche crude, tenere e appena colte, con il salame e il formaggio pecorino. Novelle o secche sono state comunque legumi importanti nella storia dell'alimentazione, fornendo la principale base proteica a intere comunità, specialmente nel Meridione, tanto che se ne trova significativa e tuttora viva traccia nelle cucine regionali: zuppe e minestre, condimenti per la pasta, insalate, stufati…*

Pasta con le sarde

Osteria Paradiso, Palermo

Mondate i finocchi selvatici degli steli esterni più duri, lavateli bene e lessateli in acqua salata.

Mentre cuociono preparate un abbondante soffritto di cipolla con uva passa, pinoli e le piccole acciughe ben dissalate, pulite e asciugate. Una volta lessati, tagliate i finocchietti in piccoli pezzi e uniteli al soffritto con un po' dell'acqua di cottura. Aromatizzate il tutto con pepe nero e colorate con i fili di zafferano. Fate cuocere per una decina di minuti, poi aggiungete le sarde intere, diliscate e pulite (un lavoro che potrete delegare al vostro pescivendolo). Proseguite la cottura ancora per un quarto d'ora, quindi irrorate con olio extravergine.

Con questo condimento saltate in tegame i bucatini, lessati e scolati molto al dente. Sulla pasta potrete spargere, volendo, del pangrattato tostato in padella con olio e un cucchiaino di zucchero.

Il contrasto dolce-salato denuncia la matrice araba di questo celebre piatto della tradizione palermitana che si prepara con numerose varianti in tutta la Sicilia. La studiosa di gastronomia Emilia Valli racconta una leggenda isolana secondo cui la ricetta si deve a un cuoco arabo che, dovendo preparare il rancio per le truppe appena sbarcate in Sicilia e avendo poche materie prime, mise insieme alla meglio ciò di cui poteva disporre: erbe selvatiche, pesce azzurro e maccheroni, cui aggiunse uvetta e zafferano.

Per 6 persone

mezzo chilo di bucatini
mezzo chilo di sardelle
6 piccole acciughe sotto sale
mezzo chilo di finocchietti di montagna, una cipolla
70 g di uva passa, 30 g di pinoli
4 cucchiai di pangrattato (facoltativo)
olio extravergine di oliva
sale, pepe nero, un cucchiaino di zucchero (facoltativo), qualche stimma di zafferano

Tempo di preparazione e cottura: un'ora

Pasta cull'agghia

Cantina Siciliana, Trapani

Per 4 persone

6 etti di busiate (bucatini) di pasta fresca
mezzo chilo di pomodori da salsa, 8 foglie di basilico, 6 spicchi di aglio
40 g di mandorle pelate
un etto di pecorino
olio extravergine di oliva
sale, pepe

Tempo di preparazione e cottura: mezz'ora

Pestate insieme l'aglio, il basilico e le mandorle, aggiungendo un filo di olio extravergine. Versate il tutto in una bolla di vetro e mescolate, unendo anche un po' del pecorino che avrete grattugiato.
Mettete i pomodori in acqua calda per qualche minuto, poi pelateli, privateli dei semi, spezzettateli e pestateli nel mortaio. Aggiungeteli agli altri ingredienti, condendo con sale, pepe e altro extravergine.
Cuocete la pasta in abbondante acqua salata, scolatela al dente e versatela nella bolla con il sugo. Mescolate bene e servite.

Conosciuta anche come pasta al pesto trapanese, la pasta cull'àgghia, cioè all'aglio, è un piatto povero, tipico della Sicilia occidentale. Amata dai vegetariani e proposta soprattutto nel periodo estivo, può essere arricchita da patate o melanzane fritte, e si cucina di solito con le busiate, bucatini di pasta fresca tipici della zona ma diffusi in tutta l'isola (ricette alle pp. 46-47 e 49). Il nome deriva da busa, *lo stelo seccato di un giunco sottile (l'ampelodesmo), sostituito poi dal ferro da calza.*

Pasta di farina di carrube con bottarga di tonno

Ristorante Lido Azzurro da Serafino, Marina di Ragusa

Mescolate le farine e disponetele a fontana sulla spianatoia. Mettete al centro i tuorli d'uovo e il sale e impastate fino a ottenere un composto fine e omogeneo, aggiungendo se necessario acqua.

Lasciate riposare in frigorifero per almeno mezz'ora la pasta, quindi stendetela in una sfoglia sottile e tagliatela a striscioline. Conservate i tagliolini in frigorifero a una temperatura di 4°C.

Per la salsa, in una padella con olio extravergine di oliva rosolate lo spicchio di aglio tritato e la scorza grattugiata di limone. Aggiungete la bottarga spezzettata e sfumate con il vino. Versate il fumetto, i pomodorini e insaporite con una macinata di pepe.

Cuocete i tagliolini e fateli saltare in padella con la salsa. Guarnite con una manciata di prezzemolo tritato.

Una ricetta recente che ha il merito di valorizzare un prodotto fortemente legato al territorio, la farina di carrube. Frutto di un albero di origine asiatica (Ceratonia siliqua), sempreverde e molto longevo, portato in Sicilia dagli Arabi, la carruba è una sorta di baccello piatto di colore marrone scuro, con rivestimento coriaceo e polpa dolce, molto nutriente, usata come mangime per il bestiame (soprattutto per i cavalli) ma anche per l'alimentazione umana. Circa l'80% della produzione nazionale è concentrata nella provincia di Ragusa e nel Sud del Siracusano. Le carrube si raccolgono a settembre e si conservano dopo essere state essiccate all'aria; oltre alla farina, se ne può ricavare uno sciroppo, il melasso di carrube.

Per 4 persone

Per la pasta:
2 etti e mezzo di farina di frumento 00, un etto di farina di carrube
2 tuorli d'uovo
5 g di sale
Per il condimento:
un etto di bottarga di tonno
2 etti di pomodorini di Pachino, uno spicchio di aglio, un ciuffetto di prezzemolo
10 g di scorza di limone
un mestolo di fumetto
un bicchiere di vino bianco secco
olio extravergine di oliva
pepe nero

Tempo di preparazione e cottura: un'ora, più il riposo

Pasta e cavolfiore

Antonio Rizzo, Napoli

Per 4 persone

4 etti di pasta mista corta
un cavolfiore, uno spicchio di aglio
mezz'etto di pancetta
un cucchiaio di concentrato di pomodoro (facoltativo)
olio extravergine di oliva, sale

Tempo di preparazione e cottura: 45 minuti

Lavate il cavolfiore – sceglietelo bianco e compatto – e tagliatelo a tocchetti.
Fate rosolare in extravergine l'aglio e la pancetta a cubetti, aggiungendo, a piacere, un cucchiaio di concentrato di pomodoro. Quando il sugo ha preso sapore, unite un po' d'acqua e il cavolfiore. Protraete la cottura per una ventina di minuti, quindi tuffate la pasta mista, allungando il tutto, se necessario, con altra acqua, come si fa quando si cuoce un risotto. Regolate di sale e lasciate sul fuoco per altri 10 minuti. Alla fine la pietanza avrà la consistenza di una minestra asciutta, come nel caso di un'altra ricetta tradizionale napoletana, la pasta con patate e provola (pag. 295)

Pasta lorda

Ristorante Nangalarruni, Castelbuono (Palermo)

Per 4 persone

4 etti di maccheroni casalinghi
2 etti di carne bovina, 2 etti di carne suina
2 melanzane, una cipolla, un ciuffetto di basilico
un mestolo di salsa di pomodoro
un bicchiere di vino rosso
ricotta salata
olio extravergine di oliva, sale

Tempo di preparazione e cottura: 2 ore

Affettate la cipolla e rosolatela in olio con le carni tagliate a tocchi. Bagnate con il vino, lasciate evaporare, versate la salsa di pomodoro e fate cuocere a fuoco dolce fino a quando la carne sarà tenera, quasi disfatta; regolate di sale. Nel frattempo tagliate a fette le melanzane, friggetele e mettetele ad asciugare su carta assorbente.
Lessate i maccheroni al dente, scolate e condite con il sugo e la carne sfilacciata. Aggiungete le melanzane fritte, il basilico a foglie e una grattugiata di ricotta salata.

Il ragù siciliano, qui abbinato alla melanzana – uno degli ortaggi più popolari dell'isola –, si prepara normalmente con polpa di maiale, ma è anche usuale l'aggiunta di carne bovina, polpette, salsiccia. Immancabile il basilico in fase di cottura; secondo la zona, per la grattugiata finale si utilizzano il pecorino o la ricotta salata.

Pasta 'ncasciata

Trattoria La Mamma, Cittanova (Reggio Calabria)

Sbucciate i pomodori, privateli dei semi e dell'acqua di vegetazione. Tritate finemente mezza cipolla e fatela dorare in padella con olio e uno spicchio di aglio. Versate i pomodori spezzettati grossolanamente, regolate di sale e cuocete per 15-20 minuti a fuoco basso; quasi a fine cottura insaporite con le foglioline di basilico.

Tagliate a dadini le melanzane e friggetele in abbondante olio. Affettate sottilmente il salame e le mozzarelle. Preparate le polpette mescolando alla carne di manzo macinata l'uovo, l'aglio e il prezzemolo tritati, una manciata di parmigiano grattugiato e, eventualmente, un po' di pangrattato; suddividete il composto in palline.

Rosolate le polpette in un tegame con olio e mezza cipolla finemente affettata; salate, pepate e completate la cottura aggiungendo un po' di salsa di pomodoro.

Cuocete al dente la pasta in acqua salata, scolatela e conditela con altra salsa.

Ungete e spolverate con pangrattato una teglia da forno e versatevi tutti gli ingredienti, mescolandoli e chiudendo con melanzane, salsa di pomodoro e abbondante parmigiano grattugiato. Mettete la teglia in forno preriscaldato e cuocete per circa 15 minuti.

Per 6 persone

mezzo chilo di tortiglioni (o altra pasta corta, bucata e rigata)
3 etti di polpa di manzo, un etto di salame calabrese
un chilo di pomodori da salsa, 2 melanzane, 2 spicchi di aglio, una cipolla di Tropea, un ciuffetto di basilico, un ciuffetto di prezzemolo
un uovo
2 mozzarelle
qualche cucchiaio di pangrattato
parmigiano reggiano
olio extravergine di oliva
sale, pepe

Tempo di preparazione e cottura: un'ora e mezza

La pasta 'ncasciata o 'ncaciata è una specialità siciliana (si veda la ricetta che segue) ma anche calabrese, soprattutto della parte meridionale della regione. Due i nomi e le ipotesi sul loro significato: 'ncasciata equivarrebbe a pasta incassata, cioè sistemata in cassa – la teglia da forno –, mentre 'ncaciata deriverebbe da cacio, a indicare la notevole quantità di formaggio impiegata. La versione proposta da Maria De Nardo, la "mamma" della trattoria D'Agostino di Cittanova, è sostanziosa ma relativamente semplice: altri, oltre a usare formaggi più saporiti (caciocavallo anziché mozzarella, pecorino al posto del parmigiano reggiano), dopo averle rosolate bagnano le polpette con vino bianco e aggiungono nella teglia da infornare anche un paio di uova sode.

Pasta 'ncasciata di mezzagosto

Trattoria La Pineta, Novara di Sicilia (Messina)

Per 6-8 persone

mezzo chilo di maccheroni
2 etti di polpettine di manzo,
2 etti di carne di castrato, 2
etti di falsomagro di manzo
2 melanzane di media
grandezza
3 uova
mezzo chilo di salsa di
pomodoro
pecorino da grattugia
olio extravergine di oliva, sale

*Tempo di preparazione e
cottura:* 3 ore e mezza

Tritate la carne di castrato, sminuzzate una parte delle polpettine e il falsomagro. Versate in una pentola insieme alla salsa, salate, mescolate e cuocete a fuoco bassissimo per circa tre ore: a fine cottura il ragù deve risultare particolarmente denso.

Tagliate le melanzane a strisce sottili, friggetele in olio abbondante, quindi sgrondatele in modo che non siano troppo unte. Cuocete le uova intere finché diventino sode, sbucciatele e tagliatele a rondelle.

Lessate i maccheroni in abbondante acqua salata e scolateli al dente. Disponete un primo strato in un largo tegame, ricoprite con il ragù, poi con un po' di polpette sminuzzate, di melanzane e di uova sode. Ripetete l'operazione fino a esaurire gli ingredienti, quindi spolverizzate con il pecorino.

Ponete il tegame sul fuoco e rimestate con delicatezza il tutto per qualche minuto.

Come il timballo di anellini (ricetta a pag. 496), la pasta 'ncasciata o 'ncaciata – a indicare la notevole quantità di cacio impiegata – è una delle più popolari preparazioni casalinghe di pasta al forno siciliana. Di origine messinese, conosce molte varianti, secondo la zona in cui ci si trova, la stagione e l'estro di chi la prepara. La più classica prevede cavolfiore o broccoletti (broccolo ramoso), lessati e poi soffritti con aglio e olio, abbinati a un sugo preparato con cipolla, carne trita di maiale e salsiccia, vino e pomodoro: con questi ingredienti e con pecorino stagionato grattugiato si condisce una pasta corta di formato medio-grande, che si sistema in una teglia, si spolvera di pangrattato e si cuoce in forno finché non si formi una crosta dorata. La ricetta della Pineta, preparata tradizionalmente per il pranzo di Ferragosto, può essere considerata anche un esempio di cucina "del giorno dopo": la carne, che si suggerisce di utilizzare è, infatti, già cotta.

Pasta patate e provola

Ristorante L'Europeo di Mattozzi, Napoli

Preparate un battuto con il lardo, la cipolla, la carota e il sedano e rosolateli dolcemente nell'olio; aggiungete subito anche i pomodorini – che avrete appena schiacciato con il palmo della mano – e le patate, dopo averle sbucciate e tagliate a pezzetti. Fate stufare aggiungendo, se necessario, un sorso d'acqua.

Circa a metà della cottura delle patate, versate quattro o cinque mestoli di acqua calda opportunamente salata. Quando bollirà calate la pasta, rimestate e aggiungete poca alla volta – come per fare un risotto – altra acqua calda salata, lasciandola progressivamente assorbire. Spegnete il fuoco quando la pasta è prossima alla cottura ma ancora molto al dente.

In una sauteuse (o in una comune padella che possa essere presentata in tavola) versate pasta e patate e ponete sul fuoco condendo e mantecando con pepe, parmigiano grattugiato e la provola a pezzetti; unite il basilico e, quando la provola inizia a filare, servite.

Piatto della cucina popolare familiare napoletana, la pasta e patate fa parte di quei primi che, cotti come una minestra, finiscono per avere una consistenza asciutta, ancorché cremosa. E questo non solo – come in questo caso – grazie al formaggio. Pasta e cavolfiore (ricetta a pag. 292), pasta e zucca, pasta e piselli: in tutti questi casi la pasta viene calata direttamente nella pentola dove si è preparato il sugo o si sono stufate le verdure, poi acqua calda (o brodo vegetale o ancora, come in qualche vecchia preparazione, di guancia di maiale, il mascariello) e una cottura che oggi gli chef chiamano "a risotto". La pasta rilascia gli amidi che, anziché disperdersi nell'acqua, legano l'insieme e, a sua volta, assorbe i sapori del condimento, risultando più gustosa. Il formato consigliato è corto (sedanini, ditali) o, come vuole la tradizione, pasta ammiscata, ossia mista, un insieme di formati e di frammenti residui che hanno tempi di cottura simili. I napoletani le sono fedeli fin dai tempi in cui, per le ristrettezze economiche, acquistavano i fondi dei sacchi che salumieri e droghieri vendevano a metà prezzo. Irrinunciabile per il napoletano verace, oggi la pasta ammiscata ha conquistato la dignità della confezione.

Per 4-5 persone

4 etti di pasta mista
mezzo chilo di patate
8 pomodorini del *piénnolo* (o ciliegini), un etto e mezzo di cipolla, una costa di sedano, una piccola carota, qualche foglia di basilico
mezz'etto di lardo
2 etti e mezzo di provola affumicata, 3 cucchiai di parmigiano reggiano grattugiato
4 cucchiai di olio extravergine di oliva, sale, pepe

Tempo di preparazione e cottura: 40 minuti

Pasta ro' malutempu

Ristorante Vicolo Duomo, Caltanissetta

Per 4 persone

4 etti di ditalini (o altra pasta corta)
3 broccoletti verdi, 2 spicchi di aglio, un ciuffo di prezzemolo
un etto di olive nere
3 acciughe sotto sale
una manciata di pangrattato
un bicchiere di vino bianco secco
olio extravergine di oliva
sale, peperoncino

Tempo di preparazione e cottura: 40 minuti

Pulite e lessate i broccoletti. Lavate e diliscate le acciughe, spezzettate le olive, tritate il prezzemolo e l'aglio.
In un tegame, dopo avere fatto imbiondire in olio l'aglio assieme alle acciughe, aggiungete il prezzemolo e il vino. Non appena quest'ultimo sia evaporato, versate i broccoletti e le olive e insaporite con un pizzico di peperoncino. Aggiustate di sale e unite al condimento la pasta che avrete nel frattempo lessato, aggiungendo per ultimo il pangrattato tostato.

Il nome non lascia spazio a dubbi: nei giorni in cui le spedizioni marinare erano ostacolate dalle avversità meteorologiche, era consueto tra le famiglie di pescatori siciliani preparare questo classico piatto povero della cucina popolare, utilizzando pesce conservato e verdure dell'orto o, più spesso, erbe spontanee.

Pasta rustida

Marcella Ferrari, Santa Maria Maggiore (Verbano-Cusio-Ossola)

Per 6-8 persone

mezzo chilo di ditali (o altra pasta corta)
3 patate, una cipolla
2 etti di pancetta tesa in una sola fetta
toma ossolana di malga semistagionata, grana padano
burro di malga, sale

Tempo di preparazione e cottura: 40 minuti

Sbucciate le patate, lavatele e tagliatele a fette sottili o a dadini. Lessatele in acqua per una decina di minuti, salate e aggiungete la pasta.
A parte, in una padella capiente fate dorare leggermente in una noce di burro la cipolla affettata fine. Unite la pancetta a dadini e rosolatela.
Quando la pasta è cotta al dente, scolatela con le patate e, in una terrina, condite con abbondante burro ammorbidito a temperatura ambiente e una manciata di grana grattugiato. Trasferite il composto nella padella del soffritto, amalgamatevi dadini di toma e fate saltare a fuoco vivace per qualche minuto. Servite subito.

Non dissimile da altre ricette di pasta e ortaggi saltati con il condimento in padella, ma caratterizzato dall'ottima qualità di patate, burro e formaggi delle montagne ossolane, è un piatto tipico della Val Vigezzo, "piccola Svizzera" ai confini (valico di Ponte Ribellasca) con il Cantone Ticino.

Pasta spezzata con cicerchie e pomodorini

Ristorante U.p.e.p.i.d.d.e., Ruvo di Puglia (Bari)

Dopo avere tenuto in ammollo le cicerchie per 12 ore, scolatele e versatele in una casseruola con un litro e mezzo di acqua fredda. Portate a ebollizione, aggiungete la foglia di alloro e lasciate cuocere a fuoco basso per circa un'ora. A parte, fate rosolare per cinque minuti in metà dell'olio un trito di carota, sedano, aglio, parte del prezzemolo e il guanciale a pezzetti; aggiungete la salsa di pomodoro, i quattro pomodorini tagliati a pezzi, sale e pepe. Mescolate e unite il tutto alle cicerchie.

Dopo circa tre quarti d'ora, tuffate la pasta e portate a cottura mescolando. Servite completando con il restante olio, poco pepe, una spolverata di prezzemolo tritato e la ricotta marzotica grattugiata.

Come si intuisce dal nome, la ricotta marzotica è prodotta (con latte e siero ovino) in primavera. Molto simile a un cacioricotta, di sapore leggermente piccante, accentuato dalle foglie di graminacee in cui la si avvolge, si consuma dopo almeno un mese di stagionatura.

Per 4 persone

2 etti di pasta lunga mista
140 g di cicerchie secche,
4 pomodorini, una costola
di sedano, una carota, uno
spicchio di aglio, un ciuffo
di prezzemolo, una foglia di
alloro, 3 fette di guanciale di
maiale, un cucchiaio di salsa
di pomodoro
un etto di ricotta marzotica
5 cucchiai di olio extravergine
di oliva, sale, pepe

*Tempo di preparazione e
cottura:* un'ora e 40 minuti, più
l'ammollo delle cicerchie

Pasticciato di gallina

Trattoria da Badò, Volterra (Pisa)

Fiammeggiate la gallina, lavatela, tagliatela in piccoli pezzi e rosolatela in poco olio.

Con gli odori preparate un battuto e soffriggetelo in un'altra casseruola. Unitelo alla gallina, sfumate con il vino e aggiustate di sale e pepe. Aggiungete il concentrato di pomodoro sciolto in acqua calda, allungate con brodo vegetale e portate a cottura. Lessate al dente i rigatoni, scolate e condite con il sugo e i pezzi di gallina.

Un primo che è un piatto unico: la carne, di norma servita come secondo, è qui unita, con il suo sugo, alla pasta, in un insieme dieteticamente equilibrato di proteine, carboidrati e grassi. I rigatoni, che in alcune regioni si chiamano maniche rigate e in altre bombardoni, sono una pasta secca tubolare, di buono spessore e foro ampio (oltre i 13 millimetri), adatta ad accogliere ricchi condimenti e usata spesso anche come base di pasticci al forno.

Per 8 persone

6 etti e mezzo di rigatoni
una gallina giovane
una cipolla, 2 coste di sedano,
una carota piccola, 2 spicchi di
aglio, un ciuffetto di salvia
2-3 cucchiai di concentrato di
pomodoro
brodo vegetale
un bicchiere di vino bianco
secco
olio extravergine di oliva
sale, pepe

*Tempo di preparazione e
cottura:* un'ora e un quarto

Pasticcio con buzzonaglia di tonno

Trattoria La Cantina, Carloforte (Carbonia-Iglesias)

Per 6-8 persone

7 etti di semola di grano duro
3 etti di buzzonaglia di tonno
sott'olio
5 foglie di basilico, 4-5
pomodori maturi, una cipolla,
uno spicchio di aglio
mezzo bicchiere di vino
bianco secco
olio extravergine di oliva, sale
Per il pesto:
5 mazzetti di basilico, uno
spicchio di aglio
una manciata di pinoli
30 g di parmigiano reggiano,
15 g di pecorino sardo
olio extravergine di oliva, sale

*Tempo di preparazione e
cottura:* 2 ore, più il riposo

Preparate come prima cosa il pesto passando al mixer, o utilizzando il mortaio, l'aglio, il sale, il basilico, i pinoli, i due formaggi grattugiati e incorporando a filo cinque cucchiai di olio, mescolando con cura per amalgamare bene gli ingredienti.

Su una spianatoia disponete la semola, aggiungete un pizzico di sale e impastate con acqua tiepida fino a ottenere una massa elastica e compatta che lascerete riposare coperta da un tovagliolo.

Tritate la cipolla e fatela rosolare in padella con l'olio e lo spicchio di aglio leggermente schiacciato. Quando avrà preso colore unite, ben scolata dall'olio, la buzzonaglia (pinne e interiora del tonno) e versate il vino, continuando la cottura finché non sarà evaporato. A parte spellate i pomodori, privateli dei semi, spezzettateli e fateli restringere per cinque minuti in una padella con un filo di olio. Versate quindi la polpa dei pomodori nella padella, aggiungete le foglie di basilico a pezzetti e cuocete a tegame coperto per una ventina di minuti, regolando di sale.

Nel frattempo riprendete la pasta e dividetela in due parti. Lavoratene una metà ricavando dei sottili cordoni di circa mezzo centimetro di diametro; tagliateli a tocchetti e, schiacciandoli al centro con il pollice, arricciateli trascinandoli su una superficie rigata (un pettine o un cesto di vimini), ottenendo così i cassulli, che sono di fatto molto simili ai *malloreddus* (ricette a pag. 222-223) ma di maggiori dimensioni. Per la lavorazione del resto dell'impasto, l'ideale sarebbe disporre di una macchina per trafilare la pasta ricavando così maccheroni del diametro di circa un centimetro e lunghi sette o otto centimetri. Diversamente stendete la pasta in una sfoglia sottile (un millimetro e mezzo) e tagliatela in strisce larghe un paio di centimetri e lunghe sette o otto. Mettete al centro un ferretto (anche da calza), che avrete infarinato per facilitare l'operazione, arrotolate la pasta nel senso della lunghezza e sfilate l'attrezzo con attenzione.

Lessate la pasta in abbondante acqua salata, scolandola al dente, ripassate in padella con il sugo, aggiungete il pesto, mescolate e servite.

Pasticcio con ragù di carni bianche

Ristorante Bellavista, Ravascletto (Udine)

Per il ragù, insaporite nell'olio le erbe aromatiche tritate con lo scalogno, aggiungere la carne – macinata almeno tre volte – e fatela rosolare dolcemente; bagnate con il vino bianco, lasciate evaporare e cuocete per una decina di minuti, regolando di sale e pepe secondo il vostro gusto.

In un'altra casseruola preparate una besciamella leggera con burro, farina, latte, sale e un pizzico di noce moscata. Pulite gli spinaci, lavateli e lessateli a vapore. Quindi fateli raffreddare e strizzateli.

Disponete la farina a fontana sul piano di lavoro, incorporate le uova, un cucchiaio di extravergine, gli spinaci tritati, il sale e lavorate energicamente fino a ottenere una massa soda e uniforme. Stendete l'impasto con il matterello e ritagliate rettangoli di sfoglia delle dimensioni volute. Cuoceteli a uno a uno e fateli asciugare.

Stendete un foglio di pasta sul fondo di una teglia da forno, coprite con il ragù, besciamella e abbondante parmigiano grattugiato. Procedete nel medesimo ordine per cinque volte, fino a esaurire gli ingredienti e chiudete con altra besciamella e alcuni fiocchetti di burro.

Cuocere in forno a 180°C per una quarantina di minuti.

Per 6-8 persone

Per la pasta:
mezzo chilo di farina di frumento tipo 00
4 uova
mezzo chilo di spinaci (o di erbe di campo)
olio extravergine di oliva, sale
Per il comdimento:
4 etti di petto di tacchino, 4 etti di polpa di vitello giovane, 4 etti di polpa di coniglio
uno scalogno, 2 foglie di salvia, un rametto di rosmarino, un ciuffetto di maggiorana, un rametto di timo
2 tazze di besciamella
vino bianco secco
olio extravergine di oliva
sale, pepe

Tempo di preparazione e cottura: 2 ore

Pasticcio di carciofi

Ristorante Taverna della Torre, Cisternino (Brindisi)

Per 6 persone

Per la pasta:
4 etti di farina di frumento tipo 00, un etto di semola di grano duro
un pizzico di sale
Per il condimento:
6 carciofi, 70 g di scalogno, un ciuffo di prezzemolo
2 etti di caciotta fresca
un mestolo di brodo vegetale
mezzo bicchiere di vino bianco secco
olio extravergine di oliva
sale, pepe

Tempo di preparazione e cottura: un'ora

Mescolate gli sfarinati, salate e aggiungete una quantità d'acqua tale da ottenere un impasto sodo ed elastico. Stendete la sfoglia e ritagliatene straccetti irregolari.
Pulite i carciofi, affettateli e soffriggeteli in olio con lo scalogno tritato. Sfumate con il vino, aggiungete il brodo e cuocete per qualche minuto. Togliete dal fuoco e versate la caciotta a dadini e il prezzemolo sminuzzato. Aggiustate di sale e pepe, incoperchiate e cuocete ancora per un paio di minuti.
In una teglia alternate su più strati la pasta e il condimento. Infornate a 180°C fino a gratinatura. Estraete, lasciate riposare qualche minuto, sformate e suddividete in porzioni.

Il piatto compare nel menù della Taverna di Cisternino come sformato, tipologia che però richiederebbe la presenza nell'impasto di uova sbattute. Più propriamente può considerarsi un timballo o un pasticcio, con la componente amidacea rappresentata da maltagliati casalinghi di farina di frumento, semola di grano duro.

Pasticcio di crostacei e molluschi

Ristorante All'Arena, Sottomarina di Chioggia (Venezia)

Per 8-10 persone

3 etti di lasagne quadrate
un chilo di piccoli scampi, mezzo chilo di gamberetti rosa, un chilo di cozze, un chilo di fasolari, un cipollotto
un etto di farina di frumento
un quarto di litro di latte
mezzo bicchiere di vino
grana padano, burro, olio extravergine di oliva
sale, pepe

Tempo di preparazione e cottura: un'ora e un quarto, più lo spurgo dei molluschi

Fate spurgare i fasolari in acqua salata per un paio di ore. Sgusciate i crostacei e preparate con i carapaci un brodo leggermente salato e pepato. Mescolatene tre quarti di litro con il latte, scaldate il composto in un pentolino e con una frusta incorporatevi la farina. Portate a ebollizione e cuocete per qualche minuto.
Soffriggete in olio il cipollotto affettato sottile. Aggiungete i crostacei, sfumate con il vino, e unite i molluschi – che avrete fatto aprire in un tegame a fiamma viva – sgusciati e tritati grossolanamente. Completate una breve cottura con besciamella e grana grattugiato.
Lessate al dente le lasagne. In una pirofila imburrata alternate strati di pasta, di sugo e di besciamella. Finite con uno strato di besciamella spolverata di grana, coprire con carta da forno e infornate a 190-200°C per circa mezz'ora. Lasciate gratinare per cinque minuti a pirofila scoperta e servite dopo un breve riposo.

Pasticcio di maccheroni

Stefania Ricci, Ferrara

Amalgamate con cura ma velocemente tutti gli ingredienti della pasta, insaporite con la scorza di limone grattugiata, e fatene una palla, che avvolgerete in carta di alluminio e porrete in frigorifero per almeno un'ora.

Per il ragù, sbollentate i fegatini in acqua, quindi scolateli e tritateli finemente con le carni: a parte sminuzzate la cipolla, la carota e il sedano. Soffriggete in una noce di burro le verdure aromatiche; aggiungete il trito di carni e rigaglie, rosolate e portate a cottura (minimo tre ore) con poco brodo, unendo i funghi – che avrete fatto rinvenire in acqua tiepida e strizzato – una mezz'ora prima di togliere dal fuoco.

Prelevate la pasta frolla dal frigorifero e, dopo averla lasciata una mezz'ora a temperatura ambiente, tiratela nello spessore di tre o quattro millimetri.

Cuocete al dente in acqua salata i maccheroncini, scolate e confezionate il pasticcio. Unite alla pasta il ragù, la besciamella, se l'avete qualche lamella di tartufo e amalgamate bene. Imburrate una teglia da forno e foderatela con un disco di pasta. Mettete al centro la pasta condita, formando una cupola e lasciando tutt'intorno un bordo di pasta di circa un centimetro. Coprite con un altro disco di pasta e chiudete i bordi. Spennellate con rosso d'uovo battuto e mettete in forno a 180°C per una mezz'ora. Lasciate riposare 10-15 minuti prima di servire.

Il pasticcio di maccheroni, racchiuso in un involucro di pasta frolla dolce, è tipico della cucina ferrarese di Carnevale. La matrice sarebbe da collocare non nella corte estense ma nella legazione pontificia del Settecento: ipotesi confortata dalla presenza nella tradizione romana di un piatto carnevalesco dalla struttura analoga, ma con un condimento più ricco, a base soprattutto di rigaglie (fegatini, cuori, creste e testicoli di gallo), e con un sapore più accentuatamente dolce (crema pasticciera anziché besciamella, cupola del pasticcio spolverata, dopo la cottura, con zucchero a velo).

Per 6 persone

3 etti di maccheroncini (o sedani rigati)
Per la pasta:
mezzo chilo di farina di frumento
5 tuorli d'uovo
la scorza di un limone
2 etti e mezzo di burro
un etto di zucchero, un pizzico di sale
Per il condimento:
un etto di polpa di vitello, un etto di carne magra di maiale,
2 fegatini di pollo
una cipolla, una carota, mezzo gambo di sedano, tartufo nero (facoltativo)
un pugnetto di funghi
un tuorlo d'uovo
una tazza di besciamella
brodo di carne
2 noci di burro, sale

Tempo di preparazione e cottura: 4 ore

Pasticcio di radic di mont

Agriturismo Sot la Napa, Pesariis di Prato Carnico (Udine)

Per 4 persone

Per la pasta:
220 g di farina di frumento
tipo 00
2 uova
un pizzico di sale
Per il condimento:
mezzo chilo di *radìc di mont*
(cicoria selvatica di montagna)
una piccola cipolla, uno
spicchio di aglio
40 g di farina di frumento
tipo 00
mezzo litro di brodo vegetale
formaggio da grattugia
burro, olio extravergine di
oliva
sale, pepe

*Tempo di preparazione e
cottura:* un'ora e mezza

Preparate la pasta e, dopo averla lasciata riposare al fresco per mezz'ora, tiratela a sfoglia e ritagliatela in rettangoli di circa 15 centimetri per 10. Lessateli in abbondante acqua bollente salata, scolateli quando non sono del tutto cotti e allargateli su un telo.

Pulite il *radìc di mont* (sceglietelo con le foglie già bene aperte), lavatelo e scottatelo in poca acqua bollente salata. Soffriggete dolcemente la cipolla tritata e l'aglio intero in olio e burro. Aggiungete il radicchio e fatelo insaporire nel soffritto, regolando di sale e pepe.

Con 40 grammi di burro, altrettanti di farina e il brodo vegetale (da preferirsi al latte che smorzerebbe il sapore amarognolo del *radìc*) preparate una besciamella.

In una pirofila alternate uno strato di lasagne, uno di besciamella mescolata al radicchio e uno di formaggio grattugiato, fino a esaurimento degli ingredienti. Completate con una abbondante spolverata di formaggio e con fiocchetti di burro. Infornate a 180°C per una ventina di minuti.

Il radìc *o* lidrìc di mont *o* radìc dal glaz *è una pianta erbacea perenne della famiglia delle Asteracee (nome scientifico* Cicerbita alpina*), che cresce spontanea a quote superiori ai 1000 metri. A maggio, quando la neve si ritira, i malgari della Carnia ne raccolgono i germogli, tenerissimi grazie al freddo, per consumarli in insalate o frittate o per conservarli sott'olio, come accompagnamento di carni e salumi. Un Presidio Slow Food riunisce un gruppo di raccoglitori e piccoli produttori di sottoli che intendono mantenere viva questa tradizione gastronomica ma anche proteggere dall'estinzione un vegetale le cui tecniche di raccolta richiedono perizia, esperienza e un forte rispetto del territorio.*

Patacche al sugo di castrato

Ristorante Belsito, Serrone (Frosinone)

Su un piano di lavoro mescolate la farina con la semola, aggiungete il latte, un bicchiere di acqua e gli albumi d'uovo, impastando per ottenere un composto omogeneo ed elastico; coprite con un tovagliolo e fate riposare.

Rifilate la carne, privandola dei nervetti, e tagliatela a tocchetti, come per uno spezzatino. Su un tagliere preparate un battuto con gli odori e soffriggetelo in padella con un po' di olio, il peperoncino e le foglie di alloro. Quando sarà imbiondito, unite la carne, mescolate e fate dorare a fuoco moderato. Sfumate con il vino, abbassate la fiamma, e cuocete finché il fondo non si sarà asciugato; aggiungete quindi la polpa di pomodoro, regolate di sale, e proseguite la cottura a tegame coperto per 30-40 minuti, finché il sugo non abbia raggiunto la consistenza desiderata e i pezzetti di abbacchio risultino teneri.

Tirate la pasta in una sfoglia sottile e arrotolatela senza stringere troppo. Ritagliate con un coltello delle strisce di circa due centimetri di larghezza e allargatele lasciandole asciugare brevemente.

Portate a ebollizione una pentola di acqua salata, lessate la pasta per pochi minuti e ripassate in padella con il condimento, eliminando il peperoncino e l'alloro; mescolate e servite.

Per 8-10 persone

Per la pasta:
8 etti e mezzo di farina di frumento tipo 00, 3 etti e mezzo di semola di grano duro
2 albumi d'uovo
330 g di latte
Per il condimento:
2 chili di polpa di abbacchio
2 coste di sedano, 2 carote,
2 foglie di alloro, una grossa cipolla, un pezzo di peperoncino
6-7 etti di polpa di pomodoro
un bicchiere di vino rosso
olio extravergine di oliva, sale

Tempo di preparazione e di cottura: 2 ore e un quarto

Paternostri al sugo di pesce povero

Marcella Cascione, Otranto (Lecce)

Per 8 persone

7 etti di paternostri
mezzo chilo tra alici, sgombri,
sarde
3 etti di pomodori da salsa, 2
spicchi di aglio, un ciuffo di
prezzemolo
olio extravergine di oliva
sale, peperoncino

*Tempo di preparazione e
cottura:* un'ora

Pulite i pesci (meglio se di piccole dimensioni) eliminando le teste e le code, le interiora e la spina centrale; poneteli in un colapasta e sciacquateli con cura in acqua corrente. Asciugate bene i filetti ottenuti e trasferiteli in una casseruola dove avrete fatto scaldare mezzo bicchiere d'olio. Dopo qualche minuto aggiungete i pomodori lavati, privati della buccia e dei semi e spezzettati; regolate di sale e unite gli spicchi di aglio tagliati a lamelle e una spolverata di peperoncino. Cuocete a fuoco vivace per un quarto d'ora. Lessate i paternostri in abbondante acqua salata, scolateli al dente e fateli saltare nella padella, amalgamandoli bene con il sugo e ultimando con una spolverata di prezzemolo tritato.

Pasta secca industriale di semola di grano duro, i paternostri – o avemarie – nella forma ricordano tubetti bucati con sezione circolare di un paio di millimetri e superficie liscia o rigata. In genere utilizzati per preparazioni in brodo, si sposano bene, secondo la signora Marcella, con questo semplice sugo di pesce, di facile realizzazione e gustosissimo.

Pencianelle al pomodoro

Ristorante Giardino degli Ulivi, Castelraimondo (Macerata)

Versate sul tavolo un chilo di farina a fontana e unite al centro gli albumi battuti per alcuni minuti con una forchetta, un pizzico di sale e il lievito di birra sciolto in circa due etti e mezzo di acqua tiepida. La quantità d'acqua può variare in base alla sua temperatura e al tipo di farina: nel caso il composto risultasse troppo duro aggiungetene ancora, poco alla volta. Con le mani amalgamate gli ingredienti fino a ottenere un impasto morbido, elastico e compatto – un quarto d'ora circa di lavorazione –, lasciate riposare in un luogo fresco e, quindi, staccate piccoli pezzi, le *pence* appunto, che dovrete soffregare tra le mani e fare scivolare su un vassoio contenente il resto della farina, che eliminerete con un setaccio al momento della cottura. Mentre la pasta riposa dedicatevi al sugo soffriggendo a fuoco basso la cipolla affettata finemente in poco olio e unendo poi la pancetta tagliata a dadini, un pizzico di peperoncino, se lo gradite, i pomodori spellati e passati. Portate a cottura regolando di sale.
Tuffate le pencianelle in abbondante acqua salata, aggiungendo due cucchiai di extravergine. Cuocete per pochi minuti, scolate e trasferite nel tegame con il sugo, mantecando con abbondante pecorino grattugiato. Se dovessero risultare troppo asciutte, ammorbidite con un po' dell'acqua di cottura e servite subito.

Per 6 persone

Per la pasta:
un chilo e 2 etti di farina di frumento tipo 00
10 g di lievito di birra
2 albumi d'uovo
un pizzico di sale
Per il condimento:
7 etti di pomodori pelati, una cipolla
un etto e mezzo di pancetta
mezz'etto di pecorino stagionato
6 cucchiai di olio extravergine di oliva
sale, peperoncino (facoltativo)

Tempo di preparazione e cottura: un'ora, più il riposo

Cuocere e servire la pasta:
16 regole auree

1. Portate a bollore almeno un litro di acqua per ogni ettogrammo di pasta.

2. La pentola non deve mai essere troppo piena, affinché l'acqua non debordi durante la cottura.

3. Salate solo quando l'acqua prende il bollore: il sale rallenta il punto di ebollizione.

4. La dose corretta – salvo gusti personali o regole dietetiche – è di 10 grammi di sale marino grosso per ogni litro di acqua.

5. Calate la pasta soltanto quando l'acqua bolle vistosamente.

6. Mantenete il fuoco molto vivace e costante per tutto il tempo di cottura.

7. Mescolate di tanto in tanto per evitare che le paste si incollino fra di loro o si attacchino sul fondo della pentola.

8. Interrompete la cottura quando, assaggiando la pasta, la troverete ancora piuttosto al dente per il vostro gusto (in genere un minuto o due in meno rispetto al tempo indicato sulla confezione). Calcolate che, mentre scolate, condite o saltate in padella, la cottura si completa.

9. Se non siete pronti per scolare e condire la pasta, aggiungete, una volta spento il fuoco, un bicchiere di acqua fredda per bloccare la cottura.

10. Prelevate un mestolo di acqua di cottura e tenetelo da parte: servirà per diluire la salsa o gli ingredienti di accompagnamento qualora risultassero troppo densi o asciutti.

11. Se prevedete di servire le porzioni impiattate, avrete avuto cura di riscaldare le fondine sulla bocca del forno.

12. Scolate la pasta senza asciugarla troppo.

13. Se avete cotto paste ripiene, è consigliabile scolarle con il "ragno" anziché con il colapasta tradizionale: rimarranno più integre.

14. Mescolate con cura e delicatezza la pasta con i condimenti – preparati in abbondanza – in un vassoio di servizio preriscaldato.

15. Molte pastasciutte acquistano se ripassate velocemente nella padella del sugo.

16. Se state per servire una pasta al formaggio o che prevede aggiunte di formaggi grattugiati (parmigiano reggiano, pecorino, ricotta fresca o stagionata...), mantecate direttamente nel recipiente di servizio; diversamente passate il formaggio a parte affinché ogni commensale si serva a proprio gusto. Ricordate che, di norma, i condimenti a base di pesce e di funghi non richiedono la spolverata di parmigiano.

Penne al coccio

Hosteria del Bricco, Firenze

Per 4 persone

360 g di penne
un etto di funghi porcini, un
etto di piselli sgusciati, 20 g di
tartufo bianco
60 g di rigatino (pancetta tesa)
mezzo bicchiere di vino
bianco secco
4 cucchiai di olio extravergine
di oliva
sale, pepe

*Tempo di preparazione e
cottura:* mezz'ora

Rosolate la pancetta, tagliata a cubetti, con l'olio extravergine in un tegame di coccio abbastanza capiente da contenere poi la pasta. Quando sarà ben dorata, aggiungete i funghi e i piselli, facendo insaporire per cinque minuti; salate, pepate, sfumate con il vino, coprite e terminate la cottura. Lasciare intiepidire il tutto.

Cuocete la pasta al dente in abbondante acqua bollente salata, scolate e versate nel tegame con la salsa, facendo amalgamare a fuoco vivace i diversi ingredienti. Suddividete in scodelle di coccio e servite con sottili lamelle di tartufo.

Per questa ricetta della tradizione toscana si usa il rigatino, pancetta ottenuta da un taglio di carne suina piuttosto muscoloso, che viene conciato con sale, pepe e spezie e messo a stagionare. In alternativa si può impiegare un'altra pancetta non molto grassa o prosciutto crudo.

Penne alla pecoraia

Locanda Borgo Antico, Greve in Chianti (Firenze)

Per 4 persone

320 g di penne rigate
uno spicchio di aglio, un
rametto di timo
un mestolo di passata di
pomodoro
2 etti di ricotta di pecora
olio extravergine di oliva
sale, pepe

*Tempo di preparazione e
cottura:* 20 minuti

Mettete sul fuoco una pentola di acqua salata per la cottura della pasta.

Spellate lo spicchio di aglio, fatelo imbiondire in olio in una padella capiente e aggiungete la passata di pomodoro. Regolate di sale, eliminate l'aglio, e, non appena le penne saranno cotte, scolatele e versatele nella padella. Unite la ricotta, il timo spezzettato e una macinata di pepe. Amalgamate il tutto e servite ben caldo.

Patrizia Betti, patronne e cuoca del Borgo Antico, sconsiglia in questa preparazione l'aggiunta del parmigiano reggiano grattugiato, perché altererebbe il gusto delicato della ricotta.

Penne alle erbette

Osteria San Bernardo, Verzuolo (Cuneo)

Tritate le erbette e i pinoli, trasferite il composto in una ciotola, coprendolo con extravergine, e riponetelo in frigorifero per alcune ore.

Soffriggete in extravergine l'aglio e la cipolla tritati e, a doratura, unite i pomodori – sceglieteli molto maturi – lavati, pelati e privati dei semi; regolate di sale e, a fine cottura, passateli al setaccio fine. Unite le erbette alla salsa di pomodoro.

Cuocete le penne (o i rigatoni) in acqua bollente salata, scolatele e conditele con il sugo di pomodoro ed erbette. Volendo potete farle saltare in padella per alcuni minuti.

Spolverate con abbondante ricotta stagionata (o con pecorino), condite con un filo di extravergine e servite.

Alberto Melano, cuoco dell'Osteria San Bernardo, riferisce che le erbette aromatiche così preparate si possono conservare in frigorifero per alcuni giorni e suggerisce di variare questo semplice condimento, aumentando a piacere la quantità dei singoli aromi, in modo che un gusto prevalga sugli altri ma senza disturbare l'equilibrio della preparazione. Per fare questo, è necessaria una buona conoscenza di queste semplici essenze odorose, utilizzate in cucina per esaltare, rafforzare, rinfrescare, rendere più complessi, appetitosi e digeribili i sapori. Occorre per esempio sapere che alcune si modificano in cottura, altre sono molto intense, tanto da coprire, se in eccesso, gli altri aromi, altre ancora vanno di preferenza aggiunte all'ultimo momento.

Per 6-8 persone

mezzo chilo di penne (o rigatoni)
un chilo di pomodori, 2 spicchi di aglio, una cipolla piccola, 2 etti e mezzo di erbette aromatiche (prezzemolo, rosmarino, salvia, timo, erba cipollina, basilico, santoreggia, menta, erba di san Pietro, origano)
70 g di pinoli
ricotta stagionata (o pecorino)
olio extravergine di oliva, sale

Tempo di preparazione e cottura: 40 minuti, più il riposo

Penne al pollo scappato

Trattoria da Burde, Firenze

Per 8 persone

6 etti e mezzo di penne rigate
2 cipolle, 2 carote, 2 coste di
sedano, 2 spicchi di aglio
2 cucchiai di conserva di
pomodoro
mezzo bicchiere di vino rosso
formaggio da grattugia
(facoltativo)
2 etti e mezzo di olio
extravergine di oliva
sale, pepe

*Tempo di preparazione e
cottura:* un'ora e un quarto

Tritate gli odori e soffriggeteli nell'olio. Quando sono rosolati bene – il colore deve tendere al marrone – bagnate con il vino e fatelo sfumare, poi aggiungete la conserva di pomodoro. Aggiustate di sale e pepe e cuocete per 40-50 minuti, finché il liquido non si sarà ritirato.
Con il sugo condite la pasta lessata e scolata, servendo a parte il formaggio grattugiato.

Il sugo al pollo scappato è l'equivalente – in dizione più pittorescamente autoironica – del sugo finto: come il pesce fujute napoletano e i tordi scapati veneti, appartiene a quel repertorio popolare di "cucina dell'inganno" che simula l'esistenza di ingredienti nobili (in questo caso, la carne). Lo pseudo ragù può essere arricchito, a fine cottura, con una noce di burro e la pasta secca sostituita con stracci (maltagliati) all'uovo.

Penne al sugo di pecora

Antica Trattoria di' Tramway, Signa (Firenze)

Per 6 persone

mezzo chilo di penne rigate
6 etti di carne di pecora
2 grosse cipolle, una costa di
sedano
un cucchiaio di concentrato di
pomodoro
aceto di vino bianco, olio
extravergine di oliva
sale, pepe

*Tempo di preparazione e
cottura:* 3 ore e mezza

Sciacquate bene in aceto la carne, asciugatela e tagliatela a pezzetti.
Preparate un battuto con le cipolle e il sedano e rosolatelo in olio extravergine. Aggiungete la carne e fatela colorire. Salate, pepate e versate un mestolo d'acqua calda. Abbassate il fuoco e cuocete lentamente, aggiungendo l'acqua necessaria, per almeno tre ore. Verso fine cottura unite il concentrato di pomodoro diluito in acqua calda.
Lessate le penne, scolatele e conditele con il sugo.

È un piatto tradizionale di Campi Bisenzio, comune sotto il quale ricade parte della frazione di Sant'Angelo in Lecore dove – nel settore aggregato a Signa – ha sede la storica trattoria della famiglia Bacchereti.

Penne strascicate

Trattoria Mario, Firenze

In una pentola piuttosto capiente mettete a bollire abbondante acqua salata con una piccola aggiunta di olio che impedirà alle penne di attaccarsi tra loro durante la cottura. Aspetterete che l'acqua bolla per buttarci la pasta e poi, girando spesso con un mestolo di legno, regolerete il fuoco in maniera che non smetta mai di bollire.

Nel frattempo in una larga casseruola o in una padella a bordi alti mettete a scaldare una sufficiente quantità di ragù, con l'aggiunta di un po' di brodo che eviterà l'attaccarsi sul fondo.

Scolate la pasta piuttosto al dente, lasciandola leggermente umida, e versatela direttamente nel tegame del sugo, mescolando perché si insaporisca bene. Ultimate con un giro di olio a crudo, lasciate sul fuoco per qualche secondo, cospargete con una bella spolverata di parmigiano reggiano e servite.

Parlando di pasta, le penne stanno a Firenze come gli spaghetti a Napoli. Ancora oggi questa preparazione è considerata da molti fiorentini l'unico modo di concepire la pastasciutta. Che siano penne o mezze maniche, maccheroni o conchiglie (e comunque necessariamente pasta corta), devono essere "strascicate" nel sugo. Questa buona abitudine, che del resto si riscontra in altre regioni e contraddistingue le pratiche di tanti chef nel condire la pastasciutta, permette alla pasta di amalgamarsi bene con i condimenti e di arrivare in tavola perfettamente calda.

Per 6 persone

mezzo chilo di penne rigate
sugo di carne
brodo di carne
parmigiano reggiano
olio extravergine di oliva, sale

Tempo di preparazione e cottura: 20 minuti

Penne sul coniglio

Trattoria A Casa Mia, San Casciano in Val di Pesa (Firenze)

Per 6 persone

mezzo chilo di penne rigate
la parte anteriore di un
coniglio
2 cipolle rosse, una costa di
sedano, 2 carote, uno spicchio
di aglio, un rametto di
rosmarino
un cucchiaio di concentrato di
pomodoro
un bicchiere di vino rosso
olio extravergine di oliva, sale

*Tempo di preparazione e
cottura:* un'ora

Lavate il mezzo coniglio, asciugatelo e spezzatelo in piccoli tocchi (da sei a otto).
Con le verdure preparate un trito e mettetelo in un tegame con olio extravergine. Aggiungete i pezzi di coniglio, salate e cuocete a fuoco medio-alto, girandoli ripetutamente fino a colorirli bene. Bagnate con il vino e, una volta evaporato, unite il concentrato di pomodoro sciolto in acqua tiepida. Portate a cottura, poi prelevate la carne, disossatela attentamente, tritatela con la mezzaluna e riversatela nel tegame.
Con l'intingolo caldo condite le penne lessate al dente.

Con una procedura analoga si prepara il sugo di lepre, che richiede una cottura più lunga. Al posto dell'olio si può usare lardo pestato e anche alcuni degli aromi possono variare (alloro o salvia anziché rosmarino).

Pestazzuole con ricotta e menta

Paolo Giangrande, Monopoli (Bari)

Per 4 persone

3 etti di pestazzuole
(orecchiette più grandi)
mezzo chilo di pomodori, uno
spicchio di aglio, un ciuffetto
di menta
un etto e mezzo di ricotta
stagionata
olio extravergine di oliva, sale

*Tempo di preparazione e
cottura:* mezz'ora

Tritate lo spicchio di aglio e fatelo rosolare nell'extravergine; aggiungete i pomodori, privati della pelle e dei semi e schiacciati delicatamente per eliminare l'acqua di vegetazione. Salate e cuocete per una decina di minuti.
Tuffate le pestazzuole in abbondante acqua salata. Scolatele al dente e trasferitele nel tegame con la salsa di pomodoro. Spolverate con la ricotta grattugiata – se è di vostro gusto potete utilizzare quella affumicata – e cospargete la superficie con le foglie di menta tagliate a listarelle, ultimando con un filo di extravergine.

Pettole al ragù di ventricina

Ristorante Villa Maiella, Guardiagrele (Chieti)

Per il ragù, fate imbiondire in olio lo spicchio di aglio schiacciato, toglietelo e versate la cipolla tagliata a julienne. Quando è appassita, aggiungete l'alloro e la ventricina sbriciolata. Cuocete a fuoco dolce per cinque minuti, bagnate con il vino e lasciate evaporare completamente; unite quindi la polpa di pomodoro e portate a cottura lentamente in una mezz'ora, regolando di sale.

Dedicatevi nel frattempo alla pasta, lavorando tutti gli ingredienti fino a ottenere un composto liscio e omogeneo, che dovrà riposare al fresco per una trentina di minuti coperto con pellicola da cucina.

Passato il tempo, stendete la pasta con il matterello ottenendo una sfoglia dello spessore di un millimetro e mezzo. Con le dita ricavate piccoli pezzi irregolari lunghi al massimo tre centimetri e larghi due.

Cuocete le pettole in acqua bollente salata, scolatele e versatele nella padella della salsa mantecando con cura. Distribuite nei piatti e accompagnate a piacere con pecorino grattugiato.

La ventricina del Vastese, comprensorio in provincia di Chieti, è un salume che si ricava da cosce, lombo e spalle suini, tagliati in piccoli pezzi e conciati con sale, polvere di peperone dolce essiccato e, a volte, pepe e finocchio selvatico. L'impasto è insaccato nella vescica di suino: si ottiene una palla di uno o due chili che, legata a mano, è appesa ad asciugare in una stanza con un camino acceso. Stagiona per sette o otto mesi; dopo tre va pulita però dalle muffe e ricoperta con strutto. Sbriciolata e insaporita nel pomodoro, è un ottimo accompagnamento per queste tradizionali lasagnette casalinghe, rustiche nella confezione.

Per 4 persone

Per la pasta:
3 etti di semola di grano duro,
2 etti di farina di frumento tipo 00
5 uova
un pizzico di sale
Per il condimento:
3 etti di ventricina dell'alto Vastese
30 g di cipolla, uno spicchio di aglio, una foglia di alloro
4 etti di polpa di pomodoro
un bicchiere di vino bianco secco
olio extravergine di oliva, sale
Inoltre:
40 g di pecorino (facoltativo)

Tempo di preparazione e cottura: un'ora e un quarto, più il riposo della pasta

Pettole con alici e provola

Osteria del Gallo e della Volpe, Ospedaletto d'Alpinolo (Avellino)

Per 4 persone

Per la pasta:
2 etti e mezzo di semola di grano duro
sale, un pizzico di origano
Per il condimento:
10 alici
20 pomodorini del *piénnolo*
3 spicchi di aglio
2 etti e mezzo di provola affumicata
olio extravergine di oliva
sale, origano

Tempo di preparazione e cottura: un'ora, più il riposo

Impastate la semola con acqua, sale e origano, lavorando a lungo e con energia per ottenere un impasto sodo ed elastico, che farete riposare una mezz'ora. Tirate, quindi, una sfoglia di circa due millimetri di spessore e tagliatela a quadrati di una decina di centimetri di lato: queste sono le pettole, che vanno distese ad asciugare su un piano leggermente cosparso di farina.

Preparate le alici, togliendo loro la testa e l'intestino, e dividetele in filetti. Passate alla preparazione del condimento dorando nell'olio gli spicchi di aglio sbucciato; toglieteli, mettete le alici, i pomodorini, il sale e una spolverata di origano. Spegnete dopo pochi minuti di cottura e tenete in caldo.

Lessate e scolate le pettole, adagiatele nei piatti individuali – che è bene riscaldare – una alla volta coprendo con il condimento di alici (cinque filetti a persona) e con la provola affumicata tagliata a dadini. Fate riposare un paio di minuti e servite.

Tra i formati di pasta regionali, le pettole abitano soprattutto al Centrosud, in particolare in Campania, in Abruzzo e in qualche area del Lazio. Sono assimilabili a maltagliati oppure a lasagnette o, ancora, a larghe fettuccine; di sfoglia non troppo sottile, derivano perlopiù da un impasto senza uova. Se i condimenti tradizionali sono a base di legumi (fagioli, ceci) e la consistenza della preparazione è semibrodosa, le cucine locali di oggi sposano le pettole con sughi a base di prodotti del territorio come, in questo caso, le alici di Cetara.

Pezzacci con salsa di coniglio

Agriturismo Re di Puglia, Coltano di Pisa

Eviscerate il coniglio, conservando il fegato, privatelo della testa e tagliatelo a grossi pezzi.
Affettate finemente le cipolle e mettetele con olio in una casseruola capace. Unite le salsicce spellate e spezzettate, il coniglio con il suo fegato, il rosmarino tritato. Mettete sul fuoco e, dopo pochi minuti, versate il vino. Salate, pepate, abbassate la fiamma, coprite il recipiente e fate stufare finché il liquido non si sarà ristretto.
Togliete la carne, spolpatela e tritatela. Eliminate dal sugo gli eventuali ossicini e frullate. Unite alla crema così ottenuta la carne tritata e riportate il tutto sul fuoco fino a ebollizione.
Tagliate la sfoglia a rombi o losanghe irregolari e cuocete in acqua salata. Scolate la pasta e condite con la salsa.

Per 10 persone

un chilo di sfoglia all'uovo per lasagne
un coniglio di circa un chilo e 2 etti, 2 salsicce di maiale
6 etti di cipolle rosse, 5-6 rametti di rosmarino
una bottiglia di vino rosso di corpo, olio extravergine di oliva, sale, pepe

Tempo di preparazione e cottura: 2 ore e mezza

Piattu de sos isposos

Ristorante Barbagia, Olbia

Macinate finemente le carni e ponetele in una ciotola. Aggiungete l'uovo, due cucchiai di pangrattato, il formaggio grattugiato, il prezzemolo e l'aglio tritati, un sorso di vino bianco, sale e pepe. Impastate fino a ottenere un composto compatto; con le mani formate delle piccole polpette, passatele nel pangrattato e mettetele da parte.
Prendete una padella piuttosto ampia e dorate brevemente le polpettine nell'olio o, se preferite, passatele in forno a bassa temperatura rigirandole finché non si rassodino e formino una crosticina croccante.
A parte preparate un sugo di pomodoro leggero soffriggendo in padella un battuto di cipolla e carota con uno spicchio di aglio e, se lo gradite, una punta di peperoncino. Non appena gli aromi saranno imbionditi versate la polpa dei pomodori spellati e passati, regolate di sale e cuocete per una decina di minuti a fuoco moderato. Aggiungete le polpettine e terminate la cottura a tegame coperto (occorreranno all'incirca 10-12 minuti).
Lessate in abbondante acqua salata gli spaghetti, scolateli al dente e versateli in padella, mantecandoli con una spolverata di pecorino grattugiato.

Per 4 persone

4 etti di spaghetti
5-6 pomodori maturi, una piccola carota, mezza cipolla, uno spicchio di aglio, mezzo peperoncino (facoltativo)
pecorino sardo
olio extravergine di oliva, sale
Per le polpettine:
un etto di polpa di maiale, un etto di polpa di manzo
uno spicchio di aglio, un ciuffetto di prezzemolo
un uovo
pangrattato
mezz'etto di pecorino
vino bianco secco
sale, pepe

Tempo di preparazione e cottura: un'ora

Picagge di castagne con baccalà e olive

Ristorante La Lanterna, Mallare (Savona)

Per 6 persone

Per la pasta:
4 etti di farina di frumento
tipo 00, 2 etti di farina di
castagne di Calizzano e
Murialdo macinata grossa
5 uova
olio extravergine di oliva
Per il condimento:
4 etti di baccalà già ammollato
2 etti di pomodori, uno
spicchio di aglio, un ciuffo di
prezzemolo
una manciata di olive
taggiasche, una manciata di
pinoli
un cucchiaio di olio
extravergine di oliva
sale, peperoncino

*Tempo di preparazione e
cottura:* mezz'ora

Mescolate le due farine, disponetele a fontana, incorporate le uova e un cucchiaio di olio extravergine, quindi impastate con cura. Stendete una sfoglia non troppo sottile e tagliatela in strisce larghe circa un centimetro.
Soffriggete in extravergine uno spicchio di aglio e una manciata di prezzemolo tritato. Aggiungete il baccalà tagliato a cubetti, il pomodoro a pezzetti, un pizzico di peperoncino, le olive taggiasche snocciolate e qualche pinolo. Cuocete per una decina di minuti.
Lessate la pasta per un minuto in acqua bollente salata, scolatela e trasferitela nel tegame con il condimento. Amalgamate, mescolando con cura, e servite.

In Liguria le picagge o piccagge sono i nastri di cotone in vendita nelle mercerie e, per analogia di forma, le fettucce che si ricavano da un impasto di farina di frumento e uova, spesso con l'aggiunta di farina integrale (picagge avvantaggiate) o, come in questo caso, di castagne (picagge matte). Nel ristorante della famiglia Minetti, a Mallare, in alta Val Bormida, la farina "aggiuntiva" arriva da Calizzano e Murialdo, paesi della stessa valle dove si è conservata l'antica tecnica di essiccare le castagne affumicandole in piccole costruzioni in pietra dette tecci. Ventitré raccoglitori e trasformatori, riuniti nella cooperativa Il Teccio, proseguono oggi questa tradizione, valorizzata da un Presidio Slow Food.

Pici all'aglione

Osteria Le Panzanelle, Radda in Chianti (Siena)

Disponete la farina a fontana sulla spianatoia, versate al centro le uova battute con un pizzico di sale e impastate, aggiungendo via via acqua tiepida, fino a ottenere un composto omogeneo. Dategli la forma di una palla, che dovrà riposare almeno mezz'ora, coperta da un canovaccio di lino. Stendete, quindi, la pasta con il matterello in una sfoglia non troppo sottile, strofinate con un po' di olio il piano di lavoro e iniziate ad *appiciare* la sfoglia, formando con il palmo delle mani tanti fili della grandezza di uno spaghetto, che infarinerete via via in modo che non si attacchino l'uno all'altro.

Tuffate i *pici* in acqua salata e, mentre cuociono, tritate finemente gli spicchi di aglio e stufateli a fuoco dolcissimo in olio e burro. Quando l'aglio comincia a imbiondire, fermate la rosolatura con un ramaiolino di acqua di cottura della pasta.

Scolate i *pici* – ma non completamente – e versateli nella padella. Aggiungete il pecorino grattugiato e saltate ripetutamente il tutto, fino a quando il formaggio non raggiungerà una densità cremosa. Spolverate di pepe macinato al momento e servite.

La semplicità estrema del condimento consiglia a Nada Michelassi e Silvia Bonechi, titolari dell'osteria di Radda in Chianti, di usare pici *relativamente "moderni", all'uovo, ingrediente che manca nella versione originaria di questa tipica pasta senese. In compenso il sugo è vecchio stile, senza pomodoro.*

Per 4 persone

Per i pici:
8 etti di farina di frumento
1-2 uova
olio extravergine di oliva, sale
Per il condimento:
8-10 spicchi di aglio
2 etti di pecorino stagionato
una noce di burro, 2 cucchiai di olio extravergine di oliva
sale, pepe nero

Tempo di preparazione e cottura: un'ora e 20 minuti

Pici all'aglione in rosso

Trattoria La Solita Zuppa, Chiusi (Siena)

Per 4 persone

Per la pasta:
8 etti di farina di frumento
olio extravergine di oliva, sale
Per il condimento:
un chilo di pomodori
6 spicchi di aglio grandi
pecorino stagionato
(facoltativo)
olio extravergine di oliva
sale, peperoncino

*Tempo di preparazione e
cottura:* un'ora e mezza

Disponete la farina su una spianatoia, versate al centro l'acqua e un pizzico di sale e impastate fino a ottenere un composto ben amalgamato ed elastico, che lascerete riposare per una mezz'ora.

Nel frattempo preparate l'aglione. Spaccate a metà i pomodori, insaporiteli con un pizzico di sale, cuoceteli per una ventina di minuti, passateli al setaccio e metteteli da parte. Soffriggete l'aglio pestato in olio extravergine e fatelo imbiondire; unite la salsa di pomodoro, un pizzico di sale e di peperoncino e fate restringere il tutto fino a ottenere una salsa densa.

Stendete la pasta a sfoglia alta (almeno un centimetro), condendola con un filo di olio extravergine. Iniziate quindi ad *appiciare* (è il nome dialettale dato all'operazione): tagliate la sfoglia a striscioline di oltre un centimetro di larghezza, cercando di ricavare, da ogni strisciolina, un *picio* (spaghetto), stirandola e arrotolandola con entrambe le mani aperte.

Spolverizzate di farina i *pici* e lasciateli riposare per una mezz'ora, ricoperti con un telo. Cuoceteli in abbondante acqua bollente salata, scolandoli non appena riemergano. Trasferiteli in una larga padella contenente la salsa di aglione bella calda, fateli saltare fino a raggiungere un completo amalgama e servite, aggiungendo eventualmente scaglie di pecorino stagionato.

Pici alla nana

Trattoria La Solita Zuppa, Chiusi (Siena)

Lavate in acqua e aceto il fegatino e tagliatelo a pezzetti. Battete a coltello il magro di maiale e il magro di manzo fino a raggiungere la consistenza della carne macinata grossa, amalgamandovi i pezzetti di fegato.
Mondate la carota, la cipolla e la costa di sedano, tritatele con la mezzaluna e soffriggetele in olio extravergine di oliva. Aggiungete al leggero soffritto (le verdure aromatiche devono essere appena appassite: la leggerezza del piatto dipende in gran parte da questo) le carni pestate e la polpa di anatra; aggiustate di sale e pepe (poco) e fate rosolare. A fuoco vivo bagnate con il vino e, quando questo sarà evaporato completamente, unite il concentrato sciolto in un bicchiere di acqua calda e i pomodori precedentemente spellati in acqua bollente. Raggiunto il bollore portate a cottura a fuoco lento aggiungendo, poco per volta, qualche cucchiaio di brodo per evitare che addensi eccessivamente. Lessate i *pici* in abbondante acqua salata, scolateli al dente, condite e servite.

Che la pasta più tipica del Sud del Senese siano i pici *è ben noto, ed è altrettanto riconosciuto che, nella zona di Chiusi e in generale nella bassa val di Chiana, il ragù di* nana *(anatra) ne è il condimento più nobile. I pici sono grossi spaghetti ottenuti da un impasto di acqua, farina e sale (si può aggiungere un uovo quando le quantità risultino importanti, sopra le 10 porzioni);che dovrà essere lavorato con grande energia, in maniera da renderlo consistente e di buona elasticità; dopo averlo unto con olio extravergine di oliva, in maniera da non farlo seccare, si lascia riposare almeno un'ora. A questo punto si spiana l'impasto in uno spessore di poco superiore al centimetro, tagliandolo a strisce di eguale larghezza che si* appiciano, *ovvero si filano fino a ottenere grossi spaghetti il più regolari possibile. È facile intuire come una pasta così povera abbia rappresentato una delle basi per l'alimentazione di intere generazioni.*

Per 4 persone

3 etti e mezzo di *pici*
la polpa di un quarto di anatra muta, un fegatino di anatra
un etto e mezzo di magro di maiale, un etto e mezzo di polpa di manzo
una carota, una cipolla, una costa di sedano
2 etti e mezzo di pomodori maturi (o di pelati)
un cucchiaio di concentrato di pomodoro
mezzo bicchiere di vino bianco secco
brodo leggero di carni miste
olio extravergine di oliva, aceto di vino bianco
sale, pepe

Tempo di preparazione e cottura: 2 ore

Pici al sugo piccante

Trattoria da Mario, Buonconvento (Siena)

Per 4 persone

320 g di *pici*
2-3 spicchi di aglio, un
peperoncino
4 etti di passata di pomodoro
pecorino o parmigiano
reggiano (facoltativo)
olio extravergine di oliva
sale, zucchero (facoltativo)

*Tempo di preparazione e
cottura:* un quarto d'ora

Tritate finemente gli spicchi di aglio e tagliate a pezzetti il peperoncino (fresco o secco). Fate appena colorire il trito in due cucchiai di olio extravergine di oliva. Aggiungete la passata, sale e, per correggere l'eventuale acidità del pomodoro, un pizzico di zucchero. Cuocete a fuoco dolce per una decina di minuti.
Nel frattempo avrete lessato al dente i *pici*. Scolateli, conditeli con il sugo e, volendo, con il formaggio grattugiato.

Il modo forse più veloce per ucinare i pici – la cui fattura casalinga richiede però tempo, pazienza e abilità. La ricetta successiva è invece una variante – arricchita con acciughe conservate – dell'altrettanto rapida ma più tradizionale briciolata, che nella versione originaria prevede la tostatura del pane nell'olio.

Pici con briciole e acciughe

Taverna Pane e Vino, Cortona (Arezzo)

Per 4 persone

6 etti di *pici*
10 filetti di acciuga sott'olio
2 spicchi di aglio, 4
peperoncini sott'olio
4 fette di pane dalla crosta
spessa
vino bianco secco
olio extravergine di oliva, sale

*Tempo di preparazione e
cottura:* 20 minuti

Eliminate la mollica del pane e riducete la crosta in briciole.
Mettete quattro cucchiai di olio a scaldare in una padella capiente con l'aglio e i peperoncini a pezzetti. Aiutandovi con una forchetta, fate sciogliere le acciughe sfumando con poco vino bianco.
Nel frattempo, cuocete i *pici* – devono essere confezionati solo con farina di frumento, acqua e sale, senza l'aggiunta di uova –, scolateli al dente e fateli saltare nella padella con il condimento, amalgamandovi le briciole di pane.

Pignatiello vavoso alla luciana

Taverna dell'Arte, Napoli

Pulite e lavate i molluschi lasciandoli interi. In un recipiente di terracotta (*pignato*) versate l'olio e, tutto a freddo, aggiungete lo spicchio di aglio tritato, i capperi dissalati, le olive snocciolate, i pomodorini schiacciati con le mani, il concentrato e il polpo intero. Mettete sul fuoco, incoperchiate e cuocete per una ventina di minuti; aggiungete seppia e calamaro e proseguite la cottura finché tutti i molluschi saranno teneri. Soltanto alla fine aggiustate di sale. Preparate il condimento per il servizio tagliando a pezzi non troppo piccoli polpo, seppia e calamaro.

Avrete intanto cotto i vermicelli: scolateli e versateli nel *pignato* sotto cui avrete riacceso il fuoco, mescolate per bene e aggiungete infine il prezzemolo tritato. Servite le singole porzioni distribuendo omogeneamente i pezzi dei molluschi e macinando un po' di pepe.

Il polpo alla luciana è un piatto che deve il proprio nome al borgo marinaro di Santa Lucia, a Napoli, dove i pescatori preparavano i polpi appena pescati facendoli bollire lentamente, tagliandoli a pezzi e servendoli in tazza con il loro brodo di cottura, conditi con olio e peperoncino. Da cibo di strada, la preparazione si è evoluta e oggi, sia nella cucina di casa sia in quella di ristorante, si esegue cuocendo il polpo in pomodoro fresco, olio, aglio, prezzemolo e pepe nero. L'importante è che la cottura avvenga in un recipiente coperto ben chiuso, con la sola acqua emessa dal mollusco. Alfonso Gallotti, tavernaro in Napoli (come ama definirsi), fa di questo intingolo, arricchito di seppie e calamari, un succulento condimento per i vermicelli, un sugo ottenuto da un pignatiello vavoso *(bavoso) perché – spiega il cuoco – a base di molluschi che, da crudi, sono leggermente viscidi.*

Per 6 persone

6 etti di vermicelli
un polpo verace di circa 4 etti, 2 etti di seppie, 2 etti di calamari
4 etti di pomodorini, uno spicchio di aglio, un ciuffo di prezzemolo
10 capperi dissalati, 10 olive di Gaeta
2 cucchiaini di concentrato di pomodoro
olio extravergine di oliva
sale, pepe

Tempo di preparazione e cottura: 40 minuti

Pillus al finocchietto con ragù di capra

Ristorante La Rosella, Giba (Carbonia-Iglesias)

Per 10 persone

Per la pasta:
8 etti di semola di grano duro
un mazzetto di finocchio
selvatico
un pizzico di sale
Per il condimento:
un chilo di carne di capra
(cosciotto)
2 chili di pomodori maturi,
una cipolla di piccole
dimensioni, uno spicchio di
aglio, un mazzetto di basilico
4 pomodori secchi
mezz'etto di pecorino fresco,
mezz'etto di pecorino sardo
stagionato
vino bianco secco
olio extravergine di oliva
sale, pepe

*Tempo di preparazione e
cottura:* un'ora e 45 minuti, più
il riposo

Su una spianatoia lavorate la semola con un pizzico di sale e l'acqua fino a ottenere una palla liscia e omogenea che dividerete in due parti. Con il matterello – o l'apposita macchina – tirate due sfoglie sottili (circa un millimetro e mezzo di spessore) e adagiate sulla prima le foglioline del finocchietto privato dei gambi; ricoprite con la seconda sfoglia e ripassate con il matterello in modo che aderiscano perfettamente. Se la pasta risultasse troppo secca per questa operazione, potete inumidirla utilizzando come pennellino il finocchietto prima di spezzettarlo. Lasciate riposare la sfoglia per una mezz'ora e poi ritagliatela a piccoli triangoli.

Dedicatevi alla preparazione del sugo: rifilate la carne e tagliatela a tocchetti, affettate finemente la cipolla e spezzettate i pomodori secchi. In una casseruola rosolate nell'olio la carne, aggiungete l'aglio e proseguite la cottura per cinque minuti a fuoco vivace. Unite la cipolla, i pomodori secchi e il basilico a pezzi, sfumate con il vino e lasciate evaporare. Lavate i pomodori, tagliateli a pezzettoni e uniteli alla preparazione, abbassate quindi la fiamma, regolate di sale e proseguite la cottura a tegame coperto per un'oretta. A cottura ultimata aggiungete il pecorino stagionato grattugiato e una macinata di pepe, coprite e lasciate riposare. Lessate la pasta in abbondante acqua salata, scolandola al dente, ripassate in padella con il sugo e mantecate con il pecorino fresco a scaglie.

Pinci con le briciole

Osteria di Porta al Cassero, Montalcino (Siena)

Disponete un chilo di farina a fontana sulla spianatoia e impastatela con acqua, sale e qualche cucchiaio di olio, lavorando il composto con energia, fino a renderlo perfettamente amalgamato ed elastico. Avvolgetelo a palla e lasciatelo riposare, coperto da un panno, per una mezz'ora. Trascorso questo tempo, stendete la pasta con il matterello in una sfoglia alta circa un centimetro e mezzo, che taglierete in strisce larghe altrettanto. Soffregate ogni striscia tra i palmi delle mani unti d'olio, in modo da ricavarne fili della grandezza di uno spaghetto. Via via che i *pinci* sono pronti, spruzzateli con la farina restante e adagiateli su un canovaccio.

Affettate il pane e friggetelo in olio. Tritatelo e dorate le briciole in un tegame con un filo d'olio e l'aglio a pezzetti. Lessate i *pinci* in abbondante acqua salata, scolateli e passateli nella padella con il condimento. Aggiungete una spolverata di formaggio, grattugiato o a scaglie, e servite.

Pinci è la dizione in uso a Montalcino per pici, *spaghetti tirati a mano tipici del settore sudorientale della provincia di Siena (ricette da pag. 317 a pag. 320). Quelli dell'Osteria di Porta al Cassero sono i più tradizionali, senza uova. Il semplicissimo condimento di pane raffermo ridotto in briciole può essere arricchito con un cucchiaio di salsa di pomodoro.*

Per 8 persone

un chilo e un etto di farina di frumento
un grosso pane casereccio raffermo
3 spicchi di aglio
formaggio pecorino (o parmigiano reggiano stagionato)
olio extravergine di oliva, sale

Tempo di preparazione e cottura: un'ora e mezza

Pipe con pesto di pomodorini

Rosaria Salvatore, Tropea (Vibo Valentia)

Per 4 persone

3 etti e mezzo di pipe
2 etti di pomodorini, 2 spicchi
di aglio, un ciuffo di basilico
una dozzina di pomodori
secchi, una dozzina di olive,
una manciata di capperi sotto
sale, una manciata di pinoli
olio extravergine di oliva, sale

*Tempo di preparazione e
cottura:* mezz'ora

Dissalate i capperi, immergendoli per qualche minuto in acqua fresca, e asciugateli. Passateli al mixer con l'aglio, il basilico, i pomodori secchi, i pinoli e le olive snocciolate. Tagliate i pomodorini a tocchetti e fateli rosolare in olio extravergine. Unite il composto degli altri ingredienti, regolate di sale e mescolate, lasciando sul fuoco per alcuni minuti, in modo che il tutto si amalgami bene.
Cuocete le pipe in acqua bollente salata, scolatele al dente e trasferitele nella casseruola del condimento. Mescolate accuratamente e servite.

Le pipe (o lumache) sono una pasta secca industriale di semola di grano duro di forma ricurva e bucata, con guscio rigato o liscio. Giungono a cottura in 10-13 minuti e sono adatte a sughi con pomodoro e verdure. Qui si condiscono con un intingolo un po' insolito, nel quale si uniscono ai pomodorini freschi olive, pinoli, capperi e pomodori conservati secondo uno dei metodi più tradizionali: spaccati in due e salati, sono lasciati essiccare al sole, finché non siano completamente disidratati. Possono poi essere commercializzati al naturale oppure, dopo un lavaggio in poco aceto, messi sott'olio con pezzi di peperoncino piccante ed erbe aromatiche.

Pisarei e fasò

Osteria dell'Angiolina, Castell'Arquato (Piacenza)

La sera precedente mettete in ammollo i fagioli in acqua fredda dopo averli sciacquati con cura.

In un pentolino portate a ebollizione il latte mescolato ad acqua in pari quantità, poi spegnete la fiamma e versate il pangrattato. Trasferite il tutto su un piano di lavoro e incorporate la farina lavorando fino a ottenere un composto omogeneo e malleabile. Ricavate dall'impasto cordoncini di circa un centimetro di spessore e prelevatene dei pezzetti della grandezza di un fagiolo. Premendo al centro di ognuno con il pollice imprimete un movimento rotatorio ottenendo degli gnocchetti leggermente arrotolati. Spolverate i *pisarei* con un po' di farina per evitare che attacchino e dedicatevi al sugo.

Scolate i fagioli e lessateli per un'oretta (devono restare sodi) con una foglia di alloro e mezza cipolla.

Nel frattempo preparate un battuto con lardo, prosciutto e aglio, quindi tritate finemente carota, sedano e cipolla. Fate soffriggere il tutto in una casseruola con olio e burro e unite il prezzemolo tritato, il brodo e la passata di pomodoro. Cuocete a fuoco moderato finché la salsa non inizi ad addensare, poi aggiungete i fagioli con parte della loro acqua e terminate la cottura aggiustando di sale e pepe.

Lessate i *pisarei* in acqua salata scolandoli quando riaffiorano (servirà circa un minuto dal momento in cui riprende il bollore), versateli nella padella del condimento e mescolate togliendo dal fuoco quando la pietanza avrà raggiunto una consistenza morbida ma non brodosa.

Servite ultimando con una spolverata di parmigiano grattugiato e un pizzico di prezzemolo tritato.

Per 4 persone

Per la pasta:
2 etti di farina di frumento
2 etti di pangrattato
un bicchiere di latte
Per il condimento:
un etto di fagioli borlotti secchi
una cipolla e mezza, mezza carota, una piccola costa di sedano, uno spicchio di aglio, un ciuffetto di prezzemolo, una foglia di alloro
20 g di prosciutto, 20 g di lardo
mezzo mestolo di passata di pomodoro
un mestolo di brodo
una noce di burro, olio extravergine di oliva
sale, pepe
Inoltre:
una manciata di farina di frumento
un ciuffetto di prezzemolo
parmigiano reggiano

Tempo di preparazione e cottura: 2 ore e mezza, più l'ammollo

Pizzocheri

Trattoria Altavilla, Bianzone (Sondrio)

Per 4-5 persone

4 etti di farina di grano
saraceno, un etto e mezzo di
farina di frumento
2 etti di verze, 2 etti di patate,
20 g di cipolla
2 etti e mezzo di casera
un etto di parmigiano
reggiano
2 etti di burro
sale, pepe in grani (facoltativo)

*Tempo di preparazione e
cottura:* un'ora e 40 minuti

Mescolate le due farine, aggiungete un po' d'acqua e un pizzico di sale e lavorate il tutto per una decina di minuti sino a ottenere un impasto abbastanza solido e omogeneo. Con il matterello tirate la sfoglia fino a raggiungere uno spessore di due o tre millimetri e ritagliatene delle strisce larghe circa sette centimetri; sovrapponetele e ricavatene, tagliando nel senso della larghezza, tagliatelle larghe quasi un centimetro.

Portare a ebollizione in una pentola abbondante acqua salata e aggiungete le patate sbucciate, lavate e tagliate a cubetti. Unite le verze a piccoli pezzi e i *pizzocheri*, pochi per volta; fate riprendere il bollore e cuocete il tutto per una decina di minuti.

A cottura ultimata, raccogliete la pasta con una schiumarola e versatene una parte in una pirofila ben calda, cospargete con il parmigiano grattugiato e con il casera a scaglie sottili e proseguite alternando *pizzocheri* e formaggi fino a esaurimento degli ingredienti.

Rosolate la cipolla nel burro, quando sarà imbiondita, versatela sui *pizzocheri* e portate in tavola, senza mescolare. Spolverate, a piacere, con pepe macinato al momento.

Corte tagliatelle scure di farina di grano saraceno e di frumento, originarie di Teglio (Sondrio), i pizzocheri *sono cotti con patate e verdure (tipicamente verze, in estate anche coste) e conditi a strati alternandoli con un formaggio semigrasso (latteria o casera) e irrorati, prima di essere serviti con abbondante burro in cui si siano soffritti spicchi d'aglio. Ogni paese valtellinese ha una sua variante della ricetta. Spesso nel soffritto si aggiunge la salvia o si sostituisce, come in questo caso, l'aglio con la cipolla; può cambiare anche la tipologia della pasta: così in alta Valtellina i* pizzocheri *sono malfatti di varia forma, mentre in Valchiavenna, parte della provincia di Sondrio in cui non si è mai coltivato il grano saraceno, sono a base di farina di frumento, con forma di gnocco e conditi esclusivamente con burro e salvia. La signora Anna Bertola, patronne della trattoria di Bianzone, usa per condire i suoi* pizzocheri *il Valtellina casera Dop, ottenuto con latte di due o più mungiture di vacche di razza bruno alpina.*

Pociacche con fiori di zucchina

Paolo Giangrande, Monopoli (Bari)

Rosolate in olio lo spicchio di aglio; a doratura eliminatelo e aggiungete i pomodori, privati della pelle e dei semi e schiacciati. Salate e portate a cottura.
Versate in acqua bollente salata i fiori di zucchina puliti e lavati e, dopo cinque minuti, tuffate le pociacche. Scolatele al dente e trasferitele nel tegame con la salsa di pomodoro. Mantecate con il cacioricotta a fuoco vivace e servite.

Le pociacche sono come le pestazzuole di pag. 312, orecchiette un po' più grandi del formato standard, con diametro, nel punto massimo, anche superiore al centimetro.

Per 4 persone

3 etti di pociacche (orecchiette più grandi), mezzo chilo di fiori di zucchina, mezzo chilo di pomodori, uno spicchio di aglio, un etto di cacioricotta olio extravergine di oliva, sale

Tempo di preparazione e cottura: mezz'ora

Pulingioni con pomodoro e pecorino

Ristorante Il Tirabusciò, Calangianus (Olbia-Tempio)

Su una spianatoia disponete la farina, i tuorli il sale e lavorate – aggiungendo se necessario un po' di acqua – fino a ottenere un impasto omogeneo ed elastico, che lascerete riposare, coperto, per una mezz'ora. Nel frattempo amalgamate in una ciotola la ricotta con lo zucchero, quindi unite il prezzemolo tritato e la scorza di limone grattugiata.
Stendete la pasta in una sfoglia sottile (circa un millimetro e mezzo di spessore) e ritagliatela in strisce larghe una decina di centimetri. Con l'aiuto di due cucchiai formate delle polpettine che disporrete, ben distanziate, su una metà delle strisce, richiudendo con una lasciata vuota e premendo con le dita sui bordi per sigillare i margini. Con la rotella – *rutigliu* in sardo – tagliate la pasta formando ravioli rettangolari e metteteli da parte.
Imbiondite in olio uno spicchio di aglio con un battuto di cipolla e carota; aggiungete i pomodori spezzettati, salate e cuocete per una ventina di minuti.
Lessate la pasta in acqua salata, scolandola non appena risalga a galla, e ripassatela nel sugo ultimando con il basilico spezzettato e abbondante pecorino grattugiato.

Questi tipici ravioli galluresi di sapore dolce-salato sono conditi tradizionalmente, oltre che con sugo di pomodoro, con uno spezzatino di carne di pecora, animale simbolo della Sardegna pastorale.

Per 6 persone

Per la pasta:
mezzo chilo di farina di frumento
2 tuorli d'uovo
un pizzico di sale
Per il ripieno:
4 etti di ricotta
un ciuffo di prezzemolo, un limone
3 cucchiai rasi di zucchero
Per il condimento:
5-6 pomodori maturi
4-5 foglie di basilico, uno spicchio di aglio, una cipolla, una carota
pecorino sardo
olio extravergine di oliva, sale

Tempo di preparazione e cottura: un'ora e mezza, più il riposo

Ravieu col tucco

Ristorante da Marietto, Rovereto di Gavi (Alessandria)

Per 8 persone

Per la pasta:
un chilo di farina di frumento tipo 00, 8 uova
Per il ripieno:
mezzo chilo di carne di manzo, mezzo chilo di carne di maiale, 2 etti di salsiccia di maiale
un mazzetto di borragine (o di biete o spinaci), 2 spicchi di aglio, una cipolla, una carota, un gambo di sedano, un rametto di rosmarino, 2 foglie di alloro
6 uova, un etto e mezzo di parmigiano reggiano
mezzo bicchiere di vino bianco secco
olio extravergine di oliva
sale, pepe, noce moscata, maggiorana
Per il condimento:
un chilo di carne di manzo (scaramella o cappello da prete)
una cipolla, una carota, un gambo di sedano, un rametto di rosmarino, 2 foglie di alloro
2 bicchieri di passata di pomodoro
mezzo bicchiere di vino bianco secco
mezzo bicchiere di olio extravergine di oliva
sale, pepe
Inoltre:
parmigiano reggiano (facoltativo)

Tempo di preparazione e cottura: 3 ore

Per il ripieno rosolate in olio extravergine la cipolla, l'aglio, la carota e il sedano tagliati in modo grossolano con il rosmarino e l'alloro; a doratura, unite le carni di manzo e maiale a pezzettoni, salate, pepate e cuocete per un quarto d'ora circa. Bagnate con il vino, lasciate evaporare e unite la borragine scottata in acqua bollente salata e strizzata; continuate la cottura per altri 15 minuti, mescolando di tanto in tanto, spegnete il fuoco e lasciate raffreddare.
Nel frattempo, dedicatevi al condimento. Soffriggete nell'olio i gusti – cipolla, carota, sedano, rosmarino e alloro – tritati finemente, unite la scaramella, facendola rosolare in ogni parte, bagnate con il vino e, una volta evaporato, versate la passata di pomodoro, sale e pepe. Allungate con un po' d'acqua e cuocete, a fuoco lento, per un paio d'ore, aggiungendo eventualmente altra acqua.
Mentre il condimento cuoce, riprendete lo stufato per il ripieno, passatelo nel tritacarne assieme alla salsiccia cruda e amalgamatevi le uova battute, il parmigiano grattugiato, la maggiorana secca tritata, la noce moscata, regolando di sale. Il ripieno dovrà risultare omogeneo e piuttosto consistente.
Impastate la farina con le uova, tirate la sfoglia il più sottile possibile e confezionate i ravioli utilizzando un cucchiaino per il ripieno e la rotellina seghettata per tagliarli. Cuoceteli in abbondante acqua salata per quattro o cinque minuti, scolateli e trasferiteli nel tegame contenente il sugo della scaramella stracotta, che potrete servire a parte. Mescolate, spolverate a piacere con parmigiano grattugiato e portate in tavola.

I ravieu di Gavi sono agnolotti tipici dell'area alessandrina al confine tra Piemonte e Liguria. La sfoglia deve essere sottile tanto che si veda la massa scura del ripieno e il raviolo, una volta cotto, deve apparire un po' increspato. Tra le carni del ripieno, il collo di manzo predomina, in genere, sulla lonza e sulla salsiccia di maiale; si tollerano scarole, biete e spinaci ma la verdura che si preferisce è la borragine, sempre profumata con un rametto di maggiorana. Si condiscono con il tucco anche se è in ripresa l'uso di irrorarli con vino rosso o di gustarli "a culo nudo", cioè con molto parmigiano e senza mescolarli, in modo che un lato del raviolo resti al naturale. Giuseppe Barile, figlio di Marietto, spiega che non esiste una ricetta standard dei ravieu, in quanto ogni famiglia ha la sua.

Ravioli alla busara

Ristorante Borgo Colmello, Farra d'Isonzo (Gorizia)

Setacciate la farina e disponetela a fontana sulla spianatoia, mettendo al centro i tuorli battuti con l'olio. Impastate energicamente fino a ottenere una massa omogenea ed elastica. Avvolgetela a palla e fatela riposare in frigorifero mentre preparate il ripieno.
Sgusciate le code degli scampi, conservando le carcasse. Con queste e mezzo litro d'acqua preparate un fumetto.
In una grande padella scaldate due cucchiai di olio e fatevi imbiondire lo scalogno in camicia. Eliminatelo e versate prima gli scampi sgusciati, poi il pomodoro e un mestolo di fumetto. Fate bollire per qualche minuto, legando con il pangrattato, e spolverate con il prezzemolo tritato. Regolate di sale e pepe e passate il composto al mixer.
Tirate la pasta in una sfoglia sottile e tagliatela in rettangoli. Al centro di ognuno adagiate una noce di ripieno e chiudete premendo bene i bordi. Adagiate i ravioli su un canovaccio e preparate la busara.
Incidete gli scampi sul dorso nel senso della lunghezza. Soffriggete in olio gli scalogni in camicia; a doratura toglieteli e versate gli scampi. Incoperchiate il recipiente e cuocete per qualche minuto a fuoco moderato. Aggiungete il pomodoro, un mestolo di fumetto e la foglia d'alloro, fate addensare leggermente e legate con il pangrattato. Correggete di sale e pepe.
Nel frattempo avrete lessato i ravioli in abbondante acqua salata. Mettete da parte gli scampi e fate saltare i ravioli nella salsa della busara. Montate i piatti adagiando sul fondo i ravioli e disponendovi sopra gli scampi. Spolverate con prezzemolo tritato e una macinata di pepe e servite.

La busara è un metodo di origine istriana per cuocere, in una salsa dal sapore deciso – talvolta aromatizzata con paprica o peperoncino –, scampi e altri crostacei o anche pesci come gli scorfani. Nel lessico veneziano arcaico busara (o buzara o busera) significava viluppo, intruglio, ma secondo alcuni il termine indicherebbe anche il recipiente coperto in cui la gente di mare cuoceva il pesce a bordo delle barche. La busara di Claudio Vit, chef di Borgo Colmello, si caratterizza per la presenza del pomodoro, sia pure in dosi ridotte, e per la mancanza di elementi aromatici diversi da scalogno, prezzemolo e alloro.

Per 10 persone

Per la pasta:
2 etti e mezzo di farina di frumento tipo 00
4 tuorli d'uovo
2 cucchiai di olio extravergine di oliva
Per il ripieno:
mezzo chilo di code di scampi
mezz'etto di pomodori, uno scalogno, un ciuffetto di prezzemolo
20 g di pangrattato
olio extravergine di oliva
sale, pepe
Per il condimento:
20-30 piccoli scampi
un etto di pomodori, 2 scalogni, una foglia di alloro, un ciuffo di prezzemolo
20 g di pangrattato
olio extravergine di oliva
sale, pepe

Tempo di preparazione e cottura: un'ora e mezza

Ravioli con borragine e russia ai fiori di zucca

Ristorante Al Solito Posto, Amaseno (Frosinone)

Per 4 persone

Per la pasta:
3 etti di farina di frumento
3 uova
Per il ripieno:
un etto e mezzo di ricotta di bufala
un etto fra borragine e *russia* (santamaria)
un uovo
parmigiano reggiano
sale, pepe nero
Per il condimento:
10 fiori di zucca
un cucchiaio di crema di latte
parmigiano reggiano
una noce di burro, olio extravergine di oliva
sale, pepe nero

Tempo di preparazione e cottura: 2 ore

Su una spianatoia impastate la farina con le uova lavorando fino a ottenere una massa liscia e omogenea, avvolgetela in un tovagliolo e lasciatela riposare per una ventina di minuti.
Nel frattempo mondate borragine e *russia*, sbollentatele brevemente in acqua salata, poi scolatele, strizzatele e tritatele. In una ciotola amalgamate la ricotta con le erbe, l'uovo, il parmigiano grattugiato, sale e pepe; mescolate con cura e mettete da parte.
Tirate la pasta in una sfoglia sottile (circa un millimetro e mezzo) e, con l'aiuto di un coltello, ritagliate quadrati di medie dimensioni; farcitene una metà con il composto preparato e richiudete con altra pasta sigillando bene i bordi con i rebbi di una forchetta.
Mondate i fiori di zucca togliendo il pistillo interno, spezzettateli sommariamente e fateli appassire in padella con l'olio e il burro. Versate quindi la crema di latte, mescolate e regolate di sale e pepe.
Lessate i ravioli in acqua salata per qualche minuto, scolateli al dente e ripassateli in padella con il condimento, ultimando con una spolverata di parmigiano reggiano.

Ricetta con una forte matrice stagionale, questi ravioli prevedono una farcia a base di erbe: la borragine, molto frequentata in diverse cucine regionali, e la russia, *più conosciuta come santamaria. Il condimento può essere preparato con altre verdure di stagione, per esempio asparagi selvatici o erbe di campo.*

Ravioli di bietole, borragine e maggiorana

Trattoria La Baita, Gazzo di Borghetto d'Arroscia (Imperia)

Versate la farina sulla spianatoia e impastatela con le uova, poca acqua e un pizzico di sale, in modo da ottenere una massa soda e abbastanza compatta, che lascerete riposare per mezz'ora.

Nel frattempo preparate il ripieno. Lavate le bietole e la borragine in abbondante acqua fredda e lessatele per alcuni minuti. Scolatele, passatele al setaccio e strizzatele con cura. In una terrina battete le uova, unite il parmigiano e la noce moscata grattugiati, il sale, le foglioline di maggiorana tritate, le verdure lessate e mescolate bene il tutto, ricavandone un composto omogeneo.

Prendete la pasta, stendetela in sfoglie molto sottili e ricavatene delle strisce, su cui con un cucchiaino porrete mucchietti di ripieno distanti circa due centimetri l'uno dall'altro. Coprite con le restanti sfoglie, chiudete bene i bordi dei ravioli e tagliateli con la rotella per la pasta.

Cuocete i ravioli in abbondante acqua salata, finché non tornino a galla, e conditeli con due cucchiai di olio e il cacioricotta sminuzzato.

Per 6-8 persone

Per la pasta:
7 etti di farina di frumento
5 tuorli d'uovo
una presa di sale
Per il ripieno:
un chilo di bietole, mezzo chilo di borragine (o di ortiche), una manciata di foglioline di maggiorana
8 uova
2 etti di parmigiano reggiano
sale, noce moscata
Per il condimento:
un etto di cacioricotta
olio extravergine di oliva, sale

Tempo di preparazione e cottura: un'ora e mezza

Ravioli di bietole e ricotta al sugo di carne

Ristorante La Rosella, Giba (Carbonia-Iglesias)

Per 4 persone

Per la pasta:
mezzo chilo di semola di
grano duro
un pizzico di sale
Per il ripieno:
2 etti di bietole
4 uova
3 etti di ricotta (o di
formaggio fresco), un etto di
pecorino sardo semistagionato
olio extravergine di oliva
sale, stimmi di zafferano
Per il condimento:
2 etti di polpa di maiale, un
etto di polpa di manzo
una cipolla, una carota, mezza
costa di sedano, uno spicchio
di aglio, mezzo peperoncino
2 etti e mezzo di pomodori
pelati
pecorino sardo
olio extravergine di oliva, sale

*Tempo di preparazione e
cottura:* un'ora e un quarto

Mettete sulla spianatoia la semola, unite un pizzico di sale, un po' di acqua tiepida e lavorate energicamente, aggiungendo eventualmente ancora acqua, fino a ottenere un impasto omogeneo di consistenza non troppo soda.

Preparate il ripieno. Lavate in acqua corrente le bietole (potete aumentarne la quantità a vostro piacere), scolatele, sminuzzatele e stufatele in olio per alcuni minuti con un pizzico di sale. Fatele raffreddare e mescolatele con la ricotta, il pecorino grattugiato, le uova battute, un pizzico di zafferano e, se necessario, un altro po' di sale.

Prendete la pasta e stendetela in una sfoglia sottile che ritaglierete in quadrati di circa quattro centimetri di lato. Sistemate il ripieno al centro di ognuno e richiudete con altra pasta pizzicando lungo i bordi.

Preparate il sugo tritando finemente la cipolla, la carota e il sedano, e fateli appassire in padella con olio, uno spicchio di aglio e una punta di peperoncino. Quando saranno imbionditi aggiungete la carne tagliata a piccolissimi pezzetti, fatela rosolare e aggiungete i pelati a pezzi. Abbassate la fiamma, coprite il tegame e fate cuocere per una ventina di minuti regolando di sale.

Lessate i ravioli in abbondante acqua salata, scolateli non appena risalgano a galla e saltateli in padella con il sugo, ultimando con una grattugiata di pecorino.

Se desiderate un piatto più delicato, adatto anche alla stagione estiva, potete condire i ravioli con un sughetto leggero di pomodoro fresco, magari profumato con un ciuffetto di basilico.

Ravioli di borragine

Osteria d'Angi, Alassio (Savona)

Cuocete la borragine e le bietoline in poca acqua salata. Quando saranno cotte, scolatele e strizzatele con cura. Tagliate la cipolla e soffriggetela in un'ampia padella. Versate le verdure, fate insaporire per due o tre minuti, salate e aggiungete la maggiorana. Tritate il tutto con il passaverdure, quindi incorporate al composto le uova, il parmigiano, la noce moscata e (se il ripieno risulta poco omogeneo) un po' di pangrattato.

In una casseruola rosolate con olio uno spicchio di aglio schiacciato, aggiungete i pomodori tritati grossolanamente e cuocete a fuoco vivo per tre o quattro minuti. A cottura ultimata unite il basilico, passate al passaverdure e aggiungete i pinoli che avrete pestato al mortaio.

Per preparare la pasta, disponete la farina a fontana, versate le uova e un po' d'acqua, salate e lavorate energicamente fino a che l'impasto non risulti liscio. Tirate due sfoglie sottili. Sulla prima sistemate a distanza regolare cucchiai di ripieno, quindi adagiatevi sopra la seconda sfoglia. Tagliate la pasta in riquadri di eguale misura e sigillate bene i bordi, premendo con le dita. Lessate i ravioli in abbondante acqua salata per cinque minuti. Scolateli e condite con il sugo.

Pianta erbacea dalle foglie pelose e dai vistosi fiori blu, subspontanea e naturalizzata, la borragine (Borago officinalis), diffusa in tutta Italia, è oggetto di una sorta di culto in Liguria, dove entra in ripieni, minestre, torte salate, fritture ed è componente irrinunciabile del prebboggion, miscela di erbe della tradizione regionale.

Per 8 persone

Per la pasta:
mezzo chilo di farina di frumento tipo 00
4 uova
un pizzico di sale
Per il ripieno:
un chilo di borragine, mezzo chilo di bietoline, un mazzetto di maggiorana, una grossa cipolla
3 uova
pangrattato (facoltativo)
un etto di parmigiano reggiano
olio extravergine di oliva
sale, noce moscata
Per il condimento:
un chilo di pomodori maturi, 2 ciuffi di basilico, uno spicchio di aglio
30 g di pinoli
olio extravergine di oliva, sale

Tempo di preparazione e cottura: un'ora e mezza

Ravioli di borragine al pesto di ortica

Ristorante Letizia, Nuxis (Carbonia-Iglesias)

Per 4 persone

Per la pasta:
3 etti e mezzo di semola di
grano duro rimacinata fine
3 uova
una presa di sale
Per il ripieno:
3 etti di ricotta di capra
3 etti di borragine, 20 g di
noci sgusciate
un uovo
sale, pepe, qualche stimma di
zafferano
Per il condimento:
3 etti di ortiche, un ciuffetto
di menta, 30 g di gherigli di
noce
mezz'etto di formaggio caprino
fresco
olio extravergine di oliva, sale

*Tempo di preparazione e
cottura:* un'ora e mezza, più il
riposo

Disponete a fontana la semola, mettete al centro le uova e un pizzico di sale e impastate fino a ottenere una massa soda e liscia; avvolgetela in un tovagliolo e lasciate riposare.
Nel frattempo lavate e mondate la borragine e le ortiche, lessatele per cinque o sei minuti in pentole separate, scolatele, strizzatele e tritate finemente la borragine, serbando da parte le ortiche.
In una ciotola capiente, lavorate energicamente la ricotta (ben scolata dal siero), aggiungete la borragine e parte delle noci tritate, l'uovo, lo zafferano e regolate di sale e pepe. Stendete una sfoglia dello spessore di un paio di millimetri e disponete su una metà mucchietti di ripieno, ricoprite con l'altra metà e fate aderire bene la pasta picchiettando i margini con le dita, in modo da fare uscire l'aria restata all'interno; quindi ritagliate, con l'aiuto di una rotella dentata, ravioli piuttosto grandi di cinque o sei centimetri di lato.
Passate nel mixer le ortiche con il resto delle noci aggiungendo un pizzico di sale, un bicchiere di olio extravergine, la menta e il formaggio; procedete fino a ottenere una crema omogenea.
Lessate la pasta in abbondante acqua salata per pochi minuti, scolandola non appena sarà salita a galla, e condite con il pesto preparato.

Le erbe, soprattutto spontanee, sono parte integrante di molte ricette sarde, utilizzate sia – come in questo caso – in ripieni di pasta fresca, sia per zuppe e altre minestre brodose come l'erbuzzu. Le foglie pelose della borragine, lessate, sono particolarmente indicate per la preparazione di farce, mentre dell'ortica si usano le giovani cime e le foglie più tenere per risotti, frittate, ripieni e torte salate, spesso in combinazione con altre erbe di cui, essendo di sapore dolce e delicato, mitigano l'amaro. Ricordate che l'ortica, pianta ubiquitaria considerata infestante, va raccolta e maneggiata con cautela, indossando guanti per evitare il contatto con la peluria urticante che la ricopre, e che scompare con la cottura.

Ravioli di burrata con tartufo

Locanda Manthoné, Pescara

Mescolate gli sfarinati e formate una fontana sulla spianatoia, mettendo al centro i tuorli d'uovo e un pizzico di sale. Amalgamate e lavorate con le mani fino a ottenere un impasto elastico. Compattato a palla e avvolto in pellicola per alimenti, fatelo riposare per un'ora.
Tritate la burrata con la mezzaluna e tenetela da parte. Riprendete la pasta e tirate con il matterello una sfoglia molto sottile. Mettete la burrata in un sac-à-poche e sistemate grosse nocciole di ripieno sulla sfoglia, distanziandole di circa due centimetri. Ripiegate la sfoglia, premete con le dita per facilitare la chiusura, quindi con una rotella dentata o con un coppapasta ritagliate i ravioli. Cuoceteli per cinque minuti in acqua bollente salata, scolateli e ripassateli in padella con un filo di olio extravergine e un pizzico di sale. Servite in piatti individuali con una grattugiata di tartufo.

Tipica della Murgia pugliese, in particolare dell'agro di Andria, la burrata è un formaggio fresco vaccino a pasta filata (come la mozzarella) di forma sferica, farcito con altra pasta filata sfilacciata amalgamata a crema di siero (residuo centrifugato della lavorazione della mozzarella). Dopo la farcitura l'involucro – sacchetto – è chiuso con un nastrino di paglia e immerso per qualche minuto in salamoia. Al momento del consumo la burrata presenta superficie liscia, colore bianco lucente, e ha sapore dolce e burroso.

Per 6 persone

Per la pasta:
3 etti di farina di frumento tipo 00, un etto di semola di grano duro
7 tuorli d'uovo
un pizzico di sale
Per il ripieno e la finitura:
2 burrate di Andria da 2 etti e mezzo l'una
un tartufo bianco
olio extravergine di oliva, sale

Tempo di preparazione e cottura: un'ora, più il riposo

Ravioli di caciotta e ricotta

Ristorante La Torre, Massa Lubrense (Napoli)

Per 4 persone

Per la pasta:
mezzo chilo di farina di
frumento
una noce di burro, sale
Per il ripieno:
mezzo chilo di caciotta
vaccina, un etto e mezzo di
ricotta vaccina
4 uova
una manciata di foglie di
maggiorana
Per il condimento:
8 etti di pomodorini del
piénnolo, uno spicchio di aglio,
un ciuffo di basilico
parmigiano reggiano
olio extravergine di oliva, sale

*Tempo di preparazione e
cottura:* un'ora e mezza

In una casseruola contenente un quarto di litro di acqua bollente versate la farina, il burro e un pizzico di sale; mescolate energicamente con un cucchiaio di legno e, stemperando i grumi, fate assorbire e asciugare la farina. Versate il composto sulla spianatoia e iniziate a lavorarlo, prima con le mani poi con la macchinetta sfogliatrice: passate le sfoglie più volte in modo da raffinarle bene e renderle molto sottili. Tenetele coperte con un foglio di pellicola perché non asciughino.
Dedicatevi al ripieno. Grattugiate, con l'aiuto del mixer, la caciotta e, in una terrina, mescolatela con la ricotta, tre uova e la maggiorana. Battete, a parte, il quarto uovo.
Preparate i ravioli, stendendo le strisce di pasta già predisposte e spennellandole con l'uovo battuto; collocate a mucchietti il ripieno, coprite con un'altra sfoglia, premete i bordi e tagliate i ravioli con il tagliapasta. Proseguite fino a esaurire gli ingredienti.
Per il sugo, imbiondite in mezzo bicchiere di olio lo spicchio di aglio sbucciato, unite i pomodorini tagliati a spicchi, salate e cuocete per una decina di minuti. Quando i ravioli, cotti in acqua bollente salata, verranno a galla, ripassateli nella padella del sugo e serviteli con abbondante basilico e parmigiano grattugiato.

Nel ristorante della famiglia Mazzola questa pasta ripiena si chiama alla caprese: è una variante dei ravioli alla napoletana, farciti con mozzarella, ricotta, prosciutto crudo, parmigiani e prezzemolo, che in genere però sono confezionati a forma di mezzaluna.

Ravioli di cardo gobbo

Livia Borgata, Montegrosso d'Asti (Asti)

Per la fonduta, che si accompagna ai cardi nel ripieno, dovete cominciare i preparativi con un certo anticipo. Tagliate la fontina a cubetti, mettetela in un recipiente e copritela uniformemente con il latte, tenendola così, in luogo fresco, per tre o quattro ore. Aggiungete il burro e cuocete il tutto a bagnomaria, finché la fontina non si sarà completamente sciolta. A parte battete i tuorli e uniteli al formaggio in cottura. Mescolate per qualche minuto fino a ottenere una crema omogenea.

Cuocete i cardi in acqua salata acidulata con succo di limone, scolateli, fateli raffreddare e frullateli. Amalgamateli quindi con la fonduta e il parmigiano grattugiato e aggiustate di sale. Fate riposare il ripieno in frigorifero per tre ore.

Nel frattempo impastate la farina con i tuorli d'uovo, il latte, sale e un pizzico di pepe. Tirate una sfoglia non troppo sottile e tagliatela in strisce larghe una decina di centimetri; disponete il ripieno a mucchietti distanti tre centimetri uno dall'altro, ripiegate la sfoglia, premendo bene intorno a ognuno, e tagliate i ravioli con l'apposita rondella.

Lessateli in abbondante acqua salata con le foglie di alloro. Scolate e condite con burro fuso, abbondante parmigiano grattugiato ed eventualmente lamelle di tartufo nero piemontese.

Nei terreni sabbiosi tra Nizza Monferrato, Incisa Scapaccino e Castelnuovo Belbo (Asti), i cardi si seminano a maggio e si raccolgono a ottobre. Non sono irrigati né concimati, l'unico trattamento che subiscono è l'imbianchimento. A settembre sono piegati e ricoperti di terra: tentando di liberarsi per ritrovare la luce, si gonfiano e si incurvano, mentre le coste perdono ogni traccia di clorofilla, diventando bianchissime e tenere. A tutela di questa tradizionale tecnica agronomica opera il Presidio Slow Food del gobbo di Nizza Monferrato, l'unico cardo che si mangia crudo, come elemento irrinunciabile del corredo di verdure della bagna caoda: *ma si può anche cucinare fritto, gratinato, ripieno o in zuppa.*

Per 8 persone

Per la pasta:
mezzo chilo di farina di frumento
5 tuorli d'uovo
un bicchiere di latte
sale, pepe
Per il ripieno:
un chilo di cardi gobbi di Nizza
un limone
4 tuorli d'uovo
2 bicchieri di latte
4 etti di fontina, un etto di parmigiano reggiano
2 noci di burro, sale
Per il condimento:
alcune foglie di alloro, un tartufo nero (facoltativo)
parmigiano reggiano
mezz'etto di burro, sale

Tempo di preparazione e cottura: 2 ore, più il riposo

Ravioli di carni, mortadella e verdure

Osteria da Gianni, La Spezia

Per 6 persone

Per la pasta:
mezzo chilo di farina di
frumento tipo 00
3 uova
olio extravergine di oliva, sale
Per il ripieno:
mezzo chilo di verdure da
foglia miste (in prevalenza
bietole e borragine), un
ciuffetto di maggiorana
un etto e mezzo di polpa di
bovino, un etto e mezzo di
polpa di suino
un etto e mezzo di mortadella
5 uova
un panino
un bicchiere di latte
parmigiano reggiano
olio extravergine di oliva
sale, noce moscata
Per il condimento:
sugo di pomodoro (o ragù)
parmigiano reggiano
(facoltativo)

*Tempo di preparazione e
cottura:* 2 ore, più il riposo

Lessate le verdure in acqua salata. Scolatele, sgocciolatele bene e tritatele.

Macinate le carni e rosolatele in una padella in cui avrete scaldato un po' di olio extravergine, aggiustando di sale.

In una terrina riunite la carne, la mortadella e le verdure tritate, il pane ammollato nel latte e strizzato, le uova, una manciata di parmigiano grattugiato e un pizzico di maggiorana. Aggiustate di sale, grattugiate un po' di noce moscata e mescolate fino a rendere l'impasto omogeneo.

Lavorate la farina con le uova, un cucchiaio di olio e un pizzico di sale, ottenendo un panetto, da cui ricaverete con il matterello una sfoglia sottile. Su una metà sistemate mucchietti di ripieno a un paio di centimetri l'uno dall'altro, ricoprite con l'altra parte, premendo con le dita per fare uscire l'aria, e con la rotella dentata ritagliate i ravioli. Lasciateli riposare per due ore circa e poi cuoceteli brevemente in abbondante acqua bollente salata. Scolateli e conditeli con un sugo di pomodoro o un ragù di carne, portando in tavola un pezzo di parmigiano da grattugia.

Gianni chiama spezzini questi ravioli le cui caratteristiche territoriali sono esemplificate dalla presenza nel ripieno di vegetali molto amati dai liguri: la bietola da erbette, la borragine e la maggiorana, erba che dà un insostituibile tocco aromatico a due celebri piatti regionali, la torta pasqualina e la cima alla genovese.

Ravioli di castagne

Dina Pucci, Monte Argentario (Grosseto)

Lavate le castagne e lessatele in acqua bollente salata e aromatizzata con le foglie di alloro per circa tre quarti d'ora.
Nel frattempo versate la farina a fontana sulla spianatoia con un pizzico di sale, le uova, l'olio e i tuorli al centro; amalgamate il tutto lavorando la massa fino a quando sarà liscia, morbida e soda. Fatene una palla, copritela e lasciatela riposare mezz'ora.
Una volta cotte le castagne, sbucciatele e ripulitele bene dalle pellicine, passatele al setaccio e amalgamate il composto ottenuto con la ricotta, il parmigiano grattugiato, le uova battute, il burro fuso.
Riprendete in mano la pasta e tiratela per ottenere quadrati di sfoglia sottilissima di 10 centimetri di lato. Mettete al centro di ognuno un cucchiaio colmo di ripieno e ripiegate a forma di grande raviolo.
Cuocete i tortelli in abbondante acqua salata, scolateli e fateli saltare in un tegame, in cui avrete fatto fondere il burro con i granelli di finocchietto. Spolverate con il parmigiano grattugiato e servite.

Oltre a mescolarli al burro del condimento, potrete aggiungere i piccolissimi frutti del finocchio selvatico (impropriamente chiamati semi), o anche le sue caratteristiche foglie piumose, all'acqua di bollitura delle castagne, rinunciando all'alloro. Tenete conto però che il finocchietto o finocchiella – pianta erbacea spontanea tipicamente mediterranea, da cui ha avuto origine il finocchio coltivato – ha un aroma non gradito a tutti perché forte, quasi prepotente, capace di "coprire" gli altri sapori, tanto che il verbo infinocchiare deriverebbe dall'abitudine di usarlo per condire cibi da servire con vini mediocri, mascherandone il gusto sgradevole.

Per 8 persone

Per la pasta:
7-8 etti di farina di frumento tipo 0
3 uova intere e 3 tuorli
olio extravergine di oliva, sale
Per il ripieno:
un chilo di castagne
2 foglie di alloro
2 uova
7-8 etti di ricotta, mezz'etto di parmigiano reggiano
mezz'etto di burro, sale
Per il condimento:
un pugno di granelli di finocchio selvatico
mezz'etto di parmigiano reggiano
burro, sale

Tempo di preparazione e cottura: 3 ore

Ravioli di castagne e fagioli

Ristorante Le Lucanerie, Matera

Per 4 persone

Per la pasta:
2 etti di farina di frumento
tipo 00
un uovo
un pizzico di sale
Per il ripieno e il condimento:
3 etti di castagne
2 etti e mezzo di fagioli
borlotti secchi, una cipolla,
2 foglie di alloro, un
peperoncino, un rametto di
rosmarino
olio extravergine di oliva
sale, pepe (facoltativo)

*Tempo di preparazione e
cottura:* 3 ore, più l'ammollo
dei fagioli

La sera precedente mettete in ammollo i fagioli in un bacile di acqua fredda. Il giorno successivo scolateli e lessateli in una pentola per due ore e mezza aromatizzando con una foglia di alloro e un pizzico di sale. Decorticate le castagne e lessatele in acqua leggermente salata saggiando con una forchetta la consistenza: dovranno risultare tenere. Quando tutto è pronto, scolate il tutto e versate i fagioli e le castagne spezzettate in un'ampia padella in cui avrete rosolato il battuto di cipolla con l'alloro, il peperoncino e il rosmarino; proseguite la cottura a fuoco moderato per un quarto d'ora, regolando di sale. Versate una metà del composto nel mixer, frullate fino a ottenere una crema di buona densità e lasciatela raffreddare.

Su un tagliere impastate la farina con l'uovo e il sale, amalgamate gli ingredienti incorporando l'acqua necessaria a ottenere una massa liscia e omogenea; tirate quindi una sfoglia dello spessore di un millimetro e mezzo e, con l'aiuto di una rotella, ricavate dei quadrati di cinque centimetri di lato. Farcitene una metà con un cucchiaino di purea e richiudete con gli altri pezzetti di pasta sigillando bene i margini.

Lessate i ravioli in acqua salata, scolandoli dopo pochi minuti, e versateli nel tegame con il condimento avanzato. Saltate in padella velocemente ultimando, se ne gradite l'aroma, con una macinata di pepe e un giro di olio.

Ravioli di cavedano

Antica Trattoria Alle Rose, Salò (Brescia)

Pulite il cavedano, lavatelo e mettetelo, a freddo, a lessare in un court-bouillon preparato con l'aceto, due litri d'acqua e l'alloro. Lessatelo per una decina di minuti da quando l'acqua prende a bollire. Spegnete il fuoco e lasciate raffreddare il pesce nel liquido.

Cuocete le patate in abbondante acqua salata, scolatele, sbucciatele e passatele nello schiacciapatate.

Preparate il ripieno mescolando la polpa di cavedano tritata, la purea di patate, un filo d'olio, sale e pepe.

Impastate energicamente la farina con le uova, un cucchiaio di extravergine e una presa di sale. Lasciate riposare l'impasto per qualche ora. Ricavatene quindi una sfoglia sottile e, con la farcia già preparata, confezionate ravioli quadrati di circa cinque centimetri di lato.

Cuoceteli in acqua bollente salata per pochi minuti, scolateli e saltateli in padella con una crema ottenuta frullando i cetrioli con olio, sale e pepe.

Pesce d'acqua dolce della famiglia dei Ciprinidi, il cavedano (Leuciscus cephalus) è presente nelle acque interne italiane tranne che in Sardegna, Sicilia e parte del Meridione peninsulare. Le carni, bianche e saporite ma molto lische, sono adatte alla cottura ai ferri o alla griglia. Finemente tritato, può diventare ingrediente di polpette o ripieni.

Per 4 persone

Per la pasta:
3 etti di farina di frumento
3 uova
olio extravergine di oliva, sale
Per il court-bouillon:
un bicchiere di aceto
3-4 foglie di alloro
Per il ripieno:
un cavedano di 7-8 etti
3-4 patate
olio extravergine di oliva
sale, pepe
Per il condimento:
2 cetrioli
olio extravergine di oliva
sale, pepe

Tempo di preparazione e cottura: un'ora e un quarto, più il riposo

Ravioli di cernia con alalunga e mentuccia

Ristorante Le Macine, Lipari (Isole Eolie, Messina)

Per 4 persone

Per la pasta:
mezzo chilo di farina di
frumento tipo 00
5 uova
olio extravergine di oliva, sale
Per il ripieno:
mezzo chilo di filetti di cernia
nera o bianca
un ciuffo di prezzemolo, 5
foglioline di menta
un cucchiaino di capperi
un uovo
2 etti e mezzo di ricotta
vaccina, parmigiano reggiano
olio extravergine di oliva
sale, pepe nero
Per il condimento:
4 etti di alalunga sott'olio
una grossa melanzana, un etto
e mezzo di pomodorini di
Pachino, 5 foglioline di menta,
uno spicchio di aglio
2 pomodori secchi
mezzo bicchiere di vino
bianco secco
olio extravergine di oliva, sale

*Tempo di preparazione e
cottura:* un'ora e un quarto, più
il riposo

Impastate la farina con le uova, sale e un cucchiaio di olio extravergine fino a ottenere un impasto liscio e sodo. Lasciate riposare per almeno un'ora, quindi ricavate con il matterello due sfoglie di tre millimetri di spessore.

Lessate la cernia e fatela raffreddare. Unite i capperi e il prezzemolo, tritate il tutto, aggiungete un cucchiaio di extravergine, un pizzico di sale e di pepe. Per ultimo, incorporate la ricotta, due cucchiai di parmigiano grattugiato e mescolate con cura fino a ricavare un composto morbido. Ponete sulla prima sfoglia mucchietti di ripieno a distanza di tre centimetri l'uno dall'altro, spennellate con l'uovo battuto e ricoprite con la seconda sfoglia. Utilizzando gli appositi stampini ritagliate quindi i ravioli.

Pelate la melanzana, tagliatela a pezzi e cuocetela al vapore. Passatela in modo da ottenere una purea e tenetela da parte.

In una padella soffriggete l'aglio, aggiungete i pomodorini, schiacciateli e fateli cuocere per tre minuti. Versate quindi l'alalunga, i pomodori secchi tagliati a pezzetti, e sfumate con il vino bianco. Allungate con un po' di acqua di cottura dei ravioli, che starete lessando nel frattempo, ultimate con la purea di melanzane, la mentuccia e regolate di sale. Fate insaporire, quindi spadellate insieme ai ravioli e servite.

L'alalunga, presente nella forma conservata sott'olio nel condimento della pasta, è un tonno dalle carni più chiare delle altre specie. Ne va incoraggiato il consumo in alternativa al tonno rosso o mediterraneo, oggetto di una pesca "industriale" che minaccia la sua esistenza. A rischio può considerarsi anche la cernia marrone: preferitele la nera e la bianca, che hanno carni altrettanto pregiate.

Ravioli di coda di bue con tartufo nero

Osteria dell'Arco, Magliano di Tenna (Fermo)

Tagliate gli odori a pezzi grossolani e fateli rosolare in padella con un po' di olio, unite la coda e cuocete a fuoco dolcissimo e a tegame coperto per un'ora, allungando il fondo con un po' di acqua; sfumate con il vino e proseguite la cottura per un'altra ora: il fondo deve restare piuttosto fluido.

Su un tagliere lavorate la farina con le uova e un pizzico di sale fino a ottenere un impasto elastico e omogeneo; coprite e lasciate riposare.

Prelevate la carne e disossatela, versate la polpa nel mixer, unite le verdure – tenendo da parte il sugo di cottura – e frullate per sminuzzare finemente il tutto. In una ciotola aggiungete al composto le uova, la noce moscata, il sale, il pepe e il parmigiano grattugiato, amalgamando bene gli ingredienti con le mani.

Tirate la pasta in una sfoglia sottile (circa un millimetro) e ritagliate quadrati di quattro o cinque centimetri. Farcitene una metà con un po' di ripieno, aiutandovi con un cucchiaino, e richiudete con quelli rimasti vuoti sigillando bene i margini con i rebbi di una forchetta.

Filtrate il sugo tenuto da parte, fatelo addensare in padella con un po' di burro e ultimate con il tartufo tagliato a lamelle, lasciando il tegame sul fuoco ancora per qualche secondo.

Lessate i ravioli in abbondante acqua salata, scolandoli non appena risalgano a galla, e disponeteli nei piatti condendo con la salsa e una spolverata di parmigiano grattugiato.

Per 8-10 persone

Per la pasta:
mezzo chilo di farina di frumento
5 uova
una presa di sale
Per il ripieno:
una coda di bue
una costa di sedano, una carota, una cipolla di medie dimensioni
2 uova
un bicchiere di vino bianco secco
mezz'etto di parmigiano reggiano
olio extravergine di oliva
sale, pepe, noce moscata
Inoltre:
un tartufo nero
parmigiano reggiano
una noce di burro, sale

Tempo di preparazione e cottura: 3 ore

L'irresistibile ascesa del pomodoro

Senza il pomodoro – e tutto ciò che da esso deriva – il mondo sarebbe molto più triste. Tale concetto attraversa le pagine del saggio di David Gentilcore *La purpurea meraviglia* (2010), che ripercorre la fortuna di questo ortaggio in Italia, dalla diffidente e timida accoglienza a metà del Cinquecento alla sua irresistibile ascesa, tanto che oggi il nostro Paese è il primo produttore d'Europa con circa sei milioni di tonnellate di pomodori per l'industria alimentare e un mercato che vale due miliardi di euro.

Ci sono voluti tre secoli per arrivarci, collocando l'adozione del pomodoro come condimento nel Settecento e solo nella seconda metà dell'Ottocento la sua estesa coltivazione per la salsa e il concentrato, di pari passo con la produzione industriale della pasta. Come sempre, sono i ricettari pubblicati e tramandati a dare la misura della diffusione di un alimento. Prima Antonio Latini (1692-94) e Francesco Gaudentio (1705), poi Vincenzo Corrado con il suo *Cuoco galante* (1773) in cui egli presenta diverse ricette di salse per accompagnare uova, carne e pesce, e precisa che i pomodori sono non solo gustosi ma anche benefici per la salute. Intorno al 1813 il medico e agronomo toscano Targioni Tozzetti afferma che i pomodori si coltivano «per tutti gli orti e giardini» e che il loro uso è comunissimo. Così diffusi che ci si poteva permettere di lanciarli agli artisti che recitavano o suonavano male. In questo caso ci si riferisce, ovviamente, a costumi del ceto medio-alto. Furono, invece, le famiglie contadine del Mezzogiorno, la cui dieta era prevalentemente vegetale con il pomodoro a essere cibo ordinario e di sussistenza (Statistica murattiana del 1811), a ingegnarsi per conservare a lungo il rosso frutto dell'estate. Tra i primi, i sardi – forse con la mediazione spagnola – diffondono all'interno dei modesti scambi tra le famiglie rurali i pomodori essiccati al sole (messi in bottiglia con il sale o macinati) e la "conserva nera", una pasta densa e scura ottenuta schiacciando e passando i pomodori, indi stendendoli su vassoi ad asciugare al sole per poi conservarli in rotoli e mattoncini da fare "rinvenire" al momento dell'uso.

Matilde Serao, Giovanni Verga, Carlo Levi soffermano spesso

il loro sguardo sui pomodori appesi alle travi e ai balconi (altro modo di conservarli per l'inverno sottoponendoli a una disidratazione dolce che non ne annulla il sapore "fresco") e, in particolare, sul rito della preparazione della conserva nelle famiglie del Sud, sia in forma di concentrato fatto addensare al sole sia in forma di salsa più fluida da imbottigliare: il metodo della sterilizzazione ideato da Appert si stava intanto diffondendo e offriva l'opportunità di conservare un prodotto più fresco e meno concentrato.

Se gli Stati Uniti e la Gran Bretagna avviarono l'inscatolamento dei pomodori su base industriale a metà Ottocento, in Italia il fenomeno decollò solo nel secolo successivo. In mezzo ci stanno l'estensione delle coltivazioni in altre parti d'Italia (in Emilia Romagna, per esempio), la ricerca di cultivar adatte alla conservazione e, naturalmente, il matrimonio con la pasta. Unione già ufficialmente celebrata nel 1839 quando Ippolito Cavalcanti, precisando che per un buon timpano (timballo) di vermicelli occorre una salsa di pomodoro piuttosto densa, conclude dichiarando che non la descriverà nei particolari perché ormai tutti la sanno fare. Del resto, i napoletani erano già diventati "mangiamaccheroni", passando presto dal condimento a base di cacio alla *pummarola*.

Tra gli anni Ottanta dell'Ottocento e il 1910 si registrò un autentico boom per la lavorazione del pomodoro, grazie anche all'importazione dalla Francia di concentratori sotto vuoto, ognuno dei quali poteva trasformare fino a 1800 litri di polpa di pomodoro in concentrato. Era così incisiva la produzione di conserva nell'economia del Parmense (da vedere il recentissimo Museo del Pomodoro nel comune di Collecchio) che alcune aziende, oltre alla conserva stessa, fabbricavano anche evoluti macchinari per produrla. Coltivazioni intensive della pianta, tecnologie di trasformazione, evoluzione degli imballaggi, cambiamenti di abitudini alimentari e di spesa: tra il 1900 e il 1915 il consumo pro capite di pomodori in Italia arrivò quasi a raddoppiare rispetto a vent'anni prima. Le aziende, intanto, si mobilitavano in più direzioni, creando, oltre al concentrato, la linea dei "pelati" in scatola (i Super pomidori pelati della Cirio, reclamizzati come «pomodori freschi a ogni stagione»), le prime salse pronte (da ricordare il Sugòro della Althea, lanciato da una campagna pubblicitaria realizzata da grafici all'avanguardia), i ricettari per le massaie (ancora la Cirio).

Bypassando i periodi delle due guerre e del fascismo, con l'espansione coloniale, le sanzioni e l'autarchia, conviene riposizionare la linea del tempo del pomodoro negli anni Cinquanta, quando in Italia prende avvio il cosiddetto "miracolo economico". Ma prima è indispensabile precisare quanto siano stati importanti i fenomeni di emigrazione – e poi di immigrazione interna – per la diffusione del pomodoro che, curiosamente, compie un tragitto circolare: arriva dal Nuovo Mondo e, tre secoli dopo, vi ritorna alla grande portandosi dietro precise valenze, non solo alimentari. Scrive l'agronomo Remigio Baldoni nel 1940: «L'italiano costretto a vivere lontano dalla sua terra, in qualsiasi parte del mondo impianti il suo desco, respinge ogni tipo di cucina per instaurare la propria, quella semplice ma gustosa del suo paese. E soprattutto non rinuncia al tradizionale piatto di maccheroni al sugo di pomodoro. Sotto la spinta dei nostri connazionali all'estero è così sorta una fiorente corrente di esportazione dall'Italia che, dal periodo della grande emigrazione in poi, ha raggiunto cifre imponenti. Formaggio, paste alimentari e conserve di pomodoro sono i classici prodotti della nostra industria che hanno varcato oceani e continenti, imponendosi non solo sulle mense degli italiani, ma anche su quelle dei paesi ospitanti». Nelle famiglie delle numerose Little Italy se si può si prepara in casa la conserva, più spesso si fa ricorso al pomodoro in scatola ma non si rinuncia al *sunday dinner*, esaltato dal profumo del sugo che cuoce. Sugo che sempre più largamente è il *gravy*, un ibrido, anche linguistico, che prende avvio dal ragù tradizionale napoletano già codificato in Italia da Artusi come "il" condimento dei maccheroni alla napoletana: ricca combinazione, cotta a fuoco lento, di carni e di aromi legati dalla conserva di pomodoro. Poi vennero, come propri soprattutto della ristorazione ibrida italoamericana, gli *spaghetti and meatballs* (spaghetti con polpette di carne e salsa di pomodoro), che Lilli e il Vagabondo mangiano amorevolmente nello stesso piatto nella celebre produzione disneyana del 1955.

Tornando all'Italia postbellica, ecco alcuni dati sull'incremento dell'industria del pomodoro: tra il 1957 e il 1967 la produzione aumenta del 75%, molto più di qualunque altra produzione agricola, e il grosso di tale produzione è avviato alla trasformazione. Se nel 1957 le aree destinate alla coltivazione toccavano i 110 000 ettari, arrivarono a 130 000 nel 1967 e raggiunsero, dopo la lieve flessione degli anni Settanta, i 145 000 ettari del 1984. Politica delle sovvenzioni, ottimo trend delle esportazioni, buoni guadagni da reinvestire, ibridi moderni messi a punto dalle aziende agroalimentari americane (e il pomodoro riattraversa l'Atlantico) che sembrano garantire migliori rese, sono gli elementi che disegnano lo scenario più recente. Ma anche la ricerca sui pomodori transgenici (già prodotti ma rifiutati dall'opinione pubblica di molti Paesi), i paradossi dei pomodori italiani lasciati marcire nei campi perché giudicata non conveniente la raccolta e, nello stesso tempo, l'importazione di 150 000 tonnellate di concentrato di pomodoro dalla Cina (l'essere rilavorato e confezionato in Italia permetteva, prima del 2006, di apporre la dicitura "made in Italy"). Ancora: il business ipercompetitivo della coltivazione del pomodoro basato su raccoglitori – molti dei quali immigrati africani – quasi schiavizzati dai "caporali", il fallimento della storica ditta Cirio, i pomodori "moderni" che non sanno di nulla e sono pieni d'acqua... Note preoccupanti, alcune delle quali dettate non solo dalla nostalgia. Ma intanto associazioni di consumatori e di coltivatori, intellettuali e movimenti d'opinione, sindaci e consigli regionali promuovono la tutela di varietà storiche e autoctone. E Gérard Depardieu, testimonial del rilancio del brand della Cirio rilevata da altra compagnia, cuoce e porta in tavola un piattone di pasta al pomodoro: «tengo cuore italiano», e ci si gonfia ancora di orgoglio.

Ravioli di coniglio con ragù di asparagi

Ristorante Rosso Rubino, Dronero (Cuneo)

Per 10 persone

Per la pasta:
mezzo chilo di farina di
frumento tipo 00
3 uova intere e 8 tuorli
10 g di olio extravergine di
oliva, 5 g di sale
Per il ripieno:
4 etti di polpa di coniglio
2 etti di cipolle bianche, un
etto di bietole, un etto di
spinaci
6 uova
mezz'etto di grana padano
olio extravergine di oliva
sale, noce moscata
Per il condimento:
mezzo chilo di asparagi, un
ciuffetto di erba cipollina
2 etti di burro, sale

*Tempo di preparazione e
cottura:* 2 ore

Pulite e lavate le bietole e gli spinaci, sbollentateli in acqua salata, raffreddateli e strizzateli bene; sbucciate e affettate a filetti sottili le cipolle, tagliate la polpa di coniglio a pezzettoni.

Rosolate in olio extravergine le cipolle, aggiungete il coniglio e cuocete a fiamma viva per una decina di minuti, regolando di sale; togliete dal fuoco, fate raffreddare e passate nel tritacarne a maglia fine con le biete e gli spinaci. Amalgamate, quindi, il composto con le uova battute, il grana grattugiato e un pizzico di noce moscata.

Per la pasta disponete la farina a fontana sulla spianatoia, unite le uova intere e i tuorli, l'extravergine, il sale e lavorate energicamente fino a ottenere un composto omogeneo, che lascerete riposare in frigorifero per una mezz'ora. Nel frattempo dedicatevi al condimento. Mondate gli asparagi e cuoceteli in acqua bollente salata. Fateli raffreddare e tagliateli a rondelle.

Riprendete in mano l'impasto, tirate una sfoglia sottilissima e ricavatene strisce larghe cinque o sei centimetri. Adagiate delle palline di ripieno sulla pasta, richiudete e ritagliate i ravioli con la rotella dentata.

Cuocete i ravioli in acqua bollente salata e intanto fate spumeggiare in un tegame capiente il burro; unite gli asparagi e aggiustare di sale. Scolate i ravioli al dente, trasferiteli nel tegame con il condimento e, prima di servire, insaporite con l'erba cipollina spezzettata.

Roberto Eandi, patron di Rosso Rubino, dice che i suoi ravioli sono ottimi anche conditi con il sugo di coniglio o con una semplicissima salsa di pomodoro aromatizzata con la maggiorana.

Ravioli di favette con fonduta di pecorino

Ristorante La Scuderia, Genzano di Roma (Roma)

Su una spianatoia mescolate la semola con la farina di frumento, aggiungete l'uovo, i tuorli, un pizzico di sale e l'olio, impastando energicamente fino a ottenere una massa soda ed elastica; avvolgetela in un foglio di pellicola e lasciate riposare.

Sbianchite le favette già sgranate e sbucciate tuffandole in acqua bollente leggermente salata per due o tre minuti, poi scolatele e immergetele in acqua e ghiaccio per fissare il colore verde acceso. Tenetene da parte circa un etto e fate saltare in padella le altre in un filo di olio per pochi minuti, aggiungendo il guanciale e il cipollotto sminuzzati, sale e pepe.

Tirate la sfoglia con l'aiuto di un matterello – o dell'apposita macchina – a uno spessore di un millimetro e mezzo e ritagliate quadrati non molto grandi, ottenendo circa 30 ravioli; farcitene una metà con un cucchiaino di ripieno e richiudeteli con altra pasta sigillando bene i bordi; allargateli e lasciateli asciugare per qualche minuto.

Preparate la fonduta portando metà del latte alla temperatura di 60-70°C, versate a pioggia il pecorino, il parmigiano e la scorza di limone grattugiati e mescolate con una frusta in modo che gli ingredienti si amalgamino senza formare grumi; aggiungete a filo il resto del latte e lasciate sul fuoco fino a ottenere la consistenza desiderata.

Lessate i ravioli in acqua leggermente salata, scolateli dopo pochi minuti (ne occorreranno quattro o cinque) e disponeteli nei piatti cospargendoli con la fonduta e ultimando con le favette tenute da parte e una macinata di pepe.

Per 4-6 persone

Per la pasta:
120 g di semola rimacinata di grano duro, 120 g di farina di frumento tipo 00
un uovo e 3 tuorli
un cucchiaino di olio extravergine di oliva
una presa di sale
Per il ripieno:
6 etti di fave sgusciate
mezzo cipollotto
una fetta di guanciale
olio extravergine di oliva
sale, pepe
Per il condimento:
mezzo litro di latte
mezz'etto di pecorino romano, mezz'etto di parmigiano reggiano
mezzo limone
Inoltre:
sale, pepe nero in grani

Tempo di preparazione e cottura: un'ora e mezza

Ravioli di formaggio

Ristorante Santa Rughe, Gavoi (Nuoro)

Per 5 persone

Per la pasta:
3 etti di semola di grano duro
un uovo
un pizzico di sale
Per il ripieno:
2 etti di pecorino acidulo
semola di grano duro

Tempo di preparazione e cottura: un'ora e 45 minuti, più il riposo

Lasciate maturare il formaggio per un paio di giorni nel suo siero in modo che diventi leggermente acidulo, poi tagliatelo a pezzetti e fatelo sciogliere in una padella a fuoco dolce mescolando in continuazione finché non sia diventato una massa omogenea e compatta. Durante questa fase aggiungete un po' di semola, sufficiente ad assorbire parte del siero che il pecorino rilascerà durante la cottura. Spegnete la fiamma, versate il formaggio su un piano di marmo e, mantenendo sempre le mani bagnate, stendete la massa fino a formare una mattonella di circa un centimetro di spessore. Lasciate raffreddare, ritagliate quadratini di quattro centimetri di lato e metteteli da parte.

Dedicatevi alla preparazione della pasta: su una spianatoia impastate la semola con l'uovo, aggiungendo un pizzico di sale e l'acqua necessaria a ottenere un composto liscio ed elastico che lascierete riposare brevemente. Dividete la massa in due parti e stendete due sfoglie sottili (circa un millimetro e mezzo di spessore); disponete sulla prima i pezzetti di formaggio ben distanziati fra loro, in modo da ottenere ravioli di sei centimetri di lato. Ricoprite con la seconda sfoglia e picchiettate i margini per fare aderire la pasta e fare fuoriuscire l'aria, poi ritagliate con la rotella dentata.

Questo tipo di pasta si abbina bene a condimenti dal sapore spiccato; la signora Marinella, cuoca del Santa Rughe, li propone con un ragù di cinghiale.

Il pecorino fresco inacidito è un ingrediente molto diffuso nella cucina sarda, ma non è facile capire quando l'inacidimento sia al punto giusto e temporeggiare troppo può significare dover gettare via tutto. Il tempo consigliato per ottenere un buon risultato è, di norma, un paio di giorni, ma molto dipende dalla temperatura e dalla fattura della materia prima. È possibile però fare un piccolo esperimento suggerito dall'esperienza: trascorso qualche tempo, provate a riscaldare un pezzetto sulla fiamma, se sciogliendosi fila è pronto.

Ravioli di galletto al rosmarino

Trattoria Salvetti, Paroldo (Cuneo)

Soffriggete in un tegame con tre cucchiai di olio extravergine i gusti – cipolla, carota, gambo di sedano, mazzetto aromatico – tritati o a tocchetti e unite il galletto intero; salate e portatelo a cottura girandolo ogni tanto e aggiungendo a poco a poco il vino e il brodo.

Dopo circa un'ora, togliete il galletto dal tegame e mentre si raffredda dedicatevi alla pasta. Versate la farina sulla spianatoia e lavoratela con le uova battute, l'olio e un pizzico di sale fino a ottenere una massa soda e piuttosto compatta, che lascerete riposare mezz'ora.

Riprendete in mano il galletto e, una volta disossato, tritatelo assieme ai gusti; amalgamate quindi il composto ottenuto con le uova e una manciata di parmigiano reggiano grattugiato.

Stendete la pasta con il matterello, tirate una sfoglia sottile e tagliatela in strisce larghe una decina di centimetri. Disponete il ripieno a mucchietti distanziati tre centimetri, ripiegate la sfoglia e tagliate i ravioli con l'apposita rotella. Cuoceteli in abbondante acqua salata per un paio di minuti. Scolate e fate saltare in padella la pasta con il burro fuso e il rosmarino, che può essere sostituito, volendo, con nocciole tostate e tritate. Spolverate con parmigiano grattugiato e portate in tavola.

A Paroldo, «il paese delle masche» (streghe), nell'alta Langa cebana, la famiglia Salvetti bagna il ripieno di questi eccellenti ravioli con l'Arneis, vino bianco secco prodotto con uve del vitigno omonimo nel Roero, sulla sponda sinistra del Tanaro. Di colore giallo paglierino con riflessi ambrati, profumo fruttato, sapore leggermente amarognolo ed erbaceo, è spesso servito come aperitivo.

Per 10 persone

Per la pasta:
mezzo chilo di farina di frumento
6 uova
un cucchiaio di olio extravergine di oliva
una presa di sale

Per il ripieno:
un galletto nostrano di media grandezza
una cipolla, una carota, un gambo di sedano, un mazzetto di alloro, rosmarino, salvia
2 uova
brodo di carne
mezzo bicchiere di Roero Arneis
parmigiano reggiano
olio extravergine di oliva, sale

Per il condimento:
rosmarino (o 2 etti di nocciole tostate)
parmigiano reggiano
burro, sale

Tempo di preparazione e cottura: 2 ore e mezza

Ravioli di orapi e ricotta

Ristorante Plistia, Pescasseroli (L'Aquila)

Per 6 persone

Per la pasta:
6 etti di farina di frumento
6 uova
un cucchiaio di olio
extravergine di oliva, sale
Per il ripieno:
un chilo e mezzo di orapi
(spinaci selvatici)
2 uova
mezzo chilo di ricotta,
parmigiano reggiano (o altro
formaggio da grattugia)
sale, pepe, noce moscata
Per il condimento:
2 cucchiaiate di funghi
trifolati
alcune foglie di salvia
parmigiano reggiano
burro, sale

*Tempo di preparazione e
cottura:* un'ora, più il riposo

Disponete la farina a fontana sulla spianatoia. Aggiungete un pizzico di sale, l'olio extravergine di oliva, le uova e lavorate energicamente l'impasto per 15 minuti. Lasciatelo riposare per circa mezz'ora, quindi tirate una sfoglia non troppo sottile e dividetela in due.

Mondate, lavate e lessate in acqua non troppo salata gli orapi (in alternativa si possono usare anche i comuni spinaci). A cottura ultimata scolateli, fateli raffreddare e strizzateli. Dopo averli tritati con la mezzaluna o nel mixer, poneteli in una terrina e amalgamateli con le uova, la ricotta, un cucchiaio di parmigiano reggiano (o altro formaggio) grattugiato e un pizzico di noce moscata, fino a ottenere un composto omogeneo. Regolate di sale e pepe.

Disponete il ripieno a mucchietti su una delle due sfoglie e sovrapponetevi l'altra. Schiacciate con le dita attorno al ripieno, dando ai ravioli una forma quadrata, e tagliateli con un coltello o con la rotella.

Lessate la pasta in abbondante acqua salata e condite con burro fuso, salvia, parmigiano grattugiato e un po' di funghi trifolati.

In Abruzzo gli spinaci selvatici (orap') si cucinano tradizionalmente cac' e ove, *con formaggio e uova, un abbinamento che di solito accompagna la carne ovina ma che non è insueto trovare con cicoriette o altre verdure spontanee. Puliti e lavati, gli orapi vanno lessati in acqua salata, scolati e strizzati. Poi si friggono in padella con olio extravergine di oliva e spicchi d'aglio (tritati oppure, se interi, da eliminare). Si aggiungono uova battute amalgamate con formaggio grattugiato e, mescolando, si cuoce ancora per un paio di minuti.*

Ravioli di patate ed erbe

Trattoria Il Borgo, Ormea (Cuneo)

Pulite il porro e tritatelo. Fatelo rosolare con poco olio, aggiungete il latte e cuocete a fuoco lento per mezz'ora. A fine cottura aggiungete la crema di latte e regolate di sale e pepe.

Mentre il sugo di porri sta cuocendo, pelate le patate e fatele bollire, pulite le erbette e lessatele a vapore. A cottura ultimata, schiacciate le patate e trasferitele in una terrina, aggiungendo le erbette tritate finemente, il sugo di porri e due cucchiai di parmigiano grattugiato. Mescolate bene in modo da amalgamare il composto.

Per la pasta lavorate la farina con le uova e, se necessario, un po' d'acqua tiepida. Stendetela sottile sul piano di lavoro, sistemate sulla sfoglia i mucchietti di ripieno e ripiegatela. Fate aderire con le mani la pasta intorno alla farcia e tagliate i ravioli con la rotella dentata.

Lessateli in acqua bollente salata, scolateli e conditeli con burro fuso e rosmarino.

Patate, latte, castagne: questa la triade che dall'inizio dell'Ottocento – caduta la preclusione verso i tuberi grazie soprattutto a un seguace cuneese di Parmentier, l'avvocato, agronomo e filantropo Giovanni Vincenzo Virginio – ha sfamato generazioni di montanari tra Piemonte e Liguria. L'alta valle del Tanaro è tuttora nota per l'abbondanza e l'ottima qualità delle sue patate, alle quali Il Borgo dedica talvolta interi menù. A Ormea, che con Garessio è il centro principale del versante piemontese, si chiama cin *il ripieno di questi ravioli o* tortei *che – osservano Elma Schena e Adriano Ravera, studiosi di gastronomia – in passato si mangiavano, da Pasqua in poi, fritti in olio o abbrustoliti sulla piastra e spolverizzati di zucchero.*

Per 4 persone

Per la sfoglia:
3 etti e mezzo di farina di frumento tipo 00
4 uova
Per il ripieno:
un chilo di patate bianche di montagna
mezzo chilo di erbette (ortiche, spinaci selvatici), un porro
un litro di latte, un bicchiere di crema di latte (o panna)
parmigiano reggiano
olio extravergine di oliva, sale, pepe
Per la cottura e il condimento:
un rametto di rosmarino
burro, sale

Tempo di preparazione e cottura: 2 ore

Ravioli di pesce di lago con gamberi

Trattoria Santo Stefano, Lenno (Como)

Per 4 persone

Per la pasta:
4 etti di farina di frumento
un pizzico di sale
Per il ripieno:
4 filetti di pesce persico, 2
filetti di lavarello, 2 filetti di
agone
una piccola cipolla, un
rametto di timo, un ciuffetto
di prezzemolo
mezz'etto di pane (o di
grissini)
olio extravergine di oliva, sale
Per il condimento:
2-3 etti di gamberi di fiume
2-3 etti di radicchio, una
piccola cipolla
olio extravergine di oliva, sale

*Tempo di preparazione e
cottura:* 2 ore, più il riposo

Versate la farina sulla spianatoia e impastatela con poca acqua e un pizzico di sale, in modo da ottenere una massa soda e piuttosto compatta. Lasciate riposare mezz'ora.

Nel frattempo dedicatevi al ripieno, iniziando con un leggero soffritto di cipolla in cui farete rosolare i filetti di persico, lavarello e agone tagliati a dadini – se non disponete di tutte le tipologie, potete utilizzarne anche una sola – con il timo (meglio se selvatico). A doratura, regolate di sale, togliete il pesce dal tegame e fatelo raffreddare.

Lavate bene il radicchio, asciugatelo, tagliatelo finemente e soffriggetelo con la cipolla tritata, aggiungendo, a fine rosolatura, i gamberi di fiume (potete utilizzare quelli di allevamento o in salamoia).

Stendete la pasta in sfoglie non troppo sottili e ricavatene strisce, su cui metterete il ripieno – preparato con il pesce passato nel mixer e mescolato con il pane o i grissini grattugiati e una parte del prezzemolo tritato – a mucchietti distanziati due o tre centimetri. Coprite con le restanti sfoglie e servendovi di un tagliapasta (o di un piccolo bicchiere rovesciato) confezionate i ravioli, chiudendo con una leggera pressione delle dita tutto intorno al ripieno.

Cuocete in abbondante acqua salata, scolate e condite con i gamberi e il radicchio, spolverando con prezzemolo tritato.

Ravioli di pesce e asparagi con bottarga

Ristorante Didù, Imperia

Per preparare la sfoglia, mettete tutti gli ingredienti in un recipiente, diluite con un po' di acqua tiepida e amalgamate bene, inizialmente con una forchetta, poi con le mani finché otterrete una sfera piuttosto consistente. L'impasto deve quindi riposare per almeno mezz'ora.

Nel frattempo affettate sottilmente le verdure, pulite il pesce, diliscatelo e tagliatelo a pezzetti. Cuocete quindi pesce e verdure in una padella con un po' di olio fino a quando il composto sarà ben asciutto, quasi caramellizzato. Spegnete il fuoco e fate raffreddare. Aggiungete le uova, l'erba cipollina tritata, un po' di olio, un pizzico di sale e pepe, quindi frullate il tutto.

Dalla pasta tirate due sfoglie sottili. Sulla prima disponete cucchiaini di ripieno a distanza regolare, sovrapponete la seconda, quindi tagliate con l'apposita rotella ottenendo i ravioli. Sigillate i bordi con le dita cercando di togliere l'aria all'interno.

In una padella con un po' d'olio mettete i pomodorini tagliati a fettine con il prezzemolo tritato e un pizzico di sale. Lessate i ravioli in acqua salata e, appena cotti, saltateli con il condimento in padella. Servite spolverizzando con poca bottarga e un filo di olio extravergine a crudo.

Quando la breve stagione primaverile degli asparagi è finita, Gianna Greco, cuoca e patronne del Didù, li sostituisce con le zucchine trombetta, varietà tipica dell'estremo Ponente ligure, diffusa soprattutto nell'entroterra imperiese delle valli Argentina e Armea.

Per 6 persone

Per la pasta:
mezzo chilo di farina di frumento
3 uova
olio extravergine di oliva, sale

Per il ripieno:
6 etti di pesce (sarago, suro, ricciola)
4 etti di asparagi, 2 porri (o cipollotti), qualche foglia di insalata, un ciuffetto di erba cipollina
2 uova
olio extravergine di oliva
sale, pepe

Per il condimento:
12 pomodorini, un ciuffetto di prezzemolo
bottarga di cefalo
olio extravergine di oliva, sale

Tempo di preparazione e cottura: un'ora e mezza più il riposo

Ravioli di ricciola con sugo di lupini

Ristorante Sirio, Formia (Latina)

Per 4 persone

Per la pasta:
4 etti di farina di frumento
10 uova
olio extravergine di oliva, sale
Per il ripieno:
4 etti di polpa di ricciola
3 etti e mezzo di borragine,
mezz'etto di prezzemolo, uno
spicchio di aglio
mezzo bicchiere di vino
bianco secco
mezz'etto di parmigiano
reggiano
olio extravergine di oliva, sale
Per il condimento:
un chilo e 2 etti di lupini
(vongole grigie)
2 spicchi di aglio, un ciuffetto
di prezzemolo
4 cucchiai di passata di
pomodoro
olio extravergine di oliva, sale

*Tempo di preparazione e
cottura:* un'ora, più lo spurgo
dei molluschi

Mettete le vongole a spurgare in acqua salata per un paio di ore.

Lavorate la farina con le uova, due cucchiai di olio e un po' di sale fino a ottenere un impasto non troppo morbido. Stiratelo col matterello e ricavatene dei quadratini.

In un tegame fate rosolare in extravergine lo spicchio di aglio tritato. Unite la polpa di pesce e regolate di sale. Dopo qualche minuto aggiungete il prezzemolo e la borragine pulita e lavata. Fate amalgamare gli ingredienti, toglieteli dal tegame e tritateli con un coltello. Aggiungete il parmigiano grattugiato e mescolate bene. Distribuite il composto sui pezzi di pasta e chiudeteli a fagottino.

Per il sugo, lavate le vongole in acqua corrente e sbollentatele in un tegame per farle aprire. Estraete dalle conchiglie i molluschi, filtrando il liquido che avranno emesso.

In un altro tegame soffriggete in olio extravergine l'aglio tritato. Quando imbiondisce aggiungete il prezzemolo e i lupini. Cuocete per qualche minuto e unite un po' dell'acqua delle vongole e la salsa di pomodoro. Regolate di sale e portate a bollore.

In contemporanea avrete lessato la pasta in acqua bollente salata. Scolatela al dente e fatela saltare nella padella del sugo finché il tutto sarà ben amalgamato.

La ricciola, carangide marino dalle carni sode e compatte, di sapore delicato, può sostituire in molti piatti la più nota – e cara – spigola.

Ravioli di ricotta al sugo di maiale

Trattoria del Crocifisso da Baglieri, Noto (Siracusa)

Impastate energicamente gli sfarinati con i tuorli e circa mezzo bicchiere d'acqua (o comunque quanta ne serve per rendere l'impasto omogeneo). Coprite con pellicola e lasciate riposare in frigorifero per almeno 40 minuti.

Nel frattempo preparate il ripieno incorporando l'uovo alla ricotta e aggiustando di sale e pepe.

Togliete l'impasto dal frigo e, con il matterello o con l'apposita macchina, stendete due sfoglie sottili. Su una ponete, a distanza regolare, mucchietti di ripieno. Coprite con la seconda sfoglia e ritagliate i ravioli con la rotella o con gli stampi quadrati da pasta, avendo cura di chiudere bene lungo i bordi.

Preparate in una casseruola capiente un soffritto di cipolla, con un pizzico di peperoncino e un cucchiaino di granelli di finocchietto. Fate imbiondire leggermente e aggiungete il concentrato di pomodoro; schiacciate con una forchetta e diluite con acqua finché non si sia sciolto del tutto. Incoperchiate e portate a ebollizione. Se è il caso, aggiungete ancora acqua.

Soffriggete a parte, in poco olio, la pancetta tagliata a tocchetti. Aggiungetela al sugo quando questo inizia a bollire. Abbassate la fiamma e continuate la cottura a fuoco lento fino a una giusta densità; assaggiate e, se è il caso, regolate di sale.

Lessate i ravioli in acqua salata per due minuti, scolateli e conditeli con il sugo.

Per 4 persone

Per la pasta:
un etto e mezzo di semola di grano duro, mezz'etto di farina di frumento tipo 00
4 tuorli d'uovo
Per il ripieno:
3 etti e mezzo di ricotta
un uovo
sale, pepe nero
Per il condimento:
3 etti di pancetta
una cipolla
un etto di concentrato di pomodoro
olio extravergine di oliva
sale, granelli di finocchio selvatico, peperoncino in polvere

Tempo di preparazione e cottura: un'ora, più il riposo

Ravioli di ricotta di capra e more di rovo

Ristorante Paolo Perella, Villasalto (Cagliari)

Per 6 persone

Per la pasta:
2 etti di farina di frumento,
2 etti di semola di grano duro
2 uova
una presa di sale
Per il ripieno:
2 etti di ricotta di capra
un etto di spinaci
un etto di more di rovo
una presa di sale
Per il condimento:
4 etti di pomodori maturi
2 spicchi di aglio, mezza
cipolla, 5-6 foglie di basilico
olio extravergine di oliva, sale

*Tempo di preparazione e
cottura:* un'ora e mezza

Lavate e mondate gli spinaci, poi sbollentateli in una pentola di acqua leggermente salata; scolateli e asciugateli con cura.

Sulla spianatoia mescolate e disponete a fontana la farina e la semola. Mettete al centro le uova, poco sale e lavorate fino a ottenere una consistenza soda ed elastica. Lasciate riposare la pasta, coperta con un canovaccio, per qualche minuto e occupatevi del ripieno.

In una terrina, lavorate la ricotta – sgrondata dal siero – con le more e gli spinaci tritati. Aggiungete un pizzico di sale e amalgamate fino a ottenere un composto omogeneo che metterete da parte.

Stendete la pasta con il matterello ricavando una sfoglia di un paio di millimetri di spessore. Con l'aiuto di un cucchiaino, adagiate il ripieno a mucchietti disposti a file su una metà della pasta, richiudendola poi con la parte lasciata vuota. Premete bene sui bordi, in modo da sigillare il ripieno, e ritagliate i ravioli con la rotella dentata, schiacciando i margini con i rebbi di una forchetta.

Tagliate i pomodori a pezzetti e fateli cuocere a fuoco dolce in una padella con olio, una presa di sale, la mezza cipolla e l'aglio tritati. Quando il sugo comincerà ad asciugare, aggiungete il basilico; continuate la cottura per qualche minuto e spegnete la fiamma. Passate il composto al mixer ottenendo una crema di media densità e tenetela in caldo. Lessate i ravioli in abbondante acqua salata finché non salgano a galla – ci vorranno un paio di minuti –, scolateli e serviteli con il condimento, guarnendo i piatti, se volete, con foglie di basilico.

Ravioli di ricotta e carciofi allo zafferano

Ristorante Pervoglia, Castelbasso di Castellalto (Teramo)

Mettete in infusione gli stimmi di zafferano in una tazzina di acqua molto calda per almeno mezz'ora. Nel frattempo preparate la pasta per la sfoglia con la farina, il sale e le uova. Mentre l'impasto riposa, pulite e lavate i carciofi in acqua acidulata con succo di limone, divideteli a spicchi e trifolateli in olio con l'aglio e il prezzemolo tritato; salate moderatamente. A cottura ultimata, sminuzzateli e fateli raffreddare.

Setacciate la ricotta, amalgamatevi i tuorli d'uovo, il parmigiano, una grattugiata di noce moscata, un pizzico di maggiorana, sale e pepe; unite i carciofi e mescolate bene il tutto.

Stendete ora con l'impasto una sfoglia sottile, dividetela in strisce e posizionate noci di composto a distanza regolare; piegate, schiacciate i bordi e ritagliate, ricavando ravioli quadrati di circa tre centimetri di lato.

Mentre scalda l'acqua per la cottura dei ravioli (che scolerete non appena risalgano a galla), sciogliete in una padella il burro, aggiungete l'olio extravergine e l'acqua dell'infusione dello zafferano; calate i ravioli e tirateli sul fuoco nel condimento, servendo parmigiano grattugiano a parte.

Con la dicitura zafferano dell'Aquila, in Abruzzo la pianta erbacea del Crocus sativus – coltivata per oltre il 95% del totale nazionale sull'altopiano carsico di Navelli – è un prodotto a denominazione di origine protetta. Le sostanze aromatiche (e coloranti) si trovano negli stimmi, che è preferibile acquistare interi anziché ridotti in polvere. Il prezzo alto è giustificato dal fatto che la raccolta può essere solo manuale e che per avere un grammo di prodotto occorrono 120 fiori, ognuno dei quali porta tre stimmi.

Per 4 persone

Per la pasta:
4 etti di farina di frumento tipo 00
4 uova
un pizzico di sale
Per il ripieno e il condimento:
6 etti di ricotta mista (vaccina e ovina)
4 carciofi, uno spicchio di aglio, un ciuffo di prezzemolo
mezzo limone
2 tuorli d'uovo
mezz'etto di parmigiano reggiano
40 g di burro, 2 cucchiai di olio extravergine di oliva
sale, pepe, maggiorana, noce moscata, 20 stimmi di zafferano
Inoltre:
parmigiano reggiano

Tempo di preparazione e cottura: un'ora, più l'infusione dello zafferano e il riposo

Ravioli di savetta

Ristorante Silvio, Loppia di Bellagio (Como)

Per 8-10 persone

Per la pasta:
mezzo chilo di farina di
frumento tipo 00, mezzo chilo
di semola di grano duro
10 uova
Per il ripieno:
2 savette di 7-8 etti l'una
alcune foglie di salvia
un limone
parmigiano reggiano
sale, pepe, noce moscata
Per il condimento:
un ciuffo di salvia
burro, sale

*Tempo di preparazione e
cottura:* un'ora e un quarto, più
il riposo

Pulite le savette, lavatele e lessatele in acqua salata e aromatizzata con le foglie di salvia: sarà sufficiente una decina di minuti da quando l'acqua prende a bollire. Spegnete il fuoco e lasciate raffreddare il pesce nel liquido.
Setacciate la polpa dei pesci e conditela con il parmigiano grattugiato, la noce moscata, la scorza di limone tritata, il pepe.
Preparate la pasta, lavorando energicamente gli sfarinati con le uova, e lasciatela riposare per qualche ora. Ricavatene, quindi, una sfoglia sottile e, con la farcia preparata, confezionate i ravioli.
Lessateli in acqua bollente salata per pochi minuti, scolateli e saltateli in padella con burro e salvia.

La savetta (Chondrostoma soetta) è un ciprinide di acqua dolce, diffuso soprattutto in Piemonte e Lombardia, che ha carne di discrete qualità organolettiche, purtroppo costellata di lische. Come il barbo, il cavedano, la lasca, il carassio, il vairone, oltre a entrare nel ripieno dei ravioli, come in questo caso, la savetta si frigge dopo averla infarinata, si arrostisce in forno con pangrattato e aromi o si conserva marinata in aceto e salvia.

Ravioli di scarola al vino cotto

Trattoria Il Focolare, Barano d'Ischia (Napoli)

Come prima cosa, preparate il vino cotto. Mettete sul fuoco il vino, aggiungete lo zucchero e, in una ventina di minuti, fatelo ridurre da dieci a uno; tenetelo da parte.
Occupatevi della pasta, amalgamando sulla spianatoia la semola con le uova e un pizzico di sale. Lavorate bene l'impasto, quindi lasciatelo riposare per mezz'ora avvolto in pellicola.
Nel frattempo preparate il ripieno. Soffriggete leggermente in olio caldo l'aglio, aggiungete la scarola – lavata, scolata e tagliata a pezzettoni –, i capperi ben dissalati e le olive snocciolate; fate stufare per mezz'ora. Scolate il composto e, una volta raffreddato, passatelo nel tritacarne insieme ai pinoli e all'uva passa, fatta rinvenire in acqua tiepida e strizzata. Aggiustate, se necessario, di sale.
Dall'impasto tirate una sfoglia sottile e dividetela in strisce su metà delle quali disporrete grosse nocciole di ripieno opportunamente distanziate; ripiegate, premete con le dita negli interstizi e con la rotella ritagliate classici ravioli quadrangolari. Se preferite, ricavate dalla pasta dei quadrati, farciteli e ripiegate a triangolo saldando bene i bordi. Tuffate i ravioli in acqua bollente salata, cuoceteli a vostro gusto, scolateli e conditeli, in una zuppiera calda, con il vino cotto riscaldato, il parmigiano grattugiato e i gherigli di noce spezzettati.

Frutto della creatività di Agostino e Francesco, i giovani chef di casa D'Ambra, la ricetta affonda le radici nella tradizione gastonomica ischitana e, nello specifico, nella pizza di scarola che sull'isola, con una particolarità assente nella analoga ricetta napoletana, prevede anche un goccio di vino cotto: specialità tradizionale di Ischia, è usato sia per ricette dolci sia per ricette salate, una su tutte il baccalà nel vino cotto. Scarole, olive, capperi e uvetta dentro i ravioli, il vino cotto fuori, a fare da condimento. I cuochi consigliano, per questa preparazione, di partire da un vino rosso già pronto anziché dal mosto, per stemperare l'acidulo che il vino cotto tradizionale conserva.

Per 5-6 persone

Per la pasta:
mezzo chilo di semola di grano duro
5 uova
un pizzico di sale
Per il ripieno:
3 grossi ceppi di indivia scarola, 2 spicchi di aglio
un etto di olive nere di Gaeta, un etto di capperi sotto sale
un etto di pinoli, mezz'etto di uvetta sultanina
olio extravergine di oliva, sale
Per il vino cotto:
un dl di vino rosso di buona struttura
10 g di zucchero
Inoltre:
5-6 gherigli di noce
mezz'etto di parmigiano reggiano

Tempo di preparazione e cottura: 2 ore

Ravioli di spinaci

Nereo Pederzolli, Stravino di Cavedine (Trento)

Per 6 persone

Per la pasta:
3 etti di farina di frumento,
3 etti di farina di frumento
integrale (o di farina di segale)
3 uova
olio extravergine di oliva, sale
Per il ripieno:
8 etti di spinaci, una cipolla
farina di frumento
2 bicchieri di latte
2 cucchiai di trentingrana
40 g di burro
sale, pepe, noce moscata
*Per la confezione e il
condimento:*
un albume d'uovo
un ciuffo di prezzemolo
(facoltativo)
2 manciate di trentingrana
grattugiato
2 noci di burro, sale

*Tempo di preparazione e
cottura:* un'ora e mezza

Amalgamate le due farine e mescolatele con uova, sale, un cucchiaio di olio e acqua tiepida. Lasciate riposare l'impasto per almeno un'ora.

Nel frattempo lavorate gli spinaci: cuoceteli velocemente in poca acqua salata, poi strizzateli bene e fate riposare brevemente anche questi.

In un tegame soffriggete nel burro la cipolla, quindi versate gli spinaci. Aromatizzate con sale, pepe, noce moscata e formaggio grattugiato, bagnate con latte tiepido, spolverate con la farina e mescolate fino a quando il composto non si addensi.

Fate raffreddare e tornate alla preparazione della pasta: tirate una sfoglia molto sottile ma consistente e, con un bicchiere capovolto, ricavate dischi del diametro di circa 10 centimetri. Disponete al centro di ciascuno un cucchiaino di ripieno e richiudete a mezzaluna avendo cura di premere con le dita sul bordo curvo, sigillando il più possibile (per garantire la tenuta è meglio pennellare con albume sbattuto).

Lessate i ravioli in acqua salata bollente per almeno cinque minuti, scolateli e versateli in un tegame dove avrete sciolto il burro. Impiattate e spolverate con trentingrana e, se volete, con prezzemolo tritato.

Sulle Dolomiti queste mezzelune ripiene assumono vari nomi, dal più comune e italico ravioli a schlutzer, *dialettale forse connesso a termini tedeschi che significano scivoloso; nelle vallate dove l'influenza germanofona è forte, questa pietanza è chiamata* schlutzkrapfen *(ricetta a pag. 378). Molte le varianti, che riguardano sia il ripieno sia la sfoglia. In certe vallate la pasta è fatta senza uova, in altre solo con farina di grano tenero, in altre ancora si aggiungono patate. Ma è soprattutto il ripieno che scandisce le diversità e può comprendere, secondo le zone, cervello di vitello, speck, funghi, selvaggina, barbabietole, radicchio rosso, verdure selvatiche, erbette di campo, formaggi o ricotta: in quest'ultimo caso, il condimento finale prevede abbondante burro fuso oppure una salsa di formaggio, meglio se puzzone di Moena.*

Ravioli di zucca alla saba

Ristorante Il Cantacucco, Missano di Zocca (Modena)

Sbucciate la zucca, tagliatela a pezzi e cuocetela in forno per una ventina di minuti, finché non risulti tenera. Lasciatela intiepidire e schiacciatela, ottenendo una purea.

Su una spianatoia impastate la farina con le uova fino ad avere un composto sodo ed elastico; copritelo e fatelo riposare per qualche tempo.

Nel frattempo versate la zucca in una ciotola, aggiungete il pangrattato, il parmigiano grattugiato, sale e noce moscata; amalgamate con cura e mettete da parte.

Stendete la pasta in una sfoglia sottile (un millimetro e mezzo di spessore), tagliatela a metà e, aiutandovi con un cucchiaino, distribuite su una parte mucchietti equidistanti di ripieno. Coprite con la sfoglia avanzata e, premendo lungo i margini per fare uscire l'aria, ritagliate dei ravioli quadrati; allargateli sul piano di lavoro e fateli asciugare brevemente.

Lessate la pasta in acqua salata, scolandola dopo due o tre minuti. Versatela in una padella, mantecate con una noce di burro e impiattate ultimando con un giro di saba colata a filo.

È una delle tante versioni dei tortelli di zucca (ricette a pp. 71-72 e alle pp. 519-521), che per dare al piatto il caratteristico sapore dolce-salato usa nel condimento la saba, mosto non fermentato bollito a lungo, talvolta con scorza di limone, cannella, chiodi di garofano o altre spezie. La ricetta appenninica del Cantacucco si discosta dal prototipo del cappellaccio ferrarese, oltre che per il condimento e per il ripieno ancora più semplice, per l'aspetto del fagottino di pasta, che non è chiuso a tortello ma tagliato in forma quadrata, come l'agnolotto piemontese.

Per 4 persone

Per la pasta:
3 etti di farina di frumento
3 uova
Per il ripieno:
mezzo chilo di zucca
mezz'etto di pangrattato
mezz'etto di parmigiano
reggiano
sale, noce moscata
Per il condimento:
saba
burro, sale

Tempo di preparazione e cottura: un'ora e mezza, più il riposo

Ravioli dolci

Ristorante Giocondo, Rivisondoli (L'Aquila)

Per 4 persone

Per la pasta:
3 etti di farina di frumento
tipo 00
2 uova, un pizzico di sale
Per il ripieno:
2 etti e mezzo di ricotta di
pecora, un tuorlo d'uovo
un etto di uva passa, 2 cucchiai
di zucchero, cannella in
polvere
Per la cotura e il condimento:
sugo di pomodoro, parmigiano
reggiano, una presa di sale

*Tempo di preparazione e
cottura:* un'ora, più il riposo

Sulla spianatoia formate una fontana con la farina, unite le uova e il sale; impastate in modo da ricavare una massa omogenea ed elastica che farete riposare al fresco per mezz'ora, coperta con pellicola.
Preparate intanto il ripieno amalgamando la ricotta con il rosso d'uovo, lo zucchero, un pizzico di cannella e l'uva passa, fatta rinvenire per un quarto d'ora in acqua tiepida e poi strizzata. Riprendete l'impasto e tirate una sfoglia sottile. Con un cucchiaio prelevate piccole porzioni di ripieno e sistematele sulla sfoglia a distanza regolare. Coprite ripiegando la pasta e, con un bicchierino o con l'apposito stampino circolare dentato, ricavate i ravioli; staccateli uno a uno e premete leggermente con le dita i bordi perché non si aprano durante la cottura.
Cuocete la pasta in abbondante acqua salata, scolatela e conditela con sugo di pomodoro fresco (non cuocetelo troppo) e parmigiano grattugiato.

Ersilia Azzari, Mosciano Sant'Angelo (Teramo)

Per 4-5 persone

Per la pasta:
mezzo chilo di farina di
frumento
5 uova
olio extravergine di oliva, sale
Per il ripieno:
mezzo chilo di ricotta
2 tuorli d'uovo
mezz'etto di maggiorana
un limone
4 etti di zucchero, sale
Per il condimento:
un etto di zucchero, mezz'etto
di cannella in polvere, sale

*Tempo di preparazione e
cottura:* un'ora e un quarto, più
il riposo

Con la farina fate la fontana sulla spianatoia, unite le uova, un pizzico di sale e un cucchiaio di olio, quindi impastate e, dopo un riposo di una mezz'ora, tirate la sfoglia il più sottile possibile. Tagliatela a strisce rettangolari e collocatevi a mucchietti il ripieno che, mentre la pasta riposa, avrete preparato amalgamando bene tutti gli ingredienti indicati, insaporendo con un cucchiaio raso di sale e la scorza grattugiata del limone. Sui mucchietti sovrapponete una seconda striscia di pasta, premete lungo i bordi e con la rotella dentata ritagliate i ravioli. Non lasciateli all'aria, per evitare che la sfoglia si indurisca e assorba il ripieno.
Cuocete i ravioli in abbondante acqua bollente salata, scolateli, sistemateli nel piatto di portata e conditeli con zucchero e cannella accuratamente mescolati.

I ravioli con ripieno dolce sono una peculiarità di alcune aree dell'Abruzzo. A Rivisondoli, nella cucina di Giocondo Gasbarro, il sapore dolce è stemperato dall'acidulo del condimento a base di pomodoro fresco. Nella ricetta seguente, di provenienza teramana, se il dolce è rafforzato dal condimento (zucchero e cannella), nel ripieno la maggiorana e la scorza di limone conferiscono piacevoli e contrastanti note aromatiche.

Raviolo aperto al ragù di pesce di lago

Trattoria Agli Angeli, Gardone Riviera (Brescia)

Pulite i pomodori, eliminando la pelle e i semi, e cuoceteli in forno a 120°C per tre o quattro ore, aggiungendo le spezie e un pizzico di zucchero di canna.

Eviscerate, diliscate e sfilettate tutti i pesci e tagliateli a pezzetti regolari. Preparate un fumetto con gli scarti, la cipolla, il sedano, la carota, il finocchio. Soffriggete in extravergine gli spicchi d'aglio, unite i pesci e fateli rosolare; salate, pepate e aggiungete i pomodori confit tagliati a filetti, un poco di fumetto e la salsa di pomodoro.

Ritagliate la pasta, in modo di avere due sfoglie quadrate di 8-10 centimetri di lato per ogni commensale; cuocetela in acqua bollente salata e scolatela. Adagiate la prima sfoglia nel piatto, versate il ragù di pesce e ricoprite con la seconda sfoglia. Condite con il fondo ristretto del ragù e un trito di erba cipollina.

Il raviolo aperto è un'invenzione di Gualtiero Marchesi, il più noto e autorevole esponente della nouvelle cuisine italiana. All'ormai lontana innovazione, storicizzata dal tempo trascorso, si ispira la ricetta creativa di Enrico Pellegrini, che sostituisce alle cappesante e agli scampi del modello originario il pesce del lago di Garda. Se risulta attenuata la valenza estetica del piatto di Marchesi (una foglia di prezzemolo, imprigionata nella sfoglia, si allarga con un effetto arabesco molto decorativo), si coglie il tocco del professionista nel trattamento raffinato, definito confit, dell'umile pomodoro.

Per 4 persone

3 etti di sfoglia all'uovo
un etto e mezzo di coregone,
un etto di barbo, un etto di
tinca, un etto di salmerino
2 pomodori, 1-2 spicchi di
aglio, una carota, un gambo di
sedano, una costa di finocchio,
una cipolla, un ciuffetto di
erba cipollina
un cucchiaio di salsa di
pomodoro
olio extravergine di oliva
sale, pepe, zucchero di canna,
spezie

Tempo di preparazione e cottura: 4-5 ore

Reginette con ragù d'anatra

Circolo La Torre, Gragnano Trebbiense (Piacenza)

Per 4 persone

Per la pasta:
3 etti di farina di frumento
3 uova
un cucchiaio di olio
extravergine di oliva
Per il condimento:
un'anatra del peso di circa
un chilo, 2-3 foglie di salvia,
2 coste di sedano, 2 carote, 2
cipolle, 2 spicchi di aglio, una
foglia di alloro, un rametto
di rosmarino, un cucchiaio di
concentrato di pomodoro
una tazza di brodo vegetale
un bicchiere di vino rosso
olio extravergine di oliva
sale, pepe, 2 chiodi di
garofano, una bacca di ginepro

*Tempo di preparazione e
cottura*: 2 ore

Su una spianatoia impastate la farina con le uova e l'olio fino a ottenere una massa soda ed elastica, da coprire con un tovagliolo e lasciare riposare per una mezz'oretta.
Nel frattempo preparate il sugo. Spezzate l'anatra in quarti senza disossarla e tagliate a tocchetti il sedano, le carote e le cipolle. In una capace casseruola rosolate le verdure con un po' d'olio, l'alloro, la salvia e il rosmarino spezzettati, gli spicchi di aglio, i chiodi di garofano e il ginepro. Unite l'anatra, cuocete a fiamma moderata per qualche minuto, poi sfumate con il vino e fatelo evaporare. Allungate con il concentrato diluito in un mestolino di brodo, abbassate la fiamma, coprite e proseguite la cottura per un'ora e mezza, bagnando se necessario con altro brodo.
Tirate la pasta in una sfoglia di due o tre millimetri di spessore e con la rotella dentata (che renderà i margini ondulati) tagliate strisce larghe un centimetro e mezzo o due.
Quando la carne dell'anatra comincerà a staccarsi dalle ossa, prelevate dal tegame i pezzi di volatile, lasciateli raffreddare per qualche minuto e disossateli tagliando la polpa a tocchetti. Passate il resto del sugo e rimettete tutto nella casseruola, regolando di sale.
Lessate le reginette in abbondante acqua salata, scolatele al dente e ripassatele con il condimento.

Rigatoni alla giancaleone

Grand Hotel delle Terme, Acquappesa (Cosenza)

Per 4 persone

4 etti di rigatoni
2-3 spicchi di aglio, un
ciuffetto di prezzemolo
2 etti di prosciutto crudo
3 etti di scamorza affumicata
salsa di pomodoro
olio extravergine di oliva
sale, pepe nero

*Tempo di preparazione e
cottura:* 40 minuti

Fate rosolare in olio gli spicchi di aglio schiacciati con il prezzemolo tagliuzzato finemente e il prosciutto crudo ridotto in striscioline, aggiungete la salsa di pomodoro e cuocete per una ventina di minuti. In ultimo unite la scamorza a pezzetti, continuando la cottura per cinque minuti in modo che si amalgami bene il tutto.
Lessate i rigatoni in acqua bollente salata, scolateli al dente e fateli saltare nel tegame con il sugo, spolverando con una macinata di pepe prima di servire.

Un mistero insondabile circonda il significato dell'intitolazione di questo piatto, molto frequentato nella cucina calabrese, sia professionale sia casalinga.

Rigatoni con frattaglie di capretto

Marta Piazzolla, Civitella del Tronto (Teramo)

Soffriggete le frattaglie in una padella con olio, rosmarino, peperoncino, un pizzico di sale e pepe a piacere. Bagnate con il vino rosso e fate evaporare. Aggiungete i pelati a pezzetti e lasciate cuocere per 15 minuti circa.
Lessate la pasta in abbondante acqua salata con un goccio di olio. Scolatela, unitela al sugo e amalgamatte il tutto a fuoco vivo aggiungendo abbondante pecorino grattugiato. Servite molto caldo.

Sughi di pecora, di agnello, di castrato sono molto frequenti nei primi piatti abruzzesi: stavolta sono i fegatini di capretto, rosolati con vino rosso, a rendere gustoso questo sugo con cui condire rigatoni o altri formati di pasta di notevole dimensione e dalla superficie "zigrinata", ruvida o porosa, particolarmente adatta ad accogliere intingoli saporiti.

Per 4 persone

3 etti e mezzo di rigatoni
2 etti e mezzo di frattaglie di capretto, una cipolla piccola, un rametto di rosmarino, mezzo peperoncino, un etto di pomodori sanmarzano pelati
mezz'etto di pecorino abruzzese stagionato, mezzo bicchiere di vino rosso
olio extravergine di oliva
sale, pepe

Tempo di preparazione e cottura: mezz'ora

Rigatoni con la pajata

Trattoria Zarazà, Frascati (Roma)

Lavate accuratamente la pajata, togliendo la retina grassa che la avvolge. Tagliatela a pezzi lunghi 10-15 centimetri e legate le estremità cercando di non fare uscire il contenuto. Affettate finemente carote, coste di sedano e cipolle e fatele cuocere a fuoco moderato in un tegame con un po' di extravergine e il peperoncino. Aggiungete la pajata e, dopo qualche minuto, il vino. Lasciate asciugare, quindi unite il pomodoro, salate e cuocete per circa due ore, fino a ottenere una salsa rosso chiaro molto densa.
Nel frattempo avrete cotto al dente i rigatoni. Scolateli e versateli nella salsa, mantecando il tutto per un minuto con il pecorino e una macinata di pepe.

Gustosissimo piatto tipicamente e, potremmo dire, esclusivamente romano, dato che solo in area laziale si cucina la prima parte dell'intestino dei ruminanti, e senza svuotarla dal chimo, una sostanza lattiginosa dal sapore intenso, molto particolare. La trasformazione in ragù (talvolta aromatizzato con noce moscata e chiodi di garofano) per rigatoni o altra grossa pasta tubolare è il modo più consueto di consumare la pajata, che altrimenti si mangia cotta semplicemente alla griglia.

Per 4 persone

4 etti di rigatoni
mezzo chilo di pajata (intestino tenue) di vitello da latte
2 carote, 2 coste di sedano, 2 cipolle, un peperoncino
3 etti di pomodori pelati
un bicchiere di vino bianco secco
pecorino romano
olio extravergine di oliva
sale, pepe

Tempo di preparazione e cottura: 2 ore e mezza

Righe al branzino

Osteria Arcadia, Porto Tolle (Rovigo)

Per 8 persone

Per la pasta:
8 etti di farina di frumento
tipo 00
8 uova, un pizzico di sale
Per il ripieno:
un branzino di circa un chilo
2 uova
mezz'etto di pangrattato
mezz'etto di grana padano
sale, pepe
Per il condimento:
un ciuffo di salvia
burro, sale
oppure:
un ciuffo di basilico
sugo di pomodoro
olio extravergine di oliva, sale

*Tempo di preparazione e
cottura:* un'ora e mezza

Eviscerate e squamate il branzino. Cuocetelo a vapore e spolpatelo passando ripetutamente la polpa tra le mani, per eliminare tutte le lische.

In una terrina amalgamate al pesce le uova, il pangrattato, il formaggio grattugiato, sale e pepe. Impastate bene il tutto (se risultasse troppo secco usate un terzo uovo, se troppo morbido aggiungete in parti uguali grana e pane) e ponetelo in frigorifero.

Con gli ingredienti della pasta preparate una sfoglia, tiratela sottile con il matterello e con la rotellina da ravioli ritagliate rettangoli di otto o nove centimetri per due. Su metà di ognuno mettete un cucchiaino di ripieno, ripiegate l'altra metà e chiudete bene i bordi premendo con le dita. Cuocete per pochi minuti le righe in acqua bollente salata e condite con burro fuso e salvia o con un sugo di pomodoro fresco e basilico.

Un suggerimento da economia domestica di Pamela Veronese di Arcadia, osteria ecocompatibile alla foce del Po di Gnocca, nel cuore del Delta: con gli avanzi di sfoglia si possono fare dei maltagliati, se invece dovesse avanzare del ripieno suddividetelo in polpettine, da infarinare leggermente e friggere.

Rofioi

Circolo Pensionati, Montagne (Trento)

Cominciate preparando il ripieno. Grattugiate il formaggio e il pane e amalgamateli in una scodella. Attenzione: formaggio e pane grattugiato devono avere lo stesso volume, indipendentemente dal peso. Mescolate con un uovo, qualche grano di uva passa fatto rinvenire in acqua e poi strizzato, sale, pepe e ammorbidite con il burro – scaldato a parte in un pentolino e aromatizzato con la salvia (che poi va tolta). Se l'impasto risultasse troppo asciutto, aggiungete pochissima acqua. Mescolate per qualche minuto e lasciate riposare.

Passate quindi alla preparazione della pasta. Lavorate la farina con le uova, un pizzico di sale e – se occorre – un goccio d'acqua. Tirate una sfoglia piuttosto sottile, tagliatela a quadretti di una decina di centimetri di lato e ponete al centro di ciascuno un cucchiaio di ripieno. Il *rofiol* si ottiene sovrapponendo un altro quadrato di pasta e premendo con le dita sui bordi, per fare combaciare la pasta e impedire la fuoriuscita del ripieno.

Potete cuocere i ravioli per qualche minuto in acqua salata bollente oppure in brodo di carne: nel primo caso vanno scolati e conditi con burro, salvia e formaggio grattugiato, nel secondo mantecati con *pocio de vedel* (sugo a base di carne di vitello).

Piatto delle grandi ricorrenze (battesimi e soprattutto matrimoni) sulle montagne trentine, questi grossi ravioli quadrati possono essere preparati anche con un misto di farina di frumento e di segale. La ricetta qui descritta è tipica della Valle dei Mòcheni e della Val Rendena. Altrove, i rofioi *possono essere ripieni di verze o bietole o spinaci soffritti e formaggio affumicato. Nella ladina Val di Fassa è attestato il termine* refiei *per una pasta farcita di crauti.*

Per 6 persone

Per la pasta:
mezzo chilo di farina di frumento tipo 00
4 uova
un pizzico di sale
Per il ripieno:
3-4 etti di pane raffermo
3 etti di formaggio trentingrana (o spressa stagionato)
un uovo
un ciuffetto di salvia
un cucchiaio di uva passa
mezz'etto di burro
sale, pepe
Per la cottura e il condimento:
un ciuffetto di salvia
formaggio trentingrana (o spressa stagionato)
burro, sale
oppure:
brodo di carne
sugo di carne di vitello

Tempo di preparazione e cottura: un'ora e mezza

Rotolo di pasta con ricotta e asparagi

Gostilna Devetak, Savogna d'Isonzo (Gorizia)

Per 6 persone

Per la pasta:
mezzo chilo di farina di
frumento tipo 00
30 g di lievito di birra
strutto (o olio extravergine di
oliva)
10 g di zucchero semolato, 20
g di sale
Per il condimento:
un chilo di asparagi bianchi
mezzo chilo di ricotta,
parmigiano reggiano
2 etti e mezzo di crema di latte
(o panna)
mezz'etto di burro, sale

*Tempo di preparazione e
cottura:* 2 ore

Sciogliete il lievito in un po' di acqua tiepida e iniziate a lavorare la farina con lo zucchero, il sale e lo strutto lasciato ammorbidire a temperatura ambiente (o l'olio). Unite il lievito e altra acqua tiepida, nella quantità necessaria a ottenere la consistenza desiderata. Lasciate lievitare fino al raggiungimento del doppio del volume.

Dividete, quindi, l'impasto a metà e confezionate due rotoli farciti con quattro etti di ricotta mescolata alla crema di latte e regolata di sale. Fate nuovamente lievitare per una mezz'ora e cuoceteli a vapore per altri 30 minuti.

Pulite gli asparagi, eliminando la parte legnosa del gambo e raschiando delicatamente, con un pelapatate o un coltellino, quello che rimane; lavateli in acqua corrente, lessateli al vapore e rosolateli in padella con burro e parmigiano grattugiato.

Tagliate i rotoli a fettine, passatele in una salsa preparata con la ricotta avanzata e un po' di burro, e riscaldate per pochi minuti. Servite le fettine con gli asparagi.

Ruote con peperoni rossi

Pino Osella, Carmagnola (Torino)

Sbucciate la cipolla, tritatela finemente e rosolatela con l'alloro in due cucchiai di olio. Lavate e mondate i peperoni, spezzettateli a mano e uniteli al trito di cipolla assieme ai pomodori privati dei semi e tagliati a dadini. Salate e cuocete a fiamma moderata per circa mezz'ora. Quindi passate al passaverdure ed eliminate le pellicine.
Lessate la pasta in acqua salata, scolate al dente, trasferite nel tegame con la salsa, mescolate e servite.

Per condire le ruote, ma anche altri formati di pasta secca, va benissimo – naturalmente in estate – questo sugo di peperoni. Che a Carmagnola, comune della seconda cintura di Torino, ai confini con il Roero cuneese, hanno una capitale riconosciuta, nonché la sede del Presidio Slow Food del peperone corno di bue.

Per 6 persone

mezzo chilo di ruote
2 peperoni rossi, 2 pomodori, mezza cipolla, 2 foglie di alloro
olio extravergine di oliva, sale

Tempo di preparazione e cottura: un'ora

Sagne con salsiccia e pancetta

Clarice Natelli, Castiglione Messer Marino (Chieti)

Mescolate la farina a quasi tutta la semola (tenetene da parte tre cucchiai), disponete il miscuglio a fontana su una spianatoia di legno e unite il sale e tre o quattro bicchieri d'acqua. Lavorate l'impasto fino a farlo diventare liscio e omogeneo, dividetelo in due o tre salsicciotti, a seconda della grandezza del matterello, e tirate subito la sfoglia con il primo (coprite la pasta che rimane con una pellicola e mettetela in frigo). Lasciate la sfoglia arrotolata sul matterello e praticate con un coltello a lama lunga e liscia due incisioni orizzontali nel senso della lunghezza dell'attrezzo; spolverate con un cucchiaio della semola messa da parte e proseguite con tagli verticali ogni tre centimetri, ricavando così le *sagne*. Ripetete l'operazione con il secondo ed eventualmente il terzo salsicciotto.
Per il condimento tagliate la pancetta a dadini, sbucciate e affettate la salsiccia. Rosolate con un po' di acqua la pancetta, unite l'olio e la salsiccia e fate soffriggere ancora qualche minuto.
Cuocere la pasta in molta acqua salata, tuffando le *sagne* una alla volta per evitare che si appiccichino; scolate al dente e condite, spolverando all'ultimo momento con la paprica.

Per 6 persone

Per la pasta:
4 etti di farina di frumento tipo 00, 3 etti di semola rimacinata di grano duro
un pizzico di sale
Per il condimento:
4 etti di salsiccia stagionata, 2 etti di pancetta stagionata
2 cucchiai di olio extravergine di oliva
sale, paprica

Tempo di preparazione e cottura: un'ora e mezza

Sagne e ceci ai frutti di mare

Osteria delle Piane, Scalo di Chieti

Per 4 persone

Per la pasta:
2 etti e mezzo di farina di frumento tipo 00, un etto e mezzo di semola di grano duro un pizzico di sale
Per i ceci:
un etto di ceci
mezz'etto di sedano, 30 g di cipolla, 20 g di carote, una foglia di alloro, uno spicchio di aglio
una presa di sale
Per il condimento:
una seppia, un calamaro, 2 moscardini, 4 etti tra scampi e gamberi, 2-3 canocchie (cicale di mare), 2 etti di lupini (vongole comuni), 15 cozze un pomodoro maturo (o 2 cucchiai di salsa), 2 spicchi di aglio, un quarto di peperone rosso, mezza cipolla
olio extravergine di oliva
sale, pepe
Inoltre:
un ciuffetto di prezzemolo (o rosmarino)
una manciata di farina di frumento
olio extravergine di oliva

Tempo di preparazione e cottura: 2 ore e mezza, più l'ammollo

La sera precedente mettete a bagno i ceci in acqua fredda. L'indomani scolateli e lessateli per un paio di ore in abbondante acqua con sedano, cipolla, carote, aglio intero e alloro, schiumando di tanto in tanto la superficie; a fine cottura togliete gli odori e salate.

Fate spurgare le vongole immergendole in acqua fredda salata per almeno un'oretta.

Dedicatevi alla pasta: sulla spianatoia formate la fontana con gli sfarinati mescolati, unite acqua, un pizzico di sale e impastate. Ottenuto un composto omogeneo, fatelo riposare al fresco per mezz'ora avvolto in pellicola.

Intanto predisponete il sugo. Tagliate a pezzi la seppia, i moscardini e il calamaro, sgusciate gli scampi e i gamberi, mondate le cicale ed estraetene la polpa.

Versate tre o quattro cucchiai di olio extravergine in una casseruola e rosolatevi a fuoco dolce l'aglio, il peperone e la cipolla affettati. Unite il pesce tagliato o sgusciato, portatelo a rosolatura, abbassate il fuoco e bagnate di tanto in tanto con acqua calda fino a cottura dei moscardini (circa mezz'ora). Aggiungete i filetti di pomodoro e cuocete il tutto a fuoco dolce per un quarto d'ora. Unite le cozze e le vongole scolate e fate aprire le valve aggiungendo, se necessario, un po' d'acqua in modo che il fondo non asciughi troppo; regolate di sale e pepe.

Riprendete la sfoglia, tiratela con il matterello e ricavate strisce lunghe una trentina di centimetri, larghe quattro o cinque millimetri e spesse due. Spolverizzate le sfoglie con un po' di farina, sovrapponetele e con un coltello tagliate delle lasagnette romboidali, le *sagne*.

Cuocete la pasta al dente in acqua salata bollente, scolatela senza buttare l'acqua e ripassatela nel sugo marinaro assieme ai ceci che avrete scolato grossolanamente. Unite un mestolo di acqua di cottura della pasta e mescolate badando che il prodotto finale sia denso ma non troppo asciutto. Distribuite nei piatti e rifinite con un filo di olio extravergine e una spolverata di prezzemolo. Al posto del prezzemolo, si può completare il piatto con olio in cui è stato soffritto qualche rametto di rosmarino.

Le sagne, *lasagne di vario formato fatte almeno in parte con semola di grano duro, sono una delle paste più popolari in Abruzzo. I condimenti possono essere sia brodosi sia asciutti:* sagne *con sughi di pesce o di carne,* sagne *e* cicerchie *(o*

fagioli, lenticchie, ceci) sono frequenti nelle case e nella ristorazione regionale. Nella ricetta descritta da Gianfranco Di Girolamo, cuoco e patron dell'Osteria delle Piane, alla pasta e ai legumi si associa un bel campionario di prodotti ittici: molluschi e crostacei che testimoniano la generosità del mare abruzzese.

Sagne 'ncannulate con pomodoro

Trattoria Cucina Casereccia Le Zie, Lecce

Disponete la semola a fontana sulla spianatoia, aggiungete un pizzico di sale e acqua sufficiente a impastare il tutto ottenendo un composto morbido e omogeneo. Stendete la sfoglia con il matterello, rendendola sottile ma di buona consistenza. Successivamente tagliatela a listarelle larghe un centimetro. Prendete le listarelle una per una e arrotolatele facendo una lieve pressione con le mani. Disponete le *sagne 'ncannulate* su un vassoio e lasciatele riposare per qualche ora affinché asciughino.

Scaldate un po' di olio in un tegame, imbiondite la cipolla tagliata a fettine sottili e aggiungete i pomodorini tagliati a metà. Regolate di sale, profumate con le foglie di basilico e cuocete per un quarto d'ora.

In ultimo lessate le *sagne* in abbondante acqua salata, scolatele e conditele con la quantità di sugo desiderata. Finite il condimento, secondo il vostro gusto, con cacioricotta, pecorino o ricotta forte sminuzzati.

Specifiche della Puglia, le sagne 'ncannulate *o* torte *si ottengono arrotolando su se stesse le strisce di pasta (lasagne lunghe) o avvolgendole a spirale attorno a un cannello. Si condiscono, come in questo caso, con sugo di pomodoro oppure con un ragù di carni miste.*

Per 4 persone

Per la pasta:
6 etti di semola di grano duro
un pizzico di sale
Per il condimento:
2 chili di pomodorini, una cipolla, 4 foglie di basilico
cacioricotta (o pecorino o ricotta forte)
olio extravergine di oliva, sale

Tempo di preparazione e cottura: 50 minuti, più il riposo

Sagne penta con mollica, ragù e ricotta forte
Ristorante Cibus, Ceglie Messapica (Brindisi)

Per 4 persone

Per la pasta:
4 etti di semola rimacinata di grano duro senatore Cappelli
Per il condimento:
3 etti di polpa di maiale, 3 etti di polpa di agnello
7 etti di passata di pomodoro, un cucchiaio di concentrato di pomodoro
2 etti e mezzo di pangrattato
un etto di ricotta forte
olio extravergine di oliva, sale

Tempo di preparazione e cottura: 4 ore e mezza

Impastate la semola con la quantità di acqua necessaria a ottenere un composto piuttosto sodo. Stendete la sfoglia nello spessore di due o tre millimetri e, tagliandola, ricavate una sorta di spaghetti quadrati. Lasciate riposare.

Tagliate a pezzi i due tipi di carne e poneteli in una pentola assieme a un filo di olio, alla passata di pomodoro e al concentrato diluito in acqua. Cuocete a fuoco basso per quattro ore circa, regolando di sale.

In una capiente padella scaldate a 160°C un bicchiere di olio, versate il pangrattato e mescolate finché non avrà assunto un colore brunito. Disponetelo quindi su un foglio di carta assorbente per asciugare l'olio in eccesso.

Una volta pronto il sugo, togliete la carne (che potrete servire come secondo piatto) e versate la ricotta forte amalgamandola lentamente con l'aiuto di un cucchiaio di legno.

Lessate brevemente la pasta in acqua bollente salata, scolatela e saltatela nel sugo. Spolverizzate con il pangrattato e portate in tavola.

Antico piatto contadino, si preparava in occasione della Pentecoste, da cui il nome. Al suo sapore robusto contribuisce in modo determinante la ricotta forte, nei dialetti pugliesi ascquante, *ottenuta dalla fermentazione degli avanzi di ricotta di capra, pecora e mucca, accumulati dal mese di marzo in recipienti di creta da 50 chili, chiamati* capase, *con periodiche manipolazioni e travasi da una* capasa *all'altra. Agli inizi di giugno, la ricotta forte è pronta per l'assaggio, che si fa nelle masserie il giorno della mietitura. Se supera la prova, è trasferita in recipienti da 20 chili, dove si conserva per circa un anno. Particolarmente pregiata è la ricotta forte prodotta sulle colline intorno a Brindisi.*

Scarpacc

Ristorante Cavallino, Canè di Vione (Brescia)

Impastate la farina con le uova, l'olio e acqua tiepida, lasciando poi riposare l'impasto per una mezz'ora.
Nel frattempo cuocete le patate al vapore e schiacciatele; pulite la silene, lessatela in pochissima acqua, scolatela e strizzatela; soffriggete in extravergine la cipolla affettata il più finemente possibile. Amalgamate, quindi, patate, silene e cipolla con il formaggio grattugiato, l'uovo, gli amaretti sbriciolati, la scorza di limone tritata, sale e pepe.
Riprendete in mano la pasta e stendetela in una sfoglia sottile, che ritaglierete in tanti dischi. Preparate con il ripieno delle palline della grandezza di una noce e mettetele al centro di ogni disco, chiudendo a mezzaluna e sigillando tutto intorno con i rebbi di una forchetta.
Due i metodi di cottura che potete seguire. Se preferite friggerli – questa è la tecnica tradizionale – tuffate nell'olio (o nello strutto) bollente gli *scarpacc* e, quando avranno raggiunto un bel colore marroncino, prelvateli con la schiumarola e disponeteli su un piatto di portata; salate e servite accompagnando, se volete, con silene, rape o barbabietole, lessate o cotte al vapore. In alternativa potete cuocere i ravioloni al vapore condendoli con burro aromatizzato con salvia e timo e abbondante formaggio grattugiato.

La silene rigonfia (Silene vulgaris*), utilizzata dalla signora Ernesta, cuoca del Cavallino, per il ripieno degli* scarpacc, *è una pianta erbacea molto comune nei campi e prati concimati, oggetto di raccolta e di consumo nazionali, con netta prevalenza per le regioni del Nord e del Centro. Le giovani cimette, che strofinate producono un leggero sfrigolio (da cui i nomi più noti: strigoli e stridoli), si gustano lessate, ripassate in padella o in frittate, risotti, ripieni e minestre. Molti i nomi comuni e regionali: bubbolini, carletti, cavoli della comare, erba del cucco, erba striscia, schioppetti, stridoli, strigoli, tagliatelle della Madonna. E un'infinità di dizioni dialettali:* crusciot, s'ciupet, sclopìt, verzulì, carleti, s'ciopeti, sgrizoi...

Per 8 persone

Per la pasta:
un chilo di farina di frumento
4 uova
olio extravergine di oliva
Per il ripieno:
mezzo chilo di erba silene,
8 patate medie, una cipolla
piccola
un pezzetto di scorza di
limone
4 amaretti
un uovo
un etto di formaggio locale
da grattugia (o di parmigiano
reggiano)
olio extravergine di oliva
sale, pepe, un pizzico di
cannella
Inoltre:
olio extravergine di oliva (o
strutto)
una presa di sale
oppure:
alcune foglie di salvia,
2 rametti di timo
formaggio locale da grattugia
(o parmigiano reggiano)
burro, sale

*Tempo di preparazione e
cottura:* 2 ore

Scarpinocc

Renato Imberti, Parre (Bergamo)

Per 6 persone

Per la pasta:
2 etti e mezzo di farina di
frumento tipo 00, mezz'etto di
semola di grano duro
1-2 uova
latte (facoltativo)
Per il ripieno:
10 g di prezzemolo, mezzo
spicchio di aglio
un uovo
90 g di pane grattugiato
un etto di grana padano
latte, 10 g di burro
sale, noce moscata, cannella
Per il condimento:
qualche foglia di salvia
70 g di grana padano
mezz'etto di burro, sale

Tempo di preparazione e
cottura: un'ora e mezza, più il
riposo

Preparate la pasta, mescolando gli sfarinati e lavorandoli con l'uovo e il latte, che volendo potrete sostituire con acqua, e fatela riposare in un luogo fresco, avvolta in un canovaccio, per almeno mezz'ora.

Nel frattempo dedicatevi al ripieno, mescolando il grana grattugiato con il pane, noce moscata, sale, cannella e, volendo, altre spezie di vostro gradimento. Sciogliete in un tegame il burro, profumandolo con l'aglio tritato. Unite il prezzemolo e amalgamate tutti gli ingredienti con le uova e il latte: l'impasto deve risultare consistente ma morbido e dovrebbe riposare almeno un'ora.

Tirate la pasta non troppo sottile, dividetela in dischi di circa sei centimetri di diametro e deponete al centro di ognuno palline di ripieno. Chiudete ogni disco a mezzaluna e schiacciate con l'indice la parte centrale più spessa della mezzaluna in modo da creare una piccola conca atta a raccogliere meglio il condimento.

Tuffate gli *scarpinòcc* in acqua salata a bollore, scolateli dopo due o tre minuti e condite con grana grattugiato, burro e salvia.

Gli scarpinòcc *erano le calzature in panno indossate un tempo dai pastori bergamaschi: dove c'erano gli* scarpinòcc*, era naturale trovare il formaggio adatto a confezionare questi semplici ma profumati ravioli tipici di Parre – paese della Val Seriana –, variante locale dei* casonsei *della Bergamasca (pp. 86-87), con un ripieno che non prevede carni ma pane, grana padano e spezie.*

Schiaffoni ai carciofi

Marco Lombardo, Milazzo (Messina)

Pulite i carciofi, eliminando le foglie più esterne e il gambo e troncando le punte; affettateli e fateli rosolare in padella con olio, aglio, poco succo di limone fino a renderli teneri e ben amalgamati, aggiungendo a fine cottura sale e un pizzico di peperoncino.

Cuocete in abbondante acqua salata gli schiaffoni, scolateli e trasferiteli nel tegame con i carciofi, mantecando il tutto e spolverizzando con pecorino grattugiato. Serviteli ben caldi condendoli con un filo di olio crudo prima di portarli in tavola.

Gli schiaffoni – il nome sarebbe dovuto al fatto che sono grossi e pesanti come un ceffone ben assestato? –, appartengono alla grande famiglia dei cannelloni, ma sono di minori dimensioni. Grossi maccheroni, più diffusi nella versione rigata, sono adatti a sughi succulenti o per la preparazione di pasticci al forno, ma si sposano bene anche con condimenti estivi con pomodorini e basilico o di verdure, come in questo caso e nella ricetta seguente.

Per 4 persone

3 etti e mezzo di schiaffoni
4 etti di carciofi, 2 spicchi di aglio
uno spicchio di limone
pecorino stagionato
olio extravergine di oliva
sale, peperoncino

Tempo di preparazione e cottura: 45 minuti

Schiaffoni con sugo di verdure

Angela Gerace, Tropea (Vibo Valentia)

Affettate finemente la cipolla e fatela stufare dolcemente in olio. Lavate le melanzane e le zucchine, tagliatele a cubetti e friggetele separatamente in extravergine con gli spicchi di aglio e un pizzico di sale. Riunitele in un solo tegame, aggiungete i pomodorini e, dopo cinque minuti, le foglie di basilico spezzettate, le olive e un pizzico di pepe, portando a cottura in un paio di minuti.

Cuocete gli schiaffoni in acqua bollente salata, scolateli al dente e trasferiteli nel tegame con il condimento, conservando un po' dell'acqua di cottura. Mescolate, lasciate insaporire per uno o due minuti, spolverate con la ricotta grattugiata e portate in tavola.

Per 4 persone

3 etti e mezzo di schiaffoni
10 pomodorini, 2-3 zucchine,
2 melanzane lunghe, 2 spicchi di aglio, una cipolla piccola,
un ciuffetto di basilico
10 olive nere
ricotta stagionata di pecora
olio extravergine di oliva
sale, pepe

Tempo di preparazione e cottura: un'ora e un quarto

Schlutzkrapfen

Jägerhof, San Leonardo in Passiria-Sankt Leonard in Passeier (Bolzano-Bozen)

Per 6 persone

Per la pasta:
2 etti di farina di segale, 3 etti di farina di frumento
2 uova
un cucchiaio di olio extravergine di oliva
un pizzico di sale
Per il ripieno:
7 etti di spinaci
3 cucchiai di prezzemolo, una cipolla piccola
un cucchiaio di farina di frumento
2 bicchieri di latte
parmigiano reggiano
burro
sale, pepe, noce moscata
Inoltre:
una manciata di farina di frumento
parmigiano reggiano
burro, sale

Tempo di preparazione e cottura: un'ora e mezza

Lavorate gli ingredienti della pasta con la quantità di acqua tiepida necessaria a ottenere un composto sodo ma elastico. Dategli la forma di una palla che farete riposare, coperta, per un'ora.
Lavate bene gli spinaci, lessateli in poca acqua salata, scolateli e strizzateli molto bene. Aggiungete il prezzemolo e passateli al tritatutto.
Soffriggete brevemente in un po' di burro la cipolla tritata fine, spolverate di farina, annaffiate con il latte molto caldo, mescolate bene e fate addensare. Aggiungete gli spinaci passati e aromatizzati con sale, pepe, noce moscata e un cucchiaio di parmigiano grattugiato. Lasciate raffreddare.
Stendete la pasta in una sfoglia molto sottile e lavorate poi velocemente, affinché non secchi. Servendovi di uno stampino rotondo o di un bicchiere capovolto, tagliate dalla sfoglia dei cerchietti, ponete su ognuno un cucchiaino di ripieno, prendete in mano ogni cerchietto e chiudetelo a mezzaluna. Premete con le dita sui bordi per saldarli bene. Bollite i ravioli in acqua salata per cinque minuti, scolateli e serviteli cosparsi di parmigiano e conditi con burro fuso dorato.

Presentati dai fratelli Augscheller, custodi delle tradizioni gastronomiche della Val Passiria, questi ravioli di magro sono caratteristici della cucina tirolese, al di qua e al di là del confine fra Italia e Austria. Oltre che con spinaci, possono essere farciti con barbabietole oppure con verze cotte in umido o con crauti, come, in Pusteria, i türteln *o* tirtlan *germanofoni e i* tultres *ladini (pag. 545), che però a differenza degli* schlutzkrapfen *sono fritti in strutto, burro o – più "modernamente" – olio extravergine di oliva.*

Sciabbò al ragù di maiale con cioccolato

Antica Hostaria, Enna

Affettate la cipolla e soffriggetela in olio; unite la carne tritata, fatela cuocere per qualche minuto e poi sfumate con il vino. Versate il concentrato di pomodoro diluito con un po' d'acqua e mescolate. Aggiungete quindi un pizzico di cannella, il cioccolato fondente a pezzetti e lo zucchero. Regolate di sale e pepe e cuocete a fuoco basso per circa mezz'ora.
Lessate la pasta aggiungendo all'acqua di cottura un cucchiaio di olio. Scolate e condite con il ragù.

Le lasagne ricce o a doppio festone, nastriformi e con i margini ondulati, un tempo in Sicilia erano chiamate sciabbò *con riferimento alla parola* scibbò, *un francesismo che nelle parlate locali indicava «quella strisciuola di pannolino fine e riccio, che si pone talora per ornamento al petto della camicia» (Antonio Traina,* Vocabolario Siciliano-Italiano*). La ricetta, tipica dell'Ennese e molto probabilmente di origine nobiliare, può considerarsi emblematica di quella compresenza di ingredienti dolci e salati che ha un posto non marginale nella cucina isolana. Quanto all'uso, documentato già in testi tardorinascimentali e barocchi, di mescolare alle carni cacao o suoi derivati, se ne riscontrano esempi in piatti sontuosi quali la lepre al cioccolato e il pasticcio di sostanza, celebrato nel* Gattopardo *da Tomasi di Lampedusa.*

Per 4 persone

4 etti di lasagne ricce
2 etti e mezzo di polpa di maiale
una cipolla
2 etti di concentrato di pomodoro
30 g di cioccolato fondente
mezzo bicchiere di vino rosso
olio extravergine di oliva
sale, pepe, un cucchiaino di zucchero, un pizzico di cannella

Tempo di preparazione e cottura: un'ora e mezza

Sughi nazionali

La rete, in cui si trova di tutto – dalla spazzatura di contenuti e di linguaggi all'informazione seria –, è in ogni caso un formidabile strumento per orecchiare quel che gira nel mondo. Un recente sondaggio pubblicato in Italia da Yahoo Answers registra quali sono i sughi per la pasta che meglio rappresentano, a parere dei lettori, la cucina italiana. Nelle risposte ricorrono con maggiore frequenza il ragù alla bolognese, l'amatriciana, la carbonara, il pesto genovese, aglio olio peperoncino, cacio e pepe, pomodoro fresco e basilico; in coda, il sugo alla marinara o con le vongole, la puttanesca, la norma e la sorrentina (e si precisa: ideale per gli gnocchi).

Non è un caso che ci sia tanto Centrosud, visto che la pasta è storicamente la bandiera di questi territori. E non è casuale che la cucina laziale e quella campana, grazie alla fama delle loro capitali, facciano la parte del leone. La presenza del pesto alla genovese e del ragù alla bolognese si spiegano non solo per il forte e lungo radicamento nella gastronomia legata a quelle città – radicamento che sicuramente gli intervistati conoscono – ma anche per la natura di questi condimenti che si sono prestati più di altri a entrare prestissimo nella categoria dei "sughi pronti", facili da globalizzare. Il ragù bolognese e il pesto, infatti, sono tra i cibi italiani più taroccati al mondo, insieme alla carbonara, al tiramisù, alla cotoletta alla milanese e alla caprese.

Il mondo chiama "alla bolognese" ogni intruglio che sia rosso e con la carne; è usato, in tutti i continenti, come condimento degli spaghetti in una ricetta inesistente nella realtà gastronomica nazionale; gettonatissimi negli Stati Uniti e in Inghilterra, gli "spaghetti alla bolognese" (pomodoro e polpettine, le *meatballs*, come si legge a pag. 344-347) sono stati addirittura indicati in questi Stati come il piatto preferito, alla luce di un recente sondaggio che ha coinvolto 700 000 persone. Il pesto poi, i cui vasetti imperversano ovunque, spesso contiene noci o altra frutta secca al posto dei pinoli, generico formaggio duro anziché pecorino e parmigiano reggiano, quanto all'olio…

Ma si sa, è l'*italian sounding*, un fenomeno che si sta allargando a vista d'occhio e che sta creando danni al vero made in

Italy, con un giro d'affari di decine di miliardi di euro in cui sono coinvolti, com'è noto, sughi e parmigiano, mortadella e olio, fusilli e mozzarella, tanto per esemplificare.

Tornando ai condimenti nazionali, nella lista di Yahoo Answers si trovano preparazioni dalla lunga storia e ricette più recenti che, come la puttanesca, avrebbero legato la loro nascita a circostanze particolari. Lo stesso si può dire, probabilmente, per tante altre denominazioni – alla contadina, alla boscaiola, alla carrettiera, alla pecorara, all'arrabbiata – che sono da tempo consuete sia nei ricettari contemporanei sia nei menù dei ristoranti e delle pizzerie. Sicuramente in tutti questi sughi il pomodoro la fa da padrone e la cosa non stupisce vista la sua irresistibile ascesa (pp. 344-347). Ben prima della popolarità della cosiddetta "dieta mediterranea" (concetto astorico e teorizzato a posteriori, forse più dietologico e pubblicistico che altro) è avvenuta in Italia quella che alcuni studiosi chiamano la "pomodorizzazione" che, ad esempio, ha trasformato la *gricia*, un condimento in bianco, nella successiva amatriciana, sempre con guanciale ma con sugo di pomodoro. La "pomodorizzazione" ha probabilmente dato il via a quei condimenti immediati, come lo *scarpariello* e le crudaiole, che potevano regalare una pasta saporita, rapida ed economica. Pensiamo poi ai pomodori essiccati, una concentrazione di sapori che con poco altro assicuravano gusto pieno, e, via via, alle risorse offerte dai pelati, dalla passata, dalla polpa pronta, dalla conserva e dal concentrato (semplice, doppio e triplo). È la passata, più o meno densa, con l'aggiunta di un po' di concentrato, che consente al ragù napoletano di *peppiare* (sobbollire adagio) per ore assorbendo tutti gli umori delle carni lasciate intere. Il concentrato, poi, insieme a ortaggi e aromi, maschera l'assenza della carne o del pesce nei "sughi finti" dell'Italia centrale e meridionale. Pomodoro pure nei condimenti a base di pesce, anche se più di un piatto della tradizione marinara non lo prevede, o al massimo lo ammette come variante: pensiamo al sugo di vongole o di telline e ai sughi misti di pesce delle trattorie del litorale marchigiano, dove la versione "in bianco" è sempre presente.

Nazionalissimi, e non solo nei ricettari contemporanei di fantasia, i sughi a base di verdure: carciofi, fave, fagioli, zucchine (e i loro fiori o, più tradizionalmente, i germogli giovani del-

381

le piante), melanzane, broccoli, cime di rapa, cicorielle; e poi le caponatine e le ciambottelle, i capperi e le olive, come testimoniano i tanti condimenti di magro o, come si dice a Napoli, di *scàmmaro*.

La rassegna delle paste più rappresentative dell'Italia dimentica, fatta eccezione per il ragù alla bolognese, le grandi tradizioni dei condimenti a base di carne: di fegatini e di frattaglie (un tema ricorrente in tutta la penisola, dal sugo di *durei* e di *rovinassi* del Veneto al sugo di *regaje* laziale), di arrosto, di salsiccia e di pancetta, di animali da cortile (coniglio, oca e anatra corrono da Nord a Sud, con i *bigoi co' l'arna*, i *tajarin* al sugo di coniglio, le pappardelle o le chitarre al sugo di papera), di agnello (trasversale in tutte regioni con tradizioni agropastorali), di selvaggina: e qui le ricette tipiche del Centro – Toscana e Umbria in primis – ne offrono una ricchezza senza pari: sulla lepre, sul cinghiale, sul colombaccio. Pappardelle, si intende, forse le prossime a essere taroccate.

Scialatielli ai frutti di mare ammollicati

Ristorante Perbacco, Pisciotta (Salerno)

Come prima cosa fate spurgare separatamente le vongole veraci e i lupini, immergendoli in acqua fredda salata per un paio di ore.

Su una spianatoia formate la fontana con i due sfarinati miscelati, versando al centro l'uovo, il cacioricotta grattugiato, un filo di olio e un pizzico di sale; iniziate a impastare e aggiungete a poco a poco l'acqua necessaria. Continuate a manipolare energicamente la massa, lavorandola per almeno un quarto d'ora. Formate un panetto e lasciatelo riposare per mezz'ora o più, coperto da un canovaccio.

Nell'intervallo, lavate e spazzolate con cura i frutti di mare. Prendete il pane raffermo, riducetelo in pezzi non troppo piccoli e fateli tostare in forno, quindi sbriciolateli e amalgamatevi il prezzemolo (abbondante) e uno spicchio di aglio tritati, sale e olio extravergine.

Stendete la sfoglia con il matterello portandola a uno spessore di circa tre millimetri e lasciatela asciugare distesa per una decina di minuti. Poi arrotolatela, formate delle listarelle di tre o quattro millimetri e tagliatele a una lunghezza di una dozzina di centimetri.

In una padella capiente versate due cucchiai di extravergine, fate rosolare l'altro spicchio di aglio tritato e aggiungete i molluschi. Cuocete a fuoco vivace fino all'apertura delle valve.

In abbondante acqua salata lessate per pochi minuti gli *scialatielli*, scolateli e saltateli in padella con i frutti di mare, unendo alla fine il pane precedentemente preparato.

Nati in Campania, dove il verbo sciglià *significa scompigliare, gli* scialatielli *richiederebbero l'uso del ferretto: un'asticciola o un bastoncino attorno al quale avvolgere un cilindretto di pasta (si veda a pag. 210). In tempi recenti la lavorazione si è semplificata e molti* scialatielli *sono ormai normali anche se rustiche fettuccine, solo più spesse e strette della media.*

Per 4 persone

Per la pasta:
2 etti di semola di grano duro,
2 etti di farina di frumento
tipo 0
un uovo
40 g di cacioricotta di capra
olio extravergine di oliva, sale
Per il condimento:
9 etti di frutti di mare
(vongole veraci, lupini –
vongole comuni –, cozze,
cannolicchi)
2 spicchi di aglio, un ciuffo di
prezzemolo
2 etti di pane raffermo
olio extravergine di oliva, sale

Tempo di preparazione e cottura: un'ora e 40 minuti, più lo spurgo delle vongole

Scialatielli alle vongole

Trattoria Rispoli, Pogerola di Amalfi (Salerno)

Per 4 persone

Per la pasta:
mezzo chilo di semola di
grano duro, 2 uova, un
ciuffetto di prezzemolo, sale
Per il condimento:
4 etti di vongole
2 etti di pomodorini di
Pachino, uno spicchio di aglio,
un ciuffetto di prezzemolo
olio extravergine di oliva, sale

*Tempo di preparazione e
cottura:* un'ora e un quarto, più
lo spurgo delle vongole

Mettete le vongole a spurgare in acqua fredda salata per
un paio di ore.
Impastate su una spianatoia la farina con le uova, un pizzico di sale, un po' di prezzemolo tritato e l'acqua necessaria
ad amalgamare il tutto. Tirate l'impasto e ricavatene striscioline non troppo larghe.
In una padella incoperchiata fate aprire le vongole ben lavate e filtratene l'acqua.
Soffriggete in olio l'aglio tritato. Una volta imbiondito aggiungete i pomodorini tagliati in quattro e il prezzemolo
tritato, continuando la cottura per una decina di minuti.
Unite le vongole con l'acqua filtrata e tenete sul fuoco fino
all'amalgama degli ingredienti. Se necessario, salate.
Nel frattempo lessate gli *scialatielli*. Scolateli al dente e saltateli nella padella del sugo.

Scialatielli con melanzane e ricotta

Osteria del Gallo e della Volpe, Ospedaletto d'Alpinolo (Avellino)

Per 4 persone

Per la pasta:
3 etti di semola di grano duro
un uovo, sale
Per il condimento:
2 melanzane lunghe, 10
pomodorini, un ciuffo di
basilico
ricotta stagionata di pecora
olio extravergine di oliva, sale

*Tempo di preparazione e
cottura:* un'ora e un quarto

Pulite le melanzane, fatele a pezzi e lasciatele sgrondare
sotto sale.
Intanto preparate gli *scialatielli* impastando la semola con
l'uovo, acqua, un pizzico di sale e ricavando dalla sfoglia
delle striscioline non molto larghe.
Sciacquate le melanzane, asciugatele, tagliatele a cubetti
e soffriggetele in olio. Aggiungete i pomodorini tagliati a
metà e cuocete per pochi minuti. A fuoco spento unite il
basilico spezzettato e saltate il tutto in padella con gli *scialatielli* che avrete lessato al dente in acqua bollente salata.
Servite con abbondante ricotta grattugiata.

Scilatelle al ragù di bufala

Alla Vecchia Osteria U Nozzularu, Sellia Marina (Catanzaro)

Macinate la carne. Pulite carote, cipolla e costa di sedano, lavatele e tritatele. In una casseruola soffriggete il trito in due cucchiai di olio extravergine, quindi aggiungete la carne e fatela rosolare. Salate, bagnate con il vino, facendolo evaporare, unite il brodo e cuocete a fuoco basso e a recipiente coperto finché il ragù non si sarà addensato: occorrerà circa un'ora.
Nel frattempo preparate la pasta. Lavorate la semola con le uova e acqua, ricavando dalla sfoglia dei cilindretti, che arrotolerete sul ferretto apposito, ricavando le *scilatelle*. Lessatele e scolatele al dente. Trasferitele nel tegame con il ragù, amalgamate mescolando per qualche istante e spolverate con abbondante parmigiano grattugiato.

Per 4 persone

Per la pasta:
2 etti e mezzo di semola di grano duro, 2 uova
Per il condimento:
4 etti di carne di bufala
2 carote, una costa di sedano, una cipolla, un bicchiere di vino bianco secco
un bicchiere di brodo vegetale
parmigiano reggiano
olio extravergine di oliva, sale

Tempo di preparazione e cottura: un'ora e mezza

Scilatelli con cozze e patate

Ristorante Il Pollo d'Oro, Torretta di Crucoli (Crotone)

Lavorate a lungo la semola con un cucchiaio di olio extravergine e una presa di sale, ricavando un impasto omogeneo e di una certa consistenza. Infarinate il piano di lavoro e tirate una sfoglia non troppo sottile; tagliatela a quadretti e trasformatela negli scilatelli con l'apposito ferretto. Lessate le patate, pulite le cozze e fatele aprire a fuoco vivo in una casseruola, quindi sgusciatele e soffriggetele in padella con olio e aglio; unite le patate schiacciate grossolanamente con una parte dell'acqua di cottura, regolate di sale e pepe e portate a cottura in cinque minuti circa.
Lessate la pasta, scolatela al dente e trasferitela nel tegame con il condimento, insaporendo con un pizzico di peperoncino.

Scilatelle e scilatelli *sono termini calabresi per indicare gli* scialatielli, *pasta fresca casalinga di semola di grano duro e acqua, arricchita in alcune versioni moderne (si vedano le ricette precedenti) con uova.*

Per 6-8 persone

Per la pasta:
un chilo di semola di grano duro
olio extravergine di oliva, sale
Per il condimento:
mezzo chilo di cozze
3 etti di patate, 2 spicchi di aglio
olio extravergine di oliva
sale, pepe, peperoncino

Tempo di preparazione e cottura: 2 ore

Sedani con verdure

Giuliano Guidi, San Costanzo (Pesaro e Urbino)

Per 4 persone

3 etti e mezzo di sedani rigati
una cipolla, una carota, una
costa di sedano, 2 zucchine,
un etto di piselli sgranati, un
ciuffetto di basilico
un etto di parmigiano
reggiano
olio extravergine di oliva
sale, pepe

*Tempo di preparazione e
cottura:* 40 minuti

Pulite carota, costa di sedano, zucchine e tagliatele a lista-relle. Tritate la cipolla e soffriggetela in olio extravergine. A doratura, unite tutte le verdure e fatele stufare, aggiungendo poca acqua. Salate, pepate e, prima di spegnere il fuoco, unite qualche foglia di basilico spezzettata.
Lessate i sedani per una decina di minuti in abbondante acqua bollente salata. Scolateli e conditeli con le verdure, ultimando con il parmigiano grattugiato e con altro basilico.

Il sedano non è solo un ortaggio, è anche un formato di pasta secca corta, di taglio diritto e aspetto tubolare, con superficie liscia o rigata. Prodotti perlopiù dall'industria, i sedani – detti anche fagiolini, cornetti o diavoletti – hanno un diametro massimo di 12 millimetri. I più piccoli, larghi circa la metà e chiamati sedanini, si adattano a preparazioni sia asciutte sia in brodo. In alternativa al sugo di verdure (tardo-primaverile, per la compresenza di piselli e zucchine) proposto dal signor Guidi, potrete condire la pasta con funghi trifolati in olio con aglio e prezzemolo, aggiungendo alla fine della breve cottura una manciatina di olive nere sminuzzate. Con i sedani si preparano spesso pasticci al forno (si veda la ricetta ferrarese di pag. 301).

Sfogliata di scrippelle con sugo di agnello

Ristorante La Conca alla Vecchia Posta, L'Aquila

Avviate a cottura la salsa di pomodoro: in una padella scaldate un po' di olio con gli spicchi di aglio e, quando sarà ben caldo, versate i pelati tagliati a filetti. Cuocete per un quarto d'ora aggiungendo sale, origano e timo.

Nel frattempo mettete a bagno i pomodori e i peperoni secchi per 30 minuti in acqua fredda, avendo cura di cambiare l'acqua ogni 10 minuti.

Per le crespelle, battete in una ciotola i tuorli d'uovo con la farina, il latte e un pizzico di sale fino a ottenere un composto omogeneo, fluido ma filante. Cuocete una a una le crespelle da entrambi i lati in una padellina antiaderente. Tenetele da parte.

Passate alla preparazione del sugo. Tagliate la polpa di agnello in listarelle larghe circa mezzo centimetro (procedete nel senso della lunghezza, assecondando le fibre della carne) e poi in cubetti. Affettate le zucchine a mezze rondelle spesse circa mezzo centimetro.

In una padella fate imbiondire a fiamma lenta in olio lo spicchio di aglio e il rametto di rosmarino. Saltate nell'olio caldo i dadini di agnello, aggiungete le zucchine e, da ultimo, i pomodori e i peperoni secchi scolati, strizzati e sminuzzati. Cuocete per pochi minuti.

Quando tutte le componenti saranno pronte e ben riscaldate, disponete sul fondo di ogni piatto un quarto delle crespelle, aggiungete la salsa di pomodoro e il sugo di agnello e zucchine; continuate alternando strati di crespelle e di condimento. Servite passando a parte il pecorino grattugiato.

Dagli ingredienti consigliati dallo chef – agnello di Castel del Monte di razza gentile di Puglia, aglio rosso di Sulmona – alle crespelle, anzi scrippelle*: tutto in questo piatto parla di Abruzzo. Se il modo tradizionale di gustare le* scrippelle *è in brodo (*scrippell'mbusse*), da tempo la cucina abruzzese ne fa timballi e millefoglie. Qualora preferiate comporre la preparazione in teglia anziché impiattarla, procedete allo stesso modo avendo l'accortezza di scaldarla in forno, coperta da un foglio di stagnola, prima di dividerla in porzioni.*

Per 4 persone

Per le crespelle:
3 etti di farina di frumento
3 tuorli d'uovo
2 dl di latte
una presa di sale
Per il sugo di agnello:
mezzo chilo di coscio di agnello
mezzo chilo di zucchine, uno spicchio di aglio, un rametto di rosmarino
un etto di pomodori secchi, un etto di peperoni secchi
olio extravergine di oliva, sale
Per la salsa di pomodoro:
2 spicchi di aglio
4 etti di pomodori pelati
olio extravergine di oliva
sale, un pizzico di origano, un pizzico di timo
Inoltre:
pecorino stagionato da grattugia (facoltativo)

Tempo di preparazione e cottura: un'ora e mezza

Shtridhelat

Luisa Bellucci, Cosenza

Per 6 persone

Per la pasta:
2 etti di semola di grano duro,
2 etti di farina di frumento
tipo 00
2 uova
un pizzico di sale
Per il condimento:
3 etti di fagioli, uno spicchio
di aglio, 2 pomodorini, un
peperoncino
olio extravergine di oliva, sale

*Tempo di preparazione e
cottura:* 3 ore

La sera precedente mettete in ammollo i fagioli. Al mattino versateli in una pentola capiente, copriteli con acqua salata e cuoceteli a fuoco bassissimo per un paio d'ore.

Nel frattempo mescolate sul piano di lavoro gli sfarinati con il sale, fate una fontana e versate al centro le uova e un bicchiere di acqua tiepida; lavorate fino a ottenere un impasto omogeneo ed elastico, che lascerete riposare coperto da un velo per circa mezz'ora.

Dividete l'impasto in tanti panetti grosso modo delle stesse dimensioni. Bucate al centro ciascun panetto – la signora Luisa si serve di un utensile apposito, il *kesistra*, ma potrete usare qualsiasi attrezzo serva allo scopo – e allargate con le mani il foro centrale, assottigliando l'impasto tutto intorno, in modo che la pasta assuma la forma di una ruota che si allarga sempre di più. Raggiunto lo spessore desiderato, tagliate ai due estremi, ricavandone tanti spaghetti di uguale misura, che sistemerete su un canovaccio ad asciugare.

Non appena i fagioli saranno cotti, soffriggete in un largo tegame l'aglio e il peperoncino, aggiungete i pomodorini schiacciati con le mani e, dopo cinque minuti, i fagioli scolati con tre mestoli dell'acqua di cottura, regolando di sale. Cuocete la pasta in abbondante acqua salata, scolatela e aggiungetela ai fagioli. Una leggera mescolata e potrete portare in tavola.

Le shtridhelat *sono il primo piatto dei giorni festivi per gli Arbëreshë, discendenti degli albanesi che, in più ondate e per vari motivi – in particolare per la pressione turca –, dal Quattrocento in poi attraversarono l'Adriatico stabilendosi in vari paesi del Mezzogiorno d'Italia. Oggi in Calabria le comunità arbëreshë sono una trentina, dislocate soprattutto in provincia di Cosenza, per un totale di poco meno di 90 000 persone, che per i due terzi parlano una lingua composita, mescolanza di dialetti albanesi e locali.*

Spaghetti aglio, olio e peperoncino

Trattoria L'Oste della Bon'Ora, Grottaferrata (Roma)

Sbucciate gli spicchi di aglio e, secondo il vostro gusto, utilizzateli interi, tagliati in due o tre pezzi, tritati o schiacciati; fateli poi dorare in abbondante olio con il peperoncino spezzettato a mano. Attenzione: l'aglio deve imbiondire, ma non scurirsi, e sia l'aglio sia il peperoncino devono poi essere eliminati.

Lessate gli spaghetti in abbondante acqua salata, scolateli al dente e fateli saltare nel tegame con l'olio, l'aglio e il peperoncino. Spolverizzate con il prezzemolo tritato e portate in tavola.

È l'evoluzione minima, incline al piccante, del classico ajo e ojo, *ricetta di norma attribuita alla cucina popolare romana (del contado più che dell'Urbe) ma la cui paternità è contesa tra Lazio, Abruzzo, Campania e Calabria. Massimo Pulicati e Marisa Zaia, patron e cuoca dell'Oste della Bon'Ora, precisano che volendo un sapore meno deciso si può evitare di fare saltare la pasta in padella e limitarsi a versare l'olio caldo sugli spaghetti ben scolati. Per utilizzare questo semplicissimo condimento a crudo, invece, basterebbe strofinare gli spicchi di aglio, tagliati a metà – senza spremerli, per evitare un sapore troppo prepotente – sul fondo della terrina, su cui poi si verserà la pasta, spolverando infine con prezzemolo e peperoncino appena tritati. Esiste, inoltre, una versione rossa, che prevede l'aggiunta del pomodoro – fresco, passato o a pezzettoni, oppure sotto forma di pelati o di conserva – all'olio già insaporito con l'aglio e il peperoncino. E, per finire con la pasta, si possono sostituire gli spaghetti con linguine o vermicelli.*

Per 4 persone

320 g di spaghetti
3 spicchi di aglio, un peperoncino, un ciuffetto di prezzemolo
olio extravergine di oliva, sale

Tempo di preparazione e cottura: mezz'ora

Spaghetti alla cucunciata

Ristorante 'A Cannata, Santa Marina Salina (Isole Eolie, Messina)

Per 4 persone

4 etti di spaghetti
2 acciughe sotto sale
4 etti di pomodori ciliegini,
2 peperoni, 2 melanzane, 2
spicchi di aglio, un ciuffetto di
basilico
40 g di olive nere, 40 g di
cucunci (frutti di cappero)
sotto sale
pecorino siciliano stagionato
olio extravergine di oliva
sale, pepe

*Tempo di preparazione e
cottura:* 2 ore

Mondate le melanzane, tagliatele a dadini e tenetele sotto sale per mezz'ora.

Dissalate e strizzate i *cucunci*. Lavate e diliscate le acciughe. Snocciolate le olive e tagliate i pomodorini. Bruciacchiate sulla fiamma i peperoni, svuotateli e spellateli; lavateli e tagliateli a listarelle. Tritate i filetti di acciuga e i *cucunci*.

In una casseruola fate rosolare in olio extravergine gli spicchi di aglio interi schiacciati; toglieteli quando sono dorati e unite le melanzane, dopo averle passate sotto un getto di acqua per eliminare il sale. Lasciatele soffriggere per qualche minuto, aggiungete i pomodori e fate consumare per una decina di minuti la salsa. Unite i peperoni, le olive, il trito di *cucunci* e acciughe e qualche fogliolina spezzettata di basilico; assaggiate e regolate di sale e pepe.

Lessate gli spaghetti, conditeli e serviteli ben caldi spolverandoli con pecorino grattugiato.

Il cappero (Capparis spinosa) è un arbusto sempreverde che cresce in tutte le regioni costiere. Se ne raccolgono e conservano, in salamoia o sotto aceto, sia nell'industria artigianale sia a livello domestico, i bocciolini fiorali e i frutti. Questi ultimi, piccole bacche ovali, sono detti cetriolini e, in Sicilia, cucunci, denominazione con la quale compaiono nel repertorio ministeriale dei prodotti tradizionali censiti dalle Regioni. Il cappero di Pantelleria (Trapani) ha ottenuto il riconoscimento dell'Igp, mentre un Presidio Slow Food difende la coltivazione tradizionale, tuttora praticata nell'isola di Salina (Messina), dei capperi della varietà tondina, raccolti a mano e riposti in tini di legno, a strati, alternati a sale grosso.

Spaghetti alla marinara

Giustina Di Iorio, Termoli (Campobasso)

In una padella antiaderente scaldate tre o quattro cucchiai di olio extravergine e fatevi dorare la cipolla affettata sottilmente e gli spicchi di aglio schiacciati. Aggiungete i pomodori a pezzetti (se freschi, spellati, privati dei semi e strizzati) e cuocete fino a quando il sugo cominci ad addensarsi. A questo punto unite il rametto di origano, le olive denocciolate, i capperi dissalati e cuocete ancora per pochi minuti.

Passate al setaccio la salsa che userete, opportunamente riscaldata, per condire gli spaghetti cotti al dente in abbondante acqua salata. Completate con una spolverata di prezzemolo tritato e portate in tavola servendo a parte il formaggio grattugiato.

A dispetto di cosa sembrano suggerire, i condimenti alla marinara non comprendono pesci ma pomodoro ed erbe aromatiche mediterranee come l'aglio, il basilico, l'origano, il prezzemolo. In alcune ricette compaiono però le acciughe salate. Sono invece a base di ingredienti di mare (soprattutto molluschi e crostacei) i sughi detti alla pescatora, che normalmente ne prevedono la cottura con pomodoro, fresco o pelato o in passata. Ci sono però anche versioni in bianco: la signora Di Iorio prepara un gustoso condimento per la pasta secca (preferibilmente di formato corto e grande, per esempio rigatoni) rosolando in un soffritto di aglio, prezzemolo e peperoncino mezzo chilo di cozze sgusciate, fatte aprire in un tegame sul fuoco, e un'eguale quantità di seppie e calamari tritati; sfuma con vino bianco, allunga con l'acqua emessa dai molluschi e porta a cottura.

Per 4 persone

320 g di spaghetti (o altra pasta lunga)
mezzo chilo di pomodori da salsa (o 3 etti e mezzo di pomodori pelati)
mezza cipolla, 2 spicchi di aglio, un ciuffo di prezzemolo, un rametto di origano, un pezzetto di peperoncino
2 manciate di olive verdi, una manciata di capperi sotto sale
parmigiano reggiano (facoltativo)
olio extravergine di oliva, sale

Tempo di preparazione e cottura: mezz'ora

Spaghetti alla puttanesca

Concetta De Carlo, Napoli

Per 4 persone

3 etti e mezzo di spaghetti
4 acciughe salate sott'olio
una dozzina di pomodorini
(*spunzilli*), 2 spicchi di aglio,
mezzo peperoncino
un etto di olive nere
denocciolate, mezz'etto di
capperi sotto sale
6 cucchiai di olio extravergine
di oliva
sale, origano

*Tempo di preparazione e
cottura:* 40 minuti

Diliscate, lavate e asciugate le acciughe. Dissalate i capperi. Tritate finemente l'aglio e il peperoncino. Spellate, strizzate e tritate gli *spunzilli*.
Mettete sul fuoco una pentola con abbondante acqua, che salerete a ebollizione, per la cottura della pasta.
In un tegame soffriggete nell'olio ben caldo l'aglio e il peperoncino. A doratura abbassate il fuoco, versate il trito di pomodorini e fatelo sobbollire per una decina di minuti. Aggiungete i filetti di acciuga, schiacciandoli con i rebbi di una forchetta fino a scioglierli. In ultimo unite le olive e i capperi.
Con questo sugo condite gli spaghetti cotti al dente e ben scolati, completando con una spolverata di origano.

La nascita della ricetta si colloca negli anni Cinquanta e negli ambienti della "dolce vita", forse però non romana: la paternità spetterebbe a Sandro Petti, architetto e ristoratore di vip a Ischia, il quale avrebbe improvvisato il piatto per una combriccola di tiratardi affamati che gli chiedevano di cucinare «una qualsiasi puttanata». La disinvolta denominazione costò al cuoco un richiamo del vescovo, ma gli diede una certa fama tra gli estimatori delle ricette facili, rapide e dai sapori intensi. Nella versione che presentiamo, un importante elemento territoriale è dato dagli spunzilli *o* piénnoli, *i piccoli pomodori da serbo che, appesi in grappoli ai balconi o ai soffitti, forniscono per tutto l'inverno una* pummarola *straordinariamente saporita. La tradizione è ancora viva soprattutto sulla costa e nell'entroterra di Napoli, dove i pomodorini del* piénnolo *di area vesuviana sono protetti da un Presidio Slow Food.*

Spaghetti alla puverielle

Hosteria Toledo, Napoli

Portate a ebollizione abbondante acqua salata e calatevi gli spaghetti. Mentre cuociono saltate in una padellina antiaderente la pancetta a cubetti con un cucchiaio di olio e tenetela in caldo.

In un'altra padella (larga) fondete a fuoco molto basso lo strutto e, con questo, condite la pasta che nel frattempo avrete scolato al dente e trasferito in una zuppiera riscaldata; unite la pancetta saltata e cospargete con il pecorino grattugiato e una macinata di pepe; mescolate delicatamente.

Riprendete la padella unta dello strutto e, aggiungendo un goccio d'olio, friggete le uova "a occhio di bue", facendo rapprendere l'albume e lasciando morbido il tuorlo. Salate le uova e passate a preparare i singoli piatti: dividete la pasta condita in porzioni e, su ognuna, sistemate un uovo fritto.

*Piatto tradizionale, povero ma sostanzioso e completo, prevede originariamente l'impiego dello strutto (sugna nel Meridione), che oggi si tende a sostituire con pari quantità di burro e olio. All'Hosteria Toledo, nei Quartieri spagnoli, si aggiunge la pancetta, altre ricette – mantenendo le uova fritte come costante – contemplano salsa di pomodoro e qualche foglia di basilico. Il punto di frittura "a occhio di bue", che è quello consigliato per l'uovo detto al burro o al tegamino, ha un corrispettivo, in caso di cottura col guscio, nell'uovo bazzotto – l'*oeuf mollet *della cucina internazionale –, bollito il tempo necessario a rendere sodo ma ancora elastico l'albume e cremoso il tuorlo.*

Per 4 persone

4 etti di spaghetti
4 uova
un etto e mezzo di pancetta
80 g di pecorino stagionato
un etto di strutto (oppure burro e olio), olio extravergine di oliva
sale, pepe nero

Tempo di preparazione e cottura: mezz'ora

Spaghetti alla sangiovannino

Hosteria del Malconsiglio, Matera

Per 4 persone

4 etti di spaghetti
uno spicchio di aglio, un
pezzetto di peperoncino
80 g di conserva di pomodoro
olio extravergine di oliva, sale

*Tempo di preparazione e
cottura:* mezz'ora

Scaldate in un tegame un bicchiere di olio con lo spicchio di aglio e il peperoncino tritato. Quando l'aglio apparirà dorato eliminatelo e aggiungete la conserva, facendola sciogliere e amalgamandola all'olio bollente.
Lessate gli spaghetti in abbondante acqua bollente salata, scolateli al dente e fateli saltare nel tegame con il condimento.

San Giovannino (Giuannidd nel Sud) è l'appellativo affettuoso del Battista, che si festeggia – in molti paesi come patrono – il 24 giugno, dopo la "notte magica" scandita da riti, legati al solstizio estivo, di origine certamente precristiana. Fra le tradizioni onorate fino a qualche decennio fa nelle campagne meridionali va annoverato il comparaggio, ovvero la nomina a "compari" e "commari" degli amici di famiglia più cari. L'ufficializzazione di questo vincolo di quasi parentela era celebrato, a tavola, con un menù speciale, comprendente anche spaghetti conditi con i pomodorini appesi. Nell'osteria materana dei fratelli Vesia si usa la conserva preparata con la polpa di pomodori asciugati al sole, il che rende la ricetta proponibile tutto l'anno. Il semplicissimo condimento può essere arricchito con acciughe e capperi.

Spaghetti al sugo di lupo

Trattoria del Pesce Fresco, Marina di Caulonia (Reggio Calabria)

Pulite il pesce, che va eviscerato, spellato, privato della testa e lavato. Tagliatelo in piccoli tranci.
In un tegame con olio extravergine fate soffriggere l'aglio e il prezzemolo finemente tritati. Aggiungete la passata di pomodoro, cuocendo per una decina di minuti. Unite quindi i tranci di mostella e regolate di sale. Continuate la cottura, a fuoco medio, per 10-12 minuti.
Nel frattempo lessate la pasta in abbondante acqua salata. Scolatela e conditela con il sugo.

La mostella o musdea – in Calabria conosciuta come lupo, altrove come fico e pastenula bianca; nome scientifico Phycis blennioides *– è un gadide, pesce quindi dello stesso gruppo dei merluzzi, che vive su fondi sabbiosi e fangosi, dove si pesca soprattutto nei mesi invernali. Ha corpo oblungo, mandibola provvista di barbiglio e più breve della mascella, pinne ventrali a raggio bifido, lunghezza fino a 40-50 centimetri, colore grigio argenteo. Le carni sono buone ma facilmente deteriorabili e di difficile conservazione, quindi reperibili sono nei luoghi di pesca. Gli esemplari più giovani si friggono, gli altri si cuociono in brodetto, in umido o, sfilettati, al cartoccio.*

Per 4 persone

4 etti di spaghetti
6 etti di lupo (mostella)
uno spicchio di aglio, un ciuffo di prezzemolo
mezzo chilo di passata di pomodoro
olio extravergine di oliva, sale

Tempo di preparazione e cottura: 45 minuti

Spaghetti col gô

Trattoria Ai Ciodi, Grado (Gorizia)

Squamate ed eviscerate i gozzi e fate spurgare le vongole in acqua salata per un paio di ore.
Affettate la cipolla e imbionditela in una casseruola con due cucchiai di olio. Aggiungete i ghiozzi e il pomodoro – sceglietelo ben maturo – tagliato a cubetti; rosolate per cinque minuti e sfumate con il vino. Quando questo sarà evaporato versate due bicchieri d'acqua e cuocete ancora per circa un quarto d'ora, regolando di sale e pepe.
A cottura passate il tutto al setaccio fine. Con questa salsa condirete gli spaghetti lessati al dente.
A parte saltate con olio e aglio tritato le vongole scolate, portatele a cottura e usatele per guarnire i piatti.

Per 4 persone

4 etti di spaghetti, 2 etti di gô (ghiozzi), 20 vongole, un pomodoro, mezza cipolla, uno spicchio di aglio, un bicchiere di vino bianco secco, olio extravergine di oliva, sale, pepe

Tempo di preparazione e cottura: 45 minuti, più lo spurgo delle vongole

Spaghetti con i caparozzoli

Osteria Stallo, Noale (Venezia)

Per 6 persone

4 etti di spaghetti (o altra
pasta lunga), una sessantina di
caparozzoli (vongole veraci)
uno spicchio di aglio, un ciuffo
di prezzemolo
olio extravergine di oliva di
sapore tenue
sale grosso, sale fino, pepe

*Tempo di preparazione e
cottura:* 20 minuti, più lo
spurgo dei molluschi

Versate in una bacinella due litri di acqua e una manciatina di sale grosso, immergetevi i molluschi, coprite il recipiente e attendete almeno un'ora. Gettate i caparozzoli che si saranno aperti, scolate i restanti e fateli gocciolare in uno scolapasta.
Scaldate a fuoco vivace l'olio e l'aglio, aggiungete le vongole, incoperchiate e cuocete per una decina di minuti. Salate, pepate e unite il prezzemolo tritato.
Lessate la pasta al dente e trasferitela ancora umida nella padella; saltate per qualche minuto in modo che l'amido si leghi al sugo, lasciando il fondo morbido e cremoso ma non acquoso.

Spaghetti con il friggione

Trattoria Giampi e Ciccio, Bologna

Per 4 persone

Per la pasta:
3 etti di semola di grano duro
un pizzico di sale
Per il condimento:
8 etti di pomodori maturi,
6 etti di cipolle bianche
olio extravergine di oliva, sale
Inoltre:
parmigiano reggiano
(facoltativo)
olio extravergine di oliva

*Tempo di preparazione e
cottura:* 6 ore

La ricetta è semplicissima ma richiede tempi molto lunghi per la cottura del friggione, di per sé un cremoso contorno per carni lesse, tipicamente emiliano.
Spellate i pomodori – se avete difficoltà potete immergerli brevemente in acqua molto calda prima di procedere – e tagliateli a pezzetti. Sbucciate le cipolle e riducetele a dadini. Versate entrambe le verdure in una casseruola con olio (un tempo si usava lo strutto) e cuocete, a fiamma bassa e a tegame coperto, da quattro a sei ore, mescolando di tanto in tanto e aggiungendo piccole quantità di acqua nel caso il fondo asciugasse troppo. Regolate di sale e serbate in caldo.
Su una spianatoia impastate la semola con acqua e un pizzico di sale fino a ottenere una massa soda e omogenea. Copritela con un tovagliolo e lasciatela riposare per una mezz'oretta. Trafilate la pasta con l'apposito disco a sezione rotonda segmentandola ogni 25-30 centimetri; allargate gli spaghetti e fateli asciugare per qualche tempo.
Lessate la pasta per sei o sette minuti in abbondante acqua salata, scolatela e ripassatela nel sugo, ultimando con un giro di olio a crudo e passando, a parte, un pezzo di parmigiano reggiano da grattugia.

Spaghetti con i missoltini

Osteria Sali e Tabacchi, Maggiana di Mandello del Lario (Lecco)

Grigliate i missoltini, spellateli e sbriciolateli finemente. Tritate lo scalogno e rosolatelo in padella con il burro, aggiungete i missoltini e il prezzemolo tritato.
Cuocete gli spaghetti in abbondante acqua salata, scolateli e trasferiteli nella padella con il sugo. Amalgamate il tutto e servite.
Nel caso abbiate tempo e voglia, potrete sostituire, seguendo il suggerimento del signor Gabriele, patron e chef dell'osteria, gli spaghetti con i tagliolini preparati in casa, impastando quattro etti di farina di frumento tipo 00 con quattro uova e un pizzico di sale.

I missoltini sono agoni (Alosa fallax lacustris) che, in alcune località lungo le sponde del lago di Como, sono lavorati in modo artigianale. Una volta eviscerati, sono strofinati con sale e sistemati per un paio di giorni in una marmitta, dove vengono rigirati ogni 12 ore. Successivamente sono sciacquati, infilzati con uno spago e posti al sole e al vento per alcuni giorni in modo da farli essiccare: devono diventare croccanti. Si dispongono, quindi, in una latta – originariamente di legno, la misola, *da cui* missoltini *– a strati, alternati con foglie di alloro e si sottopongono a pressatura: il liquido oleoso che si sprigiona ne permette una lunga conservazione. Al momento dell'utilizzo si scaldano sulla griglia o in padella e, una volta spellati, oltre che per condire la pasta, si possono servire come antipasto, conditi con un filo di extravergine, poco aceto, una spolverata di prezzemolo tritato, e accompagnati da polenta.*

Per 6 persone

mezzo chilo di spaghetti
3 missoltini (agoni essiccati)
un piccolo scalogno, un ciuffo
di prezzemolo
40 g di burro, sale

*Tempo di preparazione e
cottura:* mezz'ora

Spaghetti con la matalotta

Trattoria La Gazza Ladra, Siracusa

Per 4 persone

4 etti di spaghetti
un chilo di lampuga
mezzo peperone verde, una
cipolla, una foglia di alloro
10 olive nere denocciolate, un
cucchiaio di capperi
un cucchiaio di concentrato di
pomodoro, mezzo bicchiere di
vino bianco secco
pecorino stagionato
olio extravergine di oliva, sale

*Tempo di preparazione e
cottura:* mezz'ora

Lavate, pulite e sfilettate la lampuga. Affettate la cipolla
e soffriggetela in olio. Versate il concentrato di pomodoro, diluite con il vino, quindi aggiungete il pesce, il mezzo
peperone, le olive, i capperi e l'alloro. Ricoprite con acqua
e cuocete senza coperchio a fuoco vivace fino a quando il
sugo non si restringa (circa 15 minuti), regolando di sale.
Lessate gli spaghetti in acqua salata. Quando l'intingolo è
pronto, togliete l'alloro e il peperone. Scolate la pasta, conditela con il sugo e i filetti di pesce, quindi servite spolverizzando con pecorino grattugiato.

*Tra i pochi piatti di pesce che si sposano bene con un formag-
gio saporito, gli spaghetti alla matalotta prevedono l'impiego della lampuga ma, a Siracusa come in altre zone della Sicilia, si usano anche altri pesci considerati poveri, come sau-
ri, ope, gronghi.*

Spaghetti con le alici di menaica

Presidio delle Alici di Menaica, Pisciotta (Salerno)

Per 4 persone

4 etti di spaghetti
2 etti e mezzo di alici di
menaica, 2 alici di menaica
salate
2 etti e mezzo di pomodorini
del *piénnolo*, mezza cipolla
bianca, uno spicchio di aglio,
un ciuffetto di prezzemolo, un
ciuffetto di origano selvatico
un bicchiere di Fiano del
Cilento
olio extravergine di oliva, sale

*Tempo di preparazione e
cottura:* 45 minuti

Pulite e diliscate le alici fresche e dissalate quelle conservate. Tritate separatamente la mezza cipolla, l'aglio, il prezzemolo e l'origano.
Appassite in una teglia con poco extravergine i pomodorini tagliati a metà, assieme all'aglio e a parte del trito di
cipolla. In un'altra teglia versate un po' di olio, la cipolla
avanzata e metà del prezzemolo e unitevi le alici dissalate.
Rosolate leggermente, aggiungete le alici fresche e, dopo
avere sfumato con il vino, i pomodorini preparati in precedenza. Continuate brevemente la cottura fino ad amalgamare il tutto.
Cuocete gli spaghetti al dente, scolateli e passateli in padella assieme al sugo, cospargendo con prezzemolo e origano.

*Solo nel Cilento sopravvive l'antichissima tecnica mediterra-
nea di pesca con la menaica – termine riferito sia all'imbar-
cazione sia alla rete, che trattiene solo gli esemplari adulti –,
oggi protetta da un Presidio Slow Food con l'intento di valorizzare le alici così catturate, poste sotto sale in vasi di terracotta, i terzigni, e lasciate maturare almeno tre mesi.*

Spaghetti con le canocie

Barbara Di Benedetto, Trieste

Incominciate preparando il fumetto. Lavate le canocchie e tagliate la testa, la coda e i bordi laterali, da cui sfilerete i filetti, tenendoli da parte.
In una larga padella rosolate a fuoco vivace le corazze dei crostacei; a doratura aggiungete il vino e fatelo evaporare; abbassate quindi la fiamma, coprite con acqua e salate. Cuocete per un quarto d'ora e filtrate con un colino fine.
Lessate gli spaghetti in abbondante acqua salata. Nel frattempo scaldate in una padella l'olio e rosolate i filetti di crostacei. Aggiungete il pangrattato e due bicchieri circa di fumetto, lasciando restringere il sugo per qualche minuto. Scolate la pasta al dente, fatela saltare in padella e guarnite con il prezzemolo tritato.

Per 6 persone

mezzo chilo di spaghetti
un chilo di *canocie* (canocchie, cicale di mare)
un ciuffetto di prezzemolo
un cucchiaio di pangrattato
vino bianco secco
olio extravergine di oliva, sale

Tempo di preparazione e cottura: un'ora e un quarto

Spaghetti con le nocciole

Ristorante Il Brigante, Giffoni Sei Casali (Salerno)

Tostate leggermente le nocciole al fine di poterle privare della pellicina, quindi tritatele. Tritate anche lo spicchio di aglio e fatelo poi appassire, insieme al peperoncino, in quattro cucchiai di olio extravergine scaldato in una padella capiente, in grado di contenere anche gli spaghetti. Aggiungete le nocciole, che andranno stemperate con qualche cucchiaio dell'acqua di cottura della pasta; unite il prezzemolo tritato e regolate di sale.
Lessate al dente gli spaghetti, scolateli e terminate la cottura nella padella del condimento.

Per 4 persone

4 etti di spaghetti
un etto di nocciole di Giffoni sgusciate, uno spicchio di aglio, un pezzetto di peperoncino, un ciuffo di prezzemolo, olio extravergine di oliva, sale

Tempo di preparazione e cottura: mezz'ora

Spaghetti con le zighe

Osteria in Caciaia, Antignano di Livorno

Per 4 persone

4 etti di spaghetti
un chilo di zighe (telline)
5 pomodori da salsa, una
cipolla media, uno spicchio di
aglio, un peperoncino rosso,
un ciuffetto di basilico
mezzo bicchiere di vino
bianco secco
olio extravergine di oliva, sale

*Tempo di preparazione e
cottura:* 40 minuti, più lo
spurgo dei molluschi

Immergete le zighe in acqua salata: l'ideale sarebbe per una notte, ma potrete ridurre a un'ora il tempo di spurgo. Scolatele e sciacquatele in acqua corrente.
Tritate finemente la cipolla e fatela soffriggere in olio extravergine con il peperoncino. Non appena la cipolla imbiondisce aggiungete le zighe e spruzzatele con il vino bianco. Scottatele per cinque o sei minuti a tegame incoperchiato, finché le valve si aprano. Sgusciate parte dei molluschi e lasciate gli altri nella loro conchiglia. Filtrate e tenete in caldo il liquido rimasto nella padella.
Soffriggete in altro olio lo spicchio di aglio e, quando comincerà a colorire, versate l'acqua delle zighe e fate sobbollire per cinque minuti; se volete un gusto più deciso potete incorporare anche alcuni molluschi macinati. Unite al soffritto il basilico tritato e i pomodori sbollentati, pelati e tagliati a dadini. Cuocete il tutto per altri cinque o sei minuti; poco prima del termine di cottura, versate nel tegame le telline, assaggiate e, se necessario, aggiustate di sale. Lessate gli spaghetti al dente in una pentola con acqua salata. Scolateli, saltateli per pochi minuti nella padella delle zighe e serviteli.

Un'altra versione toscana di questa ricetta non prevede la presenza di cipolla, pomodori e basilico. In tal caso le zighe, fatte aprire in una casseruola con poco olio, si aggiungono con la loro acqua al soffritto di aglio e peperoncino. Dopo avere saltato gli spaghetti nel sugo, si cospargono con abbondante prezzemolo tritato.

Spaghetti con salsa di montone

Agriturismo Re di Puglia, Coltano di Pisa

Macinate la carne. Passate al tritacarne anche le verdure, dopo averle mondate e lavate.

Scaldate l'olio in una capace casseruola, unite il trito di verdure e fatelo imbiondire. Aggiungete la carne e fatela rosolare dolcemente. Versate il vino, lasciate evaporare e, quindi, unite la polpa e il concentrato di pomodoro. Regolate di sale e pepe, incoperchiate e cuocete a fuoco lento per almeno un'ora e mezza.

Lessate in abbondante acqua salata gli spaghetti, scolateli e trasferiteli nel tegame con la salsa. Mescolate per amalgamare bene il tutto e portate a tavola.

Tra le carni ovine, quelle di montone (l'ariete, cioè il maschio della pecora) sono le meno usate nella cucina italiana, dove ha invece un certo peso, specie in area romagnola, il castrato. Il montone comincia però a trovare spazio sui banchi delle nostre macellerie per soddisfare la richiesta della sempre più numerosa clientela di origine magrebina o orientale. Per questa ricetta potete comunque sostituirlo con carne di pecora o di castrato.

Per 12 persone

un chilo di spaghetti
un chilo e 2 etti di polpa di montone, un etto e mezzo di carote, un etto e mezzo di cipolle, un etto di coste di sedano, uno spicchio di aglio, 4 rametti di rosmarino, 4 etti di polpa di pomodoro, un etto di concentrato di pomodoro una bottiglia di vino rosso di corpo, olio extravergine di oliva, sale, pepe

Tempo di preparazione e cottura: 2 ore

Spaghetti con tonno e bottarga

Ristorante Sa Musciara, Portoscuso (Carbonia-Iglesias)

In una padella fate soffriggere l'aglio in cinque cucchiai di olio fino a farlo dorare; aggiungete il tonno ben scolato e spezzettato grossolanamente, i pomodori tagliati a cubetti, il basilico a pezzetti e cuocete per qualche minuto a fuoco moderato.

Nel frattempo sminuzzate finemente la bottarga con un coltello e aggiungetela alla preparazione. Lasciate sul fuoco per qualche secondo, regolate di sale (attenzione a non esagerare, perché il composto è già saporito) e spegnete la fiamma.

Lessate in abbondante acqua salata gli spaghetti per sette o otto minuti; scolateli, ripassateli in padella mescolando perché si amalgamino al condimento e servite.

Per 4 persone

4 etti di spaghetti
un etto e mezzo di tonno sott'olio, 80 g di bottarga di tonno
5 pomodori maturi, uno spicchio di aglio, qualche foglia di basilico
olio extravergine di oliva, sale

Tempo di preparazione e cottura: mezz'ora

Spaghetti d'orzo con porcini e zucchine

Ristorante Santa Chiara, Guardiagrele (Chieti)

Per 4 persone

3 etti e mezzo di spaghetti di farina di orzo mondo e semola di grano duro
2 etti e mezzo di porcini, 2 etti di zucchine della varietà verde scura, 2 pomodori maturi, una costa di sedano, una carota, una cipolla piccola, uno scalogno
un etto di panna
un etto di parmigiano reggiano
mezz'etto di burro, mezz'etto di olio extravergine di oliva, sale

Tempo di preparazione e cottura: 45 minuti

Lavate e spuntate le zucchine e isolatene la polpa, tenendo da parte la scorza che utilizzerete per il sugo.

Pulite bene i porcini, prima con un canovaccio, poi sotto un filo di acqua corrente, e separate le parti più dure, come la corteccia del gambo. Con queste – e con la carota, il sedano, la cipolla, i pomodori e la polpa delle zucchine – preparate un brodo vegetale in un litro e mezzo di acqua e poco sale; cuocete finché il liquido non si sia ridotto della metà.

Tagliate a fiammifero la parte esterna delle zucchine e i porcini a fettine non troppo sottili; montate leggermente la panna fresca.

In una padella molto calda versate un filo di olio e saltatevi i porcini; aggiungete lo scalogno affettato sottile, le zucchine e pochissimo sale; rosolate per un minuto, poi versate il brodo filtrato e portate a ebollizione.

Nel frattempo avrete cotto la pasta in abbondante acqua salata: scolatela molto al dente e versatela nella padella dove continuerete la cottura per altri tre o quattro minuti, facendo ritirare il brodo. Da ultimo aggiungete il burro e saltate la pasta più volte fino a che la salsa non si addensi; unite il parmigiano grattugiato e, lontano dal fuoco, la panna poco montata; amalgamate ancora per pochi secondi. La pasta dovrà risultare al dente e la salsa quasi spumosa.

La particolarità di questo piatto sta soprattutto nel tipo di pasta, ruvidi grossi spaghetti nella cui composizione, insieme alla semola di grano duro, entra una percentuale di farina di orzo mondo (decorticato). Il pastificio e l'azienda che la producono e la confezionano, entrambi teramani, si sono ispirati nel nome commerciale a una delle interpretazioni cui si fa risalire l'etimo di maccherone: makaira, *un miscuglio di brodo e farina d'orzo, come attesterebbero fonti greco-bizantine del V-VI secolo.*

Spätzle con ragù di selvaggina

Pretzhof, Tulve-Tulfer di Val di Vizze-Pfitsch (Bolzano-Bozen)

Rifilate la carne, eliminando il grasso in eccesso, e tagliatela a dadini; tritate finemente la cipolla e tagliate a cubetti il sedano e la carota.

Riscaldate un po' di olio in una casseruola e imbionditevi la cipolla. Versate quindi la dadolata di verdure e la carne, facendole rosolare a fiamma viva finché il fondo non sia asciugato. Bagnate aggiungendo poco vino per volta e proseguite la cottura a fuoco moderato fino alla completa evaporazione. Insaporite con un pizzico di paprica, un rametto di rosmarino e di timo, la salvia e le bacche di ginepro, allungate con il brodo tiepido, abbassate la fiamma e terminate la cottura avendo cura, poco prima di togliere dal fuoco, di assaggiare e regolare di sale e pepe.

Nel frattempo, miscelate le due farine e impastate aggiungendo le uova, un pizzico di sale e l'acqua necessaria a ottenere un composto piuttosto sodo e omogeneo (all'incirca mezzo bicchiere); coprite e lasciate asciugare per qualche tempo.

Con l'apposita grattugia ricavate dalla pasta dei minuscoli gnocchetti e lessateli per pochissimi minuti in una pentola di acqua salata, rimestando continuamente perché non si attacchino tra loro. Non appena risalgano a galla scolateli e tuffateli in acqua fredda per fermarne la cottura e mantenerli ben separati. Saltateli nel ragù finché non siano ben amalgamati al sugo e servite.

Per 4 persone

Per la pasta:
un etto e mezzo di farina di grano saraceno, mezz'etto di farina di frumento
3 uova
un pizzico di sale

Per il condimento:
3 etti di polpa di spalla di cervo (o capriolo)
una cipolla di medie dimensioni, una carota, mezza costa di sedano, un rametto di rosmarino, un rametto di timo, una foglia di salvia
mezzo litro di vino rosso
un bicchiere di brodo di carne
olio extravergine di oliva
sale, pepe, 3 bacche di ginepro, paprica dolce

Tempo di preparazione e cottura: un'ora e 45 minuti

Spighe ripiene di formaggio con salsa di luccio

Ristorante L'Acquario, Castiglione del Lago (Perugia)

Per 4 persone

Per la pasta:
4 etti di farina di frumento
3 uova
una presa di sale
Per il ripieno:
2 etti e mezzo di ricotta mista
(vaccina e ovina)
80 g di pecorino romano
un pizzico di sale (facoltativo)
Per il condimento:
un luccio di 8 etti
2 etti di pomodorini, 20 g di
tartufo nero, uno spicchio
di aglio, un pezzetto di
peperoncino
vino bianco secco
olio extravergine di oliva, sale

*Tempo di preparazione e
cottura:* un'ora e mezza

Su una spianatoia disponete la farina a fontana e mettete al centro le uova, un pizzico di sale e il corrispettivo di tre gusci di acqua tiepida. Cominciate ad amalgamare con una forchetta, procedendo dal centro verso l'esterno, terminando di impastare con le mani, fino a ottenere una massa liscia e omogenea. Fate riposare per qualche minuto e procedete tirando una sfoglia sottile che lascerete asciugare per cinque minuti.

Preparate nel frattempo il ripieno mescolando in una ciotola la ricotta e il pecorino grattugiato; assaggiate e, se necessario, salate leggermente.

Tagliate la pasta a rombi allungati, mettete al centro di ognuno un cucchiaino di ripieno e sigillate i margini pizzicottandoli in modo che l'intreccio ricordi una spiga di grano.

Dedicatevi quindi alla salsa: pulite, spellate e spinate accuratamente il luccio, quindi tagliate la polpa a pezzetti regolari. In una casseruola fate imbiondire nell'olio (meglio uno dal sapore delicato e poco aromatico) l'aglio e il peperoncino, aggiungete il pesce, abbassate la fiamma al minimo e portate a cottura – occorreranno all'incirca una decina di minuti – sfumando con il vino per mantenere il fondo morbido; regolate di sale.

Tagliate i pomodorini a piccoli cubetti e aggiungeteli al sugo a fuoco spento, mescolate e insaporite con una piccola grattugiata di tartufo.

Lessate le spighe in abbondante acqua salata per pochi minuti, scolatele e versatele nella casseruola; mantecate e servite in piatti individuali guarnendo con qualche scaglia di tartufo.

Spoja lorda con salsiccia e radicchio

Trattoria Croce Daniele, Brisighella (Ravenna)

Preparate la pasta lavorando sulla spianatoia la farina con le uova fino a ottenere un impasto sodo ed elastico. Coprite con un tovagliolo e fate riposare per un quarto d'ora.
In una ciotola amalgamate lo stracchino con l'uovo, il parmigiano grattugiato, sale e noce moscata; amalgamate bene e serbate da parte.
Con il matterello stendete una sfoglia non troppo sottile (circa un paio di millimetri), tagliatela a metà e spalmate su una parte il ripieno. Richiudete con l'altro pezzo, facendo aderire bene i margini ed eliminando l'aria; ritagliate con la rotella dentata quadratini di un centimetro e mezzo o due per lato, allargateli e fateli asciugare brevemente.
Dedicatevi al sugo. In una padella capace sciogliete a fiamma bassa una grossa noce di burro, sbriciolate la salsiccia e rosolate per pochi minuti. Lavate il radicchio, tagliatelo a listarelle e, quando la carne avrà preso colore, versatelo in padella; regolate di sale e proseguite la cottura per uno o due minuti, togliendo dal fuoco non appena sia appassito.
Lessate la *spoja lorda* in abbondante acqua salata, scolatela non appena risale a galla e saltatela nel tegame con il condimento.

La spoja lorda – *letteralmente sfoglia sporca – deve il suo nome alla sua preparazione: la pasta è spalmata con poco ripieno con cui viene propriamente "sporcata". Un tempo era preparata in occasione della produzione di pasta ripiena, quando il ripieno non era più sufficiente per realizzare ravioli e cappelletti. Si utilizzavano allo scopo i ritagli di sfoglia, con il doppio risultato di ripulire il recipiente e insaporire la pasta: uno dei tanti esempi di una cucina fatta d'improvvisazione, buon senso e contraria allo spreco. La pasta – che conosce nell'area del Forlivese e del Cesenate una variante dove nel ripieno entra anche la carne – è tradizionalmente legata a condimenti rustici, saporiti e di semplice fattura, come questo proposto da Luciano Gentilini. Altrettanto tipica e autentica è, però, la cottura in un buon brodo di carne.*

Per 4 persone

Per la pasta:
4 etti di farina di frumento tipo 0
4 uova
Per il ripieno:
2 etti e mezzo di stracchino
un uovo
un etto di parmigiano reggiano
sale, noce moscata
Per il condimento:
mezz'etto di salsiccia
60-70 g di radicchio di Chioggia
burro, sale

Tempo di preparazione e cottura: un'ora

Straccetti al ragù di spugnole

Trattoria Castello, Serle (Brescia)

Per 4 persone

Per la pasta:
2 etti di farina di frumento
tipo 00, un etto di semola di
grano duro
6 uova intere e 3 tuorli
Per il condimento:
4 etti di spugnole
2 spicchi di aglio, una
foglia d'alloro, un rametto
di rosmarino, un rametto
di timo, un ciuffetto di
prezzemolo
burro di malga, sale, pepe

*Tempo di preparazione e
cottura:* un'ora e 10 minuti

Fate una fontana con gli sfarinati, aggiungete le uova e i tuorli e lavorate la pasta fino a ottenere una sfoglia, da tagliare a losanghe irregolari.
Pulite accuratamente le spugnole e dividetele a metà. In una padella scaldate il burro con uno spicchio di aglio, privato dell'anima, rosmarino, alloro e timo; aggiungete i funghi e lasciateli cuocere a fuoco basso finché non rilascino la loro acqua di vegetazione; salate, pepate e aggiungete una generosa manciata di aglio e prezzemolo tritato.
Nel frattempo cuocete la pasta in abbondante acqua salata; una volta raggiunta la cottura al dente, scolatela e fatela saltare nella padella con il condimento.

Le spugnole sono funghi del genere Morchella, *che comprende tre specie commestibili: presentano un cappello che varia dal giallo ocra al grigio, al nerastro ed è percorso da piccoli alveoli, e hanno gambo lungo e biancastro. Sono molto apprezzate, soprattutto oltralpe, sia fresche sia essiccate.*

Straccetti di farina di castagne con burro e salvia

Hostaria Vecchia Fontana, Bienno (Brescia)

Per 4 persone

Per la pasta:
2 etti di farina di frumento
tipo 00, un etto di farina di
castagne
3 uova
un pizzico di sale
Per il condimento:
alcune foglie di salvia
silter
burro, sale

*Tempo di preparazione e
cottura:* un'ora, più il riposo

Mescolate le farine, apritele a fontana e versate al centro le uova battute con il sale, lavorando l'impasto e aggiungendo, se necessario, acqua fino a ottenere la consistenza voluta. Fate riposare in frigorifero la pasta avvolta in un panno per mezz'ora.
Stendetela, quindi, in una sfoglia dello spessore gradito – il cuoco della Hostaria preferisce una pasta piuttosto consistente, con uno spessore di circa tre millimetri – quindi, con una rotella dentata, tagliatela in forme irregolari.
Bollite gli straccetti in abbondante acqua salata, scolatela e conditela con silter grattugiato e abbondante burro, riscaldato con le foglie di salvia fino ad assumere un bel colore nocciola.

Il silter che condisce gli straccetti è un formaggio vaccino della Valcamonica, prodotto con latte di due o più mungiture, in estate in malga, in inverno nei piccoli caseifici del fondovalle, che stagiona da cento giorni a un anno.

Strangozzi con zucchine, ricotta e tartufo

Ristorante L'UmbriaCo, Acquasparta (Perugia)

Impastate la semola con circa mezzo bicchiere d'acqua, l'uovo e il sale fino a ottenere una massa soda e compatta. Dividete il composto in due o tre parti e tirate delle sfoglie di due millimetri di spessore, arrotolatele e ritagliate delle strisce larghe quattro millimetri; allargatele sul tagliere, cospargetele con un velo di semola e lasciatele asciugare un paio d'ore. Se avete fretta potete acquistare gli strangozzi già pronti in una gastronomia.

Lavate e mondate le zucchine eliminando la parte centrale della polpa che contiene i semi, tagliatele a listarelle e serbatele da parte.

In un padellino versate il vino, portatelo a ebollizione e infiammatelo, in modo da eliminare la parte alcolica.

In una casseruola versate l'olio e lo scalogno tritato, mettete sul fuoco e, non appena inizi a sfrigolare, bagnate con il vino bianco, fate evaporare e aggiungete uno o due mestoli di brodo vegetale, le striscioline di zucchina e poco peperoncino, regolando di sale. Cuocete cinque minuti: la verdura non deve sfaldarsi ma rimanere croccante.

Nel frattempo mondate i fiori di zucca eliminando gambo e pistillo, spezzettateli sommariamente e portate a ebollizione una pentola di acqua salata.

Calate la pasta e cuocetela per quattro o cinque minuti, scolatela e unitela al sugo. Mantecate con il formaggio grattugiato, unite i fiori di zucchina, saltate ancora pochi secondi e servite guarnendo il piatto con riccioli di ricotta e una grattugiata di tartufo.

Per 4 persone

Per la pasta:
4 etti di semola di grano duro
un uovo
15 g di sale
Per il condimento:
2 zucchine, 12 fiori di zucca, uno scalogno, un pezzetto di peperoncino
un bicchiere di vino bianco
brodo vegetale
un etto di grana padano
olio extravergine di oliva
sale, peperoncino
Inoltre:
semola di grano duro
40 g di tartufo nero estivo
ricotta dura di Norcia

Tempo di preparazione e cottura: un'ora, più il riposo

Strapizzi con asparagi selvatici e patate

Ristorante Font'Artana, Picciano (Pescara)

Per 4 persone

Per la pasta:
un etto di farina di frumento
tipo 00, un etto di semola di
grano duro
2 uova
un pizzico di sale
Per il condimento:
2 etti di asparagi selvatici, 2
patate, una piccola cipolla, 4
pomodori
5-6 cucchiai di olio
extravergine di oliva, sale

*Tempo di preparazione e
cottura*: un'ora e mezza

Con i due sfarinati mescolati, le uova e un pizzico di sale
formate un impasto omogeneo ed elastico. Tirate una sfoglia non troppo sottille e tagliatela a rombi (strapizzi), che
distenderete su un canovaccio infarinato.
Degli asparagi selvatici (o, in mancanza, asparagi di orto
dal fusto fine) prendete solo le punte, lavatele e cuocetele in due cucchiai di olio, un pizzico di sale e qualche cucchiaiata di acqua. Preparate poi un "sugo finto", rosolando la cipolla tritata in due cucchiai di olio cui aggiungerete il pomodoro a pezzetti e il sale; cuocetelo per 15 minuti.
Nel frattempo sbucciate le patate, tagliatele a cubetti e lessatele in due litri di acqua bollente salata, tenendole molto
al dente; calate gli strapizzi e completate la cottura in cinque minuti. Scolate via l'acqua senza asciugare del tutto
la pasta e condite con gli asparagi e il sugo di pomodoro.

*Piatto prettamente primaverile, si giova del sapore intenso
degli asparagi selvatici (Asparagus tenuifolius o acutifolius),
chiamati in dialetto locale virni, sostituibili con asparagina,
ossia asparagi ortivi molto sottili. Anche le fave, sempre arricchite con un leggero sugo di pomodoro, sono un'ottima alternativa (praticata anch'essa al ristorante Font'Artana) per
condire gli strapizzi, una pasta fresca che deriva il suo nome
dal panno bianco triangolare che tradizionalmente le donne
abruzzesi si mettono sul capo, ricoprendolo poi con il mac-
caturo di lana, quadrato e variopinto, per trattenere i capelli. Una variante suggerita e praticata, con gli stessi ingredienti qui indicati, è quella di tenere la preparazione più liquida, ottenendo una minestra deliziosa prima del caldo estivo.*

Strascinate alla pezzente

Ristorante Le Botteghe, Matera

Come prima cosa preparate un trito di cipolla e tagliate a cubetti la pezzente.

In una terrina di coccio riscaldate un filo di olio e soffriggete il battuto finché non sia dorato, unite la salsiccia e la foglia di alloro e proseguite la cottura per cinque minuti. Versate quindi la polpa di pomodoro, regolate di sale e pepe e cuocete per circa otto minuti a fuoco moderato: il fondo deve restare piuttosto fluido.

Portate a ebollizione una pentola di acqua salata, calate la pasta e lessatela per pochi minuti, scolandola piuttosto al dente. Versate le strascinate ancora umide in padella e completate la cottura nel sugo per un paio di minuti, ultimando con una generosa spolverata di pecorino grattugiato.

Le strascinate, o strascinati, sono un formato di pasta fresca facilmente reperibile in commercio realizzato con sola semola di grano duro e acqua. La forma è quella classica delle orecchiette ma le dimensioni sono maggiori; se volete, potete realizzarle anche in casa seguendo la procedura indicata nella ricetta a pag. 411. La pezzente è, invece, un salume tipico del Materano, tutelato dal Presidio Slow Food. Si tratta di una salsiccia realizzata utilizzando i tagli più poveri del maiale (muscoli, gola, nervetti e stomaco) conciati con peperone di Senise, peperoncino, finocchietto, aglio e sale. Una volta insaccata subisce una stagionatura di 15-20 giorni e può essere consumata sola o come ingrediente fondamentale di alcuni condimenti.

Per 4 persone

3 etti e mezzo di strascinate fresche
2 etti di salsiccia pezzente
una piccola cipolla, una foglia di alloro
2 etti e mezzo di passata di pomodoro
olio extravergine di oliva
sale, pepe
Inoltre:
pecorino da grattugia

Tempo di preparazione e cottura: mezz'ora

Strascinati al sugo di capretto e rafano

Ristorante Luna Rossa, Terranova di Pollino (Potenza)

Per 4 persone

4 etti di strascinati
8 etti di carne di capretto
uno spicchio di cipolla, 20 g
di radice di rafano orientale
(barbaforte, cren), una foglia
di alloro
un litro di salsa di pomodoro
20 g di pecorino
olio extravergine di oliva, sale

*Tempo di preparazione e
cottura:* 2 ore

In una larga padella rosolate i pezzi del capretto con lo spicchio d'aglio e la foglia di alloro.

Quando la carne è dorata uniformemente, aggiungete una parte della radice di rafano grattugiata, aggiustate di sale, versate la salsa di pomodoro e portate a cottura.

Cuocere la pasta in abbondante acqua salata, scolatela al dente e trasferitela in una capiente casseruola amalgamandola con un paio di cucchiai dell'acqua di cottura; conditela con il restante rafano grattugiato e il pecorino, irroratela con una bella cascata di sugo caldo e portate in tavola.

Rafano orientale o – con termine che può farlo confondere col ravanello – semplicemente rafano, ma anche barbaforte e, nel Nordest, cren (dal tedesco austriaco kren*, a sua volta derivato dal ceco* hren*): sono i nomi comuni dell'Armoracia rusticana, pianta erbacea originaria dell'Europa centrorientale dal fusto alto e ramificato e dal fittone a rizoma lungo e vigoroso, che emana un forte aroma pungente. La radice si consuma fresca in accompagnamento a carni bollite e pesci affumicati o ridotta in salsa per attenuarne il piccante. In Italia se ne è tramandato l'uso nelle regioni che hanno subito influenze slave o germaniche: Friuli Venezia Giulia, Veneto, Trentino Alto Adige e, nel Sud, in aree dove – come in Basilicata – è ancora vivo il retaggio della dominazione sveva. Noto da secoli per le qualità medicinali e gastronomiche, il rafano ha contaminato una parte della cucina lucana rendendola ancora più piccante. Il rizoma, crudo, si grattugia al momento sulla pasta, si unisce alle uova per la preparazione di frittate, si mescola a pane e patate per confezionare polpette. Federico Valicenti, chef e patron del ristorante Luna Rossa, racconta che per conservare la radice, dopo averla raccolta, ripulita dalla terra e lavata, occorre sistemarla in un posto umido e caldo per una settimana, grattugiarla e, quindi, trasferirla ricoperta di ottimo aceto di vino in un contenitore, chiuso ermeticamente e posto in frigorifero per una quindicina di giorni. Si scola poi dall'aceto e si sposta in piccoli vasi ricoprendola di olio extravergine di oliva.*

Strascinati al sugo di gallo

Ristorante Il Giardino di Epicuro, Maratea (Potenza)

Tagliate la carne in pezzi, rifilandola dal grasso in eccesso, e rosolatela in padella con lo strutto.

In una secondo tegame soffriggete l'aglio in un filo di olio, aggiungete la passata di pomodoro e il prezzemolo tritato, cuocete per 10-15 minuti regolando di sale. Quando la carne sarà ben dorata, disossatela e unitela al sugo, abbassate la fiamma al minimo e proseguite la cottura a tegame coperto per circa tre ore, allungando, se necessario, con un mestolo di acqua calda.

Nel frattempo impastate la semola con l'acqua necessaria a ottenere un impasto liscio ed elastico (ne occorrerà all'incirca un quarto di litro); coprite e fate riposare per un quarto d'ora.

Con le mani assottigliate piccole porzioni di pasta in cordoni del diametro di un centimetro e mezzo e ritagliate dei bastoncini di quattro centimetri di lunghezza. Con il pollice premete al centro di ognuno e imprimete, nel contempo, un movimento rapido in avanti in modo da trascinare la pasta sul piano di lavoro e conferirle una forma leggermente concava; allargate gli strascinati e fateli asciugare per qualche tempo.

Lessate la pasta in abbondante acqua salata, scolandola dopo pochi minuti; il tempo di risalire a galla, e versatela nel tegame del condimento saltandola velocemente e terminando con una generosa grattugiata di pecorino.

Per 6 persone

Per la pasta:
mezzo chilo di semola rimacinata di grano duro
Per il condimento:
il busto di un gallo ruspante
2 spicchi di aglio fresco, un ciuffo di prezzemolo
2 etti e mezzo di passata di pomodoro
un cucchiaio di strutto, olio extravergine di oliva, sale
Inoltre:
pecorino da grattugia

Tempo di preparazione e cottura: 3 ore e un quarto

411

Strascinati con ricotta e olive infornate

Ristorante Luna Rossa, Terranova di Pollino (Potenza)

Per 4 persone

4 etti di strascinati
16 olive infornate di
Ferrandina
un cucchiaio di mosto cotto
mezzo limone biologico
un etto di ricotta salata
stagionata
olio extravergine di oliva, sale

*Tempo di preparazione e
cottura:* mezz'ora

Cuocete gli strascinati in acqua bollente salata per circa sette minuti.

Intanto grattugiate finemente la ricotta e trasferitela in una padella con poco olio, facendola rosolare lentamente; aggiungete la scorza di limone grattugiata e allungate con un mestolo dell'acqua di cottura della pasta. Dopo un minuto unite le olive denocciolate e tagliate a metà, il mosto cotto e lasciate sul fuoco per un paio di minuti prima di aggiungere la pasta scolata al dente; amalgamate il tutto e servite, ultimando a piacere con un filo di extravergine.

Le prime testimonianze scritte sulle olive infornate prodotte a Ferrandina (Matera, Basilicata) risalgono al Settecento. La lavorazione prevede una prima scottatura, quindi una salagione a secco, per finire con l'infornata, a circa 50°C di temperatura. In questo modo si accentua la naturale sapidità dei frutti, mantenendo la dolcezza caratteristica della majatica, cultivar autoctona particolarmente adatta allo scopo. Tutelate da un Presidio Slow Food, le olive infornate di Ferrandina sono ottime da sole o con salumi lucani e pecorini stagionati, e si sposano bene con l'insalata di arance, il baccalà in umido e, in questo caso, con la ricotta e il mosto cotto in un inusuale ma gustoso condimento per gli strascinati.

Strichetti con rigaglie e cicorino

Osteria Bottega, Bologna

Su un piano di lavoro disponete la farina a fontana, mettete al centro le uova, e impastate fino a ottenere un composto di media consistenza, liscio e omogeneo; coprite e lasciate riposare una ventina di minuti.

In una padella fate rosolare gli spicchi di aglio nell'olio togliendoli non appena cambino di colore, unite le frattaglie tagliate a pezzetti, cuocendole a fiamma viva finché non siano dorate, quindi regolate di sale e pepe, sfumate con il vino, abbassate il fuoco e portate a cottura.

Nel frattempo mondate il cicorino, affettatelo sottilmente e tenetelo da parte.

Tirate la pasta in una sfoglia sottile e, con la rotella dentata, ritagliatela in strisce larghe approssimativamente un centimetro e mezzo o due. Con lo stesso strumento, ritagliate pezzetti della stessa lunghezza, dando una forma a mandorla con due tagli obliqui per lato. Con le dita pizzicate al centro formando dei fiocchetti, allargateli e fateli asciugare brevemente.

Portate a ebollizione una pentola di acqua salata, calate gli strichetti e lessateli per pochi minuti. Scolateli, versateli nella padella del condimento, amalgamate e ultimate aggiungendo il cicorino. Mescolate e servite.

Per 4 persone

Per la pasta:
3 etti di farina di frumento
2 uova
Per il condimento:
un etto e mezzo tra fegato di vitello e rigaglie di pollo
3 coste di cicorino (cicoria selvatica), 2 spicchi di aglio
vino bianco secco
olio extravergine di oliva
sale, pepe

Tempo di preparazione e cottura: un'ora e mezza

Sua Maestà il raviolo

Agnolotti, agnoli, anoli e anolini, cappelletti, cappellacci, cappelloni e *capieddi 'i prièviti*, calcioni, *casonsei* e *cazunsiei*, *cjalsons*, *culurgiones*, marubini, *pansoti* e panzerotti, orecchioni, tordelli, tortelli, tortellini e tortelloni, rafioletti e ravioloni, *rofioi* e *ravieu*, *türteln* e *cajoncie*, *schlickrapten* e *schultzkrapfen*, senza contare le terminolgie ideate da invenzioni o consuetudini culinarie (mezzelune, triangoli, caramelle, bauletti e altro ancora): tutti sono figli di quel bocconcino di delizie vestito di pasta, il raviolo, termine che per semplificare (ma a buon diritto, stando alle fonti storiche) si può adottare come lemma generale per riassumere il concetto di una pasta ripiena. Alcuni dei formati elencati, per tradizioni che si perdono nella notte dei tempi, sono stati pensati per annegare in un buon brodo di carne, e dunque non sono oggetto di questo ricettario ma sono stati ampiamente descritti nel volume, sempre di Slow Food Editore, dedicato alle minestre e alle zuppe.

Dunque il raviolo, termine sulla cui origine non c'è chiarezza definitiva (forse da *gravis*, poi graviola e graviuolo, infine raviola e raviolo, a indicare qualcosa di "pieno", "gravido"), così come tante sono le variazioni linguistiche, storiche e localizzate: *ruffiolo, rafiolo, raviuolo, ravieu*... La questione si complica con l'aggiungersi in parallelo, e il sovrapporsi nel tempo, di altre parole che designano paste ripiene del tutto simili, come i tortelletti descritti dal Messisbugo e dallo Scappi a metà Cinquecento (*A fare dieci piatti di tortelletti alla lombarda, da grasso e da magro*, e ancora *Per fare tortelletti con pancia di porco*) oppure i tortelli del toscano Gaudenzio agli inizi del Settecento (*Per far ravioli tortelli*) e, suppergiù nella stessa epoca, gli *Agnellotti all'italiana* della *Cuciniera piemontese*. La pasta ripiena dunque – precisa nelle sue interessanti schede l'*Atlante della Pasta* curato dall'Istituto nazionale di sociologia rurale – «si attesta nella gastronomia nazionale a partire dal Cinquecento, soprattutto al Nord, e in particolare alle corti di Milano e di Mantova (e pure presso gli Estensi, *ndr*), e viene diffusa ovunque grazie ai grandi cuochi di allora. I Messisbugo, gli Scappi, i Romoli, gli Stefani – per non citarne che alcuni – hanno il merito di trascrivere le ricette della cucina di corte: in tal modo certe preparazioni, semplificate, diverranno col tempo popolari e saranno utilizzate anche dai ceti più umili come piatto della festa». Ben presto ogni regione italiana avrà le sue paste ripiene e, sebbene esse fossero più diffuse al Nord, a partire dall'Ottocento costituiranno il piatto "ricco" anche al Sud, dove per la farcia si privilegeranno verdure e formaggi locali. Altre curiosità accompagnano la storia delle paste ripiene: il fatto, ad esempio, che potevano essere anche «sine crusta né pasta», ovvero polpettine di formaggio, farina, erbe o verdure, eventualmente uova, da cuocere in acqua bollente, scolare e condire. Da qui i ravioli nudi toscani, i malfatti lombardi, gli strozzapreti trentini, tutte preparazioni che oggi ricadono nella categoria degli "gnocchi". Lo stesso Artusi si allinea a questo filone sostenendo, a proposito dei ravioli alla genovese, che «questi, veramente, non si dovrebbero chiamar ravioli, perché i veri ravioli non si fanno di carne e non si involgono nella sfoglia». E preferisce chiamare tortello e tortellino, cappelletto e cappellaccio, anolino e agnolotto ogni bocconcino rivestito di sfoglia. Del resto, il tortello non è che una piccola torta in cui il ripieno e la pasta che lo avvolge coincidono, come accadeva per le torte e i pasticci in crosta – sontuosi e di grandi dimensioni – serviti nelle mense medievali.

Sicuramente nel XX secolo è definitivamente tramontato il raviolo-agnolotto-tortello senza pasta e tutte le varianti oggi sono avvolte da una sfoglia sottile, assumendo forme svariate: quadrata o rettangolare, triangolare o semicircolare; tagliate con la rotella o pizzicate con le dita, ricavate con lo stampo dentato o ripiegate alle estremità che si congiungono, intrecciate a spiga o involtolate a caramella. Le chiusure del raviolo-tortello sono quanto di più locale – e persino familiare – si possa immaginare. Ugualmente è messa da parte la distinzione che aveva portato alcuni a dire che i ravioli sono di magro mentre gli agnolotti sono di carne. Le tradizioni regionali lo smentiscono con forza e oggi più che mai, in un clima di liberalizzazione e di creatività culinaria, c'è davvero posto per tutte le variazioni linguistiche. E per tutti i ripieni, come dimostrano le tante ricette di questo volume, che registrano pure la persistenza, in alcune aree, di quei ravioli ricchi di zucchero e cannella, di cui raccontano i cuochi di corte del Cinquecento.

Strigoli con lo speck

Franco Ferraro, Trento

Per 4 persone

Per la pasta:
mezzo chilo di farina di
frumento tipo 00
un pizzico di sale
Per il condimento:
2 fette spesse di speck
un pomodoro, una cipolla,
uno spicchio di aglio, 5
ciuffetti di asperula selvatica o
di erba silene
trentingrana
olio extravergine di oliva, sale

*Tempo di preparazione e
cottura:* un'ora

Impastate la farina con acqua e sale fino a ottenere una massa omogenea ed elastica. Avvolgetela a palla e fate riposare per una ventina di minuti.

Con il matterello, o con l'apposita macchina, stendete l'impasto in uno strato molto sottile, che taglierete a listarelle di circa due centimetri di larghezza. Prendete con le mani un'estremità della tagliatella e strofinatela tra i palmi in modo da farla avvolgere su se stessa fino a ottenere una spirale. Avvolgete allo stesso modo tutte le listarelle e poi con le dita riducetele in pezzetti – gli strigoli – lunghi circa cinque centimetri.

Per la salsa, rosolate in olio la cipolla tritata e l'aglio. Aggiungete lo speck tagliato a julienne e lasciate insaporire per qualche minuto. Unite il pomodoro sminuzzato e l'erba aromatica tritata grossolanamente e cuocete a fuoco vivo per pochi minuti, regolando di sale.

Lessate gli strigoli in acqua salata bollente. Quando riaffiorano scolateli con un mestolo forato, versateli nel tegame con la salsa e spadellateli aggiungendo ancora una manciata di erbe e di grana grattugiato.

Servite caldo, in un piatto fondo di portata.

L'asperula è un'erba protetta e la raccolta è disciplinata con regolamenti predisposti dalla Provincia Autonoma di Trento. Per raccoglierla in quantità consistente occorre un permesso specifico. In sua vece si può usare l'erba silene, popolarissima in tutto il Nordest con i nomi di s-ciopeti *o* sgruzoi.

Strozzapreti con anguilla affumicata

Trattoria Santo Stefano, Lenno (Como)

Se non volete comprare gli strozzapreti in un pastificio, disponete la farina su una spianatoia, nella classica forma a fontana, e aggiungete al centro le uova battute con un pizzico di sale e acqua, lavorando l'impasto con molta energia fino a quando non risulterà ben amalgamato ed elastico; formate una palla, che lascerete riposare, dopo averla coperta con un canovaccio, per un'ora.

Riprendetela, quindi, in mano e stendetela con il matterello, fino a raggiungere lo spessore di almeno un centimetro, da cui ricaverete strisce, che spezzerete ogni cinque o sei centimetri e sfregherete tra i palmi delle mani, ottenendo bastoncini irregolari oppure cilindretti di un paio di centimetri, che incaverete, trascinandoli sulla spianatoia ed esercitando una pressione con i polpastrelli.

Nel frattempo, tagliate i filetti di anguilla a dadini e soffriggeteli delicatamente – altrimenti rischiano di diventare troppo salati – in olio extravergine in cui avrete fatto dorare gli spicchi di aglio, che poi eliminerete.

Cuocete gli strozzapreti in acqua bollente salata, scolateli e fateli saltare in padella con i filetti di anguilla, ultimando con una spolverata di prezzemolo tritato.

Per 4 persone

Per la pasta:
4 etti di farina di frumento
4 uova
un pizzico di sale
Per il condimento:
2-3 etti di filetti di anguilla affumicata
2 spicchi di aglio, un ciuffo di prezzemolo
olio extravergine di oliva, sale

Tempo di preparazione e cottura: un'ora e mezza, più il riposo

Strozzapreti con punte di asparagi e guanciale

Ristorante L'UmbriaCo, Acquasparta (Perugia)

Per 4 persone

Per la pasta:
3 etti di semola di grano duro
10 g di sale
Per il condimento:
20 asparagi selvatici, uno
scalogno
un etto e mezzo di guanciale
un bicchiere di vino bianco
un etto di grana padano,
pecorino romano
olio extravergine di oliva
sale, peperoncino in polvere
Inoltre:
pecorino romano

*Tempo di preparazione e
cottura:* un'ora e 40 minuti, più
il riposo

Impastate la semola con circa mezzo bicchiere d'acqua e il sale fino a ottenere un impasto sodo ed elastico. Con le mani, prendete piccole porzioni di pasta e formate delle biscioline di mezzo centimetro di diametro, che taglierete in bastoncini di cinque centimetri di lunghezza. Mantenendo le mani leggermente infarinate, soffregate rapidamente ogni pezzetto, conferendo la classica forma leggermente avvitata. Allargate gli strozzapreti su un ripiano e lasciate asciugare per una notte; in alternativa potrete acquistare quattro etti di strozzapreti freschi in gastronomia.

Mondate gli asparagi, separate la parte più dura dalle punte, affettatele sottilmente e serbatele da parte. In un pentolino mettete circa mezzo litro d'acqua, unite i gambi, fate bollire per una decina di minuti, spegnete la fiamma e filtrate.

In una piccola padella versate il vino, portatelo a ebollizione e infiammatelo perché la componente alcolica evapori del tutto. Tagliate a listarelle il guanciale e rosolatelo in un tegame con un filo di olio, aggiungete lo scalogno tritato, bagnate con il vino e continuate la cottura per qualche minuto, allungando con un mestolo di brodo di asparagi in modo che il fondo resti fluido; regolate di sale.

Nel frattempo lessate per un paio di minuti gli strozzapreti in acqua salata, scolandoli molto al dente e lasciandoli leggermente umidi. Versate la pasta nel tegame del condimento, aggiungete le cime di asparagi e terminate la cottura facendo tirare il sugo per alcuni minuti, in modo che tutti gli ingredienti si amalgamino bene. Ultimate aggiungendo il parmigiano grattugiato e un pizzico di peperoncino in polvere, mescolate e servite guarnendo con scaglie di pecorino.

Strozzapreti con ricotta e noce moscata

Trattoria Cadorna, Roma

Su una spianatoia impastate la farina con acqua e un pizzico di sale fino a ottenere una massa omogenea ed elastica che farete riposare brevemente. A questo punto potete
procedere in diversi modi, ottenendo risultati leggermente differenti: stendete la pasta in una sfoglia piuttosto grossa (tre o quattro millimetri), fatela asciugare qualche minuto e dopo averla arrotolata senza stringere troppo, ritagliate delle larghe strisce (tre o quattro centimetri), svolgetele
e segmentatele in bastoncini di cinque o sei centimetri di
lunghezza. Con le mani infarinate soffregate rapidamente
tra i palmi delle mani un pezzetto alla volta, in modo che i
margini laterali, arricciandosi, conferiscano la forma caratteristica. Diversamente, prelevate dalla massa piccole porzioni, assottigliatele con le mani fino a ottenere dei cordoncini, segmentateli e soffregateli tra le mani in modo che si
attorciglino; in questo caso lo strozzaprete è "pieno", ottenuto con un pezzetto di pasta che non presenta cavità: ne
dovrete tenere conto per la cottura e per la resa finale del
piatto, una volta amalgamato a un sugo qualsiasi.
Una volta pronti dedicatevi al condimento: lavorate a freddo la ricotta con il pecorino grattugiato, aggiungete mezzo
cucchiaino di noce moscata grattugiata e continuate a mescolare fino a ottenere un composto cremoso.
In una pentola bollite abbondante acqua salata, prelevatene due cucchiai da versare nel tegame con i formaggi e calate la pasta cuocendola dai cinque agli otto minuti, secondo la consistenza, ma lasciandola comunque al dente.
Nel frattempo amalgamate l'acqua versata nel sugo, scolate
la pasta con una schiumarola, trasferitela nel tegame e unite ancora un mestolino di acqua di cottura, mantecando a
lungo sul fuoco. Ultimate con una spolverata di pecorino e
una grattugiata di noce moscata.

Per 2 persone

Per la pasta:
2 etti di farina di frumento
un pizzico di sale
Per il condimento:
un etto e mezzo di ricotta di
pecora, un etto di pecorino da
grattugia
noce moscata, sale

*Tempo di preparazione e
cottura:* un'ora e mezza, più il
riposo

Strozzapreti con totani e gamberetti

Ristorante Summertime, Capoliveri (Isola d'Elba, Livorno)

Per 4 persone

4 etti di strozzapreti di semola
di grano duro
4 etti di totani (o di calamari),
2 etti di piccoli gamberi
6 cipollotti con il gambo (o
6 scalogni), uno spicchio di
aglio, un rametto di rosmarino
10 pomodori pelati
fumetto (facoltativo)
mezzo bicchiere di vino
bianco secco
olio extravergine di oliva al
peperoncino, sale

*Tempo di preparazione e
cottura:* un'ora

Pulite i molluschi eliminando le interiora, l'osso e gli occhi. Sgusciate i gamberi levando il filo nero che si evidenzia sul dorso.
Rosolate i totani a fuoco forte in poco olio extravergine. Bagnate con il vino e, dopo che è evaporato, lasciate raffreddare.
Soffriggete i cipollotti o gli scalogni affettati con lo spicchio di aglio e il rosmarino. Aggiungete i filetti di pomodoro ottenuti privando i pelati della parte verde vicino al picciolo e dei semi. Cuocete il soffritto, allungando con acqua o fumetto di pesce, per un quarto d'ora. Unite i totani tagliati a rondelle e, dopo una decina di minuti, i gamberetti, regolando di sale.
Lessate gli strozzapreti per circa otto minuti e condite con l'intingolo.

I toscani, come i liguri e i sardi, chiamano totani i calamari: ma per questo piatto si possono usare entrambi i molluschi (quelli pescati lungo le coste dell'Elba non richiedono lunghe cotture), oppure anche seppie o seppioline. Quanto al termine strozzapreti, applicato a composti di acqua e farina identifica in genere una pasta casalinga a forma di bastoncini irregolari che ricordano gli gnocchi, pur non possedendo la strozzatura che li distingue.

Strozzapreti di farro con indivia

Antonella Iadevaia, Cuneo

Lavate a lungo l'indivia in acqua corrente, sfogliatela, tagliatela in modo grossolano e, quindi, tuffatela in acqua bollente salata. Dopo cinque o sei minuti prelevatela e mettetela ad asciugare per eliminare l'acqua in eccesso, cuocendo gli strozzapreti nella stessa pentola.
In una casseruola capiente fate imbiondire nell'olio gli spicchi di aglio, che poi eliminerete, unite la scarola, i pomodori pelati e strizzati e un pizzico di peperoncino. Bagnate con due mestoli dell'acqua di cottura della pasta e lasciate sul fuoco per un paio di minuti, regolando di sale. Scolate gli strozzapreti e trasferiteli nella casseruola con il condimento, ultimate con una macinata di pepe e portate in tavola.

Ricetta vegetariana, in quanto tale di una tipologia trasversale alle regioni. In Basilicata lo chef Federico Valicenti condisce gli strozzapreti di farro con un altro ortaggio da foglia, la cicoria, che soffrigge per una decina di minuti in olio con sottili anelli di porro e porta a cottura con un bicchiere d'acqua, senza aggiunta di pomodoro.

Per 4 persone

3 etti e mezzo di strozzapreti di farro
4 etti di indivia scarola, 2 pomodori, 2 spicchi di aglio
olio extravergine di oliva
sale, pepe, peperoncino

Tempo di preparazione e cottura: 45 minuti

Strudel salato

Fichtenhof, Cauria-Gfrill di Salorno-Salurn (Bolzano-Bozen)

In una ciotola battete un uovo in modo da mescolare albume e tuorlo e utilizzatene una metà per impastare la farina, aggiungendo un cucchiaio di olio – consigliamo l'uso di uno delicato e poco aromatico –, un pizzico di sale, l'aceto e 60 millilitri di acqua. Lavorate gli ingredienti fino a ottenere una massa liscia e omogenea, formate una palla, pennellatela con un velo di olio, avvolgetela in un foglio di pellicola e fatela riposare per un'ora in un luogo temperato, ma non a contatto diretto con una superficie calda.
Dedicatevi al ripieno: affettate grossolanamente il cavolo e le mele sbucciate, spezzettate le cipolle e rosolate il tutto in una casseruola con un filo di olio. Quando il tutto sarà dorato, aggiungete la pancetta a pezzetti e sfumate con una spruzzata di aceto di mele, fate evaporare, regolate di sale e bagnate con il vino. Abbassate la fiamma al minimo, coprite il tegame e cuocete per una mezz'ora. Quando gli

Per 4-6 persone

Per la pasta:
un etto e mezzo di farina di frumento tipo 00
un uovo
un cucchiaino di aceto di vino bianco
olio extravergine di oliva, sale
Per il ripieno:
8 etti di cavolo cappuccio,
2 cipolle di medie dimensioni
2 etti di mele renette
un etto di pancetta
1-2 cucchiai di fecola di patate (o farina di frumento tipo 00)

2 cucchiai di aceto di mele,
mezzo bicchiere di vino
bianco secco
olio extravergine di oliva, sale
Per la finitura:
un uovo
60 g di burro, olio
extravergine di oliva

*Tempo di preparazione e
cottura:* 2 ore

ingredienti saranno cotti – saggiate con una forchetta che
siano diventati teneri – versate in padella la fecola, mescolate, travasate il tutto in una teglia e lasciate raffreddare.
Riprendete l'impasto e tiratelo in una sfoglia sottilissima
(un millimetro di spessore), rifilatela in modo da ottenere una forma rettangolare e spalmate il ripieno sui due terzi della pasta lasciando vuoti i bordi, che pennellerete con
l'uovo battuto avanzato.
Sciogliete in un pentolino un po' di burro e usatelo per
ungere l'impasto che avrete lasciato senza farcitura, quindi arrotolate lo strudel senza stringere troppo, cominciando dalla parte ripiena. Sigillate bene i margini premendo delicatamente, e pennellate la superficie con altro uovo battuto.
Sistemate lo strudel – con l'aiuto di un canovaccio su cui
lo farete scivolare, facendo attenzione a non romperlo –
in una grande teglia, o sulla placca del forno unta, e cuocete a 200°C per 20-30 minuti, controllando che la cottura sia uniforme su entrambi i lati (se necessario potete anche girarlo, sempre facendo attenzione a non provocare
rotture). Sfornatelo, lasciatelo riposare per qualche minuto e servitelo a fette, da solo, accompagnato da una fonduta di formaggi o come complemento di sontuosi piatti di
selvaggina.

*La farcitura può essere preparata con vari ingredienti, in ba-
se alla stagione e alla fantasia: ottima la variante con spinaci,
cime di ortica, asparagi, mozzarella e parmigiano reggiano, o
ancora quella con patate novelle e cuori di carciofo.*

Succu

Giuseppina Mele, Busachi (Oristano)

Preparate il brodo immergendo la carne in una pentola con due litri di acqua salata, aggiungete la cipolla, il sedano, la carota, il prezzemolo, i pomodori secchi, e fate sobbollire lentamente per almeno un paio di ore.

Su una spianatoia impastate la semola con le uova, aggiungendo un po' di acqua tiepida e un pizzico di sale; lavorate la massa fino a ottenere un impasto liscio ed elastico, avvolgetelo in un tovagliolo e lasciatelo riposare per un quarto d'ora. Trascorso il tempo necessario, stendete una sfoglia sottile (circa un millimetro e mezzo) e ricavate dei tagliolini, allargateli e lasciateli asciugare all'aria.

Filtrate il brodo, trasferitene circa un litro – la quantità deve essere rapportata alla capacità di assorbimento della pasta – in un altro recipiente e rimettetelo sul fuoco a fiamma moderata. Quando prende il bollore, unite il pecorino stagionato grattugiato, lo zafferano, la pasta e gran parte del pecorino fresco – che avrete lasciato inacidire per un paio di giorni nel suo siero – tagliato a pezzetti. Lasciate cuocere per circa otto minuti, finché il brodo non sia completamente assorbito. Ricoprite il tutto con il resto del pecorino fresco affettato sottilmente, incoperchiate e lasciate stufare per tre o quattro minuti, finché il formaggio non sia diventato filante.

Per 4 persone

3 etti di semola fine di grano duro
2 uova
2 etti di pecorino fresco inacidito, un etto di pecorino stagionato
sale, zafferano
Per il brodo:
3 etti di polpa di manzo, 2 etti di pollo, 2 etti e mezzo di carne di pecora
una cipolla, una carota, una costa di sedano, un ciuffetto di prezzemolo
2 pomodori secchi
una presa di sale

Tempo di preparazione e cottura: un'ora e mezza, più la preparazione del brodo

Sugeli

Elma Schena, Cuneo

Per 4 persone

4 etti di farina di frumento
3 patate, 2 spicchi d'aglio
mezz'etto di bross (formaggio
fermentato)
30 g di burro, 4 cucchiai di
olio extravergine di oliva, sale

*Tempo di preparazione e
cottura:* 45 minuti

Disponete tre etti e mezzo di farina a fontana sulla spianatoia, unite due pizzichi di sale, un cucchiaio d'olio e, poco per volta, tanta acqua tiepida (ne occorrerà circa un bicchiere e mezzo) quanta ne serve per incorporare tutta la
farina. Impastate aggiungendo la restante farina finché il
composto sarà compatto e consistente.
Dividete la pasta a pezzi e tirate dei filoni grandi come un
dito. Tagliateli a dadini e schiacciateli uno per uno con il
pollice in leggera rotazione, quindi rivoltateli all'insù. Si
formeranno così tanti cappellini con il bordo rivolto verso l'alto.
Portate a ebollizione una pentola d'acqua salata, unitevi le
patate a pezzi e cuocete per una decina di minuti; gettatevi
i sugeli e continuate la cottura per qualche minuto.
Nel frattempo in un pentolino soffriggete in olio e burro gli spicchi d'aglio, unite il bross e un mestolo d'acqua
di cottura della pasta e tenete su fiamma moderata per 10
minuti.
Scolate i *sugeli*, sistemateli in un piatto di portata e conditeli con la salsa.

*I sugeli sono in Piemonte dischetti di farina e uova, lessa-
ti con patate e conditi con formaggio fermentato, tipici della
cuneese Valle Vermegnana. Con lo stesso nome o similari –
sugelli, sigeli, scigeli – si indica nelle vallate liguri confinanti
gnocchetti di farina e acqua, tirati e assottigliati sulla spianatoia, conditi con il bross, una crema spalmabile, di gusto deciso e talvolta piccante, ottenuta dalla fermentazione di formaggi diversi, posti tradizionalmente in vasi di terracotta con
una eventuale aggiunta di latte o di grappa.*

Taccole al ragù di coniglio e zafferano

Ristorante Villa Maiella, Guardiagrele (Chieti)

Preparate l'impasto con la farina, le uova, un pizzico di sale e lasciatelo riposare per mezz'ora in frigorifero coperto con pellicola da cucina.

Nel frattempo predisponente gli ingredienti del condimento. Mettete in infusione nel vino gli stimmi di zafferano (i più pregiati sono quelli dell'Aquila, denominazione di origine protetta) tagliate a dadini la carne di coniglio e preparate i pomodori, che andranno spellati, privati il più possibile dei semi e spezzettati.

Stendete l'impasto con il matterello allo spessore di un millimetro e con una rotella a bordo dentellato ricavate dei rombi di circa quattro centimetri di lato. Sistemateli su un vassoio.

Fate ora scaldare in una padella ampia l'olio con lo spicchio d'aglio, aggiungete le foglioline di salvia che, dopo un istante, eliminerete insieme all'aglio. Unite la polpa di coniglio, rosolate e sfumate prima con il brandy poi con il vino aromatizzato con gli stimmi di zafferano. Lasciate evaporare, aggiungete i dadini di pomodoro (tenetene da parte due cucchiai per la guarnizione) e terminate la cottura con il brodo, aggiustando di sale.

Nel frattempo avrete lessato la pasta in abbondante acqua salata: scolatela e saltatela nella salsa per qualche minuto. Servite in piatti decorati con dadini di pomodoro.

Per 4 persone

Per la pasta:
mezzo chilo di farina di frumento tipo 00
4 uova
un pizzico di sale
Per il condimento:
2 etti di polpa di coniglio
80 g di pomodori, uno spicchio di aglio, un rametto di salvia
un mestolo di brodo vegetale
mezzo bicchiere di vino bianco secco, un bicchierino di brandy
olio extravergine di oliva
sale, 50 stimmi di zafferano dell'Aquila

Tempo di preparazione e cottura: un'ora, più il riposo

Tacconi di borragine con alici e pomodoro

Ristorante Al Vecchio Teatro, Ortona (Chieti)

Per 4 persone

Per la pasta:
3 etti di semola di grano duro
3 etti di borragine
2 uova
olio extravergine di oliva, sale
Per il condimento:
2 etti di alici
uno spicchio di aglio, un
ciuffo di prezzemolo
5-6 olive nere
3 etti di salsa di pomodoro
vino bianco secco
olio extravergine di oliva, sale

*Tempo di preparazione e
cottura*: un'ora, più il riposo

Per preparare la pasta occorre prima di tutto predisporre la borragine: mondatela dai fusti, lavatela, lessatela in poca acqua salata, strizzatela e tritatela.

Formate quindi la fontana di semola sulla spianatoia, versate al centro le uova, l'olio, la borragine, il sale, un po' d'acqua e lavorate con energia il tutto. Ottenuto un impasto omogeneo, fatelo riposare per mezz'ora avvolto nella pellicola per alimenti.

Nel frattempo preparate il sugo: pulite le alici, sfilettatele e sciacquatele. Versate due cucchiai di olio in una casseruola, soffriggetevi uno spicchio di aglio e aggiungete il pesce; bagnate con una generosa spruzzata di vino, lasciate evaporare, quindi unite le olive nere denocciolate e la salsa di pomodoro. Cuocete a fuoco dolce per sette o otto minuti, regolando, eventualmente, di sale e tenete da parte.

Riprendete la pasta, tirate la sfoglia con il matterello e ricavate strisce larghe circa cinque centimetri, che taglierete ulteriormente in diagonale ottenendo dei rombi; allargate i tacconi infarinandoli leggermente.

Lessate la pasta in una capace pentola di acqua bollente salata, con l'aggiunta di un cucchiaio di olio per evitare che si attacchi, quindi scolatela e saltatela in padella con una parte della salsa, dalla quale avrete tolto alcuni filetti di alici e qualche oliva. Completate con un filo di extravergine a crudo e prezzemolo tritato, e distribuite nei piatti decorando con i filetti di pesce, le olive e altro prezzemolo.

Tacconi sul conigliolo

Antonietta Damiani, Minucciano (Lucca)

Tagliate il coniglio a pezzi e immergetelo nella marinata preparata con il vino rosso e gli aromi, lasciandolo in infusione per almeno 12 ore.

Versate la farina a fontana sulla spianatoia. Al centro sgusciate le uova, aggiungete un pizzico di sale e un goccio di olio, e incominciate a impastare, prima con la forchetta e poi con le mani, continuando fino a ottenere una palla elastica e soda. Avvolgetela nella pellicola e lasciatela riposare in frigorifero per una mezz'ora, dopo di che la lavorerete, ricavandone piccoli quadrati.

Nel frattempo dedicatevi al sugo. Rosolate nell'olio un battuto di cipolla, sedano, carota e le foglie di alloro; scolate i pezzi di coniglio, conservando la marinata, e uniteli al soffritto, facendoli dorare piano piano. Bagnate con il vino della marinata, lasciate evaporare e continuate la cottura per due o tre minuti. Unite i pomodori strizzati e privati dei semi, regolate di sale e pepe e cuocete per un paio d'ore, aggiungendo acqua calda nel caso il sugo si restringa troppo. Prelevate i pezzi di coniglio, disossateli e tritateli, rimettendo poi la polpa nel tegame, che lascerete sul fuoco ancora pochi minuti per amalgamare bene il tutto.

Lessate i tacconi in abbondante acqua salata e condita con un goccio di extravergine; scolateli e conditeli a strati con il sugo e abbondante parmigiano grattugiato.

I tacconi – tra le varianti linguistiche taccozze, tacconelle, tacconcelli – sono una tipologia di pasta fresca diffusa prevalentemente nell'Italia centrale, ricavata da una sfoglia di un certo spessore, che in Toscana può essere anche all'uovo, da cui si ritagliano quadrati o rombi. Alcuni sostengono che il nome si riferisca al fatto che una volta la pasta si preparava solo con acqua e farina, e poteva risultare tanto dura da richiamare i tacchi delle scarpe. In alcune zone la farina di frumento è mescolata con quella di farro o con semola di grano duro.

Per 6-8 persone

Per la pasta:
8 etti di farina di frumento
6 uova
olio extravergine di oliva, sale
Per la marinata:
una cipolla, un gambo di
sedano, una carota
vino rosso
2 chiodi di garofano
Per il condimento:
mezzo coniglio
2 carote, 2 gambi di sedano,
una cipolla, 2 foglie di alloro
mezzo chilo di pomodori
pelati
olio extravergine di oliva
sale, pepe
Inoltre:
parmigiano reggiano

*Tempo di preparazione
e cottura:* 4 ore, più la
marinatura

Taccù alle zucchine

Agriturismo Casa Vecchia, Lapedona (Fermo)

Per 4-6 persone:

Per la pasta:
mezzo chilo di semola di
grano duro
Per il condimento:
mezzo chilo di zucchine, una
cipolla di piccole dimensioni,
uno spicchio di aglio, un
ciuffo di prezzemolo
olio extravergine di oliva, sale

*Tempo di preparazione e
cottura:* un'ora

Su una spianatoia impastate la semola con l'acqua necessaria a ottenere una massa omogenea ed elastica; coprite e fate riposare brevemente.

Nel frattempo tagliate le zucchine a tocchetti e tritate la cipolla. In una padella fate imbiondire nell'olio il battuto con uno spicchio di aglio, aggiungete le zucchine, regolate di sale e cuocete per una ventina di minuti a fuoco dolce e a tegame coperto.

Tirate la pasta in una sfoglia non troppo sottile e tagliatela in strisce larghe circa cinque centimetri. Ricavate da ognuna pezzetti della larghezza di un centimetro – ottenendo piccoli rettangoli –, allargateli e fateli asciugare brevemente.

Lessate la pasta in acqua salata per circa tre minuti, scolandola al dente, e versatela in padella saltandola con il condimento e ultimando con una spolverata di prezzemolo tritato.

I taccù, pasta poverissima di sola semola di grano duro e acqua, può essere condita nei modi più svariati: ottima con le verdure, sposa molto bene anche sughi saporiti a base di salsiccia o di acciughe salate, localmente chiamate sardelle.

Taganu di Aragona

Rosa Terrana e Piera Graceffa, Aragona (Agrigento)

Cuocete i rigatoni in acqua poco salata. A metà cottura scolateli e stendeteli su un piano d'appoggio per farli raffreddare.

In una capace zuppiera battete le uova e aggiungete gran parte del pecorino grattugiato, una presa di cannella e una di zafferano, un pizzico di pepe e abbondante prezzemolo tritato: inzuppatevi per bene la pasta.

Ungete l'interno di un tegame di terracotta con olio extravergine e ricoprite il fondo con fette di tuma (o primo sale), che avrete intinto nel composto a base di uova. Sovrapponete uno strato di pasta e ripetete l'operazione, aggiungendo fra uno strato e ancora altro prezzemolo tritato e pecorino grattugiato: lo strato finale deve essere di tuma. Mescolate al pangrattato quel che avanza delle uova battute e ricoprite il *taganu*. Cuocete (meglio se nel tradizionale forno a legna) a 200-220°C per un'ora.

Il nome di questo piatto, ancora cucinato dalle famiglie della cittadina di Aragona, deriva dal recipiente di terracotta in cui si prepara. Come ricorda un appassionato di tradizioni gastronomiche locali, Massimo Brucato, una versione più antica, quasi scomparsa, prevede l'uso del pane al posto della pasta. Il pane, leggermente raffermo e imbevuto nell'uovo, è talvolta usato per rivestire la base del taganu *e coprirne la superficie. Una variante prevede l'aggiunta di polpette o di un trito di carne vaccina (o mista vaccina e suina). C'è anche chi ricopre il* taganu *con brodo di carne, che evaporerà nel corso della cottura.*

Per 8-10 persone

mezzo chilo di rigatoni
30 uova
2 mazzetti di prezzemolo
una manciata di pangrattato
mezzo chilo di tuma o primo sale, mezzo chilo di pecorino semistagionato
olio extravergine di oliva
sale, pepe nero, cannella, zafferano

Tempo di preparazione e cottura: un'ora e mezza

Tagliatelle ai funghi

Giuliano Guidi, San Costanzo (Pesaro e Urbino)

Per 6 persone

Per la pasta:
mezzo chilo di farina di
frumento tipo 00
5 uova
2 cucchiai di olio extravergine
di oliva (facoltativo), sale
Per il condimento:
3 etti di funghi porcini, 3 etti
di prataioli, 2 etti di russule, 2
etti di finferli
2-3 spicchi di aglio, un
ciuffetto di prezzemolo
burro, olio extravergine di
oliva, sale

*Tempo di preparazione e
cottura:* un'ora e un quarto

Disponete la farina a fontana sulla spianatoia e unitevi le uova, sale e, se volete, l'olio. Impastate e tirate con il mattarello una sfoglia sottile ma non troppo. Lasciatela riposare per una mezz'ora, quindi infarinatela leggermente, arrotolatela e ricavatene tagliatelle larghe mezzo centimetro. Pulite i funghi raschiando con un coltellino il terriccio dal gambo e passando sulle cappelle uno strofinaccio morbido leggermente inumidito (non lavateli per evitare che assorbano umidità e perdano sapore). Trasferite i funghi, tagliati a tocchi, in una padella antiaderente con due o tre cucchiai di olio extravergine. Salate e portate a cottura a fuoco lento; poco prima di spegnere il fuoco, unite l'aglio e il prezzemolo tritati.
Lessate le tagliatelle in abbondante acqua salata, scolatele al dente e fatele saltare in padella con i funghi, mantecando con due o tre noci di burro.

Un po' di chiarezza sui funghi utilizzati. Il termine porcino è comunemente usato per indicare quattro tipologie di funghi, dalle caratteristiche simili, tutti appartenenti al genere dei boleti: Boletus edulis, B. aereus, B. reticulatus *o* aestivalis, B. pinophilus. *Reperibili sotto piante d'alto fusto (querce, faggi, castagni), presentano un cappello convesso o piano di colore che varia tra il biancastro e il castano, superficie inferiore spugnosa e carni chiare, poco cangianti al taglio. Con il nome di prataioli sono conosciuti vari funghi, selvatici e coltivati, appartenenti al genere* Psalliota (o Agaricus), *che comprende anche i noti champignon: si presentano generalmente di colore biancastro-nocciola, con lamelle nella pagina inferiore di colore rosa, bruno o violaceo, gambo spesso e provvisto di anello. Le specie del genere* Russula *sono caratterizzate da un cappello dapprima arrotondato poi convesso, dai margini spesso irregolari, di colore molto variabile; hanno carni bianche e compatte ma piuttosto fragili. Finferlo è il termine comune che indica il* Cantharellus cibarius, *chiamato anche galletto, gialletto, garitola (ricetta dei tagliolini ai finferli a pag. 461). La composizione del misto di funghi per il condimento, che può rappresentare anche un ottimo antipasto, varia naturalmente a seconda della disponibilità della materia prima: quello che conta è il peso complessivo.*

Tagliatelle al culatello

Osteria Bottega, Bologna

Su una spianatoia impastate la farina con le uova e una presa di sale, lavorate fino a ottenere una massa liscia ed elastica, coprite con un tovagliolo e lasciate riposare per una ventina di minuti.

Trascorso il tempo necessario, con il matterello tirate una sfoglia sottile, arrotolatela senza stringere troppo e ritagliate delle strisce di circa otto millimetri di larghezza; allargatele sul piano di lavoro e fatele asciugare brevemente. Nel frattempo portate a ebollizione una pentola di acqua salata e tagliate a listarelle il culatello. Lessate la pasta per pochissimi minuti, scolandola non appena risalga a galla, lasciatela leggermente umida e ripassatela in un tegame, dove avrete fatto sciogliere il burro.

Mantecate aggiungendo il culatello tagliato a listarelle, mescolate per amalgamare bene gli ingredienti e servite.

Per 4 persone

Per la pasta:
4 etti di farina di frumento
4 uova
un pizzico di sale
Per il condimento:
160 g di culatello di Zibello
80 g di burro, sale

Tempo di preparazione e cottura: un'ora, più il riposo

Tagliatelle alle ortiche

Ristorante Le Querce, San Pietro al Natisone (Udine)

Sbollentate le cime di ortica per cinque minuti. Rosolate dolcemente la cipolla tritata in un cucchiaio di olio extravergine; aggiungete le ortiche e stufatele per qualche minuto. Frullate e lasciate raffreddare.

Mescolate i due sfarinati e impastateli con le ortiche frullate, le uova, due cucchiai di olio extravergine e un pizzico di sale. Tirate la sfoglia e ricavatene tagliatelle che farete asciugare per qualche ora.

Cuocete la pasta in acqua bollente per circa otto minuti e servitela cosparsa di burro fuso, fino ad assumere un bel colore nocciola, e ricotta affumicata a scagliette.

Per 6 persone

2 etti e mezzo di farina di frumento, 2 etti e mezzo di semola rimacinata di grano duro
un etto di cime di ortica, una piccola cipolla
2 uova
ricotta affumicata
burro, olio extravergine di oliva, sale

Tempo di preparazione e cottura: un'ora, più il riposo

Tagliatelle alle trombette dei morti

Hosteria della Piazzetta, Monte San Biagio (Latina)

Per 4-6 persone

Per la pasta:
6 etti di farina di frumento
2 foglie di basilico
un pizzico di sale
Per il condimento:
2 etti di trombette dei morti
2 spicchi di aglio, qualche
foglia di basilico (o un
ciuffetto di prezzemolo)
2-3 cucchiai di farina di
frumento
olio extravergine di oliva, sale

*Tempo di preparazione e
cottura:* un'ora e mezza

Su una spianatoia impastate la farina con due bicchieri di acqua, un pizzico di sale e il basilico tritato; lavorate la massa fino a ottenere un impasto liscio ed elastico, coprite con un tovagliolo e lasciate riposare per un quarto d'ora. Nel frattempo pulite i funghi eliminando il terriccio e la parte legnosa del gambo, cercando di bagnarli il meno possibile.
Tirate la pasta in una sfoglia sottile (circa un millimetro e mezzo), fatela asciugare brevemente e arrotolatela senza stringere troppo. Con un coltello, tagliate delle strisce di mezzo centimetro, allargatele e dedicatevi al sugo.
In una padella rosolate l'aglio sbucciato e schiacciato leggermente, aggiungete i funghi e cuocete per cinque minuti. Allungate con un po' d'acqua per mantenere il fondo morbido e, intanto, fate addensare in un pentolino la farina in un po' d'acqua, mescolando per ottenere una crema priva di grumi. Versate il composto nel condimento, lasciate restringere la salsa per qualche minuto, regolate di sale e togliete dal fuoco.
Lessate le tagliatelle in abbondante acqua salata, scolandole al dente non appena risalgano a galla; unitele al sugo e mantecate aggiungendo il basilico (o prezzemolo) tritato finemente; amalgamate gli ingredienti e servite.

Trombetta dei morti è il nome volgare del Craterellus cornucopioides, *un fungo reperibile nei mesi compresi fra la fine dell'estate e l'inizio dell'autunno. Presenta una caratteristica forma a imbuto di colore scuro, dal grigio al nero. Il sapore delicato lo rende molto ambito dagli estimatori anche per la versatilità di uso (fresco, essiccato, polverizzato) e l'adattabilità a molteplici condimenti.*

Tagliatelle all'ortolana
Osteria Al Curtif, Cordenons (Pordenone)

Portate a ebollizione l'acqua per lessare la pasta e salatela. Macinate la carne e cucinatela per circa 10 minuti con olio, sale e pepe.
Nel frattempo tagliate a cubetti la zucchina, la carota e i pomodorini, uniteli ai piselli e cuoceteli per sette o otto minuti in un'altra padella, sempre con olio, sale e pepe.
Riunite i due condimenti in una casseruola, versateci la pasta scolata, mescolate e servite.

La cuoca del Curtif, Giuseppina Lazzaro, sostiene che queste semplici "tagliatelle di nonna Pina" piacciano anche ai bambini poco propensi alle verdure. Gli adulti accompagneranno il piatto con un bicchiere di Friulano dei Colli Orientali.

Per 4 persone

3 etti e mezzo di tagliatelle all'uovo
un etto e mezzo di carne di manzo
un etto e mezzo di piselli sgranati, 4 pomodorini, una zucchina, una carota
olio extravergine di oliva
sale, pepe

Tempo di preparazione e cottura: mezz'ora

Tagliatelle al ragù bolognese
Trattoria da Gianni a la Vécia Bulàgna, Bologna

Tagliate la pancetta a dadini e rosolateli in padella finché non siano diventati croccanti. Nel frattempo preparate un battuto con gli odori e versatelo nel tegame facendolo dorare. Unite la carne macinata, cuocete per qualche minuto, sfumate con il vino e lasciate evaporare. Abbassate la fiamma al minimo, incoperchiate il tegame, regolate di sale e pepe e versate la passata di pomodoro, proseguendo la cottura per almeno un'ora e mezza.
Nel frattempo confezionate le tagliatelle. Su una spianatoia disponete la farina a fontana, mettete al centro le uova e il sale, e impastate fino a ottenere una massa omogenea ed elastica. Avvolgetela con un tovagliolo – o nella pellicola – e lasciate riposare per un quarto d'ora.
Con un matterello stendete l'impasto in una sfoglia sottile (circa un millimetro e mezzo), fatela asciugare per qualche minuto e avvolgetela su se stessa. Con un coltello a lama liscia ritagliate delle strisce di circa un centimetro di larghezza e allargatele su un vassoio infarinato.
Lessate la pasta in abbondante acqua salata, scolatela dopo pochi minuti, condite con il ragù e servite portando in tavola un pezzo di parmigiano reggiano da grattugia, in modo che ogni commensale ne aggiunga la quantità desiderata.

Per 6 persone

Per la pasta:
mezzo chilo di farina di frumento
5 uova
un pizzico di sale
Per il condimento:
6 etti di polpa di manzo
un etto di pancetta
una piccola carota, mezza cipolla, mezza costa di sedano
2 etti e mezzo di passata di pomodoro
un bicchiere di vino rosso
olio extravergine di oliva
sale, pepe
Inoltre:
parmigiano reggiano

Tempo di preparazione e cottura: 2 ore

Tagliatelle al ragù d'anatra

Trattoria Maria, Cavallara di Mondavio (Pesaro e Urbino)

Per 4 persone

Per la pasta:
4 etti di farina di frumento
4 uova
Per il condimento:
un quarto di anatra, un etto e
mezzo di polpa di manzo
una carota, una cipolla, mezza
costa di sedano
mezzo chilo di pomodori
pelati, un cucchiaio e mezzo
di concentrato di pomodoro
25 g di lardo, 40 g di olio
extravergine di oliva
sale, pepe, un chiodo di
garofano
Inoltre:
parmigiano reggiano

*Tempo di preparazione e
cottura:* 3 ore

Su una spianatoia impastate la farina con le uova fino a ottenere un impasto elastico e liscio, aggiungendo, se necessario, piccoli sorsi di acqua; quindi coprite e lasciate riposare per circa mezz'ora.
Nel frattempo macinate il lardo e fatelo sciogliere con 20
grammi di olio in una capace casseruola dai bordi piuttosto alti, unite carota, sedano e metà della cipolla finemente tritati e fate imbiondire per qualche minuto. Aggiungete quindi la polpa di manzo sminuzzata e la cipolla avanzata, insaporite con il chiodo di garofano e cuocete per circa
un quarto d'ora. Unite a questo punto l'anatra, rigirandola spesso per evitare che si attacchi al fondo del tegame, e
proseguite la cottura per una ventina di minuti. Trascorso
il tempo necessario, versate i pelati – che avrete passato – e
il concentrato, aspettate che il tutto riprenda a sobbollire e
allungate con mezzo litro di acqua; abbassate la fiamma al
minimo, coprite il tegame, regolate di sale e pepe e cuocete per un'ora e mezza, fino a completa evaporazione dell'acqua. Prelevate a questo punto l'anatra, disossatela e tagliatela a piccoli tocchetti e rimettetela in padella; mescolate
aggiungendo l'olio avanzato e spegnete il fuoco.
Tirate la pasta in una sfoglia sottile (circa un millimetro e
mezzo), lasciatela asciugare cinque minuti e ricavate delle strisce di mezzo centimetro di larghezza, che lesserete in acqua salata, scolandole non appena saranno risalite a galla.
Versate le tagliatelle nella padella del sugo, amalgamate e
servite cospargendo con una manciata di parmigiano reggiano grattugiato.

Tagliatelle al ragù di branzino
Osteria da Penzo, Chioggia (Venezia)

Scaldate il latte e un'eguale quantità di fumetto. In una casseruola sciogliete il burro e, mescolando, aggiungete la farina. Versate il latte e il brodo di pesce caldi, sbattendo con una frusta fino all'addensamento della salsa.
Spellate il branzino, sfilettatelo e tagliatelo in piccoli pezzi. Con sedano, carota, cipolla e alloro preparate un trito e rosolatelo in una pentola a bordo alto con l'olio. Aggiungete la polpa del branzino, salate, pepate e lasciate insaporire. Bagnate con il vino e, quando sarà evaporato, con un mestolo di brodo. Cuocete per 8-10 minuti.
Intanto avrete lessato le tagliatelle (ma possono essere anche spaghetti o gnocchi) in abbondante acqua salata. In una padella capiente riscaldate il ragù e la vellutata di pesce e, quando saranno ben amalgamati, aggiungete la pasta scolata.

Per 4 persone

4 etti di tagliatelle all'uovo
un branzino di circa 4 etti
un gambo di sedano, una piccola carota, una piccola cipolla, 2 foglie di alloro
mezz'etto di farina di frumento, mezzo bicchiere di latte, fumetto, un bicchiere di vino bianco secco, mezz'etto di burro, 2 cucchiai di olio extravergine di oliva
sale, pepe

Tempo di preparazione e cottura: 45 minuti

Tagliatelle al ragù di gallina padovana e ortiche
Antica Trattoria Al Bosco, Saonara (Padova)

Disossate la mezza gallina. Con la carcassa, una cipolla, una carota e due coste di sedano preparate un brodo ristretto.
Tritate le rimanenti verdure e la pancetta fresca e rosolatele nell'olio extravergine, aggiungendo metà del burro. Unite tre etti di polpa di gallina tagliata a pezzetti, salate, pepate e cuocete con il coperchio per circa un'ora, versando ogni tanto un po' di brodo. Aggiungete le ortiche ben lavate e continuate la cottura per un'altra ora.
Lessate la pasta in abbondante acqua salata, scolatela e conditela con la salsa, il burro rimasto e grana padano grattugiato.

Forse importata nel Trecento dalla Polonia, la gallina padovana negli anni Sessanta del secolo scorso era quasi scomparsa: l'hanno rilanciata gli allevatori dell'associazione Pro Avibus Nostris, dando vita a un Presidio Slow Food. In questa ricetta la sua carne, più scura e saporita di quella di altre razze, è la base di un ragù a lunga cottura, cui in primavera si associano le ortiche e in altre stagioni i carciofi.

Per 4 persone

4 etti di tagliatelle all'uovo
mezza gallina padovana
2 etti di punte di ortiche, 4 coste di sedano, 2 cipolle, 2 carote
2 etti di pancetta
grana padano
olio extravergine di oliva, mezz'etto di burro
sale, pepe

Tempo di preparazione e cottura: 3 ore

Tagliatelle al ragù di piccione e tartufo nero

Ristorante Enoteca di Piazza Onofri, Bevagna (Perugia)

Per 4-6 persone

Per la pasta:
mezzo chilo di farina di
frumento tipo 00
5 uova intere e 5 tuorli
Per il condimento:
2 piccioni
2 carote, 2 coste di sedano,
una cipolla, un rametto di
rosmarino
olio extravergine di oliva
sale, pepe
Inoltre:
tartufo nero pregiato di Norcia

*Tempo di preparazione e
cottura:* 2 ore, più il riposo

Come prima cosa preparate le tagliatelle impastando energicamente su un tagliere la farina con le uova e i tuorli, fino a ottenere una massa soda ed elastica. Avvolgetela nella pellicola e lasciatela riposare in frigorifero per un'ora.

Nel frattempo disossate i piccioni, conservate le carcasse e fatele arrostire in forno.

Riprendete l'impasto e tiratelo in una sfoglia sottile (circa un millimetro e mezzo). Dopo un breve riposo, perché possa asciugare, arrotolatela senza stringere troppo e tagliatela in strisce larghe circa mezzo centimetro: allargatele sul piano di lavoro e dedicatevi alla preparazione del condimento.

In una pentola piuttosto profonda disponete le ossa dei volatili e una dadolata grossolana preparata con una carota, una costa di sedano e mezza cipolla; aggiungete un cucchiaio di olio, un pizzico di sale e ricoprite con acqua, lasciando sobbollire finché il liquido non si sia ridotto di circa metà del volume. Filtrate e serbate in caldo il brodo e le verdure cotte.

Ungete il fondo di una casseruola con due cucchiai di olio, unite un battuto preparato con gli aromi rimasti, fate imbiondire e aggiungete i piccioni e il rosmarino; salate e pepate. Quando la carne sarà ben rosolata sfumate con paio di mestoli di brodo, abbassate la fiamma, incoperchiate, e proseguite la cottura per 40 minuti, continuando ad allungare il fondo.

Trascorso il tempo necessario, spegnete il fuoco, fate raffreddare, quindi tagliate i volatili a piccoli pezzi e trasferiteli in un altro tegame, aggiungendo un filo di olio e le verdure tenute da parte, e cuocendo per un paio di minuti a fuoco moderato.

Lessate le tagliatelle in abbondante acqua salata, scolandole non appena risalgano a galla. Versatele nel ragù, fatele saltare per pochi secondi e servite cospargendo con scaglie di tartufo e un giro di extravergine a crudo.

Tagliatelle al salmì di folaga

Trattoria La Madia, Brione (Brescia)

È buona norma preparare il salmì qualche giorno prima, in modo che tutti gli aromi si amalgamino in modo armonico. Mettete in un contenitore le folaghe private della pelle, conservando i fegatini e i cuori, assieme a cinque carote pelate e tagliate a tocchetti, due cipolle a rondelle, la costa di sedano a pezzetti, una presa di sale grosso, il rametto di salvia, il rametto di rosmarino, il vino e le spezie, macinate e in quantità eguale. Lasciate riposare il tutto per circa una settimana, a temperatura ambiente in inverno, in frigorifero d'estate.

Preparate un trito con altre cinque carote e due cipolle e fatelo rosolare molto dolcemente con il burro per una mezz'ora. Aggiungete la conserva di pomodoro, mescolando, e le folaghe con le loro frattaglie; rosolate per qualche minuto, quindi coprite con il vino della marinata e lasciate cuocere lentamente per circa tre ore.

A cottura ultimata, armatevi di grande pazienza ed eliminate tutte le minuscole ossa della folaga, sfaldando al contempo la carne che verrà a creare un tutt'uno con le verdure.

Per la pasta, mescolate gli sfarinati creando la classica forma a fontana; aggiungete prima le uova leggermente battute e quindi poca acqua alla volta. Create un composto elastico che farete riposare alcuni minuti prima di tirare la sfoglia e di confezionare le classiche tagliatelle.

Lessate la pasta in acqua bollente salata, scolatela e condite con il salmì.

Per 10-12 persone

Per la pasta:
7 etti di semola rimacinata di grano duro senatore Cappelli,
3 etti di farina di castagne
6 uova
Per il condimento:
10 folaghe
10 carote, 4 cipolle, una costa di sedano, un rametto di salvia, un rametto di rosmarino,
3 cucchiai di conserva di pomodoro
3 litri di vino rosso corposo
mezz'etto di burro
sale, 2 cucchiai di pepe nero, bacche di ginepro, chiodi di garofano

Tempo di preparazione e cottura: 4 ore, più la marinatura

Uccello gruiforme dei Rallidi delle dimensioni di un piccolo pollo, la folaga – Fulica atra – ha piumaggio nero e grigio ardesia, con una macchia bianca sulla fronte, becco avorio e tarsi delle dita con espansioni carnose. Ottima nuotatrice, vive nei giuncheti di laghi, stagni e lagune, nutrendosi di piante acquatiche, insetti, uova di pesci, piccoli molluschi e crostacei. Questa dieta, che nel precetto religioso cattolico ha fatto assimilare il volatile ai cibi di magro, dà alle sue carni un sapore di pesce non a tutti gradito. La folaga non va frollata ma spiumata appena uccisa, eviscerata e utilizzata entro 24 ore. Per attenuare il sentore di pesce si può rosolare a pezzi senza grassi, bagnata con vino o aceto, oppure sbollentare più volte in acqua e aceto.

Tagliatelle al sugo di asino

Trattoria al Ponte, Brentino Belluno (Verona)

Per 4 persone

4 etti di tagliatelle
6 etti di polpa di asino
2 cipolle medie, 2 spicchi di
aglio, una carota, 2 peperoni
rossi, un ciuffetto di salvia, un
rametto di rosmarino
mezzo litro di Enantio
un litro di brodo vegetale
olio extravergine di oliva
sale, pepe

*Tempo di preparazione e
cottura:* 4 ore

Tritate le cipolle, l'aglio, la carota, i peperoni e rosolateli in una casseruola dove avrete scaldato l'olio. Tagliate a coltello la carne e aggiungetela alle verdure. Rosolate finché non sia ben asciugata, versate il vino rosso e fate asciugare ancora. Unite le erbe finemente tritate e portate a cottura con il brodo, regolando di sale e pepe. Occorreranno circa tre ore e mezza.

Questo sugo si presta a condire, oltre a tagliatelle o pappardelle, gnocchi e bigoli.

L'enantio è un antico vitigno a bacca nera della famiglia dei lambruschi, coltivato oltre che in Vallagarina (Trentino) nella Terra dei Forti, comprensorio veneto tra la Lessinia e il Monte Baldo. Il vino omonimo, di colore rosso rubino intenso e profumo molto fruttato, si sposa bene, oltre che con i formaggi stagionati, con piatti di selvaggina e brasati. Particolarmente riuscito l'abbinamento con le pietanze a base di carne equina tuttora cucinate – come il sugo d'asino preparato dal cuoco del Ponte, Stefano Bridi – in area veronese.

Tagliatelle con borroeûla e crema di piselli

Ristorante La Piana, Carate Brianza (Monza e della Brianza)

Per 4 persone

Per la pasta:
2 etti e mezzo di farina di
frumento, un etto e mezzo di
semola rimacinata di grano
duro, 5 uova
Per il condimento:
2 etti di *borroeûla* (pasta di
salame)
3 etti di piselli novelli sgranati
un bicchiere di vino bianco
secco
olio extravergine di oliva, sale

*Tempo di preparazione e
cottura:* un'ora, più il riposo

Lavorate gli ingredienti per la pasta e lasciatela riposare per 12 ore in frigorifero.

Stendete l'impasto in una sfoglia sottile, arrotolatela e tagliatela in strisce larghe circa mezzo centimetro.

Lessate i piselli in abbondante acqua salata e passateli nel passaverdura con parte dell'acqua di cottura, frullando poi la polpa ottenuta con olio extravergine.

Rosolate la *borroeûla* in una casseruola, bagnate con il vino, lasciate evaporare e unite la crema di piselli, regolando di sale.

Cuocete le tagliatelle in abbondante acqua bollente salata, scolatele e fatele saltare nella salsa.

Borroeûla è termine brianzolo che indicava un tempo la pasta del salame, cotta sotto la cenere con le patate, mentre oggi identifica l'impasto stesso, in genere molto morbido, che si può spalmare sui crostini o utilizzare per condire la pasta.

Tagliatelle con carciofi e topinambur

Trattoria Razmataz, Alessandria

Disponete la farina a fontana sulla spianatoia. Incorporate i tuorli, una presa di sale, l'olio e, se necessario, una piccola quantità di acqua. Impastate fino a ottenere un panetto omogeneo, che stenderete con il matterello, in una sfoglia sottile. Lasciatela asciugare per mezz'ora, quindi arrotolatela e tagliatela a strisce larghe mezzo centimetro.
Soffriggete in olio la cipolla tritata; aggiungete i topinambur, puliti e tagliati a fettine sottili, e lasciateli stufare dolcemente. In un'altra padella, fate saltare con olio e aglio i carciofi tagliati a listarelle sottili.
Tostate i pinoli, frullate i topinambur con la crema di latte e unite in un unico tegame i diversi ingredienti, mescolando con un cucchiaio di legno per amalgamare bene il tutto. Lessate le tagliatelle per poco più di un minuto, scolatele e trasferitele nel tegame con il condimento. Servite spolverando con i gherigli di noce tritati grossolanamente.

Molto popolare in Piemonte, dove lo chiamano topinabò *o* ciapinabò *e lo mangiano anche crudo con la* bagna caoda, *il topinambur è il rizoma, dell'*Helianthus tuberosus, *una pianta erbacea, imparentata con il girasole, che in autunno abbellisce gli orti con i suoi grandi fiori a margherita, di un giallo acceso.*

Per 6 persone

Per le tagliatelle:
mezzo chilo di farina di frumento
16-18 tuorli d'uovo
un cucchiaio di olio extravergine di oliva, sale
Per il condimento:
4 carciofi, 4 topinambur di medie dimensioni, uno spicchio di aglio, una cipolla piccola
5-6 noci, 2 cucchiai di pinoli
2 cucchiai di crema di latte
olio extravergine di oliva, sale

Tempo di preparazione e cottura: un'ora e un quarto

Tagliatelle con frattaglie di capretto

Locanda Aurilia, Loreggia (Padova)

Ripulite bene le frattaglie di capretto da pellicine e nervature e tagliatele a pezzetti; trasferitele in una pentola a fondo spesso con un po' di extravergine caldo. Fate rosolare bene e sfumate con il vino; una volta evaporato, aggiungete un po' di brodo vegetale, la cipolla e la costa di sedano affettate finemente, l'alloro e un trito di rosmarino, aglio e maggiorana. Portate a cottura a fuoco lento, regolando di sale e pepe.
Cuocete la pasta in abbondante acqua bollente salata, scolatela al dente e condite con il sugo.

Per 4 persone

3 etti di tagliatelle, 3 etti di interiora di capretto, una cipolla, una costa di sedano, 2 spicchi di aglio, rosmarino, maggiorana, una foglia di alloro, brodo vegetale, mezzo bicchiere di vino rosso, olio extravergine di oliva, sale, pepe

Tempo di preparazione e cottura: 45 minuti

Tagliatelle con il germano reale

Trattoria La Pecora Nera, Canedole di Roverbella (Mantova)

Per 8-10 persone

Per la pasta:
8 etti di farina di frumento
8 uova
Per il condimento:
un germano reale (anatra selvatica)
2 carote, 2 coste di sedano, mezza cipolla, uno spicchio di aglio, una foglia di alloro
4 cucchiai di salsa di pomodoro
mezzo bicchiere di vino bianco secco
grana padano
olio extravergine di oliva
sale, pepe

Tempo di preparazione e cottura: 3 ore

Dopo avere spiumato e pulito il germano, mettetelo in una casseruola, intero, con poco olio e la foglia di alloro. Fatelo rosolare da tutte le parti, spruzzate con vino bianco, aggiungete un bicchiere di acqua (o più, se necessario) e portate quasi a cottura (circa un'ora e mezza).

Nel frattempo preparate le tagliatelle, impastando la farina con le uova e la quantità d'acqua necessaria. Tirate con il matterello una sfoglia sottile, ma non troppo, e lasciatela riposare per una mezz'ora, quindi infarinatela leggermente, arrotolatela e ricavatene tagliatelle della larghezza di mezzo centimetro.

Lasciate intiepidire, togliete il germano dalla casseruola, eliminate la pelle, spolpatelo e tritatelo grossolanamente con un coltello grande.

Fate un soffritto con olio, cipolla, aglio, carota, sedano e aggiungete, poi, la carne tritata, il sugo di cottura ben filtrato e la salsa di pomodoro.

Regolate di sale e pepe e continuate la cottura per qualche minuto per amalgamare i sapori.

Cuocete le tagliatelle in acqua bollente salata, scolatele al dente e conditele, ultimando, a piacere con una bella spolverata di grana grattugiato.

Il germano reale, la più nota delle anatre selvatiche, probabile capostipite delle razze domestiche (esclusa l'anatra muta) e allevabile senza particolari difficoltà, è originaria dell'Eurasia e ha abitudini sia migratorie sia stanziali. Abile nuotatrice e tuffatrice, Anas plathyrhynchos *si ciba di vermi, insetti, piccoli pesci e loro uova, piante acquatiche; è di passo in stormi numerosi da novembre a febbraio nelle zone umide del Nord e del Centro Italia. Il maschio adulto, lungo da 40 a 70 centimetri, ha testa e collo di colore verde smeraldo cupo, con collarino bianco. Le carni del germano reale sono meno grasse e più sode di quelle dell'anatra comune, di cui tuttavia condividono le ricette.*

Tagliatelle con la granseola

Buffet da Mario, Trieste

Lasciate la granseola in ammollo per un paio di ore, cambiando sovente l'acqua. Mettetela poi a bollire in una pentola d'acqua, coprendo possibilmente con un sacco di iuta. Cuocete per 20-25 minuti, poi sgusciate il crostaceo cercando di estrarre quanta più carne è possibile sia dal carapace sia dalle zampe.
Lessate le tagliatelle in abbondante acqua salata, scolatele al dente e conditele con la polpa della granseola, aggiungendo olio extravergine e, a piacere, una spolverata di pepe o di prezzemolo tritato.

Nel Nordest la granseola o granzeola *è la femmina (il maschio si chiama* granzo *o* granzón*) di* Maja squinado, *crostaceo decapode dalla corazza a forma di cuore, cosparsa di noduli e peli rigidi e uncinati, con sei lunghe spine sporgenti dai margini laterali e altre due divergenti tra gli occhi. È il tipo di granchio più apprezzato in Italia, in particolare nelle lagune e sulle coste veneto-giuliane. Le femmine sono più ricche di polpa e raggiungono la massima pienezza tra dicembre e febbraio.*

Per 4 persone

4 etti di tagliatelle
una granseola (grancevola, grosso granchio)
un ciuffetto di prezzemolo (facoltativo)
olio extravergine di oliva
sale, pepe (facoltativo)

Tempo di preparazione e cottura: un'ora, più lo spurgo del crostaceo

Tagliatelle con le canocie

Enoteca Stallo, Noale (Venezia)

Lavate le cicale, asciugatele molto bene (non devono prendere troppa farina) e infarinatele. Fatele rosolare per quattro o cinque minuti a fuoco lento in olio. Quando saranno raffreddate incidete con forbici da cucina i lati della corazza e scoprite la polpa dalla coda alla testa.
Nella stessa padella, conservando l'olio, versate la passata di pomodoro, lo spicchio di aglio intero e schiacciato, pepe o peperoncino, poco sale.
Recuperate il carapace che avete scartato e fatelo bollire con un bicchiere d'acqua, per poi passarlo al setaccio. Aggiungete il fumetto in padella e, al primo bollore, spegnete il fuoco e adagiate le *canocie* nel sugo.
Lessate la pasta al dente, scolatela e trasferitela nella padella facendola saltare e mantenendo il fondo morbido: se necessario allungate con un po' d'acqua di cottura delle tagliatelle.

Per 6 persone

6 etti di tagliatelle
un chilo di canocchie (cicale di mare)
uno spicchio di aglio, un ciuffo di prezzemolo
un cucchiaio di passata di pomodoro
farina di frumento tipo 00
olio extravergine di oliva
sale, un pizzico di pepe (o di peperoncino)

Tempo di preparazione e cottura: un'ora

Tagliatelle con le lumache

Rosanna Dotta, La Morra (Cuneo)

Per 8 persone

Per la pasta:
mezzo chilo di farina di frumento
6 uova
Per il condimento:
8 etti di chiocciole sgusciate, pronte per la cottura
2 cipolle di media grandezza,
mezz'etto di prezzemolo,
20 g di menta piperita,
2 spicchi di aglio
vino bianco secco
brodo vegetale
mezz'etto di parmigiano reggiano (facoltativo)
olio extravergine di oliva
sale, pepe

Tempo di preparazione e cottura: 2 ore

Con la farina e le uova preparate l'impasto. Tirate con il matterello una sfoglia sottile e fatela asciugare. Arrotolatela e tagliatela in strisce larghe mezzo centimetro.

Tagliate a fettine le lumache e soffriggetele in una casseruola con l'olio e la cipolla tritata, facendole rosolare finché non saranno asciutte; bagnate con il vino e portate a cottura, aggiungendo il brodo poco alla volta. Poco prima di spegnere il fuoco, insaporite con un trito di prezzemolo, menta e aglio, e regolate di sale e pepe.

Lessate le tagliatelle per pochi minuti in abbondante acqua salata bollente. Scolatele, trasferitele nel tegame con le lumache e portate in tavola, dopo avere spolverato la superficie con il parmigiano grattugiato.

Lumaca è il nome corrente della chiocciola, mollusco gasteropode di terra dalla conchiglia elicoidale, chiusa in inverno dall'opercolo, il diaframma di bava indurita che l'animaletto produce quando entra in letargo. Le chiocciole di interesse gastronomico, appartenenti al genere Helix, si trovano, soprattutto dopo le piogge, in campi, orti e giardini, ma la raccolta è soggetta a limitazioni e sostituita quasi ovunque dall'allevamento, che dà ottimi risultati qualitativi e di sicurezza.

Tagliatelle con pasta di salame

Osteria Burligo, Burligo di Palazzago (Bergamo)

Per 6 persone

Per la pasta:
3 etti di farina di frumento tipo 0, 12-13 tuorli d'uovo
Per il condimento:
6 etti di pasta di salame
2 carote, un gambo di sedano con le foglie, 2 cipolle, un ciuffetto di maggiorana
olio extravergine di oliva, sale

Tempo di preparazione e cottura: un'ora

Con la farina e i tuorli d'uovo preparate la pasta. Tirate con il matterello una sfoglia sottile e lasciatela asciugare per una mezz'ora. Arrotolatela e tagliatela in strisce larghe circa mezzo centimetro.

Rosolate nell'olio le verdure tritate, aggiungete la pasta di salame, mescolando spesso in modo da sgranarla, e cuocete a fiamma bassa per una quindicina di minuti, completando con le foglioline di maggiorana spezzettate.

Lessate le tagliatelle per pochi secondi in abbondante acqua salata bollente, scolatele, passatele nel tegame con il condimento e servite.

Tagliatelle con peperoni

Osteria U Locale, Buccheri (Siracusa)

Fate un impasto di semola, acqua e sale, lasciandolo riposare per mezz'ora.

Col matterello tirate una sfoglia non troppo sottile. Arrotolate la sfoglia e ritagliate con il coltello delle strisce di mezzo centimetro di larghezza; allargatele e fatele asciugare.

Arrostite i peperoni fino a quando la buccia non diventi scura, quindi metteteli in un sacchetto di carta per circa mezz'ora, in modo che si spellino più facilmente.

In una padella schiacciate l'aglio e fatelo rosolare con due cucchiai di olio, aggiungendo i pomodori a pezzettini e cuocendo a fuoco vivace. Unite i peperoni spellati e sfilettati, regolate di sale e completate con foglioline spezzettate di basilico.

Il sugo è pronto per essere mescolato alla pasta, che nel frattempo avrete lessato con l'aggiunta di un cucchiaio di olio a crudo e scolato. Divise le tagliatelle nei piatti, potrete insaporire ulteriormente con un cucchiaino di ricotta salata grattugiata a porzione.

I peperoni coltivati nelle serre sono ormai disponibili quasi tutto l'anno, e in molti ristoranti siciliani compaiono abitualmente nei fin troppo ordinari buffet degli antipasti freddi. Ben altro sapore è quello dell'ortaggio prodotto in stagione, come i peperoni che Sebastiano Formica impiega per questo gustoso primo piatto estivo.

Per 4 persone

Per la pasta:
4 etti di semola di grano duro
un pizzico di sale
Per il condimento:
3 peperoni verdi
4 pomodori, uno spicchio di aglio, alcune foglie di basilico
olio extravergine di oliva, sale
Inoltre:
4 cucchiaini di ricotta salata
(facoltativo)

Tempo di preparazione e cottura: 2 ore

Tagliatelle con ragù di trota

Ristorante Corsaglia, Montaldo di Mondovì (Cuneo)

Per 4 persone

Per la pasta:
2 etti e mezzo di farina
di frumento tipo 00, una
manciata di semola di grano
duro
2 uova
un pizzico di sale
Per il condimento:
3 etti di trota salmonata
30 g di cipolla, 4 rametti di
timo
2 etti e mezzo di pomodori
una noce di burro, 60 g di olio
extravergine di oliva
peperoncino, sale

*Tempo di preparazione e
cottura:* un'ora e un quarto

Con farina, uova e sale preparate l'impasto e lasciatelo riposare, coperto con un canovaccio di tela, per circa un'ora. Mettete metà olio e il burro in una casseruola e fate soffriggere la cipolla tritata con due rametti di timo. Sbucciate i pomodori – per semplificare l'operazione, potete incidere la buccia a spicchi e immergere poi il pomodoro nell'acqua calda – tagliate la polpa a cubetti e versatela in padella con un pizzico di sale. Cuocete a fiamma bassa per una ventina di minuti.

Tirate la pasta con il matterello fino a ottenere una sfoglia uniforme, lasciatela riposare per alcuni minuti, quindi cospargetela di semola, arrotolatela su se stessa e, con il coltello, tagliate rondelle della larghezza di tre millimetri circa; srotolate velocemente le tagliatelle con le mani e spolveratele con un po' di farina.

Mettete a bollire una pentola con molta acqua.

Sfilettate le trote: per eliminare la testa, infilate il coltello dal dorso, facendolo scorrere tra le branchie e la carne. Incidete il corpo dalla pinna dorsale, seguendo le lische della colonna vertebrale, verso la coda. Ottenuti i due filetti, ripuliteli dai residui, eliminate la pelle e tagliate la polpa a cubetti delle dimensioni di un centimetro e mezzo circa.

Mentre le tagliatelle cuociono – saranno necessari alcuni minuti – soffriggete in una padella l'olio extravergine di oliva e i due rametti di timo rimanenti. Immergete i cubetti di trota e fateli rosolare velocemente con un pizzico di peperoncino e il sale. Unite il sugo di pomodoro e le tagliatelle scolate, mantecando con un filo di extravergine.

Tagliatelle con ragù di vacca romagnola

Osteria La Campanara, Galeata (Forlì-Cesena)

Su una spianatoia lavorate la farina con le uova e un pizzico di sale ottenendo una massa soda e liscia; coprite e lasciate riposare per un'ora.

Nel frattempo preparate un battuto grossolano con le verdure aromatiche, macinate finemente il lardo e tritate la carne di manzo. In una padella fate sciogliere il grasso, aggiungete il trito di verdure e la carne e mescolate perché non si attacchino al tegame. Quando avranno preso colore, unite la salsiccia intera adagiandola sulla carne e lasciate cuocere a fuoco moderato finché il fondo non inizi ad asciugare. Togliete la salsiccia, spellatela e tritatela finemente con il coltello, rimettetela nel tegame e versate la polpa di pomodoro; regolate di sale e pepe, incoperchiate il tegame e cuocete a fuoco bassissimo per circa quattro ore, rimestando di tanto in tanto con il cucchiaio e aggiungendo, se necessario, piccoli sorsi di acqua.

Tirate la pasta in una sfoglia sottile (circa un millimetro e mezzo), arrotolatela e ricavate delle strisce di un centimetro di larghezza; svolgetele e formate dei nidi di 80 grammi ciascuno.

Lessate le tagliatelle in acqua salata per pochi minuti, scolandole non appena risalgano a galla, saltatele nel tegame con il sugo e servitele. Se ne gradite l'aroma, potete portare in tavola un pezzo di parmigiano reggiano da grattugiare a piacimento sulla pietanza.

Per 4 persone

Per la pasta:
3 etti di farina di frumento
3 uova
un pizzico di sale
Per il ragù:
2 etti di polpa di manzo di razza romagnola, un etto di salsiccia
70-80 grammi di lardo
una costa di sedano, una carota, mezza cipolla
mezzo chilo di passata di pomodoro
sale, pepe
Inoltre:
parmigiano reggiano (facoltativo)

Tempo di preparazione e cottura: 4 ore e un quarto

Tagliatelle con rigaglie di pollo

Trattoria da Erminio, Assisi (Perugia)

Per 4 persone

Per la pasta:
4 etti di farina di frumento
4 uova
Per il condimento:
2 etti di rigaglie di pollo
mezzo chilo di pomodori, una
costa di sedano, una carota,
una piccola cipolla, uno
spicchio di aglio
un bicchiere di vino bianco
secco
olio extravergine di oliva, sale

*Tempo di preparazione e
cottura:* un'ora e 40 minuti

Su una spianatoia disponete la farina a fontana, mettete al centro le uova e lavorate il composto fino a ottenere una massa liscia e omogenea; coprite e lasciate con un canovaccio e lasciatela riposare una mezz'oretta.

Nel frattempo spellate i pomodori, privateli dei semi, spezzettateli e versateli in una padella con un filo di olio e l'aglio; salate leggermente e cuocete per un quarto d'ora, mescolando di tanto in tanto.

Rifilate le rigaglie e lessatele in acqua salata per una mezz'ora, poi scolate e fate intiepidire.

Riprendete l'impasto, tiratelo in una sfoglia di circa un millimetro e mezzo di spessore, lasciate asciugare per qualche minuto e arrotolate senza stringere troppo. Ritagliate strisce della larghezza di circa mezzo centimetro, allargatele sul piano di lavoro e dedicatevi al sugo.

Preparate un battuto con sedano, carota e cipolla e soffriggetelo in olio; unite le rigaglie tagliate a pezzetti, rosolate, sfumate con il vino e unite la salsa di pomodoro terminando la cottura e aggiustando, eventualmente, di sale.

Lessate la pasta in abbondante acqua salata per pochi minuti, scolatela e versatela nel sugo; mescolate e servite.

Tagliatelle con salsiccia e funghi

Trattoria da Gaspar, Tarcento (Udine)

Per 4 persone

4 etti di tagliatelle all'uovo
2 etti di salsiccia fresca
un pomodoro, una carota, una
costa di sedano, uno scalogno,
uno spicchio di aglio, un
ciuffetto di prezzemolo
(facoltativo)
30 g di porcini essiccati
olio extravergine di oliva, sale

*Tempo di preparazione e
cottura:* un'ora

Ammollate i funghi per almeno mezz'ora. Scolateli e rosolateli in poco olio extravergine con lo spicchio di aglio.

Con le verdure aromatiche preparate un battuto e fatelo dorare nell'olio; aggiungete la salsiccia sbriciolata, il pomodoro a cubetti e lasciate insaporire qualche minuto. Unite quindi i funghi con un po' della loro acqua di ammollo e ultimate la cottura, regolando di sale.

Cuocete la pasta in abbondante acqua salata, scolatela al dente e fatela saltare in padella, ultimando, se volete, con una spolverata di prezzemolo tritato.

Potrete usare il sugo per condire non solo pasta fresca all'uovo ma anche pasta secca, per esempio maltagliati. In stagione si possono usare funghi freschi: porcini, galletti o chiodini.

Tagliatelle con uova di carpa e filetti di persico

Ristorante L'Acquario, Castiglione del Lago (Perugia)

Su una spianatoia impastate la farina con le uova, il sale e l'acqua necessaria a rendere l'impasto elastico e sodo (ne occorreranno all'incirca tre mezzi gusci d'uovo). Lavorate con energia prima con la forchetta, poi con le mani per una decina di minuti, quindi tirate una sfoglia sottile e lasciatela asciugare per qualche tempo, finché i margini non tendano ad arricciarsi. Arrotolate la pasta senza stringere troppo e ritagliate delle strisce della larghezza di un dito; allargatele sul piano di lavoro e dedicatevi alla preparazione del sugo.

Sfilettate il pesce privandolo della pelle e delle spine e dividete la polpa in quattro filetti che metterete da parte.

Preparate un battuto con prezzemolo, aglio, capperi e acciughe e soffriggetelo in padella con un po' di olio e una punta di peperoncino. Una volta dorato, unite le uova di carpa, sfumate con il vino, aggiustate di sale e pepe, mescolate e proseguite la cottura per pochi minuti, aggiungendo la passata di pomodoro e bagnando con uno o due mestoli di fumetto, in modo che il fondo resti piuttosto fluido.

Prelevate qualche cucchiaio di salsa e versatela in un altro tegame, aggiungete i filetti di persico, regolate di sale, sfumate con il vino e cuocete per tre o quattro minuti. Unite a questo punto i pomodorini tagliati a pezzetti e ultimate la cottura.

Lessate le tagliatelle in abbondante acqua salata, scolatele al dente e saltatele nella padella con la salsa di uova di carpa; impiattate e ultimate guarnendo ogni piatto con un filetto di pesce e un po' di sugo.

Per 4 persone

Per la pasta:
3 etti di farina di frumento
3 uova
un pizzico di sale
Per il condimento:
un pesce persico, 2 etti di uova di carpa
2 filetti di acciughe sotto sale
8 pomodorini, uno spicchio di aglio, un ciuffo di prezzemolo, un cucchiaio di capperi, un pezzo di peperoncino
un cucchiaio di passata di pomodoro
fumetto
vino bianco secco
olio extravergine di oliva
sale, pepe

Tempo di preparazione e cottura: un'ora e mezza

Tagliatelle di castagne con lepre e cioccolato

Trattoria San Giovanni, Piacenza

Per 4 persone

Per la pasta:
un etto e mezzo di farina di castagne, un etto di farina di frumento tipo 00, mezz'etto di semola di grano duro
3 uova intere e 3 tuorli
un pizzico di sale
Per il condimento:
2 etti e mezzo di polpa di lepre
2 scalogni, mezza costa di sedano, mezzo finocchio, una foglia di alloro
30 g di cioccolato amaro (cacao 65%)
un cucchiaino di concentrato di pomodoro
brodo di carne
un bicchiere di vino rosso
un etto di burro, olio extravergine di oliva
sale, pepe, zucchero

Tempo di preparazione e cottura: 2 ore

Setacciate con cura la farina di castagne e versatela su una spianatoia mescolandola a quella di frumento e alla semola. Mettete al centro le uova e i tuorli, una presa di sale e lavorate fino a ottenere una massa soda ed elastica; copritela e mettetela a riposare per un'oretta al fresco.

Nel frattempo preparate il sugo: tritate gli scalogni e fateli rosolare in una casseruola con un filo di olio, la metà del burro e una foglia di alloro; aggiungete il sedano e il finocchio (solo il cuore) affettati finemente, mescolate e unite la carne tagliata a cubetti. Cuocete per qualche minuto, amalgamando gli ingredienti, quindi insaporite con il concentrato di pomodoro, un pizzico di zucchero, sale, pepe, e sfumate con il vino. Fatelo evaporare a fiamma viva, poi abbassate al minimo, coprite il tegame e proseguite la cottura per circa un'ora, aggiungendo il brodo – magari preparato con le ossa della lepre – necessario a mantenere il fondo morbido. Verificate la consistenza della carne, che deve essere tenera, poi a fuoco spento incorporate il cioccolato ridotto a scaglie, mescolate per farlo sciogliere, e mantenete in caldo.

Riprendete la pasta e tiratela in una sfoglia sottile (un millimetro e mezzo di spessore), lasciate asciugare brevemente e arrotolate senza stringere troppo. Tagliate in strisce di circa un centimetro di larghezza, svolgete le tagliatelle e lessatele per pochi minuti in abbondante acqua salata, scolandole al dente. Ripassatele in una padella con il resto del burro e impiattate condendo con un paio di cucchiaiate di sugo, senza aggiungere formaggio grattugiato.

Molto più semplice la ricetta delle tagliatelle di farina di castagne praticata alla Locanda Apuana di Colonnata, frazione di Carrara. La pasta si prepara (dosi per quattro persone) con tre etti e mezzo di farina di castagne, un etto e mezzo di farina manitoba (o altra farina di frumento forte, particolarmente ricca di glutine), due uova e acqua. Si cuociono le tagliatelle al dente e si condiscono con due etti di gorgonzola dolce sciolto a fuoco dolce con poco latte.

Tagliatelle di castagne con sugo di coniglio

Trattoria Società, Villanovetta di Verzuolo (Cuneo)

Mescolate gli sfarinati e sistemateli sul piano di lavoro a fontana. Aggiungete il sale, le uova e i tuorli, lavorate bene l'impasto e poi lasciatelo riposare due ore in frigorifero. Nel frattempo procedete con la preparazione del sugo: tagliate il coniglio a pezzi, infarinatelo e rosolatelo in una padella con olio bollente. Quando risulterà ben dorato, toglietelo dal fuoco e scolate l'olio in eccesso.

A parte preparate un soffritto con cipolla, aglio, sedano, carota tritati e le spugnole tagliate a fettine. Bagnate con il vino bianco e il Marsala, salate, pepate e unite l'alloro e i pezzi di coniglio. Incoperchiate e cuocete per circa tre quarti d'ora, aggiungendo via via, se necessario, un po' d'acqua o di brodo.

A cottura ultimata, lasciate intiepidire e disossate il coniglio, tagliandolo a pezzettini.

Riprendete in mano la pasta, tirate una sfoglia non troppo sottile, arrotolatela e tagliatela in strisce larghe mezzo centimetro circa. Allargatele e spolveratele con un po' di farina.

Cuocete le tagliatelle in abbondante acqua salata per cinque minuti circa, scolatele e condite con il sugo di coniglio, completando con prezzemolo e timo tritati.

Il piatto cucinato Da Charlie Zuchuat, svizzero trapiantato nel Saluzzese, valorizza il coniglio grigio di Carmagnola, l'unica razza cunicola piemontese di cui sia rimasta qualche traccia: per la sua difesa si è costituito un Presidio Slow Food. La farina di castagne arriva invece dalla Val Bormida ligure, dove opera il Presidio della castagna essiccata nei tecci di Calizzano e Murialdo.

Per 10 persone

Per la pasta:
4 etti di farina di castagne di Calizzano, 4 etti di farina di frumento biologica, 2 etti di semola di grano duro
4 uova intere e 14 tuorli
20 g di sale
Per il condimento:
un coniglio grigio di Carmagnola
2 etti e mezzo di spugnole
2 spicchi di aglio, una cipolla, una costa di sedano, una carota, una foglia di alloro, un ciuffetto di prezzemolo, un rametto di timo
un pugno di farina di frumento
brodo di carne (facoltativo)
2 dl di vino bianco secco, 2 cl di Marsala secco
olio extravergine di oliva
sale, pepe

Tempo di preparazione e cottura: 3 ore e mezza

Rezdore e sfogline.
I ferri del mestiere

La parlata emiliano-romagnola possiede dei termini efficaci per designare sia la massaia reggitrice della casa (*rezdòra, arzdòra, arzdoùra*) sia la sua competenza principale: l'essere sfoglina, ossia esperta nell'impastare e nel tirare la pasta ricavando da una sfoglia perfetta formati perfetti altrettanto. «Sai fare la sfoglia?» era la prima domanda che la futura suocera rivolgeva alla ragazza da marito osservando con intenzione le sue dita, che dovevano essere affusolate, per girare e chiudere ad arte i tortellini.

Tramontata la famiglia patriarcale, ri-valutate le "virtù" delle donne, centuplicate le possibilità di acquistare cose buone già fatte, compresa la pasta fresca, l'arte della sfoglina sembra destinata a tramontare anch'essa. Ma non la pensano così gli emiliani. La provincia di Modena e Slow Food, per esempio, hanno promosso e realizzato il progetto "Storia di terra e di *rezdòre*": un lungo lavoro di interviste e di riprese da cui sono stati ricavati un libro e un film-documentario in cui agricoltori, allevatori, pastori, macellai, casari, mondine, pescatori, artigiani, cuoche e *rezdòre* della provincia modenese raccontano la loro antica povertà e fanno emergere il loro patrimonio culturale e gastronomico, che vede nella pasta fresca una grande protagonista.

A Bologna, poi, sono numerose le iniziative che si propongono di valorizzare quest'arte: concorsi all'insegna del matterello in cui, divisi in batterie, casalinghe e cuochi per hobby, giovani e professionisti si sfidano nel preparare sfoglie – omogenee, grandi e sottili – nel minor tempo possibile; scuole e accademie fondate da sfogline in cui si tengono corsi per amatori e professionisti: già perché dall'arte può scaturire un mestiere, peraltro molto richiesto dalla ristorazione. Qualche anno fa è stata persino formulata una proposta di legge – ribadita ancora recentemente – che si propone non solo di tutelare un prodotto artigianale – la sfoglia all'uovo bolognese – che rischia di essere, se non confuso, quanto meno sopraffatto dalle imitazioni industriali su vasta scala, ma anche di riconoscere quella di sfoglina (e sfoglino, perché oggi tanti sono gli uomini che mettono volentieri le mani in pasta) come una vera e propria professione.

Ma al di là delle competenze operative, che in assenza di scuole diffuse capillarmente andranno apprese provando e riprovando, magari con la guida di una figura esperta, quali sono gli attrezzi indispensabili della sfoglina? Una spianatoia di legno duro sufficientemente ampia e un matterello sufficientemente lungo. Gli ingredienti per l'impasto (parlando di sfoglia bolognese, farina, uova e un pizzico di sale) e un po' di forza nelle braccia e nelle mani per lavorarlo con energia. Quanto tempo? Secondo Alessandra Spisni di "La Vecchia Scuola Bolognese" non più di 20-30 minuti per una sfoglia completa. D'altra parte, circola nelle memorie delle trattorie langarole il racconto di una vecchia cuoca che, presa l'ordinazione dai clienti, preparava in pochi minuti *tajarin* espressi, giusto il tempo di servire un piatto di antipasto. Ovviamente, creato l'impasto, la sfoglia si può tirare anche con la macchinetta sfogliatrice, stringendo via via il passo per ottenere rettangoli sempre più sottili. Ma è risaputo che la sfoglia allargata con il matterello risulta più porosa e adatta ad assorbire meglio il condimento.

Per fare ravioli, tortelli, anolini, tortellini e cappelletti serviranno ancora il coltello, la rotella liscia o dentata, le dita e, al massimo, un piccolo attrezzo di forma circolare (il tagliatortelli o coppapasta), surrogato dalle nonne con un bicchiere di piccolo diametro, come quello per servire i liquorini. E poi ci vuole il ripieno. Ma questa, ovviamente, è un'altra storia (si veda alle pp. 414-415).

Per ricavare pappardelle, tagliatelle, taglierini (ma anche fettuccine, lasagnette, piccagge, làgane, *bardele*, curiuli, scialatielli) la sfoglina dovrà disporre di un coltello a lama lunga ben affilato: arrotolata la sfoglia su se stessa, dopo averla appena spolverata di farina, taglierà il rotolo a strisce, più o meno larghe: si formeranno matassine che verranno sciolte facilmente con le mani. Per i maltagliati (che in Friuli si chiamano *blecs*, in Valtellina pizzocheri, nel Mantovano *straciamuus*, nel Ponente ligure *tacui*, nel Centrosud *sagne 'mpezze*, paccozze, pettole, pizzelle, tacconi) si taglierà la sfoglia in rettangoli, da questi strisce; disposte a mazzetto, saranno tagliate a irregolari losanghe con tagli obliqui mutando via via la direzione della lama.

Un po' più complesso è fare a mano paste lunghe a sezione quadrata: a questo scopo le tradizioni casalinghe del Centro-sud hanno ideato l'ingegnosa "chitarra" o, più semplicemente, un matterello scanalato che si passa sulla sfoglia tirata non troppo sottile. Appartengono a questa tipologia, oltre ai notissimi maccheroni alla chitarra abruzzesi, i carrati e i tonnarelli. Apparentemente più immediata la confezione di quegli spaghettoni che in Toscana si chiamano *pici* (o *pinci*) e in Umbria umbricelli: losanghe o fettine di pasta si fanno rotolare sulla spianatoia fino a ottenere, allungando e affusolando con le mani, lunghi e grossi spaghetti irregolari.

E per ricavare paste incavate? Dai *malloreddos* ai cavatelli passando per le celeberrime orecchiette, la partenza è sempre un corto cilindretto di pasta che, con la punta arrotondata del coltello, si trascina sulla spianatoia: se si esercita una certa pressione con i polpastrelli, la pasta si "cava", se si lascia la conchiglietta aperta e la si capovolge sulla punta di un dito, si avrà un piccolo orecchio con la superficie rugosa. Nel caso dei *malloreddos*, una tavoletta zigrinata completa la forma esteriore dello gnocchetto.

Categoria molto interessante, ancora, è quella della paste ottenute con il "ferretto". Esistono ferretti prodotti ad hoc, ma da sempre si sono utilizzati cannucce vegetali (ricavate da giunchi o dalla canna *Arundo aegyptica*, in arabo *bus*, da cui *busa* e *busiate*, termini che per estensione indicano la pasta prodotta), stecche di ombrello e, ancora oggi, ferri da calza. Con il ferretto si può agire in due modi: lo si preme su un cilindretto di pasta, si rotola sulla spianatoia finché la pasta si sia assottigliata e richiusa; oppure si avvolge intorno al ferro una striscia di pasta, si fa ruotare sul tavolo di lavoro e si sfila con un colpo secco. Si ottengono così maccheroncelli bucati più o meno lunghi e più o meno torti, simili ai fusilli, denominati, da Nord a Sud, in una infinità di modi: *busiate*, ceppe, *ferrazzuoli*, *ferricieddi*, fricelli, *fusidde*, *fileja*, *filateddhi*, fischietti, *maccarones a ferritus*, *maccarones de busa*, *macarón del fret*, *macarun cun l'agugia*, *minchiareddhi*, *subioti*.

La fantasia culinaria del passato ha prodotto ben altro, in fatto di formati: stricchetti, ottenuti pizzicando una lasagnetta di pasta a mo' di farfalla; garganelli, avvolgendo riquadri di sfoglia intorno a un bastoncino e passandoli su un attrezzo chiamato pettine; corzetti o crosetti, ovvero dischetti di pasta su cui si imprime uno stampo di legno inciso, un tempo, con lo stemma di famiglia; *lorighittas*, leggere collanine di pasta lavorata a cordoncino; trofie, attorcigliando e assottigliando alle estremità piccoli gnocchi di farina e acqua. Farina e acqua che, ricordiamolo, sono tuttora gli ingredienti di tantissime paste di tradizione casalinga, a testimoniare povertà ma al contempo la formidabile arte di ingegnarsi per portare in tavola un cibo che fosse festa e consolazione.

Tagliatelle di ortica con lardo, pancetta e caprino

Osteria Burligo, Palazzago (Bergamo)

Per 6 persone

3 etti di farina di frumento
8 tuorli d'uovo
un mazzo di cime di ortiche,
uno spicchio di aglio, un
rametto di rosmarino
un bel pezzo di lardo, un bel
pezzo di pancetta
caprino stagionato
olio extravergine di oliva, sale

*Tempo di preparazione e
cottura:* un'ora e un quarto

Tuffate le ortiche, pulite e lavate, in abbondante acqua bollente salata per pochi minuti, scolatele, fatele raffreddare, strizzatele e tritatele molto finemente trasformandole in un composto omogeneo.
Unitele, quindi, alla farina e ai tuorli d'uovo battuti, impastando fino a ottenere un panetto omogeneo, che stenderete con il matterello in una sfoglia sottile. Lasciate riposare almeno mezz'ora, arrotolate la sfoglia e tagliatela a strisce larghe mezzo centimetro circa.
Tagliate il lardo e la pancetta a dadini e fateli rosolare con l'aglio e il rosmarino fino a giusta doratura, in modo che restino croccanti ma non duri.
Cuocete le tagliatelle di ortica in acqua bollente leggermente salata, scolatele al dente e condite con la pancetta e il lardo, aggiungendo poco olio extravergine di oliva e una generosa grattugiata di caprino.

Norma e Felice Sozzi, cuoca e patron dell'Osteria Burligo, raccontano che nella Bergamasca il condimento storico, base per la preparazione di molte pietanze, era dato dal lardo o dalla pancetta oppure da entrambi. Il numero dei tuorli utilizzati nell'impasto può anche essere anche minore, dipende dai gusti, mentre si deve calcolare che le cime di ortiche, una volta cotte e strizzate, pesino almeno mezz'etto e che il caprino sia stagionato quattro o cinque mesi. Quanto a lardo e pancetta abbondate pure, il condimento sarà molto più gustoso.

Tagliatelle gialle e verdi con ragù bianco

Osteria in Scandiano, Scandiano (Reggio Emilia)

Lavate gli spinaci e sbollentateli per pochi minuti in acqua salata, poi scolateli, strizzateli e tritateli finemente; allargateli su un piatto e lasciateli raffreddare.

Su una spianatoia preparate il primo impasto: mescolate la farina, aggiungete i tuorli e l'uovo, incorporate la verdura e lavorate fino a ottenere una massa soda e omogenea; copritela e dedicatevi al secondo. Amalgamate la farina con gli ingredienti indicati, procedete nello stesso modo e lasciate riposare entrambi i composti per 10-20 minuti.

Macinate le carni e preparate un trito con gli odori. In una padella fate rosolare il battuto, aggiungete la carne e soffriggete per qualche minuto; quando la carne avrà preso colore, sfumate con il vino e fatelo evaporare a fuoco moderato, quindi abbassate la fiamma, versate il latte, incoperchiate il tegame e cuocete per un'ora e mezza o due, finché il liquido si sia completamente ritirato; regolate di sale.

Nel frattempo tirate due sfoglie molto sottili (circa un millimetro di spessore), lasciatele asciugare brevemente e sovrapponetele arrotolandole senza stringere troppo. Con un coltello ricavate delle strisce larghe mezzo centimetro e allargatele su un vassoio.

Lessate la pasta per un paio di minuti, scolandola non appena risalga a galla e lasciandola leggermente umida, quindi versatela in padella e amalgamate al condimento.

Per 6 persone

Per la pasta verde:
2 etti e mezzo di farina di frumento di tipo 00 calibrata
2 etti di spinaci
un uovo e 4 tuorli
un pizzico di sale

Per la pasta gialla:
2 etti e mezzo di farina di frumento di tipo 00 calibrata
2 uova e 4 tuorli

Per il condimento:
un etto di polpa di maiale, un etto di polpa di vitello, un etto di polpa di manzo
2 carote di medie dimensioni, 2 coste di sedano, una cipolla
mezzo litro di latte
mezzo bicchiere di vino bianco secco
olio extravergine di oliva, sale

Tempo di preparazione e cottura: 2 ore e un quarto

Tagliatelle integrali con ragù di vacca modenese

Trattoria La Lanterna di Diogene, Solara di Bomporto (Modena)

Per 4 persone

Per la pasta:
2 etti di farina integrale di frumento
2 uova
Per il condimento:
2 etti di polpa di vacca bianca modenese, un pezzetto di salsiccia (facoltativo)
una costa di sedano, una carota, una cipolla
4 etti di passata di pomodoro
mezzo bicchiere di vino bianco secco
olio extravergine di oliva
sale, pepe
Inoltre:
parmigiano reggiano
olio extravergine di oliva

Tempo di preparazione e cottura: 3 ore e un quarto

Disponete la farina (sceglietene una biologica macinata a pietra) su una spianatoia, mettete al centro le uova e lavorate fino a ottenete un composto liscio ed elastico; avvolgetelo in un foglio di pellicola e lasciatelo riposare per una mezz'ora.
Nel frattempo tritate la carne e preparate un battuto grossolano con sedano, carota e cipolla. In una padella soffriggete in un po' di olio le verdure e, quando saranno appassite, unite la carne tritata e, se lo gradite, un pezzetto di salsiccia sbriciolata, facendo rosolare il tutto per qualche minuto. Sfumate con il vino e fatelo evaporare, incorporate la passata di pomodoro, regolate di sale e pepe e proseguite la cottura a fuoco lentissimo e a tegame coperto per almeno tre ore, badando che il fondo non attacchi al tegame e aggiungendo, se necessario, piccoli sorsi di acqua.
Con il matterello tirate la pasta in una sfoglia non troppo sottile (circa tre millimetri) e lasciatela asciugare per una ventina di minuti. Stendete sulla sfoglia uno strofinaccio – in dialetto *buràz* o *burazzo* – e arrotolatela senza stringere troppo; fate riposare altri cinque minuti e sfilate il canovaccio. Con un coltello a lama liscia, tagliate delle strisce di mezzo centimetro di larghezza, svolgetele e allargatele su un vassoio.
Lessate le tagliatelle in acqua salata per un paio di minuti, scolatele e saltatele con il condimento aggiungendo un giro di olio e una generosa manciata di parmigiano grattugiato.

Le tagliatelle possono essere cotte subito o lasciate essiccare, nel qual caso si conserveranno circa una settimana ma dovrete aumentare di qualche minuto il tempo di cottura. Al posto della pasta all'uovo potete usare, se lo preferite, fusilli di kamut o penne di farro, preferibilmente provenienti da agricoltura biologica.

Tagliatelle nere con moscardini
Tavernetta all'Androna, Grado (Gorizia)

Lavate i molluschi sotto l'acqua corrente, puliteli, privandoli degli occhi e del becco corneo e svuotandone il sacco; sciacquateli ripetutamente e tagliateli a pezzetti.
Pulite e tagliate a tocchetti anche le verdure, mettete il tutto in una casseruola e mescolate bene. Salate, pepate, aggiungete l'olio e i peperoncini spezzettati. Coprite con acqua bollente e cuocete a fuoco lento per circa un'ora.
Lessate le tagliatelle in abbondante acqua salata, scolatele al dente e conditele con la salsa. Servite condendo con un filo di olio extravergine crudo.

I moscardini sono molluschi ottopodi molto simili ai polpi, ma lunghi al massimo una quarantina di centimetri e con tentacoli muniti di una sola fila di ventose anziché due. La specie più pregiata, il moscardino muschiato, è conosciuto come folpeto *in area veneta, dove – lessato e condito con olio, aglio e prezzemolo – costituiva un classico cibo di strada, venduto ai chioschi dei* folpari.

Per 4 persone

320 g di tagliatelle di farina integrale di frumento
Per il condimento:
un chilo di moscardini
2 spicchi di aglio, una piccola cipolla, 2 carote, un gambo di sedano, 2 peperoncini
5 cucchiai di olio extravergine di oliva
sale, pepe

Tempo di preparazione e cottura: un'ora e un quarto

Tagliatelle piccanti di castagne
Trattoria La Pergola, Gesualdo (Avellino)

Amalgamate la farina di castagne e la semola di grano duro con acqua e un pizzico di sale fino a ottenere un composto omogeneo e liscio, che avvolgerete in una pellicola trasparente e lascerete riposare per mezz'ora.
Stendete e tagliate la pasta in una sfoglia sottile, ritagliate strisce di circa mezzo centimetro di larghezza e mettetele ad asciugare.
In una padella antiaderente fate rosolare nell'olio l'aglio, il peperoncino e i funghi porcini ben puliti e tagliati a fette. Aggiungete i pomodorini, salate e cuocete per una decina di minuti, allungando con un mestolo dell'acqua di cottura della pasta.
Scolate le tagliatelle, saltatele in padella con il condimento e guarnite con prezzemolo tritato.

Per 4 persone

Per la pasta:
un etto e mezzo di farina di castagne, un etto e mezzo di semola di grano duro
un pizzico di sale
Per il condimento:
un etto di funghi porcini
80 g di pomodorini, un peperoncino, uno spicchio di aglio, un ciuffetto di prezzemolo
olio extravergine di oliva, sale

Tempo di preparazione e cottura: un'ora, più il riposo

457

Tagliatelline con sugo di pesce in bianco

Trattoria Da Maria, Fano (Pesaro e Urbino)

Per 4-6 persone

Per la pasta:
un chilo di farina di frumento
4 uova
olio extravergine di oliva
Per il condimento:
un chilo di vongole,
4 sogliole dell'Adriatico
3 cipollotti di piccole
dimensioni, un mazzetto di
prezzemolo
olio extravergine di oliva, sale

*Tempo di preparazione
e cottura:* 2 ore, più la
preparazione della brace

Fate spurgare le vongole in acqua salata per almeno un paio d'ore.

Preparate la pasta lavorando la farina con le uova, fino a ottenere una composto elastico e sodo; ricopritelo con un velo di extravergine e mettetelo sotto un piatto capovolto a riposare per un quarto d'ora. Con il matterello tirate una sfoglia molto sottile (un millimetro di spessore), arrotolatela senza stringere troppo e tagliatela in strisce larghe circa mezzo centimetro; svolgetele e allargatele su un vassoio.

La preparazione del sugo è laboriosa, ma il risultato finale vi ricompenserà della fatica.

Cominciate preparando una bella brace di legna; nel frattempo pulite le sogliole lavandole in acqua e sale, scartate la testa e asciugatele con un panno di cotone.

Arrostite il pesce lasciandolo sulla griglia circa cinque minuti per parte, finché non risulti leggermente colorato; quindi spellatelo, togliete le spine laterali e la lisca centrale, ricavate dei filetti e tagliateli a pezzetti. In un tegame fate dorare in un buon extravergine la parte bianca di un cipollotto e una manciata di prezzemolo tritati, versate i dadini di pesce e cuocete per un minuto salando leggermente.

Scolate le vongole, sciacquatele sotto un getto di acqua fredda e fatele aprire in padella a tegame coperto, poi spegnete il fuoco, sgusciatele e tenete da parte l'acqua che avranno rilasciato filtrandola.

Da parte preparate un altro battuto di cipollotto e prezzemolo, fatelo imbiondire in una casseruola con un po' di olio e versate i molluschi; lasciate sulla fiamma per un minuto e serbate da parte.

In un altro tegame preparate un trito identico agli altri e, non appena sarà dorato, allungate con l'acqua filtrata, fate sobbollire per uno o due minuti e togliete dal fuoco.

Lessate a questo punto le tagliatelline in abbondante acqua leggermente salata, scolandole non appena siano risalite a galla, e ripassatele in padella per un paio di minuti, aggiungendo il sugo di sogliole, le vongole e un mestolino del liquido preparato.

Taglierini di farina di castagne con salsa di noci

Gli amici, Varese Ligure (La Spezia)

Mescolate le due farine e impastatele con le uova. Tirate la sfoglia dello spessore delle comuni tagliatelle e confezionatele della larghezza di circa un dito.
Ammollate brevemente la mollica nel latte, quindi strizzatela. Fate bollire i gherigli di noce in abbondante acqua per circa cinque minuti, scolateli e spellateli: se non sono spellati la salsa diventa amara oltre che scura.
Tritate le noci nel mortaio insieme agli altri ingredienti, versando l'olio poco alla volta; alla fine aggiungete la panna, in modo da dare giusta consistenza alla salsa, e regolate di sale.
Fate cuocere i taglierini in acqua salata per pochi minuti (la farina di castagne non ha molta "forza" e richiede un tempo di cottura molto breve). Scolate e condite con la salsa.

Per 5 persone

Per la pasta:
2 etti e mezzo di farina di castagne setacciata, 2 etti e mezzo di farina di frumento tipo 00, 3 uova
Per il condimento:
un etto e mezzo di gherigli di noce, 2 spicchi di aglio, un ciuffetto di maggiorana
la mollica di un panino
una tazza di latte, 2-3 cucchiai di panna da cucina
olio extravergine di oliva, sale

Tempo di preparazione e cottura: 45 minuti

Taglierini nei fagioli

Trattoria Locanda Apuana, Colonnata di Carrara (Massa-Carrara)

La sera precedente ammollate i fagioli.
Scolate i fagioli e lavateli. Preparate un soffritto con cipolla, carota, sedano, aglio, poco olio, rosmarino e paté di lardo. Aggiungete i fagioli, la patata, un pezzo di cotenna, sale, un pezzetto di peperoncino e coprite con acqua. Cuocete per un'ora e mezza.
Preparate i taglierini impastando la farina, l'uovo e acqua; tirate una sfoglia sottile, ricavate delle strisce di qualche millimetro di larghezza e lasciate asciugare.
A cottura ultimata passate un terzo dei fagioli e riducete la cotenna a pezzettini. Lessate brevemente i taglierini e uniteli a fagioli. Servite con un filo di olio extravergine.

Per questo classico della cucina popolare toscana, Carla e Annabruna della Locanda Apuana usano fagioli borlotti della cultivar che ha preso nome da Lamon, comune delle Prealpi feltrine in provincia di Belluno. Va da sé che il lardo sarà di Colonnata, stagionato in conche di marmo delle Alpi Apuane con una procedura antichissima.

Per 4 persone

Per la pasta:
3 etti di farina di frumento
un uovo
Per il condimento:
un chilo di fagioli borlotti di Lamon, una patata, una carota, una costa di sedano, una cipolla, uno spicchio di aglio, rosmarino, peperoncino, cotenna, qualche cucchiaio di paté di lardo
olio extravergine di oliva, sale

Tempo di preparazione e cottura: 2 ore, più l'ammollo dei fagioli

Tagliolini agli stridoli

Osteria La Campanara, Galeata (Forlì-Cesena)

Per 4 persone

Per la pasta:
3 etti di farina di frumento
3 uova
una presa di sale
Per il condimento:
un etto di stridoli (silene rigonfia)
4-5 fette di guanciale
2 etti e mezzo di passata di pomodoro
un cucchiaio di olio extravergine di oliva (o strutto o lardo)
sale, pepe

Tempo di preparazione e cottura: un'ora, più il riposo

Su una spianatoia preparate i tagliolini impastando la farina con le uova e un pizzico di sale; lavorate fino a ottenere un impasto elastico e lasciatelo riposare coperto per un'oretta.

Nel frattempo soffriggete in padella il guanciale tagliato a listarelle con poco olio – se lo gradite potete sostituire l'olio con un cucchiaio di strutto o di lardo battuto –, lasciatelo rosolare finché il grasso non diventi traslucido e aggiungete la passata di pomodoro facendola restringere per qualche minuto.

Mondate gli stridoli conservando le foglie e scartando i gambi, che hanno una consistenza legnosa, lavateli e versateli in padella, cuocendoli per pochi minuti finché non siano appassiti; assaggiate e regolate di sale e pepe.

Tirate la pasta con il matterello fino a ottenere una sfoglia sottile (circa un millimetro e mezzo), arrotolatela senza stringere troppo e ritagliate strisce di tre o quattro millimetri di larghezza; svolgetele e formate dei nidi di circa 80 grammi di peso ciascuno.

Lessate i tagliolini in abbondante acqua salata per pochi minuti, scolandoli non appena risalgano a galla, saltateli in padella con il condimento e servite.

Il termine stridoli indica la silene rigonfia, un'erba spontanea molto utilizzata nelle cucine regionali. Apprezzata in Romagna, dove è prodotto tradizionale, con questo nome o con quello di strigoli, entra nei ripieni di tortelli e piadine, si ripassa in padella, se ne fa un ragù.

Tagliolini ai finferli

Trattoria Castello, Serle (Brescia)

Fate una fontana con la farina, rompete al centro le uova e impastate il composto fino a ottenere una sfoglia liscia, dalla quale ricavare i tagliolini.

Pulite i funghi e tagliateli non troppo sottili. In una padella scaldate l'olio e il burro con uno spicchio d'aglio, privato dell'anima, il rosmarino e l'alloro; aggiungete i funghi e lasciateli stufare a fuoco basso finché non rilascino la loro acqua di vegetazione; salate e pepate. Aggiungete una generosa manciata di aglio e prezzemolo tritato.

Nel frattempo cuocete i tagliolini in abbondante acqua salata, scolateli al dente e fateli saltare nella padella con il condimento.

Finferlo è un termine comune che indica il cantarello, fungo del genere Cantarellus cibarius, *molto comune nei boschi di tutta Italia, dove cresce in gruppi numerosi. Di colore giallo oro, è caratterizzato da spesse lamelle, che ricoprono il gambo e la parte inferiore del cappello, piccolo e irregolare, prima convesso, poi a imbuto. Chiamato anche galletto, gallinaccio, galluzzo, gialletto,* galitola, garitola, *si cucina soprattutto trifolato, in accompagnamento a piatti di carne, o nel condimento per la pasta e si presta bene alla conservazione.*

Per 4 persone

Per la pasta:
3 etti di farina di frumento tipo 00
2 uova intere e 4 tuorli
Per il condimento:
3 etti di finferli
2 spicchi d'aglio, una foglia di alloro, un rametto di rosmarino, un ciuffetto di prezzemolo
olio extravergine di oliva, burro di malga
sale, pepe

Tempo di preparazione e cottura: un'ora e 10 minuti

Tagliolini alla bietola rossa con bagna caoda

Ristorante La Fioraia, Castello d'Annone (Asti)

Per 6 persone

Per la pasta:
4 etti di semola di grano duro
2 uova intere e un tuorlo
un etto e mezzo di
barbabietola
olio extravergine di oliva, sale
Per il condimento:
un etto e mezzo di acciughe
sotto sale
una testa di aglio
mezzo bicchiere di latte
mezz'etto di burro, 4 cucchiai
di olio extravergine di oliva

*Tempo di preparazione e
cottura:* un'ora e mezza

Impastate con la semola le uova, due cucchiai di olio, un pizzico di sale e la barbabietola cotta a vapore e passata al setaccio. Tirate la sfoglia piuttosto sottile, spolveratela leggermente di farina, arrotolatela e, tagliando a mano con un coltello affilato, ricavate dei tagliolini che stenderete sulla spianatoia ad asciugare.

Preparate la *bagna caoda*. Rosolate a fuoco lentissimo in olio e burro l'aglio pulito (togliete anche l'anima, ovvero il germoglio verdolino) e schiacciato. A metà cottura aggiungete le acciughe dissalate e diliscate e, rimestando per scioglierle, continuate a cuocere lentamente. Allungate il composto con il latte e, a fuoco dolcissimo, completate la cottura in una ventina di minuti. Schiacciate il tutto con una forchetta e passate al setaccio per ottenere una salsa cremosa.

Lessate brevemente i tagliolini in acqua salata e conditeli con questa leggera *bagna caoda* caldissima.

La bietola rossa o barbabietola (biarava in dialetto piemontese) fa parte da sempre di quel colorato corteo di verdure, crude e cotte, che si è soliti intingere nella bagna caoda. *L'accostamento viene riproposto, rinnovato, in questo primo piatto invernale, che Ornella Borgo ha ideato sposando il sapore delicato e leggermente dolce della bietola con il gusto più deciso della* bagna. *L'uso della* bagna caoda *come condimento della pasta tirata a mano non è del resto estraneo alla tradizione popolare: nell'Astigiano e nell'Alessandrino lo troviamo nelle tagliatelle e nelle lasagne "della vigilia" (ricetta a pag. 188), piatti preparati la vigilia di Natale o in tempo di Quaresima, quando le prescrizioni religiose vietavano il consumo di carne.*

Tagliolini allo stoccafisso

Ristorante Aütedo, La Spezia

Spazzolate lo stoccafisso, bollitelo per due minuti, quindi spezzettatelo grossolanamente e insaporitelo con il peperoncino.

In una padella soffriggete con l'olio le due acciughe, l'aglio, il prezzemolo e il timo tritati; aggiungete quindi lo stoccafisso, i pinoli e l'acqua di cottura che avrete filtrato.

Lessate brevemente i tagliolini, scolateli al dente, quindi amalgamateli con il sugo aggiungendo le olive e qualche pomodorino tagliato a pezzetti.

Lo stoccafisso – dal tedesco Stockfisch (pesce bastone) – è il merluzzo lasciato essiccare all'aria aperta fino a fargli assumere la consistenza del legno. È la forma più antica di conservazione di questo pesce dei mari del Nord, il cui consumo si impose nei Paesi cattolici quando il Concilio di Trento rese stringente il divieto di mangiare carne il venerdì e in Quaresima. Lo stoccafisso (il più pregiato si chiama ragno, dal nome del selezionatore norvegese Ragnar) in genere è venduto già ammollato, in tranci, anche perché reidratarlo in casa richiede un preliminare faticoso: prima di metterlo a bagno, per tre o quattro giorni secondo le dimensioni, va sfibrato battendolo con un pestello, operazione che i grossisti demandano a speciali macchine a cilindri.

Per 6 persone

6 etti di tagliolini
8 etti di stoccafisso, 2 acciughe salate
qualche pomodorino, uno spicchio di aglio, un ciuffetto di prezzemolo,
un rametto di timo
2 etti di olive, una manciata di pinoli
olio extravergine di oliva
sale, peperoncino

Tempo di preparazione e cottura: mezz'ora

Tagliolini allo zafferano con tarassaco

Fichtenhof, Cauria-Gfrill di Salorno-Salurn (Bolzano-Bozen)

Per 8 persone

Per la pasta:
4 etti e mezzo di farina di frumento tipo 00, 3 etti di semola di grano duro
6 uova
qualche stimma di zafferano
Per il condimento:
mezzo chilo di tarassaco, una grossa cipolla bianca
2-3 etti di pancetta (o di speck grasso)
3 cucchiai di panna
un bicchiere di Pinot bianco
olio extravergine di oliva
sale, pepe
Inoltre:
parmigiano reggiano

Tempo di preparazione e cottura: un'ora e un quarto

Su un tagliere mescolate la semola alla farina e impastatele con le uova battute con lo zafferano; lavorate con energia fino a ottenere un impasto sodo ed elastico, quindi coprite con un tovagliolo e fate riposare per un quarto d'ora. Nel frattempo, mondate il tarassaco lavandolo con cura, spezzettatelo grossolanamente e mettetelo da parte; tritate finemente la cipolla e tagliate a piccoli coriandoli la pancetta (se preferite potete utilizzare dello speck piuttosto grasso).

Riprendete l'impasto e tirate una sfoglia sottile (circa un millimetro e mezzo o due di spessore), lasciatela asciugare brevemente, poi arrotolatela senza stringere troppo e ritagliate delle strisce di circa mezzo centimetro di larghezza; allargatele sul piano di lavoro e lasciatele asciugare.

In una casseruola, riscaldate un po' di olio (meglio uno delicato e non troppo aromatico) e soffriggete la cipolla finché non sia bella dorata; unite poi la pancetta, che dovrete rosolare bene, e da ultimo il tarassaco. Regolate di sale e pepe, sfumate con una generosa spruzzata di vino, lasciate evaporare, controllate che la verdura sia tenera, legate con la panna e togliete dal fuoco.

Lessate la pasta in abbondante acqua salata, scolatela non appena sia risalita a galla, e versatela nel tegame del sugo, mantecando con una spolverata di parmigiano grattugiato.

Tagliolini al pesce persico

Caffè la Crepa, Isola Dovarese (Cremona)

Cospargete i filetti di persico con un composto preparato con parti uguali di zucchero, sale, pepe, cannella, amaretti tritati finemente, olio e foglie di alloro polverizzate. Lasciate riposare il pesce in frigorifero avvolto nella pellicola per una dozzina di ore almeno.

Lavate i filetti e tagliateli a cubetti, che andranno aggiunti alle verdure affettate a julienne e saltate in padella con olio, sale e pepe. Mescolate con un cucchiaio di legno in modo da amalgamare i diversi ingredienti.

Lessate i tagliolini in abbondante acqua salata, scolateli al dente e trasferiteli nel tegame con il condimento. Servite con un filo di extravergine e una spolverata di pepe macinato al momento.

Il pesce persico, detto anche perca o persico reale, è una delle più apprezzate specie d'acqua dolce. Documentato da secoli in area padano-veneta, è stato successivamente introdotto al Centro e al Sud, dove ha trovato condizioni favorevoli al suo sviluppo. Gli si addicono soprattutto le fritture e le cotture al burro o in umido; la polpa può essere impiegata per farcire crespelle o tortelli, i filetti, impanati e fritti, si servono spesso con il risotto.

Per 4 persone

4 etti di tagliolini
2 etti di filetti di pesce persico
una carota, una cipolla, una costa di sedano, 4 pomodorini, un pugno di piselli sgranati, 2 zucchine, 4-5 asparagi
olio extravergine di oliva, sale, pepe
Per la marinatura del pesce:
foglie di alloro
amaretti
olio extravergine di oliva
sale, pepe, zucchero, cannella

Tempo di preparazione e cottura: mezz'ora, più la marinatura

Tagliolini al ragù di luccio

Ristorante Silvio, Loppia di Bellagio (Como)

Per 4 persone

Per i tagliolini:
3 etti di farina di frumento
3 uova
una presa di sale
Per il condimento:
un luccio di circa mezzo chilo
una cipolla piccola, uno
spicchio di aglio, un ciuffetto
di prezzemolo
concentrato di pomodoro
fumetto
olio extravergine di oliva
sale, zafferano

*Tempo di preparazione e
cottura:* un'ora e mezza

Lavorate la farina con le uova battute e un pizzico di sale, aggiungendo poco alla volta la quantità d'acqua sufficiente a ricavare un impasto omogeneo e di giusta consistenza. Tirate con il matterello – se non vi è congeniale usate pure la macchina per la pasta – una sfoglia sottile e mettetela ad asciugare per circa mezz'ora. Arrotolatela e tagliatela possibilmente a mano, con il coltello.

Soffriggete in olio extravergine un trito di cipolla e aglio, aggiungete il luccio tagliato a cubetti e, quando sarà ben dorato, un po' di concentrato di pomodoro. Portate a cottura, bagnando via via con il fumetto, per evitare che la preparazione asciughi troppo.

Subito prima di spegnere il fuoco, insaporite con il prezzemolo tritato, un pizzico di zafferano e regolate, eventualmente, di sale.

Lessate i tagliolini in acqua bollente salata per un paio di minuti, scolateli e trasferiteli nel tegame con il condimento. Amalgamate bene il tutto e portate in tavola.

Il fumetto, utilizzato in questa ricetta, è uno dei fondi principali canonizzati dalla cucina internazionale (gli altri tre sono il bruno, il bianco e quello di caccia). Consiste in un brodo concentrato di pesce – lische, teste e ritagli –, verdure ed erbe aromatiche, burro e pepe, fatto addensare a fuoco vivo.

Tagliolini al ragù di triglie
Ristorante Magiargè, Bordighera (Imperia)

Sbucciate l'aglio e la cipolla, affettateli e metteteli a rosolare in un tegame con due cucchiai di olio extravergine di
oliva. Pulite i pomodorini, tagliateli a pezzetti (con o senza buccia, secondo il vostro gusto), aggiungeteli al soffritto
e fate cuocere per cinque minuti.
Nel frattempo sfilettate il pesce, quindi incorporatelo al
sugo, salate, aromatizzate con basilico e prezzemolo e rosolate per altri cinque minuti.
Lessate intanto i tagliolini in abbondante acqua salata, scolateli lasciandoli un po' umidi e versateli nel sugo. Mescolate e passate qualche minuto sul fuoco. Completate con un
filo di olio extravergine crudo.

Per 4 persone

4 etti di tagliolini
mezzo chilo di triglie di
scoglio
3 etti di pomodorini (o
pomodori perini o pelati),
una cipolla, 2 spicchi di aglio,
una manciata di basilico a
foglia piccola, una manciata di
prezzemolo
olio extravergine di oliva, sale

*Tempo di preparazione e
cottura:* mezz'ora

Tagliolini al sugo di anguilla
Trattoria Cattivelli, Monticelli d'Ongina (Piacenza)

Su una spianatoia mescolate la farina con la semola, aggiungete le uova e l'acqua necessaria a ottenere un impasto sodo ed elastico; coprite e lasciate riposare per qualche tempo.
Nel frattempo dedicatevi al sugo: eviscerate e spellate l'anguilla incidendola sotto la testa per sollevarne un lembo;
con l'aiuto di uno straccio, tirate poi energicamente verso la coda. Tagliate il pesce a piccoli pezzetti e soffriggete in padella gli spicchi di aglio schiacciati. Quando saranno dorati, unite l'anguilla, regolate di sale, e fate cuocere per qualche minuto. Non appena sarà rosolata sfumate
con il vino e proseguite la cottura finché non sarà del tutto evaporato.
Riprendete la pasta e tiratela in una sfoglia sottile (circa
un millimetro e mezzo), fatela asciugare brevemente e arrotolatela senza stringere troppo. Con un coltello ritagliate delle strisce di cinque millimetri di larghezza, svolgetele
e allargatele sul piano di lavoro. Portate a ebollizione una
pentola di acqua, salate, calate i tagliolini e lessateli per un
paio di minuti, scolandoli al dente e lasciandoli leggermente umidi. Saltateli in padella con il condimento, ultimando
con una spolverata di prezzemolo tritato.

Per 8 persone

Per la pasta:
2 etti e mezzo di farina di
frumento tipo 0, 2 etti e mezzo
di semola di grano duro
4 uova
Per il condimento:
6 etti di anguilla
3 spicchi di aglio, un ciuffo di
prezzemolo
un bicchiere di vino bianco
secco
olio extravergine di oliva, sale

*Tempo di preparazione e
cottura:* un'ora e mezza

Tagliolini con castagne e porcini

Trattoria La Collinetta, Martone (Reggio Calabria)

Per 6 persone

Per la pasta:
2 etti e mezzo di farina di
frumento tipo 00, 2 etti e
mezzo di semola di grano duro
un uovo
un pizzico di sale
Per il condimento:
4 etti di castagne, 2 funghi
porcini
uno scalogno, un ciuffetto di
prezzemolo
pangrattato
crema di latte o panna
(facoltativo)
parmigiano reggiano
(facoltativo)
olio extravergine di oliva, sale

*Tempo di preparazione e
cottura:* 2 ore

Disponete la farina a fontana su una spianatoia, unite le uova e il sale, impastando a lungo fino a ottenere un panetto omogeneo. Fatelo riposare per una mezz'ora e poi, con il matterello, tirate una sfoglia di medio spessore; arrotolatela e tagliatela con un coltello, ricavando tagliolini molto sottili.

Cuocete in forno metà delle castagne, disponendole ben allargate su una teglia, dopo averne incisa la buccia nella parte piatta, e lessate le altre per tre quarti d'ora circa; terminata la cottura, sbucciatele tutte, eliminando anche la sottile pellicina interna che le riveste, grattugiando le prime e passando al mixer le seconde, che trasferirete poi in un tegame con olio, sale e, volendo un po' di crema di latte (o panna), ricavando dopo un corto passaggio a fiamma minima, una crema.

Pulite i porcini, senza lavarli, con un pennello duro o strofinandoli con uno strofinaccio leggermente inumidito, tagliateli a fettine e fateli rosolare in un tegame con l'extravergine, lo scalogno e un po' di pangrattato.

Lessate i tagliolini in acqua bollente salata, scolateli al dente e conditeli con la crema di castagne, i porcini e il loro olio di cottura, ultimando con le castagne grattugiate, il prezzemolo tritato e, volendo, una spolverata di parmigiano.

Tagliolini con cozze e zafferano

Trattoria Pantagruele, Brindisi

Per 4 persone

4 etti di tagliolini
2 chili di cozze, uno scalogno,
un etto di pomodori,
prezzemolo
brandy, 30 g di burro, olio
extravergine di oliva
sale, 12-15 pistilli di zafferano

*Tempo di preparazione e
cottura:* 20 minuti

Sgusciate le cozze crude. Tritate finemente lo scalogno e soffriggetelo con l'olio in una pentola. Aggiungete le cozze con un po' del loro liquido, fiammeggiate con un bicchierino di brandy, quindi colorate con lo zafferano e regolate di sale.

Lessate i tagliolini per tre minuti in acqua bollente salata. Scolateli e mescolateli al condimento. Proseguendo brevemente la cottura, incorporate il burro e i pomodori tagliati a fettine. Legate il tutto, quindi servite in tavola con una spolverata di prezzemolo tritato.

Tagliolini con missoltini e capperi

Ristorante Collina, Almenno San Bartolomeo (Bergamo)

Preparate la pasta lavorando la farina con le uova intere e i tuorli. Lasciate riposare una trentina di minuti e poi ricavatene una sfoglia piuttosto spessa, arrotolatela e con il coltello tagliate fettine sottili, i tagliolini, dello spessore di circa tre millimetri.
Pulite i missoltini, eliminando la testa e la coda. Divideteli a metà nel senso della lunghezza, togliete la lisca e tagliate la polpa a striscioline larghe due o tre millimetri.
Mettete in un tegame poco olio e fate rosolare il pesce; aggiungete un bicchiere di acqua calda, senza salare, e cuocete per pochi secondi. In una padella antiaderente con un goccio di olio caldo fate colorire un poco il pane grattugiato molto finemente. È un'operazione che deve essere svolta con attenzione: a fuoco lento e costante, in modo da rendere il pane, che deve cristallizzarsi, croccante. Insaporite con pepe, timo e i capperi dissalati.
Portate a metà cottura la pasta in acqua bollente salata e poi fatela saltare con i missoltini. Spegnete il fuoco e mescolando aggiungete un filo di extravergine. Trasferite nel piatto di portata e cospargete poco pane sulla pasta, molto di più tutto intorno, in modo che non perda la sua croccantezza.
Servite dopo avere spolverato con una macinata di pepe e l'alloro tritato.

Per 4 persone

Per la pasta:
3 etti e mezzo di farina di frumento tipo 00
2 uova intere e 2 tuorli
Per il condimento:
3 missoltini
un rametto di timo, 2 foglioline di alloro
10 g di capperi
120 g di pane secco non salato
olio extravergine di oliva
sale, pepe

Tempo di preparazione e cottura: 2 ore

Tagliolini con polpettine e fave

Ristorante Al Solito Posto, Amaseno (Frosinone)

Disponete la farina a fontana su un piano di lavoro, mettete al centro le uova e un pizzico di sale e, con l'aiuto di una forchetta, cominciate a impastare la massa finché non sia omogenea ed elastica; coprite con un tovagliolo e lasciate riposare per un quarto d'ora.
Nel frattempo preparate le polpettine: tritate la carne e il prezzemolo, grattugiate il formaggio e la scorza di limone, amalgamando bene tutti gli ingredienti in una ciotola capiente; regolate di sale e pepe e formate con le mani piccole sfere non più grandi di una nocciola.
Riscaldate un po' di extravergine in una padella, unite l'aglio sbucciato e fate rosolare le polpettine a fiamma mo-

Per 4 persone

Per la pasta:
3 etti di farina di frumento
3 uova
un pizzico di sale
Per le polpettine:
3 etti e mezzo di polpa di maiale (o di bovino)
un ciuffetto di prezzemolo, qualche foglia di mentuccia
un limone

2 cucchiai di pangrattato
30-40 g di parmigiano
reggiano
sale, pepe nero
Inoltre:
3 etti di fave sgranate
uno spicchio di aglio, un
rametto di timo, un ciuffetto
di mentuccia, un rametto di
timo, mezzo limone
2 cucchiai di crema di latte
parmigiano reggiano
olio extravergine di oliva
sale, pepe nero, un pizzico di
origano

*Tempo di preparazione e
cottura:* 2 ore

derata per una decina di minuti; aggiungete poi qualche foglia di mentuccia spezzettata e piccoli quantitativi di acqua sufficienti a mantenere morbido il fondo di cottura.
Stendete la pasta in una sfoglia spessa circa due millimetri, lasciate asciugare brevemente e arrotolatela su se stessa. Ritagliate delle strisce larghe mezzo centimetro e allargatele su un vassoio infarinato.
In una pentola capiente bollite abbondante acqua salata, calatevi le fave – già sgranate e sbucciate – e lessatele per cinque o sei minuti; versate quindi i tagliolini, mescolate, e cuocete per pochi minuti. Scolate la pasta e le fave, lasciandole leggermente umide, e saltatele nel condimento mantecando con la crema di latte, la scorza di limone grattugiata, qualche fogliolina di mentuccia, un ciuffetto di timo, un pizzico di origano e una macinata di pepe. Servite con una spolverata di parmigiano reggiano.

Tagliolini con trota affumicata
Trattoria Santo Stefano, Lenno (Como)

Per 4 persone

Per la pasta:
4 etti di farina di frumento
4 uova
un pizzico di sale
Per il condimento:
una trota affumicata
un ciuffo di prezzemolo
burro, sale

*Tempo di preparazione e
cottura:* un'ora, più il riposo

Per la pasta, disponete la farina su una spianatoia, nella classica forma a fontana, e aggiungete al centro le uova battute con un pizzico di sale e acqua, lavorando l'impasto con molta energia fino a quando non risulterà ben amalgamato ed elastico; formate una palla, coprite con un canovaccio e lasciate riposare per un'ora. Stendete la pasta con il matterello, fino a raggiungere lo spessore di qualche millimetro, quindi ritagliate delle sottili strisce.
Nel frattempo, mentre portate l'acqua a ebollizione, tagliate la trota affumicata a dadini e soffriggetela delicatamente – altrimenti rischia di diventare troppo salata – con un po' di burro.
Tuffate i tagliolini nell'acqua bollente salata e scolateli dopo pochi minuti, facendoli saltare in padella con la trota e ultimando con una spolverata di prezzemolo tritato.

Tagliolini di farina di grano saraceno con porri

Trattoria del Regolo, Garessio (Cuneo)

Mescolate le farine sulla spianatoia, unite le uova battute con una presa di sale e lavorate fino a ottenere un impasto omogeneo, che tirerete più o meno sottile, secondo il vostro gusto; ricavatene tagliolini lunghi una decina di centimetri oppure, se preferite, tagliatelle.
Ammollate i funghi secchi in acqua tiepida.
Tagliate i porri – procuratevi possibilmente quelli di Cervere –, tritateli grossolanamente con la mezzaluna o il frullatore e poneteli in una pentola larga assieme al burro. Fate scaldare e cuocete a fuoco basso per una mezz'ora, mescolando spesso. Una volta che i porri abbiano ceduto tutta l'acqua di vegetazione, aggiungete a piccolissime dosi il latte e lasciate cuocere almeno altri 30 minuti. Unite i funghi ammollati, strizzati e tritati, la crema di latte (o la panna), il sale e portate a cottura – sarà necessaria una buona mezz'ora –, aggiungendo ancora latte se il sugo tendesse ad asciugare troppo.
Tuffate i tagliolini in acqua bollente salata, scolateli al dente e trasferiteli nel tegame con il sugo. Amalgamate bene il tutto e servite.

Il sugo – bagna – di porri è il condimento garessino per eccellenza e rappresenta quello che offriva l'economia contadina locale dei secoli passati: i porri dell'orto, i funghi del bosco, il latte e la crema di latte, che affiorava in superficie, erano gli ingredienti più facilmente reperibili per condire la nota polenta bianca o "saracena" di patate, farina di frumento e di grano saraceno, protagonista di numerose sagre estive e di una festa a essa dedicata tutti gli anni a settembre. La difficoltà di realizzazione di questa polenta ha portato Ettore Masetti, cuoco titolare della trattoria a suggerire l'impiego alternativo di semplici gnocchi di patate o, come in questo caso, di pasta fresca arricchita dal grano saraceno.

Per 4 persone

Per la pasta:
3 etti e mezzo di farina di frumento, un etto di farina di grano saraceno
5 uova
un pizzico di sale
Per il condimento:
6 etti di porri
20 g di funghi porcini secchi
mezzo litro di latte, mezzo litro di crema di latte (o panna)
mezz'etto di burro, sale

Tempo di preparazione e cottura: 2 ore e mezza

Tagliolini di farina di castagne con noci e cacao

Ristorante Il Vecchio Castagno, Serrastretta (Catanzaro)

Per 4 persone

3 etti di semola di grano duro,
2 etti di farina di castagne
2 uova
un etto di gherigli di noci
30 g di cacao amaro
latte
2 etti e mezzo di ricotta ovina,
ricotta affumicata da grattugia
(facoltativo)
olio extravergine di oliva
sale, noce moscata

*Tempo di preparazione e
cottura:* un'ora, più il riposo

Mescolate la semola alla farina e impastate con le uova battute, il cacao amaro, un po' d'acqua e una presa di sale. Tirate una sfoglia di spessore medio e, dopo averla spolverata di farina e arrotolata, tagliatela con un coltello o usando la macchina per la pasta, ricavando i tagliolini, che lascerete riposare sulla spianatoia.

Mettete sul fuoco – la fiamma non deve essere troppo vivace – in una padella l'olio e la ricotta, diluite con il latte, insaporite con la noce moscata grattugiata e cuocete per una decina di minuti.

Lessate la pasta al dente in abbondante acqua salata e, a cottura ultimata, fatela saltare nella padella del condimento. Spolverate con le noci tritate e, a piacere, con una grattugiata di ricotta affumicata.

Tagliolini rustici al ragù di verdure

Trattoria Conca Verde, Trescore Balneario (Bergamo)

Per 4-6 persone

Per la pasta:
3 etti di farina di castagne, un
etto di farina integrale, un etto
di farina di farro
4 uova, sale
Per il condimento:
2 carote, 2 zucchine, 2 porri di
media grandezza
mezz'etto di crema di latte
un etto di parmigiano
reggiano
2 cucchiai di olio extravergine
di oliva, sale

*Tempo di preparazione e
cottura:* un'ora

Mescolate i tre tipi di farina e lavorateli a lungo con le uova battute, un bicchiere d'acqua tiepida e una presa di sale, fino a ottenere un impasto omogeneo. Distendetelo sulla spianatoia e ricavatene tagliolini, di un centimetro di larghezza, lunghi una decina di centimetri. Lasciateli asciugare e, intanto, preparate il ragù.

Tagliate le carote, le zucchine e i porri a piccoli pezzi e rosolateli nell'olio, iniziando dalle carote, per una decina di minuti. Prima di spegnere il fuoco aggiustate di sale.

Lessate i tagliolini in abbondante acqua salata, scolateli al dente e fateli saltare nel tegame con le verdure, unendo la crema di latte e il parmigiano grattugiato.

Taiadele smalzade

Nereo Pederzolli, Stravino di Cavedine (Trento)

In un tegame piuttosto largo, scaldate il fondo di un arrosto di carne, quindi aggiungete il brodo, la panna e il rametto di rosmarino. Cuocete a fuoco dolce fino a che il sugo non si addensi.

Lessate le tagliatelle al dente (se usate quelle di pasta fresca, scottatele appena), scolatele e passatele per qualche secondo sotto un getto d'acqua fredda. Versatele in padella mescolandole al sugo e spezzettandole irregolarmente con l'ausilio di una spatola di legno. Cospargete con abbondante formaggio grattugiato, meglio se di lunga stagionatura. Servite in piatti caldi.

Smalzar *(verbo)* e smalzado *(aggettivo) derivano dal tedesco* schmalz *(strutto), probabile condimento originario di queste tagliatelle. Oggi il grasso di maiale non è più l'ingrediente chiave del piatto, e anche le tagliatelle possono essere sostituite da pasta corta o avanzi di polenta di mais o di grano saraceno. Fondamentale è invece la panna che, nel condimento, è abbinata al sugo d'arrosto, meglio se di carni miste (manzo, vitello, maiale, pollo).*

Per 6 persone

mezzo chilo di tagliatelle
un rametto di rosmarino
sugo di arrosto
un bicchiere di panna
un mestolo di brodo
formaggio da grattugia

Tempo di preparazione e cottura: un quarto d'ora

473

Tajarin alle 22 erbe con sugo d'anatra

Ristorante Garibaldi, Cisterna d'Asti

Per 4 persone

Per la pasta:
4 etti di farina di frumento
tipo 00
4 uova
10 g di rosmarino, alloro,
salvia, menta, timo,
maggiorana, limonina,
origano, barbatella di
finocchio, foglie di sedano,
spinaci, ortica, luppolo,
borragine, foglie di costine,
fumaria, erba cipollina,
prezzemolo, basilico, pepe,
peperoncino, noce moscata
olio extravergine di oliva, sale
Per il condimento:
3 etti di coscia di anatra
disossata
una carota, una cipolla, un
gambo di sedano, un rametto
di rosmarino, una manciata di
prezzemolo, alcune foglie di
salvia
un bicchiere di Marsala
olio extravergine di oliva
sale, timo, noce moscata, pepe

*Tempo di preparazione e
cottura: 3 ore*

Lavate con cura, asciugate e tritate finemente le erbe.
Preparate la pasta disponendo a fontana sulla spianatoia la farina, meglio se macinata a pietra, e unendo le uova battute, un cucchiaio di olio, un pizzico di sale e le erbe tritate. Lavorate l'impasto e stendetelo fino a ottenere una sfoglia sottile; lasciatela asciugare, spruzzatela con un po' di farina e arrotolatela su se stessa, tagliando il rotolo, possibilmente a mano con il coltello, a fettine sottilissime: ecco i vostri *tajarin*.
Per il sugo, tritate la carota, la cipolla, il rosmarino, il sedano, il prezzemolo e le foglie di salvia. Soffriggere il composto in padella con un filo di extravergine. Alcuni minuti più tardi, unite la carne d'anatra battuta al coltello e, dopo averla fatta rosolare lentamente, sfumatela con il Marsala. Cuocete per un'ora e mezza o anche più, a fuoco moderato, salate e profumate con timo, noce moscata e pepe.
Tuffate la pasta in acqua bollente salata – saranno sufficienti un paio di minuti di cottura –, scolate e fate saltare i *tajarin* in padella assieme al condimento.

L'insieme delle erbe aromatiche, coltivate ma anche spontanee, che in virtù delle loro essenze odorose si aggiungono in cucina per esaltare, rinforzare, rinfrescare, rendere più complessi, appetitosi e digeribili i sapori in questo caso entra direttamente nell'impasto. Lino Vaudano, patron e chef del ristorante, raccomanda di non superare i dieci grammi di ogni erba o spezia, per evitare che caratteristiche aromatiche di alcune di esse vadano a coprire fragranze più delicate. Il luppolo (Humulus lupulus) – nel dialetto piemontese lavertìn *–, è diffuso tra le siepi e negli incolti: in cucina si utilizzano i giovani germogli laterali, simili agli asparagi selvatici, per risotti, frittate, ripieni, minestre.*

Tajarìn con sugo di fegatini

Ristorante Boccondivino, Bra (Cuneo)

Disponete la farina a fontana su una spianatoia, unite nell'incavo i tuorli d'uovo e un pizzico di sale. Impastate con cura e pazienza e tirate una sfoglia molto sottile (se il matterello non vi è congeniale, usate la macchina per le tagliatelle). Fate riposare, quindi spruzzate di farina e arrotolate la sfoglia; tagliatela con un coltello affilato in modo da ricavarne tagliolini molto sottili (volendo, potete usare ancora una volta la macchinetta).

Fate riposare la pasta e dedicatevi al sugo. Se i pomodori sono freschi pelateli, togliete i semi, e passate la polpa alla mezzaluna in modo grossolano; tritate la cipolla e tagliate a fette sottili i fegatini di pollo.

Fate imbiondire il battuto in un tegame con burro, olio e il rametto di rosmarino; quando sarà appassito, aggiungete i fegatini e fateli colorire bagnando ripetutamente con brodo. Aggiungete i pomodori, regolate di sale e portate a cottura.

Cuocete i *tajarìn* in acqua bollente e salata per pochi minuti. Scolateli con la schiumarola e conditeli con il sugo.

I tajarìn *langaroli descritti nella ricetta vedono quadruplicato il numero dei tuorli per etto di farina, che entrano nell'impasto – normalmente si ottiene una sfoglia bella soda già con un tuorlo per etto – e si accompagnano al sugo di fegatini di pollo, condimento cucinato un tempo per tradizione la domenica, perché questo animale da cortile era spesso riservato ai pranzi dei giorni di festa.*

Per 8 persone

Per la pasta:
un chilo di farina di frumento tipo 00
40 tuorli d'uovo
un pizzico di sale
Per il condimento:
6 fegatini di pollo
2 pomodori freschi (o pelati), mezza cipolla, un rametto di rosmarino
mezzo bicchiere di brodo
4 cucchiai di olio extravergine di oliva, una noce di burro
sale

Tempo di preparazione e cottura: 2 ore

Tajulì pelusi al sugo finto

Osteria dei Fiori, Macerata

Per 6 persone

Per la pasta:
6 etti di farina di frumento
tipo 0
2 cucchiai di olio extravergine
di oliva
Per il condimento:
2 etti di guanciale
3 etti di fave sgusciate, una
cipolla, mezzo peperoncino
mezzo chilo di pomodori
pelati
pecorino stagionato
olio extravergine di oliva
sale, pepe

*Tempo di preparazione e
cottura:* un'ora e mezza, più il
riposo

Lavorate la farina con circa quattro bicchieri di acqua e l'olio, fino a ottenere un impasto sodo ed elastico; coprite e lasciate riposare.

Tagliate il guanciale a dadini e cuocetelo in padella con un filo di olio finché risulti croccante, poi prelevatelo e cuocete nel grasso, che avrà rilasciato, la cipolla tritata finemente, il peperoncino e le favette sgusciate; il sugo può essere realizzato con diverse tipologie di legumi, secondo il periodo dell'anno (ceci, fagioli o piselli); se utilizzate prodotti secchi metteteli in ammollo la sera precedente. Stufate il tutto a fuoco dolce, e a tegame coperto, per una decina di minuti, regolate di sale e pepe, e unite i pomodori spezzettati, privati dei semi e della pelle. Fate restringere il sugo portandolo a cottura e, poco prima di spegnere la fiamma, versate in padella i pezzetti di guanciale che avete messo da parte, mescolando per amalgamarli al resto.

Tirate la pasta in una sfoglia non troppo sottile (due o tre millimetri di spessore), lasciatela asciugare brevemente e arrotolatela senza stringere troppo. Con un coltello ritagliate tagliolini di circa tre millimetri di larghezza e cuoceteli in acqua salata per pochi minuti, scolandoli al dente non appena risalgano a galla.

Saltate la pasta nel tegame del condimento, mantecate con una generosa spolverata di pecorino grattugiato e servite.

Tallarinus bianchi e neri ai frutti di mare

Ristorante Sa Pischedda, Bosa (Oristano)

Mettete a spurgare le vongole in acqua fredda e sale per almeno un paio di ore.

Su una spianatoia mescolate la farina con la semola, disponetele a fontana e aggiungete le uova e i tuorli, il sale; impastate fino a ottenere una massa liscia e omogenea. Dividetela in due e unite a una parte il nero di seppia, lavorando per amalgamarlo bene; avvolgete i due composti in fogli di pellicola e lasciate riposare.

Lavate le cozze in acqua corrente spazzolando le valve per eliminare le impurità, pulite i crostacei senza sgusciarli e cucinateli in tegami separati con olio e uno spicchio di aglio per cinque minuti. In una casseruola fate aprire le cozze e le vongole con un filo di olio e l'aglio, facendole andare a fiamma viva e a tegame coperto per qualche minuto; sgusciatele e filtrate il liquido di cottura.

Sbollentate i pomodori in acqua, privateli della pelle e frullateli; in una capiente padella rosolate uno spicchio di aglio nell'olio, aggiungete la passata di pomodoro, il liquido filtrato delle vongole e fate cuocere a fuoco moderato per cinque minuti. Abbassate la fiamma al minimo, unite uno alla volta gli ingredienti a cominciare dai crostacei, e cuocete per tre o quattro minuti, regolando di sale.

Stendete la pasta – con il matterello o con l'apposita macchina – in due sfoglie molto sottili, sovrapponetele e fatele aderire bene ripassandole con il matterello o nella sfogliatrice; se la pasta risultasse troppo asciutta, potete inumidire la superficie con un pennellino ben strizzato prima di sovrapporle. Ritagliate l'impasto con il coltello in strisce larghe mezzo centimetro e lessatele in acqua salata per pochi minuti. Scolate al dente i *tallarinus* e ripassateli in padella con il condimento.

Per 10 persone

Per la pasta:
mezzo chilo di semola di grano duro, mezzo chilo di farina di frumento
5 uova intere e 10 tuorli
4-6 g di nero di seppia
un pizzico di sale
Per il condimento:
4 etti di scampi, 3 etti di gamberi del Mediterraneo,
3 etti di cozze, 2 etti di vongole veraci
3 etti di pomodori sanmarzano maturi, 4 spicchi di aglio
olio extravergine di oliva, sale

Tempo di preparazione e cottura: un'ora e 45 minuti, più lo spurgo

Tapparedd' con salsiccia e peperoni cruschi

Ristorante Luna Rossa, Terranova di Pollino (Potenza)

Per 4 persone

Per la pasta:
4 etti di semola rimacinata di grano duro
3 cucchiai di zafarano (peperone di Senise essiccato in polvere)
un pizzico di sale
Per il condimento:
2 etti di salsiccia
mezz'etto di ricotta tosta (stagionata) del Pollino
2 peperoni *cruschi* di Senise
olio extravergine di oliva, sale

Tempo di preparazione e cottura: un'ora e un quarto, più il riposo

Per preparare la pasta mescolate la semola con la polvere di peperone, aggiungete un bicchiere di acqua, un pizzico di sale e realizzate un impasto morbido ed elastico che farete riposare sotto un tovagliolo di lino per circa 30 minuti. Dividetelo, poi, in piccoli panetti, stendete ciascuno con il matterello fino a ottenere sfoglie alte pochi millimetri. Con una lama tagliatele in piccoli pezzi quadrati, le *tapparedd'* (tapparelle), che terrete distese su un vassoio infarinato.
Spellate la salsiccia e tagliuzzatela finemente; soffriggetela adagio in una padella con un cucchiaio di olio e, alla fine, togliete con un cucchiaio il grasso in eccesso.
Cuocete la pasta per alcuni minuti in abbondante acqua salata e, intanto, completate il sugo: grattugiate la ricotta stagionata e aggiungetela alla salsiccia, allungate con un mestolo di acqua di cottura e, dopo due minuti, aggiungetene un secondo; ancora due minuti sul fuoco e il sugo è pronto per condire la pasta scolata.
Servite sbriciolando con le mani i peperoni *cruschi* e condendo, a piacere, con un filo di extravergine.

Testaroli all'arzillo

Osteria del Noce, Marciana (Isola d'Elba, Livorno)

Spazzolate i gusci di cozze e vongole e fateli aprire a fuoco vivo, tenendo da parte l'acqua emessa dai molluschi. Pulite i gamberi e il polpo, che affetterete sottilmente. Mondate le carote e le zucchine e tagliatele a julienne. Lavate i pomodori ciliegini e le erbe aromatiche, che passerete separatamente alla mezzaluna.
Soffriggete l'aglio nell'olio. Unite le carote, le zucchine e i pomodori e saltateli in padella. Aggiungete poi i gamberi e i tre tipi di molluschi, allungando con il liquido di cozze e vongole, filtrato con un colino. Cuocete a fiamma sostenuta, facendo ridurre. A fine cottura regolate di sale e pepe e unite il basilico tritato.
Nel frattempo avrete preparato i testaroli unendo a filo alla farina circa 17 centilitri di acqua leggermente salata e amalgamando accuratamente l'impasto, in modo che non si formino grumi.
Scaldate bene una piastra piana e, con un mestolo, disegnando dei cerchi versatevi la miscela di acqua e farina. Dopo un minuto, girate delicatamente il contenuto con una paletta e lasciatelo cuocere per un altro minuto.
Con un coltello ricavate dai testaroli dei rombi di circa due centimetri di lato. Sbollentateli in acqua salata per pochi secondi e versateli nella padella del sugo; spolverate con il prezzemolo tritato e servite subito.
I gamberi possono essere sostituiti con piccoli scampi e le zucchine con altre verdure di stagione. Allo stesso modo all'Osteria del Noce si condiscono le trofie, gnocchetti di acqua e farina della tradizione ligure (ricetta a pag. 541), storicamente ben rappresentati nella cucina elbana.

Per 4 persone

Per la pasta:
3 di farina di frumento tipo 00
un pizzico di sale
Per il condimento:
un piccolo polpo, 4 gamberi,
10 cozze, 15 vongole
8 pomodori ciliegini, 2 carote,
2 zucchine, uno spicchio
di aglio, qualche foglia di
basilico, un ciuffetto di
prezzemolo
6 cucchiai di olio extravergine
di oliva ligure
sale, pepe nero

Tempo di preparazione e cottura: un'ora e mezza

Testaroli con coda di vitello e chiodini

Caffè la Crepa, Isola Dovarese (Cremona)

Per 6 persone

mezzo chilo di testaroli
7 etti di coda di vitello con
l'osso
3 etti di funghi chiodini
un etto di sedano, una carota,
una cipolla, uno spicchio
di aglio, un ciuffetto di
prezzemolo
2 etti di polpa di pomodoro
un mestolo di brodo di carne
un bicchiere di vino bianco
secco
olio extravergine di oliva
sale, pepe

*Tempo di preparazione e
cottura:* 3 ore e mezza

Tagliate a pezzetti la cipolla, lasciandone un po' da parte, il sedano, la carota e fateli rosolare in un tegame con l'olio. Unite la coda tagliata a pezzi, bagnate con il vino e cuocete, mescolando di tanto in tanto, finché sulla carne si formerà una crosticina croccante. Aggiungete un mestolo di brodo e un etto di polpa di pomodoro, salate e pepate. Lasciate sul fuoco, a fiamma bassa, per due o tre ore, finché la carne tenderà a separarsi dalle ossa. A questo punto spegnete e lasciate raffreddare.
Fate rosolare la cipolla rimasta in un altro tegame con un filo di olio, aggiungete i chiodini puliti e sbollentati e, dopo alcuni minuti, il pomodoro rimasto, lo spicchio d'aglio e il prezzemolo tritato; lasciate sul fuoco finché la salsa non comincerà a tirare, quindi unite i due condimenti. Mescolate e proseguite la cottura a fiamma dolce per una decina di minuti.
Cuocete i testaroli in abbondante acqua salata, fateli insaporire nel ragù e portate in tavola.

Testaroli pontremolesi

Trattoria da Bussè, Pontremoli (Massa-Carrara)

Per 2-3 persone

2 etti e mezzo di farina di
frumento tipo 00
una manciata di foglie di
basilico, uno spicchio di aglio
parmigiano reggiano (o
pecorino da grattugia)
olio extravergine di oliva, sale

*Tempo di preparazione e
cottura*: 45 minuti, più la
preparazione della brace

Questa specialità della Lunigiana – ora protetta da un Presidio Slow Food intitolato al testarolo artigianale pontremolese – prende il nome dal testo, una teglia in materiale refrattario, formata dal contenitore (sottano) e da un coperchio (soprano), che va messa a riscaldare sulla brace. Procurarsi un testo non è impossibile: il difficile è imparare a usarlo correttamente, anche ammesso che si riesca a disporre del fuoco giusto per la cottura.
Mescolate la farina e una presa di sale con acqua fino a formare una pastella piuttosto liquida ma non priva di consistenza. Versate il preparato nel sottano del testo, distribuendolo uniformemente. Coprite con il soprano e mettete il recipiente sulla brace. Dopo cinque minuti controllate, sollevando il coperchio, che la pasta abbia assunto l'aspetto caratteristico di una cialda omogenea e compatta, crivellata di forellini dovuti all'evaporazione dell'acqua. Estraetela rapidamente e avvolgetela in un panno di cotone.

Mentre la pasta si raffredda, preparate il pesto battendo a mano il basilico e aggiungendo, durante la pestatura, una manciata di formaggio grattugiato (parmigiano con un'aggiunta di pecorino, se vi piace il piccante) e l'aglio senza l'anima. Quando l'amalgama è compatto e ben sminuzzato, trasferitelo in una tazza diluendolo con un filo di olio extravergine (meglio se ligure o, comunque, di sapore non troppo fruttato).

Mettete sul fuoco una pentola con abbondante acqua salata. Mentre si scalda tagliate la pasta del testarolo in losanghe di circa sette centimetri di lato. Quando l'acqua è prossima alla bollitura, versatele nella pentola e tenetele in ammollo per un paio di minuti (se il testarolo è freschissimo, si può scendere anche a un minuto). A cottura, trasferitele in uno scolapasta e poi nei piatti, in strati omogenei che condirete via via con pesto e formaggio grattugiato.

La preparazione del testarolo – avverte la signora Antonietta Bertocchi della trattoria Da Bussè – è tanto semplice quanto complessa è la sua cottura, che esige la disponibilità non solo del testo, ma di un locale idoneo dove riscaldare questa particolare teglia a diretto contatto con la brace. Ancora oggi i veri testaroli lunigianesi sono opera di contadini-artigiani che li cuociono nel gradile (grà in dialetto) annesso alle case di campagna, dove si accende il fuoco sul pavimento e il calore prodotto serve per essiccare le castagne o, usando il testo, per cuocere vari cibi, dal pane (carsenta) alle carni, alle verdure, ai piatti a base di farina di castagne (pattona)... Difficilmente vi riuscirà di riprodurre queste condizioni in altri ambienti: comunque potreste provarci e poi confrontare i risultati con i testaroli originari, programmando una bella gita in Valle Magra o nella ligure Valgraveglia, dove le gustose crespelle si chiamano testaieu.

La Cina, l'altra patria della pasta

Da mangiatori di pappa al miglio, i Cinesi si sono trasformati nell'arco di un ampio lasso di tempo in consumatori di pasta di grano, un cereale prima sconosciuto presso di loro. È intorno al III secolo d.C. che nasce una vera e propria civiltà dei *bing*, termine che designò a lungo un'ampia categoria di cibi fatti con un impasto di farina, dalle paste alimentari alle focacce, nonché l'azione stessa del modellare una materia dotata di plasticità. Odi e poemi dedicati ai *bing* alludono costantemente a incontri gastronomico-letterari con degustazioni annesse e testimoniano una raffinata estetica della golosità. Dissertazioni e calendari agricoli, poi, suggeriscono quali *bing* preparare e servire nelle diverse stagioni. Nel VI secolo le prime ricette codificate documentano precise conoscenze delle proprietà del glutine e una notevole padronanza nel modellare forme. Si ha notizia di paste filiformi "allungate nell'acqua", il che ci fa supporre che il lavaggio dell'impasto in acqua tendesse a una parziale eliminazione dell'amido a vantaggio del glutine, rendendo la pasta elastica, lucida e non appiccicosa dopo la cottura bensì "scivolosa", qualità molto apprezzata dai Cinesi. Sono citate anche paste corte, prima cotte al vapore e poi fatte asciugare per essere consumate al bisogno. A partire dal X secolo dai *bing* si differenziano i *mian*, ovvero le paste alimentari vere e proprie, specialità del Nord della Cina poi diffusa largamente in altre aree, tanto che, durante la dinastia dei Ming, la pasta diventa popolare ed è apprezzata in tutto il Paese. Nei testi culinari tra l'XI e il XII secolo, la pasta, essenzialmente fresca, è descritta nei suoi tipi e formati principali: paste semplici e lisce ottenute da farine di grano stemperate da brodo di carne freddo, dal succo di una pianta o di crostacei, come le "tagliatelle rosse" di farina e succo di gamberetti crudi, una sofisticata raffinatezza. Ma anche paste ripiene, gli *hundun*, minuscoli ravioli dalla sfoglia sottilissima preparati in brodo, ancora oggi gloria della cucina cantonese con il nome di *wonton*.

Durante le dinastie successive (Song e Yuan, grosso modo fino al XV secolo), il consumo di paste alimentari è molto elevato su tutto il territorio cinese e il ventaglio delle specialità regionali accrescerà la sua ricchezza, con limiti, ovviamente, territoriali. Spaghetti (cordoni), vermicelli turchesi, fettuccine (cinture), paste a base di igname, palmette, paste sospese, paste zampe di pollo, paste arrotolate a mano, paste tagliate, paste sottili, paste uncini, pastine testa di chiodo, foglie di salice, cuori di riso: i loro nomi sono ispirati alle forme, ai colori o alla metodica della lavorazione. A questo proposito, sono interessanti anche le evoluzioni nell'uso degli attrezzi: matterelli, rulli, "bastoni per pinzare" (ossia stanghe per gramolare, al fine di rendere l'impasto meglio lavorabile) e, dall'inizio del XIV secolo, torchi manuali per ottenere spaghetti di grano saraceno.

La fabbricazione della pasta in Cina non ha dato luogo, come in Italia, a una industrializzazione ed è rimasta una faccenda domestica o artigianale fino al XX secolo. I mulini di dimensioni industriali sorgeranno, infatti, a Shanghai solo negli ultimi anni dell'Ottocento e, nel 1913, se ne conteranno solo una cinquantina di importanti su tutto il territorio. «La tradizione della pastificazione cinese riposa, tuttavia, su tre particolarità essenziali che derivano dalla sua storia antica. 1) La Cina è il centro di una civiltà unica della pasta fresca, e l'espressione "pasta fresca" deve essere intesa nel suo senso più letterale: le paste alimentari sono concepite spesso e volentieri come preparazioni dell'ultimo minuto, cotte immediatamente dopo la loro confezione, se non mentre le si fabbrica. Il grano duro era sconosciuto in Cina, cosa che non ha favorito lo sviluppo di una vera e propria produzione di pasta secca. 2) È sicuramente in Cina, e molto presto, che il glutine è stato separato per la prima volta dalla farina di grano e poi, per la sua elasticità e le sue qualità nutrizionali, ne è stato sviluppato l'uso, soprattutto nella cucina vegetariana. 3) Sono ancora i Cinesi ad avere messo a punto le tecniche di fabbricazione di pasta alimentare a partire dagli amidi di alcuni cereali, da fecole di leguminose, tuberi o rizomi, e da farine di molti cereali diversi dal grano, riso in primis». Con queste precisazioni definitive Silvano Serventi e Françoise Sabban (*La pasta. Storia e cultura di un cibo universale*, Laterza, Roma-Bari 2000) riconoscono alla Cina un percorso del tutto autonomo ancorché parallelo nella ideazione delle paste alimentari.

Timballetti di cinghiale

Osteria Locanda del Faro, Pedaso (Fermo)

Per 6 persone

Per la pasta:
mezzo chilo di farina di
frumento
5 uova
un pizzico di sale
Per il condimento:
4 etti di polpa di cinghiale (o
di coniglio)
2 carote, 2 coste di sedano,
una cipolla, uno spicchio di
aglio, un rametto di timo, una
foglia di alloro
2 ctti e mezzo di besciamella
parmigiano reggiano
olio extravergine di oliva
sale, pepe, 2 bacche di ginepro
Inoltre:
un ciuffo di maggiorana
parmigiano reggiano
una noce di burro, sale

*Tempo di preparazione e
cottura:* 2 ore e mezza

Rifilate la carne e macinatela grossolanamente con l'aiuto di un tritacarne a fori grandi.

Preparate un battuto di sedano, carote e cipolla e fatelo rosolare in padella con poco olio e uno spicchio di aglio, l'alloro, il timo e le bacche di ginepro. Aggiungete la carne e cuocete a fuoco dolce per un'ora, allungando con un bicchiere di acqua e mescolando di tanto in tanto; regolate di sale e pepe.

Su una spianatoia impastate la farina con le uova e il sale, ottenendo una massa soda ed elastica, copritela e fatela riposare per un quarto d'ora.

Tirate la pasta in una sfoglia sottile e ritagliate 18 quadrati di una decina di centimetri di lato; allargateli, fateli asciugare brevemente e lessateli in acqua bollente salata per pochi minuti; scolateli e passateli in acqua fredda asciugandoli su un telo.

Disponete i fogli di pasta sul piano di lavoro e versate su ognuno un cucchiaio di ragù allargandolo bene, procedendo con mezzo cucchiaio di besciamella e una spolverata di parmigiano grattugiato.

Sovrapponete tre strati non facendo combaciare gli angoli, ma formando una sorta di stella, e, con delicatezza, sistemate i timballetti in stampini monodose imburrati.

Riscaldate il forno a 160°C e cuoceteli, nel ripiano intermedio, per circa un quarto d'ora, finché non siano dorati e abbiano formato in superficie una croccante crosticina.

Sformateli e disponetene uno in ogni piatto, ultimando con una grattugiata di parmigiano e un ciuffetto di maggiorana.

Se gradite un sapore più delicato, potete sostituire la carne di cinghiale con quella di coniglio.

Timballini di carne, burrata e porcini

Ristorante PerVoglia, Castelbasso di Castellalto (Teramo)

Per fare la pastella, battete le uova con la farina e un pizzico di sale, aggiungendo gradualmente acqua fino a quando il composto non sarà abbastanza liquido ma filante. Scaldate un goccio di olio in una padellina antiaderente di circa 10 centimetri di diametro, versatevi un mestolino di composto e, partendo dal centro, spandetelo in uno strato sottile e omogeneo su tutto il fondo della padellina; cuocete a fuoco medio un minuto per lato e impilate via via le crespelle ottenute.

Tritate la cipolla, imbionditela dolcemente in due cucchiai di olio e, in questo leggero soffritto, cuocete la carne, dopo averla macinata, aggiungendo sale e una grattugiata di noce moscata.

Affettate i funghi porcini e saltateli in olio e aglio, salate e pepate. In un'altra casseruolina fate fondere 90 grammi di burro, unite la farina e stemperatela con il brodo vegetale; cuocete questa sorta di besciamella per una decina di minuti, sempre mescolando, quindi incorporate la metà dei funghi. Tagliate a dadini la burrata.

Vi sarete procurati quattro stampini di circa 10 centimetri di diametro: ungeteli di burro, adagiate una crespella, ricopritela con il sugo di carne, quindi, alternando sempre una crespella a ogni ingrediente, sistemate la burrata e il composto di funghi. Ponete in forno – riscaldato a 180°C – per 25 minuti.

A cottura ultimata, sformate i timballini sui piatti di servizio e decorateli con i porcini tenuti da parte (che avrete riscaldato) e, a piacere, con una grattugiata di tartufo nero.

Per 4 persone

Per pastella:
5 cucchiai di farina di frumento
5 uova
olio extravergine di oliva, sale
Per il condimento:
4 etti di polpa di vitello
2 etti di funghi porcini, uno spicchio di aglio, una piccola cipolla
2 etti di burrata
80 g di farina di frumento
un dl di brodo vegetale
olio extravergine di oliva, burro
sale, pepe, noce moscata, un tartufo nero (facoltativo)

Tempo di preparazione e cottura: un'ora e mezza

Timballo di anellini

Filippa Gatì, Palermo

Per 4 persone

4 etti di anellini
2 etti di polpa di vitello, 2 etti
di polpa di maiale
un etto e mezzo di prosciutto
cotto
3 etti di piselli sgranati, una
melanzana, un ciuffetto di
prezzemolo, una cipolla, uno
spicchio di aglio
un cucchiaio di concentrato di
pomodoro
una manciata di pangrattato
un etto di pecorino stagionato
burro, olio extravergine di
oliva, sale, pepe

*Tempo di preparazione e
cottura:* 2 ore e mezza

Tagliate a fette la melanzana e tenetela per un paio d'ore
sotto sale per eliminare l'acqua e il gusto amaragnolo.
Intanto, in un tegame con qualche cucchiaio di olio fate
imbiondire mezza cipolla tritata. Unite il prosciutto tagliato a listarelle, i piselli, il prezzemolo tritato e lo spicchio
di aglio intero (che poi eliminerete). Versate due bicchieri d'acqua e lasciate cuocere. In un altro tegame con olio e
l'altra mezza cipolla tritata rosolate le carni macinate. Aggiungete il concentrato di pomodoro diluito in un bicchiere d'acqua, salate, incoperchiate e fate cuocere, aggiungendo altra acqua di tanto in tanto, per almeno un'ora, a fuoco basso.
Scolate le fette di melanzana, friggetele in olio e appoggiatele su carta assorbente.
Lessate gli anellini in acqua salata, scolateli molto al dente
e conditeli con il ragù di carne.
Imburrate e spolverate con il pangrattato una pirofila. Si-
stematevi le fette di melanzana fritte, poi uno strato di
anellini conditi, prosciutto e piselli. Fate un altro strato di
pasta e chiudete con il pecorino grattugiato.
Infornate a 180°C per una ventina di minuti. Servite il timballo tiepido.

*Di probabile derivazione araba, questo piatto palermitano
dei giorni di festa è anche chiamato, presso i ceti più popolari del capoluogo siciliano, pasta col forno. Rispetto alla ricetta qui presentata, esistono varianti più ricche e altre meno
caloriche. In alcune zone della Sicilia, in alternativa o in aggiunta alle melanzane, entrano spesso fra gli ingredienti anche zucchine e patate.*

Timballo di bucatini e patate

Osteria Viva Lo Re, Ercolano (Napoli)

Preparate in una casseruola alta 30 centimetri un fondo con olio extravergine di oliva, una costa di sedano, mezza cipolla e una carota. Soffriggete a fuoco moderato per qualche minuto. Unite le patate sbucciate e tagliate a cubetti piccoli, salate e rosolate ancora per un paio di minuti. Coprite con il brodo vegetale e cuocete per una mezz'ora, preoccupandovi di aggiungere un mestolino di brodo ogni tanto.

Lessate i bucatini, scolandoli a metà cottura e sistemandoli in una teglia di acciaio fredda. Quando le patate saranno cotte, ponete la casseruola in un posto ventilato e fatele raffreddare.

Intanto dedicatevi alla salsa di carote. Preparate lo stesso fondo delle patate, unite le carote tagliate a cubetti, una presa di sale e il brodo vegetale, cuocendo per una decina di minuti. Frullate, quindi, con il mixer a immersione e passate la crema al colino cinese.

Amalgamate le patate e i bucatini con la provola tagliata a fettine, il parmigiano reggiano grattugiato e un pizzico di pepe. Riempite con il composto sei stampi monodose imburrati e spolverizzati con il pane grattugiato (potete utilizzare, se preferite, un'unica pirofila). Metteteli in forno e cuoceteli a 180°C per un quarto d'ora.

Sistemate su un piatto di portata la salsa di carote calda e sformatevi al centro i timballi.

Per 6 persone

3 etti e mezzo di bucatini
3 etti e mezzo di patate, un etto e mezzo di carote, una cipolla, 2 coste di sedano
mezz'etto di pane grattugiato
un etto e mezzo di provola di bufala, 80 g di parmigiano reggiano
mezzo litro di brodo vegetale
30 g di burro, olio extravergine di oliva
sale, pepe

Tempo di preparazione e cottura: 2 ore

Timballo di maccheroni alla chitarra

Elena Cocco, Sulmona (L'Aquila)

Per 10 persone

Per la pasta:
6 etti di farina di frumento tipo 00, una manciata di semola di grano duro (o semolino)
5 uova
olio extravergine di oliva, sale

Per la pastella:
un etto e mezzo di farina di frumento tipo 00
4 uova
un dl e mezzo di latte
una presa di sale

Per le guarnizioni:
2 etti e mezzo di carne di vitello
2 etti e mezzo di scamorze incerate
3 uova sode
farina di frumento
80 g di parmigiano reggiano
olio extravergine di oliva, sale

Per il condimento:
8 etti di polpa di agnello
2 chili di pomodori pelati
2 etti tra sedano, carote e cipolle, un mazzetto aromatico (prezzemolo, salvia, alloro, rosmarino, aglio)
un bicchiere di vino bianco secco
olio extravergine di oliva, sale

Tempo di preparazione e cottura: 4 ore

Formate una fontana con la farina, aggiungete le uova, il sale, un cucchiaio di olio e ammassate lavorando la pasta fino a raffinarla. Lasciate riposare per una decina di minuti il panetto ricoperto con un canovaccio. Con l'apposita macchinetta o, meglio, con il matterello tirare le sfoglie. Poggiatele sulla chitarra (*carrature*), pressate con il matterello e formate i maccheroni. Spolverate di semola o semolino e tenete da parte.

Dedicatevi alla preparazione della pastella per le crespelle: in una ciotola versate la farina setacciata e le uova, con l'aiuto di una frusta mescolate e fate assorbire lentamente il latte; regolate di sale. In un padellino antiaderente, unto con burro, cuocete piccoli mestoli di composto allargandolo sul fondo in modo da ottenere tante crêpes.

Macinate la carne di vitello, salate e formate delle piccolissime polpette, che infarinerete e farete rosolare in padella con pochissimo olio, scolando il grasso di cottura.

Tagliate a piccoli cubetti le uova sode e mescolatele al parmigiano grattugiato; riducete a dadini le scamorze private della cera.

In un tegame di terracotta versate l'olio, l'agnello a pezzi e rosolate a fuoco lento. Quando la carne avrà preso un bel colore dorato, aggiungete il mazzetto aromatico e il battuto di verdure (sedano, carote e cipolle). Continuate a fare soffriggere, sempre a fuoco lento, e bagnate con il vino bianco. Fate evaporare, aggiungete i pomodori pelati e lasciate cuocere per circa due ore, regolando di sale. Al termine della cottura estraete i pezzi di carne d'agnello e il mazzetto aromatico. Spolpate la carne e tagliatela a piccoli pezzi. Passate la salsa e aggiungete la carne.

Cuocete i maccheroni alla chitarra in acqua e sale, scolateli, versateli nella salsa, unite tutte le guarnizioni precedentemente preparate e lasciate insaporire per qualche minuto. Con l'aiuto di una forchetta formate dei nidi al centro di ogni crespella. Chiudete per bene, e sistematele, rovesciate, in una teglia unta sulla quale avrete deposto una piccola quantità di salsa e passate a cuocere in forno a una temperatura di 200°C fino a doratura. Tirate fuori, lasciate rapprendere per qualche minuto e servite con la salsa d'agnello a parte.

Timballo di melanzane farcite di pasta

Ristorante La Torre, Massa Lubrense (Napoli)

Ponete le fette di melanzana in un colapasta e, dopo averle spolverizzate di sale, fatele spurgare della loro acqua. Poi sciacquatele, asciugatele e friggetele in olio extravergine di oliva ben caldo. Sgocciolatele e passatele su un foglio di carta assorbente in modo da privarle dell'unto in eccesso. Nel frattempo cuocete la pasta in acqua salata e scolatela al dente.

Scaldate in un tegame la salsa di pomodoro – tenendone da parte qualche cucchiaiata – e unite le linguine, la ricotta sbriciolata e una manciata di parmigiano grattugiato. Saltate fino ad amalgamare gli ingredienti.

In una teglia da forno disponete a croce due fette di melanzane; nel loro punto d'incontro appoggiate un boccone di pasta al sugo e, sopra di esso, una fettina di mozzarella. Chiudete la croce fino a formare un involtino e condite con qualche pezzetto di mozzarella, un po' di salsa e una fogliolina di basilico. Con il resto degli ingredienti formate involtini identici al primo, quindi infornate la teglia a 180°C e cuocete per circa cinque minuti.

Per 6 persone

3 etti di linguine (o altra pasta lunga)
12 fette di melanzane lunghe, un ciuffetto di basilico
mezzo chilo di salsa di pomodoro
mezz'etto di ricotta, 10 fette di mozzarella, parmigiano reggiano
olio extravergine di oliva, sale

Tempo di preparazione e cottura: 45 minuti, più lo sgrondo delle melanzane

Timballo di scrippelle

Ristorante Zenobi, Rio Moro di Colonnella (Teramo)

Per 10 persone

Per la pastella:
10 cucchiai di farina di frumento
10 uova
olio extravergine di oliva, sale
Per la farcitura:
mezzo chilo di funghi porcini, uno spicchio di aglio, un ciuffo di prezzemolo
6 uova
mezzo chilo di mozzarella vaccina
mezzo litro di latte
olio extravergine di oliva, sale
Per le polpettine:
2 etti e mezzo di carne macinata (metà manzo e metà maiale)
un uovo
un etto di parmigiano reggiano
30 g di burro
noce moscata, sale, pepe
Per il ragù:
4 etti di carne di manzo, 3 etti di carne magra di maiale
25 g di lardo
una cipolla, 2 carote, 2 coste di sedano, qualche foglia di basilico
2 chili e mezzo di pomodori pelati
olio extravergine di oliva, sale
Inoltre:
un etto di parmigiano reggiano
25 g di burro, sale

Tempo di preparazione e cottura: 4 ore

Per preparare la pastella per le *scrippelle* (crespelle), battete le uova in una terrina, incorporatevi la farina senza fare grumi, aggiungete gradualmente mezzo litro di acqua per ottenere un composto fluido e, infine, aggiustate di sale. Lasciate riposare in frigorifero per circa un'ora.

Trascorso questo tempo, scaldate una padellina antiaderente e ungetela con un filo di olio; versate un mestolino di pastella, ruotate velocemente per coprire il fondo e cuocete un paio di minuti da entrambi i lati. Ripetete l'operazione fino a esaurire la pastella e, via via, allargate le *scrippelle* sul piano di lavoro.

Mentre la pastella riposa, predisponete il ragù e tutto quello che serve per la farcitura. Cominciate con l'avviare a cottura il ragù. Tritate grossolanamente le verdure aromatiche, spezzettate con le mani le foglie di basilico e fate appassire il tutto in qualche cucchiaio di olio insieme al lardo pestato. In questo fondo rosolate adagio le carni tagliate a pezzettoni fino a colorirle in modo uniforme, salate e versate i pomodori pelati; coprite il tegame e cuocete per un paio di ore. A cottura ultimata, fate intiepidire e poi passate al setaccio dopo avere tolto la carne (che potrà essere utilizzata in altro modo).

Dopo avere pulito e tagliato a fettine i funghi, trifolateli in quattro cucchiai di olio, uno spicchio di aglio e un grosso ciuffo di prezzemolo tritato; teneteli da parte. Tagliate a dadini la mozzarella e, in una ciotola, battete le uova con pizzico di sale e amalgamatele con il latte.

Infine, dedicatevi alle polpettine che preparerete impastando tutti gli ingredienti e foggiando delle palline non più grandi di un cece. Saltatele in padella con il burro e ponetele a scolare su carta assorbente.

Quando tutti gli ingredienti saranno pronti e disposti ordinatamente sul piano di lavoro (*scrippelle*, ragù, polpettine, mozzarella tritata, funghi trifolati, uova battute con il latte, parmigiano grattugiato), passate ad assemblare il timballo. Ungete di burro una capiente teglia da forno, foderatela con le *scrippelle*, facendone uscire una parte oltre i bordi della teglia. Sistemate ora il ragù, le polpettine, i funghi, la mozzarella, il parmigiano grattugiato e le uova battute; coprite con le *scrippelle* e ripetete gli strati fino a esaurimento degli ingredienti, chiudendo con le *scrippelle* che cospargerete con fiocchi di burro. Infornate a 180°C per circa un'ora.

Dopo la cottura, fate riposare il timballo per una ventina di minuti, quindi tagliate le porzione e servite.

Immancabile sulle tavole teramane della festa, questo timballo, già di per sé ricco di condimenti e farciture, è reso ancora più sontuoso dall'utilizzo – tradizionale – delle crespelle in luogo delle sfoglie di pasta, quelle medesime scrippelle *che si amano gustare, nella regione, in un buon brodo di gallina. La cuoca Patrizia Corradetti (che confeziona anche una versione vegetariana del timballo), consiglia di spezzare in diverse fasi temporali il lungo lavoro di preparazione, dal momento che tutte le componenti del piatto si assemblano una volta che si siano raffreddate.*

Timballo di sfoglia

Regina Massi, Monteprandone (Ascoli Piceno)

Per 4 persone

Per la pasta:
mezzo chilo di farina di
frumento tipo 00
4 uova
Per il sugo di carne:
un etto e mezzo di cartilagini
e nervetti di manzo, un osso
di bovino
1-2 carote, una cipolla di
piccole dimensioni
6 etti di passata di pomodoro
olio extravergine di oliva
sale, un chiodo di garofano
Inoltre:
3 etti di polpa di manzo, un
etto di polpa magra di maiale,
un etto di polpa di tacchino (o
di rigaglie di pollo)
2 carote, una cipolla, un
gambo di sedano
2 bicchieri di besciamella
125 g di mozzarella, 70-80 g di
emmental, un etto e mezzo di
parmigiano reggiano
una noce di burro, olio
extravergine di oliva
sale

*Tempo di preparazione e
cottura:* 2 ore e mezza, più il
riposo

Come prima cosa preparate la sfoglia – *pannella*, in dialetto – impastando su un tagliare la farina con le uova; lavorate fino a ottenere una massa soda ed elastica, avvolgetela in un foglio di pellicola e fatela riposare in frigorifero per un'oretta.

Tritate le carote, steccate la cipolla con il chiodo di garofano e fate dorare il tutto in padella con un po' di olio. Unite i nervetti, le cartilagini e l'osso di bovino, rosolateli e aggiungete la passata di pomodoro; regolate di sale, abbassate la fiamma al minimo, coprite il tegame e cuocete per un'ora e mezza, finché non sia ristretto.

A parte rosolate le carni di manzo, maiale e tacchino – se preferite potete sostituire quest'ultima con rigaglie di pollo – tagliate a pezzetti in una casseruola, dove avrete fatto imbiondire una dadolata di carote, sedano e cipolla; regolate di sale e portate a cottura. Quando il fondo si sarà asciugato, lasciate raffreddare e macinate il tutto al tritacarne, quindi mettete da parte.

Tirate la pasta in una sfoglia sottile e ritagliate quattro rettangoli grandi come la teglia che utilizzerete, sbollentateli per pochi minuti in abbondante acqua salata, passateli in un bacile di acqua fredda, per fermarne la cottura, e asciugateli su un canovaccio di cotone.

Tagliate a dadini la mozzarella e l'emmental, grattugiate il parmigiano e imburrate una teglia capiente.

Allungate il sugo – eliminando la carne, l'osso e la cipolla – con la besciamella e componete il piatto sistemando nella teglia un primo strato di pasta, seguito da un velo di sugo (dovrà appena dare colore), una spolverata di parmigiano, uno strato di carni macinate e una manciata di dadini di formaggio; proseguite allo stesso modo ultimando con la sfoglia sfoglia condita solamente con il sugo di pomodoro e il parmigini.

Infornate il timballo a 180°C per un'ora, fatelo riposare una decina di minuti e servitelo a scacchi.

Timpano di paccheri in piedi

Osteria-Gastronomia Timpani e tempura, Napoli

Preparate innanzitutto la pasta frolla disponendo la farina a fontana sulla spianatoia e incorporando rapidamente con le mani il burro e lo strutto, ammorbiditi a temperatura ambiente, lo zucchero e i tuorli. Formata una palla, fatela riposare al fresco per un'ora coperta con pellicola da cucina.

Dedicatevi intanto al sugo. Tritate finemente la cipolla e imbionditela in olio, unite i pomodori pelati dopo averli passati, regolate di sale e pepe, e cuocete per una quarantina di minuti, aggiungendo a metà cottura le foglie di basilico. In una ciotola stemperate la ricotta con alcuni cucchiai di sugo, unite il caciocavallo grattugiato e il fior di latte a dadini. Tenete il tutto da parte.

Riprendete la palla di pasta frolla, appiattitela aiutandovi con le mani e con un matterello, foderate una teglia rotonda dai bordi non troppo bassi, spennellandone il fondo con l'uovo battuto e riponendola in frigorifero per un quarto d'ora. In abbondante acqua bollente salata cuocete al dente i paccheri, raffreddateli e farciteli con il miscuglio di ricotta, disponendoli in piedi nella cassa di pasta. Ricoprite con tre quarti del sugo di pomodoro e infornate per 45 minuti in forno preriscaldato a 150°C.

Lasciate riposare il timballo dopo la cottura e servitelo tiepido versando sulle singole fette altro sugo caldo.

Chi ricorda il film Big Night, *una produzione statunitense del 1996, non può non rammentare che proprio un timpano di maccheroni finisce per essere l'assoluto protagonista: è con questa regale ricetta – definita efficacemente «un tamburo… e al suo interno ci stanno le cose più buone del mondo!» – che due fratelli italoamericani cercano di conquistare, dopo alcuni insuccessi, il favore della clientela americana. E in effetti questo pasticcio, che altrove chiamano timballo, evoca la forma dello strumento musicale a percussione, a cassa semisferica, come dovrebbe essere semisferico lo stampo in cui è cotto. I timpani napoletani – bene illustrati in* Il cuoco galante *di Vincenzo Corrado, 1786 – appartengono a quella cucina cortigiana, e poi borghese, dei monzù che Antonio Tubelli, oggi chef del* Timpani e Tempura, *ha riportato in auge.*

Per 8-10 persone

8 etti di paccheri di Gragnano
una piccola cipolla, un pugno
di foglie di basilico
2 chili di pomodori
sanmarzano pelati
un uovo
6 etti di ricotta di Montella,
2 etti di fior di latte di
Agerola, un etto e mezzo di
caciocavallo
olio extravergine di oliva
sale, pepe
Per la pasta frolla:
mezzo chilo di farina di
frumento
5 tuorli d'uovo
80 g di zucchero
90 g di strutto, 60 g di burro

Tempo di preparazione e cottura: un'ora e mezza, più il riposo

Tonnarelli alla gricia

Ristorante Taverna Mari, Marino (Roma)

Per 4 persone

6 etti di tonnarelli all'uovo
2 etti di guanciale
vino bianco dei Castelli
Romani
un etto di pecorino romano
olio extravergine di oliva
sale, pepe

*Tempo di preparazione e
cottura:* mezz'ora

Tagliate il guanciale a listarelle, versatelo in una padella e rosolatelo con un po' di olio. Quando avrà preso colore, bagnate con il vino e lasciatelo evaporare a fuoco moderato.
Nel frattempo lessate i tonnarelli in abbondante acqua salata, scolateli al dente e versateli in padella con il condimento.
Mantecate aggiungendo una generosa spolverata di pecorino grattugiato e una macinata di pepe; servite ultimando con un altro pizzico di formaggio.

Tipica dell'alto Lazio e diffusa anche a Roma, la gricia *è un condimento per la pasta – bucatini, spaghetti o, come in questo caso, tonnarelli, ovvero pasta lunga a sezione quadrata simile ai maccheroni alla chitarra abruzzesi – a base di guanciale: sostanzialmente un'amatriciana bianca, anzi l'amatriciana originale prima che si imponesse (e il risultato è la notissima ricetta di pag. 27) l'aggiunta del pomodoro.*

Tonnarelli cacio e pepe

Enoteca Vino e Camino, Bracciano (Roma)

Per 4 persone

6 etti di tonnarelli all'uovo
uno spicchio di aglio
pecorino romano
4 cucchiai di olio extravergine
di oliva
pepe nero

*Tempo di preparazione e
cottura:* un quarto d'ora

Mettete sul fuoco una pentola di acqua non salata, dove lesserete molto al dente i tonnarelli.
Nel frattempo, in una padella scaldate nell'olio l'aglio in camicia (non spellato), aggiungendo una macinata di pepe. Versate la pasta con un mestolo dell'acqua di cottura. A fuoco vivace, fate asciugare quasi totalmente l'acqua. Spegnete il fuoco, aggiungete otto pugni di pecorino grattugiato e girate velocemente fino a ottenere una crema.
Riaccendete il fuoco per qualche secondo e servite i tonnarelli con una spolverata supplementare di pecorino e pepe.

Tipico condimento romano molto noto anche fuori dalla capitale, il cacio e pepe alle origini non prevedeva l'uso di olio. Oggi come ieri accompagna elettivamente i tonnarelli, che però – suggerisce Cristina Baroni del Vino e Camino di Bracciano – possono essere sostituiti con un'altra pasta casalinga all'uovo, o anche con spaghetti secchi non troppo sottili (dal numero 5 in su).

Top de sac al sugo matto

Argia Amadori, Corniolo (Forlì-Cesena)

Su una spianatoia impastate la farina con le uova e un pizzico di sale; lavorate con energia fino a ottenere una massa soda ed elastica e lasciatela riposare per una ventina di minuti coperta da un tovagliolo.

Nel frattempo tritate finemente aglio e prezzemolo e fatelo soffriggere in padella con un buon extravergine. Quando sarà dorato sfumate con una spruzzata di vino, lasciate evaporare e unite la passata di pomodoro; regolate di sale e portate a cottura.

Riprendete la pasta e tirate una sfoglia sottile (un millimetro e mezzo o due di spessore), lasciatela asciugare brevemente e ritagliate, con l'aiuto di una rotella a lama liscia, quadrati di media grandezza.

Lessate le toppe in abbondante acqua salata, scolandole al dente non appena risalgano a galla, e versatele nel tegame del condimento. Saltate velocemente la pasta a fiamma viva per un paio di minuti mantecando con una spolverata di pecorino grattugiato e una manciata di pangrattato; ultimate con un giro di olio a crudo, mescolate e servite

Un piatto semplice e saporito, di chiara matrice contadina, ancora frequentato nelle aree più interne del Casentino, quasi al confine con la Toscana. Le toppe erano originariamente ritagli di pasta recuperati dalla preparazione delle tagliatelle e conditi con un sugo povero, privo di carne ma dal gusto deciso e aromatico.

Per 4 persone

Per la pasta:
3 etti di farina di frumento
3 uova
un pizzico di sale
Per il condimento:
2-3 spicchi di aglio, un ciuffo
di prezzemolo
una tazza di passata di
pomodoro
pangrattato
vino bianco secco
pecorino stagionato
olio extravergine di oliva, sale

*Tempo di preparazione e
cottura:* un'ora

Tordelli lucchesi

Ristorante Il Mecenate, Gattaiola di Lucca

Per 8 persone

Per la pasta:
mezzo chilo di farina di
frumento tipo 00
2 uova intere e 5 tuorli
olio extravergine di oliva, sale
Per il ripieno:
4 etti di polpa di manzo, 3 etti
di polpa di maiale
un etto e mezzo di mortadella
8 rametti di pepolino (serpillo
o, in alternativa, timo), un
ciuffetto di salvia, un rametto
di rosmarino, un uovo, un etto
e mezzo di mollica di pane
latte, brodo di carne
un bicchiere di vino rosso
parmigiano reggiano
olio extravergine di oliva
sale, pepe, cannella, noce
moscata
Per il condimento:
2 etti di carne di maiale, 2 etti
di carne di manzo, una testa
di coniglio
3 etti di pomodori maturi (o di
pelati), una carota, un gambo
di sedano, una cipolla rossa,
qualche foglia di alloro
un cucchiaio di concentrato di
pomodoro
brodo di carne
un bicchiere di vino rosso
olio extravergine di oliva
sale, pepe, cannella, chiodi di
garofano, noce moscata
Inoltre:
parmigiano reggiano
una presa di sale

*Tempo di preparazione e
cottura:* 3 ore e mezza

Cominciate dalla preparazione del sugo. Tritate il sedano, la carota, la cipolla e metteteli in un tegame con l'olio e l'alloro, rosolando il tutto. Unite le carni macinate e la testa di coniglio, salate e fate insaporire bene assieme al soffritto. A questo punto bagnate con il vino, fatelo sfumare a fuoco vivo e unite prima la conserva, poi i pomodori (se freschi, pelati e senza semi) e un pizzico di spezie. Regolate di sale e pepe, portate a ebollizione e fate cuocere a fuoco lento per almeno tre ore, aggiungendo di tanto in tanto, quando necessario, un sorso di brodo.

Intanto, per il ripieno, fate cuocere in una casseruola le carni di manzo e di maiale con un po' di olio, salvia e rosmarino, bagnando con brodo e sfumando con il vino rosso. Prelevate la carne, macinatela con la mortadella e mettete il tutto in una zuppiera. Aggiungete il timo, un cucchiaino di cannella, la noce moscata, la mollica di pane ammollata nel latte e ben strizzata e quattro cucchiai di parmigiano grattugiato. Impastate per qualche minuto, regolate di sale e pepe e unite l'uovo: dovrete ottenere un composto omogeneo e morbido.

A questo punto potete fare la pasta. Disponete la farina a fontana, al centro mettete le uova e i tuorli, l'olio, una presa di sale e cominciate a impastare fino al completo assorbimento della farina aggiungendo l'acqua necessaria (indicativamente una tazzina da caffè) a ottenere una pasta morbida e facilmente lavorabile.

Con il matterello stendete una sfoglia sottile e ricavatene delle larghe strisce, adagiatevi il ripieno a mucchietti (la quantità che sta in un cucchiaino da caffè ben colmo) e ripiegate la pasta su se stessa fino a coprirle.

Con l'aiuto di un bicchiere non troppo grande ritagliate i tordelli e premete i bordi con la punta di una forchetta per evitare che si aprano durante la cottura. Continuate così fino all'esaurimento di pasta e ripieno, allineando man mano i tordelli su una tovaglia leggermente infarinata, staccati l'uno dall'altro.

Fate bollire una pentola d'acqua salata e tuffate i tordelli pochi per volta; quando vengono a galla, abbassate il fuoco ed estraeteli con un mestolo bucato, facendoli sgocciolare molto bene.

Metteteli in una zuppiera, conditeli con il sugo di carne, il parmigiano grattugiato e servite.

«I tordelli – annotano Soledad Cardenas e Stefano De Ranieri del Mecenate – stanno alla Lucchesia come la pizza sta a Napoli. Si chiamano tordelli, non tortelli, e si condiscono con abbondante sugo di carne e parmigiano regiano grattugiato. Le varianti da una zona all'altra sono minime. Una volta si era soliti fare i tordelli per riciclare gli avanzi, per cui si potevano trovare nel ripieno, oltre ai classici maiale e manzo, anche un pochino di pollo arrosto e di lesso. Ma il condimento è sempre ricco, da pranzo del dì di festa».

Tortelli alle erbe con formaggi e noci

Ristorante Stella d'Oro, Villa di Verzegnis (Udine)

Per 4 persone

Per la pasta:
2 etti di farina di frumento
tipo 00
un mazzo di erbe di campo
una presa di sale
Per il ripieno:
30 g di formaggio latteria
stagionato 3 mesi, 20 g di
latteria stravecchio, 30 g di
ricotta vaccina
30 g di gherigli di noce
un uovo
una noce di burro
sale, pepe
Per il condimento:
mezzo cucchiaio di farina di
frumento tipo 00
2 foglie di salvia
mezzo litro di latte
30 g di latteria stagionato 3
mesi
20 g di burro, 30 g di burro
chiarificato, sale

*Tempo di preparazione e
cottura:* un'ora e un quarto

Mondate e lavate le erbe, cuocetele a vapore, strizzatele (il peso a questo punto dovrà essere di mezz'etto) e tritatele finemente.

Preparate la pasta unendo agli ingredienti circa sette decilitri di acqua tiepida. Lavorate energicamente e con cura la massa; avvolgetela a palla, coprite con un canovaccio e mettete a riposare.

Sminuzzate i gherigli di noce e passateli rapidamente in padella con il burro. Spezzettate il formaggio latteria e grattugiate lo stravecchio. In una terrina, amalgamate a freddo tutti gli ingredienti del ripieno.

Riprendete la pasta e tirate una sfoglia che taglierete in quadrati di circa quattro centimetri. Con un cucchiaino, distribuite il ripieno su ognuno di essi e richiudetelo a foggia di tortello.

Lessate la pasta in acqua bollente salata per cinque o sei minuti. Mentre cuociono preparate il condimento sciogliendo sul fuoco, nel latte, il formaggio e la farina legati con il burro.

Scolate bene i tortelli e fateli saltare in padella con il burro chiarificato aromatizzato con la salvia. Disponeteli nei piatti sopra un leggero strato della crema di latte e formaggio e servite subito.

Il latteria, presente nel ripieno di questi tortelli a due livelli di stagionatura, un tempo era prodotto nelle latterie turnarie, strutture consortili tra allevatori che hanno avuto grande importanza nella storia delle comunità rurali del Triveneto. Oggi, in Friuli Venezia Giulia, il termine si riferisce a un formaggio vaccino di caseificio, lavorato con tecniche simili a quelle in uso per il montasio.

Tortelli all'erba di san Pietro

Hostaria Viola, Fontane di Castiglione delle Stiviere (Mantova)

Lessate le erbette dolci in poca acqua leggermente salata per una decina di minuti, girandole due o tre volte per farle cuocere uniformemente. Quando saranno al dente, scolatele e raffreddatele con un getto d'acqua fredda. Strizzatele, eliminando gran parte dell'acqua trattenuta e lasciandole appena un po' umide. Sminuzzatele finemente con la mezzaluna, senza renderle una poltiglia. Eventualmente potrete utilizzare un robot da cucina dalle lame piuttosto grandi, mentre sono sconsigliati mixer e frullatori che sfibrerebbero troppo le foglie.

Sciogliete due cucchiai di burro in un'ampia padella e soffriggete mezza cipolla tagliata ad anelli. Una volta dorata, eliminatela. Versate le erbette tritate nel burro caldo e fatele insaporire. Dopo qualche minuto aggiungete una manciata di pangrattato, mantenendo la fiamma al minimo, e mescolate con una spatola di legno: con il calore si amalgamerà meglio alle erbette. Unite, quindi, l'erba di san Pietro cruda tritata finemente con la mezzaluna, continuando a mescolare per un minuto.

Togliete la padella dal fuoco e aggiungete il grana grattugiato, l'uovo intero, un paio di cucchiai di amaretti tritati – servono a equilibrare un poco l'amaro delle erbe aromatiche, ma non si devono quasi sentire –, il sale e una spolverata di pepe. Se il composto risultasse troppo morbido (non deve attaccarsi alle mani), aggiungete altro pangrattato fino a ottenere la consistenza desiderata, quindi fatelo riposare fino al completo raffreddamento; la cosa migliore sarebbe lasciarlo in frigorifero ben coperto con pellicola dalla sera al mattino seguente.

Preparate l'impasto per la classica sfoglia amalgamando la farina, versata fontana sulla spianatoia, con le uova e il sale, fino a ottenere una massa soda ed elastica, ma non dura, e fate riposare almeno una mezz'oretta per raggiungere una elasticità ottimale.

Passate nella sfogliatrice la giusta quantità di pasta creando una sfoglia sottile, da cui ricaverete quadrati di circa cinque centimetri di lato con l'ausilio dell'apposita rotella. Sistemate palline di ripieno piuttosto regolari nel mezzo di ognuno e piegate il quadratino premendo con decisione tutto intorno per sigillarlo.

Cuocete i tortelli per un paio di minuti in acqua bollente salata e condite con burro fuso profumato con salvia e (oppure) cipolla.

Per 6-8 persone

Per la sfoglia:
6 etti di farina di frumento
6 uova
un pizzico di sale
Per il ripieno:
un chilo di erbette, una decina di foglie di erba di san Pietro, mezza cipolla
un uovo
mezzo chilo di pangrattato
mezz'etto di amaretti
2 etti di grana padano
burro
sale, pepe
Per il condimento:
alcune foglie di salvia (o una piccola cipolla)
burro, sale

Tempo di preparazione e cottura: 2 ore, più il raffreddamento e il riposo

L'erba di san Pietro (Balsamita major, *sinon.* Chrysanthe-mum balsamita*), nota anche come amarella, erba amara, er-ba buona, erba caciola, erba di santa Maria, ha una aromati-cità molto intensa, che può ricordare quello della menta, nei mesi di aprile e maggio, dopo di che inizia l'infiorescenza e perde in tenerezza e in profumo. Meglio, dunque, usarle in quel periodo ma sempre con parsimonia. Raramente si trova essiccata, eventualmente si può raccogliere e congelare. I fra-telli Franco e Fausto Malinverno propongono nel loro Caf-fè la Crepa, di Isola Dovarese, una versione di tortelli amari, che prevede di utilizzare per il soffritto del ripieno non solo la cipolla ma anche l'aglio integro del proprio involucro e al-cune foglie di salvia, che dovranno rosolare bene per diventa-re belle croccanti. Tutti e tre gli aromi andranno poi elimina-ti, prima di aggiungere le erbette e l'erba di san Pietro.*

Tortelli al sugo di cinghiale e agnello

Enoteca La Cantina, Scansano (Grosseto)

Cominciate con la preparazione del sugo, che deve cuocere circa un'ora e mezza.

Macinate le carni. Mondate il carciofo e frullatelo (il peso finale dovrà essere di circa 80 grammi). Tritate la cipolla, le carote e il prezzemolo.

Soffriggete in olio extravergine il trito di aromi. Versate nel tegame il carciofo frullato e le carni macinate e cuocete a fuoco dolce fino a completa doratura. Spruzzate con il vino e, quando sarà evaporato, unite i pomodorini. Proseguite la cottura aggiungendo l'alloro, la nepitella e regolate di sale.

Nel frattempo preparate la pasta. Disponete la farina a fontana sulla spianatoia e incorporatevi le uova, due cucchiai di olio extravergine e poca acqua salata. Quando l'impasto risulterà liscio e omogeneo, avvolgetelo in una pellicola e lasciate riposare per mezz'ora.

Sbollentate gli spinaci, strizzateli e uniteli agli altri ingredienti del ripieno, amalgamando bene il tutto.

Con il matterello tirate una sfoglia sottile. Su una metà adagiate a distanza regolare le palline di ripieno, coprite con l'altra metà e ritagliate i tortelli, premendo bene sui bordi.

Cuocete la pasta per pochi minuti in acqua bollente salata, scolatela al dente e condite con il sugo.

I titolari della Cantina di Scansano definiscono antico il sugo con cui condiscono questi tortelli (ma anche i pici). È un intingolo composito, molto saporito, cotto per un tempo che a chi è abituato ai ritmi sbrigativi di oggi può sembrare lungo, ma che negli anni delle stufe a legna e delle "cucine economiche" era assolutamente normale.

Per 6 persone

Per la pasta:
mezzo chilo di farina di frumento
4 uova
olio extravergine di oliva, sale

Per il ripieno:
3 etti di spinaci, un rametto di nepitella
un uovo
6 etti di ricotta di pecora, un etto di parmigiano reggiano
sale, pepe, noce moscata

Per il condimento:
6 etti di polpa di cinghiale,
3 etti di polpa di agnello
un carciofo, 5 pomodori ciliegini, una cipolla rossa,
3 carote, un ciuffo di prezzemolo, 3 foglie di alloro,
un rametto di nepitella
mezzo bicchiere di vino bianco secco
olio extravergine di oliva, sale

Tempo di preparazione e cottura: 2 ore

Tortelli bastardi

Ristorante La Giara, Sarzana (La Spezia)

Per 6 persone

Per la sfoglia:
2 etti e mezzo di farina di castagne, 2 etti e mezzo di farina di frumento
5 uova
mezzo bicchiere di latte
un pizzico di sale
Per il ripieno:
8 etti di ricotta
5 uova
mezz'etto di parmigiano reggiano
sale, noce moscata
Per il condimento:
pecorino
olio extravergine di oliva, sale

Tempo di preparazione e cottura: un'ora e mezza

Mescolate le farine e disponetele a fontana sul piano di lavoro. Rompete al centro le uova, versate il latte, salate e lavorate il tutto fino a che l'impasto raggiunga la giusta consistenza. Lasciate riposare per un quarto d'ora.

Versate in una terrina gli ingredienti del ripieno e mescolate in modo da ottenere un composto omogeneo. Riprendete la pasta e tiratela con un matterello ricavando una sfoglia sottile. Tagliatela a strisce sulle quali disporre un cucchiaio di ripieno a distanza di circa cinque centimetri l'uno dall'altro. Chiudete le strisce ripiegandole a libro e separate i tortelli con l'apposita rotella.

Lessateli per pochi minuti a fiamma dolce in una pentola con abbondante acqua salata. Scolateli con delicatezza, quindi conditeli con olio extravergine di oliva e abbondantemente pecorino grattugiato.

I tortelli protagonisti di questa ricetta semplice, quasi spartana, sono chiamati "bastardi" per la mescolanza tra la farina di frumento e quella di castagne, una necessità del passato per i contadini che abitavano le montagne della zona, per i quali le castagne rappresentavano un'importante fonte di sostentamento.

Tortelli con la coda

Ristorante Antica Locanda del Falco, Gazzola (Piacenza)

Su una spianatoia impastate la farina con le uova, lavorando fino a ottenere una massa liscia e omogenea; coprite e lasciate riposare per una mezz'ora.
Sbollentate gli spinaci in acqua leggermente salata, scolateli, strizzateli e tritateli finemente.
In una ciotola versate la ricotta, la verdura, il parmigiano grattugiato e le uova; amalgamate gli ingredienti, insaporendo con sale e una grattugiata di noce moscata, fino a ottere un composto cremoso.
Tirate la pasta in una sfoglia sottile (circa un millimetro e mezzo) e ritagliatene quadrati di cinque centimetri di lato. Con l'aiuto di un cucchiaino, farcite ognuno di essi con una piccola dose di ripieno; quindi, sostenendo con una mano il tortello, richiudetelo pizzicottando i margini opposti, ottenendo una treccia, la classica coda.
Lessate i tortelli in abbondante acqua salata, scolandoli non appena risalgano a galla, e conditeli ripassandoli in padella con burro fuso e salvia, e mantecando con una generosa spolverata di parmigiano grattugiato.
Questo è il condimento classico proposto con questa tipologia di pasta, ottima anche con un sugo di funghi porcini.

La particolarità del tortello piacentino di erbette è la foggia: i rombi di pasta che contengono il ripieno, appoggiati sulla mano sinistra, sono ripiegati con la destra e si chiudono formando una treccia, la coda appunto. La sfoglia, all'uovo, deve essere molto sottile; il ripieno classico è di bietole (o spinaci), uovo, ricotta e parmigiano reggiano; il condimento, come si addice a un tortello di magro, è con burro fuso e parmigiano. In onore del tortello, originario di Vigolzone, prodotto De.Co. dal 2006, si celebra ogni anno nel paese una grande sagra, che dura ben cinque giorni, tra la terza e la quarta settimana di luglio.

Per 4 persone

Per la pasta:
mezzo chilo di farina di frumento tipo 00
5 uova
Per il ripieno:
3 etti di ricotta
un etto di spinaci
2 uova
2 etti di parmigiano reggiano
sale, noce moscata
Per il condimento:
qualche foglia di salvia
parmigiano reggiano
burro, sale

Tempo di preparazione e cottura: un'ora e mezza, più il riposo

Tortelli cremaschi

Trattoria Toscanini, Ripalta Guerina (Cremona)

Per 10 persone

Per la pasta:
un chilo di farina di frumento
tipo 00
un pizzico di sale
Per il ripieno:
3 etti di amaretti, un
mostaccino (o altro biscotto
speziato)
un etto di uvetta sultanina,
mezz'etto di cedro candito
un limone
4 mentine bianche
un uovo
un etto di grana padano
mezzo bicchiere di Marsala
secco
sale, noce moscata
Per il condimento:
grana padano
burro, sale

*Tempo di preparazione e
cottura:* un'ora e mezza, più il
riposo del ripieno

Il giorno prima preparate il ripieno, che dovrà riposare in frigorifero almeno una dozzina di ore. Pestate gli amaretti, le mentine e il mostaccino, grattugiate la scorza di limone e il formaggio, ammollate, strizzate e sminuzzate l'uvetta, tritate il cedro e amalgamate bene il tutto con l'uovo battuto, il Marsala, una grattugiata di noce moscata e una presa di sale.

Preparate la pasta, lavorando sulla spianatoia la farina con acqua bollente e sale, tirate una sfoglia sottile e tagliatela a quadretti di circa quattro centimetri per quattro. Al centro di ogni piccolo quadretto sistemate una piccola quantità di ripieno – un pizzicotto, dice la signora Vanna –, quindi piegate e pizzicate i diversi lembi per chiudere il tortello. Cuocete la pasta in acqua salata per una decina di minuti, avendo cura di mescolare delicatamente a metà bollitura. Intanto fate fondere in un pentolino il burro e, una volta scolati i tortelli, sistemateli in una pirofila a strati, alternandoli con il burro e il formaggio grattugiato. Coprite la pirofila, lasciate amalgamare il tutto per uno o due minuti, mescolate con cura e servite.

Il piatto più tipico della cucina cremasca, che si distingue per un ripieno, in cui il dolce prevale nettamente sul salato, dando ai tortelli un gusto non gradito a tutti. Tra gli ingredienti spiccano i mostaccini, versione lombarda di uno dei dolci a lunga conservazione più antichi d'Italia, il mustaceus, *una focaccia intrisa di mosto, che veniva consumata durante i banchetti nuziali. C'è chi aggiunge anche frutta tritata finemente, polpa di pere o pesche e scorza di limone grattugiata. La forma varia a seconda delle famiglie: alcuni li preparano tagliando la pasta a quadretti di sei centimetri di lato e ripiegandoli a triangoli; altri preferiscono la forma rettangolare e tagliano la pasta con i lati di circa sette centimetri per quattro; si possono, infine, chiudere a farfalla. Quest'ultima è la forma più originale e tipica: attenzione, però, a chiudere bene i fagottini, in modo che il ripieno non fuoriesca durante la cottura.*

504

Tortelli del cacciatore

Trattoria Al Ponte, Acquanegra sul Chiese (Mantova)

Con gli ingredienti suggeriti preparate un impasto, che deve avere una consistenza solida ma morbida. Fatelo riposare a temperatura ambiente coperto da un canovaccio per un paio d'ore.
In una casseruola fate soffriggere il porro e le cipolle tritate. Tagliate a pezzetti i petti d'anatra, aggiungeteli al soffritto con un pizzico di sale, l'alloro, l'aglio e il prezzemolo tritati finemente. Cuocete per una ventina di minuti, aggiungete i fegatini e la noce moscata e lasciate ancora sul fuoco un quarto d'ora, bagnando eventualmente con un po' di brodo caldo.
Spellate e tritate le castagne, che avrete fatto lessare, tritate anche l'intingolo, aggiungete un uovo, il pangrattato, il grana grattugiato e mescolate bene il composto.
Riprendete l'impasto e tirate la sfoglia non troppo sottile, perché il ripieno dei tortelli è umido e, una volta farcita, la pasta potrebbe rompersi. Ritagliate una serie di rettangoli o quadrati e ponete al centro di ognuno un cucchiaino di ripieno.
Chiudete i tortelli, fateli cuocere in acqua bollente salata per cinque minuti, scolateli e serviteli con burro fuso e foglioline di salvia.

Per 6 persone

Per la pasta:
4 etti di farina di frumento
4 uova, un cucchiaio di olio
extravergine di oliva
un pizzico di sale
Per il ripieno e il condimento:
2 petti di anatra selvatica,
2 etti e mezzo di fegatini di
pollo, 4 etti di castagne
3 cipolle, 2 spicchi di aglio,
2 foglie di alloro, alcune
foglie di salvia, un porro,
un ciuffetto di prezzemolo,
un uovo, pangrattato, brodo
(facoltativo), grana padano
burro, sale, noce moscata

*Tempo di preparazione e
cottura:* un'ora e mezza, più il
riposo

Tortelli di bruscandoli

Trattoria Ai Cacciatori, Cavasso Nuovo (Pordenone)

Lavate e tagliate a pezzetti i bruscandoli (germogli di luppolo selvatico). Saltateli in padella con una noce di burro e lo spicchio d'aglio; eliminate l'aglio e lasciate raffreddare. Aggiungete l'uovo, la ricotta, sale, pepe e amalgamate bene il tutto.
Con la farina, tre uova e un pizzico di sale preparate la pasta. Tirate una sfoglia molto sottile e pennellate la superficie con il quarto uovo battuto. Su metà della sfoglia disponete, a distanza regolare, mucchietti di ripieno; coprite con l'altra metà e tagliate i tortelli con la rotella dentata. Lessateli per quattro minuti in acqua bollente salata e conditeli con burro, salvia e montasio grattugiato.

Per 4 persone

Per la pasta:
3 etti di farina di frumento
tipo 00, 4 uova, sale
Per il ripieno e il condimento:
2 etti di bruscandoli, uno
spicchio di aglio, 4 foglie di
salvia, un uovo, 2 etti di ricotta,
60 g di montasio stagionato,
60 g di burro, sale, pepe

*Tempo di preparazione e
cottura:* un'ora e mezza

Tortelli di caciocavallo podolico

Trattoria La Fossa del Grano, San Severo (Foggia)

Per 4 persone

Per la pasta:
4 etti di farina di frumento
tipo 00, 6 uova
un pizzico di sale
Per il ripieno:
3 etti di caciocavallo podolico,
un etto e mezzo di parmigiano
reggiano, un cucchiaio di ricotta
Per il condimento:
mezzo chilo di pomodorini,
una cipolla, un ciuffetto di
basilico, parmigiano reggiano
olio extravergine di oliva
sale, peperoncino

*Tempo di preparazione e
cottura:* un'ora, più il riposo

Disponete la farina a fontana, ponete in mezzo le uova, il sale e mezzo bicchiere d'acqua, quindi mescolate fino a ottenere un impasto omogeneo e compatto che lascerete riposare.
Tritate nel mixer il caciocavallo podolico e mescolatelo in un recipiente con il parmigiano grattugiato e la ricotta, amalgamando bene il tutto.
Tirate la pasta in due sfoglie sottili. Con un cucchiaino disponete sulla prima il ripieno a distanza regolare, sovrapponete la seconda, quindi ritagliate tortelli di forma quadrata.
Preparate un battuto di cipolla e disponetelo in una padella con l'olio. Quando inizia a sfrigolare aggiungete i pomodorini tagliati a metà, un pizzico di peperoncino, il sale e continuate la cottura per alcuni minuti.
Lessate i tortelli in abbondante acqua salata. Una volta cotti, uniteli al sughetto aggiungendo una manciata di parmigiano grattugiato e le foglie di basilico spezzettate.

Tortelli di caprino e pere

Osteria del Vicolo Nuovo da Ambra e Rosa, Imola (Bologna)

Per 6 persone

Per la pasta:
4 etti di farina di frumento
4 uova
Per il ripieno e il condimento:
mezzo chilo di formaggio
caprino fresco, parmigiano
reggiano, 2 pere, un etto e
mezzo di erbe aromatiche,
mezz'etto di pinoli
un etto di burro, sale, pepe
Per la guarnizione:
ciuffetti di erbe aromatiche
una pera

*Tempo di preparazione e
cottura:* un'ora e mezza

Su una spianatoia impastate la farina con le uova e, ottenuta una massa soda e omogenea, coprite e lasciate riposare.
Mondate e lavate le erbe, asciugatele e tritatele finemente.
Sbucciate le pere, eliminate il torsolo e tagliatele a dadini.
In una ciotola lavorate il caprino fino a renderlo cremoso e aggiungete la dadolata di frutta, una parte delle erbe (l'avanzo vi servirà per il condimento), una manciata di parmigiano grattugiato, sale e pepe.
Tirate una sfoglia di un millimetro e mezzo di spessore e ritagliatela in quadrati di sei centimetri. Farcitene metà con un po' di ripieno e coprite con i pezzi di pasta lasciati vuoti, premendo con le dita per saldare bene i bordi.
In una padella tostate per pochi minuti i pinoli. Aggiungete il burro e fatelo fondere a fuoco dolce; incorporate le erbe rimaste e fatele appassire dolcemente, regolando di sale.
Lessate la pasta per pochi minuti, scolatela e versatela in padella, mescolando. Decorate i piatti con ciuffetti di erbe e qualche fettina di pera.

Tortelli di carne all'Amarone

Trattoria Alla Ruota, Negrar (Verona)

Impastate gli ingredienti della sfoglia: se il composto risultasse troppo morbido, aumentate leggermente la quantità di farina. Avvolgete la massa a palla, copritela con pellicola e lasciatela per due ore in frigorifero.

Tritate la cipolla e soffriggetela in mezzo bicchiere di olio extravergine. Rosolate la carne nel soffritto, bagnate con il vino, aggiungete i chiodi di garofano e proseguite la cottura, a fuoco basso e a recipiente coperto, per un'ora: il fondo dovrà restare piuttosto fluido. La carne, invece, dovrà essere ben cotta: prelevatela – mettendo da parte il fondo – e passatela al tritacarne o al mixer, aggiustando di sale e pepe.

Per il condimento, versate in una casseruola il vino e il fondo di manzo e fate bollire fin quando il contenuto si sarà ridotto di due terzi. Legate con poco amido di mais la salsa, in modo che risulti omogenea e densa.

Riprendete la pasta e, con il matterello o con l'apposita macchina, tirate una sfoglia sottile. Con la rotella dentata ritagliate dischi di sei centimetri di diametro. Nel mezzo di ognuno ponete una nocciola di ripieno; pennellate i bordi con un po' di acqua e chiudete a mezzaluna, serrando con i pollici i lembi.

Versate nei piatti la salsa calda e adagiatevi i tortelli cotti in abbondante acqua salata e scolati al dente.

Per 6 persone

Per la pasta:
mezzo chilo di farina di frumento tipo 00
mezza bottiglia di Amarone
Per il ripieno:
3 etti di carne di manzo
una cipolla
un quarto di litro di Amarone
olio extravergine di oliva della Valpolicella
sale, pepe, 6 chiodi di garofano
Per il condimento:
un cucchiaio di amido di mais finissimo
mezza bottiglia di Amarone
una presa di sale

Tempo di preparazione e cottura: 2 ore, più il riposo

Tortelli di erbetta

Trattoria Ai Due Platani, Coloreto di Parma

Per 8 persone

Per la pasta:
mezzo chilo di semola di
grano duro, mezzo chilo di
farina di frumento tipo 00
7 uova, 7 tuorli
Per il ripieno:
mezzo chilo di ricotta mista
caprina e vaccina, un etto di
ricotta vaccina
2 mazzi di coste
3 uova
2 etti di parmigiano reggiano
una noce di burro
sale, noce moscata
Per il condimento:
parmigiano reggiano
burro, sale

*Tempo di preparazione e
cottura:* un'ora e mezza

Su una spianatoia mescolate la semola con la farina e disponetela a fontana mettendo al centro le uova e i tuorli. Lavorate l'impasto aiutandovi con una forchetta e amalgamate poco alla volta gli sfarinati impastando fino a ottenere una massa soda ed elastica; coprite con un tovagliolo e lasciate riposare per qualche tempo.

Sbollentate le coste private della parte bianca, strizzatele, tagliuzzatele finemente e ripassatele in padella con una noce di burro per qualche minuto. Togliete dal fuoco e fate intiepidire.

In una ciotola capace mescolate la ricotta mista con quella vaccina, aggiungete le uova, il parmigiano grattugiato, un pizzico di noce moscata, la verdura cotta e regolate di sale.

Tirate la pasta in una sfoglia sottilissima – deve essere un velo dello spessore inferiore a un millimetro – e, con l'aiuto di un coltello o di una rotella, ritagliate dei rettangoli di quattro centimetri per tre. Farcitene metà con piccole palline di ripieno, ricoprite con il resto della pasta e sigillate bene i bordi facendo uscire l'aria. Lessate la pasta in acqua salata per un minuto o poco più, scolandola non appena sia risalita a galla.

Fate sciogliere un bel pezzo di burro in un tegame e condite la pasta ultimando con abbondante parmigiano grattugiato: da queste parti si usa dire che i tortelli devono annegare nel burro e asciugarsi nel parmigiano.

Tortelli di fonduta

Osteria Lalibera, Alba (Cuneo)

Preparate l'impasto amalgamando la farina con le uova, un cucchiaio di olio e il sale, fino a ottenere una massa soda ed elastica, ma non dura, e lasciate riposare almeno mezz'ora per farle raggiungere una elasticità ottimale. Preparate la fonduta, sminuzzando con le mani la fontina – il risultato finale è migliore se non utilizzate il coltello –, e trasferendola in una casseruola con due bicchieri d'acqua, il latte, le uova e i tuorli, la farina, il burro, il sale e il pepe. Infilate la casseruola in un'altra più grande, contenente acqua bollente, e a fuoco basso lavorate il composto energicamente con un cucchiaio di legno per circa tre quarti d'ora. Nel caso vogliate preparare la fonduta in un tempo minore, scartate la cottura a bagnomaria: dovrete però avere l'accortezza di utilizzare una pentola con il fondo spesso e saranno, comunque, necessari, 20 minuti.
Mentre la fonduta si raffredda, tirate una sfoglia sottile, da cui ricaverete dischi, con l'aiuto di un coppapasta o di un bicchierino, oppure quadrati di circa cinque centimetri di lato, con l'ausilio dell'apposita rotella tagliapasta. Sistemate con un cucchiaino palline di ripieno piuttosto regolari nel mezzo di ogni disco o quadrato, e chiudete i tortelli piegando la pasta, nel primo caso a mezzaluna, nel secondo a triangolo; fate fuoriuscire bene l'aria e premete con decisione lungo i bordi per sigillarli.
Cuocete in abbondante acqua bollente salata pochi tortelli alla volta, per evitare che si attacchino gli uni agli altri, e condite con burro fuso profumato con salvia, sostituita, quando è stagione, con il tartufo tagliato a lamelle.

Per 10 persone

Per la pasta:
mezzo chilo di farina di frumento tipo 00
10 uova
olio extravergine di oliva, sale
Per il ripieno:
8 etti di fontina di alpeggio
3 uova intere e 6 tuorli
2 cucchiai di farina di frumento
2 bicchieri di latte
80 g di burro
sale, pepe
Per il condimento:
alcune foglie di salvia (o un tartufo bianco di Alba)
burro, sale

Tempo di preparazione e cottura: 2 ore, più il raffreddamento e il riposo

Tortelli di ortiche

Osteria Ardenga, Diolo di Soragna (Parma)

Per 6-8 persone

Per la pasta:
mezzo chilo di farina di
frumento, un etto di semola di
grano tenero (granito)
4 uova
Per il ripieno e il condimento:
4 etti di ortiche (o di erbette o
di spinaci)
un uovo
4 etti di ricotta, 2 etti di
parmigiano reggiano
2 noci di burro
sale, noce moscata

*Tempo di preparazione e
cottura:* un'ora e mezza

Pulite, lavate e lessate (oppure cuocete a vapore) le ortiche. Scolatele molto bene e tagliatele grossolanamente. Mettetele in una terrina e aggiungete l'uovo battuto, la ricotta, una parte del parmigiano grattugiato, un pizzico di sale e di noce moscata, amalgamando bene il tutto.

Disponete sulla spianatoia la farina a fontana, mescolatevi il granito e aggiungete le uova e un po' d'acqua tiepida, impastando energicamente fino a ottenere un composto morbido e consistente, che si possa tirare con il matterello. Una volta che la sfoglia è pronta, tagliatela con la rotella a pezzi di forma rettangolare o quadrata. Disponetevi al centro il ripieno e chiudete bene i tortelli in modo che non si aprano durante la cottura.

Cuoceteli in abbondante acqua salata, scolateli al dente e conditeli con burro e il parmigiano grattugiato avanzato.

L'ortica – Urtica dioica – è una pianta erbacea spontanea con fusto eretto e foglie opposte dentate, ubiquitaria e considerata infestante. Tutta la pianta è ricoperta di una peluria urticante, che rende indispensabile un paio di guanti per cogliere le giovani cime e le foglie più tenere. È utilizzata con ottimi risultati in molte regioni del Nord e Centro Italia per risotti, frittate, ripieni di tortelli e torte salate, grazie al sapore dolce che mitiga l'amaro di altre erbe spontanee. Si usa, inoltre, per produrre pasta verde in alternativa agli spinaci.

Tortelli di patate

Locanda Mariella, Fragnolo di Calestano (Parma)

Sbucciate le patate, fatele bollire e passatele al setaccio. Aggiungete, ben ristretto, il sugo di pomodoro, sale, un pizzico di zucchero e gli amaretti sbriciolati. Quando il ripieno è freddo amalgamatevi le uova, il parmigiano e il rum. Lavorate gli ingredienti della pasta con poca acqua, tirate una sfoglia molto sottile e tagliatela in quadrati di circa otto centimetri di lato. Mettete al centro di ognuno un cucchiaio di ripieno, piegate la pasta a rettangolo e premete bene i bordi affinché i tortelli non si aprano al calore della cottura. Cuoceteli in acqua salata, scolateli e conditeli con burro fuso e parmigiano grattugiato.

Il classico tortello di patate è arricchito con amaretti e rum forse con l'intento di richiamare i sapori del tortello di zucca, diffuso nella Bassa padana ma sconosciuto in montagna, dove l'unica materia prima utilizzabile era la patata e, quando disponibile, il prestigioso tartufo nero di Fragno. Molte sono le varianti regionali relative al ripieno e al condimento: si veda per esempio la versione della pagina seguente. Nel Pontremolese (Massa-Carrara), invece, il ripieno dei tortelli prevede patate, parmigiano reggiano e pecorino grattugiati, uova battute, timo, pancetta affumicata, fatta rosolare a dadini in extravergine con aglio e rosmarino, che poi andranno eliminati, parte dell'olio di cottura, sale, pepe, noce moscata; la sfoglia si prepara con farina di frumento e semola di grano duro, uova intere, sale e olio extravergine; il sugo è di carne.

Per 4 persone

Per la pasta:
un chilo di farina di frumento
5 uova intere e 2 tuorli
Per il ripieno:
un chilo di patate rosse
2 uova
60 g di amaretti
3-4 cucchiai di sugo di
pomodoro
2 bicchieri di rum
2 etti di parmigiano reggiano
zucchero, sale
Per il condimento:
parmigiano reggiano
burro, sale

*Tempo di preparazione e
cottura:* un'ora e mezza

Tortelli di patate con pasta di salame

Trattoria Fratelli Salini, Groppallo di Farini (Piacenza)

Per 4 persone

Per la pasta:
2 etti e mezzo di farina di frumento tipo 00
2 uova
Per il ripieno:
4 patate a pasta gialla di medie dimensioni, 2 etti e mezzo di porri
un uovo
3 etti di grana padano
olio extravergine di oliva
sale, pepe, noce moscata
Per il condimento:
2 etti di pasta di salame
uno scalogno, una carota, una costa di sedano
mezzo bicchiere di vino rosso
grana padano
olio extravergine di oliva, sale

Tempo di preparazione e cottura: 2 ore

Su una spianatoia lavorate la farina con le uova e l'acqua necessaria a rendere l'impasto morbido ed elastico; coprite con un tovagliolo e fate riposare.

Lessate le patate con la buccia per una ventina di minuti, finché non siano diventate tenere; tritate i porri e rosolateli in padella con un filo di olio per qualche minuto. Sbucciate le patate e schiacciatele per ottenere una purea che verserete in una ciotola insieme ai porri, all'uovo e al grana grattugiato; insaporite con sale, pepe e un pizzico di noce moscata, amalgamate con cura e lasciate raffreddare.

Tirate la pasta in una sfoglia sottile (circa un millimetro e mezzo) e disponete su uno dei lati lunghi mucchietti di ripieno della grandezza di una piccola noce, distanziandoli tre centimetri l'uno dall'altro; ripiegate la sfoglia premendo con le dita lungo i margini e ritagliate con una rotella dei tortelli a forma di mezzaluna. Allargateli in modo che asciughino.

Preparate un battuto con lo scalogno, la carota e il sedano, fatelo imbiondire in padella con olio e aggiungete la pasta di salame lasciandola rosolare qualche minuto a fuoco moderato. Sfumate con il vino, fate evaporare, e proseguite la cottura per un'oretta a tegame coperto, abbassando la fiamma al minimo e aggiungendo l'acqua necessaria a mantenere il fondo morbido. Quando il tutto è pronto assaggiate e, se necessario, regolate di sale.

Lessate i tortelli in abbondante acqua salata, cuocendo per cinque minuti a fuoco basso (l'acqua deve sobbollire dolcemente), scolateli e disponeteli nei piatti individuali condendo con il sugo e una spolverata di grana.

Tortelli di patate con ragù di maiale

Ristorante Il Tirabusciò, Bibbiena (Arezzo)

Cominciate con la preparazione del ragù. Tritate le verdure aromatiche e rosolatele in olio extravergine. Aggiungete la salsiccia sbriciolata e fatela colorire bene. Allargate la carne ai lati del tegame e al centro ponete i pelati e la conserva. Regolate di sale e pepe. Lasciate bollire per qualche minuto, poi amalgamate il tutto. Coprite il tegame con un coperchio e fate sobbollire a lungo, girando il contenuto di tanto in tanto.

Mentre il ragù cuoce, preparate i tortelli. Per il ripieno, cuocete le patate partendo da acqua fredda; pelatele e con lo schiacciapatate ricavate una pasta omogenea e senza grumi.

In una casseruola fate un soffritto con olio, l'aglio tritato finemente, un poco d'acqua e il concentrato di pomodoro (bastano due minuti: bisogna evitare che l'aglio diventi scuro). Togliete dal fuoco e amalgamate il composto alle patate, aggiungendo il prezzemolo tritato. Il ripieno è pronto.

Versate la farina a fontana su una spianatoia, unendo al centro le uova, un pizzico di sale e un cucchiaio di olio extravergine. Battete le uova con una forchetta incorporando via via la farina e impastate bene, fino a ottenere una massa omogenea e vellutata. Dividetela in due parti, per fare due sfoglie: mentre lavorate la prima, riponete l'altra in frigorifero, protetta da una pellicola.

Stendete la sfoglia e tagliatela a strisce di circa otto centimetri. Al centro di ogni striscia disponete l'impasto in mucchietti a tre o quattro centimetri l'uno dall'altro. Chiudete le strisce in senso longitudinale in modo da ottenere tanti serpentoni; premete con le dita sui bordi della pasta facendo attenzione che non rimanga aria all'interno; con il tagliapasta a rotellina ritagliate i tortelli e chiudeteli bene aiutandovi con una forchetta. Potete bagnare i lembi della pasta da unire con un pennello.

Cuocete i tortelli per pochi minuti in abbondante acqua salata e conditeli con il ragù di carne.

Dettagliatamente descritta da Alberto Degl'Innocenti del Tirabusciò di Bibbiena, la ricetta si caratterizza per l'uso di prodotti del territorio: la patata rossa di Cetica e il maiale grigio del Casentino. La patata, tipica dell'omonima frazione montana di Castel San Niccolò (Arezzo), è un tubero di media pezzatura, tondeggiante o ovoidale, con buccia di colore rosso

---

Per 4 persone

Per la pasta:
mezzo chilo di farina di frumento tipo 00
5 uova
olio extravergine di oliva, sale
Per il ripieno:
mezzo chilo di patate rosse di Cetica
2 spicchi di aglio, un ciuffo di prezzemolo
un cucchiaino di concentrato di pomodoro
olio extravergine di oliva
sale, pepe
Per il condimento
4 etti di salsiccia di maiale grigio del Casentino
mezza cipolla, una costa di sedano, una carota
2 etti di pomodori pelati, 2 etti di conserva di pomodoro
olio extravergine di oliva
sale, pepe

Tempo di preparazione e cottura: 2 ore e mezza

scuro e pasta bianco latte con sfumature rossastre. Il progetto di recupero del germoplasma, avviato nel 2001, ha consentito di attribuire questa antica varietà – inserita tra i prodotti dell'Arca di Slow Food – al gruppo di patate del tipo surprise; di sapore delicato, regge molto bene la cottura ed è usata soprattutto per la preparazione di gnocchi e tortelli. Il grigio casentinese, derivato dall'incrocio di razze rustiche e tradizionalmente allevato allo stato brado o semibrado nell'alta valle dell'Arno, è uno dei maiali da cui si ricava il prosciutto crudo del Casentino, Presidio Slow Food.

Tortelli di provolone

Osteria de l'Umbrelèer, Cicognolo (Cremona)

Per 6 persone

Per la pasta:
6 etti di farina di frumento
6 uova
olio extravergine di oliva, sale
Per il ripieno:
2 etti di provolone dolce, 2 etti di provolone piccante, 4 etti di ricotta di pecora, 2 uova
sale, pepe, noce moscata
Per il condimento:
2 scalogni, qualche foglia di salvia, parmigiano reggiano (facoltativo)
un etto di burro, sale

Tempo di preparazione e cottura: un'ora e mezza

Impastate la farina con le uova, il sale, l'olio e ricavatene una sfoglia che coprirete con un telo umido.

Nel frattempo macinate i due tipi di provolone, quindi incorporate la ricotta, le uova, sale, pepe e un pizzico di noce moscata. Preparate i tortelli nel modo che preferite usando il ripieno di formaggi.

Mettete a bollire abbondante acqua salata e cuocete i tortelli, quindi scolateli e conditeli con un intingolo a base di burro fuso, salvia e scalogno tritato grossolanamente. Spolverate, se volete, con parmigiano grattugiato.

Il provolone della ricetta è il valpadana Dop, un formaggio vaccino a pasta filata originario dell'Italia meridionale, che si è diffuso sin dalla fine dell'Ottocento nelle regioni del Nord. Oggi lo si elabora, nelle versioni dolce e piccante, in Lombardia, Trentino, Veneto, Emilia Romagna. Molto varie le pezzature (da qualche etto a un quintale) e le forme: a salame, a melone, a mandarino, troncoconica, a fiaschetta (la più caratteristica: una pera sormontata da una piccola sfera a mo' di testolina).

Tortelli di prugne

Osteria Al Caret, San Siro di San Benedetto Po (Mantova)

Pulite le prugne, lavandole e privandole dei noccioli, e cuocetele, mescolando spesso in modo che non attacchino, fino a ottenere una purea che, volendo, potrete passare al mixer. Aggiungete gli amaretti finemente tritati, il parmigiano grattugiato, il pangrattato e la noce moscata, amalgamando bene il tutto. Regolate di sale e lasciate riposare al fresco.

Nel frattempo lavorate la farina con le uova e l'olio, che ha la funzione di rendere la sfoglia molto morbida, lasciando poi riposare l'impasto per quattro o cinque ore. Tirate, quindi, la pasta con il matterello o con la macchinetta, ricavando quadrati di sfoglia sottilissima di una decina di centimetri di lato. Mettete al centro di ognuno di essi un cucchiaino colmo di ripieno e ripiegate, ottenendo la classica forma del tortello mantovano.

Cuocete in abbondante acqua salata e condite con burro e salvia oppure, se lo preferite, con poca salsa di pomodoro.

Pasquale Bellintani ci offre questa insolita variante dei tortelli, uno dei piatti più tradizionali e praticati della cucina mantovana, diffuso in tutta la provincia e nelle zone confinanti del Cremonese, della Bassa emiliana e del Polesine, sostituendo nella bella stagione alla zucca le prugne.

Per 6 persone

Per la pasta:
8 etti di farina di frumento
8 uova
un cucchiaio di olio
extravergine di oliva
Per il ripieno:
un chilo e mezzo di prugne
agostane
un etto di amaretti
pangrattato
un etto di parmigiano
reggiano
un pizzico di noce moscata,
sale
Per il condimento:
alcune foglie di salvia
un etto di burro, sale

Tempo di preparazione e cottura: un'ora e un quarto, più il riposo

Tortelli di ricotta e radicchio con cotechino

Trattoria Fratelli Salini, Groppallo di Farini (Piacenza)

Per 4 persone

Per la pasta:
2 etti e mezzo di farina di
frumento tipo 00
2 uova
Per il ripieno:
3 etti di radicchio rosso di
Chioggia
3 etti di ricotta vaccina, 2 etti
di grana padano
un uovo
olio extravergine di oliva
sale, pepe, noce moscata
Per il condimento:
2 etti di cotechino
2 etti di radicchio di rosso di
Chioggia
mezz'etto di panna
grana padano
una presa di sale

*Tempo di preparazione e
cottura:* un'ora e 45 minuti

Preparate la pasta nel modo consueto: impastate su una spianatoia la farina con le uova aggiungendo, se necessario, piccoli quantitativi di acqua per ottenere un composto morbido ed elastico; coprite e lasciate riposare.

Tagliate il radicchio a listarelle e fatelo saltare in padella con un filo di olio per qualche minuto finché non risulti appassito e tenero; amalgamatelo quindi alla ricotta, all'uovo e al grana grattugiato condendo con sale, pepe e un pizzico di noce moscata. Amalgamate gli ingredienti con cura, meglio con le mani.

Tirate una sfoglia di circa un millimetro di spessore e disponete mucchietti di ripieno della grandezza di una piccola noce su uno dei lati lunghi, distanziandoli tre centimetri l'uno dall'altro. Ricoprite con la parte d'impasto rimasto vuoto e sigillate bene i margini premendo con le dita. Ritagliate dei tortelli a mezzaluna usando la rotella, allargateli e dedicatevi al sugo.

Sbriciolate il cotechino, versatelo in padella e cuocete per qualche minuto, finché il grasso non si sia sciolto. Nel frattempo tagliate a listarelle il radicchio e aggiungetelo alla preparazione mescolando per amalgamare gli ingredienti. Quando sarà appassito versate uno o due mestoli di acqua, abbassate la fiamma, coprite il tegame, e cuocete per 40 minuti badando che il fondo non asciughi troppo, allungando, eventualmente, con altra acqua. Trascorso il tempo necessario, unite la panna, mescolate e togliete dal fuoco.

Lessate la pasta in abbondante acqua salata per cinque minuti, evitando che il bollore sia troppo forte, scolate, ripassate per un attimo in padella e servite con una spolverata di grana grattugiato.

Tortelli di ricotta e tarassaco

Ristorante Al Vescovo-Skof, Pulfero (Udine)

Le foglie di tarassaco devono essere molto tenere, quindi di una pianta giovane. Lessatele brevemente, strizzatele e sminuzzatele con un coltello. Amalgamatele in una terrina alla ricotta, regolando di sale e pepe.

Versate la farina a fontana su una spianatoia. Al centro rompete l'uovo, aggiungete un cucchiaio di olio e una presa di sale e impastate accuratamente. Con il matterello tirate una sfoglia sottile e usando uno stampo o un bicchiere ricavatene dei cerchi. Su ognuno ponete un cucchiaino di ripieno e chiudete a mezzaluna, saldando bene con le dita i bordi della pasta.

Lessate i tortelli in abbondante acqua bollente salata, scolateli e serviteli subito, conditi con burro (o con una salsa a base di tarassaco) e scaglie di parmigiano reggiano.

Noto con vari nomi volgari (girasole selvatico, soffione, radicchio di campo, dente di leone, dente di cane, piscialetto, pisciacane...) e popolare soprattutto nelle regioni del Nord, Taraxacum officinale è una pianta erbacea primaverile molto comune nei prati e nei giardini. In cucina si usano, crude per insalate o cotte in frittate e risotti, oppure lessate e condite, le giovani rosette basali, costituite da foglie lanceolate dentate, ma anche i boccioli (conservati sott'olio o sott'aceto), i fiori (impastellati e fritti o trasformati in confetture) e le radici che, tostate, danno un surrogato del caffè.

Per 4 persone

Per la pasta:
2 etti di farina di frumento tipo 00
un uovo
olio extravergine di oliva, sale
Per il ripieno:
2 etti di foglie di tarassaco
un etto di ricotta
sale, pepe
Per il condimento:
parmigiano reggiano
burro, sale

Tempo di preparazione e cottura: un'ora

Tortelli di spugnole e patate

Trattoria dalla Libera, Sernaglia della Battaglia (Treviso)

Per 10 persone

Per la pasta:
6 etti di semola rimacinata di grano duro, 4 etti di farina di frumento tipo 00
7 uova
olio extravergine di oliva, sale
Per il ripieno:
7 etti e mezzo di spugnole
2 patate, uno spicchio di aglio
olio extravergine di oliva, sale
Per il condimento:
un ciuffo di prezzemolo
olio extravergine di oliva, sale

Tempo di preparazione e cottura: un'ora e un quarto

Lessate e sbucciate le patate. Pulite le spugnole e cuocetele per 20 minuti con olio extravergine e lo spicchio d'aglio (che poi eliminerete). Mescolatele alle patate lesse e a poco sale e tagliate finemente il composto.
Preparate la pasta e tirate una sfoglia molto sottile. Ricavatene dischi di media grandezza, ponete al centro di ognuno una pallina di ripieno e richiudete con un altro disco di pasta.
Tuffate i tortelli in acqua bollente salata per un minuto e mezzo. Scolateli, condite con olio extravergine e decorate con prezzemolo tritato.

Morchella esculenta *è la specie più nota di un genere di funghi caratterizzati da un cappello ovoidale costituito da alveoli a nido d'ape, che gli danno l'aspetto di una spugna, da cui il nome volgare. Le spugnole spuntano in primavera nei boschi di conifere e latifoglie; vanno consumate esclusivamente cotte o essiccate.*

Tortelli di verdon e lardo

Trattoria dalla Libera, Sernaglia della Battaglia (Treviso)

Per 10 persone

Per la pasta:
6 etti di semola rimacinata di grano duro, 4 etti di farina di frumento tipo 00, 7 uova
olio extravergine di oliva, sale
Per il ripieno:
un chilo di radicchio *verdon*, 2 cipolle bianche
un etto di lardo
olio extravergine di oliva, sale
Per il condimento:
10 fettine di lardo
burro, sale

Tempo di preparazione e cottura: un'ora e mezza

Mondate e lavate il radicchio lasciando le radici.
Soffriggete in olio extravergine la cipolla tritata finemente e il lardo macinato. A metà cottura del soffritto aggiungete il *verdon* e cuocete per 20-30 minuti regolando di sale senza aggiungere acqua (è sufficiente quella rilasciata dal radicchio).
Intanto preparate la pasta. Tirate una sfoglia sottile e ritagliate dei dischi. Ponete al centro di ognuno il composto di *verdon* e richiudete con altri dischi.
Tuffate i tortelli in acqua bollente salata, scolateli e conditeli con le fette di lardo fatte andare in padella con il burro.

Il verdon *è un radicchio verde che nel Trevigiano si semina, in genere ai margini dei vigneti o dei campi di erba medica, tra fine luglio e settembre e si raccoglie dalla metà di marzo. In questo piatto di Andrea Stella il sapore gradevolmente amarognolo della cicoria è accentuato dall'uso, oltre che delle foglie, delle radici.*

Tortelli di zucca

Hostaria Viola, Fontane di Castiglione delle Stiviere (Mantova)

Potendo scegliere preferite una zucca mantovana. Ripulitela da buccia e semi e tagliatela a pezzi, cuocendola in forno preriscaldato a 200°C con lo scalogno tritato e due cucchiai d'acqua per una mezz'ora.
Nel frattempo, dedicatevi alla pasta. Amalgamate sulla spianatoia la farina con le uova e il sale, fino a ottenere una massa soda ed elastica, ma non dura, che farete riposare almeno una mezz'oretta per farle raggiungere una elasticità ottimale.
Dopo avere verificato la cottura della zucca, toglietela dal forno e passatela nello schiacciapatate. Trasferite la purea ottenuta in un tegame con una noce di burro, gli amaretti sbriciolati, la mostarda di mele tritata finemente, il pane e il parmigiano grattugiati, un pizzico di noce moscata, sale e pepe. Volendo, potete insaporire ancora con un po' di scorza di arancia o di limone o con un pizzico di zenzero.
Mescolate il tutto, a fiamma moderata, fino a ottenere un composto omogeneo e sodo, quasi un impasto.
Passate nella sfogliatrice la giusta quantità di pasta creando una sfoglia sottile, da cui ricaverete quadrati di circa cinque centimetri di lato con l'ausilio dell'apposita rotella tagliapasta. Sistemate palline di ripieno piuttosto regolari nel mezzo di ognuno e piegate il piccolo quadrato, premendo con decisione tutto intorno per sigillarlo.
Cuocete i tortelli per un paio di minuti in abbondante acqua bollente salata e condite con burro fuso profumato con salvia.

Alessandra, la giovane chef dell'Hostaria Viola, racconta che un condimento alternativo al burro e salvia è, soprattutto nel Goitese, una salsa leggera di pomodoro, che può essere arricchita da poca salsiccia tagliata a pezzetti, o ancora il savor per i tortelli sguassaròt, *ripieni di fagioli borlotti che, come dice il nome, devono sguazzare nel sugo. Quello che differenzia particolarmente i tortelli mantovani da quelli polesani, che seguono, è l'utilizzo nel ripieno della mostarda mantovana, preparazione piccante, che si può inscrivere nelle conserve, a base di frutta, sciroppo di zucchero e senape. Entrambe le ricette sono però caratterizzate da un sapore decisamente dolce-salato, molto meno accentuato invece nella versione ferrarese* (caplàz) *dei tortelli di zucca, che trovate alla voce cappellacci (pp. 71-72).*

Per 6-8 persone

Per la pasta:
6 etti di farina di frumento
6 uova
un pizzico di sale
Per il ripieno:
una zucca di 2 chili circa, uno scalogno
80 g di amaretti
un etto di mostarda di mele
scorza di arancia o di limone o zenzero (facoltativo)
pane grattugiato
2 etti di parmigiano reggiano
una noce di burro
noce moscata, sale, pepe
Per il condimento:
alcune foglie di salvia
burro, sale

Tempo di preparazione e cottura: 2 ore, più il raffreddamento e il riposo

Per 6 persone

Per la pasta:
mezzo chilo di farina di
frumento
5 uova
un pizzico di sale
Per il ripieno:
un chilo e mezzo di zucca
2 etti e mezzo di amaretti
2 uova
2 etti di grana padano
sale, noce moscata
Per il condimento:
grana padano
un etto e mezzo di burro
sale, noce moscata

*Tempo di preparazione e
cottura:* un'ora e mezza, più il
riposo

Tagliate la zucca, privatela dei semi, lavatela e mettetela in forno a 200°C.

Preparate l'impasto per la sfoglia mescolando e lavorando farina, uova e sale. Lasciate riposare la pasta sotto una coppa.

Quando la zucca sarà cotta e ben asciugata, togliete la polpa dalla buccia e passatela al setaccio per ottenere una purea omogenea e senza grumi. Unitevi gli amaretti finemente sbriciolati, il grana grattugiato, noce moscata, sale e le uova per legare bene il composto. Impastate energicamente e lasciate riposare.

Tirate la sfoglia con l'apposita macchina, poco per volta in modo che non asciughi, e ricavatene quadrati di circa sei centimetri di lato. Su ognuno ponete un cucchiaio di ripieno e ripiegate a triangolo esercitando una leggera pressione sui lati; chiudete ad anello e sigillate il tortello premendolo tra pollice e indice.

Lasciate riposare i tortelli, coperti da un canovaccio, per un'ora. Cuoceteli in abbondante acqua salata bollente per due minuti, scolateli con la schiumarola e serviteli con abbondante burro fuso, grana grattugiato e un pizzico di noce moscata.

Tortelli di zucca al soffritto di pomodoro
Trattoria dell'Alba, Vho di Piadena (Cremona)

Per il ripieno, tagliate a pezzi la zucca e fatela cuocere in forno con la buccia. Togliete la buccia e passatela con il passapatate, unite gli amaretti pestati, la mostarda ridotta in poltiglia, il grana grattugiato, il sale, la noce moscata, l'uovo e l'albume. Mescolate bene e lasciate riposare il ripieno.
Tirate la sfoglia sottile e con questa formate dei quadrati di 10 centimetri di lato; sistemate al centro di ognuno una noce di ripieno e richiudete dando una forma rettangolare. Mettete a bollire abbondante acqua salata, buttatevi i tortelli e scolateli in una teglia. Conditeli, mettendo a strati poca salsa di pomodoro soffritta, addolcita con un cucchiaio di ripieno, grana grattugiato e fiocchetti di burro. Prima di servire fate riposare una decina di minuti.

Ricetta tipica del Mantovano e del Cremonese, questa versione, solitamente cucinata per la vigilia di Natale, è particolare per il soffritto di pomodoro, un ingrediente che può apparire sorprendente ma è tradizionale.

Per 6 persone

Per la pasta:
4 etti di farina di frumento
4 uova
Per il ripieno:
una zucca di 2 chili e mezzo
12 amaretti, mezz'etto di mostarda di mele, un uovo intero e un albume, un etto e mezzo di grana padano
sale, noce moscata
Per il condimento:
salsa di pomodoro, grana padano, burro, sale

Tempo di preparazione e cottura: un'ora e mezza, più il riposo

Tortelli di zucca con ricotta affumicata
Ristorante Il Tirante, Monastier di Treviso (Treviso)

Impastate la farina con le uova e un pizzico di sale fino a ottenere una massa soda ed elastica, copritela con un tovagliolo e lasciatela riposare per un quarto d'ora.
Tagliate la zucca in spicchi senza privarli della buccia, adagiateli su una placca da forno e cuoceteli finché saranno teneri.
Eliminate la buccia, passate la polpa allo schiacciapatate e incorporatela in una ciotola con gli amaretti sbriciolati, la mostarda ridotta in poltiglia, il pangrattato, il grana padano grattugiato, un cucchiaino di zucchero, un po' di brandy, un pizzico di sale e una grattugiata di noce moscata.
Stendete la pasta in una sfoglia sottile, dividetela a metà e distribuite il ripieno a intervalli regolari, richiudete con l'altra parte e ritagliate con una rotella dei tortelli quadrati. Lessateli in una pentola con abbondante acqua salata, scolateli al dente e conditeli con la ricotta affumicata grattugiata e il burro fuso.

Per 4 persone

Per la pasta:
3 etti di farina di frumento
3 uova, una presa di sale
Per il ripieno e il condimento:
un chilo e mezzo di zucca
80 g di amaretti, 80 g di mostarda di frutta
20 g di pangrattato, brandy
mezz'etto di grana padano, un etto di ricotta affumicata, un etto di burro, zucchero, sale, noce moscata

Tempo di preparazione e cottura: un'ora e mezza

Pasta senza frontiere

Giuseppe Prezzolini osservava, mezzo secolo fa, che gli spaghetti avevano contribuito a far risplendere il genio italiano più dell'opera di Dante. Messo in conto il caustico umorismo di questo intellettuale "anti-professorale", si deve riconoscere che la terminologia italiana relativa alla pasta – maccheroni, spaghetti, ravioli sono parole usate in tutte le lingue, così come la dizione «paste italiane», comune nel registro delle imprese commerciali ancora nel primo Novecento – dimostra la forza del modello italiano, cui lo sviluppo industriale schiuse spazi immensi. A partire da quel momento, le vocazioni dei produttori di pasta, fuori dall'Italia, si moltiplicarono sollecitate da una domanda in forte crescita e spesso stimolate dalla intermediazione degli immigrati italiani, principali attori dei flussi di importazione e dell'impianto dei primi laboratori di produzione. Questo vale, ad esempio, per l'America latina, e in particolare per l'Argentina, dove era insediata una fortissima comunità italiana e dove si disponeva di grano duro abbondante e di qualità, per il Brasile, che si attesta nel 1954 come il primo produttore del Sudamerica con 440 stabilimenti, per il Venezuela (i venezuelani sono ancora oggi i secondi consumatori di pasta al mondo dopo gli italiani, secondo le cifre registrate nel 1999). E vale, in qualche misura, anche per gli Stati Uniti dove, secondo alcuni, fu lo stesso Thomas Jefferson a incoraggiare l'importazione da Napoli della prima macchina per fare la pasta, in realtà un piccolo torchio per uso domestico. Di fatto i nomi che circolano nel settore tra Ottocento e Novecento sono Zerega (la Zerega's Sons Inc. è attualmente uno dei maggiori produttori di pasta del Paese), Ippolito (fondatore nel 1903 in Ohio della Ideal Macaroni Co.), Ronzoni (della Ronzoni Macaroni Inc.), Guerrisi (con la San Giorgio Macaroni Co.), Porcino-Rossi Corporation e così via. È certo che l'industria pastaria americana – che assunse il modello italiano della pasta "che tiene", fatta con il grano duro – decollò per una serie di congiunture favorevoli, tra cui l'assenza degli Usa dai fronti della prima guerra mondiale che determinò l'arresto delle importazioni italiane, l'incremento della coltivazione interna di grano duro, favorita dai governi e facilitata dalla scomparsa dal mercato mondiale della Russia, il battage pubblicitario che le imprese orchestrarono per aumentare il consumo di pasta interno (dall'1,45 chilogrammi annui pro capite del 1923 ai 9 chili registrati nel 1999). Una volta conquistato il mercato interno, l'industria americana si volse al mercato internazionale che, fino al secondo dopoguerra, fu estremamente recettivo; solo dopo il 1949-50 l'Europa e l'Italia, in ripresa dopo il conflitto, riacquistarono le loro posizioni di prestigio.

In vari Paesi europei, infatti, esisteva una tradizione di pasta alimentare che va probabilmente interpretata, quanto a radici storiche, con parametri analoghi a quelli introdotti per il fenomeno italiano. Tra quelli del bacino mediterraneo è da citare la Spagna, terra d'incontro delle civiltà arabo-musulmana, ebraica e cristiana (e si è visto – pp. 88-91 – l'intreccio di influenze derivato dagli usi gastronomici di queste culture) e importante centro di assimilazione, elaborazione e diffusione dell'arte della pasta lunga e graniforme. Dominando per secoli i territori di produzione della pasta italiani, la Spagna poté conoscere a fondo e procurarsi a buon mercato i prodotti fabbricati nei territori sottomessi, per poi far decollare una propria industria nei primi decenni del Novecento: nel 1954, con 349 stabilimenti, si collocava al secondo posto tra i produttori europei, subito dopo l'Italia, per poi perdere posizione a vantaggio di Germania e Francia. Quest'ultima si era già affacciata alla produzione di pasta, in modo artigianale, per la vicinanza con la Liguria (ricordiamo Genova come una delle città della pasta e i genovesi come grandi commercianti del settore – pp. 124-126), tant'è vero che in testi del Sei-Settecento si citano fidelari in Provenza. In età napoleonica si attesta che i vermicellari proliferavano in quasi tutti i quartieri di Parigi, ma lavoravano per ottenere paste "fondenti": confezionate con farina di grano tenero, erano apprezzate per la morbidezza, la digeribilità, la facilità di cottura, spesso eseguita in brodo: un mondo di gusti totalmente diverso da quello dei napoletani e la codificazione di usi gastronomici che sono rimasti nel tempo (pensiamo alle paste "scotte" ancora spesso servite nella ristorazione d'Oltralpe). Nell'Ottocento si affermano le *pâtes d'Auvergne* e da Clermont-Ferrand si spediscono a Parigi e a Lione, nel 1839, 6500 quintali di pasta che, questa volta, è confezionata con il grano duro proveniente, pare, dall'Italia e da Taganrog. Il gusto per la pasta "alla napoletana" conquista i consumatori francesi, tant'è vero che nascono aziende in altre città, mettendo a frutto le innovazioni tecnologiche: Lione, con il dinamico imprenditore Bertrand, Grenoble, Nizza con la ditta Albertini, Chambéry e, tra gli ultimi nati dei marchi francesi, Panzani, nell'Ovest del Paese, a tutt'oggi il maggior produttore di pasta della Francia. Poi, a partire dal secondo dopoguerra, storie di cartelli, di cessioni di società e di multinazionali che, tuttavia, non hanno modificato la geografia della produzione della pasta, concentrata nel Midi, nella regione di Parigi, in Savoia e in Alsazia. Con evidenti segnali di sofferenza per la concorrenza italiana, che approfitta dello stato di grazia di cui godono i suoi prodotti e le sue specialità. Si è citata l'Alsazia: alla Germania si deve l'aver dimostrato, tra le prime su scala europea, la bontà degli impasti a base di uova. Del resto l'*Encyclopédie* di Diderot e D'Alembert (1751 e anni seguenti) riserva uno spazio significativo ai *nudeln* tedeschi (da cui *nouilles* del francese e *noodles* dell'inglese), nastri di pasta fresca a base di fior di farina, latte e burro. E queste paste, integrate con molte uova (*pâtes sept oeuf*, si dirà più tardi nel linguaggio del marketing francese), hanno il loro centro di produzione in Alsazia, annessa al Reich nel 1870 e rimasta tedesca sino alla fine della Grande Guerra. La regione, dopo il ritorno alla Francia, ha mantenuto la sua fortuna commerciale e i suoi standard qualititativi con un piccolo drappello di ditte che si dichiarano fedeli ai procedimenti tradizionali e che, saggiamente, puntano sulla forza della tipicità regionale delle *pâtes d'Alsace*.

Altra storia è quella che riguarda la Cina, che va sicuramente considerata come l'altra patria delle paste alimentari (pp. 482-483).

Tortelli maremmani

Trattoria da Tronca, Massa Marittima (Grosseto)

Per prima cosa preparate il ragù, che richiede una lunga cottura. Macinate non troppo finemente la carne. Affettate sottilmente la cipolla e soffriggetela in olio; unite la carne e rosolatela a fiamma alta. Bagnate con il vino, fatelo evaporare e unite il concentrato di pomodoro diluito in acqua calda. Aggiustate di sale e cuocete a fuoco moderato per un paio di ore.

Preparate la sfoglia incorporando alle uova il sale, la farina e poca acqua. Lavorate la massa per almeno un quarto d'ora, quindi tirate la sfoglia con il matterello o con la macchina per la pasta, ricavandone strisce larghe una decina di centimetri.

Pulite e lavate le bietole, lessatele e passatele nel tritacarne. Mescolatele, quindi, con la ricotta e il parmigiano grattugiato, insaporite con sale e noce moscata e formate delle palline di consistenza omogenea. Sistematele sulla sfoglia a una distanza di quattro dita una dall'altra, richiudete e schiacciate tutto intorno alla pasta. Tagliate i tortelli con la rotella e lessateli in abbondante acqua salata. Scolateli, irrorateli con una dose generosa di ragù e serviteli caldi.

Se preferite potete condirli semplicemente con un filo di olio extravergine; i tortelli maremmani tradizionali si sposano però, in prima istanza, con il ragù di vitellone.

A Suvereto (Livorno), la signora Anna, cuoca nella trattoria San Lorenzo di Sergio e Luisa Righetti, farcisce i tortelli con un composto di spinaci lessati, uova, ricotta, maggiorana essiccata e noce moscata. Tre i possibili condimenti: ragù di carne, sugo di verdure, burro fuso aromatizzato con qualche fogliolina di salvia.

Per 4 persone

Per la pasta:
mezzo chilo di farina di frumento
6 uova
sale
Per il ripieno:
6 etti di bietole da erbette (o di spinaci)
mezzo chilo di ricotta di pecora, un etto di parmigiano reggiano
sale, noce moscata
Per il condimento:
6 etti di polpa di vitellone
una cipolla rossa
un cucchiaio di concentrato di pomodoro
mezzo bicchiere di vino rosso
olio extravergine di oliva, sale

Tempo di preparazione e cottura: 2 ore e mezza

Tortelli mugellani

Osteria La Casellina, Pontassieve (Firenze)

Per 4 persone

Per la pasta:
4 etti di farina di frumento
4 uova
olio extravergine di oliva, sale
Per il ripieno:
mezzo chilo di patate
mezz'etto di pancetta tesa
un uovo
mezz'etto di parmigiano
reggiano
sale, pepe, noce moscata
Per il condimento:
4 cipolline
mezz'etto di pecorino di media
stagionatura
olio extravergine di oliva, sale

*Tempo di preparazione e
cottura:* un'ora e mezza, più il
riposo

Disponete la farina a fontana, mettete al centro le uova, il sale e l'olio extravergine. Amalgamate il tutto e impastate per almeno 20 minuti, finché la pasta non sarà bella elastica. Tiratela finemente e tagliatela con un tagliapasta rotondo di una decina di centimetri di diametro.
Preparate il ripieno con le patate lessate e passate al passaverdura, a cui aggiungerete la pancetta tritata molto finemente, l'uovo e il parmigiano grattugiato, insaporendo con sale, pepe e noce moscata. Mettete l'impasto così ottenuto in una tasca da pasticceria senza bocchetto, disponendo 15-20 grammi d'impasto per disco. Rigirate a mezzaluna e serrate bene.
Mettete sul fuoco una pentola con abbondante acqua salata e dedicatevi alla salsa: soffriggete in padella le cipolline in due cucchiai di olio per un paio di minuti e aggiungete il pecorino a pezzetti, mescolando finché non sia sciolto. Lessate i tortelli in acqua salata, scolateli, fateli saltare nella salsa e serviteli subito ben caldi. Volendo potete gratinare il piatto sotto il grill aggiungendo qualche scaglia di pecorino tagliata molto fine e qualche anello di cipollina.

Ristorante Gran Tintori Club, Firenze

Per 4 persone

Per la pasta:
mezzo chilo di semola
rimacinata di grano duro, un
etto di farina di frumento
tipo 0
6 uova
olio extravergine di oliva, sale
Per il ripieno
un chilo di patate a pasta
gialla
4 spicchi di aglio, un ciuffetto
di prezzemolo, un rametto di
rosmarino
un cucchiaio di doppio
concentrato di pomodoro

Impastate i due sfarinati, le uova, l'olio e un pizzico di sale fino a ottenete una massa piuttosto densa, che avvolgerete a palla e lascerete riposare in frigorifero per circa un'ora.
Lessate le patate, sbucciatele e schiacciatele con l'apposito strumento. Mentre cuociono, con l'aglio e il prezzemolo preparate un battuto piuttosto fine e fatelo soffriggere nell'olio. Aggiungete il rametto di rosmarino intero, il doppio concentrato diluito in poca acqua tiepida, sale, pepe, e cuocete a fuoco lento per 10-15 minuti. Unite l'intingolo alle patate schiacciate, eliminando il rosmarino. Amalgamate bene e lasciate raffreddare il composto.
Riprendete la pasta e stendetela in foglie sottili larghe una decina di centimetri. Mettete al centro uno strato di ripieno e chiudete le strisce in orizzontale facendo attenzione a non lasciare aria all'interno. Tagliate i tortelli nelle dimensioni di quattro per tre centimetri e adagiateli su un piano cosparso di semola.

Portate a ebollizione abbondante acqua salata, immergete i tortelli uno a uno e cuoceteli per circa tre minuti. Scolate e condite con burro, salvia e un pizzico di pepe, ma volendo un sugo più saporito o corposo potrete preparare un intingolo di funghi porcini oppure un ragù di papero, anatra, coniglio o cacciagione.

In Toscana i tortelli di patate sono patrimonio della zona del Mugello, dove ogni anno i paesi si sfidano a suon di sagre alla ricerca della versione migliore. Ogni famiglia li prepara in maniera diversa, ma in generale si confrontano due scuole di pensiero: quella che vuole il ripieno insaporito con aglio, prezzemolo, olio extravergine di oliva, noce moscata e quella che vi aggiunge salsa o concentrato di pomodoro. Le versioni che presentiamo – di una storica osteria di Pontassieve e del ristorante fiorentino di Sauro Giannini, mugellano – differiscono anche nella composizione dell'involucro: farina di frumento in un caso, semola di grano duro prevalente sulla farina nell'altro.

olio extravergine di oliva
sale, pepe
Per il condimento:
un ciuffetto di salvia
2 noci di burro
sale, pepe

Tempo di preparazione e cottura: un'ora e mezza, più il riposo

Tortellini di carne al burro fuso

Ristorante Belvedere, Valeggio sul Mincio (Verona)

Per 4 persone

Per la pasta:
4 etti di farina di frumento
tipo 00, 4 uova
un pizzico di sale
Per il ripieno:
un etto e mezzo di carne di
manzo, mezz'etto di carne
di vitello, mezz'etto di carne
di maiale, mezz'etto di carne
di pollo, 20 g di fegatini, 3
ventrigli di pollo
una cipolla, una carota, un
mazzetto di erbe aromatiche
un uovo
mezzo bicchiere di vino
bianco secco
burro
sale, pepe, noce moscata
Inoltre:
un ciuffo di salvia
brodo di carne
burro

*Tempo di preparazione e
cottura:* 3 ore

Tagliate a pezzetti le carni di manzo, vitello, maiale e pollo e cuocetele a lungo, a fuoco lento, nel burro, con la cipolla e la carota tritate e il mazzetto di aromi (prezzemolo, basilico, timo, alloro...).

Nel frattempo preparate la pasta. Setacciate la farina e disponetela a fontana sulla spianatoia. Rompete al centro le uova e, aggiungendo una presa di sale, incorporatele alla farina. Impastate bene e lasciate riposare per un'ora.

Cuocete nel burro i ventrigli e i fegatini, uniteli alle carni e tritate finemente il tutto. Fate raffreddare e amalgamate l'uovo battuto, il vino, sale, pepe e noce moscata.

Stendete la pasta in una sfoglia sottilissima (meno di un millimetro) e tagliatela a quadretti di tre centimetri di lato. Al centro di ognuno adagiate una noce di ripieno, ripiegate a triangolo e saldate bene i bordi.

Lasciate asciugare i tortellini, poi lessateli nel brodo bollente per pochi minuti. Scolateli e conditeli con burro fuso aromatizzato con foglie di salvia.

A Valeggio sul Mincio, di cui sono riconosciuta specialità, questi tortellini, dall'involucro sottilissimo farcito di carni brasate, sono chiamati "nodo d'amore": una leggenda li associa al fazzoletto di seta donato a Malco, capitano dell'esercito di Giangaleazzo Visconti, da Silvia, ninfa del fiume.

Tortelloni di capra

Trattoria Madonna della Neve, Cessole (Cuneo)

Impastate la farina con mezz'etto d'acqua e le uova. Tirate la pasta con il matterello, ottenendo una sfoglia abbastanza sottile, che lascerete riposare il tempo di preparare il ripieno.

Lavate gli spinaci, lessateli in acqua salata, scolateli e, dopo averli ripassati in padella con il burro, tritateli. Unite il caprino, il parmigiano grattugiato, l'uovo, aggiustate di sale e mescolate bene.

Riprendete in mano la sfoglia e tagliatela in quadrati con la rotella dentata. Sistemate piccole quantità di ripieno al centro di ognuno e richiudete a triangolo, pizzicando bene i bordi.

Cuocete i tortelloni in abbondante acqua salata, scolateli e trasferiteli nei piatti individuali, spolverandoli con robiola di Roccaverano e granella di nocciole.

La robiola di Roccaverano è un caprino italiano storico, che si produce tra le province di Asti e Alessandria. Il disciplinare della Dop consente di utilizzare latte vaccino fino all'85%, la versione classica, tutelata dal Presidio Slow Food, è prodotta, invece, esclusivamente con latte crudo di capra. Da casaro a casaro la tecnica di produzione varia di poco, tuttavia le differenze fra una robiola e l'altra sono rilevanti: i fiori, le erbe, la flora batterica dei pascoli e delle stalle si trasferiscono nel formaggio al punto che, come per i vini, è possibile definire una vera e propria mappa di cru.

Per 6 persone

Per la pasta:
mezzo chilo di farina di frumento
4 uova intere e un tuorlo
Per il ripieno:
4 etti di spinaci
un uovo
un etto e mezzo di caprino fresco, 60 g di parmigiano reggiano
una noce di burro, sale
Per il condimento:
granella di nocciole
robiola di Roccaverano
una presa di sale

Tempo di preparazione e cottura: un'ora e mezza

Tortelloni di gallina

Beatrice Ligi, Sansepolcro (Arezzo)

Per 6-8 persone

Per la pasta:
mezzo chilo di farina di frumento tipo 0, 2 etti di semola di grano duro
6 uova
olio extravergine di oliva, sale
Per il ripieno:
il petto e le cosce di una gallina
una cipolla, 2 carote, 2 gambi di sedano, un pomodoro, un ciuffo di basilico, un rametto di rosmarino
2 uova
parmigiano reggiano
sale, pepe, noce moscata
Per il condimento:
2 etti di pinoli
parmigiano reggiano
un etto di burro, olio extravergine di oliva
sale, pepe

Tempo di preparazione e cottura: 2 ore

Lessate il petto e le cosce di gallina in acqua bollente salata e aromatizzata con tutti gli odori e, intanto, dedicatevi alla pasta.

Mescolate la farina alla semola e formate una fontana sulla spianatoia, versando nel centro due o tre cucchiai di acqua fredda, le uova, un pizzico di sale e un po' di extravergine. Impastate bene, rendendo il composto omogeneo, e fatene una palla, che lascerete riposare per mezz'ora, coperta da uno strofinaccio di cotone.

Scolate il petto e le cosce della gallina e disossate queste ultime. Tritate la carne e preparate il ripieno, amalgamandola con le uova e il parmigiano grattugiato; in ultimo insaporite con sale, pepe e noce moscata.

Stendete, quindi, la pasta con il matterello in una sfoglia non troppo sottile, che ritaglierete in quadrati di cinque o sei centimetri di lato; al centro di ognuno adagiate un cucchiaino di ripieno, chiudete a triangolo, ripiegando la pasta su stessa, e premete bene tutto intorno per evitare che il ripieno fuoriesca in cottura.

Lessate i tortelloni in abbondante acqua salata condita con un po' di extravergine, scolateli e fateli saltare in padella con il burro e i pinoli. Spolverate con il parmigiano grattugiato e una macinata di pepe e servite.

Tortelloni di montasio con sclopit e salame

Antica Trattoria all'Unione, Cormons (Gorizia)

Preparate la pasta e con il matterello tirate una sfoglia sottile.

In una terrina amalgamate la ricotta, il montasio grattugiato, il prezzemolo e l'aglio tritati, sale e pepe. Con questo composto e dischi di sfoglia confezionate 12 grossi tortelli. Tritate la pancetta, versatela in una padella con l'olio e soffriggetevi lentamente lo scalogno tagliato a fettine sottili. Aggiungete il salame sgranato, lasciate insaporire e sfumate con il vino a fuoco alto. Abbassate la fiamma e unite lo *sclopìt* tritato, cuocendo ancora per pochi minuti.

Lessate i tortelloni in acqua salata, scolateli e trasferiteli nella padella del sugo. Amalgamate e servite in piatti caldi con una grattugiata di formaggio.

Culla del montasio, formaggio vaccino a denominazione protetta di cui si hanno notizie dal Duecento, è un massiccio situato tra la Val Resia e il Canale del Ferro, nell'alto Friuli. L'area della Dop comprende l'intero territorio del Friuli Venezia Giulia, le province di Belluno e Treviso e parte di quelle di Padova e Venezia. Prodotto in tre stagionature, il montasio è il portabandiera della tradizione casearia friulana. In questa ricetta dialoga con lo sclopìt, *erba spontanea primaverile (silene rigonfia) molto usata nella cucina della regione.*

Per 4 persone

Per la pasta:
2 etti di farina di frumento
2 uova, un pizzico di sale
Per il ripieno:
2 etti di montasio stagionato,
2 etti di ricotta fresca
uno spicchio di aglio, un
ciuffo di prezzemolo
sale, pepe
Per il condimento:
un etto di *sclopìt* (erba silene),
uno scalogno
un etto di salame fresco,
mezz'etto di pancetta tesa
un quarto di bicchiere di vino
bianco secco
montasio stagionato
olio extravergine di oliva, sale

Tempo di preparazione e cottura: un'ora e mezza

531

Tortiglioni alla boscaiola

Rosanna Dotta, La Morra (Cuneo)

Per 4 persone

3 etti e mezzo di tortiglioni
mezzo chilo di funghi porcini,
3 etti di pomodori, uno
spicchio di aglio, un ciuffetto
di prezzemolo
12 noci
mezzo bicchiere di vino
olio extravergine di oliva
sale, pepe

*Tempo di preparazione e
cottura:* un'ora

Pulite i funghi – gambe e cappelli – e tagliateli a fette sottili. Fateli rosolare in un tegame con l'extravergine e l'aglio tritato, bagnate con il vino e, non appena sarà evaporato, unite il pomodoro. Salate, pepate, abbassate la fiamma e portate a cottura in una decina di minuti. Prima di spegnere il fuoco, unite le noci spezzettate e il prezzemolo tritato, lasciando insaporire per alcuni minuti.
Lessate al dente i tortiglioni, scolateli e fateli saltare nel tegame con i funghi e le noci.

Formato di pasta secca industriale di semola di grano duro, i tortiglioni hanno forma tubolare, bucata alle estremità, con diametro di una decina di millimetri. La superficie è percorsa da solcature leggermente avvitate. Cuociono in 13-15 minuti e si prestano per preparazioni asciutte con sughi di vario genere o pasticci al forno.

Tortiglioni con fave novelle

Clarissa Monnati, Roma

Per 4 persone

3 etti e mezzo di tortiglioni
2 etti di fave novelle, 2 spicchi
di aglio, un ciuffetto di menta
un etto di pecorino
olio extravergine di oliva
sale, pepe in grani

*Tempo di preparazione e
cottura:* un'ora

Sbucciate le fave e tuffatele in una pentola d'acqua bollente salata, lasciandole cinque o sei minuti dalla ripresa del bollore: non devono ingrigire per una cottura eccessiva ma mantenere una bella sfumatura verde intenso. Rosolate in un tegame gli spicchi d'aglio leggermente schiacciati con due o tre cucchiai di olio extravergine; non appena imbiondiscono, incorporate le fave, che avrete scolato, tenendo da parte il liquido di cottura, e regolate di sale.
Cuocete i tortiglioni in acqua bollente salata, scolateli e trasferiteli nel tegame con le fave, aggiungendo un po' di liquido, nel caso la preparazione asciughi troppo. Spolverizzate con il pecorino grattugiato, il pepe macinato sul momento e le foglioline di menta spezzettate con le mani.

La menta utilizzata dalla signorina Clarissa è il pulegio – Mentha pulegium –, una pianta erbacea spontanea rustica, dalle foglie piccole e lievemente dentate, che cresce in tutta Italia e trova specifico impiego nella cucina laziale con il nome di mentuccia.

Tortino di pioppini, vesce e gambesecche

Trattoria dalla Libera, Sernaglia della Battaglia (Treviso)

Pulite accuratamente i tre tipi di funghi e cuoceteli per 20-25 minuti in olio extravergine con gli spicchi di aglio interi e una presa di sale, facendo asciugare l'acqua di cottura. Intanto preparate la pasta impastando su un tagliere gli ingredienti, quindi tirate una sfoglia sottile e tagliatela a grandi quadrati o rettangoli. Sbollentateli e raffreddateli in acqua e ghiaccio.

In una teglia da forno versate un po' di besciamella e adagiatevi la pasta, facendo in modo che copra tutto il fondo del recipiente. Aggiungete parte del composto di funghi e una manciata di parmigiano reggiano, coprite con altra sfoglia e proseguite in questo modo fino a riempire la teglia, ultimando con la besciamella e il parmigiano grattugiato.

Cuocete in forno a 180°C per 20-25 minuti.

Con questo tortino Andrea Stella della Trattoria dalla Libera valorizza alcuni funghi primaverili molto comuni in natura ma di uso gastronomico piuttosto limitato: i pioppini o piopparelli (Agrocybe aegerita)*, le vesce del genere* Lycoperdon *e le gambesecche (*Marasmius oreades*).*

Per 10 persone

Per la pasta:
6 etti di semola rimacinata di grano duro, 4 etti di farina di frumento tipo 00
7 uova
olio extravergine di oliva, sale
Per il ripieno:
3 etti di pioppini, 3 etti di gambesecche, 2 etti di vesce, 2-3 spicchi di aglio
un litro e mezzo di besciamella
parmigiano reggiano
olio extravergine di oliva, sale

Tempo di preparazione e cottura: 2 ore

Trenette alla trota fil di fumo

Ristorante da Scarpan, San Daniele del Friuli (Udine)

Per 3 persone

2 etti e mezzo di trenette
mezz'etto di trota affumicata
un cipollotto
un etto di salsa di pomodoro
fresco
olio extravergine di oliva
sale, un pizzico di
peperoncino

*Tempo di preparazione e
cottura:* mezz'ora

Affettate sottilmente il cipollotto e fatelo appassire dolcemente in un tegame con l'olio. Unite la trota tagliata a pezzetti e il peperoncino; cuocete per un minuto e infine versate la salsa di pomodoro e regolate di sale.
Lessate le trenette in abbondante acqua salata per circa 8 minuti, scolatele e saltatele nella padella del condimento.

San Daniele del Friuli è noto soprattutto come centro di produzione di uno dei prosciutti crudi (Dop) più famosi del mondo, ma un'altra specialità è la trota affumicata, inserita nell'elenco dei prodotti agroalimentari tradizionali. I pesci, allevati in vasche alimentate con l'acqua del Tagliamento e nutriti con mangimi naturali, si trovano sul mercato in due varianti principali: la regina di San Daniele, affumicata a freddo, e la fil di fumo, un filetto di trota affumicato a caldo e aromatizzato con una ricetta segreta.

Trenette alle acciughe

Ristorante La Gioiosa, Finale Ligure (Savona)

Per 4 persone

4 etti di trenette
20 acciughe
un etto di pomodorini, uno
spicchio di aglio, un ciuffetto
di prezzemolo
olio extravergine di oliva
sale, peperoncino

*Tempo di preparazione e
cottura:* mezz'ora

Eviscerate e lavate le acciughe. In una padella soffriggete l'aglio, quindi versate le acciughe e i pomodorini, salate, aromatizzate con il peperoncino e fate cuocere.
Lessate la pasta in acqua bollente salata. Scolatela al dente, quindi amalgamate al condimento aggiungendo una spolverata di prezzemolo tritato. Servite in piatti molto caldi.

In Liguria, ma ormai anche in altre regioni del Nord (si veda la ricetta precedente), si chiamano trenette nastri di pasta, piatti o leggermente bombati, larghi tre o quattro millimetri: il termine è di fatto sinonimo di bavette e linguine. Le trenette si condiscono tradizionalmente con il pesto ligure (pagina seguente), talvolta "avvantaggiato" con l'aggiunta di fagiolini e patate.

Trenette al pesto

Lorenza Costa, Camogli (Genova)

Il basilico genovese è un prodotto a denominazione di origine protetta, venduto in mazzi grandi (bouquet) e piccoli (mazzetti, ognuno dei quali composto da tre a dieci pianticelle complete di radici), confezionati in carta per alimenti con il marchio Dop. Se non lo trovate, scegliete un basilico a foglie piccole. Staccatele, lavatele e asciugatele delicatamente, senza premerle.

Mettete in un mortaio l'aglio con qualche grano di sale grosso e pestate; aggiungete le foglie di basilico e via via, continuando a pestare, i pinoli, i formaggi e il burro. Quando gli ingredienti saranno ridotti a poltiglia, aggiustate di sale, trasferite in una ciotola e incorporate l'olio, mescolando con cura.

In alternativa al mortaio, più rapidamente e con meno fatica ma con risultati inferiori, potrete usare il frullatore, impostandolo a bassa velocità e interrompendone il funzionamento con brevi pause per evitare che la salsa si riscaldi. Lessate al dente le trenette, scolatele e conditele con il pesto, allungato con un cucchiaio dell'acqua di cottura della pasta.

Vessillo della cucina ligure, il pesto ha radici lontane e parentele antiche. In un poemetto attribuito in età rinascimentale a Virgilio si celebra, come crema da spalmare su una focaccia rustica, un composto di aglio, erbe e formaggio secco, amalgamati con olio. Ma verosimilmente la matrice del pesto genovese è una salsa orientale, araba o persiana, basata su un impasto di semi oleosi (pinoli) amalgamati a un formaggio fresco e acidulo. A questi ingredienti si aggiunsero, nei secoli, l'olio e il basilico; il formaggio, una sorta di yogurt che in origine costituiva il legante, perdendo questa funzione in favore dell'olio fu sostituito con il pecorino prima e con il grana padano poi. Tra i due si incuneò, per un certo periodo, il piemontese bra (ora Dop): in seguito agli aumenti del prezzo del pecorino sardo, i genovesi avevano infatti scoperto, nella vicina provincia di Cuneo, un formaggio duro di buona qualità, che non esitarono a importare.

Per 4 persone

4 etti di trenette di pasta fresca
4 mazzetti di basilico genovese, 1-2 spicchi di aglio
una manciata di pinoli
4 cucchiai di grana grattugiato, 2 cucchiai di pecorino grattugiato
una noce di burro, olio extravergine di oliva
sale grosso e fino

Tempo di preparazione e cottura: mezz'ora

Triangoloni al formadi frant e noci

Ristorante Riglarhaus, Lateis di Sauris (Udine)

Per 4 persone

4 etti di sfoglia di pasta fresca
all'uovo
2 etti di formadi frant, 2 etti-2
etti e mezzo di ricotta
60 g di gherigli di noce
latte (facoltativo)
una noce di burro, sale

*Tempo di preparazione e
cottura:* 40 minuti

Lavorate con un cucchiaio di legno il *formadi frant* con due etti di ricotta e mezz'etto di noci passate al mixer. Se la crema risultasse troppo soda ammorbiditela con un po' di latte. Assaggiate e correggete l'eventuale eccesso di piccante con altra ricotta.

Tagliate la sfoglia a quadrotti piuttosto grandi (circa otto centimetri). Su ognuno poggiate un cucchiaino di impasto e chiudetelo in modo che si formi un triangolo, pressando bene i bordi.

Cuocete la pasta ripiena in acqua salata, scolatela e saltatela nel burro leggermente imbiondito, cui avrete aggiunto un pizzico di gherigli di noce macinati grossolanamente.

Tipico della Carnia, il formadi frant *(Presidio Slow Food) è una preparazione casearia nata allo scopo di recuperare formaggi di malga non idonei alla stagionatura, in quanto considerati "difettosi", per la crosta spaccata o perché gonfiati. Si ottiene mescolando scaglie di formaggi con latte, panna di affioramento, sale e pepe. Raccolto nelle fascere del formaggio latteria, prodotto in queste zone nelle vecchie latterie turnarie, dovrebbe stagionare per almeno 40 giorni in cantine naturali, anche se in alcuni casi la sua maturazione può protrarsi per un paio di mesi e, in altri, si può consumare fresco, dopo soli 15 giorni. Il risultato è un prodotto particolare, che varia da produttore a produttore e che unisce alle caratteristiche di morbidezza e rotondità, date dalla presenza della panna, anche profumi e sapori più marcati e piccanti, frutto dell'uso di formaggi d'alpeggio con differente livello di stagionatura.*

Troccoli allo scoglio

Ristorante da Pompeo, Foggia

Fate spurgare le vongole in acqua salata per un paio di ore.
Pulite gli scampi e le seppie e lavate accuratamente i gusci
delle cozze e delle vongole.
In una casseruola piuttosto ampia fate soffriggere in olio
l'aglio schiacciato. Quando inizia a colorire aggiungete gli
scampi, le seppioline, le cozze e le vongole. Non appena le
valve saranno aperte, unite i pomodorini privati dei semi,
continuando la cottura per una decina di minuti.
Nel frattempo lessate in acqua salata i troccoli. Scolateli al
dente e uniteli al sughetto, amalgamando con cura il tutto.
Spolverate con pepe e prezzemolo tritati e servite.
Dopo avere mantecato la pasta con il sugo potrete, in alternativa, disporla in una teglia, che coprirete con carta stagnola, e passarla in forno a 200°C per pochi minuti.

*Sorta di spaghetti ruvidi a sezione quadrata, i troccoli si ot-
tengono con gli stessi ingredienti e nello stesso modo dei maccheroni alla chitarra abruzzesi: su una sfoglia spessa si passa
un matterello scanalato (torcolo o troccolo) che dà loro il nome. Sono tipici di Puglia e Basilicata (torchioli, truoccoli) e si
possono condire, oltre che con il pesce, come in questo caso,
con un ragù di carni miste o con la trippa ripiena e una generosa spolverata di pecorino (si vedano le ricette seguenti) oppure con salsiccia e funghi porcini.*

Per 4 persone

3 etti di troccoli
4 etti di cozze, 4 etti di
vongole veraci, 8 scampi, 4
seppioline
8 pomodorini, un ciuffetto di
prezzemolo, uno spicchio di
aglio
olio extravergine di oliva
sale, pepe

*Tempo di preparazione e
cottura:* un'ora, più lo spurgo
delle vongole

Troccoli al ragù

Paolo Giangrande, Monopoli (Bari)

Per 4 persone

Per la pasta:
4 etti di semola di grano duro
una presa di sale
Per il condimento:
mezzo chilo di polpa mista
(maiale, vitello, agnello)
un gambo di sedano, una
carota, una cipolla, 2 foglie di
salvia, una foglia di alloro
2 etti e mezzo di passata di
pomodoro
vino rosso
un etto di pecorino da
grattugia
olio extravergine di oliva
sale, pepe

*Tempo di preparazione e
cottura:* un'ora e mezza

Versate sul piano di lavoro la semola di grano duro e il sale, aggiungete un bicchiere di acqua tiepida e lavorate l'impasto per una decina di minuti, ottenendo una palla omogenea, che farete riposare per una mezz'ora, avvolta da un canovaccio, in un luogo fresco e asciutto.

Dedicatevi, quindi, al ragù. Soffriggete in extravergine sedano, carota e cipolla tritati e, a doratura, aggiungete le carni macinate; fate rosolare mescolando spesso, bagnate con il vino e, una volta evaporato, unite salvia, alloro e la passata di pomodoro. Salate, pepate e portate a cottura in una mezz'ora.

Stendete la pasta con il matterello fino allo spessore di due o tre millimetri e tagliatela, quindi, in strisce larghe una decina di centimetri, sulle quali farete passare l'apposito utensile scanalato, ricavando i troccoli, che dovranno riposare un'altra mezz'ora.

Lessate la pasta in abbondante acqua salata, scolate e condite con il ragù, ultimando con il pecorino grattugiato.

Troccoli con la trippa ripiena

Grazia Galante, San Marco in Lamis (Foggia)

Dopo avere pulito e lavato accuratamente le trippe, lessatele intere. Tagliatene alcuni pezzi e fateli soffriggere in un po' di olio con uno spicchio di aglio e parte del prezzemolo tritati finemente. A doratura, unite qualche filetto di pomodoro privato della buccia e dei semi (o qualche cucchiaio di salsa) e insaporite con un pizzico di peperoncino o di pepe macinato. Cuocete per alcuni minuti e, quindi, aggiungete un mestolo d'acqua. Quando la preparazione prende il bollore, versate nel tegame un composto ben amalgamato di uova, mollica di pane sbriciolata, pecorino grattugiato e sale. Non appena il tutto si rapprende, lasciate raffreddare, farcite la trippa e cucitela.

Preparate il sugo con olio, il secondo spicchio di aglio, il prezzemolo, i pelati (o la salsa di pomodoro) rimasti e un pizzico di sale; aggiungete la trippa ripiena e fatela cuocere lentamente.

Lessate la pasta in abbondante acqua salata, scolatela e conditela con il sugo e una spolverata di pecorino grattugiato. La trippa, tagliata a pezzi, potrà essere servita come secondo piatto.

Alla trippa ovina potrete sostituire la più comune trippa bovina: il consumo della prima, infatti, è perlopiù limitato a poche impervie aree dell'Appennino sudorientale, in cui si pratica ancora la pastorizia.

Per 6 persone

mezzo chilo di troccoli
4 trippe di agnello o di capretto
mezzo chilo di pomodori (o di salsa di pomodoro), 2 spicchi di aglio, un ciuffo di prezzemolo
2 uova
un panino
2 manciate di pecorino grattugiato
olio extravergine di oliva
sale, peperoncino (o pepe)
Inoltre:
percorino da grattugia

Tempo di preparazione e cottura: 2 ore

Troffiette con le fave

Lorenza Costa, Camogli (Genova)

Per 4 persone

Per la pasta:
4 etti di farina di frumento
Per il condimento:
un etto e mezzo di fave secche
sgranate e sbucciate
qualche cucchiaiata di pesto
ligure
pecorino stagionato
sale

Tempo di preparazione e cottura: un'ora e mezza, più l'ammollo delle fave

Le fave vanno tenute a bagno in acqua inizialmente tiepida per 10-12 ore, poi scolate e sciacquate.
Preparate la pasta lavorando sulla spianatoia la farina con sufficiente acqua tiepida. Lasciate riposare la massa, coperta, per almeno mezz'ora.
Usate questo intervallo per bollire con poco sale le fave, in modo che siano quasi cotte.
Riprendete la pasta, staccatene porzioni grandi come una nocciola e, rotolandole con il palmo della mano sul piano di lavoro, trasformatele in bastoncini lunghi circa quattro centimetri. Strisciate sopra a ognuna trasversalmente, con la mano a taglio, imprimendo un avvitamento che dovrebbe dare al pezzetto di pasta l'aspetto di un cavatappi.
Versate le troffiette nella pentola delle fave, aggiustate di sale e lessatele al dente. Scolate tutto insieme condendo con il pesto e una spolverata di pecorino grattugiato.

La fattura casalinga di questi piccoli "trucioli", originari del Levante ma oggi presenti in tutta la Liguria, richiede tempo, pazienza e abilità: ne sono esperte confezionatrici soprattutto le donne più anziane delle vallate recchesi. Alla farina bianca si può unire quella di castagne (si veda la ricetta seguente), che darà alla pasta un sapore leggermente dolce. Il condimento classico è il pesto (ricetta seguente e a pag. 535), qui unito alle fave secche, che ne fanno un piatto praticabile tutto l'anno.

Trofie con il pesto

Trattoria del Regolo, Garessio (Cuneo)

Mescolate sulla spianatoia le due farine e lavoratele con il sale e tre bicchieri circa di acqua tiepida fino alla realizzazione di un impasto consistente; lasciate riposare almeno un'ora in un luogo riparato e non troppo asciutto.

Staccate delle nocciole di pasta e strofinatele con il dito sulla spianatoia, compiendo un movimento a V, che conferirà alle trofie la caratteristica forma attorcigliata, con il cuore spesso rispetto alle estremità più affusolate.

Dedicatevi ora alla preparazione del pesto, avendo cura di utilizzare ingredienti a temperatura ambiente. Con il pestello di legno schiacciate nel mortaio di marmo gli spicchi di aglio e un cucchiaino di sale. Aggiungete – poche alla volta – le foglie di basilico e pestatele fino a che non rilascino un succo verde brillante; unite, quindi, i pinoli, il formaggio grattugiato e l'extravergine, continuando a lavorare con il pestello, fino a creare un amalgama omogeneo.

Cuocere in abbondante acqua salata le trofie per cinque minuti o più, secondo la consistenza dell'impasto: a fine cottura, comunque, la pasta dovrà continuare a presentare una consistenza maggiore al centro rispetto alle estremità. Scolate la pasta e condite con il pesto, che non andrà riscaldato per non alterarne sapore e profumo.

Ettore Masetti, patron e chef della Trattoria del Regolo, usa la farina di castagne del Consorzio Alta Val Tanaro e il basilico di Prà, dalle foglie piccoli e di colore verde vivace. Afferma che, non possedendo un mortaio o la necessaria pazienza per compiere il lavoro appena descritto, si può ricorrere al frullatore, possibilmente seguendo l'ordine canonico. L'aspetto del pesto sarà diverso ma il risultato ugualmente apprezzabile.

Per 4 persone

Per la pasta:
3 etti di farina di frumento,
un etto e mezzo di farina di castagne
un pizzico di sale
Per il pesto:
mezz'etto di foglie di basilico,
2 grossi spicchi di aglio
un cucchiaio di pinoli
8 cucchiai di pecorino semistagionato
mezzo bicchiere di olio extravergine di oliva
sale grosso

Tempo di preparazione e cottura: un'ora e mezza, più il riposo

Tubetti cacio e uova

Antonio Tubelli, Napoli

Per 4 persone

4 etti di tubetti lunghi
3 uova intere
un ciuffo di prezzemolo, uno
spicchio di limone
un etto di pecorino da
grattugia
un etto di strutto
sale, pepe nero

*Tempo di preparazione e
cottura*: mezz'ora

Mettete sul fuoco l'acqua per la pasta e preparate gli ingredienti per il condimento: tritate il prezzemolo molto fine, spremete uno spicchio di limone, grattugiate il pecorino.
A ebollizione dell'acqua, salatela e calate i tubetti. Mentre cuociono, battete le uova salandole leggermente e unendo il trito di prezzemolo e una macinata di pepe, quindi fate sciogliere a fuoco dolcissimo lo strutto in una casseruola larga e bassa.
Quando i tubetti sono al dente, scolateli e versateli nella casseruola dello strutto, aggiungete il pecorino, il succo di limone per dare un tocco di acidità e, infine, le uova battute; mescolate per bene e tenete sul fuoco, bassissimo, fino a che le uova si rapprendano. Servite immediatamente.

Non sorprenda l'utilizzo, per questa ricetta, dello strutto, chiamato anche sugna e, in napoletano 'nzogna: è stato il fondo di cottura tradizionale prevalente della cucina campana, e non solo di quella. La piadina romagnola, certi dolci siciliani o alcuni pani come la coppietta ferrarese, i taralli 'nzogna e pepe, il casatiello e il tortano napoletani prevedono tuttora lo strutto che, com'è noto, è ottenuto dalla fusione a caldo e successiva filtrazione del tessuto adiposo del maiale, poi fatto rapprendere. Tra l'altro, per l'elevato punto di fumo, è un buon grasso da frittura. Se preferite, per questi tubetti cacio e uova potrete utilizzare il burro.

Tubetti di farro e fagioli

Ristorante Luna Rossa, Terranova di Pollino (Potenza)

La sera precedente mettete a bagno in acqua fredda i fagioli. L'indomani scolateli, sciacquateli e lessateli per un paio di ore in acqua salata.

Quando sono quasi cotti preparate la base del condimento. Tritate la pancetta e le verdure aromatiche e ponetele, con le foglie di salvia, in un tegame dove avrete scaldato tre cucchiai di olio extravergine, lasciando appassire il soffritto.

Scolate i fagioli e mettetene da parte una tazza con un poco dell'acqua di cottura. Frullate i restanti legumi.

Aggiungete al soffritto i pomodori spezzettati, privati della pelle e dei semi. Salate e pepate. Versate nel tegame il passato di fagioli e cuocete per una decina di minuti. In ultimo unite i fagioli interi.

Cuocete la pasta per circa otto minuti in acqua salata bollente, scolatela e mescolatela alla crema di fagioli. Servite con un filo di extravergine e una macinata di pepe.

Per questa ricetta si utilizzano tubetti lunghi di taglio diritto e superficie liscia, confezionati con farina di farro. Noti anche come tagliati di mezzani e tubettoni (si veda anche la ricetta seguente), hanno diametro di 4-6 millimetri, sono adatti anche a preparazioni in brodo, come i tubetti e i tubettini (2-8 millimetri), e giungono a cottura in 11-14 minuti.

Per 4 persone

3 etti di tubetti lunghi di farro
2 etti e mezzo di fagioli
borlotti secchi, 2 etti e mezzo
di pomodori, una cipolla, uno
spicchio di aglio, un gambo di
sedano, 4 foglie di salvia
un etto di pancetta
olio extravergine di oliva
sale, pepe nero

Tempo di preparazione e cottura: 2 ore e mezza, più l'ammollo dei fagioli

Tubettoni cozze e patate

Ristorante Al Convento, Cetara (Salerno)

Per 6 persone

mezzo chilo di tubettoni
3 etti di cozze
6 patate medie, una cipolla,
una carota, una costa di
sedano, uno spicchio di aglio,
un ciuffetto di prezzemolo,
alcune foglie di basilico
mezz'etto di pancetta
affumicata
olio extravergine di oliva
sale, pepe

*Tempo di preparazione e
cottura*: 40 minuti

Preparate un trito fine con la cipolla, la carota, il sedano e, utilizzando una casseruola bassa ma capiente, atta a contenere anche la pasta, fatelo imbiondire in quattro cucchiai di olio; aggiungete quasi subito la pancetta tagliata a julienne e rosolate per tre minuti; unite le patate, sbucciate e tagliate a cubetti, salate moderatamente, coprite di acqua e fate cuocere fino a quando le patate inizieranno a disfarsi. A parte, in un leggero soffritto di olio, aglio e prezzemolo tritati, fate aprire le cozze ben pulite; scolatele, conservando il liquido di cottura, e toglietele dalle valve.
A questo punto calate i tubettoni nella casseruola delle patate e iniziate a cuocerli mescolando con cura, perché non attacchino, e versando progressivamente l'acqua – filtrata – delle cozze, come si fa quando si prepara il risotto. Aggiustate, se necessario, di sale, tenendo conto del fatto che l'acqua delle cozze è piuttosto salata. Quando la pasta sarà quasi cotta, unite le cozze sgusciate, qualche foglia di basilico spezzettata con le mani e una macinata di pepe.

In Campania sono numerose le varianti della tradizionale pasta e patate, un primo asciutto che deve però mantenere, per il tipo di cottura (ricetta a pag. 295) una consistenza morbida, quasi cremosa. Al Convento, lo chef e titolare Luigi Torrente utilizza la pancetta affumicata al posto della provola, cozze locali e patate di Montoro Inferiore, in provincia di Avellino, località molto vocata per le colture orticole. Il formato, molto utilizzato nella gastronomia del Sud, è anche chiamato tubetti lunghi o tagliati di mezzani.

Tultres di crauti

Trattoria Garsun, Marebbe-Enneberg (Bolzano)

Per allestire il ripieno scottate i crauti nel burro con la cipolla e l'aglio tritati. Mentre il composto soffrigge, aggiungete l'alloro, le bacche di ginepro e il cumino, per insaporirlo e un cucchiaio di farina e il brodo vegetale per ammorbidirlo. Se volete, potete arricchire il tutto con un po' di speck o di stinco affumicato previamente tritati.
Per la sfoglia, mescolate le due farine, aggiungete l'uovo, due cucchiai di olio, il latte e una presa di sale, lavorando il tutto fino a ottenere una massa piuttosto consistente. Tirate la pasta con il mattarello, fatene una sfoglia sottile e distribuitevi cucchiaini di ripieno a intervalli regolari. Tagliate i ravioli piuttosto grandi e cuoceteli friggendoli in olio bollente.

I tultres – tirtlan o türteln nelle aree germanofone della Val Pusteria – sono una presenza insolita nella cucina sudtirolese, di cui costituiscono una delle pochissime paste asciutte. La loro origine infatti non è tedesca ma ladina. La farcia può essere di spinaci, di verza, di ricotta ed erba cipollina: in questi casi, sono lessati e conditi con burro e pane grattugiato. I ravioli ripieni di crauti sono invece sempre fritti – un tempo nello strutto, ora in olio di oliva – e spesso serviti come antipasto.

Per 4 persone

Per la sfoglia:
2 etti di farina di segale, 2 etti di semola di grano duro
un uovo
un bicchiere di latte
olio extravergine di oliva, sale
Per il ripieno e la frittura:
6 etti di crauti
mezza cipolla, uno spicchio di aglio, una foglia di alloro
speck o stinco affumicato (facoltativo)
un cucchiaio di farina di frumento
un bicchiere di brodo vegetale
una noce di burro, olio extravergine di oliva
una presa di granelli di cumino dei prati, 2 bacche di ginepro

Tempo di preparazione e cottura: 45 minuti

Umbricelli al tartufo nero

Trattoria La Palomba, Orvieto (Terni)

Per 4 persone

Per la pasta:
4 etti di farina di frumento
tipo 00
4 albumi d'uovo
un pizzico di sale
Per il condimento:
2 funghi porcini (o prataioli),
80 g di tartufo nero
2 spicchi di aglio, un ciuffo di
prezzemolo
2 acciughe sotto sale
olio extravergine di oliva, sale

*Tempo di preparazione e
cottura:* un'ora e mezza

Disponete la farina a fontana sul piano di lavoro, mettete al centro un pizzico di sale, gli albumi e l'acqua necessaria a ottenere un impasto sodo ed elastico. Formate una palla, trasferitela in una ciotola, copritela con un tovagliolo e lasciatela riposare per una ventina di minuti.

Nel frattempo pulite accuratamente i funghi privandoli del terriccio, sbucciate l'aglio e schiacciatelo leggermente. In un tegame soffriggete in un po' di olio l'aglio e i filetti di acciuga spezzettati, aggiungete i funghi tagliati a pezzetti e cuocete finché l'acqua di vegetazione non si sarà completamente ritirata. Quindi spegnete la fiamma, insaporite con una grattugiata di tartufo e il prezzemolo tritato, regolate eventualmente di sale e lasciate intiepidire.

Riprendete l'impasto, dividetelo in due o tre parti e tirate delle sfoglie di circa un centimetro di spessore; ritagliate strisce di circa tre o quattro millimetri di larghezza e arrotondate con le mani i bordi, in modo da ottenere spaghettoni di sezione circolare.

Portate a ebollizione una pentola di acqua salata, calate la pasta, e cuocetela per sette o otto minuti, scolandola al dente.

Nel frattempo, passate il sugo al mixer per ottenere una morbida crema, versatela in padella e unite gli umbricelli; mescolate per amalgamare bene gli ingredienti, ultimate con il resto del tartufo nero grattugiato e servite.

Vermicelli alla colatura di alici

Trattoria San Pietro, Cetara (Salerno)

Portate a ebollizione l'acqua per la pasta e ricordatevi di non salarla.

Nel frattempo preparate, a crudo, il condimento: in una zuppiera mettete l'olio, la colatura di alici, l'aglio schiacciato a mano, il prezzemolo tritato e, volendo, un pizzico di peperoncino.

Scolate i vermicelli al dente e conditeli nella zuppiera. A piacere potrete rendere più dolce il piatto con una spolverata di pinoli o gherigli di noce tritati.

A Cetara, borgo marinaro della costiera amalfitana, le acciughe pescate tra fine marzo e inizio luglio sono "scapezzate" a mano e messe in un apposito recipiente di legno (terzigno) alternate a sale grosso; sull'ultimo strato si appoggia un disco di legno (tompagno) appesantito da sassi marini. Il liquido che affiora per effetto della pressatura e della maturazione delle alici è raccolto via via che si forma cd esposto al sole estivo. In autunno, lo si versa nuovamente nel terzigno, dove le acciughe sotto sale sono ormai pronte per il consumo: attraversando lentamente i vari strati, il liquido si carica di sapori fino a essere recuperato dal fondo del contenitore. La colatura di alici (Presidio Slow Food) è un liquido limpido di colore molto ambrato, dal sapore intenso e persistente: eccezionale riserva di sapidità, è impiegato per condire la pasta o per insaporire verdure.

Per 4 persone

4 etti di vermicelli
2 cucchiai di colatura di alici
uno spicchio di aglio, un ciuffo di prezzemolo
pinoli o gherigli di noce (facoltativo)
2 cucchiai di olio extravergine di oliva
peperoncino (facoltativo)

Tempo di preparazione e cottura: 20 minuti

Vermicelli con friarielli e salsiccia

Paola Lombardo, Napoli

Per 4 persone

3 etti e mezzo di vermicelli di
Gragnano
2 mazzi di friarielli, 2
spicchi di aglio, un pezzo di
peperoncino
3 etti di salsiccia
olio extravergine di oliva, sale

*Tempo di preparazione e
cottura*: 40 minuti

Mondate i friarielli, tenendo solo le cimette e le foglie più
tenere e mettete da parte una dozzina di cime più grosse e
integre. Lessate il resto per cinque minuti in abbondante
acqua bollente salata, scolate con un mestolo forato – senza gettare l'acqua di cottura – e trasferite gli ortaggi in un
passaverdura: passateli insieme a un mestolo dell'acqua di
cottura, condite il purè con un due cucchiai di olio e serbate da parte.
Spellate e sbriciolate la salsiccia e rosolatela in una padella capiente (vi ripasserete, alla fine, la pasta) con uno spicchio di aglio, un cucchiaio di olio e uno di acqua. In un'altra padellina saltate per qualche minuto le cime dei friarielli tenute da parte in un fondo di olio, aglio e peperoncino.
A questo punto cuocete i vermicelli nell'acqua di cottura
dei friarelli riportata a bollore; scolateli al dente e versateli nella padella della salsiccia, unite il purè amalgamandolo
bene e sistemate in superficie le cimette intere; fate insaporire il tutto per un paio di minuti e portate in tavola.

*A Napoli, e solo a Napoli, i friarielli sono i broccoletti, vale a
dire le cime di rapa di cui vanno scelte le infiorescenze appena sviluppate. Si gettano a crudo in padella in olio caldo, aglio
e peperoncino e spesso sono accompagnati da salsiccia fresca.
Tale connubio tradizionalissimo dà vita, in questa ricetta, a
un gustoso condimento per la pasta: meglio un formato lungo
e una trafilatura a bronzo che assicura la ruvidezza ottimale
per raccogliere il sugo.*

Vermicelli con friggitelli e alici

Ristorante Perbacco, Pisciotta (Salerno)

Pulite e diliscate accuratamente le alici, spezzettandole grossolanamente, e tagliate a listarelle i friggitelli. In una padella versate tre o quattro cucchiai di olio extravergine, aggiungete l'aglio tritato, i peperoncini verdi dolci, il finocchietto spezzettato (conservate alcuni ciuffi per la guarnizione dei piatti) e i pomodorini interi. Lasciate cuocere a fuoco vivace per pochi minuti, ponendo attenzione a non fare appassire i pomodori.
Lessate i vermicelli in abbondante acqua salata, scolateli al dente e uniteli al condimento. Aggiungete i filetti di alici e fate saltare in padella, delicatamente, per pochissimi minuti. Sistemate la pasta nel piatto guarnendo con un ciuffetto di finocchietto.

Per 4 persone

3 etti di vermicelli
2 etti di alici
4 etti di friggitelli (peperoncini verdi dolci), un etto di pomodori ciliegini,
2 mazzetti di finocchio selvatico, 2 spicchi di aglio
olio extravergine di oliva, sale

Tempo di preparazione e cottura: 45 minuti

Vermicelli con la luserna

Ristorante all'Arena, Sottomarina di Chioggia (Venezia)

Come prima cosa sfilettate e spinate il pesce, tagliate la polpa a cubetti e preparate un brodo con le lische e le teste. Tritate finemente la cipolla e soffriggetela in un tegame con un po' di olio, aggiungete l'aglio, l'acciuga, il peperoncino e rosolate il tutto. Unite il pesce e cuocete per qualche minuto a fuoco moderato, quindi bagnate con il vino e lasciate evaporare.
Nel frattempo scottate i pomodorini in acqua bollente, privateli della pelle e versateli in padella; allungate con un mestolo di brodo di pesce e portate a cottura, regolando, eventualmente, di sale.
Lessate la pasta in acqua salata, scolatela al dente lasciandola un po' umida e saltatela per un minuto con il condimento affinché si insaporisca bene.
Ultimate con una spolverata di prezzemolo tritato, la scorza di limone grattugiata e servite.

Per 4 persone

4 etti di vermicelli o bavette
2 pesci luserna (capone gallinella) di circa mezzo chilo
3 etti di pomodori datterini,
una cipolla, uno spicchio di aglio, un ciuffo di prezzemolo,
un pezzetto di peperoncino
mezzo limone non trattato
mezza acciuga sott'olio
mezzo bicchiere di vino bianco secco
olio extravergine di oliva, sale

Tempo di preparazione e cottura: 45 minuti

Vermicelli cu' 'o pesce fujuto

Antonio Rizzo, Napoli

Per 6 persone

6 etti di vermicelli
8 pomodorini del *piénnolo*
3 spicchi di aglio, un ciuffo di basilico
olio extravergine di oliva, sale

Tempo di preparazione e cottura: mezz'ora

Staccate i pomodorini dal *piénnolo*, lavateli bene e liberateli dai semi.
Schiacciate gli spicchi di aglio e soffriggeteli in olio fino a imbiondirli. Unite i pomodorini, salate e cuocere per alcuni minuti.
Lessate in acqua salata e scolate al dente i vermicelli. Conditeli con il sugo di pomodoro e trasferiteli nei piatti aggiungendo le foglie di basilico intere o sminuzzate a mano.

I vermicelli sono una sorta di spaghetti, di cui si riporta la ricetta per la prima volta nel Libro de arte coquinaria *di Martino da Como, risalente a metà Quattrocento: la pasta, la stessa dei «maccaroni siciliani», va tirata sottile «rompendola a pezoli peccini con le dita a modo di vermicelli» che, messi a seccare al sole, dureranno «doi o tre anni». Questi, cucinati da Antonio Rizzo sanno di mare, pur in mancanza di pesce (nella fantasia napoletana è* fujùto, *fuggito). Ci sono i pomodorini del* piénnolo *dei comuni vesuviani, Presidio Slow Food, che sanno di iodio e salsedine per essere cresciuti sui terrazzamenti costieri, di fronte al mare. Un sapore concentrato per lenta disidratazione durante il periodo di conservazione appesi, riuniti in grappoli, alle volte e agli archi delle case, fino all'inverno o, addirittura, alla primavera successiva.*

Vermicelloni estivi

Marco Lombardo, Milazzo (Messina)

Lavate le melanzane, pelatele, tagliatele a fette e mettetele per un paio d'ore sotto sale, in modo che sgrondino e perdano il loro sapore amarognolo. Lavate i peperoni, asciugateli e, dopo averli sistemati in una teglia, passateli in forno a 180°C per un quarto d'ora, quindi spellateli, eliminate i semi e tagliateli a striscioline. Spellate i pomodori e passateli al setaccio. Snocciolate le olive e tritate grossolanamente con il coltello le acciughe, dissalate e diliscate, e i capperi ripuliti dal sale.

Fate dorare nell'extravergine gli spicchi d'aglio schiacciati, eliminateli e unite le melanzane sciacquate e tagliate a dadini; alcuni minuti più tardi aggiungete i pomodori e, dopo avere salato e pepato, i peperoni, le olive, il trito di acciughe e capperi. Portate a cottura e prima di spegnere il fuoco insaporite con le foglioline di basilico spezzettate con le mani.

Cuocete i vermicelloni in acqua bollente salata, scolateli al dente e trasferiteli in una terrina, coprendoli con il condimento preparato; mescolate, spolverizzate con il pecorino grattugiato e portate in tavola.

I vermicelloni – o spaghettoni o filatelli – sono una pasta secca industriale di semola di grano duro di lungo formato a sezione circolare maggiore di due millimetri di diametro, originaria dell'Italia centromeridionale. La cottura è di 12 minuti e il condimento va dal ragù di carne a sughi di pomodoro e di verdure.

Per 6 persone

6 etti di vermicelloni
mezzo chilo di pomodori, 2 spicchi di aglio, 2 peperoni, 2 melanzane, un ciuffetto di basilico
mezz'etto di olive nere
20 g di capperi, 2 acciughe sotto sale
pecorino da grattugia
olio extravergine di oliva
sale, pepe

Tempo di preparazione e cottura: un'ora, più lo sgrondo delle melanzane

Vincisgrassi al sugo di carni e rigaglie

Osteria dei Fiori, Macerata

Per 6 persone

Per la pasta:
un chilo di farina di frumento
tipo 0
8 uova
2 cucchiai di vino cotto
Per il condimento:
7 etti di carne mista (maiale,
vitello, coniglio e pollo), un
etto e mezzo di rigaglie di
pollo
2 coste di sedano, una carota,
una cipolla
mezzo chilo di pomodori
pelati, un etto di concentrato
di pomodoro
parmigiano reggiano
vino bianco secco
olio extravergine di oliva, una
noce di burro
sale, pepe, chiodi di garofano
Per la besciamella:
un litro di latte
70 g di farina di frumento
tipo 0
70 g di olio extravergine di
oliva
una presa di sale

*Tempo di preparazione e
cottura: 3 ore*

Cominciate preparando la pasta: impastate su una spianatoia la farina, le uova e il vino cotto, lavorate fino a ottenere un impasto sodo ed elastico e lasciatelo riposare per qualche tempo coperto.

Nel frattempo preparate la besciamella riscaldando il latte a fuoco dolce, aggiungete l'olio, una presa di sale e la farina a pioggia sempre rimestando fino a ottenere la giusta densità; togliete dalla fiamma e mettete da parte.

Disossate la carne, spezzettatela e riservatela. Mettete le ossa in un tegame con olio e soffriggetele, salate, pepate e bagnate con il vino; una volta evaporato, aggiungete il concentrato di pomodoro e acqua fino a ricoprire il tutto, cuocendo fino a ottenere un ristretto di carne.

In un pentolino saltate le rigaglie di pollo con un po' di olio e, quando saranno rosolate, tagliatele a piccoli pezzi. In un altro tegame scottate a fiamma viva la carne, in modo che non perda i suoi succhi; regolate di sale e pepe e unite un trito di carota, sedano e cipolla (che avrete prima aromatizzato infilzandola con qualche chiodo di garofano). Dopo qualche minuto sfumate con una spruzzata di vino, fate evaporare e versate nel tegame le rigaglie, i pomodori pelati spezzettati e il ristretto di carne, gettando le ossa. Abbassate la fiamma al minimo e proseguite la cottura per almeno un'ora e mezza, aggiungendo piccoli quantitativi di acqua per mantenere il sugo piuttosto fluido.

Tirate la pasta in una sfoglia sottile e tagliatela in rettangoli piuttosto grandi. Sbollentateli in acqua leggermente salata, poi passateli sotto un getto di acqua fredda e asciugateli su un canovaccio.

Componete il piatto sistemando in una pirofila ben imburrata uno strato di pasta seguito da uno di sugo, uno di besciamella e una bella spolverata di parmigiano grattugiato: tradizione vuole che gli strati di pasta siano per lo meno sette.

Ponete la teglia in forno caldo e cuocete a 180°C per 40 minuti, in modo che i vincisgrassi risultino croccanti in superficie e morbidi all'interno.

I vincisgrassi sono lasagne caratteristiche della provincia di Macerata, spesso condite con elaborati sughi di rigaglie. Il nome curioso rievocherebbe un ufficiale austriaco di età napoleonica, il generale Windisch Grätz.

Zembi al pomodoro

La Cucina di Nonna Nina, San Rocco di Camogli (Genova)

Tritate mezz'etto di basilico con un pizzico di sale, quindi mescolatelo alla farina, all'uovo e a un cucchiaio di olio, incorporando anche un bicchiere di acqua; lavorate fino a ottenere una pasta liscia e morbida.

Preparate il ripieno tritando il basilico con i pinoli e un pizzico di sale; aggiungete il parmigiano grattugiato e la quagliata e amalgamate con cura.

Scottate i pomodori e privateli della pelle e dei semi. Versateli in una casseruola con la cipolla tagliata sottile, l'aglio, le foglie di basilico e un pizzico di sale. Fate cuocere fino a che la cipolla sarà appassita e il pomodoro risulti asciutto. Passate quindi tutto al passaverdure.

Tirate la pasta ricavando due sfoglie sottili. Disponete sulla prima un cucchiaio di ripieno a distanze regolari, quindi sovrapponete l'altra sfoglia e tagliate con la rotella in modo da formare ravioli di forma triangolare. Chiudete bene i bordi e lessate brevemente la pasta in acqua bollente. Scolate, condite con la passata di pomodoro, un filo di olio extravergine di oliva e una spolverata di parmigiano grattugiato.

Anticamente, i ravioli genovesi erano chiamati lasagne con il zembo (con il gobbo), a sottolineare la curva del ripieno; è a questa tradizione che si rifà, molto liberamente, la ricetta proposta da Nonna Nina.

Per 4 persone

Per la pasta:
mezzo chilo di farina di frumento
mezz'etto di basilico
un uovo
olio extravergine di oliva, sale
Per il ripieno:
un etto e mezzo di quagliata,
80 g di parmigiano
un etto di basilico
30 g di pinoli
un pizzico di sale
Per il condimento:
mezzo chilo di pomodori maturi, mezza cipolla bianca,
uno spicchio di aglio, cinque foglie di basilico
parmigiano reggiano
olio extravergine di oliva, sale

Tempo di preparazione e cottura: un'ora e un quarto

Zite alla genovese di pesce
Ristorante Al Convento, Cetara (Salerno)

Per 6 persone

6 etti di zite (ziti)
mezzo chilo di filetti di
alletterato (tonnetto) o di
alalunga o di sgombro
3 chili di cipolle ramate, una
carota, una costa di sedano,
una dozzina di foglie di
basilico
olio extravergine di oliva, sale

*Tempo di preparazione e
cottura*: 3 ore e mezza

Tritate finemente sedano e carota e affettate molto sottili le cipolle. Ponete il tutto in una casseruola con olio abbondante e soffriggete dolcemente. Coprite e lasciate cuocere per una quindicina di minuti. Quando le cipolle avranno cominciato a rilasciare la loro acqua, adagiate i filetti di pesce, salate e lasciate sul fuoco, tenuto molto basso, per tre ore, girando di tanto in tanto delicatamente e sorvegliando la cottura. Spegnete quando le cipolle si saranno molto inscurite e mettete da parte il pesce.

Spezzate le zite a mano e cuocetele in acqua bollente salata. Scolatele e conditele con l'intingolo di cipolle, guarnendo ogni piatto con i filetti di pesce ridotti a pezzetti e le foglie di basilico fresco.

Zite allardiate
Antica Trattoria Martella, Avellino

Per 4 persone

4 etti di zite (ziti)
un etto di pancetta tesa
una cipolla
un etto di pecorino
olio extravergine di oliva
sale, pepe

*Tempo di preparazione e
cottura*: 40 minuti

Affettate finemente la cipolla e tagliate a dadini la pancetta. Fate soffriggere la cipolla nell'olio a fuoco moderato. Quando sarà ben appassita, aggiungete la pancetta curando la cottura, sempre a fuoco moderato, fino a quando la parte grassa si sarà liquefatta; assaggiate e regolate, eventualmente di sale.

Nel frattempo avrete cotto al dente, in abbondante acqua salata, le zite, dopo averle spezzate in due o tre parti. Scolate e amalgamate in padella con il sugo, aggiungendo alla fine il pecorino grattugiato e pepe a piacimento. Servite ben caldo.

*Il nome della pietanza ha conservato il riferimento al lardo
con cui la si cuoceva, in tempi meno morbosamente dietetici dei nostri: erano* allardiati *molti altri piatti che si possono
ancora gustare presso la storica trattoria Martella, come i ci-
catielli con i broccoli o con la trippa.*

Ziti al ragù napoletano

Antonio Tubelli, Napoli

In un tegame a bordi alti versate quattro cucchiai di olio, aggiungete le carni tagliate a pezzi grossi e fate rosolare; bagnate progressivamente con il vino e fatelo via via evaporare. Quindi scioglietevi il concentrato di peperone proseguendo la rosolatura per alcuni minuti. Versate a questo punto la passata di pomodoro, salate e cuocete a tegame scoperto e a fuoco moderato per due ore, sorvegliando attentamente.
Dopo questo tempo, estraete le puntine di maiale per evitare che si spappolino nella salsa; diminuite la fiamma al minimo, in modo che il sugo sobbolla appena – deve *peppiare* –, coprite parzialmente il tegame e cuocete per altre quattro ore, facendo molta attenzione che non attacchi. A cottura avvenuta estraete la carne e con il sugo ottenuto condite gli ziti lessati al dente. Sistemate la pasta nei piatti con il parmigiano grattugiato e un pezzetto di carne.

«Ecco un caposaldo della cucina partenopea: non è semplicemente salsa o sugo ma cremosità densa di pomodoro dal colore bruno che si distende al calore e avvolge, come un abbraccio, la pasta da condire». Così si esprime lo chef, nonché studioso della gastronomia napoletana, Antonio Tubelli che, inoltre, raccomanda di sposare il ragù con gli ziti, un formato legato al rito propiziatorio del suo spezzettamento per mano delle zite *–le donne nubili in età avanzata – nelle feste matrimoniali. Due parole sul* peppiare *(peppià o pippijà), che non è un sobbollire ma un "pipeggiare", ossia l'impercettibile gorgoglio della pipa quando si tira una boccata. Gli esperti suggeriscono, oltre al tenere il fuoco bassissimo, di non chiudere del tutto la pentola con il coperchio ma di appoggiarlo da un lato su di un cucchiaio di legno affinché si crei una minima circolazione d'aria che scongiura l'alzarsi del bollore. Poi ci vuole pazienza, sorveglianza e tempo (a Napoli era il sabato sera che si diffondeva il profumo del ragù predisposto per il pranzo domenicale), perché si favoriscano i processi che determinano contestualmente la lenta evaporazione dell'acqua, la cottura del pomodoro e il rilascio degli umori della carne. Perché, come dice Giuseppe Marotta, «il ragù si consegue, non si ottiene».*

Per 4 persone

4 etti e mezzo di ziti
3 etti di muscolo di maiale (gallinella), 3 etti di muscolo di vitello, 3 etti di puntine di maiale (*tracchie*)
5 litri e mezzo di passata di pomodoro sanmarzano, un cucchiaio di concentrato di peperone dolce
un bicchiere di vino rosso
un etto e mezzo di parmigiano reggiano
olio extravergine di oliva, sale

Tempo di preparazione e cottura: 6 ore e mezza

Ziti con friggitelli

Ristorante Eèa, Ponza (Isola di Ponza, Latina)

Per 4 persone

3 etti e mezzo di ziti
4 etti di friggitelli, 2 etti
di pomodori, uno spicchio
di aglio, un ciuffetto di
maggiorana
30 g di capperi
un etto di provolone del
monaco
olio extravergine di oliva, sale

*Tempo di preparazione e
cottura:* mezz'ora

Mondate e tagliate a striscioline i friggitelli. Sbollentate e spellate i pomodori.

Soffriggete in olio extravergine lo spicchio di aglio. Quando è dorato aggiungete i friggitelli e i filetti di pomodoro. Fate cuocere il sugo per un quarto d'ora circa, poi unite i capperi e lasciate sul fuoco per un altro minuto. In ultimo regolate di sale.

Spezzate a metà gli ziti e lessateli in abbondante acqua salata. Scolateli al dente e saltateli nella padella del sugo. Aggiungete, grattugiato, il provolone del monaco (caciocavallo senza testina, tipico dell'area dei Monti Lattari, nella penisola sorrentina). Guarnite con foglioline di maggiorana e servite.

I friggitelli (o friarelli) sono peperoncini verdi dolci. Le dimensioni sono quelle del peperoncino, la forma è a sigaretta e il sapore non è più piccante di un peperone dolce. Si prestano a essere cucinati fritti – da cui il nome – o farciti con acciughe salate, per esempio, o con carni miste, o ancora con ripieni, in cui domina il cavolo. Il termine è utilizzato in Campania (nel Salernitano e nel Cilento per lo più) e in molte regioni del Centrosud.

Zlikrofi

Trattoria Vecia Gorizia, Gorizia

Disponete la farina a fontana sulla spianatoia. Versate nel centro le uova con il sale e impastate unendo l'acqua necessaria a ottenere una massa liscia e omogenea, che farete riposare per circa un'ora coperta da un tovagliolo.

Per il ripieno, lessate le patate in acqua salata per circa mezz'ora. Scolatele, lasciatele intiepidire, sbucciatele e passatele allo schiacciapatate.

Pelate la cipolla, tritatela finemente e soffriggetela in una casseruola con il burro. Unite la pancetta tagliata a striscioline di circa tre millimetri; quando sarà ben rosolata, aggiungete le patate, il rosmarino, sale, pepe e fate insaporire per 15 minuti a fuoco medio, mescolando continuamente. Lasciate raffreddare.

Con il matterello stendete la pasta in una sfoglia sottile. Ricavatene quadrati di circa sei centimetri di lato, mettete al centro di ognuno un po' del ripieno, ripiegate la pasta e premete bene sui bordi.

Portate a bollore abbondante acqua salata e tuffatevi gli *zlikrofi*. Quando vengono a galla, cuoceteli ancora per due minuti.

Sciogliete il burro in una casseruola e versatevi i ravioli scolati con una schiumarola. Disponeteli su un piatto da portata cospargendoli di ricotta affumicata grattugiata grossolanamente.

Tortellini di patate ed erbe della tradizione slovena, gli zlikrofi *erano un tempo un piatto da grandi occasioni: li si serviva anche come antipasto caldo o come contorno a pietanze di carne. In origine tra gli ingredienti della pasta non comparivano le uova e il grasso di cottura del ripieno era costituito da un battuto di lardo (*zaseka*), spesso affumicato.*

Per 4 persone

Per la pasta:
mezzo chilo di farina di frumento
2 uova
una presa di sale
Per il ripieno:
mezzo chilo di patate, una piccola cipolla, un rametto di rosmarino
un etto e mezzo di pancetta arrotolata
20 g di burro
sale, pepe
Per il condimento:
ricotta affumicata
30 g di burro, sale

Tempo di preparazione e cottura: 2 ore

Glossario delle paste secche

A B C

abissini ➤ **conchiglie**

anelli, **anellini** piccoli anelli di diametro variabile da 4 a 10 milli-metri impiegati per preparazioni in brodo o per pasticci al forno, soprattutto al Sud. Altri nomi: *occhialini*.

arselle ➤ **conchiglie**

avemarie ricordano piccoli tubetti bucati di sezione circolare di circa 2 millimetri e superficie, di norma, liscia. Sono adatti a pre-parazioni in brodo. Altri nomi: *corallini*, *grandine*, *paternostri*.

banane somigliano, per formato e grandezza, ai ➤ **rigatoni**, ma la superficie è resa irregolare da piccoli avvallamenti sulla lunghez-za. Sono adatti a preparazioni asciutte, con sughi leggeri a base di verdure o salsa di pomodoro.

bavette pasta di lungo formato a sezione rettangolare piatta o leg-germente biconvessa, con una larghezza variabile dai 2 ai 4 milli-metri; deve cuocere dagli 8 ai 10 minuti. Sono adatte a condimen-ti a base di erbe aromatiche, pesto genovese o sughi di pesce. Al-tri nomi: *lingue di passero*, *linguine*, *trenette*.

bombardoni ➤ **rigatoni**, **paccheri**

bucatini di origine napoletana, e diffusi in Lazio e in Liguria, pre-sentano forma allungata a sezione rotonda e forata, con un diame-tro di circa 2 millimetri e mezzo. Adatti a sughi ricchi e sostanzio-si, i bucatini sposano condimenti a base di burro, uova, pancetta, verdure e formaggi, uno su tutti, la nota amatriciana. Altri nomi: *perciatellini*.

calamarata si presenta sotto forma di grossi anelli piuttosto con-sistenti di norma trafilati al bronzo, simili a calamari affettati per la frittura, da cui il formato prende il nome. Diffusa soprattutto al Sud, e originaria di Gragnano, sposa sughi di vario tipo, in parti-colare quelli a base di pesce.

candele ➤ **zite**

canestri ➤ **stricchetti**

cannelloni il nome indica, genericamente, formati di grosse di-mensioni e di buona consistenza, di aspetto tubolare diritto o leg-germente ricurvo, bucati alle estremità e con superficie liscia o ri-gata secondo le dimensioni e gli utilizzi. Alle varie tipologie si le-ga una vasta nomenclatura regionale giustificata dai diversi aspetti che il formato può assumere. Si parla di *cannelloni da ripieno* per quelli, normalmente lisci, che raggiungono i 30 millimetri di dia-metro e si prestano a farciture e preparazioni al forno; di *tufoli*, occhi di elefante, *canneroni, cannerozzi, schiaffoni, giganti*… per quelli di diametro inferiore (16-22 millimetri) e superficie perlopiù rigata, ma prodotti anche nella versione liscia. Sono adatti, oltre che alla preparazione di timballi e pasticci al forno, anche a sughi corposi e saporiti.

canneroni, cannerozzi → **cannelloni**

canolicchi di forma tubolare, bucati alle estremità e con superficie liscia o rigata, hanno diametro compreso fra 6 e 12 millimetri e tempi di cottura variabili fra i 12 e i 15 minuti. Utilizzati, di norma, per preparazioni asciutte, il piccolo formato predilige salsa di pomodoro o burro; ragù o sughi corposi sono invece indicati per quelli di maggiori dimensioni. Altri nomi: *occhi di lupo, scivottini, fischioni.*

capelli d'angelo, capellini il nome, al plurale, indica sottili fili di pasta a sezione rotonda e diametro di circa un millimetro, confezionati in piccoli nidi. Sono adatti a un consumo in brodo o asciutto, con condimenti semplici come burro e parmigiano reggiano o panna. Nel Sud entrano anche nella preparazione di pasticci al forno. La cottura in acqua o brodo deve essere molto breve (3-5 minuti). Altri nomi: *fidelini.*

capunti → **cavatelli**

casarecce sono simili a un nastro attorcigliato longitudinalmente fino a formare una S. In alcune produzioni la forte arricciatura crea a una delle estremità un piccolo occhiello. Sono adatte a un consumo asciutto, con sughi leggeri a base di verdure, pesto alla genovese e ragù di pesce; cuociono in 11-12 minuti.

cavatappi → **cellentani**

cavatelli formato di pasta fresca o secca realizzato con un impasto di semola di grano duro anche arricchito, nella versione casalinga, con farina di fave, grano arso, farina di frumento e uova. La produzione industriale, che utilizza un impasto di semola di grano duro, riproduce la gestualità manuale realizzando una sorta di cilindretto dalle estremità affusolate e cavo all'interno, simile a un guscio che si presenta, in alcune produzioni, solcato da costoloni nella parte esterna. Moltissime le terminologie regionali: *capunti, cavatieddi* o *cavatielli, cecatidde, cecatielle, cicatelli, pincinelli, strascenate, strascinati chiusi*… Giungono a cottura in 9-10 minuti e sono adatti a un consumo asciutto, con varie tipologie di condimento.

cavatieddi, cavatielli, cecatidde, cecatielle, cicatelli → **cavatelli**

cellentani di formato corto e avvitato, sono simili a un cavatappi. Appartengono alla categoria della pasta bucata, hanno superficie rigata e cuociono in 10 minuti. Sono indicati per preparazioni asciutte a base di sughi leggeri, spesso di verdure. Altri nomi: *cavatappi*.

chifferi rientrano in questa tipologia, originaria dell'Italia settentrionale, una serie di formati che hanno in comune la forma, costituita da un guscio di pasta liscia o rigata, simile a un tubetto ricurvo, con due fori rotondi alle estremità. Diversi sono, invece, le dimensioni e gli spessori, a cui corrispondono svariati nomi. Fra i più comuni ricordiamo: *chifferini*, *gobbini* e *gomitini*, per quelli di misura più piccola; *gobbetti* per quelli di taglia leggermente superiore; *chifferi* e *mezzi gomiti* per il formato medio e più conosciuto; *chifferotti* e *gomiti*, *chifferoni* e *gobboni* per quelli di maggiori dimensioni. L'uso in cucina varia di conseguenza: si va da un consumo in brodo per i più piccoli a uno asciutto, con ragù o sugo di pomodoro, per quelli maggiori. Tempi di cottura: 8-12 minuti.

chifferini, chifferoni, chifferotti ➤ **chifferi**

chiocciole ➤ **pipe**

ciabattoni ➤ **paccheri**

cimieri ➤ **creste di gallo**

conchiglie, conchigliette molto diffuse nell'Italia centromeridionale, hanno forma di una conchiglia cava con guscio rigato. Le diverse dimensioni permettono usi molto differenziati: le più grandi danno buoni risultati in preparazioni asciutte, con sughi leggeri a base di pomodoro o erbe aromatiche; quelle più piccole, chiamate anche *conchigliette*, sono di norma servite in brodo. I tempi di cottura variano dai 10 ai 16 minuti. Altri nomi: *abissini*, *arselle*, *tofettine*.

coralli ➤ **ditali**

corallini ➤ **avemarie**

cornetti di corto formato e aspetto tubolare più o meno ricurvo, presentano superficie liscia o rigata. La curvatura poco pronunciata di alcune produzioni li rende simili ai ➤ **sedani**, tanto che il termine cornetti è talvolta passato a indicare entrambi i formati. Il diametro è di circa 4 millimetri e la cottura è di 10-13 minuti. Si adattano a sughi semplici, a base di pomodoro o verdure, e all'uso in brodo, anche in profumati minestroni.

corni di bue ➤ **gigli**

creste, creste di gallo sorta di ➤ **chifferi** sormontati da un nastro ondulato sulla dorsale superiore. Adatti a un consumo asciutto, si accompagnano a sughi leggeri di pomodoro o verdure e giungono a cottura in 11-13 minuti. Altri nomi: *cimieri*.

crestine ➤ **stricchetti**

cuoricini piccoli cuori piatti di varie dimensioni adatti a preparazioni in brodo.

DEFG

diavoletti ➤ **sedani**

dischi volanti simili a un bottone rotondo con un incavo al centro, hanno una forma particolare che si adatta a preparazioni in brodo o asciutte, con leggeri ragù di carne o salsa di pomodoro. Cuociono in 13-15 minuti.

ditaletti ➤ **ditali**

ditali, **ditalini** di cortissimo formato, hanno un aspetto tubolare e superficie liscia o rigata. In commercio ne esistono di diverse dimensioni, con diametro compreso fra i 4 e gli 11 millimetri. I più grandi, conosciuti anche come *gnocchetti di ziti*, sono adatti a preparazioni asciutte, con condimenti non troppo corposi. Con il nome di *ditalini* si identificano, invece, quelli di diametro minore, perlopiù utilizzati in preparazioni in brodo; molto simili alle ➤ **avemarie**, presentano vari nomi, secondo le zone e le produzioni; fra i più conosciuti: *coralli, ditaletti, gnocchettini*.

eliche di origini settentrionali, ricordano nella forma due eliche accoppiate e ben si adattano a sughi di vario genere, frequentemente a base di salsa di pomodoro, erbe aromatiche e ricotta. Giungono a cottura in 12 minuti. Altri nomi: *fusilli a elica*.

elicoidali ➤ **tortiglioni**

fagiolini ➤ **sedani**

farfalle di sezione rettangolare pinzata al centro a mo' di fiocchetto, sono diffuse nell'Italia settentrionale e possono presentare margini merlati solo sui lati corti o su tutti: in questo caso si parla di *farfalle genovesi*. Sposano sughi leggeri, salsa di pomodoro o intingoli a base di burro o panna. Altri nomi: *farfalloni*.

farfalle genovesi ➤ **farfalle**

farfalline ➤ **stricchetti**

farfalloni ➤ **farfalle**

fettucce ➤ **fettuccine**

fettucce romane, fettuccelle ➤ **tagliatelle**

fettuccelle ricce ➤ **reginelle**

fettuccine simili alle ➤ **tagliatelle**, hanno spessore e dimensioni maggiori. La larghezza varia dagli 8 millimetri (*lasagnette*) ai 15 millimetri (*fettucce* e *pappardelle*). Di sezione rettangolare piatta, si adattano a condimenti a base di ragù o salsa di pomodoro; cuociono in 8-10 minuti.

fidelini ➤ **capelli d'angelo**

filatelli → **spaghettoni**

fischioni → **canolicchi**

frese → **mafalde**

fusilli pasta secca industriale e artigianale di formato lungo o corto, piena o bucata. Di origine meridionale, i fusilli presentano sezione circolare con diametro di 3-8 millimetri e andamento a spirale semplice o accoppiata, di vario spessore e lunghezza. Sono adatti a un consumo asciutto, con ragù napoletano, salsa di pomodoro o anche con ricotta, soprattutto per il formato corto che può assumere, nella versione a una sola spirale strettamente avvitata, il nome di *riccioli* o *tortiglioni*. Tempi di cottura: dai 14 ai 17 minuti.

fusilli a elica spesso impropriamente indicati semplicemente come fusilli, sono in realtà analoghi alle → **eliche**, con notevoli differenze rispetto agli omonimi fusilli di origine meridionale (vedi voce precedente), che ricordano nell'aspetto le varie produzioni casalinghe di pasta al ferretto.

galle → **stricchetti**

gemelli originari dell'Italia centrosettentrionale, si presentano come una striscia di pasta ripiegata su se stessa e avvitata a spirale, o come due spirali bucate accoppiate. A sezione circolare di 3-8 millimetri di diametro, possono arrivare ai 4 centimetri di lunghezza. Sono adatti a salse di varia natura, dal ragù alla salsa di pomodoro, anche con l'aggiunta di ricotta.

giganti → **cannelloni**

gigli corto formato realizzato arrotolando un nastro di pasta a imbuto con i margini superiori leggermente slabbrati a formare una lieve merlatura o, in alcune produzioni, una rigatura atta a raccogliere il condimento. Di piccole dimensioni sono adatti a preparazioni in brodo, più grandi ben si prestano a ragù leggeri o salsa di pomodoro. I tempi di cottura variano in base alla grandezza e possono arrivare a 14-16 minuti. Altri nomi: *corni di bue*.

gnocchetti di origine campana, si presentano di corto formato, simili a una mandorla cava all'interno e aperta da un lato, con guscio solcato da costoloni che li rende simili ai → **cavatelli**. Sono commercializzati in due differenti misure e adatti al consumo asciutto con sughi leggeri, anche di carne, o pesto alla genovese. Tempi di cottura: dai 14 ai 16 minuti.

gnocchetti di ziti, gnocchettini → **ditali**

gnocchetti sardi pasta fresca e secca che può prevedere, nelle versioni casalinghe, anche l'aggiunta di zafferano. Si presentano come piccole conchiglie affusolate lunghe un paio di centimetri con dorso rigato che facilita la raccolta del condimento. Giungono a cottura in 12-14 minuti e sono adatti a sughi di verdure o di carne. Altri nomi: *mallereddus*.

gobbetti, gobbini, gobboni ➤ **chifferi**

gomiti, gomitini ➤ **chifferi**

gramigna tipica dell'area emiliana, si presenta come un corto spaghetto bucato e ricurvo, con una estremità arricciata. La cottura va dai 6 ai 13 minuti secondo le dimensioni: il formato piccolo è adatto a brodi o minestre, quello più grande a preparazioni asciutte a base di ragù o sugo di salsiccia.

gramignoni ➤ **spaccatelle**

grandine ➤ **avemarie**

grattata, grattoni ➤ **tempestine**

L M N

lancette pasta all'uovo o di semola di grano duro formata da piccole ellissi piuttosto appuntite a margine liscio e pinzate al centro, presenti in due formati leggermente diversi per grandezza. Sono adatte al consumo in brodo.

lasagne con questo nome si indicano vari formati di pasta fresca o secca all'uovo, rettangolari, piatti e di diverse dimensioni: dal quadrotto rettangolare alla larga tagliatella. Diffuse in tutta Italia, con diverse nomenclature regionali, la larghezza varia dai 18 ai 30 millimetri per le versioni nastriformi, adatte alla realizzazione di pasticci e all'uso asciutto. Per la lessatura occorrono 10-12 minuti, un po' meno per le preparazioni che prevedono un successivo passaggio in forno. Notevolmente maggiori – si arriva a una larghezza di una decina di centimetri – sono invece le lasagne utilizzate per le paste al forno, in commercio nella versione gialla o verde, arricchite con verdura a foglia. La cottura, che può avvenire direttamente in forno una volta composto il piatto, richiede all'incirca una ventina di minuti.

lasagne doppio festone ➤ **lasagne ricce**

lasagne ricce pasta all'uovo nastriforme, con i margini ondulati e una larghezza di 35 millimetri. Adatta a sughi dal sapore deciso, con particolare menzione per quelli di cacciagione, giunge a cottura in 12 minuti. Altri nomi: *lasagne doppio festone*, *sciabò* o *sciablò*.

lasagnette ➤ **fettuccine**

lasagnette ricce di aspetto nastriforme, hanno una larghezza di circa un centimetro e margini ondulati. Giungono a cottura in 7-9 minuti e si adattano bene a sughi di sapore deciso, anche di carne o di cacciagione.

lingue di passero, linguine ➤ **bavette**

lumache, lumachelle, lumachette, lumachine, lumaconi ➤ **pipe**

maccheroncini ➤ **perciatelli**

mafalde pasta a nastro, dai margini arricciati con una larghezza complessiva di 12 millimetri circa. L'arricciatura dei due margini è differente: in uno è formata da piccoli avvallamenti orizzontali, nell'altro è diagonale, a spina di pesce. Adatta a condimenti di vario genere, la pasta arricciata ha la proprietà di presentare, a cottura ultimata, una consistenza irregolare, tenera al centro e sostenuta ai bordi, nei cui incavi è trattenuto il sugo. Altri nomi: *frese, tagliatelle nervate.*

malloreddus ➤ **gnocchetti sardi**

maniche ➤ **rigatoni**

maniche di frate ➤ **paccheri**

mezzani, mezzanelli, mezzanielli ➤ **perciatelli**

mezze maniche di corto formato, hanno aspetto tubolare diritto o leggermente ricurvo, liscio o rigato. Il diametro è compreso fra gli 11 e i 16 millimetri, con tempi di cottura di 8-10 minuti per i tipi lisci, fino a 12 per quelli rigati. Sono diffuse soprattutto in Campania dove i formati più piccoli sono utilizzati per preparazioni in brodo, quelli di maggiori dimensioni sono, invece, conditi con sughi abbastanza fluidi, in modo che il condimento penetri all'interno della pasta. Altri nomi: *mezzi rigatoni, noccioloni.*

mezze pipe ➤ **pipe**

mezze zite ➤ **perciatelli**

mezze penne di corto formato, liscio o rigato, hanno aspetto tubolare e taglio obliquo. Il diametro, di circa 8 millimetri, favorisce la raccolta del sugo rendendole molto versatili in varie preparazioni asciutte, con condimenti a base di verdure o sughi di carne. Giungono a cottura in 10-13 minuti.

mezzi gomiti ➤ **chifferi**

mezzi rigatoni ➤ **mezze maniche**

mezzi vermicelli ➤ **spaghettini**

mostaccioli ➤ **penne**

natalini ➤ **penne di Natale**

noccioloni ➤ **mezze maniche**

O P Q

occhi di elefante ➤ **cannelloni**

occhi di lupo ➤ **canolicchi**

occhi di passero di piccole dimensioni, simili ad anelli con un piccolo foro centrale e diametro variabile da 5 a 7 millimetri, sono preparati in brodo.

occhialini ➤ **anellini**

orecchiette caratteristiche della cucina pugliese, appartengono alla tradizione delle paste fresche casalinghe, tuttavia sono oggi molto diffuse anche fra i formati delle paste secche reperibili nella grande distribuzione. Si tratta di piccoli dischetti lavorati in modo da assomigliare a una piccola cupola, leggermente ruvidi all'interno e solcati da costoloni nella parte esterna. Sono adatte a condimenti leggeri a base di salsa di pomodoro o verdura e giungono a cottura in 10-12 minuti.

paccheri di corto formato, sono simili ai ➤ **rigatoni**, appellativo spesso utilizzato per indicare entrambe le tipologie, sebbene gli ultimi siano, di norma, un po' più lunghi e di diametro inferiore. Di taglio diritto, con superficie rigata o trafilata al bronzo, i paccheri sono adatti a sughi succulenti o per la preparazione di pasticci al forno. Molto diffusi al Sud, si accompagnano anche a condimenti estivi come pomodorini e basilico. Tempi di cottura: fino a 17 minuti. Altri nomi: *bombardoni, ciabattoni, maniche di frate*.

pappardelle ➤ **fettuccine**

paternostri ➤ **avemarie**

penne di formato corto e di aspetto tubolare, hanno superficie liscia o rigata e taglio obliquo. Il diametro varia, secondo le tipologie, da 5 a 13 millimetri, con tempi di cottura compresi fra gli 8 e i 13 minuti. In base alla grandezza, la pasta assume diverse denominazioni: si va dai formati più piccoli, chiamati *pennine* o *pennette*, fino a *penne di ziti, pennoni, ziti tagliati* o *mostaccioli*, per quelli più grandi. Probabilmente di origini campane, ma diffuse in tutto il territorio, si preparano asciutte con condimenti di varia natura secondo le tipologie.

penne di Natale di origini liguri, sono di lungo formato, tubolari, con diametro superiore agli 11 millimetri, taglio obliquo e superficie liscia. Giungono a cottura in 11-14 minuti e sono comunemente spezzate in due o più tronconi prima della cottura. Si adattano a preparazioni asciutte con condimenti importanti, a pasticci e anche a preparazioni in brodo. Altri nomi: *natalini*.

penne di ziti, **pennette**, **pennine**, **pennoni** ➤ **penne**

perciatelli originari della Campania, sono simili a spaghettoni a sezione rotonda e forata, con un diametro che va dai 4 ai 6 millimetri e mezzo. Giungono a cottura in 8-10 minuti e sono perlopiù conditi con sughi di carne, come ragù napoletano o alla genovese. Questo formato è spezzato irregolarmente in diversi tronconi prima della lessatura, per rendere la pasta più ricettiva al sugo. Altri nomi: *maccheroncini, mezzani, mezzanelli, mezzanielli, mezze zite*.

perciatellini ➤ **bucatini**

pincinelli ➤ **cavatelli**

pipe rientrano in questa tipologia, originaria probabilmente della Campania e della Liguria, ma presente in tutto il territorio nazionale, una serie di formati che hanno in comune la forma ricurva e panciuta, con guscio rigato o liscio e due fori alle estremità di cui uno leggermente schiacciato. Diversi sono invece le dimensioni e gli spessori, a cui corrispondono svariati nomi. Fra i più comuni ricordiamo: *lumachelle*, *lumachette* e *lumachine*, per quelle di misura più piccola; *lumache medie*, *mezze pipe*, *pipette* e *chiocciole* per quelle di taglia leggermente superiore; *lumache* e *pipe* per il formato medio e più conosciuto; *lumache grandi* e *lumaconi*, per quelle di maggiori dimensioni. L'uso in cucina varia di conseguenza, di norma si privilegia quello asciutto sebbene le taglie più piccole siano adatte anche a preparazioni in brodo: si va da sughi leggeri di carne o di verdure per i formati medio-piccoli, a preparazioni al forno per quelli più grandi, che si prestano a numerose farciture. I tempi di cottura variano dagli 8 ai 18 minuti.

pipette ➤ **pipe**

quadrettini, **quadrucci** pasta all'uovo a forma di piccoli quadretti piatti, presenti sul mercato in vari formati e adatti al consumo in brodo.

R S

radiatori di corto formato si presentano come un cilindro cavo circondato da volant ondulati che ricordano, appunto, gli elementi di un radiatore. Giungono a cottura in 12-14 minuti e sono indicati per sughi semplici, a base di pomodoro o verdure.

rechelline ➤ **trofie**

reginelle, **reginette** pasta a nastro con uno o tutti i margini ondulati, che ben si presta a raccogliere e trattenere il condimento. Molto diffusa al Sud, ha larghezza variabile dai 12 ai 16 millimetri e tempi di cottura che vanno dai 7 agli 11 minuti, secondo le dimensioni. La peculiarità dell'arricciatura rende la pasta adatta a sughi sostanziosi a base di carne, anche arricchiti da formaggi, e di cacciagione. Altri nomi: *fettuccelle ricce*.

riccioli ➤ **fusilli**

rigatoni tra i formati più conosciuti e apprezzati, hanno un aspetto tubolare, superficie rigata e taglio diritto, che li rendono ideali per preparazioni al sugo o pasticci al forno. Il diametro supera i 13 millimetri e presentano un buono spessore che necessita di una cottura piuttosto prolungata: negli esemplari di maggiori dimensioni – di fatto affini ai ➤ **paccheri** –, può arrivare a 15-17 minuti. Altri nomi: *bombardoni, maniche*.

risi, **risini** pasta all'uovo a forma di piccoli chicchi di riso dai margini affusolati, presente in commercio in due formati di diversa misura. È adatta a preparazioni in brodo.

rotelle, **rotelline** ➤ **ruote**

ruote ricordano nella forma una ruota di carro, con diametro variabile dai 10 ai 24 millimetri secondo i formati, e tempi di cottura compresi fra gli 11 e i 15 minuti. Si adattano a preparazioni in brodo o asciutte, con sughi di pomodoro o di carne. Altri nomi: *rotelle, rotelline*.

schiaffoni appartengono alla grande famiglia dei ➤ **cannelloni**, ma sono di minori dimensioni. La buona diffusione commerciale e l'importanza rivestita nelle cucine dell'Italia meridionale hanno ormai riconosciuto al formato una classificazione autonoma. Sono grossi maccheroni, più diffusi nella versione rigata, con diametro di circa 22 millimetri e lunghezza leggermente maggiore rispetto ai ➤ **paccheri**, con cui condividono metodi e tempi di preparazione. Giungono a cottura in 14-17 minuti e prediligono condimenti corposi, saporiti ragù di carne o preparazioni al forno.

sciablò, **sciabò** ➤ **lasagne ricce**

scivottini ➤ **canolicchi**

sedani di corto formato e di taglio diritto, presentano aspetto tubolare o leggermente ricurvo, con superficie liscia o rigata. Secondo la grandezza, il diametro del maccherone va dai 4 ai 6 millimetri con tempi di cottura compresi fra i 10 e i 15 minuti. Adatti a preparazioni in brodo e asciutte, sono molto utilizzati anche per pasticci al forno. Altri nomi: *cornetti, diavoletti, fagiolini*.

spaccatelle pasta di corto formato di origine siciliana, si presenta come uno spaghettone incavo e ricurvo, con una estremità arricciata. Sono adatte a preparazioni asciutte con sugo di pomodoro o di carne; giungono a cottura in 11-13 minuti. Altri nomi: *gramignoni*.

spaghetti pasta di lungo formato e sezione circolare di circa 2 millimetri di diametro, originaria della Campania e della Liguria – dove nacquero i primi storici pastifici – e oramai diffusa in tutto il mondo, tanto da essere diventata sinonimo di italianità. Molto versatili nei condimenti, si adattano a numerosi sughi: al pomodoro, alle verdure, con molluschi e pesci o con olio e peperoncino. La cottura è di 8-10 minuti. Il nome più antico è *vermicelli*.

spaghettini molto utilizzati nel Sud, presentano formato lungo a sezione rotonda di circa un millimetro e mezzo di diametro, che ben si adatta a sughi semplici o a base di pesce. I tempi di cottura sono di 5-6 minuti. Altri nomi: *mezzi vermicelli, vermicellini*.

spaghettoni di lungo formato a sezione circolare maggiore di 2 millimetri di diametro, sono originari dell'Italia centromeridionale. La cottura è di 12 minuti e il condimento spazia dal ragù a sughi di pomodoro e di verdure. Altri nomi: *vermicelloni, filatelli*.

stelle, stelline pasta all'uovo a forma di piccole stelline con un foro al centro. Sono presenti sul mercato in due formati di diverse dimensioni, entrambi adatti a preparazioni in brodo.

strascenate, strascinati chiusi ➤ **cavatelli**

stricchetti comunemente chiamati anche *farfalline*, sono realizzati con un impasto di semola di grano duro, anche arricchita con uova; di sezione ovale, hanno margini merlati e pinzati al centro, a mo' di fiocchetto. Più piccoli delle ➤ **farfalle**, sono di origine settentrionale, cuociono in 8-10 minuti e prediligono preparazioni asciutte, sebbene siano adatti anche a quelle brodose. Altri nomi: *canestri, crestine, galle, tripolini*.

T V Z

tagliati di mezzani ➤ **tubetti lunghi**

tagliarelli ➤ **tagliatelle**

tagliatelle pasta all'uovo a nastro, di sezione rettangolare piatta e larghezza compresa fra i 4 e i 7 millimetri. Adatte a condimenti di varia natura (burro, formaggi, pesce, verdure, pomodoro e olio), giungono a cottura in 8-10 minuti. Altri nomi: *fettuccelle, fettucce romane, tagliarelli*.

taglietelle nervate ➤ **mafalde**

tempestine pasta all'uovo di forma irregolare, che si traduce in cubetti arrotondati di piccole dimensioni. Di norma utilizzate per preparazioni in brodo, giungono a cottura in 6-8 minuti. Altri nomi: *grattata, grattoni*.

tofettine ➤ **conchiglie**

tortiglioni di forma tubolare e bucati alle estremità, hanno diametro di circa 10 millimetri e superficie percorsa da solcature leggermente avvitate. Cuociono in 13-15 minuti e si prestano per preparazioni asciutte con sughi di vario genere o pasticci al forno. Altri nomi: *elicoidali, trivelli*. Al formato descritto si associa, ma è solo un caso di omonimia e non di somiglianza, un tipo di ➤ **fusilli**.

trenette ➤ **bavette**

tripoline pasta a nastro di sezione rettangolare piatta, con un solo margine ondulato. L'asimmetria della forma dona una piacevole sensazione di diversa consistenza: più tenera nella parte liscia e più sostenuta in quella arricciata. Sono adatte a condimenti sostanziosi come ragù alla napoletana, sughi di carne e di cacciagione.

tripolini ➤ **stricchetti**

trivelli ➤ **tortiglioni**

trofie pasta nata per la preparazione casalinga – dove si utilizza farina di frumento in alcuni casi mescolata con crusca e farina di castagne –, in seguito proposta anche dai pastifici industriali con l'impiego di semola di grano duro. Si presentano di corto formato e sono realizzate partendo da un nastro di impasto strettamente avvitato a spirale con le estremità rastremate. Cuociono in 10-12 minuti. Altri nomi: *rechelline, trofiette, troffie, troffiette.*

trofiette, troffie, troffiette ➤ **trofie**

tubetti lunghi di aspetto tubolare, hanno taglio diritto e superficie di norma liscia. Il formato, con un diametro di 4-6 millimetri, è adatto a preparazioni in brodo e asciutte; giunge a cottura in 11-14 minuti. Altri nomi: *tagliati di mezzani, tubettoni.*

tubetti, tubettini di cortissimo formato, hanno aspetto tubolare a sezione circolare con superficie liscia o rigata e diametro variabile da 2 a 8 millimetri. Sono utilizzati, di norma, per preparazioni brodose.

tubettoni ➤ **tubetti lunghi**

tufoli ➤ **cannelloni**

vermicelli ➤ **spaghetti**

vermicellini ➤ **spaghettini**

vermicelloni ➤ **spaghettoni**

zite, ziti pasta di lungo formato a sezione circolare forata, con un diametro che va dai 7 millimetri e mezzo ai 9. Le grosse dimensioni sono ridotte spezzando la pasta in due o più tronconi prima della cottura, che avviene in 10-12 minuti. Sono adatti a condimenti speziati e di grande sostanza, oppure alla preparazione di pasticci ricchi di formaggi dal sapore deciso come caciocavallo, provolone e pecorino. Altri nomi: *candele, zitoni.*

ziti tagliati ➤ **penne**

zitoni ➤ **zite**

Testi consultati
per gli approfondimenti
e il glossario

P. Artusi, *La scienza in cucina e l'arte di mangiar bene*,
Einaudi, Torino 1995

L. Bruni (a cura di), *Ricette di Sua Maestà il raviolo*,
Slow Food Editore, Bra 1993

A. Capatti, M. Montanari, *La cucina italiana. Storia di una cultura*,
Laterza, Roma-Bari 1999

A. Capatti, A. De Bernardi, A. Varni, *Storia d'Italia Annali 13:
L'alimentazione*, Einaudi, Torino 1998

J.-L. Flandrin, M. Montanari, *Storia dell'alimentazione*,
Laterza, Roma-Bari 1997

D. Gentilcore, *La purpurea meraviglia. Storia del pomodoro
in Italia*, Garzanti, Milano 2010

P. Gho (a cura di), *Dizionario delle cucine regionali italiane*,
Slow Food Editore, Bra 2008

E. Medagliani, F. Gosetti (a cura di), *Pastario ovvero Atlante delle
paste alimentari italiane,* Bibliotheca Culinaria, Lodi 1997

A. Morelli, *In principio era la sfoglia*, Chiriotti Editori,
Pinerolo 1991

G. Rebora, *Tagli scelti. Scritti di cultura materiale e gusto
mediterraneo*, Slow Food Editore, Bra 2009

E. Sereni, *Note di storia dell'alimentazione nel Mezzogiorno.
I napoletani da "mangiafoglia" a "mangiamaccheroni"*, in *Terra
nuova e buoi rossi*, Einaudi, Torino 1981

S. Serventi, F. Sabban, *La pasta. Storia e cultura di un cibo
universale*, Laterza, Roma-Bari 2000

O. Zanini De Vita (a cura di), *Atlante dei prodotti tipici. La pasta*,
Istituto Nazionale di Sociologia Rurale, Agra-Rai Eri, Roma
2004

INDICE DELLE RICETTE

576